FINANÇAS PÚBLICAS

Fabio Giambiagi | Ana Cláudia Além

Sol Garson (colaboradora)

FINANÇAS PÚBLICAS

Teoria e Prática no Brasil

5ª edição revista e atualizada
Prêmio Jabuti 2000

© 2016, Elsevier Editora Ltda.

Todos os direitos reservados e protegidos pela Lei nº 9.610, de 19/02/1998.
Nenhuma parte deste livro, sem autorização prévia por escrito da editora, poderá ser reproduzida ou transmitida sejam quais forem os meios empregados: eletrônicos, mecânicos, fotográficos, gravação ou quaisquer outros.

Revisão: Marco Antonio Corrêa
Editoração Eletrônica: Estúdio Castellani

Elsevier Editora Ltda.
Conhecimento sem Fronteiras
Rua Sete de Setembro, 111 – 16º andar
20050-006 – Centro – Rio de Janeiro – RJ – Brasil

Rua Quintana, 753 – 8º andar
04569-011 – Brooklin – São Paulo – SP – Brasil

Serviço de Atendimento ao Cliente
0800-0265340
atendimento1@elsevier.com

ISBN 978-85-352-8437-9
ISBN (versão digital): 978-85-352-8438-6

Nota: Muito zelo e técnica foram empregados na edição desta obra. No entanto, podem ocorrer erros de digitação, impressão ou dúvida conceitual. Em qualquer das hipóteses, solicitamos a comunicação ao nosso Serviço de Atendimento ao Cliente, para que possamos esclarecer ou encaminhar a questão.
Nem a editora nem o autor assumem qualquer responsabilidade por eventuais danos ou perdas a pessoas ou bens, originados do uso desta publicação.

CIP-Brasil. Catalogação na Publicação
Sindicato Nacional dos Editores de Livros, RJ

G362f Giambiagi, Fábio
5. ed. Finanças públicas: teoria e prática no Brasil / Fabio Giambiagi, Ana Além. – 5. ed. rev. e atual. – Rio de Janeiro: Elsevier, 2016.
il.; 24 cm.

Inclui bibliografia e índice
ISBN 978-85-352-8437-9

1. Finanças públicas – Brasil. 2. Direito financeiro – Brasil. 3. Serviço público – Brasil – Concursos. I. Além, Ana. II. Título.

15-26410   CDD: 336.01281
                                            CDU: 336.13(81)

Mestre não é quem ensina, mas aquele que, de repente, aprende.
Guimarães Rosa

A economia é um tema difícil e técnico, mas ninguém quer acreditar nisso.
John Maynard Keynes

Impostos são o preço a pagar por uma sociedade civilizada.
Oliver Wendell Holmes

Os Autores

Ana Cláudia Além é economista, professora e assessora da presidência do BNDES, onde ingressou em 1993. É doutora em Economia pelo Instituto de Economia (IE) da UFRJ. Suas áreas de pesquisa são: finanças públicas, comércio exterior, desenvolvimento econômico, economia internacional e macroeconomia. Tem vários trabalhos e artigos publicados. Lecionou a disciplina Finanças Públicas no curso de graduação da PUC/RJ e é professora da Universidade Cândido Mendes. É responsável pela Sinopse Internacional do BNDES e editora da *Revista do BNDES*.

Fabio Giambiagi é economista, mestre pela UFRJ. Ex-professor da UFRJ e da PUC/RJ, é funcionário do BNDES desde 1984, com passagens profissionais pelo Banco Inter-Americano de Desenvolvimento (BID) em Washington e pela assessoria do Ministério de Planejamento em Brasília. Autor de *Reforma da Previdência, Brasil: Raízes do Atraso* e *Rompendo o Marasmo*, e coorganizador de *Economia Brasileira Contemporânea (1945/2010)*, todos da Editora Campus/Elsevier. Especializou-se em temas de finanças públicas e escreve regularmente nos jornais *Valor* e *Globo*.

Apresentação à Quinta Edição

O presente livro encontra-se, com a versão que o leitor tem em mãos, em sua quinta edição. A primeira edição foi escrita com dados até 1998. A segunda incorporou um capítulo por ocasião do ajuste fiscal de 1999 e mais dois novos capítulos, sobre o desenvolvimento econômico anterior a 1980 e sobre as parcerias público-privadas. A terceira adicionou um capítulo sobre o Governo Lula e incorporou o efeito das novas Contas Nacionais do IBGE de 2007 sobre os coeficientes fiscais em relação ao PIB. Finalmente, a quarta edição atualizou a contabilidade fiscal aos efeitos da exclusão da Petrobras e da Eletrobras das estatísticas fiscais. Essa quarta edição foi lançada em 2011 com dados até 2010.

A razão da revisão atual se relaciona com três elementos:

i) a necessidade de atualizar alguns capítulos, em função do tempo transcorrido – quase cinco anos desde a última edição;
ii) a importância de rever todas as tabelas – já que são muitas – afetadas pela mudança do PIB nominal do período 1995/2014, que acaba de ser revisto pelo IBGE; e
iii) a conclusão dos autores de que o livro mereceria um novo capítulo, sobre processo orçamentário, explicando a sua lógica, o processo de aprovação das contas, as diversas etapas etc., a cargo de uma das maiores especialistas na matéria no Brasil, a ex-Secretária da Fazenda do Município do Rio de Janeiro, Sol Garson. Este capítulo, em particular, potencialmente, poderá ampliar bastante o interesse acerca do livro como matéria de estudo para concursos públicos nas três esferas de governo.

A ideia é que a nova edição

- estenda o capítulo sobre o Governo Lula para abordar genericamente os quatro períodos de governo, 2003/2006, 2007/2010, 2011/2014, e o atual, 2003/2015, como um período abrangente;
- atualize os capítulos temáticos (previdenciário, tributário etc.);
- contenha uma revisão de todas as tabelas em percentuais do PIB; e
- incorpore o novo capítulo sobre orçamento, de autoria de Sol Garson.

Esperamos com isso fornecer, ao professor, ao aluno e ao público interessado em cobrir a literatura sobre finanças públicas que consta da bibliografia exigida em alguns concursos públicos, um instrumento didático adequado e atualizado, que conserve o interesse apesar do tempo transcorrido desde o já longínquo lançamento da primeira edição, no final da década de 1990.

Cabe, por último, um reconhecimento aos bons serviços de Paula Vieira Mora, que colaborou decisivamente na atualização de muitas tabelas e gráficos de variáveis cuja série foi ampliada até o ano de 2014. A ela, o nosso agradecimento.

Os Autores
Junho de 2015

Apresentação à Quarta Edição

Livros didáticos, da mesma forma que as pessoas, precisam lutar contra a ação do tempo. Deixados à mercê da inércia, a tendência é que envelheçam inapelavelmente. Daí por que é desejável que, sempre que possível, sofram alguma forma de atualização. Este livro não é alheio a tal dinâmica. Talvez esse esforço de atualização explique sua relativa longevidade, uma vez que já se passaram mais de 12 anos desde a primeira edição, em 1998.

O livro ganhou três capítulos na passagem da primeira para a segunda edição, em 1999, e mais um na terceira edição, em 2007. Nesta quarta edição, o número de capítulos manteve-se o mesmo. Ainda assim, houve algumas mudanças que merecem registro.

Livros que trabalham com estatísticas como as que este livro contém se defrontam com dois tipos de problemas com a passagem do tempo. Em primeiro lugar, a prática do IBGE de rever o PIB com até dois anos de defasagem tende a modificar os valores, expressos como percentual do PIB, de uma série de variáveis. Se, por exemplo, o PIB nominal do ano t é revisto em mais 3% para cima dois anos depois, por ocasião da sua divulgação definitiva, uma dívida pública, digamos, de 40% do PIB pode se tornar uma variável de 38,8% do PIB, o que é uma diferença de certa importância.

Em segundo lugar, pode haver mudanças de conceitos nas estatísticas fiscais que, gerando séries retrospectivas, modifiquem séries históricas. Foi isso, exatamente, o que ocorreu no Brasil entre a terceira edição e esta, com duas mudanças registradas na contabilidade fiscal. Inicialmente, a Petrobras foi retirada das estatísticas do déficit e da dívida pública e, posteriormente, a relação Dívida pública/PIB deixou de ser apurada com base no cálculo do PIB a preços do final do ano e passou a ser computada apenas como o resultado da dívida de dezembro, dividida pelo PIB a preços correntes do ano. Em ambos os casos, quando a modificação foi adotada, as séries históricas retroagiram até o início da década. Portanto, esta edição traz as séries atualizadas com base na última revisão do PIB e com as novas séries de Necessidades de Financiamento do Setor Público e da dívida pública.

Por entender que as mudanças feitas, embora de certa relevância, não chegavam a alterar o teor do livro, optamos por não solicitar um novo prefácio.

Gostaríamos de agradecer a dedicação e o empenho de Natalie Pacheco Victal de Oliveira, que com rapidez e eficácia nos ajudou na tarefa de elaborar o conjunto de tabelas e gráficos devidamente atualizados que constam desta quarta edição do livro. Finalmente, registramos mais uma vez o nosso reconhecimento aos bons serviços da editora Campus/Elsevier, que colocou sua equipe à nossa disposição, facilitando o processo de atualização e revisão gráfica na reedição de uma parceria que, para ambos os autores, acabou com o tempo se estendendo para outros livros do catálogo da editora.

Os Autores
Novembro de 2010

Apresentação à Terceira Edição

Este livro chega à terceira edição, depois de diversas tiragens, com a necessidade natural de ser parcialmente "reciclado". Ao contrário da segunda edição, que foi escrita apenas um ano depois da primeira, entre ela e a atual se passaram sete anos. A segunda, a rigor, só foi escrita em virtude do contexto muito específico da época: como a primeira tinha sido lançada em 1998, com dados até 1998, e em 1999 tinha sido implementado no Brasil um ajustamento fiscal que, tudo indicava, seria um divisor de águas em relação aos anos anteriores, entendemos que era necessário incorporar um novo capítulo dando conta desse fato. No ímpeto, na prática acabamos escrevendo mais dois, ampliando o número de 12 para 15, mas, de um modo geral, em um ano as mudanças não tinham sido tão amplas a ponto de justificar grandes alterações no conjunto dos demais capítulos.

Vários anos depois, a necessidade de mudanças agora é maior. O propósito do livro continua sendo o mesmo que o da edição original: ser um manual de finanças públicas que proporcione ao professor e ao aluno um instrumento didático útil para entender os principais conceitos e a realidade do setor público brasileiro.

O livro continua sendo estruturado em torno de três grandes eixos. Em primeiro lugar, os capítulos iniciais apresentam os conceitos básicos da teoria das finanças públicas, bem como as suas especificidades referentes ao caso brasileiro. A seguir, temos um conjunto de capítulos que obedecem a uma ordem cronológica da evolução do setor público no Brasil, com maior ênfase nos acontecimentos mais recentes. A ideia é que o aluno seja, de certa forma, "guiado" ao longo de uma linha do tempo, que se inicia em épocas longínquas, passa pela década de 1980, continua nos anos 1990 e desemboca nos primeiros anos do século XXI. Finalmente, temos um outro conjunto de capítulos que tratam de questões temáticas. Neles, o aluno vê um tema ser esmiuçado com certo grau de detalhe, tendo em alguns casos uma apresentação, no interior do capítulo, que segue uma ordem cronológica, porém restrita ao tema do capítulo.

O objetivo é que, no final da leitura de cada capítulo, o aluno esteja em condições de entender melhor as diversas facetas do tema, muitas vezes relacionado com assuntos com os quais ele irá se deparar como cidadão, nos anos seguintes, na leitura do dia a dia dos fatos da vida nacional. Entre os temas tratados, por exemplo, encontram-se o sistema tributário brasileiro, a Previdência Social ou as questões federativas.

Da mesma forma que nas edições anteriores, sempre que possível procurou-se: i) incluir um número grande de tabelas e gráficos, para acompanhar o texto das informações mais importantes sobre cada período ou tema; ii) utilizar o instrumento dos "boxes" para tratar em cada capítulo de alguns temas avulsos; iii) fornecer ao aluno e ao professor, no final de cada capítulo, uma pequena lista das leituras mais importantes sobre os pontos tratados; e iv) ter em cada capítulo um conjunto de questões que ajudem a fixar conceitos, com as devidas respostas no final do livro.

As mudanças em relação à edição anterior foram basicamente de quatro tipos:

a) o tempo transcorrido desde a edição anterior obrigou a atualizar diversos capítulos temáticos para tratar dos assuntos ocorridos no período 2000/2006, como foi o caso, por exemplo, do capítulo previdenciário, para tratar a reforma de 2003;

b) a revisão da série histórica do PIB nominal e real do período 1995/2006 implicou modificar todos os dados expressos em % do PIB, mesmo para os anos cujas estatísticas já tomavam parte da edição prévia;

c) o último capítulo do livro, sobre as parcerias entre os setores público e privado, foi substancialmente modificado, para ser adaptado à discussão mais recente sobre as chamadas "Parcerias Público-Privadas" (PPP); e

d) na parte cronológica, foi ampliado substancialmente o capítulo sobre o segundo Governo Fernando Henrique Cardoso (FHC) para incorporar os acontecimentos de 2000/2002 e incluído um capítulo sobre a política fiscal no Governo Lula.

Este não pretende ser um livro doutrinário. Ele é, de certa forma, assumidamente eclético. O professor mais liberal encontrará trechos que defendem com convicção o espaço para a intervenção do Estado na economia em certas áreas, assim como aquele porventura favorável a uma maior intervenção do Estado verá, por exemplo, no capítulo sobre privatização, uma certa defesa da necessidade de o Estado de fato vender algumas das suas empresas, no contexto da crise fiscal dos anos 1980. É importante que fique registrado também que os autores não compartilham exatamente a mesma visão de mundo e escreveram artigos, nos últimos anos, que espelham opiniões diferentes sobre aspectos importantes da política econômica.

Não obstante essas diferenças, não apenas entendemos que o respeito pelas diferenças deve sempre pautar as atitudes de qualquer profissional de economia, como também julgamos que eventuais divergências não invalidam a possibilidade de se alcançar certo grau de consenso em relação a uma série de questões. Se nós fôssemos escrever individualmente cada um dos capítulos, certamente a abordagem de alguns deles teria sido diferente da que consta aqui. O livro reflete, nesse sentido, o esforço em favor da conciliação na procura de uma interpretação comum e, por isso, não se filia a nenhuma corrente em particular.

Queremos, por último, registrar o devido agradecimento àqueles que nos ajudaram na tarefa de rever esta obra. José Roberto Rodrigues Afonso e Sérgio Rodrigues, generosamente, nos enviaram as informações solicitadas que constam de algumas tabelas, referentes às suas áreas de especialização. Isabela Estermínio de Melo e Daniel Loureiro foram colaboradores decisivos na árdua tarefa de atualizar todas as tabelas do livro. Finalmente, a equipe da editora Campus, mais uma vez, nos honrou com a sua sempre eficiente dedicação e profissionalismo, transformados, após quase 10 anos de relacionamento, em uma sólida amizade.

Os Autores
Novembro de 2007

Apresentação à Segunda Edição

A versão do livro que agora estamos apresentando aos leitores é fruto do amadurecimento das reflexões suscitadas pela releitura da primeira versão, publicada em 1999. Estamos incorporando mudanças que são fruto de três tipos de influências. Em primeiro lugar, como todo livro que lida com aspectos ligados de alguma forma à conjuntura, somos vítimas da ação do tempo, que desafia os autores a rever – na margem – as suas obras, sob pena de que elas fiquem desatualizadas. Em segundo, as reações de colegas, alunos ou simples leitores obrigam a rever certos conceitos, reescrever alguns parágrafos, corrigir eventuais imperfeições e deixar mais claro aquilo que os autores julgavam já estar – antes, porém, de serem submetidos ao teste da compreensão do público. Finalmente, mesmo sem essas duas influências, toda pessoa com certa dose de autocrítica tende a procurar mudar parcialmente o que escreveu no passado e nós não somos imunes a isso, de modo que a tarefa de reler o que foi escrito dois ou três anos antes é sempre um convite a reescrever algumas coisas de outra forma.

Esta edição incorpora as seguintes modificações em relação à anterior:

- algumas poucas imperfeições de edição foram sanadas, aproveitando-se a oportunidade para fazer pequenas modificações em alguns parágrafos do livro;
- a análise e as informações estatísticas das tabelas e gráficos foram atualizadas, quando possível, com dados até o ano de 1999 – inclusive;
- foi incorporado um glossário com o significado das siglas utilizadas; e, "*last but not least*";
- o livro foi ampliado, com a inclusão de três novos capítulos, sendo feitos, em compensação, certos cortes em alguns dos capítulos restantes.

A ideia de fazer estes acréscimos surgiu da experiência docente de dar o próprio livro como leitura obrigatória do curso de Finanças Públicas. De fato, notamos que havia a necessidade de oferecer aos alunos, além daquilo que já constava na versão original:

i) a possibilidade de se informarem melhor acerca da participação do Estado na economia no Brasil ao longo das décadas, notadamente a partir de 1930; e
ii) um melhor conhecimento das novas modalidades de atuação do poder público, através da cooperação com o setor privado.

Surgiu dessa constatação a proposta de escrever um capítulo sobre a evolução do processo de desenvolvimento e o papel do governo no período 1930/1980; e outro que tratasse da parceria público-privada.

Ao mesmo tempo, com o passar dos meses, foi ficando claro que, em que pese a existência de uma continuidade da política econômica durante todo o período posterior a 1994, associada ao esforço de estabilização anti-inflacionária iniciado com o Plano Real, a dimensão do ajustamento fiscal em curso a partir de 1999 justificava que o tratamento deste período específico fosse destacado, condensando uma parte do tratamento dos anos posteriores a 1994 em um capítulo que fosse até 1998 – como no texto original – e analisando em separado a evolução da política fiscal a partir do ajustamento iniciado em 1999, o que deu origem ao terceiro capítulo incorporado na presente edição.

Com isso, cremos que o professor tem nas mãos um instrumento mais acabado para dar um curso completo e prático de Economia do setor público no Brasil, a ser talvez complementado pela leitura de alguns poucos capítulos selecionados das obras clássicas de Musgrave e Musgrave ou de Stiglitz ou de algum outro autor nacional da área das finanças públicas, nos seus aspectos mais teóricos.

Cabe, por fim, deixar aqui registrado o nosso agradecimento a Francisco Marcelo Rocha Ferreira e Luiz Ferreira Xavier Borges, que nos ajudaram com a leitura, acompanhada de comentários e sugestões, dos novos capítulos acima mencionados.

Os Autores
Setembro de 2000

Apresentação à Primeira Edição

Este livro trata de um conjunto de temas ligados à questão fiscal no Brasil, cujo conhecimento, na nossa opinião, é essencial para a formação dos estudantes de Economia do país. Ele se destina, prioritariamente, aos alunos e professores da cadeira de economia do setor público. Entretanto, foi escrito com a preocupação de que a sua linguagem fizesse a sua leitura acessível para o público em geral interessado em entender melhor as características, o funcionamento e os problemas do setor público.

A cadeira de Economia do setor público ministrada nas faculdades de Economia nas diversas universidades do Brasil tem, tipicamente, duas partes. Na primeira, o aluno estuda a teoria das finanças públicas, da mesma forma que a cadeira é dada em qualquer lugar do mundo com tópicos como "funções do governo", "falhas de mercado", "teoria da tributação" etc. Nessa parte da cadeira, o objetivo é apresentar ao aluno os fundamentos teóricos das ações do governo no campo das finanças públicas. A segunda parte é dedicada, especificamente, ao setor público brasileiro e nela o aluno, já com os conhecimentos adquiridos nas aulas prévias, pode ver como, à luz daqueles conceitos, evoluíram as iniciativas governamentais no contexto histórico e geográfico em que ele vive.

A coexistência dessas duas partes no curso é condição essencial para a qualidade da formação do aluno na matéria. De fato, um profissional de economia que tiver uma boa noção dos problemas concretos do setor público brasileiro terá uma formação incompleta se não possuir uma sólida base teórica. Da mesma forma, porém, o aluno que conhecer a fundo, por exemplo, os fundamentos microeconômicos da teoria das finanças públicas, só terá a se beneficiar se, além da formação teórica, tiver ideia, por exemplo, de que a carga tributária brasileira por ocasião da crise dos anos 1980 era da ordem de 15% ou de 30% do PIB; ou souber perceber a importância que as questões federativas assumem em um país com as dimensões do Brasil.

Tendo oferecido a cadeira ao longo de alguns anos, pudemos constatar que o ensino da mesma padecia de uma deficiência: enquanto a primeira parte do curso contava com dois livros clássicos que cumpriam perfeitamente os objetivos propostos, abrangendo a maioria dos temas tratados – *Finanças públicas* – Teoria e prática, de Musgrave e Musgrave, e *Economia do setor público*, de Stiglitz, este último na sua versão em inglês –, além de algumas obras de autores brasileiros, a segunda parte se ressentia da ausência de um texto que condensasse de forma organizada os diversos tópicos abordados. O professor, portanto, tinha que construir uma espécie de "colcha de retalhos", sugerindo leituras esparsas, porém específicas e que dificilmente passavam ao aluno uma ideia completa do que estava sendo discutido.

Com base nessa experiência pessoal como docentes e na condição de estudiosos dos problemas das finanças públicas do país, estamos colocando à disposição dos interessados este livro que tenta preencher a mencionada lacuna. Ele está estruturado em quatro partes, somando ao todo 12 capítulos. Na primeira, que inclui dois capítulos, são sintetizadas as noções mais importantes da teoria de finanças públicas previamente adquiridas na cadeira – o que pode ser encarado como uma revisão geral da matéria dada até então – e apresentados alguns conceitos básicos referentes ao setor público no caso brasileiro. Essa forma de apresentação visa familiarizar o leitor com o jargão técnico a ser utilizado no livro.

Na segunda, com quatro capítulos, é mostrada a evolução das contas do setor público brasileiro nas últimas décadas, com ênfase no acontecido a partir de 1980. Depois de uma resenha da situação fiscal anterior à década de 1980, mostra-se o que ocorreu com as contas públicas em dois períodos, antes e depois do plano de estabilização de 1994; e discute-se em um capítulo específico o que aconteceu com a dívida pública. Busca-se, com isso, dar ao aluno uma certa visão histórica da evolução das finanças públicas no Brasil, que combine alguns elementos teóricos presentes no debate contemporâneo de cada época com o conhecimento preciso dos dados de cada período.

Na terceira parte, composta de três capítulos, são discutidos três itens específicos, particularmente relevantes para entender a situação das contas públicas no país. Tais tópicos, não classificáveis como parte de outros temas mais amplos, são: a) o sistema tributário brasileiro, b) a previdência social e c) a descentralização. O objetivo, neste caso, é também associar a apresentação sintética de certos elementos teóricos mais importantes com os dados estatísticos mais relevantes na discussão de cada matéria.

Finalmente, na quarta e última parte, a palavra-chave que caracteriza os temas tratados nos três capítulos restantes é a ideia de "transição", que permite definir a situação do setor público do Brasil no final do século XX como uma fase de mudanças do papel do Estado na economia. Como dificilmente a ideia de um "novo" Estado pode ser dissociada da necessidade de um setor público ajustado, com um déficit, se não necessariamente nulo, pelo menos modesto, esta parte se inicia com um capítulo acerca do que poderia ser chamado de "economia política do ajuste fiscal". Este capítulo discute os limites existentes para a adoção das prescrições técnicas discutidas ao longo das diversas aulas da cadeira, para dar ao aluno uma noção das relações existentes entre a política econômica, a política *stricto sensu* e as ações dos diferentes grupos que formam uma sociedade. Depois disso, o livro se completa com dois capítulos, um referente à privatização e outro aos primeiros movimentos da constituição de um Estado regulador, que toma como referência as experiências de regulação dos países desenvolvidos, notadamente as economias anglo-saxãs.

Cada capítulo do livro contém três "hierarquias" de referências da literatura acadêmica. Ao longo do texto, são mencionados os diversos artigos e/ou livros da literatura associados ao assunto, o que corresponde ao universo mais abrangente das referências. No final de cada capítulo, sob o título de "sugestões de leitura para o aluno", recomenda-se um universo restrito das referências citadas. Preferencialmente, o professor deveria enfatizar a importância dessas leituras complementares e cobrar o conteúdo das mesmas em sala de aula. Para o professor, por sua vez, além das sugestões feitas ao aluno, é sugerida uma outra lista de leituras específicas – também baseada nas citações do texto –, sob o nome de "leituras adicionais para o professor". O critério com o qual a bibliografia foi construída foi o de privilegiar os artigos ou livros facilmente identificáveis e, de preferência, em português. Isso exclui, portanto, textos na forma de "mimeo" e/ou publicados em revistas de escassa circulação.

Adicionalmente, no final de cada capítulo, o leitor encontrará um conjunto de questões, para testar o conhecimento adquirido na leitura do mesmo e fixar melhor os conceitos mais relevantes. Algumas perguntas envolvem respostas quantitativas e outras admitem mais de uma resposta, por tratar de matérias polêmicas ou porque há várias explicações que podem ser dadas. As respostas a essas questões – em alguns casos, as respostas que nós consideramos que seriam as mais apropriadas – estão no final do livro.

Os objetivos que buscamos são quatro:

- Fornecer ao leitor certos conceitos básicos para o entendimento da realidade fiscal no Brasil.
- Familiarizá-lo com o uso dos dados referentes às contas públicas no Brasil e colocá-lo a par das diferenças de metodologia entre as fontes.
- Dar-lhe noções acerca da evolução histórica recente das finanças públicas no Brasil, com ênfase no período posterior a 1980.
- Explicar o ambiente institucional no qual é implementada a política fiscal brasileira.

Em última instância, o que pretendemos com este livro é complementar a formação teórica dos profissionais de economia com um conhecimento adequado do que é, de como funciona e de quais são os problemas do setor público no Brasil. Se conseguirmos dar nossa modesta contribuição para que, ao longo dos próximos anos, os futuros economistas tenham uma boa noção da evolução e dos meandros das finanças públicas no seu país, nosso esforço estará mais do que recompensado.

Nosso projeto não teria passado de um esboço inicial sem as críticas e o apoio de um conjunto selecionado de pessoas que, em maior ou menor grau, mediante sugestões ou a leitura crítica de versões preliminares dos capítulos, representaram uma ajuda valiosa para nós. Tentando evitar o risco de incorrer em alguma omissão grave, queremos ressaltar aqui a cooperação de Antônio Delfim Netto, Armando Castelar Pinheiro, Bruno Freire, Carlos Mussi, Eduardo Giannetti, Fabiano Santos, Fabio Barbosa, Felipe Tâmega, Francisco Oliveira, João do Carmo Oliveira, José Cláudio Linhares Pires, José Roberto Rodrigues Afonso, Júlio César Raimundo, Licínio Velasco Jr., Luis Orenstein, Maílson da Nóbrega, Marina Mello, Paulo Faveret, Renato Villela, Ricardo Varsano, Rubens Cysne e Sulamis Dain. Felipe Tâmega, por sua vez, foi também um eficiente colaborador na elaboração dos gráficos e tabelas. José Cláudio Ferreira da Silva, com sua experiência, nos deu alguns excelentes conselhos acerca de como tornar o livro mais didático. Ao longo do processo, tivemos a sorte de contar com o auxílio de Geni Sihman, cuja eficiência como secretária foi importante para evitar que as questões do dia a dia conspirassem contra o cumprimento do nosso cronograma de trabalho. Cabe, por último, uma menção particular a Carlos Mussi, que nos deu a ideia de nos lançarmos nesta "aventura" intelectual, em uma longínqua conversa em 1997. Foram essas pessoas que permitiram que nossas ideias se transformassem neste livro. Para todas elas, portanto, fica aqui registrado o nosso agradecimento.

Os Autores
Junho de 1999

Sumário

Os Autores	vii
Apresentação à Quinta Edição	ix
Apresentação à Quarta Edição	xi
Apresentação à Terceira Edição	xiii
Apresentação à Segunda Edição	xvii
Apresentação à Primeira Edição	xix
Lista de Tabelas, Gráficos, Quadros e Figuras	xxviii
Lista de Siglas	xxxi

PARTE I
Conceitos Básicos

CAPÍTULO 1

Teoria das Finanças Públicas — 3

- AS FALHAS DE MERCADO — 4
- OS OBJETIVOS DA POLÍTICA FISCAL E AS FUNÇÕES DO GOVERNO — 11
- TEORIA DA TRIBUTAÇÃO — 18
- O GASTO PÚBLICO — 34
- QUESTÕES — 44

CAPÍTULO 2

Conceitos Básicos Relevantes: O Caso do Brasil — 47

- AS FONTES DE DADOS — 48
- CONCEITOS RELEVANTES — 49
- QUESTÕES — 64

PARTE II
Finanças Públicas no Brasil: 1980/2015

CAPÍTULO 3

O Estado e as Empresas Estatais no Desenvolvimento Econômico — 69

- O CARÁTER NÃO PRECONCEBIDO DA PARTICIPAÇÃO DO ESTADO NA ECONOMIA — 70
- O ESTADO NA ECONOMIA BRASILEIRA: CRONOLOGIA — 71
- AS RAZÕES DA ESTATIZAÇÃO — 80
- OS DIVERSOS PAPÉIS DO ESTADO — 83
- QUESTÕES — 88

CAPÍTULO 4
As Finanças Públicas Antes de 1980 — 89
  AS REFORMAS DE 1964/1967 — 90
  A CONTA-MOVIMENTO — 96
  A LEI COMPLEMENTAR Nº 12 — 96
  AS CONTAS PÚBLICAS NOS ANOS 1970 — 99
  QUESTÕES — 109

CAPÍTULO 5
As Finanças Públicas no Regime de Alta Inflação: 1981/1994 — 111
  PANORAMA DAS CONTAS PÚBLICAS: 1981/1994 — 112
  O DESENVOLVIMENTO DE UM "TERMÔMETRO" PARA MEDIR O DÉFICIT: 1981/1984 — 116
  A REDEMOCRATIZAÇÃO E O AUMENTO DO DÉFICIT PÚBLICO: 1985/1989 — 120
  O "EFEITO-BACHA" E O AJUSTE PRECÁRIO: 1990/1994 — 131
  O DEBATE SOBRE AS PRECONDIÇÕES FISCAIS PARA UM PLANO DE ESTABILIZAÇÃO — 136
  QUESTÕES — 139

CAPÍTULO 6
As Finanças Públicas na Fase de Estabilização: 1995/1998 — 141
  PANORAMA DAS CONTAS PÚBLICAS: 1995/1998 — 142
  A CRIAÇÃO DE FONTES TEMPORÁRIAS DE CONTENÇÃO FISCAL — 152
  OS EFEITOS DEFASADOS DA CONSTITUIÇÃO DE 1988 — 155
  OS FATORES DISCRICIONÁRIOS DE DESAJUSTE FISCAL — 157
  QUESTÕES — 164

CAPÍTULO 7
O Ajuste Fiscal de 1999 e seus Desdobramentos — 167
  O ACORDO COM O FMI — 168
  AS REFORMAS ESTRUTURAIS — 176
  OS RESULTADOS FISCAIS — 182
  QUESTÕES — 196

CAPÍTULO 8
A Política Fiscal de 2003/2015 — 197
  O CONTEXTO MACROECONÔMICO — 198
  UMA MELHORA INQUESTIONÁVEL — 204
  AS CONTAS PÚBLICAS — 211
  QUESTÕES — 229

CAPÍTULO 9
A Dinâmica da Dívida Pública e o Caso Brasileiro — 231
  A DÍVIDA PÚBLICA: UMA REFERÊNCIA INTERNACIONAL — 233
  A DÍVIDA PÚBLICA NO BRASIL — 236
  DÉFICIT E DÍVIDA PÚBLICA — 245

A CONDIÇÃO DE EQUILÍBRIO DA RELAÇÃO DÍVIDA PÚBLICA/PIB	248
SIMULAÇÕES DO RESULTADO FISCAL REQUERIDO COM DIFERENTES NÍVEIS DE ENDIVIDAMENTO	252
QUESTÕES	256

PARTE III
Tópicos Especiais sobre Finanças Públicas

CAPÍTULO 10
O Sistema Tributário Brasileiro — 261

BREVE HISTÓRICO DO SISTEMA TRIBUTÁRIO BRASILEIRO	262
A COMPOSIÇÃO DA RECEITA TRIBUTÁRIA	270
A DISTRIBUIÇÃO DA RECEITA TRIBUTÁRIA POR NÍVEIS DE GOVERNO	273
A CONSTITUIÇÃO DE 1988 E OS NOVOS IMPOSTOS NÃO TRANSFERÍVEIS	276
OS PROBLEMAS DO SISTEMA TRIBUTÁRIO	278
AS PROPOSTAS DE REFORMA DO SISTEMA	282
QUESTÕES	292

CAPÍTULO 11
A Crise da Previdência Social — 295

A ORIGEM DO SISTEMA PREVIDENCIÁRIO BRASILEIRO	296
OS EFEITOS DA CONSTITUIÇÃO DE 1988	298
OS PROBLEMAS DO REGIME GERAL	301
O CASO DOS INATIVOS DO GOVERNO	306
EVOLUÇÃO DO NÚMERO DE BENEFÍCIOS EM MANUTENÇÃO: 1980/2013	308
O PROBLEMA FISCAL	312
OS MITOS SOBRE O SISTEMA	314
A REFORMA DO SISTEMA E O RISCO DE DÉFICIT TRANSICIONAL	319
AS REFORMAS DE FHC, LULA E DILMA	322
QUESTÕES	330

CAPÍTULO 12
O Sistema Federativo e o Fenômeno da Descentralização — 333

FUNDAMENTOS TEÓRICOS DA DESCENTRALIZAÇÃO	334
A DESCENTRALIZAÇÃO NO CONTEXTO REGIONAL LATINO-AMERICANO	340
SÍSTOLES, DIÁSTOLES E A FEDERAÇÃO	347
AS DEFINIÇÕES DA CONSTITUIÇÃO DE 1988	351
A CONTROVÉRSIA SOBRE A REDISTRIBUIÇÃO DE ENCARGOS	354
EVOLUÇÃO DA RECEITA DISPONÍVEL	356
O CONTROLE DO ENDIVIDAMENTO ESTADUAL E MUNICIPAL: COMO FAZER?	359
QUESTÕES	367

PARTE IV
A Reforma do Estado

CAPÍTULO 13
A Economia Política do Ajuste Fiscal — 371
- A TEORIA DO CICLO POLÍTICO — 373
- O PODER DO GOVERNO E A SITUAÇÃO FISCAL — 379
- IMPASSE DISTRIBUTIVO E PARALISIA FISCAL — 385
- A MULTIPLICIDADE PARTIDÁRIA E A DISTORÇÃO DA REPRESENTAÇÃO REGIONAL — 389
- QUESTÕES — 397

CAPÍTULO 14
A Lógica da Privatização e o PND — 399
- A "ONDA" DE PRIVATIZAÇÕES NO MUNDO — 400
- O ESGOTAMENTO DE UM MODELO — 401
- AS JUSTIFICATIVAS PARA A PRIVATIZAÇÃO — 402
- AS TRÊS FASES DA PRIVATIZAÇÃO NO BRASIL — 405
- O BNDES E O MOVIMENTO DE "REPRIVATIZAÇÃO" DOS ANOS 1980 — 408
- O PND — 411
- A PRIVATIZAÇÃO DOS SERVIÇOS PÚBLICOS — 414
- UMA AVALIAÇÃO DOS RESULTADOS — 416
- A RECEITA DA PRIVATIZAÇÃO — 418
- A IMPORTÂNCIA MACROECONÔMICA DA PRIVATIZAÇÃO DEPOIS DE 1996 — 420
- QUESTÕES — 424

CAPÍTULO 15
O Estado Regulador — 425
- IMPORTÂNCIA E OBJETIVOS DA REGULAÇÃO — 426
- AS EXPERIÊNCIAS REGULADORAS NOS PAÍSES DESENVOLVIDOS — 432
- AS AGÊNCIAS REGULADORAS — 434
- AS REGRAS DE REAJUSTE DE TARIFAS E OS COMPROMISSOS DE INVESTIMENTO — 440
- O ESTÍMULO À COMPETIÇÃO E A QUALIDADE DOS SERVIÇOS — 443
- QUESTÕES — 449

CAPÍTULO 16
A Parceria Público-Privada — 451
- A NECESSIDADE DE MUDANÇAS NA INFRAESTRUTURA — 453
- OS REQUISITOS PARA A VIABILIZAÇÃO DE PARCERIAS — 456
- OS MODELOS DE PARCERIA E OS AGENTES PARTICIPANTES — 459
- OS DIFERENTES TIPOS DE RISCO — 462
- ASPECTOS RELEVANTES PARA O ÊXITO DA OPERAÇÃO — 464
- AS JUSTIFICATIVAS PARA A UTILIZAÇÃO DAS PPP — 465
- A PARCERIA PÚBLICO-PRIVADA (PPP) NO BRASIL — 467
- A EXPERIÊNCIA INTERNACIONAL DE PPP: O CASO DO REINO UNIDO — 480
- QUESTÕES — 481

CAPÍTULO 17
O Orçamento Público (Sol Garson) 483
    O SISTEMA DE PLANEJAMENTO E ORÇAMENTO 484
    O PLANO PLURIANUAL 487
    A LEI DE DIRETRIZES ORÇAMENTÁRIAS 493
    A LEI ORÇAMENTÁRIA ANUAL 497
    QUESTÕES 507

Apêndice 509
Respostas às Questões 511
Bibliografia 529

LISTA DE TABELAS

TABELA 1.1	Crescimento do gasto público no mundo (% PIB) (a)	12
TABELA 1.2	Brasil: Importância do governo na economia	36
TABELA 3.1	Ganhos de divisas derivados dos programas setoriais (US$ milhões)	78
TABELA 3.2	Participação das 80 maiores empresas estatais nas 500 maiores empresas – 1990	87
TABELA 5.1	Necessidades de Financiamento do Setor Público – Conceito operacional 1985/1994 (% PIB)	115
TABELA 6.1	Necessidades de Financiamento do Setor Público NFSP 1994/1998 (% PIB)	146
TABELA 6.2	Resultado primário do Governo Central 1994/1998 (% PIB)	148
TABELA 6.3	Fatores de aumento do gasto com pessoal – governo central (%) /a	157
TABELA 7.1	Acordo com o FMI – Metas de superávit primário (% PIB)	173
TABELA 7.2	Fator previdenciário (a)	178
TABELA 7.3	Necessidades de Financiamento do Setor Público – NFSP 1998/2002 (% PIB)	184
TABELA 7.4	Resultado Primário do Governo Central 1998/2002 (% PIB)	189
TABELA 8.1	Taxas médias de crescimento da economia mundial (% a.a.)	199
TABELA 8.2	Taxas médias anuais de crescimento do PIB – Economias emergentes selecionadas – Média por período (% a.a.)	200
TABELA 8.3	Brasil – Taxa de juro real SELIC – Deflator: IPCA (% a.a.)	203
TABELA 8.4	Brasil – Dívida líquida do setor público 2002/2014 – Dezembro (% PIB)	209
TABELA 8.5	Dívida pública mobiliária federal em mercado – Fim de período (Tesouro Nacional)	210
TABELA 8.6	Necessidades de Financiamento do Setor Público – NFSP 2002/2014 (% PIB)	213
TABELA 8.7	Resultado do Governo Central 2002/2014 (% PIB)	223
TABELA 8.8	Outras despesas de custeio e capital do Governo Central: 2002/2014 (% PIB)	224
TABELA 8.9	Composição dos subsídios e subvenções: 2002/2014 (% PIB)	225
TABELA 8.10	Composição das "demais despesas": 2003/2014 (% PIB)	226
TABELA 8.11	Investimento do Governo Central por período de governo (% PIB)	227
TABELA 9.1	Dívida pública em países selecionados – 2010 (% PIB)	235
TABELA 9.2	Dívida líquida do Setor público 1981/2014 – Dezembro (% PIB)	240
TABELA 9.3	Dívida líquida do Setor público e ajustes patrimoniais – Dezembro (% PIB)	244
TABELA 9.4	Superávit primário em relação ao PIB, em condições de estabilidade da relação dívida/PIB, como função da taxa de crescimento do PIB e da taxa de juros (%) (a)	252
TABELA 9.5	Déficit nominal do setor público (NFSP) em relação ao PIB, em condições de estabilidade da relação dívida/PIB, como função da taxa de crescimento do PIB e da relação dívida/PIB (%)	254
TABELA 10.1	Composição da carga tributária federal 1991/2014 (% PIB)	271
TABELA 10.2	Carga tributária em países selecionados: 2014 (% PIB)	279
TABELA 11.1	Composição despesa inativos União: 1995/2014 (% PIB)	309
TABELA 11.2	Previdência Social - Quantidade de benefícios ativos: 1980/2013	310
TABELA 11.3	Previdência Social: Taxas médias de crescimento anual da quantidade de benefícios ativos – 1980-2013 – Média móvel 10 anos (% a.a.)	311
TABELA 11.4	Governo Central: receitas e despesas da Previdência Social 1991/2014 (% PIB)	313
TABELA 11.5A	Impacto de redução da dívida atuarial da reforma de 2003 (% PIB)	324
TABELA 11.5B	Impacto de redução da dívida atuarial da reforma de 2003: decisão do STF (% PIB)	324
TABELA 12.1	Alíquotas de transferência dos fundos de participação (%) (a)	352
TABELA 12.2	Coeficiente de participação dos estados e do Distrito Federal no FPE (anexo da Lei Complementar nº 62/1989)	352
TABELA 12.3	Brasil – Contas Nacionais: distribuição das despesas não financeiras por esferas do governo (%)	356
TABELA 12.4	Receita tributária disponível por unidades de governo (%)	358
TABELA 13.1	Distribuição das bancadas partidárias na Câmara de Deputados – Eleitos 2014	391
TABELA 13.2	Distribuição das bancadas e do eleitorado por estado – 2014	392
TABELA 14.1	Índices de eficiência média por setor	417
TABELA 14.2	Receita de privatização: 1991/2000 – US$ milhões (a)	419
TABELA A.1	Brasil – Indicadores macroeconômicos: 1980/2014	509
TABELA A.2	Brasil: PIB (preços correntes) – 1990/2014	510

LISTA DE TABELAS, GRÁFICOS, QUADROS E FIGURAS XXIX

LISTA DE GRÁFICOS

GRÁFICO 2.1	Déficit nominal do setor público 1985/1994 (% PIB)	54
GRÁFICO 6.1	OCC acumulado em 12 meses (R$ bilhões de dezembro/1998)	161
GRÁFICO 7.1	Taxa de câmbio R$/US$ – Fim de período	171
GRÁFICO 8.1	Índice de preços das exportações brasileiras – Média anual	201
GRÁFICO 8.2	Brasil – Resultado em conta-corrente (US$ bilhões)	202
GRÁFICO 8.3	Brasil – Dívida externa líquida / Exportações de bens 1951/2014	202
GRÁFICO 8.4	Risco-país do Brasil 2002/2010	205
GRÁFICO 8.5	Salário mínimo real em dezembro	207
GRÁFICO 9.1	Déficit público operacional e financiamento através da senhoriagem 1985/1998 (% PIB)	239
GRÁFICO 9.2	Dívida líquida do setor público: 1981/2014 (% do PIB)	239
GRÁFICO 10.1	Carga tributária no Brasil: 1971/2011 (% PIB)	269
GRÁFICO 11.1	Despesa com benefícios do INSS: 1980/2014 (% PIB)	312
GRÁFICO 14.1	Entrada de investimento direto para privatização: 1996/2000 (US$ bilhões)	419
GRÁFICO 14.2	Resultados da privatização: participação por setores no total da receita: 1991/2000 (%)	420

LISTA DE QUADROS

QUADRO 2.1	O resultado "acima da linha" do governo central	63
QUADRO 3.1	Investimentos previstos pelo Plano de Metas (1957/1961)	75
QUADRO 10.1	Os principais impostos na reforma tributária de 1965/1967	267
QUADRO 10.2	Principais impostos e participação por esferas de governo (%)	277
QUADRO 13.1	Alternativas de ajuste fiscal	381
QUADRO 14.1	Empresas absorvidas pelo BNDES nos anos 1970 e 1980	410
QUADRO 14.2	As moedas de privatização segundo os emissores	414
QUADRO 15.1	A Agência Nacional de Energia Elétrica (ANEEL)	438
QUADRO 15.2	A Agência Nacional de Telecomunicações (ANATEL)	438
QUADRO 15.3	A Agência Nacional do Petróleo (ANP)	439
QUADRO 17.1	Governo federal e governos estaduais: Ligação entre PPA, LDO e LOA	486
QUADRO 17.2	Princípios orçamentários	500
QUADRO 17.3	Representação de programa de trabalho na LOA	504

LISTA DE FIGURAS

FIGURA 16.1	PPP e o modelo de remuneração	469
FIGURA 16.2	Tipos de parceria: capacidade de geração de receita	471
FIGURA 16.3	Comparação da concessão tradicional com a PPP	474
FIGURA 16.4	O financiamento da PPP	478
FIGURA 17.1	Fases do processo orçamentário	497
FIGURA 17.2	Identificação dos programas de trabalho da LOA	503

Lista de Siglas

AFP	Administradora de Fundos de Pensão (no Chile)
ANATEL	Agência Nacional de Telecomunicações
ANEEL	Agência Nacional de Energia Elétrica
ANP	Agência Nacional de Petróleo
ARENA	Aliança Renovadora Nacional
ARO	Antecipação de Receita Orçamentária
BB	Banco do Brasil
BBO	"Buy-Build-Operate" (forma específica de concessão)
BC	Banco Central
BD	Banco de Desenvolvimento
BNDE	Banco Nacional de Desenvolvimento Econômico
BNDES	Banco Nacional de Desenvolvimento Econômico e Social
BNH	Banco Nacional de Habitação
BOO	"Build-Own-Operate" (forma específica de concessão)
BOT	"Build-Operate-Transfer" (forma específica de concessão)
BP	Balanço de Pagamentos
BTO	"Build-Transfer-Operate" (forma específica de concessão)
CACEX	Carteira de Comércio Exterior
CADE	Conselho Administrativo de Defesa Econômica
CAP	Caixa de Aposentadoria e Pensões
CD	Comissão Diretora do programa de privatização
CED	Comissão Especial de Desestatização
CEF	Caixa Econômica Federal
CF/88	Constituição Federal do Brasil de 1988
CEMIG	Centrais Elétricas de Minas Gerais
CEPAL	Comissão Econômica para América Latina e o Caribe
CESP	Centrais Elétricas de São Paulo
CFD	Conselho Federal de Desestatização
CHESF	Companhia Hidroelétrica do Rio São Francisco
CIDE	Contribuição de Intervenção sobre o Domínio Econômico
CIP	Comissão Interministerial de Preços

CIP	Comissão Interministerial de Privatização
CMBEU	Comissão Mista Brasil-Estados Unidos
CMN	Conselho Monetário Nacional
CN	Contas Nacionais
CND	Conselho Nacional de Desestatização
COFAP	Comissão Federal de Abastecimento e Preços
COFINS	Contribuição para o Financiamento da Seguridade Social
COSIPA	Companhia Siderúrgica Paulista
CP	Certificado de Privatização
CPMF	Contribuição Provisória sobre Movimentações Financeiras
Cr$	Cruzeiro
CR$	Cruzeiro real
CSLL	Contribuição sobre o Lucro Líquido
CSN	Companhia Siderúrgica Nacional
CVRD	Companhia Vale do Rio Doce
Cz$	Cruzado
DARF	Documento de Arrecadação da Receita Federal
DF	Distrito Federal (Brasília)
DNAEE	Departamento Nacional de Águas e Energia Elétrica
DRU	Desvinculação de Recursos da União
ESAF	Escola de Administração Fazendária (Ministério da Fazenda)
ESG	Escola Superior de Guerra
EUA	Estados Unidos da América
FAT	Fundo de Amparo ao Trabalhador
FCC	Federal Communication Commission dos EUA
FE	Fundo Especial
FEF	Fundo de Estabilização Fiscal
FERC	Federal Energy Regulatory Commission dos EUA
FGTS	Fundo de Garantia por Tempo de Serviço
FGV	Fundação Getulio Vargas
FISTEL	Fundo de Fiscalização das Telecomunicações
FMI	Fundo Monetário Internacional
FND	Fundo Nacional de Desestatização
FNM	Fábrica Nacional de Motores
FPE	Fundo de Participação dos Estados
FPM	Fundo de Participação dos Municípios
FSE	Fundo Social de Emergência
FUNPRESP	Fundação de Previdência Complementar do Servidor Público
IAP	Instituto de Aposentadorias e Pensões
IAPAS	Instituto de Administração de Previdência e Assistência Social

IBGE	Instituto Brasileiro de Geografia e Estatística
ICC	Interstate Commerce Commission dos EUA
ICM	Imposto sobre Circulação de Mercadorias
ICMS	Imposto sobre Circulação de Mercadorias e Serviços (antigo ICM)
IGP	Índice Geral de Preços (FGV)
INAMPS	Instituto Nacional de Assistência Médica da Previdência Social
INPS	Instituto Nacional de Previdência Social
INSS	Instituto Nacional de Seguridade Social
IOF	Imposto sobre Operações Financeiras
IPCA	Índice de Preços ao Consumidor Ampliado (IBGE)
IPEA	Instituto de Pesquisa Econômica Aplicada
IPI	Imposto sobre Produtos Industrializados
IPMF	Imposto Provisório sobre Movimentações Financeiras
IPTU	Imposto Predial e Territorial Urbano
IPVA	Imposto sobre a Propriedade de Veículos Automotores
IR	Imposto de Renda
IRPF	Imposto de Renda da Pessoa Física
IRPJ	Imposto de Renda da Pessoa Jurídica
ISS	Imposto sobre Serviços
ISTC	Imposto sobre Serviços de Transporte e Comunicações
ITBI	Imposto de Transferência de Bens Imóveis
ITR	Imposto Territorial Rural
IUCL	Imposto Único sobre Combustíveis e Lubrificantes
IUEE	Imposto Único sobre Energia Elétrica
IUM	Imposto Único sobre Minerais
IVA	Imposto sobre o Valor Adicionado
IVV	Imposto sobre Vendas e Varejo
LBA	Legião Brasileira de Assistência
LDO	Lei de Diretrizes Orçamentárias
LOA	Lei Orçamentária Anual
LOPS	Lei Orgânica da Previdência Social
LRF	Lei de Responsabilidade Fiscal
LTN	Letra do Tesouro Nacional
MDB	Movimento Democrático Brasileiro
MMC	Monopolies and Mergers Commission do Reino Unido
MP	Medida Provisória
NAO	National Audit Office do Reino Unido
NCr$	Cruzeiro Novo
NCz$	Cruzado Novo
NFSP	Necessidades de Financiamento do Setor Público

OCC	Outras despesas correntes e de capital do Tesouro Nacional
OCDE	Organização para a Cooperação e o Desenvolvimento Econômico
OFFER	Office of Electric Energy do Reino Unido
OFGAS	Office of Gas do Reino Unido
OFTEL	Office of Telecommunications do Reino Unido
OFWAT	Office of Water do Reino Unido
OGU	Orçamento Geral da União
OMC	Organização Mundial do Comércio
ORTN	Obrigação Reajustável do Tesouro Nacional
PAEG	Programa de Ação Econômica do Governo (plano de governo 1964/1967)
PASEP	Patrimônio do Servidor Público
PDT	Partido Democrático Trabalhista
PEA	População Economicamente Ativa
PEMEX	Empresa estatal de petróleo do México
PFD	Programa Federal de Desestatização
PFL	Partido da Frente Liberal
PIB	Produto Interno Bruto
PIS	Programa de Integração Social
PL	Partido Liberal
PMDB	Partido do Movimento Democrático Brasileiro
PND	Plano Nacional de Desestatização
II PND	Segundo Plano Nacional de Desenvolvimento (Governo Geisel)
POOC	Programa das Operações Oficiais de Crédito
PPA	Plano Plurianual
PPB	Partido Popular Brasileiro
PSB	Partido Socialista Brasileiro
PSBR	Public Sector Borrowing Requirements (original do qual deriva a expressão NFSP em português)
PSDB	Partido da Social Democracia Brasileira
PSOE	Partido Socialista Operário Espanhol
PT	Partido dos Trabalhadores
PTB	Partido Trabalhista Brasileiro
R$	Real
RCL	Receita corrente líquida
RGF	Relatório de Gestão Fiscal
RGPS	Regime Geral de Previdência Social
RJU	Regime Jurídico Único
RREO	Relatório Resumido de Execução Orçamentária
SDE	Secretaria de Direito Econômico

SELIC	Sistema de Liquidação e Custódia de títulos públicos (taxa de juros *overnight*)
SEPLAN	Secretaria de Planejamento (antigo nome do atual Ministério do Planejamento)
SEST	Secretaria Especial de Controle das Empresas Estatais
SM	Salário mínimo
SNH	Sistema Nacional de Habitação
SPC	"Special Purpose Company"
SPE	Secretaria de Política Econômica do Ministério da Fazenda
SPE	Sociedade de Propósito Específico
SPG	Soma de progressão geométrica
SRF	Secretaria da Receita Federal
STN	Secretaria do Tesouro Nacional
SUMOC	Superintendência da Moeda e do Crédito (órgão precursor do Banco Central)
SUNAB	Superintendência Nacional de Abastecimento
URV	Unidade real de valor
US$	Dólar
VP	Valor presente

PARTE I

Conceitos Básicos

CAPÍTULO 1

Teoria das Finanças Públicas

> Do nascimento à morte, nossas vidas são afetadas de inúmeras maneiras pelas atividades do governo. Nascemos em hospitais subsidiados, quando não públicos... Muitos de nós recebemos uma educação pública... Virtualmente todos nós, em algum momento de nossas vidas, recebemos dinheiro do governo, como crianças – por exemplo, através de bolsas de estudo –; como adultos, se estamos desempregados ou incapacitados; ou como aposentados; e todos nós nos beneficiamos dos serviços públicos.
>
> Joseph Stiglitz, *Economics of the public sector*

> Um príncipe não pode praticar todas aquelas coisas pelas quais os homens são considerados bons... Nunca se procura fugir a um inconveniente sem incorrer em outro e a prudência consiste em saber conhecer a natureza desses inconvenientes e tomar como bom o menos prejudicial.
>
> Maquiavel, *O Príncipe*

Muitos de nós, com certa frequência, já nos irritamos com o governo. Não apenas com a administração do presidente da República A ou B ou do governador C ou D, mas com a instituição denominada "governo". Seja porque pagamos mais impostos do que o valor que nós consideramos "justo", seja porque os serviços públicos deixam a desejar etc. Entretanto, os governos são fatos da vida: eles existem, quer gostemos ou não. Eles são necessários, da mesma forma que as instituições, para regular o funcionamento de uma sociedade. Por isso, convém entender as regras que regem o seu comportamento. Neste capítulo, estudaremos questões como: Qual é a racionalidade para a existência do governo? Quais são os objetivos da política fiscal? Por que, historicamente e até pouco tempo, o gasto público tendeu a aumentar como proporção do PIB, na maioria dos países? etc.

O capítulo procura explicar ao leitor quais são os elementos básicos da literatura das finanças públicas, expostos nos livros clássicos de Musgrave e Musgrave (1980) e Stiglitz (1986), tentando sintetizar os pontos mais importantes da teoria, para efeitos da leitura do restante do livro.[1]

AS FALHAS DE MERCADO

É frequente ouvirmos a tese de que o setor privado é mais eficiente do que o governo e de que, portanto, uma economia em que as firmas operem livremente funciona melhor do que uma economia com forte atuação governamental. Nas economias capitalistas, essa tese é compartilhada por uma parte expressiva da sociedade, do empresariado e, muitas vezes, do próprio governo. Como conciliar essa visão com o fato de que o governo, na prática, tem uma participação ativa na economia de quase todos os países?

Segundo a teoria tradicional do bem-estar social (welfare economics), sob certas condições, os mercados competitivos geram uma alocação de recursos que se caracteriza pelo fato de que é impossível promover uma realocação de recursos de tal forma que um indivíduo aumente o seu grau de satisfação, sem que, ao mesmo tempo, isso esteja associado a uma piora da situação de algum outro indivíduo.

Essa alocação de recursos que tem a propriedade de que ninguém pode melhorar sua situação sem causar algum prejuízo a outros agentes é denominada na literatura de "ótimo de Pareto". Paralelamente a este conceito, a teoria econômica tradicional ensina que para atingir uma alocação "Pareto eficiente" de recursos não é necessário que exista a figura de um "planejador central", já que a livre concorrência, com as firmas operando em um mercado competitivo e procurando maximizar seus lucros, permitiria atingir esse ideal de máxima eficiência. A ocorrência desta situação ótima, entretanto, depende de alguns pressupostos: a) a não existência de progresso técnico e b) o funcionamento do modelo de concorrência perfeita, o que implica a existência de um mercado atomizado – onde as decisões quanto à quantidade produzida de grande número de pequenas firmas são incapazes de afetar o preço de mercado – e de informação perfeita da parte dos agentes econômicos.

Esta é uma visão idealizada do sistema de mercado. Na realidade, existem algumas circunstâncias conhecidas como "falhas de mercado", que impedem

---

[1] Para outras referências sobre o tema de finanças públicas, ver a literatura brasileira sobre o assunto, particularmente Rezende (1981), Eris et al. (1983), Longo (1984 a), Riani (1986), Monteiro (1987), Filellini (1992), Pires (1996) e Pereira (1999), este último com uma ênfase algo maior em temas de planejamento e política orçamentária.

que ocorra uma situação de ótimo de Pareto. Tais circunstâncias são representadas por: a) a existência de bens públicos, b) a falha de competição que se reflete na existência de monopólios naturais, c) as externalidades, d) os mercados incompletos, e) as falhas de informação, e f) a ocorrência de desemprego e inflação.

A existência de bens públicos

Os bens públicos são aqueles cujo consumo/uso é indivisível ou "não rival". Em outras palavras, o seu consumo por parte de um indivíduo ou de um grupo social não prejudica o consumo do mesmo bem pelos demais integrantes da sociedade. Ou seja, todos se beneficiam da produção de bens públicos mesmo que, eventualmente, alguns mais do que outros. São exemplos de bens públicos: bens tangíveis como as ruas ou a iluminação pública; e bens intangíveis como justiça, segurança pública e defesa nacional.

Outra característica importante é o *princípio da "não exclusão"* no consumo desses bens. De fato, em geral, é difícil ou mesmo impossível impedir que um determinado indivíduo usufrua de um bem público. Por exemplo, se o governo resolve aumentar o policiamento de uma rua residencial, todos os moradores dessa rua – sem que se possa distinguir entre os indivíduos A ou B – serão beneficiados pela decisão. É diferente de uma situação na qual o consumo/uso de um bem/serviço por uma determinada pessoa significa a exclusão da utilização, consumo deste bem/serviço por outra, como ocorre com os bens privados – como roupas, alimentos, habitações, automóveis e outros. Tomemos como exemplo uma loja que vende um certo modelo de vestido a um preço promocional. Tendo em vista que após um dia de vendas intensas tenha restado apenas uma peça e cheguem duas pessoas, A e B, à loja para comprar o vestido, somente uma delas poderá comprá-lo. A partir do momento em que A comprar a peça, B estará automaticamente excluída do consumo do vestido – ou vice-versa. Neste caso o consumo é "rival": o vestido comprado por A não pode ser comprado por B. Ou seja, em uma situação como essa, onde o bem é privado, é possível individualizar o consumo do bem, diferentemente do que ocorre quando se trata de um bem público.

A questão que se coloca para a sociedade é, justamente, como ratear os custos da produção dos bens públicos entre a população, tendo em vista que é impossível determinar o efetivo benefício que cada indivíduo derivará do seu consumo que, muitas vezes, sequer é voluntário. Sendo assim e levando em conta que os bens públicos, uma vez produzidos, beneficiarão a todos os indivíduos, independentemente da participação de cada um no rateio de custos, é natural que os indivíduos, se fossem chamados a "precificar" sua preferência através de "lances", tendessem a subavaliar os benefícios gerados pelo bem público, a fim de reduzir suas contribuições. Além disso, o fato de não se poder individualizar o consumo permite que algumas pessoas – os "caronas" – possam agir de má fé, alegando que não querem ou não precisam ter acesso ao consumo, desta forma negando-se a pagar por ele, ainda que acabem usufruindo do benefício do bem público.

É o princípio da "não exclusão" no consumo dos bens públicos que torna a solução de mercado, em geral, ineficiente para garantir a produção da quantidade adequada de bens públicos requerida pela sociedade. O sistema de mercado só funciona adequadamente quando o princípio da "exclusão" no consumo pode ser aplicado, ou seja, quando o consumo por um indivíduo A de um bem específico significa que A tenha pago o preço do tal bem, enquanto B, que não pagou por esse bem, é excluído do consumo do mesmo. Em outras palavras, o comércio não pode ocorrer sem que haja o direito de propriedade que depende da aplicação do princípio de exclusão. Sem este, o sistema de mercado não pode funcionar de forma adequada, já que os consumidores não farão lances que revelem sua preferência à medida que podem, como "caronas", usufruir dos mesmos benefícios. *É por esta razão que a responsabilidade pela provisão de bens públicos recai sobre o governo*, que financia a produção desses bens através da cobrança compulsória de impostos.

A existência de monopólios naturais

Existem setores cujo processo produtivo caracteriza-se pelos retornos crescentes de escala, ou seja, os custos de produção unitários declinam conforme aumenta a quantidade produzida. Sendo assim, dependendo do tamanho do mercado consumidor dos bens desses setores, pode ser mais vantajoso haver apenas uma empresa produtora do bem em questão. Uma grande quantidade de empresas operando no mesmo setor implicaria um nível de produção muito baixo para cada uma e, consequentemente, custos de produção mais altos. Por exemplo, pode ser mais eficiente a existência de apenas uma empresa de distribuição de energia elétrica servindo um mercado consumidor local.

No caso da ocorrência do monopólio natural, a intervenção do governo pode tomar duas formas possíveis. Ele pode exercer apenas a *regulação* dos monopólios naturais, a fim de impedir que o forte poder de mercado detido pelas empresas monopolistas reflita-se na cobrança de preços abusivos junto aos consumidores, o que representaria uma perda de bem-estar para a sociedade como um todo. Alternativamente, o governo pode responsabilizar-se diretamente pela *produção* do bem ou serviço referente ao setor caracterizado pelo monopólio natural.

As externalidades

São comuns os casos em que a ação de um indivíduo ou de uma empresa afeta direta ou indiretamente outros agentes do sistema econômico. As situações nas quais essas ações implicam benefícios a outros indivíduos ou firmas da economia são caracterizadas como "externalidades positivas". Por exemplo, se um indivíduo decide fazer uma limpeza geral em sua casa visando à eliminação dos focos de concentração dos mosquitos transmissores da dengue, ele não apenas estará contribuindo para a manutenção de sua saúde, como também estará ajudando a saúde de seus vizinhos. Um outro exemplo é o investimento em setores de infraestrutura que, garantindo um aumento da oferta de insumos importantes como a energia elétrica, traz benefícios para todos os outros setores da economia.

Por outro lado, existem as chamadas "externalidades negativas". Estas correspondem àquelas situações nas quais a ação de um determinado agente da economia prejudica os demais indivíduos ou empresas. Os exemplos mais comuns deste tipo de externalidades são o lixo das indústrias químicas jogado nos rios e mares e a poluição do ar pelas empresas. Em termos individuais, destaca-se o fumante que obriga todas as outras pessoas sentadas em uma sala de espera do consultório dentário, por exemplo, a inspirar a fumaça de seu cigarro.

A existência de externalidades justifica a intervenção do Estado, que pode se dar através: a) da produção direta ou da concessão de subsídios, para gerar externalidades positivas; b) de multas ou impostos, para desestimular externalidades negativas e c) da regulamentação. Por exemplo, no caso da introdução da eletrificação rural que implica um investimento volumoso, com longo prazo de maturação e pouco rentável, pode ser que não haja interesse do setor privado para assumir a empreitada, ainda que se reconheça que possa gerar altos benefícios sociais. Sendo assim, o governo pode assumir diretamente a responsabilidade pelo investimento, como ocorreu, principalmente, nos países em desenvolvimento. Alternativamente, o governo pode conceder subsídios ao setor privado a fim de estimulá-lo a assumir diretamente a responsabilidade pela eletrificação rural. Uma outra forma de intervenção, no sentido oposto, é a emissão de multas às empresas e/ou indivíduos que causem danos à sociedade: as multas de trânsito são um bom exemplo. Finalmente, o governo pode introduzir regulamentações específicas como a estipulação de um máximo de emissão de gases na atmosfera por parte das empresas e a exigência de áreas para não fumantes em ambientes fechados.

Os mercados incompletos

Diz-se que um mercado é incompleto quando um bem/serviço não é ofertado, ainda que o seu custo de produção esteja abaixo do preço que os potenciais consumidores estariam dispostos a pagar. A definição é feita em contraposição ao conceito de mercado completo que é capaz de ofertar qualquer bem/serviço cujo custo de provisão é menor do que as pessoas estão dispostas a pagar por ele.

Esta falha pode acontecer porque, mesmo que se trate de atividades típicas de mercado, nem sempre o setor privado está disposto a assumir riscos. Principalmente no que diz respeito a países em desenvolvimento, por exemplo, a existência de um sistema financeiro e/ou um mercado de capitais pouco desenvolvidos não fornece o financiamento a longo prazo necessário ao esforço de desenvolvimento do sistema econômico. Neste caso, a intervenção do governo é importante para a concessão do crédito de longo prazo que financie os investimentos no setor produtivo. No Brasil, destacam-se os bancos públicos de desenvolvimento econômico, como o BNDES.

Ainda em relação aos países em desenvolvimento, além de problemas de financiamento, há muitos casos em que é necessária uma coordenação dos mercados em alta escala, o que justifica a intervenção do Estado mediante processos de planejamento. Por exemplo, o objetivo de industrialização rápida de um país atrasado pode requerer uma ordenação de setores prioritários para a instalação da indústria. Isto exige uma estreita coordenação entre as empresas, bancos e agentes envolvidos nas atividades produtivas cotidianas. Como no mundo capitalista as ações dos agentes privados nem sempre são consistentes entre si, é natural que o Estado assuma, eventualmente, uma função coordenadora.

As falhas de informação

Nos casos de falhas de informação, a intervenção do Estado justifica-se em razão de o mercado por si só não fornecer dados suficientes para que os consumidores tomem suas decisões racionalmente. A forma de ação do Estado pode ser mediante a introdução de uma legislação que induza a uma maior transparência do mercado. Por exemplo, podemos citar a exigência de que os balanços contábeis das empresas e bancos com capital aberto sejam publicados periodicamente pela imprensa.

Entretanto, a importância da intervenção do Estado não se limita à simples proteção dos consumidores. Tendo em vista que a informação pode ser considerada um bem público – favorecendo todos os agentes do sistema econômico –, o grande objetivo do Estado deve ser contribuir para que o fluxo de informações seja o mais eficiente possível.

A ocorrência de desemprego e inflação

O livre funcionamento do sistema de mercado não soluciona problemas como a existência de altos níveis de desemprego e inflação. Neste caso, há espaço para a ação do Estado no sentido de implementar políticas que visem à manutenção do funcionamento do sistema econômico o mais próximo possível do pleno emprego e da estabilidade de preços.

O relacionamento entre as falhas de mercado

Cabe ressaltar que em muitas situações há uma superposição entre alguns dos aspectos mencionados. Por exemplo, um programa antipoluição que vise à melhoria do ar atmosférico, por um lado, acaba criando uma *externalidade positiva* porque traz benefícios para a sociedade como um todo. Por outro, todos os indivíduos da sociedade têm acesso de forma homogênea a um ar mais limpo, ou seja, não há rivalidade no consumo, nem se pode aplicar o princípio da exclusão, tendo em vista que é impossível impedir que qualquer indivíduo usufrua dos benefícios gerados pelo programa antipoluição. Sendo assim, o ar mais limpo também constitui um *bem público*.

A criação de empregos e a estabilização da inflação, por sua vez, acabam se constituindo em externalidades positivas. Por um lado, a redução do desemprego aumenta o mercado consumidor para os bens produzidos pelo sistema econômico e também contribui para a redução da violência para toda a sociedade. No caso da estabilização econômica, a eliminação da inflação acaba também trazendo benefícios para todos.

As razões para a existência do governo

Como tentamos demonstrar, deixando de lado questões políticas e ideológicas, a existência do governo é necessária para guiar, corrigir e complementar o sistema de mercado que, sozinho, não é capaz de desempenhar todas as funções econômicas. Essa constatação é importante à medida que demonstra que a discussão sobre o tamanho adequado do Estado tem a ver mais com questões técnicas do que ideológicas.

PARA QUE SERVE O GOVERNO?

Muitos leitores já devem se ter feito essa pergunta. Ou, colocando as coisas de outra forma, seria possível não ter governo? Um exercício intelectual interessante é imaginar o que aconteceria se, por exemplo, um transatlântico com 2.000 passageiros naufragasse e todas as pessoas conseguissem se salvar, sem que o resto do mundo saiba do seu destino, indo parar em uma ilha deserta.

> O pequeno anarquista que vive dentro de cada um, no início, provavelmente levaria cada pessoa a tentar sobreviver de forma independente das outras. Com o passar do tempo, porém, algumas perguntas começariam a surgir, tais como:
>
> - Como fará a comunidade para se proteger da ação dos animais selvagens?
> - Se houver um litígio entre duas pessoas, quem arbitrará para decidir quem está com a razão?
> - Quem tomará conta dos eventuais infratores que, por exemplo, forem pegos roubando o sustento dos outros?
> - Quem tomará conta dos doentes?
>
> e tantas outras que poderão surgir. O leitor já terá percebido que o "exercício" proposto nada mais é do que uma parábola para explicar – e justificar – a existência dos governos. De fato, a primeira questão está associada ao que seria o conceito de "defesa"; a segunda ao de "justiça" etc. O governo surge então como um fato natural da evolução das sociedades humanas, como forma de organizar e disciplinar melhor as relações entre as pessoas. A partir dessa necessidade inicial, porém, é claro que há uma série de vícios e imperfeições, como a má escolha de prioridades; o desperdício de recursos etc., que constituem o "fermento" que alimenta as críticas que, em maior ou menor medida, são dirigidas aos governos de todos os países do mundo. Pode-se – e deve-se – tentar minorar essas imperfeições, sem perder de vista que a alternativa à existência de um governo é o "cada um por si", o que é obviamente incompatível com qualquer forma de convivência civilizada entre pessoas ou grupos sociais.

Em primeiro lugar, a operação do sistema de mercado necessita de uma série de contratos que dependem da proteção e da *estrutura legal* implementada pelo governo.[2]

Em segundo lugar, mesmo que os mercados funcionassem sob concorrência perfeita, o que de fato não acontece, as características de produção ou de consumo de determinados bens são tais que eles não poderiam ser fornecidos

---

[2] O filósofo russo Nicolai Berdyaev, que viveu no final do século XIX/primeira metade do século XX, dizia que "os governos existem não para tornar a vida na Terra um paraíso, mas para evitar que ela se torne um completo inferno".

pelo sistema de mercado.³ A existência de *bens públicos* e externalidades, por exemplo, dá origem a falhas no sistema de mercado, que levam à necessidade de soluções através do setor público.

Em terceiro lugar, o livre funcionamento do sistema de mercado não garante, necessariamente, o elevado *nível de emprego*, a *estabilidade dos preços* e a *taxa de crescimento do PIB* desejada pela sociedade. Sendo assim, a ação do governo é fundamental para assegurar esses objetivos.

Além disso, mesmo que o sistema de mercado funcione segundo o ótimo de Pareto, ele pode estar promovendo uma distribuição de renda e/ou riqueza indesejada do ponto de vista social, o que abre um importante espaço para a ação do setor público em favor da distribuição da renda.

De fato, a crescente complexidade dos sistemas econômicos no mundo como um todo tem levado a um aumento da atuação do governo, que tem se refletido no aumento da participação dos gastos do setor público ao longo do tempo. A percentagem dos gastos públicos sobre o PIB passou de uma média internacional, no grupo de países mais desenvolvidos do mundo, de cerca de 11% no final do século XIX, para algo em torno de 40% a 45% nas últimas décadas – ver Tabela 1.1.⁴

OS OBJETIVOS DA POLÍTICA FISCAL E AS FUNÇÕES DO GOVERNO

A ação do governo através da política fiscal abrange três funções básicas. A *função alocativa* diz respeito ao fornecimento de bens públicos. A *função distributiva*, por sua vez, está associada a ajustes na distribuição de renda que permitam que a distribuição prevalecente seja aquela considerada justa pela sociedade. A *função estabilizadora* tem como objetivo o uso da política econômica visando a um alto nível de emprego, à estabilidade dos preços e à obtenção de uma taxa apropriada de crescimento econômico.

---

[3] Não se deve confundir a existência de mercados competitivos com mercados que funcionem sob concorrência perfeita, tendo em vista que, no segundo caso, se trata de uma abstração teórica, não sendo tais mercados observáveis na realidade – o que decorre das hipóteses altamente restritivas do modelo de concorrência perfeita, como a existência de informação perfeita por parte dos agentes econômicos.
[4] A análise detalhada da evolução da despesa pública será feita adiante no item "O gasto público".

TABELA 1.1
Crescimento do gasto público no mundo (% PIB) (a)

	Final do século XIX, em torno de 1870 (b)	Período prévio à I Guerra Mundial, em torno de 1913 (b)	Período posterior à I Guerra Mundial, em torno de 1920 (b)	Período prévio à II Guerra Mundial, em torno de 1937 (b)	1960	1980	1990	2007
Alemanha	10,0	14,8	25,0	34,1	32,4	47,9	45,1	43,9
Austrália	18,3	16,5	19,3	14,8	21,2	34,1	34,9	34,9
Áustria	–	–	14,7	20,6	35,7	48,1	38,6	48,0
Bélgica (c)	–	13,8	22,1	21,8	30,3	57,8	54,3	48,8
Canadá	–	–	16,7	25,0	28,6	38,8	46,0	39,3
Espanha (c)	–	11,0	8,3	13,2	18,8	32,2	42,0	38,7
Estados Unidos	7,3	7,5	12,1	19,7	27,0	31,4	32,8	36,6
França	12,6	17,0	27,6	29,0	34,6	46,1	49,8	52,6
Holanda (c)	9,1	9,0	13,5	19,0	33,7	55,8	54,1	45,9
Irlanda	–	–	18,8	25,5	28,0	48,9	41,2	36,4
Itália (c)	11,9	11,1	22,5	24,5	30,1	42,1	53,4	48,5
Japão	8,8	8,3	14,8	25,4	17,5	32,0	31,3	36,0
Noruega	5,9	9,3	16,0	11,8	29,9	43,8	54,9	40,9
Nova Zelândia	–	–	24,6	25,3	26,9	38,1	41,3	39,9
Reino Unido	9,4	12,7	26,2	30,0	32,2	43,0	39,9	44,6
Suécia	5,7	10,4	10,9	16,5	31,0	60,1	59,1	52,6
Suíça	16,5	14,0	17,0	24,1	17,2	32,8	33,5	35,4
Média simples	10,5	12,0	18,2	22,4	27,9	43,1	44,2	42,5

(a) Governo geral.
(b) Valor referente ao ano mais próximo para o qual se dispõem de dados depois de 1870, antes de 1913, depois de 1920 e antes de 1937.
(c) Até 1937, dados referentes apenas ao governo central.

Fonte: Tanzi, Vito; Fundo Monetário Internacional, "The demise of the Nation State", IMF Working Paper, WP/98/120, agosto 1998. Dados atualizados com base em Tanzi (2011).

A função alocativa

Como vimos, os bens públicos não podem ser fornecidos de forma compatível com as necessidades da sociedade através do sistema de mercado. O fato de os benefícios gerados pelos bens públicos estarem disponíveis para todos os consumidores faz com que não haja pagamentos voluntários aos fornecedores desses bens. Sendo assim, perde-se o vínculo entre produtores e consumidores, o que leva à necessidade de intervenção do governo para garantir o fornecimento dos bens públicos.

Isto posto, o governo deve: a) determinar o tipo e a quantidade de bens públicos a serem ofertados e b) calcular o nível de contribuição de cada consumidor. Em relação a este último ponto, um determinado consumidor não tem motivos para se "apresentar" ao governo e declarar o valor "justo" que ele atribui aos serviços prestados pelo setor público, a não ser que tenha certeza de que os demais indivíduos beneficiados pelo fornecimento dos bens públicos façam o mesmo. Neste caso, há um espaço claro de ação dos "caronas", que preferirão se utilizar dos bens públicos sem pagar por isso, na esperança de que outros consumidores contribuam para o governo, financiando a produção desses bens. Tendo em vista que grande parte dos consumidores, de forma racional, provavelmente agiria dessa maneira, o financiamento da produção dos bens públicos não pode dar-se de forma voluntária. De fato, o financiamento da produção dos bens públicos depende da obtenção *compulsória* de recursos, através da cobrança de impostos.

É neste sentido que o processo político surge como substituto do mecanismo do sistema de mercado. A decisão por um determinado governante através do processo eleitoral funciona como uma espécie de revelação de preferências por parte da sociedade. De forma indireta, *a eleição mostra não apenas quais bens públicos são considerados prioritários, como o quanto os indivíduos estarão dispostos a contribuir sob a forma de impostos para o financiamento da oferta de bens públicos*. Por exemplo, uma sociedade que esteja buscando uma redução da violência tenderá a eleger um candidato que tenha como prioridade o aumento da segurança das ruas, ainda que isto signifique, necessariamente, um aumento dos impostos para arcar com o aumento do contingente de policiais. Neste caso seria revelada, ainda que de forma indireta, uma preferência pelo bem público "segurança".

Um ponto relevante para destacar aqui é a distinção entre os conceitos de *"produção"* e de *"provisão"* de bens ou serviços públicos. Fazendo um paralelo com a oferta de tomates, ninguém vai reclamar com o governo se esse produto faltar na prateleira do supermercado. O próprio funcionamento do sistema de preços se encarregará de que essa oferta seja normalizada rapidamente.

Entretanto, se um bairro ficar sem luz ou se os telefones de uma cidade não funcionarem direito, muito provavelmente a irritação da população vai se manifestar em críticas ao governo, independentemente de as empresas fornecedoras do serviço serem públicas ou privadas. E isto por um motivo muito simples: o serviço é público – daí o nome genérico de "serviços públicos" –, no sentido de que atende a uma parte expressiva da população. Em outras palavras, há atividades em relação às quais, mesmo que o Estado deixe de ser responsável pela produção de um bem ou serviço, ele é intrinsecamente responsável pela sua provisão, isto é, deve zelar – diretamente ou através dos órgãos reguladores – para que a população seja adequadamente servida em termos da oferta e da qualidade de certos bens ou serviços.

Vale destacar também a importância da provisão por parte do setor público dos chamados bens "semipúblicos" ou "meritórios", que constituem um caso intermediário entre os bens privados e os bens públicos. Apesar de poderem ser submetidos ao princípio da exclusão e, desta forma, serem explorados pelo setor privado, *o fato de gerarem altos benefícios sociais e externalidades positivas justifica a produção total ou parcial dos bens meritórios pelo setor público*. Os principais exemplos são os serviços de educação e saúde. Da mesma forma que no caso dos bens públicos, os recursos necessários para a produção desses bens são obtidos compulsoriamente, através da tributação.

Por último, em muitos países também foi importante a ação do "Estado empresário" na promoção do crescimento econômico.[5] Neste caso, a intervenção direta do setor público na produção de bens e serviços privados justificou-se, em um determinado momento histórico, pela insuficiência do setor privado em mobilizar recursos para o desenvolvimento de projetos de grande porte, principalmente nos setores de infraestrutura.[6] Além da necessidade de um montante considerável de recursos para o seu financiamento, os investimentos nestes setores também tinham um longo prazo de maturação, o que levava a uma demora na geração dos lucros e desestimulava, desta forma, o investimento privado. Finalmente, dado o potencial dos setores de infraestrutura de geração de externalidades positivas para o resto do sistema econômico, os bens e serviços gerados por eles eram vendidos a preços subsidiados, o que também desincentivava o investimento privado nesses setores.

---

[5] No passado, no Brasil, por exemplo, as empresas estatais foram responsáveis pela produção de bens como aço, produtos petroquímicos, fertilizantes etc., além de serviços como as telecomunicações ou a energia elétrica. Com o passar do tempo, porém, o conceito do que era "essencial" ou "estratégico" que o Estado produzisse diretamente, por meio de empresas de sua propriedade, foi mudando e hoje a atuação do Estado na economia como agente produtor é limitada a um número muito menor de setores, como o de petróleo.

[6] Como já foi visto, estes setores geram externalidades positivas, o que justifica, por si só, a intervenção, direta ou indireta, do governo nos mesmos.

A função distributiva

A distribuição de renda resultante, em determinado momento, das dotações dos fatores de produção – capital, trabalho e terra – e da venda dos serviços desses fatores no mercado pode não ser a desejada pela sociedade. Cabem, portanto, alguns ajustes distributivos feitos pelo governo, no sentido de promover uma distribuição considerada justa pela sociedade. Para isso, o governo se utiliza de alguns instrumentos principais: a) as transferências; b) os impostos e c) os subsídios. De fato, esses três instrumentos estão estreitamente relacionados, havendo várias formas de promover uma redistribuição da renda.

Em primeiro lugar, através do esquema de transferências o governo pode promover uma redistribuição direta da renda, tributando em maior medida os indivíduos pertencentes às camadas de renda mais alta, e subsidiando os indivíduos de baixa renda.[7] Um exemplo desse tipo de política é o imposto de renda negativo, utilizado em alguns países desenvolvidos, que implica uma transferência de renda para as pessoas que ganhem menos do que um determinado nível mínimo de rendimentos.

Em segundo lugar, os recursos captados pela tributação dos indivíduos de renda mais alta podem ser utilizados para o financiamento de programas voltados para a parcela da população de baixa renda, como o de construção de moradias populares.

Finalmente, o governo pode impor alíquotas de impostos mais altas aos bens considerados de "luxo" ou "supérfluos", consumidos pelos indivíduos de renda mais alta, e cobrar alíquotas mais baixas dos bens que compõem a cesta básica, subsidiando, desta forma, a produção dos bens de primeira necessidade, com alta participação no consumo da população de baixa renda.

Vale destacar também o papel do sistema de seguridade social na redistribuição de renda da sociedade. Os recursos captados pelo sistema e aplicados em hospitais públicos, por exemplo, promovem uma redistribuição de renda da parcela da população de renda mais alta para a de renda mais baixa, tendo em vista que este segmento da população utiliza em maior medida os serviços do sistema público de saúde. Os benefícios assistenciais concedidos a pessoas de baixa renda sem que tenham contribuído para a previdência social são um outro exemplo importante.

---

[7] O mesmo princípio vale para o uso de recursos de transferências tributárias, com objetivos redistributivos de caráter regional entre as diferentes unidades da federação, em favor das mais pobres.

A função estabilizadora

A importância da função estabilizadora do Estado passou a ser defendida, principalmente, a partir da publicação do livro *Teoria Geral do Juro, do Emprego e da Moeda* em 1936, de autoria de John Maynard Keynes. Até então, acreditava-se que o mercado tinha uma capacidade de se autoajustar ao nível de pleno emprego da economia. A flexibilidade de preços e salários garantiria este equilíbrio: a existência de desemprego só seria explicada, por exemplo, por um nível de salários reais acima daquele que equilibraria a demanda e a oferta de trabalho, o que poderia ocorrer em razão da ação dos sindicatos. Keynes, ao contrário, apontava que o limite ao emprego era dado pelo nível de demanda: as firmas só estariam dispostas a empregar determinada quantidade de trabalho conforme as expectativas de venda de seus produtos. Desta forma, tudo que pudesse ser feito para aumentar a quantidade de gastos na economia contribuiria para uma redução da taxa de desemprego da economia. Neste sentido, Keynes deu ênfase ao papel do Estado mediante as políticas monetárias, e principalmente fiscal, para promover um alto nível de emprego na economia.

Como já foi comentado, o funcionamento do sistema de mercado não é, por si só, capaz de assegurar altos níveis de emprego, estabilidade dos preços e altas taxas de crescimento econômico. Sendo assim, a intervenção do governo pode ser importante no sentido de proteger a economia de flutuações bruscas, caracterizadas por alto nível de desemprego e/ou alto nível de inflação. Para isso, os principais instrumentos macroeconômicos à disposição do governo são as políticas fiscal e monetária.

Supondo que as flutuações da economia decorram de uma insuficiência ou de um excesso de demanda agregada, o controle da demanda é a forma de intervenção do governo mais indicada para garantir a estabilidade do sistema econômico. O governo age sobre a demanda agregada da economia para manter altas taxas de crescimento e de emprego e baixa inflação.

A política fiscal pode se manifestar diretamente, através da variação dos gastos públicos em consumo e investimento, ou indiretamente, pela redução das alíquotas de impostos, que eleva a renda disponível do setor privado. Por exemplo, em uma situação recessiva, o governo pode promover um crescimento de seus gastos em consumo e/ou investimento e com isso incentivar um aumento da demanda agregada, tendo como resultado um maior nível de emprego e da renda da economia. Alternativamente, o governo pode reduzir as alíquotas de impostos, aumentando, desta forma, o multiplicador de renda da economia.

No caso da existência de um alto nível de inflação, por sua vez, decorrente de um excesso de demanda agregada na economia, o governo pode agir de forma inversa ao caso anterior, promovendo uma redução da demanda agregada, através da diminuição dos seus gastos e/ou do aumento das alíquotas dos impostos – que reduziria a renda disponível e, consequentemente, o nível de consumo da economia.

Dependendo da situação, o governo pode preferir agir sobre a demanda agregada da economia através da política monetária. Em casos de recessão ou desaceleração do crescimento econômico, o governo pode promover uma redução das taxas de juros, estimulando desta forma o aumento dos investimentos e, consequentemente, o crescimento da demanda agregada e da renda nacional. Alternativamente, em uma situação de excesso de demanda com impactos inflacionários, o governo pode aumentar as taxas de juros, reduzindo, desta maneira, a demanda agregada da economia. Para se atingir as prioridades da política econômica, o mais comum, na prática, é uma ação combinada das políticas fiscal e monetária por parte do governo.

O FINANCIAMENTO ATRAVÉS DE SENHORIAGEM

Os economistas denominam de "senhoriagem" (S) o fluxo de criação nominal de base monetária (B). Defina-se t como um período e T como o momento final desse período. Assim,

$$S_t = B_T - B_{T-1} = [B_T/P_T - B_{T-1}/P_{T-1}] \cdot P_T + [B_{T-1}/P_{T-1} - B_{T-1}/P_T] \cdot P_T$$

em que P é o índice de preços, o símbolo (-1) indica defasagem e a última igualdade não tem significado econômico, usando-se o artifício de subtrair e adicionar a expressão $[(B_{T-1}/P_{T-1}) \cdot P_T]$ só para respeitar a igualdade e permitir o desenvolvimento explicado a seguir. Manipulando os termos da equação, tem-se

$$S_t = [B_T - B_{T-1} \cdot (1+\pi)] + [B_{T-1} \cdot (1+\pi) - B_{T-1}] = [B_T - B_{T-1} \cdot (1+\pi)] + [B_{T-1} \cdot \pi]$$

em que π é a inflação anual, o termo $[B_T - B_{T-1} \cdot (1+\pi)]$ corresponde ao fluxo de aumento ou redução da base monetária em termos *reais* e $[B_{T-1} \cdot \pi]$ é o que os economistas chamam de "imposto inflacionário".

Isso significa que o governo pode se financiar "de graça" – sem assumir o ônus associado ao pagamento de juros da sua dívida –, de duas formas. A primeira é emitindo moeda para acompanhar a maior demanda por esta, em termos reais. A segunda é através da corrosão do valor real da base monetária existente, o que lhe permite imprimir moeda apenas para conservar o valor real da moeda previamente impressa. O primeiro termo – fluxo associado à variação do valor real da base monetária – é função direta do crescimento da economia e inversa da *mudança* da inflação, o que significa que o termo da variação real da base monetária pode ter um valor negativo, se o PIB estiver crescendo pouco e a inflação aumentar. O imposto inflacionário, por definição, é sempre positivo, para $\pi > 0$.

De forma estilizada, a base monetária pode ser definida, a qualquer momento do tempo, supondo perfeita previsão da inflação, como

$$B = k \cdot Y \cdot (1+\pi)^{-\alpha}$$

em que Y é o PIB, k é a relação base monetária/PIB em condições de estabilidade plena dos preços – inflação nula – e α é um parâmetro de elasticidade da demanda de moeda à inflação. Esta equação explica por que a demanda de moeda cai quando a inflação aumenta, já que as pessoas querem conservar menos dinheiro no bolso ou em conta-corrente, pois o seu valor real é corroído pelo aumento dos preços. Consequentemente, em uma economia na qual o PIB seja constante, um aumento da inflação tende a provocar, de um lado, uma diminuição da demanda por base monetária em termos reais; e, de outro, um aumento do imposto inflacionário. A receita de senhoriagem vai variar para mais ou para menos em função da importância relativa de cada um desses dois fenômenos.

Se supusermos, simplificadamente, que o PIB de uma economia encontra-se estabilizado e, portanto, que a senhoriagem é igual ao imposto inflacionário, o valor deste em função da inflação segue então um padrão de tipo "curva de Laffer". Isto é, com $\pi = 0$, evidentemente, não há imposto inflacionário, mas se a inflação tender a infinito, a "receita" de senhoriagem pode tender a zero, já que a erosão da base de incidência do "imposto" – a base monetária, que tenderia a desaparecer – predominaria sobre o efeito de aumento da "alíquota" associado à maior inflação. Em algum ponto intermediário, portanto, há uma certa taxa de inflação "de equilíbrio" que maximiza a "receita" do imposto inflacionário.

TEORIA DA TRIBUTAÇÃO

Para poder arcar com as funções anteriormente descritas, o governo precisa gerar recursos. A principal fonte de receita do setor público é a arrecadação tributária. Com a finalidade de aproximar um sistema tributário do "ideal", é importante que alguns aspectos principais sejam levados em consideração: a) o conceito da equidade, ou seja, a ideia de que a distribuição do ônus tributário deve ser equitativa entre os diversos indivíduos de uma sociedade; b) o conceito da progressividade, isto é, o princípio de que se deve tributar mais quem tem uma renda mais alta; c) o conceito da neutralidade, pelo qual os impostos devem ser tais que minimizem os possíveis impactos negativos da tributação sobre a eficiência econômica e d) o conceito da simplicidade, segundo o qual o sistema tributário deve ser de fácil compreensão para o contribuinte e de fácil arrecadação para o governo.

Quais são as características de um sistema tributário "ideal"?

Há alguns pré-requisitos a serem considerados para que possamos definir um sistema tributário como "ideal".

Em primeiro lugar, a distribuição do ônus tributário deve ser equitativa, ou seja, cada um deve pagar uma contribuição considerada justa. Em segundo lugar, a cobrança dos impostos deve ser conduzida no sentido de onerar mais aquelas pessoas com maior capacidade de pagamento. Em terceiro lugar, o sistema tributário deve ser estruturado de forma a interferir minimamente possível na alocação de recursos da economia, para que não cause ineficiência no funcionamento do sistema econômico. Por último, a administração do sistema tributário deve ser eficiente a fim de garantir um fácil entendimento da parte de todos os agentes da economia e minimizar os custos de fiscalização da arrecadação.

Os conceitos de equidade e progressividade

Pelo conceito de equidade, cada contribuinte deve contribuir com uma parcela "justa" para cobrir os custos do governo. Mas como definir qual é esta parcela justa? Neste sentido, existem duas abordagens principais na teoria do setor público: a do "princípio do benefício" e a da "capacidade de pagamento".

a) O "princípio do benefício"

Segundo o "princípio do benefício", cada indivíduo deveria contribuir com uma quantia proporcional aos benefícios gerados pelo consumo do bem público. Esse método de cálculo não é de fácil implementação, pois a avaliação dos indivíduos sobre os benefícios gerados pelo consumo dos bens públicos não é conhecida pelo governo e precisa ser revelada através de um processo eleitoral. Além disso, levando em consideração que as preferências diferem entre os indivíduos, não se pode aplicar qualquer fórmula tributária geral à sociedade como um todo.

De qualquer forma, uma aplicação parcial do princípio do benefício é possível em situações em que o financiamento do serviço público ocorre diretamente através do pagamento de entradas, tarifas ou taxas de utilização, como no caso das tarifas de trens urbanos. A utilização deste princípio é particularmente viável e desejável para viabilizar o financiamento de bens/ou serviços privados – para os quais o consumo seja rival e possa se aplicar o princípio da exclusão – fornecidos pelo governo. Isto porque, neste caso, os benefícios podem ser associados a um indivíduo em particular que deverá pagar por aqueles. Ou seja, quando os benefícios são internalizados, o governo pode atuar similarmente ao setor privado, utilizando os mesmos princípios de determinação de preços.

Um exemplo da adoção de um imposto baseado no princípio do benefício pode ser a aplicação de um tributo sobre combustíveis, cuja arrecadação seja direcionada para o financiamento da manutenção e/ou construção de rodovias. A princípio, este tipo de imposto é pago exatamente por aqueles que mais se beneficiam dos recursos com isso arrecadados – os motoristas que usam as estradas construídas com os recursos dos impostos. Entretanto, é questionável se o "princípio do benefício" é atingido no que diz respeito a cada motorista em particular. Isto porque cada motorista pode ter um perfil diferente, com alguns tendo hábito de viajar mais do que outros, por exemplo.

As contribuições para a previdência social são um outro exemplo de tributação pelo "princípio do benefício". Neste caso, as pensões a serem recebidas à época da aposentadoria – isto é, os benefícios – pelos trabalhadores têm uma estreita relação com as contribuições – ou seja, a taxação – sobre o seu salário pagas ao longo de sua vida profissional.

b) O "princípio da capacidade de pagamento"

Como vimos na seção anterior, ainda que o "princípio do benefício" possa ser utilizado diretamente para o financiamento de alguns bens providos pelo setor público, ele não é suficiente para a formulação de uma regra geral para a estrutura tributária. O total de gastos que podem ser financiados a partir de impostos específicos é limitado e grande parte da arrecadação tributária não é gerada a partir deste tipo de tributo, que pode ser coerente com o "princípio do benefício". Ademais, este princípio, ainda que em condições ideais, só pode ser associado com o financiamento dos serviços públicos – ou seja, com a função alocativa – e nunca com a função distributiva do processo de impostos e transferências. Sendo assim, há a necessidade de uma forma alternativa de cálculo dos impostos que leve em consideração a questão da equidade na tributação.

Tal forma alternativa de calcular o quanto cada indivíduo deve pagar de impostos segue o princípio da capacidade de pagamento, que, ao contrário do anterior, permite a formulação de uma regra geral de tributação para a sociedade como um todo. Segundo este princípio, o ônus tributário deve ser tal que garanta as equidades horizontal e vertical. Conforme a primeira, os contribuintes com mesma capacidade de pagamento devem pagar o mesmo nível de impostos. Já de acordo com o segundo conceito, as contribuições dos indivíduos devem diferenciar-se conforme suas diversas capacidades de pagamento.

A partir da escolha do princípio da capacidade de pagamento como melhor critério de cálculo dos impostos na economia, surge a questão de qual seria o melhor indicador desta capacidade: um de fluxo – renda ou consumo – ou um de estoque – riqueza.

Em relação aos fluxos, a renda – calculada a partir da soma de todos os rendimentos da economia – representa uma base mais ampla do que o consumo para avaliar a capacidade de pagamento. Sob este ponto de vista, a renda seria um indicador mais adequado. Entretanto, para os defensores do consumo como melhor base de cálculo, a tributação da renda como um todo acaba levando à incidência de impostos sobre a poupança e o investimento, considerados atos que trazem benefícios ao sistema econômico. Por este raciocínio, só os atos de consumo, considerados "egoístas", deveriam ser tributados. Entretanto, a renda parece ser um melhor indicador do que o consumo quando se consideram as implicações distributivas do sistema tributário. Isto porque os impostos sobre a renda podem ser aplicados em uma base pessoal, com isenções e alíquotas progressivas definidas a partir das características individuais de cada contribuinte, enquanto os tributos sobre o consumo não geram uma taxação progressiva, pelo fato de todos os indivíduos pagarem a mesma alíquota.

E a riqueza, não poderia ser um indicador melhor do que a renda? Para os defensores da renda como melhor indicador da capacidade de pagamento, a tributação sobre a riqueza não é necessária se todas as formas de rendimento já tiverem sido sujeitas a pagamento de um imposto de renda abrangente. Se o imposto sobre a riqueza for considerado simplesmente um tributo sobre a renda que se gera a partir desta riqueza, a tributação sobre essa renda já representaria *per se* um ônus tributário para os detentores desse patrimônio.

Ainda que se opte pela renda como melhor indicador de capacidade de pagamento, a verdade é que, em muitos casos, é difícil a aplicação de um imposto de renda realmente abrangente. A passagem da teoria para a prática é complexa, tendo em vista a necessidade de se adaptar a legislação tributária às realidades do sistema econômico. Sendo assim, ainda que se adote a renda como principal base para o pagamento dos impostos, a experiência internacional, na prática, tem mostrado a importância da adoção de impostos complementares sobre o consumo e a riqueza para a garantia da validade do princípio da capacidade de pagamento.[8]

Aqui deve ser introduzida a definição do conceito de progressividade dos tributos. Um imposto é progressivo quando a alíquota de tributação se eleva quando aumenta o nível de renda. *A ideia que justifica uma tributação progressiva é a de que quem recebe mais renda deve pagar uma proporção maior de impostos relativamente às pessoas de baixa renda.* Em contraposição, um imposto regressivo é aquele que implica uma contribuição maior da parcela da população de baixa renda relativamente ao segmento de renda mais alta. Por exemplo, um país **A**, onde a tributação sobre a renda ocorra através da imposição de alíquotas crescentes com o aumento do nível de renda, adota um sistema tributário mais progressivo do que um país **B,** onde existe apenas uma alíquota para a cobrança do imposto de renda.

O conceito da neutralidade

O objetivo da neutralidade é que o sistema tributário não provoque uma distorção da alocação de recursos, prejudicando, desta forma, a eficiência do sistema. Por exemplo, no caso do imposto de renda, a redução da renda disponível dos indivíduos diminui de forma homogênea as suas possibilidades de consumo, não causando nenhum viés em relação ao consumo – e, consequentemente, à produção – de nenhum bem específico. Neste caso, o imposto é até certo ponto neutro, à medida que não afeta a eficiência nas decisões de alocação de recursos para a produção e o consumo de mercadorias e serviços. Entretanto, no caso dos impostos seletivos sobre o consumo, não há neutralidade do tributo, o que pode levar a uma redução do consumo – e, consequentemente, da produção – de um determinado bem em detrimento de outros. Stiglitz (1986) cita o exemplo da imposição de uma taxa sobre janelas na Inglaterra, que teria levado à construção de diversas casas sem janelas.

Vale ressaltar que a imposição de um imposto seletivo sobre o consumo pode, de fato, cumprir um papel positivo no sentido de corrigir uma falha de mercado. Por exemplo, a cobrança de impostos sobre o consumo de bebidas alcoólicas pode contribuir para o combate às externalidades negativas geradas por motoristas que dirijam embriagados, colaborando, desta forma, para a redução da probabilidade de acidentes no trânsito.

---

[8] No Brasil, por exemplo, em relação à tributação sobre a riqueza (patrimônio), destaca-se o Imposto Predial e Territorial Urbano (IPTU), um imposto sobre a posse de imóveis residenciais e comerciais que é responsável por parte considerável da arrecadação própria dos municípios.

O conceito de simplicidade

Finalmente, *o conceito de simplicidade relaciona-se com a facilidade da operacionalização da cobrança do tributo*. Por um lado, é importante que o imposto seja de fácil entendimento para quem tiver que pagá-lo. Por outro, a cobrança e a arrecadação do imposto, bem como o processo de fiscalização, não devem representar custos administrativos elevados para o governo.

A CURVA DE LAFFER

A relação ambígua existente entre aumentos de alíquotas e aumentos de receita é expressa no que a literatura denomina "curva de Laffer". Os princípios básicos dessa construção teórica são de que: a) com uma alíquota tributária nula, a receita obviamente é nula e b) com uma alíquota de 100%, a receita também é nula, pois ninguém iria trabalhar para que o governo se apropriasse de toda a renda. Assim, há um nível de alíquota que maximiza a receita. A partir desse ponto, no "lado errado da curva" – isto é, o direito –, aumentos de alíquotas são contraproducentes, pois produzem uma evasão e/ou um desestímulo às atividades formais que superam o aumento da alíquota, gerando uma perda de receita.

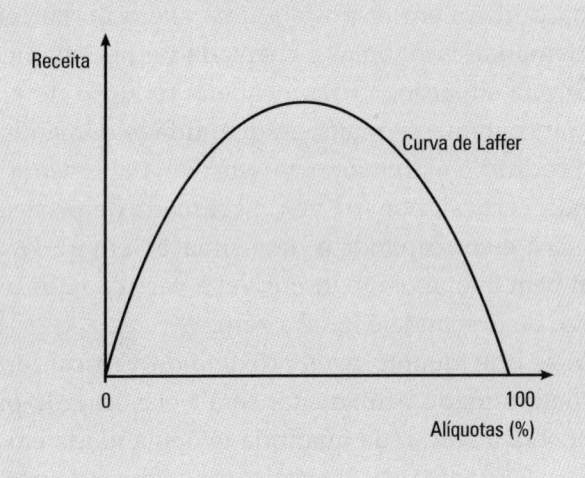

Quem é que de fato paga os impostos?

Na análise da tributação, uma questão que surge é se a pessoa sobre a qual o imposto incide é realmente aquela que arca com o ônus tributário. A existência de impostos altera os preços relativos da economia e é a resposta do mercado a estas mudanças que determina quem de fato paga os tributos. Sendo assim, a estrutura do mercado e as elasticidades-preço da oferta e da demanda são cruciais para a determinação de quem realmente arca com o imposto.

Tomemos o exemplo hipotético de um determinado imposto que seja cobrado sobre a folha salarial para financiar um programa social, supondo que, pela legislação, o empregador e o trabalhador devam arcar cada um com metade do ônus tributário. O problema é que, na prática, o empregador pode agir de duas formas diferentes a fim de reduzir o seu ônus tributário.

Por um lado, o empregador pode reduzir sua demanda por trabalhadores. Neste caso, se isso resultar em uma tendência de redução salarial, pode-se dizer que o ônus tributário está recaindo de forma mais "pesada" sobre os trabalhadores que, pela existência do imposto, acabam recebendo salários menores. Por outro, os empregadores podem decidir repassar o imposto para os preços finais de seus produtos. Havendo um aumento dos preços como resultado da incidência do imposto, pode-se considerar que parte do ônus tributário que deveria ser do produtor estará recaindo sobre os consumidores.

Adotando-se, por simplificação, a existência de mercados competitivos, o nível de repasse do ônus tributário do produtor para os preços, e consequentemente para os consumidores, dependerá das elasticidades das curvas de demanda e oferta pelo produto em questão.

A elasticidade-preço da demanda mede a mudança percentual na quantidade demandada do bem em resposta a uma alteração percentual do preço. Uma curva de demanda horizontal é chamada de perfeitamente ou infinitamente elástica. Nesta situação, a uma pequena redução do preço corresponde um aumento infinitamente maior da quantidade demandada. Neste caso, a demanda do produto é extremamente sensível a alterações no preço. Uma curva de demanda vertical, por sua vez, é chamada de perfeitamente ou infinitamente inelástica e corresponde a uma situação em que a quantidade demandada de um bem é totalmente insensível à variação dos preços, ou seja, a elasticidade-preço da demanda é igual a zero.

Disto conclui-se que, quanto mais próxima da vertical for a curva de demanda por um determinado bem, menor será a elasticidade-preço da demanda, isto é, menor será a reação da quantidade demandada em função de uma variação de preços. E quanto mais inelástica for a demanda por um bem, maior poderá ser o repasse do ônus tributário para os consumidores. No limite, uma demanda perfeitamente inelástica corresponde a uma situação em que os consumidores estarão dispostos a consumir sempre a mesma quantidade de um bem específico, independentemente do nível de preços que ele atingir. Neste caso, o produtor poderia repassar totalmente o ônus tributário para os preços. Alternativamente, quanto mais próxima da horizontal for a curva de demanda, maior será a elasticidade, ou seja, maior será a resposta da quantidade demandada a uma alteração dos preços. Portanto, pode-se concluir que, quanto mais elástica for a demanda por um bem, menor poderá ser o repasse do ônus tributário, tendo em vista que um aumento dos preços levará a uma queda mais que proporcional na quantidade demandada, o que resultará em uma perda da receita total do produtor.

A elasticidade-preço da oferta mede a variação percentual da quantidade ofertada de um produto específico em resposta a uma alteração percentual do seu preço. Uma curva de oferta horizontal reflete uma situação na qual a quantidade ofertada de um bem é extremamente sensível a uma variação dos preços ou perfeitamente elástica. Uma variação mínima dos preços leva a um aumento drástico da quantidade ofertada. Uma curva de oferta vertical, por sua vez, é chamada de perfeitamente ou infinitamente inelástica e corresponde a uma situação em que a quantidade ofertada de um bem é totalmente insensível à variação dos preços, ou seja, a elasticidade-preço da oferta é igual a zero.

Quanto maior for a inclinação da curva de oferta por um determinado bem, menor será a elasticidade-preço da oferta, isto é, menor será a reação da quantidade ofertada em função de uma variação de preços. E quanto mais inelástica for a oferta de um bem, menor será o repasse do ônus tributário para os consumidores. No limite, uma oferta perfeitamente inelástica corresponde a uma situação em que os produtores assumirão o ônus tributário total, ou seja, não haverá aumento do preço final do produto. Alternativamente, quanto menor for a inclinação da curva de oferta, maior será a elasticidade, ou seja, maior será a resposta da quantidade ofertada a uma alteração dos preços. Sendo assim, pode-se concluir que, quanto mais elástica for a oferta por um bem, maior poderá ser o repasse do ônus tributário. Uma curva de oferta perfeitamente elástica implicará o repasse total do ônus tributário aos consumidores via aumento de preços.

Conclui-se, então, que quanto mais elástica a curva de demanda e menos elástica a curva de oferta, maior parcela dos impostos recai sobre os produtores. Quanto menos elástica a curva de demanda e mais elástica a curva de oferta, maior será o ônus tributário para os consumidores.

Resta saber quais seriam os resultados possíveis para mercados oligopolizados, caracterizados pela existência de poucos produtores cujo comportamento é altamente interdependente. Neste caso, se cada produtor altera o seu preço ou produção, é de esperar que os outros possam agir da mesma forma. Entretanto, não há como se prever ao certo qual será o comportamento de cada um. Sendo assim, não se pode prever com exatidão o efeito sobre os preços da existência de impostos incidentes sobre o produtor. De qualquer forma, uma possibilidade é que os produtores não repassem o ônus tributário via aumento dos preços, porque temem que seus concorrentes possam não fazer o mesmo, mantendo seu preços inalterados, e, assim, "roubar" a sua parcela de mercado. Nesta situação, os produtores assumiriam integralmente o ônus tributário. Alternativamente, os produtores podem acreditar que todos no mercado tenderão a repassar o imposto de forma integral via aumento de preços, o que os manteria na mesma posição relativa. Sendo assim, haveria um aumento de preços, com repasse do imposto para os consumidores.

Outra questão que pode influir na avaliação da real incidência dos impostos diz respeito ao tipo de análise teórica utilizada. Isto porque o resultado final é diferente quando analisamos o efeito de um imposto incidente em apenas um mercado específico – assumindo que os preços e salários de todos os outros mercados permanecerão constantes, o que equivale a uma análise de equilíbrio parcial – do que quando a análise leva em conta as consequências da tributação de um setor, tanto sobre o desempenho deste quanto sobre o resto da economia – o que corresponde a uma análise de equilíbrio geral.

Os diferentes tipos de impostos[9]

A tributação pode ser direta ou indireta. Os impostos diretos incidem sobre o indivíduo e, por isso, estão associados à capacidade de pagamento de cada contribuinte. Os impostos indiretos, por sua vez, incidem sobre atividades ou objetos, ou seja, sobre consumo, vendas ou posse de propriedades, independentemente das características do indivíduo que executa a transação ou que é o proprietário. As bases de incidência dos impostos são a renda, o patrimônio e o consumo.

---

[9] É preciso fazer uma distinção entre os conceitos de "imposto" e de "*contribuição*". Um imposto é um tributo cobrado pelo governo, sem um fim específico definido como contrapartida. Por exemplo, o governo recebe o imposto de renda de nós, sem que para isso ele tenha que se comprometer em usar esses recursos para o uso A ou B. O dinheiro arrecadado por conta dos impostos vai, portanto, para uma espécie de "grande conta", que financia as mais diversas formas de gasto público. Já as contribuições são figuras legais que concedem às partes tributadas o direito a alguma contrapartida, nem que seja difusa. Ou seja, o governo, teoricamente, só poderia usar essa arrecadação para alguns fins específicos e não para qualquer objetivo. Um exemplo típico do espírito com o qual as contribuições são criadas é a contribuição previdenciária, cobrada de empregados, empregadores e autônomos, com o fim exclusivo de financiar os gastos de seguridade social. Portanto, sua receita deve ser utilizada pelo governo unicamente para esse tipo de despesas e não para fazer estradas ou para pagar o salário dos funcionários públicos.

O imposto de renda

O imposto de renda – que incide sobre todas as remunerações geradas no sistema econômico, ou seja, salários, lucros, juros, dividendos e aluguéis – é uma forma de tributação direta e classifica-se em imposto de renda da pessoa física (IRPF) e imposto de renda da pessoa jurídica (IRPJ).

O IRPF é cobrado em base pessoal, com isenções e alíquotas progressivas, determinadas pelas características individuais do contribuinte. As alíquotas do imposto são determinadas segundo as diferentes classes de renda, estabelecidas pela legislação tributária. O imposto sobre a renda é calculado a partir de uma alíquota incidente sobre a renda tributável, que é o resultado da renda total do contribuinte, deduzida do total de abatimentos – por exemplo, com despesas médicas e com dependentes.

Cabe diferenciar aqui as alíquotas *nominal* e *efetiva*. A primeira mede a participação do imposto devido sobre a renda *total*, enquanto a segunda reflete o percentual do imposto devido sobre a renda *tributável*. A diferença entre as duas alíquotas explica-se, principalmente, pelos abatimentos permitidos pela legislação do imposto. Destes, os referentes a dependentes beneficiam em maior proporção os contribuintes de renda mais baixa que, normalmente, possuem uma família maior. De fato, as deduções por dependentes constituem a principal forma de abatimentos da parcela da população com renda mais baixa que paga imposto de renda.[10] As demais formas de abatimento, como com despesas médicas, assumem importância crescente conforme aumenta o nível de renda dos contribuintes.

O IRPF apresenta as vantagens de se basear em uma medida abrangente da capacidade de pagamento e de permitir uma adaptação às características pessoais do contribuinte. *Ou seja, ele é o imposto pessoal por excelência e, sendo assim, é aquele que mais se adapta aos princípios da equidade e progressividade, à medida que permite, de fato, uma discriminação entre os contribuintes no que diz respeito à sua capacidade de pagamento.*

Vale destacar a importância dos impostos retidos na fonte em termos da simplicidade de arrecadação do imposto. Neste caso, o imposto incide sobre os assalariados que, dada a existência de contratos formais de trabalho, simplesmente não têm como escapar ao pagamento do IRPF. Sendo assim, é importante a preocupação do governo com a melhoria do sistema de fiscalização da cobrança do IRPF, para que não exista um componente de regressividade, com o ônus da arrecadação recaindo de forma concentrada nos rendimentos

---

[10] Há uma tendência de redução do número de dependentes à medida que aumenta o nível de renda.

do trabalho assalariado em detrimento de outras formas de rendimento, passíveis de um maior nível de sonegação do imposto.

O IRPJ incide sobre o lucro das empresas, que pode ser calculado a partir de três métodos: a) o do lucro real; b) o do lucro presumido e c) o do lucro arbitrado. No primeiro caso, o lucro é calculado pela diferença entre as receitas e os custos da empresa, o que exige que esta mantenha um sistema de contabilidade segundo as exigências da legislação. O método do lucro presumido, por sua vez, que se baseia na aplicação de uma alíquota sobre a receita bruta, é o mais indicado para pequenas empresas cujo capital social e a receita bruta anual sejam suficientemente reduzidos para inviabilizar a implantação de um sistema contábil organizado da forma exigida pela legislação tributária. Por último, o método do lucro arbitrado aplica-se a empresas que não apresentam os registros contábeis requeridos para a precisa apuração do lucro sujeito à tributação. Neste caso, o governo arbitra a base do imposto, que pode ser calculado como um percentual do ativo total, do capital ou da receita bruta.

O principal problema inerente à cobrança do IRPJ é que ele pode contrariar os princípios da equidade e da progressividade, tendo em vista que não se pode ter certeza de que o ônus do imposto sobre o lucro recaia integralmente sobre o produtor. Em outras palavras, a longo prazo, a empresa pode reagir à cobrança do imposto sobre os lucros repassando-o, pelo menos em parte, para os preços finais de seus produtos, onerando, assim, os consumidores. O grau de repasse depende das condições de concorrência do mercado da firma, bem como da existência de bens substitutos ao bem produzido pela empresa.

A possível transferência dos impostos para os preços também tem importantes implicações sobre a eficiência do sistema, à medida que, encarecendo o produto nacional, torna-o menos competitivo no mercado externo, o que pode obrigar o governo a adotar medidas compensatórias, como a implementação de incentivos às exportações e/ou uma maior desvalorização da moeda local.

O imposto sobre o patrimônio

O imposto sobre o patrimônio pode ser cobrado regularmente em função do simples ato de posse dos ativos durante um determinado período, como no caso do imposto predial e territorial urbano (IPTU) ou do imposto sobre a propriedade de veículos automotores (IPVA). Alternativamente, a cobrança pode se dar no momento em que os ativos mudam de propriedade – como o imposto sobre a transmissão de propriedade.

O tributo sobre o patrimônio mais utilizado no mundo é o que incide sobre a propriedade imobiliária. Isto se explica pela maior facilidade de cobrança decorrente da imobilidade da base tributária. Em termos de equidade e progressividade, o imposto sobre o patrimônio, em tese, presta-se a respeitar tais princípios, levando os mais "ricos" a pagar um IPTU maior.

O imposto sobre as vendas

Os impostos sobre as vendas de mercadorias e serviços são tributos indiretos, também conhecidos como impostos sobre consumo. Este tipo de imposto pode ser classificado quanto: a) à amplitude de sua base de incidência; b) ao estágio do processo de produção e comercialização sobre o qual incide e c) à forma de apuração da base para o cálculo do imposto.

Quanto ao primeiro ponto, os impostos sobre as vendas podem ser gerais ou especiais. Os impostos gerais são aqueles que incidem rotineiramente sobre uma série de transações, como a compra de produtos industriais ou de bens de consumo. Tendo em vista a estrutura de alíquotas, os impostos gerais podem ser uniformes – aqueles que apresentam uma alíquota única – ou seletivos – aqueles com alíquotas diferenciadas segundo a natureza do produto. Os tributos especiais, por sua vez, são cobrados sobre transações de compra e venda de determinadas mercadorias e serviços. Os impostos sobre o consumo de combustíveis e de bebidas alcoólicas são exemplos deste tipo de imposto. Os impostos especiais do ponto de vista das alíquotas são sempre seletivos.

Em relação ao segundo ponto, os impostos sobre vendas podem ser cobrados do produtor; do comércio atacadista; do comércio varejista; ou em todas as etapas do ciclo.

Finalmente, em relação à forma de apuração, o imposto sobre vendas pode ser calculado sobre o valor total da transação ou apenas sobre o valor adicionado pelo contribuinte, em cada estágio da produção e da distribuição.[11] Em termos teóricos, a incidência de um imposto geral e uniforme sobre o valor adicionado na venda de bens de consumo corresponde à cobrança de um imposto geral e uniforme sobre as vendas ao consumidor final, levando em consideração a igualdade contábil entre os fluxos de valor adicionado e de venda de produtos finais em uma economia. *Neste caso, o imposto é neutro em termos de eficiência econômica, não provocando distorções na alocação dos recursos da economia.*

Alternativamente, um *imposto geral sobre transações* – que se constitui em um imposto em cascata ou cumulativo, no sentido de que incide sobre o valor total da transação em cada estágio da produção e da distribuição – *tem implicações importantes em relação à alocação dos recursos, tendo em vista que introduz*

---

[11] O valor adicionado pode ser definido como a diferença entre o preço de venda e o custo de aquisição de determinado bem, em qualquer estágio.

um viés contra produtos que apresentem um número maior de etapas de produção e comercialização.[12]

Em termos de equidade e progressividade, o imposto sobre consumo não é o mais indicado, tendo em vista que, sendo uma forma de tributação indireta, não discrimina as contribuições de acordo com a capacidade de pagamento de cada indivíduo. Por exemplo, supondo que haja uma alíquota de 10% incidindo sobre o consumo de um quilo de carne, o imposto a ser pago será o mesmo, independentemente do fato de a capacidade de pagamento de um indivíduo de alta renda ser maior do que a de uma pessoa de renda menor.

Levando em consideração que o consumo representa um percentual decrescente da renda conforme ela aumenta e se a alíquota do imposto for uniforme, a participação do imposto sobre a renda também será decrescente, o que resulta em uma distribuição regressiva da carga tributária. Uma forma possível de diminuir o grau de regressividade da tributação sobre o consumo é fazer com que a alíquota do imposto varie em sentido inverso ao grau de essencialidade dos produtos, assumindo que o consumo de produtos menos essenciais concentre-se na faixa da população com renda mais alta. Entretanto, a diferenciação de alíquotas pode ser difícil, considerando a restrição orçamentária do setor público e a concentração regional da arrecadação. Em relação ao primeiro ponto, a redução das alíquotas de produtos de primeira necessidade pode resultar em uma queda significativa na receita arrecadada pelo governo, tendo em vista a inelasticidade-preço da demanda desses bens e os baixos níveis absolutos de consumo dos produtos considerados supérfluos. Quanto ao segundo ponto, além de reduzido, o consumo dos bens supérfluos concentra-se nas regiões mais desenvolvidas do país, de modo que uma maior taxação dos mesmos poderia levar a uma concentração da receita arrecadada nas regiões mais desenvolvidas, contrariando os objetivos de desenvolvimento regional.

A crítica aos impostos "em cascata"

Os chamados impostos "em cascata" ou "cumulativos" são prejudiciais à eficiência econômica, já que distorcem os preços relativos e estimulam, às vezes desnecessariamente, a integração vertical da produção, aumentando os custos. A competitividade dos produtos nacionais diante dos estrangeiros se reduz, pelo aumento dos custos e pelo fato de que esses tributos implicam adoção do *princípio de origem* no comércio internacional, já que incidem sobre exportações

---

[12] As desvantagens dos impostos em cascata e vantagens do IVA serão discutidas com mais detalhes nas próximas seções.

e não sobre importações. Isto é problemático no contexto da chamada "globalização", que recomenda a harmonização internacional dos sistemas tributários nacionais, tendo em vista que os nossos principais parceiros comerciais adotam o *princípio de destino*.

Um imposto cumulativo prejudica principalmente os produtos que passam por um maior número de etapas de produção e distribuição, o que traz importantes distorções ao setor produtivo.

O imposto sobre o valor adicionado e suas vantagens

O imposto sobre o valor adicionado (IVA) é considerado a forma mais eficiente de tributação sobre vendas, principalmente por tratar-se de um tributo neutro. Foi justamente a necessidade de harmonização fiscal, combinada com a eficiência econômica do imposto sobre o valor adicionado, que justificou, em muitos países, a substituição do imposto de vendas em cascata pelo IVA.

Em primeiro lugar, *o IVA é um imposto neutro* em relação à estrutura organizacional das empresas, tendo em vista que o total do imposto incidente em um determinado produto não depende do número de transações por ele sofrido ao longo dos vários estágios da produção e da distribuição, ao contrário do que ocorre com os impostos em cascata/cumulativos.

Em segundo lugar, *o IVA não afeta a competitividade* de uma indústria, já que o imposto é uma proporção constante do valor adicionado em cada etapa da atividade econômica. Em outras palavras, o IVA é uma proporção constante do valor adicionado total, sendo, por essa razão, facilmente identificado. Desta forma, as exportações podem ser totalmente isentas, e as importações tributadas da mesma forma que a produção doméstica.

Em terceiro lugar, grande parte da receita gerada pelo IVA é arrecadada nos estágios pré-varejistas. Sendo assim, devido à maior *dificuldade de evasão* desses estágios, mesmo que haja evasão fiscal na etapa varejista, onde a fiscalização é mais difícil, o governo terá garantido uma boa parte da arrecadação. Consequentemente, a fiscalização do IVA pode ser simples e eficiente, sendo necessário apenas um controle sobre as empresas maiores ou as importações e as vendas atacadistas. Considerando que a margem de agregação na etapa do varejo seja de 30% do preço de venda final, 70% da arrecadação pode ser assegurada a um custo de fiscalização mais reduzido, a partir do controle unicamente das etapas pré-varejistas da atividade econômica.

Em quarto lugar, o IVA tem um *caráter autofiscalizador* – ver Exemplo 3, no final do capítulo, referente ao método de cálculo do IVA pelo crédito fiscal. Tendo em vista que o imposto pago pela empresa vendedora só se transformará em crédito para a empresa compradora se o montante do tributo arrecadado estiver devidamente lançado nas notas fiscais, não existem os incentivos ao subfaturamento que se verificam em outros casos. Isto porque o risco seria grande para a primeira empresa, que poderia ser descoberta pelo fisco, e desvantajoso para a segunda, que teria que recolher uma cifra maior de imposto nas suas vendas. Outra vantagem do IVA é que os *bens de produção podem ser fácil e totalmente isentos*, evitando dessa forma a bitributação.[13]

O CÁLCULO DO IMPOSTO "POR DENTRO" E "POR FORA"

Um imposto pode ser cobrado "por dentro" ou "por fora". O cálculo do imposto "por dentro" *inclui* o imposto na base de cálculo do valor do mesmo, enquanto o cálculo "por fora" *exclui* o imposto da fórmula. Isso fica claro mediante os seguintes exemplos, em ambos os casos associados a uma alíquota tributária t de 10% (t = 0,10) e a uma base de tributação (B) referente ao valor unitário do produto, na ausência de impostos, de 100,0.

No caso do imposto calculado *"por dentro"*, a alíquota t incide sobre o preço (P) do produto e o valor do imposto, conforme salientado, *é* computado na base de cálculo do valor do tributo. O valor de P é

$$P = B + T$$

sendo T, a receita de imposto por unidade de produto, igual a

$$T = t \cdot P$$

Portanto,

$$P = B + t \cdot P$$

e o valor do preço, dados os valores de B e t, é obtido por

$$P = B / (1 - t)$$

o que é igual a 111,1. Portanto, t aplica-se a P, que inclui o próprio valor de T. Já no caso do imposto calculado *"por fora"*, a alíquota t não mais incide sobre P e o valor do imposto *não é* computado na base de cálculo do valor do tributo. Mantida a fórmula de P, então, simplesmente,

---

[13] Além disso, o IVA pode ser aplicado não apenas aos bens tangíveis, mas também aos serviços, como os prestados pelos profissionais liberais, o que aumenta a base potencial de incidência do imposto. A exclusão de determinados serviços da incidência do IVA, por sua vez, pode ser feita de forma simples, em razão do caráter de especialização de vários estabelecimentos prestadores de serviços.

$$T = t \cdot B$$

e, dada a definição do preço como a soma de B e T, tem-se

$$P = B \cdot (1 + t)$$

o que significa que t aplica-se apenas a B e não a (B + T). O valor de P é agora de 110,0. Comparando as duas fórmulas de P, é fácil constatar que, para um dado t, *o preço é maior quando o tributo é computado "por dentro" que quando o cálculo é feito "por fora"*. Uma observação que cabe fazer é que, se o imposto é "por dentro", por definição, t < 1, já que não faz sentido ter um preço em que o tributo representa 100% do mesmo. Em contraposição a isso, nada impede que, se o imposto é "por fora", se tenha t > 1, ou seja, uma alíquota de mais de 100% que, aplicada a uma certa base e somada a esta, gera o preço final do produto.

A existência de dilemas (*trade-offs*)

O governo deve escolher impostos que respeitem o máximo possível os conceitos de equidade/progressividade, neutralidade e simplicidade. O problema é que, com frequência, a procura de um desses objetivos acaba sacrificando os outros.

A adoção de um imposto único incidente sobre todas as transações econômicas, em substituição a todos os outros existentes na economia, por exemplo, teria a vantagem para o governo de simplificar a arrecadação. Entretanto, sendo um imposto em cascata/cumulativo, um imposto único poderia ter implicações negativas sobre a eficiência do sistema econômico. Além de ineficiente, o imposto único também seria regressivo, tendo em vista que as contribuições dos indivíduos não seriam determinadas por sua capacidade de pagamento, já que o imposto a ser pago seria o mesmo, independentemente da classe de renda.

O IVA, por sua vez, se cobrado a uma alíquota uniforme para todas as transações de consumo, respeita o conceito de neutralidade, não interferindo na eficiência econômica do sistema e na alocação de recursos da economia. Entretanto, sendo também uma forma de tributação indireta, apresenta um certo grau de regressividade, pois, a exemplo do que foi dito do imposto único, os impostos a serem pagos por contribuinte não guardam relação direta com sua capacidade de pagamento.

No que diz respeito ao imposto sobre patrimônio, como já foi discutido, ressalta-se sua simplicidade de arrecadação explicada, principalmente, pela imobilidade da base tributária. Entretanto, o imposto pode apresentar uma certa regressividade, se houver a possibilidade de repasse do imposto "para a frente": no caso de imóveis residenciais alugados, para os inquilinos; e no caso de imóveis comerciais, para os preços finais dos bens produzidos pelas empresas.

O IRPJ, em que pese a vantagem que pode trazer para o governo se gerar para este uma receita elevada, também pode contrariar os princípios da equidade e progressividade, tendo em vista que não se pode ter certeza de que o ônus do imposto sobre o lucro recaia integralmente sobre o produtor. Como já foi visto, a empresa pode reagir à cobrança do imposto sobre os lucros repassando-o, pelo menos em parte, para os preços finais de seus produtos, onerando, assim, os consumidores. Além disso, a possível transferência dos impostos para os preços também tem importantes implicações sobre a eficiência do sistema, à medida que, encarecendo o produto nacional, torna-o menos competitivo no mercado externo.

Esses exemplos indicam que, na escolha dos instrumentos da política tributária/fiscal, o governo enfrenta alguns dilemas (*trade-offs*). De fato, perseguir o objetivo de uma maior progressividade, por exemplo, pode prejudicar o objetivo de uma maior neutralidade, ou pode haver uma contradição entre os objetivos de equidade e de simplicidade tributária. As escolhas que o governo faz dependem, portanto, da sua definição de prioridades, em função da sua ideologia, da idiossincrasia do país e/ou da base política que lhe dá apoio.

O GASTO PÚBLICO

O tamanho do governo

Agora que já temos melhores condições de entender as relações entre as demandas sociais e a oferta de serviços públicos; e entre a receita tributária e o gasto público; e de entender o governo como o *locus* de disputa por recursos entre diferentes setores da sociedade, podemos retomar a discussão acerca das razões para a existência do governo.

Poucas frases têm sido mais repetidas no Brasil ao longo das últimas décadas do que o velho e surrado jargão de que "é preciso reduzir o gasto público". De fato, como iremos ver em outros capítulos, há momentos em que isto é necessário, para compensar o fato de que em anos anteriores a expansão do gasto público tenha sido muito grande; pela necessidade de elevar a poupança pública; e/ou por motivos ligados ao combate à inflação. Nunca se deve, porém, perder de vista duas mensagens, que as frases selecionadas no início do capítulo tentam sintetizar.

A primeira é que, como diz Stiglitz, o gasto do governo afeta uma gama diversa de atividades, algumas das quais, em algum momento, provavelmente teve, tem ou terá algo a ver com a vida de cada um de nós.

A segunda é que, da mesma forma que nos ensina Maquiavel, "nunca se foge a um inconveniente sem incorrer em outro". Isto é, o administrador público, no ato de selecionar as atividades prioritárias, deve fazer escolhas difíceis e, provavelmente, deixará algum grupo insatisfeito. Portanto, muitos de nós em algum momento podemos ter reclamado do fato de o gasto público ser "excessivo", criticando o governo por isso, mas por outro lado temos que entender que é muito mais fácil pregar uma palavra de ordem *geral* ("reduzir o gasto") do que estar na pele do prefeito, do governador ou do presidente da República e decidir se o gasto *específico* que vai ser cortado vai ser, por exemplo, a verba para melhorar o controle de fronteiras por onde passa o contrabando; a contrapartida local de um empréstimo externo para viabilizar uma importante rodovia interestadual; ou uma parte dos recursos utilizados no combate à seca.

A Tabela 1.2 dá uma ideia da dimensão que o governo, nas esferas federal, estadual e municipal, assume no Brasil. Em linhas gerais, as contas nacionais indicam que o governo é responsável por algo mais de 15% do emprego e o seu consumo corrente por 20% do PIB. Cabe notar, porém, que essa classificação é algo diferente da que aparece nas estatísticas de decomposição do gasto público, na contabilidade fiscal. Isto porque esse dado de 20% do PIB se refere à soma dos gastos com: a) pessoal e b) compra de bens e serviços em geral. Exclui, portanto, as despesas com subsídios, transferências previdenciárias e juros da dívida pública, rubricas essas que, na contabilidade nacional, são descontadas do conceito de "receita tributária bruta" para chegar ao conceito de "receita tributária líquida". Uma outra forma de mensurar o tamanho da participação do governo na economia é pela receita tributária bruta, que no Brasil é da ordem de 35% do PIB. Alternativamente, pode-se acrescentar também a importância das empresas estatais. Estas chegaram a ser muito importantes no Brasil, mas o peso relativo do Estado na produção de bens e serviços obviamente foi reduzido pela privatização.

É importante ressaltar que *o governo não é uma abstração*. Muitas vezes, nas críticas da mídia, dos políticos, dos candidatos, dos empresários, dos trabalhadores e do público em geral, o governo é visto como uma entidade distante, que "suga os recursos do povo". Na verdade, porém, o governo é uma entidade que coleta recursos através dos impostos cobrados de uma parte da população, para transferir esses recursos para outra parte da população.[14]

Podemos agora fazer a seguinte pergunta: Onde o governo gasta os recursos? Há algumas funções que são "típicas de governo". O que significa isto? Que, se o governo não assumir essas funções, ninguém irá fazê-lo – ou irá

---

[14] Na realidade, a situação mais comum é que um indivíduo seja ao mesmo tempo contribuinte e beneficiário do gasto público, pagando certos impostos e recebendo certo tipo de benefícios.

TABELA 1.2
Brasil: Importância do governo na economia

Variável	Valor	Ano	Fonte
Consumo corrente /a (% PIB)	20,2	2014	IBGE (Contas Nacionais)
Formação bruta capital fixo /a (% PIB)	2,8	2011	IBGE (Contas Nacionais)
Emprego na administração pública /a,b (% pessoal ocupado)	17,0	2014	IBGE (Pesquisa Mensal Emprego)
Servidores do Poder Executivo: dezembro (milhares)	2.000	2014	Ministério do Planejamento e Orçamento (BEP)
Ativos	1.060		
Aposentados	537		
Pensionistas	403		
Benefícios previdenciários e acidentários INSS: dezembro (milhares)	27.819	2014	Ministério da Previdência (BEPS)
Benefícios assistenciais INSS: dezembro (milhares)	4.310	2014	Ministério da Previdência (BEPS)

/a União, Estados e Municípios.
/b Refere-se às Regiões Metropolitanas da PME.
Fonte: Ver tabela.
BEPS: Boletim Estatístico da Previdência Social.
BEP: Boletim Estatístico de Pessoal.

fazê-lo de modo parcial ou insatisfatório –, por se tratar da oferta de bens públicos. Entre as mais importantes, destacam-se as seguintes:

- Saúde
- Educação
- Defesa nacional
- Policiamento
- Regulação
- Justiça
- Assistencialismo[15]

As duas primeiras funções são em muitos casos, como já discutimos anteriormente, assumidas também pelo setor privado, através dos médicos e hospitais ou das escolas particulares. De qualquer forma, além de uma parte importante da população não ter recursos para poder pagar esses serviços em forma privada, o fato é que é razoável considerar que o Estado tem o dever de colocar à disposição da população esse tipo de serviços, mesmo que em alguns casos as pessoas em melhores condições optem por fazer uso dos serviços particulares. No caso da educação, por exemplo, é possível que os preços cobrados pelo setor privado sejam tais que impeçam o acesso de uma parcela expressiva da população, pertencente a faixas mais baixas de renda, a escolas e universidades particulares. Sendo assim, a existência de instituições de ensino público ou subsidiado é considerada necessária em termos de justiça social, principalmente em países com alta concentração de renda. O mesmo pode ser dito no que diz respeito às instituições públicas de saúde. Colocando a questão de uma forma bem simples, não há nenhuma razão para que o Estado se preocupe, por exemplo, com a oferta de batatas ou cenouras, mas ele certamente tem a responsabilidade de zelar para que a população seja atendida nos hospitais e para que tenha boas escolas a seu dispor.[16] Além disso, a intervenção do governo justifica-se tendo em vista que bons níveis de educação e saúde da

---

[15] Esta função, em alguns casos, pode ser assumida por particulares, sejam empresas ou famílias. Além do fato de que há economias de escala associadas ao fornecimento de ajuda por parte de instituições governamentais, porém, ninguém pode negar que o assistencialismo é uma espécie de "dever moral" do governo em relação às categorias despossuídas.

[16] Há outras duas funções que merecem ser lembradas. A primeira é derivada das outras: a função administrativa, já que cada uma das atividades citadas requer que exista um contingente de pessoal em condições de oferecer os serviços, o que gera o conceito de "funcionalismo" – entendido como um corpo de funcionários cujo objetivo é servir ao interesse público. A segunda é a oferta de "lazer" ou "bem-estar" por parte do poder local, através da construção de praças, iluminação pública etc., para uso do público em geral.

sociedade geram externalidades positivas, no sentido de gerar uma população mais preparada para contribuir para o desenvolvimento do país.

Há outras funções que, dependendo do estágio evolutivo do país, das características da sua economia e às vezes até da própria idiossincrasia nacional, são ou podem ser, em maior ou menor medida, de responsabilidade do poder público. Como exemplos, temos a construção e a operação de estradas – tradicionalmente, uma atividade estatal, que em alguns países foi sendo repassada para o setor privado – e, mais relevante do que isso, o item que tem se tornado um dos componentes mais importantes do gasto público em um número crescente de países: o pagamento de aposentadorias e pensões.[17]

Sendo responsável por um grande conjunto de responsabilidades, portanto, não é de estranhar que os governos, em geral, representem uma fração muito importante da economia, a ponto de em alguns países corresponderem a mais de 40% ou até, em alguns casos, mais de 50% do PIB.

Resta fazer menção à divisão de funções entre os diferentes níveis de governo. Em geral, cabe esperar que o governo nacional se encarregue de certas atividades nas quais há uma economia de escala na oferta da função e/ou que são funções tipicamente nacionais, enquanto os governos estaduais e locais assumem tarefas que estão mais sujeitas a uma cobrança e/ou fiscalização maior por parte da população. Essa divisão de tarefas é, até certo ponto, natural. Por exemplo, seria absurdo que uma prefeitura zelasse pela defesa nacional ou pelo controle de fronteiras, da mesma forma que não faz sentido que o governo federal cuide das praças de uma cidade. Entretanto, o que cabe, na prática, a cada instância de governo fazer depende de cada país e inclusive do momento histórico que ele vive, como iremos discutir ao analisarmos o fenômeno da descentralização.

No Brasil, historicamente, o governo federal assumiu a responsabilidade pelo ensino de nível superior – embora existam algumas universidades estaduais – e, obviamente, pelos problemas relacionados com a defesa e a segurança pública. Os governos estaduais, por sua vez, ficaram encarregados, tipicamente, do ensino médio e da segurança pública, enquanto os governos municipais zelam pelo ensino primário e pela limpeza urbana. O saneamento é uma atividade dividida entre estados e municípios. Já os serviços de saúde se dividem entre as três esferas de governo e foram sendo gradualmente descentralizados nos últimos anos. De

---

[17] Isto tem sido, quase sempre, de responsabilidade dos governos. As exceções ficam por conta do surgimento e expansão das modalidades privadas de aposentadoria – os fundos de pensão – e, em alguns países, do sustento dos idosos por parte da família, baseado no conceito de solidariedade recíproca. Por esta noção, que permeia o funcionamento de algumas sociedades, os adultos que hoje cuidam dos filhos pequenos devem ser por estes cuidados ao envelhecer, amanhã. Por questões culturais, em alguns países essa é uma relação predominantemente privada – no caso, interna à família –, sem envolver uma maior intervenção governamental.

forma análoga, o setor de transportes é outra área na qual há uma responsabilidade compartilhada, com a União tendo ficado com as maiores rodovias do país e algumas estradas interestaduais de grande importância regional; os estados com as rodovias estaduais; e os municípios com o transporte urbano.

Tendências da evolução do gasto público

Vimos na Tabela 1.1 que o gasto público aumentou pronunciadamente ao longo do século XX. No caso dos países envolvidos com o esforço das duas grandes guerras do século, o padrão que se observa – e que não pode ser visto na mencionada tabela, que se refere apenas a anos isolados – é de um aumento muito significativo por ocasião das duas guerras mundiais de 1914/1918 e 1939/1945, que não foi revertido – ou, em alguns casos, só parcialmente – nos anos posteriores. Em outras palavras, o *esforço de guerra* – com tudo que isso implica em termos de gastos militares – foi um dos determinantes mais importantes, historicamente, da expansão do gasto público no mundo.

É interessante registrar que o crescimento dos governos é muito antigo e precede o século XX. Com efeito, foi na década de 1880 que o economista alemão Adolph Wagner, com base no retrospecto até a época e na análise das tendências antevistas naqueles anos, formulou o que veio a ser conhecido como "lei de Wagner", ou "lei dos dispêndios públicos crescentes". Por essa lei, o desenvolvimento do que vieram a ser as modernas sociedades industriais, algumas décadas depois, provocaria pressões crescentes em favor de aumentos do gasto público.

De fato, fosse a guerra a única causa do aumento da relação entre o gasto público e o PIB, a mencionada tendência deveria ter cessado depois de 1945. Contudo, quando se compara, de um modo geral, nos diversos países, a participação do governo na economia em 1950 – isto é, depois da Segunda Guerra Mundial – com a atual, nota-se que o governo hoje pesa mais do que em meados do século XX. Isso significa que há outras causas que explicam o fenômeno.

Há duas delas que são particularmente importantes. A primeira é representada pelos *fatores demográficos* associados ao envelhecimento progressivo da população.[18] À medida que uma proporção maior da população se torna idosa, crescem os gastos totais com saúde, assim como as despesas previdenciárias. Independentemente desta última despesa ser descontada da receita tributária bruta para chegar ao conceito de receita líquida ou, alternativamente, ser tratada como gasto, o fato é que uma parcela maior da despesa agregada da economia "transita" pelas contas do governo, de uma forma ou de outra.

---

[18] Sobre as tendências universais ao envelhecimento da população, ver a edição atual do livro clássico de Weeks (2012).

A outra causa relevante – embora nas últimas décadas não no caso dos países citados na Tabela 1.1, onde o fenômeno é anterior, porém muito importante no Brasil depois de 1940/1950 – foi a *urbanização*. Entre 1950 e 1980, o percentual da população brasileira urbana passou de 36% para 68% da população total. Da mesma forma que tinha ocorrido anteriormente nos países mais avançados no processo de industrialização, isso acarretou uma grande mudança na demanda por gasto público da sociedade. Quando a população é predominantemente rural, a sobrevivência das pessoas está ligada em muitos casos à simples agricultura de subsistência; não há grandes aglomerações populacionais; e inexiste, virtualmente, o conceito de "serviço público". Já com o fenômeno da migração do campo para a cidade, há uma demanda muito maior por esse tipo de serviços, principalmente aqueles ligados à saúde, à educação e à criação de uma infraestrutura de transportes urbanos.

Há também algumas outras causas, ainda que não tão relevantes como as anteriormente mencionadas, que servem para explicar o aumento da relação gasto público/PIB. Aqui, faremos menção a duas delas: a) o crescimento do PIB *per capita* e b) o aumento do preço relativo dos serviços.

O efeito da renda *per capita* sobre a demanda por serviços públicos é algo que está em parte ligado à urbanização. A relação entre uma coisa e outra é que, quando as sociedades se beneficiam de uma elevação do seu nível de renda, tendem a ter um maior grau de escolaridade e com isso a aumentar as pressões em favor da oferta de serviços públicos melhores.[19] Uma sociedade composta majoritariamente de pessoas de baixo grau de instrução pode aceitar com certo grau de passividade o descaso com itens da agenda do desenvolvimento que nos países mais avançados são considerados uma obrigação governamental, tais como bons hospitais, boas escolas e um sistema de transportes urbanos eficiente. Em contraste, uma sociedade composta por uma proporção maior de pessoas do que se conhece como "classe média" tende a ter mais consciência dos seus direitos, a ser mais reivindicativa e a ter maior poder de pressão sobre os governantes.[20]

---

[19] Isso pode ser constatado de duas formas. Note, em primeiro lugar, que com o crescimento econômico o gasto público cresceu ao longo do tempo como proporção do PIB, de um modo geral, em quase todos os países citados na Tabela 1.1. Em segundo lugar, esses países, todos eles desenvolvidos, têm uma participação do governo nas suas economias – em média, nas décadas de 1980 e 1990, entre 40% e 50% – significativamente superior à dos países de renda média como o nosso, nos quais essa participação é da ordem de 20% a 30% do PIB.

[20] Musgrave e Musgrave (1980) justificam a relação entre o estágio evolutivo do país e o gasto público com palavras que traduzem a mesma ideia, ao dizerem que há "... outros serviços públicos, tais como educação superior ou hospitais com equipamentos sofisticados, que passam a ser almejados à medida que o nível de renda ultrapassa os limites de subsistência" (Musgrave e Musgrave, 1980, p. 118).

Por sua vez, a influência do preço dos serviços na evolução do gasto público está ligada à evolução dos preços relativos, como tendência histórica na maioria dos países. Isto não é difícil de explicar. É sabido que o aumento de produtividade é a base dos aumentos de salário real, ao longo do tempo. Um operário, por exemplo, pode se tornar mais eficiente e com isso passar a ter um maior poder aquisitivo, sem onerar o custo unitário da mão de obra pago pelo empregador, já que este compensa a maior folha salarial com o aumento da sua produção. Isto é algo que pode ocorrer indefinidamente. Já quem vive de serviços, como um médico ou um professor, pode até mesmo atender a mais gente por dia ou dar aula a um maior número de alunos, mas é evidente que isso tem um limite físico. Atingido esse limite, como pode um dentista, por exemplo, se tornar "mais produtivo"? Por isso, a forma através da qual os aumentos de produtividade de uma sociedade são "socializados" é através do aumento do preço relativo dos serviços. É isso que faz com que, quando a inflação é de, por exemplo, 2% ao ano, mesmo em países de economias estáveis, serviços como educação, consultas de médicos, aluguéis etc., aumentem 3% ou 5% – isto é, acima da inflação.[21] Em outras palavras, o que alguns trabalhadores conseguem através de aumentos de produtividade, outros que vivem de um serviço conseguem através do aumento do preço real deste. Consequentemente, o governo, ao contratar ou produzir muitos desses serviços, *mesmo mantendo constante a "quantidade" destes*, tende a aumentar o valor real da sua despesa, já que o gasto é afetado pelo preço nominal dos serviços, que tende a aumentar acima do nível médio de preços da economia.

Os governos devem conservar um equilíbrio entre duas forças opostas. Por um lado, estão as tendências mencionadas e as legítimas *pressões em favor do maior gasto público, principalmente nos chamados "setores sociais"*. É importante notar, valendo-nos novamente da Tabela 1.1, que, apesar do vigor das ideias pró-mercado – e portanto contrárias à intervenção do governo na economia – defendidas a partir de 1980 por Margareth Thatcher e Ronald Reagan, a participação do governo na economia em 1990 ainda se mantinha em 40% no Reino Unido e chegou inclusive a *aumentar*, nos Estados Unidos, entre 1980 e 1990, de 31% para 33% do PIB, o que comprova a força de alguns dos fatores aos quais nos referimos.

À guisa de conclusão, é importante ter presente que *é legítimo que o gasto público aumente, mas ao mesmo tempo, do ponto de vista da política anti-inflacionária, é desejável que, se isto ocorrer, ele seja financiado com impostos e/ou com um aumento apenas modesto da dívida pública* – preferencialmente, sem que isto implique elevar a

---

[21] Nos Estados Unidos, por exemplo, nos 40 anos entre 1974 e 2014, a taxa de inflação média anual foi de 3,3% no caso do índice de preços ao produtor e de 4% no do índice de preços ao consumidor.

relação dívida/PIB, desde que a economia esteja em expansão. Portanto, o esforço das autoridades deve ser acompanhado pela maior compreensão, por parte do público e das lideranças políticas, trabalhistas e empresariais do país, acerca das limitações que o combate à inflação impõe à política fiscal. É essa maior *consciência nacional* acerca da necessidade de *conciliar o atendimento das demandas sociais com maior rigor orçamentário* que se espera que seja desenvolvida no Brasil.

O CÁLCULO DO IVA

O IVA pode ser calculado por três métodos: a) o da adição; b) o da subtração; e c) o do crédito (ver Rezende, 1981, Capítulo 11).

O *método da adição* calcula o valor adicionado a partir da soma de todos os pagamentos a fatores de produção, inclusive os lucros auferidos pela empresa em determinado período. O imposto a pagar é obtido a partir da aplicação da alíquota devida ao resultado encontrado para o valor adicionado.

Exemplo 1: Cálculo do IVA pelo método da adição com uma alíquota de 10% (supondo um processo de produção e distribuição feito em apenas três estágios e que o valor adicionado em cada um deles seja a soma de salários e lucros)

Etapas	Valores
Estágio 1	
Produto Intermediário	0
Salários	60
Lucros	40
Valor total da produção	100
Valor adicionado no estágio 1	**100**
IVA	**10**
Estágio 2	
Produto intermediário	100
Salários	40
Lucros	20
Valor total da produção	160
Valor adiciondo no estágio 2	**60**
IVA	**6**
Estágio 3	
Produto intermediário	160
Salários	50
Lucros	20
Valor total da produção	230
Valor adicionado no estágio 3	**70**
IVA	**7**
Valor adicionado total	**230**
Imposto total	**23**
Preço de venda total	**253**

O *método da subtração*, por sua vez, consiste em calcular o valor adicionado reduzindo do total das vendas o total das compras. A este resultado aplica-se a alíquota do IVA, o que resulta no imposto a pagar.

Exemplo 2: Cálculo do IVA pelo método da subtração com uma alíquota de 10%

Estágios	Valores
Estágio 1	
Valor das compras	0
Valor das vendas	100
Valor adicionado	100
IVA	10 (10% de 100)
Estágio 2	
Valor das compras	100
Valor das vendas	160
Valor adicionado	60
IVA	6 (10% de 60)
Estágio 3	
Valor das compras	160
Valor das vendas	230
Valor adicionado	70
IVA	7 (10% de 70)
Valor adicionado total	230
Imposto total	23
Preço final	253

Finalmente, o *método do crédito fiscal* é uma variante do método da subtração: ao total das vendas executadas no período t aplica-se a alíquota do IVA, e se reduz desse resultado o total do IVA equivalente ao total das compras também executadas em t – que funciona como um crédito. A vantagem deste método é a possibilidade de autofiscalização tributária, tendo em vista que o direito ao uso do crédito fiscal está condicionado ao lançamento do imposto recolhido na nota fiscal.

Exemplo 3: Cálculo do IVA pelo método do crédito fiscal com uma alíquota de 10%

Estágios	Valores
Estágio 1	
Valor das compras	0
Valor das vendas	100
Valor adicionado	100
Crédito anterior	0
IVA no estágio 1	10 (10% de 100 – 0)
IVA acumulado	10
Estágio 2	
Valor das compras	100
Valor das vendas	160
Valor adicionado	60
Crédito anterior	10
IVA no estágio 2	6 (10% de 160 – 10)
IVA acumulado	16
Estágio 3	
Valor das compras	160
Valor das vendas	230
Valor adicionado	70
Crédito anterior	16
IVA no estágio 3	7 (10% de 230 – 16)
IVA acumulado	23
Valor adicionado total	230
Imposto total	23
Preço final	253

Sugestão de leitura para o aluno: Musgrave e Musgrave (1980) representa o livro-texto básico dos cursos de Finanças Públicas da maioria dos países.

Leitura adicional para o professor: Stiglitz (1986) e Riani (1986) complementam o livro de Musgrave e Musgrave (1980), com algumas abordagens mais modernas sobre temas de finanças públicas.

QUESTÕES

1. Explique por que a estabilização econômica pode ser considerada um "bem público".
2. Apresente um caso em que há um conflito entre os objetivos de neutralidade e progressividade da política tributária, usando o exemplo de um imposto sobre o valor adicionado.
3. Explique por que a existência de uma tributação sobre a movimentação financeira, como a que foi adotada no Brasil na década de 1990 – CPMF – revela um conflito entre os objetivos de aumentar a arrecadação, de um lado, e de melhorar a eficiência do sistema econômico, de outro.
4. Suponha uma alíquota tributária de 50%, incidente sobre um produto que agrega valor a matérias-primas, sem o uso de outros produtos que tenham passado previamente por algum processo de transformação. O valor agregado por unidade de produto é de R$100. Qual é o preço do produto quando o imposto é calculado a) "por dentro" e b) "por fora"?
5. Qual das seguintes afirmações é verdadeira, na economia brasileira?
   a) O peso do governo na economia é de quase 50% do PIB.
   b) O número de declarantes do imposto de renda da pessoa física é de aproximadamente 100 milhões de pessoas.
   c) O número de pessoas que recebem benefícios do INSS é de mais de 25 milhões.
   d) O governo federal tem mais servidores aposentados e pensionistas do que ativos.
6. Que relação existe, na sua opinião, entre o crescimento econômico e o coeficiente receita do imposto de renda da pessoa física/PIB?
7. Para entender melhor o exercício anterior, suponha a existência da seguinte tabela de imposto de renda da pessoa física:

Faixas de renda (R$)	Alíquota marginal (%)
0 – 800	Isenção
> 800 – 1600	8
> 1600 – 2500	16
> 2500 – 5000	24
> 5000	32

Considere a existência de um indivíduo que tem um salário de R$6.250.
   a) quanto paga esse indivíduo de imposto de renda, em R$?
   b) qual é o aumento, em %, do valor do imposto de renda desse indivíduo, se a sua renda aumenta 10%?
8. Como você explica a seguinte frase: "Um imposto sobre o consumo de um bem de uso massivo é intrinsecamente regressivo"?
9. Mencione quais as tendências que explicaram, historicamente, o aumento da participação do gasto público no PIB, nos países avançados.
10. O que vem à sua memória, imediatamente, quando você ouve ou lê uma frase como a seguinte: "Paradoxalmente, para aumentar a receita precisamos diminuir as alíquotas"? Como entenderia a seguinte afirmação: "Tudo depende da elasticidade da evasão ao aumento das alíquotas"?

CAPÍTULO 2

Conceitos Básicos Relevantes: O Caso do Brasil

> Usando o faro.
>
> Resposta a um dos autores deste livro por um ex-alto funcionário do Banco Central do Brasil, à pergunta de como as autoridades operavam a política fiscal até o início dos anos 1980, sem os indicadores de que se dispõe atualmente.

> Nunca consegui aprender as coisas que não me interessavam.
>
> Bernard Shaw

O aluno interessado no acompanhamento da conjuntura econômica nos anos 1990 talvez possa ter se deparado com uma nota jornalística que tivesse mais ou menos o seguinte teor: "Este mês, o governo divulgou um novo resultado negativo das contas públicas, medido pelo déficit nominal. O resultado primário, porém, foi mais uma vez superavitário. As contas do governo central, por sua vez, revelaram um surpreendente superávit, mesmo no conceito nominal. No critério de competência, porém, o resultado teria sido deficitário, já que a despesa de caixa do mês foi artificialmente contida pela transferência do pagamento de parte da folha do funcionalismo para o próximo mês." O parágrafo é uma pérola do "economês" e certamente exigiria um "tradutor" para ser plenamente compreendido. Por outro lado, assim como o interesse no assunto é meio caminho andado para a compreensão de uma matéria, a forma como o assunto é abordado é crucial para despertar a curiosidade acerca do tema. Este capítulo destina-se a tratar alguns conceitos a princípio bastante áridos, mas que são essenciais para a leitura de outros capítulos. Tentaremos, portanto, ser particularmente didáticos, para que a frase de Bernard Shaw não se aplique ao leitor e este não se desiluda na tarefa de tentar entender nossas intrincadas contas públicas.

Este é um capítulo que, se o livro tivesse sido escrito no início dos anos 1980, teria sido muito diferente e provavelmente não passaria de duas ou três páginas. Pode parecer estranho ao aluno, acostumado a ver manchetes referentes ao tamanho do desequilíbrio entre receitas e despesas, mas a realidade fiscal brasileira já foi muito pior. De fato, no final dos anos 1970/início dos 1980, não se sabia sequer com precisão qual era o déficit! Embora, até o final dos anos 1990, o efeito desse melhor conhecimento ainda não tenha chegado a se refletir em um controle definitivo do déficit público, tivemos uma grande evolução da qualidade dos indicadores de aferição da situação fiscal ao longo das duas últimas décadas. Neste capítulo, iremos ver os mais importantes dentre eles.

AS FONTES DE DADOS

Na maioria dos países do mundo, há pelo menos duas instituições que divulgam estatísticas acerca da situação fiscal. Uma delas é o órgão encarregado de elaborar as Contas Nacionais (CN), as quais, sendo um retrato da situação global da contabilidade do país, costumam incluir uma série de tabelas referentes, especificamente, ao universo do *governo*. A outra é a responsável pelas estatísticas mais corriqueiras sobre o desempenho das contas do *setor público*, mês a mês, o que cabe, em geral, ao ministério de economia do país ou ao seu Banco Central (BC).[1]

No Brasil, o Instituto Brasileiro de Geografia e Estatística (IBGE) é encarregado da apuração das CN e, nesse sentido, foi durante muitos anos uma fonte importante de informação para a avaliação da nossa situação fiscal. Entretanto, seus dados foram deixando, paulatinamente, de ser uma referência no debate sobre o tema, por três motivos. Primeiro, devido a uma série de discrepâncias entre a tendência dos dados fiscais das CN e os do BC.[2] Segundo, pelo fato de se tratar de dados: a) anuais; b) divulgados com bastante defasagem – geralmente, no segundo semestre do ano posterior ao de referência e c) sujeitos a

---

[1] No jargão fiscal, costuma-se denominar "governo" ou "governo no conceito da contabilidade nacional" ao agregado das administrações das esferas federal, estadual e municipal, excluindo, porém, as empresas estatais, que nas CN são tratadas como parte do setor privado. Já o conceito de "setor público" abrange o governo e as empresas estatais daquelas mesmas três esferas.

[2] Sobre este ponto, ver Jaloretto (1997). O fato de haver discrepância não justificaria, *per se*, a "escolha" dos dados do BC. Entretanto, a maioria dos analistas econômicos, nesse ponto específico, preferiu confiar mais neste último, em parte por uma maior familiaridade com os dados – as CN são pouco divulgadas e a maioria dos analistas não lhe dedica muita atenção, com exceção dos dados sobre nível de atividade – e, em parte, porque os dados do BC, em vez dos do IBGE, referiam-se ao valor da despesa dos juros tanto nominais quanto operacionais, enquanto o IBGE informava apenas o valor dos juros nominais. Essa distinção foi particularmente importante – e útil – na época de altíssima inflação, como veremos posteriormente.

revisões importantes, fatores esses que conspiram contra o uso de uma informação relevante para a análise da conjuntura econômica. E terceiro, porque já na revisão metodológica realizada em 1997, o IBGE não informou os dados do quadro correspondente à formação de poupança do governo, que era a informação mais importante, em termos fiscais, por ele divulgada até então. Consequentemente, depois disso, os dados do IBGE deixaram totalmente de ser uma referência para o debate fiscal, embora tenham tido uma grande importância para a análise das contas públicas nos anos 1980, como iremos ver.

O resultado fiscal por excelência – ou seja, o que todos os analistas interpretam como sendo *o* resultado fiscal – é apurado pelo BC e corresponde às denominadas "necessidades de financiamento do setor público" (NFSP), versão em português de *"public sector borrowing requirements"* (PSBR). Os dados divulgados pelo Banco Central abrangem três itens: a) o governo central, que corresponde à soma das contas do governo federal, do Instituto Nacional de Seguridade Social (INSS) e do próprio BC; b) os estados e municípios e c) as empresas estatais, que incluem tanto as empresas federais quanto as estaduais e municipais de propriedade dos governos estaduais e locais.

As NFSP representam apenas o resultado da diferença entre despesas e receitas, sem que o dado divulgado pelo BC permita saber o que está causando o desequilíbrio entre essas variáveis. Para isso, é necessário se valer de estatísticas específicas apuradas por outros órgãos. Nesse sentido, as informações primárias são da Secretaria da Receita Federal (SRF), que apura a receita do governo federal; da Secretaria do Tesouro Nacional (STN), que consolida os dados da receita e da execução da despesa do Tesouro Nacional; e do INSS, que tem o levantamento das receitas e despesas referentes à previdência social da responsabilidade desse mesmo órgão. A Secretaria de Política Econômica (SPE) divulgava uma estatística que consolida essas informações e apresenta um quadro relativamente desagregado das receitas e das despesas do governo central. Posteriormente, a STN passou a divulgar mensalmente esses dados, incluindo o resultado do INSS. Adicionalmente, o Ministério do Planejamento, através originalmente da Secretaria Especial de Controle das Empresas Estatais (SEST) depois rebatizada com outra denominação, acompanha a execução financeira das empresas federais.

CONCEITOS RELEVANTES

"Caixa" *versus* "competência"

Quando, no início de 1995, premido por uma situação conjuntural difícil, o governo decidiu adiar o pagamento de 70% do salário do funcionalismo para o mês seguinte, foi comum ler na imprensa a avaliação de que "o governo está apenas melhorando o seu desempenho de caixa, mas isso não altera o déficit pelo critério de competência". O que quer dizer isso?

O conceito de "caixa" significa que as despesas são consideradas nas estatísticas como tendo ocorrido no momento ou período em que são de fato pagas. O conceito de "competência", por sua vez, está associado ao momento ou período em que a despesa é gerada, mesmo que não tenha sido paga. No caso antes mencionado, por exemplo, se a folha mensal do funcionalismo era de R$2 bilhões e o governo adiou o pagamento de 70% da mesma para o mês seguinte (t + 1), no mês em que isso foi feito a despesa de caixa terá sido de 30% de R$2 bilhões, ou R$0,6 bilhão, sem afetar, porém, a despesa no critério de competência, já que a "geração" da despesa – ou seja, o ato jurídico que estabelece a obrigatoriedade de pagamento do empregador em relação ao seu empregado – se deu integralmente no mês t.

No Brasil, as necessidades de financiamento são apuradas pelo conceito de caixa, exceto pelas despesas de juros, apuradas pelo conceito de competência contábil. De um lado, isso visa evitar que, se o governo emite títulos de prazo mais longo, com pagamentos concentrados no tempo, o déficit seja artificialmente baixo durante algum tempo e depois "estoure" no momento do vencimento. Ao apropriar os juros pelo conceito de competência, o BC torna a despesa de juros mais regular ao longo do tempo – a não ser que a taxa de juros mude muito de um mês para outro. De outro, o critério de competência para o cálculo dos juros é consistente com a apuração da dívida do setor público junto ao sistema financeiro.[3]

"Acima da linha" *versus* "abaixo da linha"

Muitos de nós, alguma vez, em época de férias, voltamos de viagem sem entender "como gastamos tanto dinheiro" e procuramos, nas férias seguintes, fazer um levantamento cuidadoso de nossos gastos. Nesse levantamento – e supondo, para facilitar o raciocínio, que não se use talão de cheques –, a viagem começa com uma "receita", que é a quantidade de dinheiro que se saca do banco na véspera de sair. A partir daí, dia após dia, calcula-se a despesa, em termos de grandes itens, por exemplo, "alimentação", "passeios", "compras" etc. e, no final das férias, somam-se os gastos diários de cada linha de despesa e, posteriormente, o total dos gastos diários. Vamos supor agora que, a partir de certo momento da viagem, o dinheiro acabe e seja necessário passar a usar o cartão de crédito. Ao voltar para casa, tem-se a soma das despesas diárias,

---

[3] Cabe destacar que o IBGE, no cálculo das CN, utiliza o conceito de competência para todas as despesas e não apenas para as financeiras.

desconta-se a receita e faz-se uma *linha de subtração* para o cálculo da diferença. Vamos chamar esse procedimento de "método A". O resultado do mesmo, teoricamente, deveria ser igual ao valor da conta a ser paga com o cartão de crédito, já que este nada mais é do que uma forma de financiamento, que aqui iremos denominar de "método B". Quem já passou por isso e se deu ao trabalho de fazer esse tipo de levantamento, porém, sabe que muitas vezes as contas "não fecham", pelo simples motivo de que é muito difícil ter um seguimento minucioso de *todos* os gastos, pois despesas pequenas são por vezes omitidas, outras maiores podem ser esquecidas etc. Isto posto, a diferença "verdadeira" entre receitas e despesas não é o resultado do cotejo entre a receita e a estatística das despesas acima da linha de subtração – ou seja, o método A – e sim o saldo do cartão de crédito – o método B –, já que o turista em geral não apura de forma totalmente precisa como gastou seu dinheiro, mas sabe perfeitamente qual é o montante da sua dívida, isto é, o tamanho da conta do cartão.

Com as contas públicas ocorre algo parecido. As estatísticas fiscais desagregadas, que apresentam as variáveis de receita e de despesa, são chamadas "acima da linha", enquanto a variável que mede apenas a dimensão do desequilíbrio através da variação do endividamento público – sem que se saiba ao certo se este mudou por motivos ligados à receita ou à despesa – é denominada de estatística "abaixo da linha". No Brasil, as NFSP são medidas "abaixo da linha", a partir das alterações no valor do endividamento público. A razão da escolha desse critério é que, se o cotejo de receitas e despesas é diferente da variação do endividamento, o mais provável não é que a estatística da dívida pública esteja errada e sim que algum item talvez não tenha sido corretamente apurado pelas estatísticas desagregadas, gerando, porém, na prática, uma variação do endividamento.

Embora o dado oficial das necessidades de financiamento seja o do BC, a STN, conforme mencionado, tem um levantamento "acima da linha" para explicar a evolução das contas do governo central, da mesma forma que o Ministério do Planejamento tem um quadro detalhado que explica a evolução das contas das empresas estatais federais. Para os estados e municípios, entretanto, da mesma forma que para as empresas estatais pertencentes a estes, porém, não existem estatísticas "acima da linha", mas apenas o registro "abaixo da linha" apurado pelo BC.

Como é possível conhecer o valor do desequilíbrio dessas unidades sem saber o que acontece com a receita e a despesa dessas unidades? Além da analogia com o caso já mencionado dos cálculos do turista, o leitor pode entender a situação a partir do exemplo de um jovem que faz um estágio remunerado mas, adicionalmente, tem uma "mesada" variável dos pais, para complementar os seus gastos.[4] Esse jovem recebe um certo pagamento no seu estágio e tem uma estrutura de gastos que contempla, por exemplo, as despesas de alimentação com almoço durante a semana, o lazer do fim de semana, a aquisição de livros escolares etc. Os pais desse jovem podem não saber quanto ele ganha no estágio – sua "receita" – e não ter a menor ideia de como o filho usa o dinheiro – sua "despesa". Entretanto, sabem perfeitamente qual é o valor da mesada que pagam todo mês ao filho, para atender às despesas complementares não cobertas pela remuneração do estágio. Essa mesada nada mais é do que o "déficit" do referido jovem.

De forma análoga, as autoridades, mesmo não tendo ciência certa das receitas e despesas de estados e municípios, bem como das empresas destes, acompanham a evolução dos passivos dessas unidades junto ao sistema financeiro público e privado. Daí por que se sabe o valor do resultado "abaixo da linha" dessas esferas de governo, mesmo não se conhecendo os seus dados "acima da linha".

O resultado nominal

Nada mais natural do que definir o resultado fiscal, genericamente, como a diferença entre o total das despesas e as receitas do governo. No Brasil, entretanto, no início dos anos 1980, com a inflação anual passando de 30-40% – como tinha sido até o final dos anos 1970, antes de ocorrer o segundo choque do petróleo, em 1979 – para mais de 100% e, em 1983, para mais de 200%, viu-se que a definição do que era o resultado fiscal não era tão simples. Isto porque, embora a inflação seja muitas vezes interpretada como o resultado de um déficit público elevado, a recíproca era também verdadeira, já que a diferença entre as despesas totais – incluindo os juros nominais incidentes sobre a dívida pública – e a receita revelou-se uma função direta da inflação, mesmo medindo aquela diferença como proporção do PIB. Vejamos por quê.

Admita-se – para facilitar – que a inflação (π) seja constante, que o nível de atividade seja estável e que a dívida externa, a taxa real de juros e o déficit real do setor público sejam nulos. Consequentemente, a taxa de juros nominal (i) é igual à taxa de inflação e o valor nominal da dívida pública aumenta apenas em função da variação dos preços. Isto posto, o gasto com juros (J) em relação ao PIB (Y), gasto esse que é uma das categorias mais importantes da despesa total, é

$$J_t / Y_t = \pi \cdot D_{T-1} / Y_t \qquad (2.1)$$

em que D é a dívida líquida do setor público – ou simplesmente dívida, no

---

[4] Para efeitos do raciocínio exposto a seguir, iremos supor que o jovem não faz aplicações financeiras, gastando todos os seus recursos.

restante do capítulo – e o símbolo T refere-se ao final do período t, associando a expressão em maiúscula T a um *instante* e a expressão em minúscula t a um *período* e indicando defasagem através da expressão (–1). Como, em face das hipóteses assumidas, o valor nominal do PIB aumenta apenas devido à inflação, a equação anterior pode ser reescrita como

$$J_t / Y_t = [\pi \cdot D_{T-1}] / [Y_{t-1} \cdot (1+\pi)] \qquad (2.2)$$

Esta equação apresenta um problema para nós, pelo fato de que a dívida – um conceito de *estoque* – é medida no *final* do ano, enquanto o PIB – uma variável de *fluxo* – é gerado *ao longo* do ano. Para resolver isso, podemos entender que, medindo o numerador e o denominador da fração a preços da mesma data, exista um coeficiente dívida/PIB (d) constante, que conceitualmente corresponderia à relação dívida/PIB na presença de uma inflação nula, tal que[5]

$$d = D_{T-1} / Y_{T-1} = D_t / Y_t \qquad (2.3)$$

Vimos que a dívida é medida no final de período e o PIB a preços médios do ano. Sendo assim, definimos o PIB "a preços de final do ano" como

$$Y_{T-1} = Y_{t-1} \cdot P_{T-1} / P_{t-1} \qquad (2.4)$$

em que P_{T-1} / P_{t-1} representa o quociente entre o índice de preços P de final de período e o índice de preços médio do ano. Consequentemente, por (2.4),

$$Y_{t-1} = Y_{T-1} \cdot P_{t-1} / P_{T-1} \qquad (2.5)$$

Substituindo (2.5) em (2.2), tem-se

$$J_t / Y_t = [\pi \cdot D_{T-1}] \cdot [P_{T-1} / P_{t-1}] / [Y_{T-1} \cdot (1+\pi)] \qquad (2.6)$$

que, por sua vez, levando em conta (2.3), pode ser interpretada como

$$J_t / Y_t = d \cdot [\pi / (1+\pi)] \cdot [P_{T-1}/P_{t-1}] \qquad (2.7)$$

Para um dado nível de d, as duas expressões restantes do lado direito de (2.7) são uma função direta da taxa de inflação π.[6] Portanto, *o valor dos juros*

---

[5] O Banco Central deixou de calcular a relação Dívida/PIB com o PIB medido a preços de final do período em 2010.
[6] Para valores de $\pi \geq 0$, tem-se $0 \leq [\pi /(1+\pi)] \leq 1$, com o resultado sendo mais próximo de zero para valores baixos de π e mais próximo de 1 para valores de p que tendam a infinito. Por sua vez, quanto maior for a inflação, mais o índice de preços de final do ano estará distante do índice de preços médio do ano.

nominais, assim como das necessidades de financiamento no conceito nominal, em ambos os casos medido como proporção do PIB, é uma função direta da inflação. Não é de estranhar, por isso, que entre 1985 e 1994, ao longo do período em que a economia brasileira passou por nada menos que seis planos de estabilização, a relação déficit nominal/PIB tenha oscilado ao sabor dos altos e baixos da taxa de inflação (Gráfico 2.1).[7]

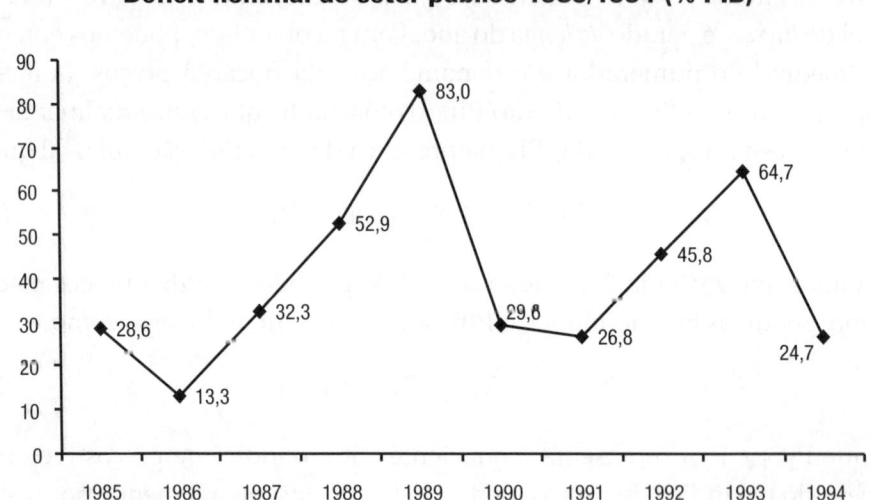

GRÁFICO 2.1
Déficit nominal do setor público 1985/1994 (% PIB)

Ano	1985	1986	1987	1988	1989	1990	1991	1992	1993	1994
% PIB	28,6	13,3	32,3	52,9	83,0	29,6	26,8	45,8	64,7	24,7

Resultado operacional e resultado primário

O resultado nominal continuou sendo calculado no Brasil quando a inflação iniciou sua trajetória de aumento nos anos 1980, apenas interrompida pelos sucessivos episódios de "choques" que se verificaram na economia desde 1986. Entretanto, devido às questões mencionadas, de um modo geral, ele deixou de ser considerado um indicador fiscal relevante pela maioria dos analistas, que passaram a utilizar o conceito de resultado "operacional".[8] Esse conceito correspondia ao valor do resultado nominal, expurgado do componente da despesa de juros associado à atualização monetária do valor da dívida passada. Tal atualização monetária referia-se apenas à dívida interna, já que os juros da dívida externa, no conceito nominal, não sofriam a distorção apontada para

---

[7] No Gráfico 2.1, notar em particular a queda relativa do déficit nominal em 1986, 1990 e 1994, devido à redução da inflação em relação a 1985, 1989 e 1993, que se seguiu aos planos Cruzado de 1986, Collor I de 1990 e Real de 1994, respectivamente.
[8] Sobre a diversidade de conceitos de déficit público, ver Ramalho (1990, 1997).

os juros nominais, sendo calculados em função dos fluxos em dólar americano, multiplicados pela taxa de câmbio. Isto é, eles não sofriam o efeito das variações do valor do estoque medido na moeda doméstica.

Na consideração de que o conceito fiscal "relevante" era o operacional, que alguns inicialmente denominavam de resultado "real" – por contraposição ao nominal –, pesou também outro argumento. O raciocínio pode ser exposto da seguinte maneira. O que se deseja medir com o cálculo do resultado fiscal é o seu impacto sobre a demanda agregada. Nesse caso, o uso das necessidades de financiamento no conceito nominal como "termômetro" da situação fiscal só seria válido se os agentes econômicos que recebessem a correção monetária da dívida entendessem isso como renda – da mesma forma que os rendimentos recebidos pelos funcionários públicos ou que o fluxo de juros reais que aumenta o patrimônio real dos detentores de títulos. Os testes feitos para avaliar se isso era verdade, porém, não autorizaram essa conclusão (Cysne, 1990). Tais testes comprovaram que os agentes econômicos não sofriam de ilusão monetária e que sabiam diferenciar a correção monetária – uma mera reposição do valor do capital – dos juros reais. Em outras palavras, a conclusão foi que a atualização monetária não afetava o consumo agregado da população, ao contrário do que tende a acontecer com o impacto das demais variáveis que compõem o gasto público – incluindo a despesa de juros reais.

Vimos que, se do resultado nominal subtraímos o componente de atualização monetária da dívida, chegamos ao resultado operacional. Falta agora explicar o conceito "primário", que desconta a despesa com juros reais do valor das necessidades operacionais de financiamento. Se essa subtração der um resultado negativo, a explicação é que os juros reais são maiores que as necessidades de financiamento no conceito operacional, ou seja, se não fosse o pagamento de juros, haveria um superávit operacional. Isso significa que o resultado primário é superavitário, ou seja, que a receita é maior do que as despesas não financeiras. Tipicamente, em parte dos anos 1980 e durante toda a primeira metade dos anos 1990, o setor público gerou superávits primários, inferiores, porém, à despesa de juros, dando origem a déficits operacionais em quase todos os anos.

A poupança do governo e o déficit público

É comum ler nos jornais opiniões de pessoas dizendo que "o governo tem uma poupança negativa, já que tem déficit". A afirmação, porém, está errada. A poupança do governo pode, de fato, ser negativa e o governo pode gerar um déficit público, mas os conceitos de "poupança" e de "déficit" não devem ser confundidos. Deixando de lado, aqui, a distinção entre juros nominais e reais

– por exemplo, supondo inflação nula –, genericamente, podemos definir o déficit do governo, ou seja, as suas necessidades de financiamento, como

$$NFG = CG + JG + IG - T \qquad (2.8)$$

em que as variáveis – em todos os casos, referentes exclusivamente ao governo e não ao setor público – têm o significado explicado a seguir: CG é o consumo, JG são os juros da dívida, IG é o investimento e T é a receita tributária, líquida de subsídios e transferências, exclusive juros. Cabe lembrar que o conceito de "governo", para efeitos das CN, abrange o universo composto pelo governo central, os estados e os municípios, excluindo as empresas estatais. Isto posto, a poupança do governo é, por definição,

$$SG = T - (CG + JG) \qquad (2.9)$$

Ao mesmo tempo, por (2.8),

$$T - (CG + JG) = IG - NFG \qquad (2.10)$$

Igualando (2.9) e (2.10), a nova definição para a poupança do governo é:

$$SG = IG - NFG \qquad (2.11)$$

a qual, invertendo os termos da equação, nos permite entender o déficit do governo como

$$NFG = IG - SG \qquad (2.12)$$

Note-se, portanto, que o fato de existir um déficit não significa que a poupança seja negativa, mas pode estar indicando apenas que a poupança, embora positiva, é inferior ao valor do investimento do governo.

As necessidades de financiamento do setor público

O resultado fiscal do governo poderia ser calculado por (2.12) se as estatísticas de variação da dívida fossem compatíveis com as que medem a poupança do governo. Como isso não ocorre, o conceito oficial de déficit, em função dos argumentos já mencionados, é dado pelas necessidades de financiamento apuradas pelo BC, englobando o governo e as empresas estatais.[9]

As NFSP correspondem à variação do endividamento do setor público *não financeiro* junto ao sistema financeiro e ao setor privado, doméstico ou do resto

---

[9] Para uma apresentação contábil que combina os conceitos das CN com o cálculo das necessidades de financiamento, ver Werneck (1988).

do mundo, segundo os critérios do manual de estatísticas fiscais elaborado pelo Fundo Monetário Internacional – FMI (FMI, 1986). Por "endividamento" deve-se entender aqui o conceito de dívida líquida do setor público, que desconta da dívida bruta os ativos financeiros em poder do setor público, como os créditos junto ao setor privado doméstico ou as reservas internacionais em poder do BC. Supõe-se que, se a dívida líquida cresce (cai), é devido à existência de um déficit (superávit). Nessa definição, a base monetária é entendida como uma forma de dívida, a qual, porém, tem a característica de que não rende juros. Note-se que, como o déficit refere-se ao setor público não financeiro, exclui o resultado dos bancos oficiais – a não ser que estes exijam uma capitalização com recursos do Tesouro –, tais como o Banco do Brasil (BB) ou o Banco Nacional de Desenvolvimento Econômico e Social (BNDES).

Neste ponto, é necessário fazer o esclarecimento de que esse critério de apuração da dívida pública trata como ativos – para chegar ao conceito de dívida líquida – apenas os de caráter financeiro e não computa a existência de ativos *reais*, que poderiam ser descontados da dívida financeira, para definir um conceito mais próximo do que seria o "patrimônio líquido" do setor público. É isso que explica o porquê de as privatizações não terem sido consideradas receita para efeito da apuração do déficit público – exceção feita do tratamento conferido à parte da receita de venda das empresas de telefonia, tratadas como concessão e computadas como uma outra receita qualquer.

No Brasil, de um modo geral, a recomendação técnica de não incluir as privatizações na receita vem sendo seguida desde 1991, quando, no contexto das negociações com o FMI para a obtenção de um crédito *stand-by*, em dezembro daquele ano, o Memorando Técnico de Entendimento estabeleceu que as NFSP seriam calculadas "... como a soma da variação líquida no saldo da dívida pública interna, mais a variação na base monetária, mais o financiamento externo líquido ... mais as receitas líquidas, ao valor de face, provenientes da privatização de empresas públicas".

A razão de expurgar a privatização da apuração do déficit público está ligada ao próprio objetivo do que se pretende avaliar com o cálculo deste, que é o impacto do setor público sobre a demanda agregada. Quando um governo investe em uma empresa, ele exerce um certo impacto sobre a demanda, estimulando a economia. Já quando se privatiza uma empresa, há um ativo financeiro que é transferido da conta de uma aplicação do comprador para a conta do governo, sem outros efeitos econômicos. No primeiro caso, há efeitos relevantes sobre os fluxos econômicos. No segundo, simplesmente um estoque financeiro passa de um agente – privado – para outro – o governo. Por isso, entende-se que os investimentos afetam o déficit público, e as privatizações, não.

O problema é que, se o déficit público for interpretado como sendo a variação da dívida líquida – no sentido de que, se esta variou, é porque as contas fiscais geram um resultado diferente de zero –, a privatização deveria implicar um superávit fiscal. Por isso, o BC considera o efeito da privatização na variação da dívida pública, para chegar ao valor das NFSP, como veremos a seguir. A variação – "delta" – da dívida líquida do setor público (DLSP) é então dada por

$$\Delta DLSP = NFSP - \text{Privatizações} + \text{Outros ajustes patrimoniais} \quad (2.13)$$

onde o símbolo Δ indica variação. Note-se que, quando a privatização é utilizada para abater dívida pública, não há impacto sobre as NFSP e o valor de $\Delta DLSP$, *ceteris paribus*, é negativo. Se os recursos da receita de venda de uma estatal são gastos, por sua vez, as NFSP são pressionadas – pois a privatização não é considerada receita e a despesa afeta o déficit –, mas o efeito disso sobre a dívida é compensado pela privatização e o resultado é que a dívida fica constante, apesar de se verificar um déficit.

O outro componente da fórmula (2.13) é representado pelos outros ajustes patrimoniais, que afetam o valor da dívida, sem estarem ligados à ocorrência de um déficit. Um exemplo disso foi a capitalização do Banco do Brasil no primeiro governo de Fernando Henrique Cardoso, na segunda metade dos anos 1990, para cobrir prejuízos anteriores do banco, por um valor da ordem de 1% do PIB. A capitalização fez aumentar a dívida registrada, mas não exerceu nenhum impacto sobre a demanda agregada, o que fez o governo interpretar que o fato não representava um déficit público, mas apenas o registro de uma dívida associada a déficits antigos e não assumidos no seu devido momento. Na equação (2.13), o reconhecimento dessas dívidas antigas – jornalisticamente denominadas de "esqueletos" – na forma de "passivos ocultos" (*"hidden liabilities"*) implica aumentar a DLSP, sem afetar as NFSP.

Note-se que, de um modo geral, tanto a privatização como os outros ajustes são fenômenos de tipo "uma vez e para sempre" (*"once-and-for-all"*), pois em algum momento se esgotam, mas no Brasil foram particularmente importantes na segunda metade da década de 1990.

Entre os outros ajustes se encontram também variações patrimoniais decorrentes de mudança no valor de um estoque financeiro herdado do passado. Por exemplo, quando há uma desvalorização cambial e o governo tem dívida contratada em moeda estrangeira, o valor da dívida pública expressa na moeda nacional aumenta ($\Delta DLSP > 0$), mesmo que as contas públicas estejam em equilíbrio (NFSP = 0).

O saldo líquido acumulado no tempo dessas duas variáveis – privatização e outros ajustes – representa um ajuste patrimonial líquido. A dívida resultante dos sucessivos déficits medidos pelas NFSP é denominada de "dívida fiscal". Portanto, o cálculo das NFSP, isto é, o déficit público "acima da linha", é obtido como resíduo, invertendo os termos de (2.13), o que gera a expressão descrita no já citado Memorando Técnico do FMI, computando também os outros ajustes de patrimônio:

$$\text{NFSP} = \Delta\text{DLSP} + \text{Privatizações} - \text{Outros ajustes patrimoniais} \quad (2.14)$$

Para poder calcular o resultado de (2.14), é preciso conhecer: a) a variação da DLSP, em função dos dados informados ao BC pelo sistema financeiro; b) a receita de privatização do período, quando existir; e c) a existência de outros ajustes patrimoniais, se for o caso. Obtidas as NFSP e descontando a despesa de juros, chega-se então ao resultado primário.

GLOSSÁRIO

Dívida líquida do setor público: Soma consolidada dos valores da dívida líquida do Tesouro, INSS e Banco Central, dos estados e municípios e das empresas estatais junto ao: a) sistema financeiro público e privado; b) setor privado não financeiro e c) resto do mundo.

Ajuste patrimonial: Resultado da diferença entre, de um lado, ajustes, como o reconhecimento de dívidas do setor público geradas no passado e que já tinham produzido impacto macroeconômico ao serem reconhecidas; e, de outro, os efeitos do processo de privatização: receitas de venda e transferências de dívidas para o setor privado, que diminuem a dívida pública.

Dívida fiscal líquida: Diferença entre a dívida líquida do setor público e o ajuste patrimonial.

Necessidades de financiamento do setor público – NFSP (conceito nominal): Resultado da variação da dívida fiscal líquida.

Necessidades de financiamento do setor público (conceito operacional): Diferença entre as NFSP nominais e a atualização monetária incidente sobre a dívida líquida do setor público.

Necessidades de financiamento do setor público (conceito primário): Diferença entre as NFSP no conceito nominal e as despesas de juros nominais incidentes sobre a dívida líquida do setor público, calculadas pelo critério de competência e descontada a receita de juros relativa à aplicação das reservas internacionais.

As críticas às NFSP

As NFSP, como critério de avaliação da política fiscal, têm sido objeto de uma série de críticas.[10] A mais importante delas é que as estatísticas fiscais deveriam captar *todos* os elementos que afetam a situação patrimonial do setor público. Isso implicaria computar, no passivo, itens como o valor presente do déficit atuarial associado aos compromissos futuros da previdência social; e, no ativo, entre outros, as ações das empresas estatais, os recursos minerais de propriedade da União ou os imóveis de propriedade do governo.

Intuitivamente, essa tese tem um lado algo sedutor. Note-se, por exemplo, que quando ocorre uma privatização destinada ao abatimento de dívida financeira, a dívida líquida do setor público, da forma em que esta é medida, cai e, portanto, nesse sentido estrito, a situação do setor público "melhora". Um indivíduo, entretanto, que venda um apartamento e com isso quite uma dívida, dificilmente terá grandes motivos para comemorar, já que, com o cancelamento simultâneo de um ativo e de um passivo, o seu patrimônio líquido continuará sendo o mesmo. É natural, portanto, que se procure construir um agregado mais abrangente para aferir a situação do setor público.

O problema, como salientado pelos próprios Blejer e Cheasty na coletânea citada, é que a eventual incorporação desses conceitos a uma contabilidade mais ampla do setor público estaria longe de ser trivial, do ponto de vista operacional. Por exemplo, que taxa de desconto se deveria utilizar para avaliar o valor presente do déficit atuarial do sistema previdenciário? Se a taxa de juros se modificasse, o déficit público – se fosse medido pela variação do patrimônio líquido do setor público – seria altamente volátil, pois o passivo previdenciário passaria por grandes oscilações.

Analogamente, no caso dos ativos citados, cabe levantar algumas questões. Por exemplo, se o Brasil computasse as ações das empresas estatais no cálculo do déficit público, o déficit público poderia ter se transformado em um superávit, antes do *crack* das bolsas no final de 1997, na fase de *boom* do mercado acionário, caso o ativo da Telebrás – ainda uma empresa estatal, na época – "engordasse" por conta disso, aumentando o patrimônio líquido do setor público? E como fazer com a contabilização das reservas de petróleo, na presença de oscilações do preço deste? Para citar um caso extremo, um país como a Venezuela, cuja relação reservas de petróleo/receita tributária é muito superior à do Brasil, poderia passar em poucos meses de um déficit da ordem

---

[10] Para uma apresentação das diferentes posições em torno do assunto, ver a coletânea de Blejer e Cheasty (1991). Existe disponível tradução em português com o título "Como medir o déficit público", publicada pela STN em 1999.

de 10% do PIB, para um superávit de igual magnitude, apenas porque o preço do petróleo deu um salto. E, por último, como fazer com a contabilização de ativos que não sejam facilmente valorados, como as empresas não cotadas em bolsa? É justamente devido a esse tipo de problemas que, apesar das críticas que lhe são feitas, as NFSP continuam sendo usadas como o indicador fiscal por excelência na maioria dos países.

O resultado do governo central

Já tratamos das estatísticas desagregadas do IBGE e da contabilidade agregada das NFSP. Para completar o panorama das estatísticas das contas públicas brasileiras, falta tratar apenas das contas "acima da linha" do governo central, conforme apuradas pela SPE/STN.[11] Há dois conceitos relevantes, acerca deste ponto. O primeiro é o da "*execução financeira*"; o segundo, o das "*necessidades de financiamento*" do governo central.

A execução financeira do Tesouro foi o "embrião" da contabilidade oficial "acima da linha" do governo central. A verificação de que o resultado do governo central divulgado pelo BC diferia – às vezes substancialmente – do resultado da execução financeira fez a STN aprimorar sua contabilidade e, mesmo continuando a divulgar a execução financeira, criar a estatística das necessidades de financiamento. As três principais diferenças deste conceito – fazendo abstração de outras de menor importância –, em relação ao da execução financeira, são as seguintes:

- A contabilização da *receita* é a do conceito de apropriação da Secretaria da Receita Federal, baseado nos Documentos de Arrecadação da Receita Federal (Darfs) – e não o efetivo ingresso de recursos à conta única do Tesouro. Isso decorre de que a receita captada pelos Darfs diminui a dívida líquida do governo central, mesmo que ainda não tenha sido repassada ao Tesouro, enquanto a receita da execução financeira capta apenas aquilo que de fato já foi repassado ao mesmo. Essa diferença pode ser expressiva quando há muitos pagamentos de tributos feitos no final do mês.
- A contabilização da *despesa não financeira* toma como conceito relevante para efeito das necessidades de financiamento o *pagamento efetivo*, isto é, o registro da etapa de pagamento, mediante saque na conta do Tesouro

---

[11] Ao leitor interessado em conhecer mais detalhes sobre a contabilidade do governo central, sugere-se consultar o trabalho, minuciosamente explicativo, de Carvalho (1997), que é uma das referências mais completas sobre o assunto.

Nacional. Na contabilidade da execução financeira, uma liquidação financeira a cargo de um ministério, por exemplo, é rotulada como despesa, mesmo que consista apenas em uma autorização para que o ministério saque da conta do Tesouro. Já na contabilidade das necessidades de financiamento, os recursos só são computados como gasto quando o ministério de fato transfere os mesmos para a conta de quem é beneficiado pelo pagamento.
- A contabilização dos *encargos* – despesa financeira – nas necessidades de financiamento é feita pelo critério de *competência*, enquanto a execução financeira do Tesouro computa-os pelo critério de caixa.

As necessidades de financiamento do governo central correspondem, por sua vez, ao resultado das necessidades de financiamento do Tesouro, acrescido das seguintes rubricas:

- Receitas e despesas do INSS.
- Déficit primário do Banco Central, correspondente às despesas administrativas deste, líquidas de receitas próprias (até 1997, não captado nas estatísticas oficiais desagregadas "acima da linha").

Isto posto e descontando o gasto com juros, tem-se o resultado das necessidades primárias de financiamento – que, sendo negativas, indicam a existência de superávit primário –, no conceito "acima da linha". A diferença entre esse valor e o resultado primário das NFSP referente apenas ao governo central, "abaixo da linha" ou "critério BC", é ajustada através de uma rubrica denominada "discrepância estatística" ou "erros e omissões", que capta a existência de eventos que afetam a dívida do governo central, mas que não foram captados pelas estatísticas desagregadas disponíveis. Trata-se, portanto, de fatores que, de alguma forma, tiveram efeito fiscal, porém não foram identificados (ver Quadro 2.1).[12]

---

[12] O procedimento é análogo ao que ocorre no balanço de pagamentos (BP) com a diferença entre, de um lado, a variação de reservas, e, de outro, a soma das contas-correntes e de capital, diferença essa refletida na conta de "erros e omissões". No Brasil, nos últimos anos, a este elemento somou-se a contabilização de efeitos fiscais associados a Itaipu, que afetam o resultado apurado pelo BC, mas não o do Tesouro.

QUADRO 2.1
O resultado "acima da linha" do governo central

I. Receita total

I.1. Receita do Tesouro e Banco Central

I.2. Receita do INSS

II. Transferência a estados e municípios

III. Receita líquida (I − II)

IV. Despesas não financeiras

IV.1. Pessoal

IV.2. Benefícios previdenciários

IV.3. Abono salarial e seguro-desemprego

IV.4. Despesas assistenciais da Lei Orgânica da Assistência Social

IV.5. Subsídios e Subvenções

IV.6. Relacionamento Tesouro Nacional/Banco Central

IV.7. Outras despesas correntes e de capital (OCC)

V. Resultado primário "acima da linha" (III − IV)

VI. Discrepância estatística (erros e omissões)

VII. Resultado primário "abaixo da linha" (critério BC = V + VI)

VIII. Juros

IX. Necessidades de financiamento (VIII − VII) (a)

(a) Se IX for entendido como resultado fiscal, com sinal invertido ao das necessidades de financiamento (cujo sinal positivo indica déficit), então o resultado de IX é (VII − VIII).

DÉFICIT NOMINAL *VERSUS* DÉFICIT OPERACIONAL

Em meados de 1997, o governo deu a entender que deixaria de divulgar as estatísticas referentes ao déficit operacional. O argumento usado era que "em face da queda da inflação, não mais se justifica o uso de um conceito criado para adaptar a contabilidade pública aos tempos de alta inflação; agora, temos que adotar o conceito da quase totalidade dos países, que é o déficit nominal". Apesar do caráter lógico e aparentemente irrefutável do argumento, algumas vozes se levantaram contra a ideia, que em função das reações negativas foi temporariamente arquivada. Quais foram, na época, algumas das objeções de quem se opunha ao abandono do conceito operacional? Vamos tentar entender isso. Supondo certas hipóteses simplificadoras – nível de atividade constante, inflação estável etc. –, a diferença entre as necessidades de financiamento nominal (FN) e operacional (FO), em relação ao PIB (Y), pode ser expressa pela equação

$$(FN_t - FO_t) / Y_t = D_{T-1} \cdot \pi / [Y_{t-1} \cdot (1 + \pi)] = [D_{T-1} / Y_{t-1}] \cdot [\pi / (1 + \pi)]$$

em que D é a dívida interna no final do ano, π a inflação anual – constante –, T refere-se ao instante final de um período t e o símbolo (−1) indica defasagem. Por que a maioria dos países utiliza o conceito nominal para medir o déficit? O quadro explica isso, aplicando a equação a situações hipotéticas em que a dívida interna é de 3 e, alternativamente, de 30% do PIB e a inflação anual é 1 e 10%. No Brasil, no começo do Plano Real, a dívida interna era da ordem de 30% do PIB.

Note-se que, no argumento de que "quase todos os países usam o déficit nominal", os países costumam estar na situação do quadrante superior direito – dívida expressiva, mas inflação baixa, situação típica de países como Estados Unidos ou Alemanha – ou inferior esquerdo – inflação alta, com dívida baixa – do quadro. Nossa vizinha Argentina estava na época da paridade 1 dólar vs 1 peso em uma situação extrema como a do quadrante superior esquerdo – inflação próxima de zero e dívida interna pequena. Portanto, tais países não tinham os seus déficits nominais "engordados" pela combinação de inflação alta – 10%, em termos internacionais, é algo elevado – e dívida importante, como era o caso do Brasil, cujo déficit nominal, devido à variação dos preços, era aumentado em torno de 2% do PIB, nos primeiros anos do Plano Real em relação ao resultado operacional. O principal argumento contra o abandono do déficit operacional era então que o Brasil tinha que usar um "termômetro" diferente porque, de fato, encontrava-se em uma situação particular.

Diferença entre os déficits nominal e operacional, na presença de diferentes níveis de inflação e de relação dívida interna/PIB (% do PIB)

		Dívida interna (% PIB)	
		3	30
Inflação anual	1	0,0	0,3
(%)	10	0,3	2,7

Em 1998, contudo, na perspectiva de que a inflação no ano fosse da ordem de apenas 2%, similar à dos países industrializados, essa controvérsia desapareceu, o déficit nominal passou a ser usado por todos como o indicador fiscal por excelência e o Banco Central deixou de divulgar mensalmente o resultado do déficit operacional, na sua nota informativa distribuída regularmente para a imprensa, sem que ninguém tenha questionado o mérito de tal decisão. O Banco Central, porém, continuou a calcular internamente o resultado operacional e a divulgar o dado em algumas publicações. Em um quadro de inflação baixa, de qualquer forma, as NFSP operacionais deveriam ser uma simples curiosidade dos livros de história econômica, como registro de um período específico da economia brasileira.

Sugestão de leitura para o aluno: Ramalho (1997) apresenta os diversos conceitos de déficit público existentes no Brasil em meados dos anos 1990.

Leituras adicionais para o professor: Werneck (1988) apresenta uma excelente estrutura contábil para entender a contabilidade pública nos anos 1980. A coletânea de Blejer e Cheasty (1991) é uma referência obrigatória no debate internacional acerca das virtudes e limitações da contabilidade do déficit público sugerida pelo FMI.

QUESTÕES

1. Explique por que a relação entre o déficit nominal e o PIB é uma função direta da inflação.
2. Assuma uma relação dívida pública/PIB de 0,30, um estoque da dívida indexado ao nível de preços, PIB real e preços inicialmente estáveis e déficit operacional nulo. Para quanto aumenta a dívida pública, a preços de dezembro, como percentagem do PIB medido a preços médios do ano, se a inflação a partir do mês de maio – inclusive – passa a ser de 2% ao mês,

mantidas as demais hipóteses? Avalie a dívida de dezembro usando o índice de preços centrado no final do ano, correspondente à média geométrica dos índices de preço de dezembro e janeiro. (Sugestão: calcule um índice médio de preços do ano, tendo como base dezembro do ano anterior = 100.)
3. Imagine uma situação na qual, ao longo do tempo, apesar da queda da inflação, a diferença entre as NFSP no conceito nominal e as NFSP operacionais aumenta. Qual pode ser a explicação para isso?
4. "O déficit público corresponde a uma despoupança do governo." Quais são as falhas desse raciocínio?
5. Por que é mais razoável considerar receita "acima da linha", diminuindo as NFSP, a arrecadação resultante de uma concessão que gera para os vencedores desta a necessidade de fazer pagamentos mensais ao governo ao longo de 30 anos, do que adotar o mesmo tratamento no caso do pagamento de uma única parcela, no ato de assinatura do contrato de concessão?
6. Suponha que um governo planeje ter um gasto de 900 e uma receita de 1.000 unidades monetárias – não importa aqui definir a moeda. Suponha ainda que existam duas hipóteses acerca do uso do superávit fiscal:

   a) abater dívida pública, ou
   b) comprar ações de uma empresa.

   O que acontece com as NFSP, em cada um dos dois casos?
7. Suponha que um governo venda uma empresa estatal e, com a receita recebida, construa um hospital. O que acontece com as NFSP? Qual é a racionalidade do critério adotado?
8. "O uso do conceito operacional não elimina as distorções associadas à inflação em um ambiente inflacionário: um mesmo valor do déficit operacional pode estar associado a significados reais completamente diferentes, em diferentes situações." Explique, dando um exemplo.
9. A afirmação final da questão anterior poderia ser válida, mesmo em uma situação de inflação nula, em que os déficits operacional e nominal são idênticos entre si? Explique.
10. Explique por que uma melhora fiscal associada a um aumento de impostos não eleva a poupança doméstica no mesmo valor do incremento da poupança do governo.

PARTE II

Finanças Públicas no Brasil: 1980/2015

CAPÍTULO 3

O Estado e as Empresas Estatais no Desenvolvimento Econômico

> 50 anos em 5.
> Palavra de ordem do Governo Juscelino Kubitschek, em favor do crescimento econômico.

> A atual preponderância do Estado na economia brasileira não é o resultado de um esquema cuidadosamente concebido. Decorre, em grande parte, de numerosas circunstâncias que, em sua maioria, forçaram o governo a intervir de maneira crescente no sistema econômico do país.
> Kerstenetzky, Baer e Villela, 1973, página 883

Em seu extenso e clássico estudo sobre as empresas estatais brasileiras, publicado em 1983 pela Cambrige University Press dos Estados Unidos e intitulado *Brazil State-owned entreprises: a case study of the State as entrepreneur*, Thomas Trebat conclui que "poucas vezes o Estado brasileiro tomou conta de empresas privadas saudáveis, preferindo ao invés disso investir nos 'espaços vazios': siderurgia, petróleo, minério. Muitos casos de nacionalização de empresas privadas nos setores básicos – i.e., telecomunicações e eletricidade – ocorreram depois de que o setor privado se mostrou incapaz de se expandir em linha com as exigências do desenvolvimento" (página 64).

O que levou o Estado a ter uma participação na economia como a que teve no Brasil até a década de 1980? Este livro não é sobre desenvolvimento, nem sobre a economia brasileira. Entretanto, uma obra sobre as finanças públicas brasileiras ficaria incompleta se não incluísse um capítulo específico sobre as empresas estatais e o seu papel no desenvolvimento da economia ao longo de algumas décadas. É justamente o que se pretende fazer aqui. No Capítulo 4, iremos ver como essa expansão das empresas estatais foi acompanhada de sistemas contábeis longe do ideal para o acompanhamento das contas públicas;

e no Capítulo 14 iremos abordar a privatização. Antes disso, porém, vamos analisar o papel das empresas estatais ao longo das décadas de 1950 a 1970.

O CARÁTER NÃO PRECONCEBIDO DA PARTICIPAÇÃO DO ESTADO NA ECONOMIA

Como diz a segunda frase do início do capítulo, a expansão da participação do Estado nas atividades econômicas no Brasil não decorreu de uma atitude deliberada do Estado com vistas a ocupar o espaço do setor privado. Em nenhum momento a maior intervenção do Estado teve a intenção de instalar o socialismo no Brasil. Pelo contrário, o objetivo foi consolidar o sistema capitalista no país.

A maior intervenção do Estado foi de certo modo inevitável, tendo em vista: a) a existência de um setor privado relativamente pequeno; b) os desafios colocados pela necessidade de enfrentar crises econômicas internacionais; c) o desejo de controlar a participação do capital estrangeiro, principalmente nos setores de utilidade pública e recursos naturais; e d) o objetivo de promover a industrialização rápida de um país atrasado.

O processo de industrialização do Brasil deu-se a partir do modelo de substituição de importações, marcado pela proteção ao mercado local e pela intervenção do Estado na economia. O "Estado Desenvolvimentista" não apenas assumiu o papel de planejador do processo de industrialização, como também investiu diretamente em setores considerados estratégicos para o desenvolvimento industrial brasileiro, com destaque para a infraestrutura – principalmente, estradas, energia e telecomunicações.

A produção direta estatal decorreu da incapacidade e/ou desinteresse do setor privado em investir em setores marcados pela necessidade de vultosos recursos e com longos prazos de maturação dos investimentos. A criação da Companhia Siderúrgica Nacional (CSN) em 1942 foi um exemplo: só depois de várias tentativas fracassadas de indução de criação de uma siderurgia privada é que o Estado acabou tendo que arcar com o investimento. Outro exemplo importante diz respeito à deterioração dos serviços telefônicos no Rio de Janeiro e São Paulo no início dos anos 1960, quando a estatização revelou-se inevitável, tendo em vista o alto montante de investimentos requeridos e a dificuldade de mobilizar recursos privados em uma situação de mercado de capitais quase inexistente e um setor empresarial ainda incipiente.[1]

---

[1] Registre-se, a propósito, o reconhecimento de Roberto Campos – insuspeito de ser favorável às empresas estatais – nas suas memórias, constatando o fracasso na tentativa de conseguir recursos privados para a compra da Light and Power: "O vulto da transação, mais de US$ 90 milhões, num mercado de capitais quase inexistente, e com a pouca densidade do nosso capitalismo na época, tornava difícil a mobilização de recursos" (Campos, 1994, p. 520).

Vale destacar também a existência de setores nos quais fatores tecnológicos e/ou de mercado apontavam para o monopólio como a estrutura de mercado mais apropriada – os chamados "monopólios naturais" – e onde a propriedade estatal colocava-se como uma solução para o problema de regulação. Sendo assim, o objetivo não foi uma ampliação deliberada da intervenção do Estado em detrimento do setor privado, mas, sobretudo, a ocupação de espaços "vazios" correspondentes a atividades essenciais para o desenvolvimento econômico e para o fortalecimento do próprio setor privado. À época em que a industrialização do país se tornou uma prioridade, o setor privado brasileiro não estava em condições de arcar com as enormes necessidades de infraestrutura do país ou de investir nas indústrias tecnologicamente mais sofisticadas, como petroquímica, siderurgia e equipamento de transportes.

Em linhas gerais, pode-se dizer que a maior intervenção do Estado na economia brasileira teve como seu principal objetivo a complementação da ação do setor privado com vistas ao desenvolvimento do país.

O ESTADO NA ECONOMIA BRASILEIRA: CRONOLOGIA

Os anos pré-1930

Ainda que se reconheça que nesse período a intervenção do Estado tenha sido importante para o posterior desenvolvimento industrial, não houve nenhum planejamento neste sentido.

Até o século XVIII, a intervenção estatal era mínima, tendo em vista a falta de interesse de Portugal pelo Brasil até o século XVIII. A falta de um maior controle estatal propiciou o desenvolvimento de um certo setor privado com orientação comercial, o que pode estar na origem do fato de, historicamente, o capitalismo brasileiro ter se revelado mais pujante que o de outros vizinhos da América Latina. De qualquer forma, a situação modificou-se com a descoberta de ouro no século XVIII, quando a metrópole passou a controlar mais de perto a colônia.

Com a vinda da Corte portuguesa para o Brasil no início do século XIX, aumentou o interesse no desenvolvimento da colônia. Dentre as principais ações estatais no início do século XIX, destacou-se a fundação do primeiro Banco do Brasil, em 1808. Além disso, o Estado introduziu alguns instrumentos regulatórios como a fixação de tarifas e a isenção e incentivos fiscais.

A circunstância de a monarquia portuguesa ter sido obrigada a se deslocar para a colônia explica por que ela se revelou mais sensível em relação à importância da promoção do desenvolvimento local, comparativamente à sua congênere espanhola, que na maioria dos países da América Latina se comportou durante um longo tempo de maneira meramente predadora.

A principal atividade econômica na época era a agricultura. Os principais objetivos do governo eram a expansão da atividade agrícola; a preservação de boas relações com o capital estrangeiro; e a estabilidade econômica.

Em relação ao apoio à agricultura, destacavam-se os esforços de evitar ciclos agudos do café que se traduziram na política de preços mínimos para o produto. Em 1906 foi assinado pelos três principais produtores de café – São Paulo, Rio de Janeiro e Minas Gerais – o convênio de Taubaté, pelo qual os governos dos estados se engajaram em esquemas de preços mínimos e de controle da produção.

Quanto à indústria, esta era ainda muito incipiente, com 70% da produção manufatureira sendo composta por têxteis, vestuário e alimentos em 1919. Apesar do processo de industrialização ainda não ser uma prioridade da política econômica, já havia a adoção de tarifas de importação com o objetivo de proteger a produção manufatureira local. O Estado tinha também uma atuação importante nos setores de infraestrutura, onde as externalidades justificavam os investimentos estatais nas atividades portuária, de navegação e saneamento.

Os primeiros investimentos em um sistema básico de transportes e utilidades públicas ficaram sob a responsabilidade do capital estrangeiro. Entretanto, a intervenção do Estado foi essencial, à medida que garantia uma rentabilidade mínima para os investimentos estrangeiros. As ferrovias, por exemplo, foram construídas a partir de grandes fluxos de capital inglês, enquanto os investidores recebiam garantias do Estado em termos de taxa mínima de retorno sobre o investimento.

A progressiva estatização das ferrovias no início do século XX decorreu do fato de que a política do governo de garantias de rentabilidade transformou-se em um peso insustentável sobre o seu orçamento. Um outro fator que explicou o aumento da intervenção estatal, tanto nas ferrovias quanto em outros serviços de utilidade pública, foi o controle governamental das tarifas. Ao fixar tarifas para os serviços de utilidade pública, o governo tinha que conciliar considerações sobre as taxas de rendimento que seriam adequadas para o investidor privado, com a preocupação de cobrar tarifas consideradas socialmente justas para os usuários. Ao longo do tempo, essa segunda preocupação adquiriu importância crescente. Assim, as tarifas controladas refletiam-se em taxas de rendimento consideradas baixas para as empresas privadas garantirem a expansão e manterem adequadamente a rede ferroviária. Com o governo cada vez menos propenso a garantir a taxa de lucratividade, a estatização gradual tornou-se um desfecho natural.

A década de 1930

A crise de 1930 marca uma verdadeira mudança de mentalidade no comportamento dos governos brasileiros. A partir de então, a industrialização converteu-se crescentemente em uma preocupação e uma prioridade das autoridades.

Os entraves às transações comerciais com o exterior, principalmente no que diz respeito às importações, resultante da guerra e da depressão dos anos 1930, foram um importante impulso à industrialização. A impossibilidade de obtenção de importações levou ao reconhecimento da necessidade de uma diversificação industrial como condição para atenuar a vulnerabilidade externa, o que estimulou o crescimento da indústria local substituidora de importações.

Ao longo da década de 1930, a ação do Estado manifestou-se na expansão dos instrumentos regulatórios, como controle de preços básicos – água, eletricidade, gasolina, outros –, na determinação de tetos para as taxas de juros, na criação de autarquias e na proteção à indústria local.

Neste período, a União assumiu a responsabilidade, anteriormente dos estados, pela sustentação dos preços do café, o que significou que pela primeira vez o governo federal se engajava diretamente na fixação de preços e no controle da produção de um setor da economia.

Em 1931, foi introduzido o controle do câmbio, com o objetivo de racionar as divisas e cujo efeito indireto foi a proteção do setor industrial. Paralelamente, o Estado expandiu significativamente seu poder regulatório com a criação de autarquias que, em colaboração com os produtores, regulavam a produção, os preços e financiavam a construção de armazéns gerais, entre outros.

O período foi marcado também pela adoção de novos mecanismos de intervenção no sistema de preços. Em 1934, por exemplo, foi promulgado o Código das Águas, que conferia ao governo o poder de fixar tarifas de eletricidade, que garantissem uma rentabilidade máxima de 10% sobre o capital investido.

Finalmente, em 1937, foi também criada a carteira de crédito agrícola e industrial do Banco do Brasil, o que significou a oferta de empréstimos de prazo mais longo para estabelecimentos industriais, de grande importância para o desenvolvimento econômico do país.

Os anos 1940 e 1950

Esse período foi caracterizado pelo início da formação do setor produtivo estatal. Havia na época a preocupação em garantir o andamento do processo de industrialização, para o que era importante que não houvesse falta de insumos industriais, o que muitas vezes acontecia com o colapso das linhas de importação decorrente das crises externas – como havia ocorrido à época da grande depressão e das guerras. Em muitos casos, houve também uma justificativa nacionalista para a criação das estatais, com o sentido de garantir o que se entendia então como sendo a segurança e a soberania nacional.

Em 1942 foi criada a CSN, como já vimos, depois de contínuos fracassos em convencer o setor privado a assumir o investimento. A CSN tornou-se um símbolo do compromisso do governo com o desenvolvimento econômico, bem como foi o primeiro componente do setor empresarial público contemporâneo.

Além da fraqueza demonstrada pelo setor privado em arcar com um projeto de alta importância para o desenvolvimento industrial, outra motivação importante para a criação da empresa estatal esteve associada a motivos nacionalistas, tendo em vista a convicção entre os militares de que uma empresa de aço nacional era importante em termos de segurança nacional, no contexto daqueles anos, marcados pela Segunda Guerra Mundial.

Em 1942 também foi criada a Companhia Vale do Rio Doce (CVRD). Em 1943, começou a funcionar a Fábrica Nacional de Motores (FNM), especializada em peças para aviões, e a Companhia Nacional de Álcalis, produtora de barrilha e vidro.

Em 1952, surgiu o Banco Nacional de Desenvolvimento Econômico (BNDE), a partir do reconhecimento da fragilidade dos mercados de capitais privados e da intenção do Estado de fornecer financiamento de longo prazo e baixo custo, necessário para o desenvolvimento industrial. De fato, à época da formação da Comissão Mista Brasil-Estados Unidos (CMBEU), em 1951, tinha ficado clara a necessidade de um banco governamental de desenvolvimento para dar conta dos projetos de modernização da infraestrutura previstos pelo Programa de Reaparelhamento Econômico. Assim, o BNDE – posteriormente, BNDES – foi fundado com a finalidade de conceder financiamento para o programa de crescimento e modernização da infraestrutura do País. Todavia, entre as suas tarefas figuravam também o fomento e o financiamento das indústrias pesadas e de certos setores agrícolas.

Em 1953, foi criada a Petrobras com o objetivo de reduzir a vulnerabilidade do país aos choques externos, mas também visando à segurança nacional e ao fortalecimento da soberania do país. Neste sentido, um ponto marcante na evolução e consolidação do sistema produtivo estatal foi uma forte aliança entre tecnocratas e militares em favor da execução de um projeto nacional de desenvolvimento.

Os anos 1950 presenciaram também a consolidação do pensamento desenvolvimentista no Brasil, que representou a ideologia econômica de sustentação do projeto de industrialização como meio de superação do atraso e da pobreza. A máxima "50 anos em 5" do Presidente Juscelino Kubitschek ilustra bem os ousados objetivos do desenvolvimentismo.

O Plano de Metas, implantado a partir de 1957, representou o primeiro grande esforço de planejamento pró-industrialização do país. O plano priorizava o aprofundamento da estrutura industrial e a construção da infraestrutura necessária para tal objetivo. Ao Estado caberiam os investimentos no setor de energia/transporte e em algumas atividades industriais básicas como siderurgia e refino de petróleo, além dos incentivos aos investimentos privados para a expansão e diversificação da indústria de transformação, com ênfase nos setores produtores de insumos básicos e bens de capital. O Quadro 3.1 mostra os setores priorizados pelo Plano de Metas.

QUADRO 3.1
Investimentos previstos pelo Plano de Metas (1957/1961)

Setores	Participação no investimento total (%)
Energia	43,4
Transportes	29,6
Indústrias básicas	20,4
Educação	3,4
Alimentação	3,2
Total	100,0

Fonte: Lessa (1983).

O esforço de investimentos foi calcado no chamado "tripé", composto pelos capitais estatal, multinacional e privado nacional. O dois principais "pés" eram os investimentos estatal e multinacional. Neste sentido, houve uma forte complementaridade entre os dois, com o Estado assumindo a responsabilidade pelo investimento pesado em infraestrutura básica – energia e transportes – e o capital estrangeiro, pelo investimento na indústria metal-mecânica. Ao capital privado nacional coube, principalmente, o investimento em setores de distribuição e fornecedores para as grandes empresas multinacionais – como a indústria de autopeças.

Dentre os incentivos à ampliação do investimento privado destacaram-se: a) fácil acesso e condições favoráveis à obtenção de financiamento externo; b) créditos de longo prazo com baixa taxa de juros; e c) reserva de mercado interno para os novos setores industriais a serem criados.

Os anos 1950 testemunharam também a difusão dos controles de preços. O controle das tarifas dos serviços de utilidade pública foi estendido e logo abrangia não apenas a energia elétrica, mas também a telefonia e o transporte público, entre outros. Alguns preços considerados básicos também passaram a estar sujeitos a controle, como os aluguéis, os preços de produtos alimentícios, a gasolina etc. O controle dos preços dos gêneros alimentícios era feito pela Comissão Federal de Abastecimento e Preços (COFAP), que mais tarde transformou-se na Superintendência Nacional de Abastecimento (SUNAB).

Em relação às tarifas de utilidade pública, havia um interesse em mantê-las em níveis baixos a fim de promover o crescimento industrial e subsidiar o consumidor. Sendo assim, o Estado passou gradualmente a assumir a responsabilidade pelas atividades como a geração e distribuição de eletricidade, transporte público e telecomunicações. Isso explica em parte a criação, nos anos 1950, de empresas estatais como a Companhia Hidrelétrica do Rio São Francisco (CHESF), FURNAS, Centrais Elétricas de Minas Gerais (CEMIG) e, nos anos 1960, a Centrais Elétricas de São Paulo (CESP) etc. para fornecer a energia adicional necessária para a expansão da economia. Os investimentos estatais para a criação das hidrelétricas também justificaram-se pela geração de externalidades para o sistema econômico como um todo e pelo fato de o setor se caracterizar pela existência de economias de escala.

A CONVIVÊNCIA DE DESENVOLVIMENTISTAS "LIBERAIS" E "NACIONALISTAS"

Em meados do século XX, existiam duas vertentes básicas do pensamento desenvolvimentista no setor público: a corrente não nacionalista ou "liberal" e a "nacionalista" (Bielschowsky, 1988).

A primeira defendia uma intervenção do Estado apenas em último caso, privilegiando os investimentos privados, de capital estrangeiro ou nacional. Ou seja, os que se incluíam nessa vertente acreditavam que o Estado não deveria ocupar o espaço em que a iniciativa privada pudesse atuar de forma mais eficiente. Como disse Roberto Campos em uma carta para Lucas Lopes, citada nas memórias do primeiro: "(...) Eu diria que, na medida do possível, o Estado deve ser predominantemente um manipulador de incentivos. Isto quer dizer que, tanto quanto possível, ele deve agir por vias indiretas, exemplo: política de crédito, política fiscal, subvenções, tarifas etc., antes que por via de controles diretos, como racionamento de câmbio, licenças de importação, alocação de matérias-primas etc. No tocante a investimentos, o Estado deveria ser apenas um investidor pioneiro, que se retiraria de campo transferindo-se para outra atividade logo que terminada a fase pioneira, ou ainda um investidor supletivo, que compensaria as ocasionais debilidades da iniciativa privada" (Campos, 1994, página 319).

A segunda vertente, cujo grande expoente foi o economista Celso Furtado, preconizava a estatização dos setores de infraestrutura e serviços de utilidade pública, bem como de alguns segmentos da indústria de base, como a siderurgia. Havia por parte desta corrente um certo ceticismo quanto à possibilidade de o capital estrangeiro vir a desempenhar um papel importante na produção industrial brasileira ou se interessar a longo prazo pelo desenvolvimento do país. A recusa da U. S. Steel ao convite do Presidente Vargas para que investisse no Brasil permanecia na memória dos desenvolvimentistas nacionalistas. O lento crescimento dos setores de energia e transportes, que os liberais associavam ao controle das tarifas, na visão dos nacionalistas, demonstrava a necessidade de intervenção e planejamento estatal nos setores de infraestrutura como essencial ao desenvolvimento industrial. Vale ressaltar que, para os nacionalistas, o capital estrangeiro era bem-vindo nos demais setores industriais. O Comandante Lúcio

> Meira, um desenvolvimentista nacionalista, por exemplo, teve um papel importante na atração das grandes empresas multinacionais automobilísticas no Plano de Metas. O que havia era uma prescrição de controles sobre as multinacionais, principalmente em relação à remessa de lucros, tendo em vista o seu impacto potencial negativo sobre o Balanço de Pagamentos.

Os anos 1960 e 1970

Ao longo das décadas de 1960 e 1970, o setor público prosseguiu ampliando a sua participação direta no setor produtivo a fim de ocupar os "espaços vazios" da estrutura industrial. Neste sentido, continuou sendo fundamental a forte aliança entre militares e tecnocratas. No mundo, este período também marca o auge da participação estatal na economia.

Entre as razões específicas do período para a expansão das empresas estatais no Brasil, encontram-se: a) a política de inflação corretiva de meados dos anos 1960, que aumentou a disponibilidade de recursos; b) o "efeito-composição", associado ao fato de que as estatais atuavam nos setores que lideravam o crescimento na época, ligados à expansão da taxa de investimento; c) a abundante oferta de recursos dos organismos multilaterais; d) a proliferação do processo de criação de subsidiárias a partir de uma "estatal-mãe"; e e) a liberdade administrativa das empresas para contratar e pagar salários elevados.

No início da década de 1960 foi criada a *holding* Eletrobras. Em 1972, foi a vez da Telebrás. O período também foi marcado pela diversificação das atividades das grandes empresas estatais, com a criação de subsidiárias por parte da Petrobras e da CVRD, por exemplo. Nos anos 1960, a queda de qualidade dos serviços telefônicos, por sua vez, resultou na estatização do sistema.

O Segundo Plano Nacional de Desenvolvimento (II PND) foi lançado em 1974. Em um momento de início da crise mundial com o primeiro choque de petróleo, o bloco de investimentos do II PND garantiu a continuidade de altas taxas de crescimento real do PIB até o final da década de 1970. O principal objetivo era promover o desenvolvimento dos setores produtores de insumos básicos e de bens de capital, que apesar das iniciativas anteriores ainda permaneciam pouco desenvolvidos.

A ideia era completar o processo de substituição de importações, tornando o país menos vulnerável aos choques externos. É importante ressaltar, porém, que também havia uma preocupação com o aumento das exportações. Ou seja, o ganho em termos de divisas seria duplo: i) uma "economia" de dólares com a redução das necessidades de importações; e ii) um aumento da geração de moeda forte com a expansão das vendas externas, decorrente de uma pauta mais sofisticada, com uma maior participação de bens intermediários.

O II PND representou o auge da intervenção pública através das empresas estatais e também se constituiu no início da crise do setor produtivo estatal. À desaceleração do crescimento decorrente do primeiro choque do petróleo (1973), o governo brasileiro respondeu com o lançamento de um ousado programa de investimentos estatais. Isto significou inicialmente um aumento expressivo do valor importado e, consequentemente, da necessidade de geração de divisas, o que foi viabilizado pelo aumento do endividamento externo do Brasil.

O grande montante de investimentos sob a responsabilidade do sistema Eletrobras, da Petrobras, da Siderbrás, da Telebrás e de outras empresas públicas representava o pilar do plano, tanto por sua função estratégica quanto por suas encomendas que geravam vários projetos de investimento junto ao setor privado. O objetivo era manter o investimento estatal nas áreas clássicas de infraestrutura econômica e serviços públicos (energia, transportes e comunicações), desenvolvimento social (saúde, educação e seguridade social) e os setores previamente transformados por lei em monopólios do Estado (extração e refino de petróleo), enquanto ao setor privado caberia a responsabilidade exclusiva por toda a indústria manufatureira.

As empresas estatais foram os principais instrumentos utilizados para a manutenção da estratégia de "crescimento com endividamento" ("*growth-cum-debt*"): seu acesso ao crédito interno foi restringido, o que as induziu à captação externa e, consequentemente, ao aumento do seu passivo. Além disso, com objetivos anti-inflacionários, as tarifas públicas passaram a ser reajustadas abaixo da inflação. Houve, também, como resultado da deterioração da receita tributária e da tentativa de redução do déficit público, um esforço de contenção de gastos orçamentários, que se refletiu em uma redução significativa dos aportes de capital às empresas estatais.

O II PND foi bem-sucedido no que diz respeito aos ganhos de dólares no comércio exterior. Castro e Souza (1985) calcularam o ganho de divisas decorrente dos investimentos deslanchados pelo II PND – ver Tabela 3.1.

Ao tratarmos do processo de privatização, porém, iremos discutir os sinais de exaustão desse modelo de desenvolvimento.

TABELA 3.1
Ganhos de divisas derivados dos programas setoriais (US$ milhões)

	Petróleo	Metais não ferrosos	Papel e celulose	Produtos siderúrgicos	Fertilizantes	Produtos químicos	Total
1981	1.052	22	90	149	354	1.029	2.696
1982	1.903	139	170	79	218	1.210	3.719
1983	2.351	366	188	363	308	1.308	4.884
1984	4.404	353	378	636	325	1.307	7.403

Fonte: Castro e Souza (1985).

A DUPLA FACE DA EMPRESA ESTATAL

Uma questão extremamente complexa e polêmica diz respeito à avaliação do desempenho das empresas estatais. Como medir o nível de eficiência de uma entidade que é ao mesmo tempo uma empresa e um instrumento de política econômica do governo?

Como sabemos, pela lógica empresarial, uma firma capitalista deve visar ao maior nível de lucros possível, com um nível mínimo de custos. Entretanto, ao longo da formação e consolidação do sistema produtivo estatal, o que se viu foi que, em grande medida, as empresas estatais tiveram que abrir mão de sua ótica privada em favor dos objetivos nacionais, como o crescimento econômico e a estabilização macroeconômica. Recorrentemente, as empresas praticaram reajustes de suas tarifas abaixo da inflação ou forneceram insumos subsidiados a setores considerados estratégicos ao projeto nacional de desenvolvimento. Da mesma forma, a concessão de empréstimos subsidiados por parte dos bancos estatais a determinados setores também refletiu políticas de alocação decididas pelo governo.

Nos anos 1970, as empresas estatais foram os principais instrumentos utilizados para a manutenção da estratégia de "crescimento com endividamento" (*"growth-cum-debt"*): seu acesso ao crédito interno foi restringido, o que as induziu à captação de recursos no exterior e, consequentemente, ao aumento do seu passivo. Na crise da dívida externa iniciada com a moratória mexicana de 1982, as empresas estatais foram uma fonte importante de captação de divisas – para o que contribuiu o aprofundamento das restrições de acesso ao crédito interno –, principalmente tendo em vista a redução ainda maior da captação privada, que já vinha se retraindo expressivamente desde o final da década de 1970.

A combinação de alto endividamento e redução real das receitas operacionais – em razão das contenções tarifárias – acabou refletindo-se em uma redução significativa da capacidade de autofinanciamento das empresas estatais e, consequentemente, dos seus níveis de investimento.

Tudo o que foi dito é importante para demonstrar que a dificuldade enfrentada pelas empresas estatais nos anos 1980 e 1990 – que culminou no processo de privatização – não decorreu, necessariamente, de uma falta de eficiência destas firmas. O problema é que indicadores objetivos como a evolução da receita operacional, o nível de lucros e custos não conseguem captar as implicações do uso das empresas estatais como instrumento de política econômica, que decorre de sua "face" estatal. Ou seja, critérios de lucratividade máxima e crescimento podem ir contra as metas sociais, tais como maximização de emprego e oferta de insumos baratos às indústrias estratégicas. Ao longo de sua história, os sistemas produtivo e financeiro estatal subordinaram o seu funcionamento a objetivos sociais mais amplos.

AS RAZÕES DA ESTATIZAÇÃO

Os motivos clássicos

Como se pode avaliar a participação do Estado na economia brasileira? Resumidamente, as principais justificativas para a intervenção do Estado podem ser classificadas como: a) a falta de "apetite" do setor privado para entrar em algumas áreas; b) a existência de setores caracterizados por apresentar economias de escala; c) a presença de externalidades; d) motivos políticos/nacionalistas; e e) o controle de áreas com recursos naturais escassos. Vejamos estas questões mais de perto.

Em primeiro lugar, em muitos países em desenvolvimento, o Estado teve que assumir a responsabilidade por investimentos diretos nas áreas de infraestrutura, serviços de utilidade pública e indústrias de base, com o objetivo de promover a industrialização e considerando a incapacidade do setor privado para arcar com os projetos específicos de desenvolvimento. Uma manifestação particular da debilidade do setor privado doméstico em países em desenvolvimento foi tradicionalmente a existência de um pequeno e ineficiente mercado de capitais. Sendo assim, o Estado agiu investindo diretamente nos setores estratégicos ao crescimento, ou canalizou os recursos obtidos via tributação, empréstimos externos, imposto inflacionário, ou mediante outras fontes, para o setor privado, para que este investisse em áreas prioritárias.

Em segundo lugar, a intervenção direta do setor público justificou-se em setores caracterizados pela existência de economias de escala, nos quais em razão de condições técnicas, a produção eficiente requeria uma redução do número de firmas e consequente aumento nas escalas de produção. Sendo assim, as empresas públicas expandiram-se naqueles setores em que a escala de produção era importante. Os setores de energia elétrica, telecomunicações e aço enquadravam-se inicialmente neste grupo.[2]

Em terceiro lugar, a intervenção estatal ocorreu em muitos casos em setores geradores de externalidades positivas para o sistema econômico como um todo, como transportes, através da construção de rodovias – embora, neste caso, por meio do governo diretamente e não de empresas estatais.

A maior intervenção estatal também decorreu de motivos nacionalistas, associados à necessidade de garantia de segurança/soberania nacional.

---

[2] Com o passar do tempo, porém, a realidade foi se modificando e em alguns casos a presença estatal deixou de ser essencial para a produção de bens e serviços desses setores, seja por mudanças tecnológicas que impediram a continuidade do monopólio – como no caso das ligações internacionais após a introdução do *call back* de faturamento no exterior – ou pelo amadurecimento do setor privado.

Finalmente, a necessidade de controle de áreas de recursos naturais escassos – como o setor de petróleo – foi outra justificativa para uma ação mais direta do Estado.

O paralelo com outros países

A partir do final da Segunda Guerra Mundial (1945) o panorama internacional passou a ser marcado por uma significativa ampliação da intervenção do Estado na economia. A intervenção deste novo Estado keynesiano-desenvolvimentista ocorria de duas formas principais. Por um lado, nos países mais desenvolvidos, destacou-se neste período o desenvolvimento do Estado do Bem-Estar (*Welfare State*) que representou uma expressiva expansão dos serviços sociais, com destaque para educação, saúde e infraestrutura urbana. Por outro, principalmente nos países menos desenvolvidos, destacou-se a ação crescente do Estado no sentido de complementar o sistema produtivo, via: a) investimento direto em setores estratégicos para o desenvolvimento da economia, principalmente no que diz respeito ao fornecimento de insumos básicos e à constituição dos setores de infraestrutura; b) planejamento do desenvolvimento econômico, com a explicitação de metas setoriais a serem atingidas; e c) apoio financeiro a setores considerados estratégicos em dificuldades financeiras. A intervenção direta do Estado no setor produtivo representava uma relação de complementaridade entre os capitais do Estado e do setor privado, onde as empresas estatais eram utilizadas como instrumentos de política econômica, visando o apoio à acumulação de capital do sistema como um todo.

A participação direta do Estado em diversas atividades econômicas foi, em linhas gerais, uma característica comum da maioria dos países em desenvolvimento, principalmente daqueles que buscaram um processo rápido de industrialização. Tendo em vista o nível de atraso em vários setores da economia, o Estado transformou-se em um agente econômico ativo, assumindo uma variedade de papéis, com destaque para os de produtor e financiador dos esforços de crescimento econômico.

As especificidades brasileiras

A ação crescente do Estado na economia brasileira decorreu de uma série de fatores: a) a necessidade de solucionar os problemas de Balanço de Pagamentos; b) o objetivo de controlar as atividades de empresas estrangeiras, principalmente no setor de utilidades públicas e exploração de recursos naturais; e c) a priorização de um projeto de industrialização acelerado de uma economia atrasada. As grandes estatais no Brasil ocuparam espaços vazios associados a setores estratégicos para o desenvolvimento econômico desejado e cujo investimento era caracterizado pelo alto nível de capital, baixo retorno e longo prazo de maturação, o que os tornava pouco atraentes para a iniciativa privada.

Apesar de ter seguido uma tendência comum a outros países em desenvolvimento, a intervenção direta estatal no Brasil apresentou algumas peculiaridades que explicam seu melhor desempenho até o final da década de 1980, em comparação com outras nações.

Em primeiro lugar, o próprio tamanho e crescimento do mercado brasileiro permitiu às estatais intensivas em capital obter economias de escala que não seriam obtidas em países em desenvolvimento menores.

Em segundo lugar, a existência de um governo autoritário limitou o poder dos sindicatos dentro das estatais e eliminou o poder do Congresso de supervisionar-lhes as operações. Além disso, houve uma concentração de esforços no sentido de realizar o projeto de industrialização. Neste ponto cabe fazer uma ressalva, tendo em vista que em outros países da América Latina que também tiveram governos autoritários, as empresas estatais não apresentaram um desempenho semelhante ao brasileiro. Isto se explica, em parte, pelo fato de não ter havido um viés nacionalista/desenvolvimentista tão forte por parte dos militares dos outros países como houve no Brasil. De fato, a forte aliança entre militares e tecnocratas com o objetivo de desenvolvimento industrial acelerado do país explica, em parte, o sucesso do Estado Desenvolvimentista no Brasil. Outros governos militares da América Latina revelaram ter uma maior afinidade com o liberalismo econômico e as atividades primário-exportadoras, que com o planejamento e a industrialização.

Entre os demais fatores importantes para o relativamente bom desempenho das estatais no Brasil encontravam-se uma grande disponibilidade interna de tecnocratas e administradores capazes e bem treinados; e a confiança da comunidade financeira internacional, o que aumentou o fluxo de financiamento externo às empresas estatais.

O modelo de expansão das atividades estatais no Brasil levou a um crescimento da burocracia "fora" do governo, isto é, na órbita da chamada administração indireta (institutos quase autônomos, fundos e fundações), isto para não mencionar a órbita das próprias empresas estatais. Houve uma tendência crescente de aumento da importância das agências descentralizadas na condução da política econômica do governo. O total do emprego público mais do que triplicou entre 1950 e 1973, crescendo de 1 milhão para mais de 3,5 milhões. O crescimento do emprego foi particularmente rápido nas agências descentralizadas, incluindo as empresas estatais, em todos os níveis de governo. Enquanto apenas 20% de todos os empregados públicos no Brasil trabalhavam em agências descentralizadas em 1950, a participação tinha aumentado para 40%

em 1973. O número de autarquias e fundações dentro da esfera do governo federal expandiu-se de 140 em 1970 para 170 em 1975. O número ainda mais expressivo foi o de crescimento das empresas estatais federais: de 48 em 1960, para 87 em 1969 e 185 em 1979 (Trebat, 1980).

Além disso, houve uma tendência de rápida diversificação das atividades das grandes empresas estatais mediante a criação de subsidiárias, como ocorreu com a Petrobras, que passou a investir nas áreas de petroquímica e fertilizantes.

Também foi relevante a ampliação dos instrumentos regulatórios ao longo do tempo, como controles cambiais, fixação de tarifas, barreiras alfandegárias, subsídios, controles de preço etc.

Por último, cabe registrar que, no caso brasileiro, a ocorrência de *take over* de empresas privadas quebradas foi relativamente modesta.

OS DIVERSOS PAPÉIS DO ESTADO

O Estado brasileiro interveio de diversas formas a fim de contribuir para o aumento dos investimentos na economia: a) mediante a concessão de subsídios ao setor privado; b) financiando os esforços de investimento privado em setores estratégicos; c) investindo diretamente em setores de infraestrutura e utilidade pública; e d) funcionando como importante fonte de demanda para o setor privado (Werneck, 1969). A expansão do número de empresas estatais reflete estas diversas atribuições: de 1968 a 1974 foram criadas 231 novas firmas. Nesse processo de expansão, o Estado atuou como regulador, como financiador e como agente produtor.

O papel regulador

A tradição do Estado como regulador do sistema econômico remonta ao modelo anglo-saxão tradicional, pelo qual cabe ao Estado estabelecer e exigir o cumprimento de normas de comportamento mediante leis antitruste e de agências que assegurem uma conduta competitiva e a regulação dos monopólios naturais. Além disso, através do manejo das políticas fiscal e monetária, o Estado deve controlar as flutuações econômicas e influenciar a distribuição de renda e a direção do crescimento. Quando necessário, cabe também ao Estado influenciar de forma indireta, mediante o mercado, a alocação de recursos.

O Estado desenvolvimentista perseguiu vários objetivos ao longo de sua existência, sempre tendo como meta a superação do atraso mediante o processo de industrialização. Alguns dos mais importantes foram: a) limitar as importações; b) diversificar as exportações; c) reduzir o consumo de petróleo; d) desenvolver fontes domésticas de energia; e) encorajar o desenvolvimento agrícola; f) proteger firmas domésticas; e g) promover a transferência de tecnologia avançada.

Para atingir estes objetivos destacou-se o papel regulador do Estado, que inclui as funções clássicas de alocação, estabilização e distribuição, implementadas mediante uma variedade de instrumentos tradicionais: políticas monetária, fiscal e creditícia; políticas de comércio e exterior e cambiais; controle de preços etc.

O marco do controle dos preços, da produção e do comércio exterior por parte do Estado data do início do século quando os governos estaduais começaram a implementar programas de garantia de preços mínimos para o café, com o objetivo de controlar seus níveis de produção. Após a Grande Depressão dos anos 1930, a garantia de preços mínimos para o café passou a ser de responsabilidade do governo federal, simultaneamente a um aumento da abrangência dos programas de apoio com a inclusão de produtos como o açúcar, o sal e a madeira. A adoção de controles cambiais e de importações veio a complementar o conjunto de instrumentos reguladores, com um papel fundamental no que diz respeito à proteção do mercado doméstico.

A partir da década de 1930 foi introduzido o sistema de controle de preços dos serviços de utilidade pública, ocasionalmente incluindo os aluguéis e alimentos da cesta básica. Na década de 1970 alguns produtos industriais básicos também passaram a ter seus preços sob controle do Estado, mediante a ação do Conselho Interministerial de Preços (CIP). Outra atribuição do governo federal, que permanece até hoje, é a fixação do salário mínimo.

O sistema de incentivos fiscais e de linhas de crédito subsidiadas fornecidos às empresas privadas foi importante para estimular o investimento nas áreas mais atrasadas do país, bem como para promover as exportações e a agricultura. As agências governamentais também intervinham no sentido de afetar as decisões privadas mediante sua autoridade para fixar tarifas, preços e salários, e para aprovar os pedidos de licença de exportação, isenções de impostos de importação e compras de tecnologia estrangeira.

As medidas regulatórias agiam no sentido de mudar os preços relativos e, desta forma, manipular o comportamento das decisões privadas. No Brasil, muitos controles sobre preços, produção e comércio exterior datam das décadas iniciais do século XX, mas no período pós-1964 o uso de regulações de todos os tipos expandiu-se, o que aumentou significativamente o impacto da ação do Estado e levou à proliferação de agências para dar conta das medidas regulatórias.

O papel de órgão financiador

A evolução da intervenção do setor público no sistema financeiro brasileiro esteve associada a vários fatores: a) seu papel importante em atividades bancárias comerciais e de desenvolvimento; b) as reformas dos anos 1960, que tinham como objetivo modernizar o mercado de capitais brasileiro; e c) a crescente importância dos programas de crédito subsidiados nos anos 1970.

Dentre as principais mudanças implantadas pelas reformas dos anos 1960, destacaram-se: a) a introdução de um sistema de correção monetária para proteger as transações financeiras dos efeitos dos níveis altos de inflação; b) as novas regras e regulamentações para as instituições financeiras, para melhorar o acesso das firmas brasileiras ao financiamento e à capitalização; e c) um sistema de financiamento habitacional.

Uma forma importante de ação do Estado na economia brasileira tem sido a de financiador do processo de crescimento. No âmbito do projeto nacional de desenvolvimento, a ação do conjunto de instituições financeiras estatais visava a incentivar o desenvolvimento de setores estratégicos, para os quais não havia fontes privadas de financiamento adequadas.

As principais instituições financeiras estatais são o Banco do Brasil, criado em 1808, com um papel importante na concessão de crédito agrícola e apoio às exportações; a Caixa Econômica Federal (CEF), criada em 1861 e que tem como função principal o financiamento do setor de habitação; e o já mencionado BNDES, criado em 1952.[3]

Durante a atuação do Banco do Brasil, muitos empréstimos à agricultura foram significativamente subsidiados, sendo remunerados a taxas de juros reais negativas. Atualmente, o Banco do Brasil continua tendo um papel fundamental na concessão de crédito à agricultura.

A CEF com o Banco Nacional de Habitação (BNH) formavam o Sistema Nacional de Habitação (SNH) criado pela reforma institucional de 1964/1966, cujo principal objetivo era fornecer o crédito para a compra de moradia, caracterizado por um longo prazo de maturação. Após a extinção do BNH, a CEF permanece sendo a principal fonte de crédito para habitação até os dias de hoje.

O atual BNDES foi criado pela Lei nº 1.628 de 1952, com o nome de BNDE, a fim de financiar a formação da infraestrutura essencial ao aprofundamento do processo de industrialização brasileiro. Sendo a principal e praticamente única fonte de financiamento a investimentos de longo prazo no Brasil, tem participado ativamente de todas as fases do desenvolvimento nacional.

Desde a sua criação até o início dos anos 1960, o BNDE concentrou seus financiamentos nos setores de transporte, energia e siderurgia. A partir de

---

[3] Para uma discussão mais extensa sobre estes tópicos, ver Baer, Newfarmer e Trebat (1976) e Kerstenetzky, Baer e Villela (1973).

meados da década de 1960, a instituição diversificou suas atividades, ampliando sua área de atuação, aumentando o financiamento ao setor privado. A partir de 1974, o BNDE constituiu-se no principal instrumento de execução do Segundo Plano Nacional de Desenvolvimento (II PND), que promoveu o maior esforço de modificação estrutural na economia brasileira desde o Plano de Metas. Nesta fase, observou-se um aumento da participação dos financiamentos aos setores de bens de capital e insumos básicos nos desembolsos totais.

O papel de produtor

Ao final da década de 1970 havia cerca de 700 empresas estatais, das quais aproximadamente 250 eram federais; 360 estaduais; e 100 municipais.

Em 1974, uma pesquisa mostrou que dentre as 5.113 maiores sociedades anônimas, mais de 39% de seus patrimônios líquidos pertenciam a empresas públicas, 18% a empresas estatais e 43% a empresas privadas nacionais. As empresas estatais controlavam 16% das vendas totais, as multinacionais 28%, e as firmas privadas nacionais, 56% do total.

O levantamento da FGV sobre as 500 maiores empresas no Brasil em 1990, antes da intensificação da privatização, incluiu 80 empresas estatais – federais, estaduais e municipais – ver Tabela 3.2. Os dados mostram que o Estado empresário brasileiro concentrava-se, principalmente, nas áreas de mineração, infraestrutura e serviços de utilidade pública, onde as empresas estatais eram responsáveis por parte considerável do faturamento e do patrimônio líquido das empresas do setor incluídas na lista das 500 maiores.[4] Em relação à indústria de transformação, houve uma participação estatal importante nos setores de produtos de metalurgia e químicos. Na indústria siderúrgica, por exemplo, a CSN, a Usiminas e a Companhia Siderúrgica Paulista (Cosipa) dominavam o setor. Na indústria química, a Petrobras era a principal empresa brasileira, dominando a exploração, o refino do petróleo e com crescente participação na distribuição de gasolina. No setor de mineração, as estatais eram dominantes, tendo sob seu controle 86% do patrimônio líquido total das 500 maiores empresas brasileiras. A principal empresa estatal do setor era a Companhia Vale do Rio Doce (Dain, 1986).

---

[4] No total, as 80 maiores empresas estatais respondiam por 37% da receita bruta das 500 maiores e 64% do patrimônio líquido.

TABELA 3.2
Participação das 80 maiores empresas estatais nas 500 maiores empresas – 1990

	Receita Bruta (%)	Patrimônio Líquido (%)	Número de empresas		
			Públicas Federais	Públicas Estaduais	Privadas
Agrícola	1,5	13,8	1	–	10
Indústria	36,9	54,8	29	20	339
Extrativa Mineral	88,6	85,7	3	–	15
Metalúrgica	48,2	65,0	9	–	30
Química	24,7	42,4	11	–	45
SIUP	98,8	99,4	6	19	2
Outras	0,1	0,1	–	1	247
Serviços	39,0	80,0	26	4	71
Comunicações	98,2	96,7	18	–	2
Outros	30,0	76,9	8	4	69
Total	37,2	63,6	56	24	420

(a) Inclui estatais federais, estaduais e municipais.
Fonte: Pinheiro e Giambiagi (1994), Tabela 1, com base no dado das 500 maiores empresas do país da Fundação Getulio Vargas (revista *Conjuntura Econômica*).

O BRASIL E O CRESCIMENTO DA ECONOMIA MUNDIAL

Durante algumas décadas, o Brasil foi, nos estudos sobre desenvolvimento, um verdadeiro paradigma, estudado com interesse e inspirador de outros países que tentaram adotar traços das políticas adotadas pelo país na época. Data de então a proliferação de "brasilianistas" em diversas universidades dos países desenvolvidos, ou seja, de acadêmicos que se especializavam em estudar e difundir o conhecimento acerca da realidade econômica, política e social brasileira.

Nas décadas de 1950, 1960 e 1970, a participação do Brasil no PIB mundial cresceu de forma importante. É claro que o crescimento econômico em si foi favorecido por se tratar de uma época relativamente próspera, comparativamente à que veio posteriormente: se o mundo cresce, é mais fácil para qualquer país crescer, assim como uma época de crise da economia mundial torna mais difícil esse objetivo. Tão relevante quanto a expansão da economia brasileira, porém, foi o fato de ela ter se dado a taxas significativamente superiores às da economia mundial. Entre 1950 e 1980, enquanto esta crescia a uma média de 4,3% a.a., o Brasil expandia-se a uma taxa média anual de 7,4%.

É importante lembrar esse fato, porque muitas vezes pode-se passar a impressão de que as críticas a esse modelo de desenvolvimento – baseado na substituição de importações, no fechamento da economia e em uma forte presença do Estado nas atividades produtivas –, feitas nos anos 1980, desqualificam os esforços anteriores de industrialização. Na verdade, a expressão mais adequada para definir a situação é a de um "esgotamento" desse modelo. Fundamentalmente, ao se diminuir ao mínimo o coeficiente de importações, verificou-se que a fonte de dinamismo representada pela substituição de importações tinha "secado", enquanto a crise fiscal impedia o Estado de desempenhar o papel que tivera no passado (para uma listagem dos problemas do padrão de desenvolvimento seguido até então, ver Moreira, 1999). O reconhecimento acerca da necessidade de adotar um novo estilo de desenvolvimento se acentuou nos anos 1980, com as comparações desfavoráveis do pífio desempenho da economia brasileira na época, com o extraordinário desenvolvimento dos países asiáticos. Estas tinham adotado o chamado "desenvolvimento para fora", com muito mais ênfase à promoção de exportações do que à substituição de importações. De qualquer forma, sem negar a existência de heranças negativas desse processo – como a dívida externa ou algumas grandes obras de validade duvidosa – o fato é que o "desenvolvimentismo" imperante durante décadas no Brasil provou ser, até o final dos anos 1970, bastante exitoso.

Taxas de crescimento econômico (% a.a.)

Período	Taxas de crescimento médias (% a.a.)		
	Brasil	A. Latina	Mundo
1951/1960	7,4	5,1	4,2 (a)
1961/1970	6,2	5,7	4,7
1971/1980	8,6	5,5	3,9
1981/1990	1,5	1,0	3,1

(a) *Fonte*: Maddison, A. "Economic growth in the west – the tweentieth century", Fund, N. Y., 1964, p. 28. Estatística referente à média dos 12 países mais desenvolvidos na época.
Fontes: Para o Brasil, IBGE. Para a América Latina, Cepal. Para o mundo, *International Financial Statistics Yearbook*, a partir de 1960.

Sugestão de leitura para o aluno: Kerstenetzky, Baer e Villela (1973) apresentam uma excelente descrição cronológica dos acontecimentos que levaram ao expansionismo governamental no Brasil no século XX, desde antes da década de 1930.

Sugestões de leitura para o professor: Baer, Newfarmer e Trebat (1976) e Trebat (1980) complementam a abordagem de Kerstenetzky, Baer e Villela (1973), com análises mais específicas sobre as empresas estatais.

QUESTÕES

1. Você concorda com a afirmação de que "desde a sua origem, serviços públicos básicos, como as telecomunicações e a energia elétrica, estiveram em mãos do Estado"?
2. Qual das afirmações abaixo é verdadeira?
   a) as NFSP, em média, foram de 3,5% do PIB durante 1971/1980.
   b) apenas depois de diversas tentativas fracassadas de interessar o setor privado surgiu uma siderurgia brasileira estatal.
   c) a CSN foi criada na década de 1950.
   d) a década de 1960 foi marcada pela criação de grandes empresas estatais, como a Eletrobras e a Petrobras.
3. Você concorda com a seguinte afirmativa? "A ação do Estado brasileiro ao longo do processo de industrialização representou uma tentativa constante de usurpar a iniciativa privada, levando à formação de um Estado 'todo-poderoso'." Justifique.
4. Explique: "A intervenção direta do Estado na economia brasileira foi mais eficiente do que a ação estatal em outros países da América Latina."
5. A seguinte afirmativa está correta? "O aumento da intervenção estatal no Brasil, no século XX, deu-se em um momento de redução da participação do Estado no mundo." Justifique.

CAPÍTULO 4

As Finanças Públicas Antes de 1980

> Do que vocês estão falando? Para nós, na Colômbia, 20% ao ano é inflação zero.
>
> Senador colombiano, em um seminário internacional sobre a Colômbia em 1993, após ouvir uma série de expositores dando sugestões acerca de como reduzir a inflação daquele país para abaixo de 20%.

> O Brasil desenvolveu durante algum tempo uma técnica eficaz de "crescinflação" – crescimento com inflação – através da indexação generalizada.
>
> Roberto Campos, ex-ministro do Planejamento, em sua autobiografia.

A década de 1980 é conhecida no Brasil como a "década perdida", em função da drástica redução das taxas de crescimento do PIB, no contexto de uma inflação que, na segunda metade da década, estava claramente assumindo ares de um processo hiperinflacionário, apenas truncado pela adoção de sucessivos planos de estabilização. O elevado déficit das contas públicas esteve, na época, no centro do debate acerca das causas da alta inflação. Entretanto, algumas das raízes da crise dos anos 1980 foram plantadas nos anos anteriores, ainda que os problemas fossem menos evidentes. Em parte, isso se devia a que, de fato, o panorama dos anos 1970 era mais favorável que o que caracterizou o Brasil anos depois. Entretanto, em parte, a relativa tranquilidade dos anos 1970 – em termos da situação fiscal – se devia também ao fato de que inexistiam os mecanismos de aferição do desequilíbrio das contas públicas que estão disponíveis atualmente.

Naquela época, não havia nada parecido com o conceito das NFSP e mesmo as contas do governo central eram um emaranhado muito difícil de acompanhar, a começar pelo fato de que muitas rubricas de gasto ficavam de fora do orçamento aprovado pelo Congresso Nacional. Neste capítulo, procuramos dar uma ideia ao leitor de como era feita a política fiscal nos anos 1970 e de quais eram os assuntos em debate, antes de entrarmos na análise do período posterior a 1980, que irá nos tomar os próximos cinco capítulos.

AS REFORMAS DE 1964/1967[1]

O PAEG

O Programa de Ação Econômica do Governo (PAEG) lançado em novembro de 1964 tinha como principal objetivo o controle do processo inflacionário, combinado com a retomada do desenvolvimento econômico, interrompido no período 1962/1963.[2] O PAEG constituiu-se em um programa de estabilização que enfatizava a importância da recuperação das taxas de crescimento da economia. Em outras palavras, o objetivo era combater a inflação de forma a não ameaçar o ritmo da atividade produtiva.

Para isso, o regime político que se instaurou em 1964, com um forte conteúdo centralizador, introduziu uma série de reformas estruturais visando à modernização e adequação dos mecanismos financeiros à situação econômica então vigente.

Desde o início da década de 1960 observavam-se déficits públicos expressivos e uma redução do grau de intermediação formal do sistema financeiro na economia brasileira. A aceleração inflacionária, iniciada no final dos anos 1950, em um contexto institucional em que eram legalmente proibidas operações financeiras com taxas de juros nominais superiores a 12% ao ano e cláusulas contratuais que incorporassem mecanismos de correção monetária – que compensassem a deterioração do poder de compra da moeda –, dificultava não só o financiamento não inflacionário do déficit público, como também reduzia a capacidade de o sistema financeiro transferir recursos entre os vários segmentos da economia. Isto levou o governo a promover um conjunto de reformas financeiras que passaram a ser implementadas a partir de meados da década de 1960 e significaram uma profunda reestruturação institucional dos mercados monetário, financeiro e de capitais no Brasil.

---

[1] A reforma tributária da época será tratada em detalhes no Capítulo 10.
[2] Ver Resende (1982) e Barbosa et al. (1990).

O PAEG

O PAEG não foi apenas um programa clássico de estabilização, tendo incluído também um conjunto importante de reformas que pavimentaram o terreno para o crescimento econômico posterior. Além disso, dentre seus principais objetivos estavam o combate às heterogeneidades setoriais e regionais e a correção da tendência aos déficits crônicos do balanço de pagamentos, que resultava em um estrangulamento da capacidade de importar. As principais características do plano foram:

1. Uma política de redução do déficit fiscal.
2. Uma política tributária destinada a fortalecer a arrecadação e a combater a inflação, corrigindo as distorções de incidência e melhorando a orientação dos investimentos privados, bem como atenuando as desigualdades do sistema econômico.
3. Uma política bancária visando a fortalecer o sistema creditício, ajustando-o às necessidades de combate à inflação e de estímulo ao investimento.
4. Uma política de investimentos públicos destinados a fortalecer a infraestrutura econômica e social do país.
5. Uma política cambial e de comércio exterior com o fim de diversificar as fontes de financiamento e incentivar as exportações.
6. Uma política de consolidação da dívida externa e de restauração do crédito do país no exterior, de modo que fossem aliviadas as pressões de curto prazo sobre o balanço de pagamentos.
7. Uma política salarial compatível com a prioridade outorgada ao combate à inflação.

A introdução da correção monetária

O início da década de 1960 foi marcado pela instabilidade política, pela elevação das taxas de inflação e por crescentes déficits do setor público. A elevação da inflação e a precariedade da máquina de arrecadação do Estado resultavam em elevados déficits fiscais, cuja principal forma de financiamento ainda era a expansão monetária, o que, por sua vez, pressionava os preços, constituindo-se assim um círculo vicioso.

De fato, como resultado da inflação não havia uma procura significativa pelos títulos do governo. O pequeno estoque de dívida pública que tinha se formado no Brasil a partir do final do século passado constituía-se da dívida resultante de colocações ou empréstimos compulsórios, como os bônus de guerra e os empréstimos para o reaparelhamento econômico. Dadas as condições vigentes na economia brasileira, a variação de reservas e a fixação de limites ao redesconto e tetos para as operações do Banco do Brasil eram os únicos instrumentos de política monetária à disposição. O governo não conseguia colocar seus títulos de forma voluntária, devido às limitações impostas pela lei de usura, que também impedia que a taxa de juros fosse suficiente para controlar o acesso ao redesconto. Até a criação do Banco Central, o controle da dívida pública era responsabilidade da caixa de amortização – uma espécie de secretaria do Tesouro Nacional da época –, órgão integrante do Ministério da Fazenda, que realizava estudos e executava os serviços relativos à dívida federal interna e ao meio circulante, além de supervisionar e controlar os atos praticados pelos agentes do Tesouro Nacional.

Ao lado de uma política fiscal contencionista, o PAEG viabilizou uma efetiva política de dívida pública com a criação das Obrigações Reajustáveis do Tesouro Nacional (ORTN), pela Lei nº 4.357 de 16/07/1964, que significou a introdução da correção monetária. Com isso, na prática, pôde-se contornar a lei da usura – que proibia a fixação de taxas de juros nominais anuais acima de 12% –, permitindo então taxas de juros reais positivas nas transações financeiras, condição fundamental para viabilizar a colocação de títulos públicos. Isto representou uma sensível melhora das formas de financiamento do Estado e permitiu o funcionamento de mecanismos de financiamento que não ficassem restritos ao curto prazo.

A introdução da correção monetária viabilizou não apenas a criação de um mercado voluntário para os títulos públicos, mas também colaborou para: a) a obtenção de recursos adicionais para a cobertura do déficit da união; b) a redução da perda real de receita associada ao atraso no pagamento de débitos fiscais e c) o estímulo à poupança individual.

Como resultado da falta de confiança generalizada nos papéis governamentais, as ORTN foram, inicialmente, lançadas de forma compulsória e como alternativa ao recolhimento de impostos federais. Através do Decreto-Lei nº 263, de 21/02/1967, o governo resgatou toda a dívida mobiliária anterior às ORTN. Neste momento transferiram-se em definitivo para o Banco Central as atribuições da caixa de amortização.

Progressivamente, esse novo papel passou a ser demandado voluntariamente pelo público até se tornar um importante instrumento de financiamento do déficit do Tesouro Nacional.

Assim, a introdução da correção monetária e o reordenamento financeiro do governo nos anos 1960 viabilizaram um novo processo de formação de dívida pública no Brasil. Isto foi favorável ao saneamento das finanças públicas e ao controle da liquidez, facilitando o combate à inflação, sem prejuízo da execução de projetos prioritários, voltados para o crescimento econômico acelerado do final dos anos 1960 e início dos anos 1970. Entretanto, também era criado o caminho para o crescimento da dívida pública e para a generalização do processo de indexação.

A reforma bancária e a criação do Banco Central do Brasil

O governo desencadeou, a partir de meados dos anos 1960, um conjunto de reformas institucionais visando dinamizar o sistema financeiro nacional. O objetivo dessas reformas foi o de criar as condições para que esse sistema pudesse desempenhar com a máxima eficiência o seu papel de intermediação, facilitando a transferência de recursos dos setores superavitários para os deficitários da economia. Em substituição à Superintendência da Moeda e do Crédito (SUMOC) – fundada em 1945 –, a Lei nº 4.595, de 31/12/1964, criou o Conselho Monetário Nacional (CMN) – um colegiado com amplos poderes para a formulação das políticas monetária e financeira do governo – e o Banco Central do Brasil (BC) – para executar e fiscalizar as decisões tomadas pelo CMN.

A ESTRUTURA DAS AUTORIDADES MONETÁRIAS ANTES DA LEI Nº 4.595

O principal objetivo da reforma bancária era consolidar as seguintes instituições, que operavam parcialmente como autoridade monetária, em um contexto de falta de coordenação das políticas monetária e fiscal:

1. A SUMOC – Criada em 1945, era o órgão controlador do sistema. Possuía as atribuições típicas de um banco central. Era responsável pela política cambial; fixava as taxas de juros dos bancos comerciais; determinava os tetos e taxas de redesconto, estipulava o percentual de depósitos compulsórios dos bancos; fiscalizava o registro de capitais estrangeiros e coordenava o sistema financeiro.
2. O BB – Nas suas funções de autoridade monetária, ele operava a carteira de redesconto – para crédito seletivo e de liquidez – e a caixa de mobilização bancária – como emprestador de última instância. Como órgão executor da SUMOC, operava a Carteira de Câmbio e a Carteira de Comércio Exterior (CACEX). Como agente financeiro do Tesouro, o BB recebia a arrecadação tributária e outras rendas da União e realizava pagamentos em nome dela. Além disso, como banco do governo, podia realizar operações de crédito ao Tesouro, supostamente por antecipação de receitas em cada exercício fiscal. Ademais, o BB era o responsável pelo serviço de compensação de cheques e era depositário das reservas voluntárias dos bancos comerciais.
3. O Tesouro Nacional, que era o órgão autorizado a emitir papel-moeda e amortizá-lo através da caixa de amortização.
4. No comando geral do sistema estava o Conselho da SUMOC constituído pelo ministro da Fazenda; pelo presidente do BB; pelo diretor executivo da SUMOC; pelos diretores da carteira de câmbio; CACEX e carteira de redescontos do BB e pelo presidente do BNDES.

Por falta de estrutura própria do BC, o BB – que era o banco comercial oficial além de agente do Tesouro Nacional – continuou funcionando também como autoridade monetária, tendo em vista que permaneceu como o depositário das reservas voluntárias dos bancos privados, bem como prestador de serviço de compensação de cheques do sistema, nivelando automaticamente suas reservas através da conta movimento do BACEN, o que lhe dava na prática poder de emissão de moeda. A partir de então a execução de curto prazo da política monetária ficou sob responsabilidade do BC e do BB, sendo homologada pelo CMN.

Ao BACEN caberiam exclusivamente aquelas funções típicas da autoridade monetária, como a emissão de moeda; a execução de serviços do meio circulante; a concessão de redesconto e empréstimos a instituições financeiras; o recolhimento de depósitos bancários voluntários e compulsórios; a fiscalização de instituições financeiras e a realização de operações de mercado aberto.

Na prática, entretanto, houve algumas distorções quanto aos objetivos iniciais da reforma bancária. As inovações que ocorreram buscavam atender necessidades imediatas e muitas delas acabaram por desvirtuar o espírito da reforma do sistema iniciado com a Lei nº 4.595. Uma das principais disfunções que se acabou delineando foi uma certa perda de eficácia dos instrumentos convencionais de controle da política monetária.

A EVOLUÇÃO DO PAPEL DA SUMOC

Na década de 1940, a principal função da SUMOC foi a reorganização e regulamentação do sistema bancário, com atuação limitada na área de câmbio, principalmente no controle de capitais externos.

Na década de 1950, a SUMOC passou a enfatizar o controle da expansão monetária e creditícia, visando sobretudo disciplinar a expansão creditícia do BB. Essa função era dificultada pela quase inexistência dos mecanismos clássicos de controle: o redesconto, o compulsório e as operações de mercado. O primeiro não era controlado pela SUMOC e o segundo tinha efeito desfavorável, pois sendo os depósitos feitos no BB, serviam para alimentar-lhe a expansão creditícia. No que diz respeito às operações de mercado aberto, por sua vez, estas só viriam a ocorrer no final da década de 1960, quando houve a criação de um mercado voluntário para os títulos públicos, decorrente da introdução da correção monetária.

Nos anos 1950, a SUMOC assumiu funções importantes na área de câmbio e comércio exterior, como resultado de vários eventos: a) a preocupação com a remessa de lucros ao exterior; b) a edição da instrução nº 70, que substituiu o regime de paridade fiscal pelos leilões de câmbio e c) a instrução nº 113, que permitiu a importação de equipamentos sem cobertura cambial.

> No Governo Kubitschek, a SUMOC, através da Portaria nº 309, regulamentou as sociedades de crédito, financiamento e investimentos, supridoras de crédito de médio prazo para as indústrias nascentes de automóveis e bens duráveis de consumo. As letras de câmbio de seis meses, obtido o aceite de bancos comerciais, eram vendidas com deságio no mercado, contornando-se assim o teto de 12% de juros da lei de usura. A ruptura de Kubitschek com o FMI, em junho de 1959, marcaria um período de desprestígio da SUMOC, que só seria interrompido temporariamente com a volta de Otávio Gouveia de Bulhões à diretoria executiva, no Governo Jânio Quadros.

Em primeiro lugar, a existência da conta-movimento do BB acabou por viabilizar a existência simultânea, na prática, de duas autoridades monetárias. Inicialmente, essa conta deveria ser liquidada semanalmente, com juros de 1% sobre o saldo devedor do BB. Entretanto, progressivamente essa exigência de liquidação foi sendo abandonada, e a conta-movimento passou a ser uma espécie de redesconto automático dos financiamentos do BB. No auge do processo, a conta-movimento chegou a ultrapassar a base monetária.

Em segundo lugar, sendo parte essencial da base monetária, o recebimento dos depósitos voluntários dos bancos privados deveria ser função privativa da autoridade monetária. Entretanto, durante a fase de transição, o BB foi autorizado a recebê-los. Tendo em vista que essa decisão acabou se tornando permanente, o BB acabou funcionando também como autoridade monetária.

O acúmulo de funções do BB como autoridade monetária e banco comercial tornava peculiar o seu relacionamento com os outros bancos. Cada vez que o BB fechava a compensação em débito com outros bancos, ele deveria debitar os valores correspondentes de suas reservas e creditar o equivalente ao banco credor. Entretanto, como autoridade monetária, ele apenas creditava os valores, sem se debitar como banco comercial. Como resultado, além de não haver um limite de caixa – em razão da existência da conta-movimento –, também não existia um limite à expansão do crédito.

Finalmente, o BC, além da função tradicional de controlar a moeda e o crédito, acabou assumindo funções de fomento – através da administração de uma variedade de fundos e programas –, além de se tornar o executor da política da dívida do Tesouro Nacional. O BC veio a assumir na prática funções de banco de fomento no setor agrícola, envolvendo-se também em questões relativas ao comércio exterior, ao sistema financeiro de habitação e à regulamentação de consórcios comerciais.

A CONTA-MOVIMENTO

Em 29 de março de 1965, foi aberta a "conta-movimento" do BC. Essa conta tinha o objetivo de efetuar o simples registro dos pagamentos e recebimentos realizados pelo BB por conta dos serviços que trocasse com o recém-criado BC. Isto porque este, ao começar a funcionar, não tinha ainda uma infraestrutura adequada, tanto em termos patrimoniais como funcionais ou de custeio.

A conta era um mecanismo pelo qual, diariamente, o Banco do Brasil nivelava suas aplicações e recursos. Se tivesse déficit – o que era mais frequente – ou superávit, essa conta era automaticamente creditada ou debitada. Por exemplo, se a instituição fizesse um empréstimo rural sem base em captação de depósitos, no final do dia, *ceteris paribus*, a conta-movimento – que era formalmente um passivo – aumentava no mesmo valor. Na prática, portanto, isso representava uma espécie de "direito de saque" do Banco do Brasil contra o Banco Central. Essa conta, abundantemente usada ao longo dos anos, impedia uma programação monetária mais rigorosa e era uma fonte de financiamento através da qual eram realizadas operações de natureza fiscal, não captadas pelas estatísticas referentes ao estado das contas públicas.

Durante o período 1965-1985, praticamente todo o relacionamento financeiro do BC e do BB foi feito através desta conta, sendo que na realidade o BB podia decidir o que debitar na conta-movimento, tendo em vista que nunca houve qualquer norma que limitasse seu uso. *Desta forma, a conta-movimento, que deveria ter um caráter provisório e existir somente para disciplinar uma fase de transição, transformou-se na fonte de recursos para suprir a maioria dos empréstimos e financiamentos definidos pelo governo e que estivessem fora do orçamento tradicional. Ela transformou-se em um poderoso instrumento para injetar ou contrair a liquidez de moeda no sistema financeiro nacional, através do controle das operações ativas do BB.*

A conta-movimento passou a financiar, com emissão de moeda ou com o acionamento da dívida pública, despesas como a compra do trigo e os estoques reguladores, o que contrariava a Constituição Federal, segundo a qual o orçamento anual aprovado pelo Congresso deveria compreender obrigatoriamente as despesas e receitas relativas a todos os órgãos e fundos, tanto da administração direta quanto da indireta do setor público.

A LEI COMPLEMENTAR Nº 12

A Constituição brasileira de 1967 previa que as operações de resgate e de colocação de títulos do Tesouro Nacional, relativos à amortização de empréstimos internos, não atendidos pelo orçamento anual, deveriam ser reguladas em lei complementar. Da promulgação da Constituição até 1971 houve um vácuo em termos de regulamentação constitucional da política de dívida pública, com o governo legislando sobre o assunto através de decretos-lei e, progressivamente, drenando do legislativo para a área do executivo – principalmente para as autoridades monetárias – todo o referente ao controle das contas públicas.

Esse processo culminou com a edição da Lei Complementar nº 12 em 1971, que retirou do Congresso Nacional o seu poder constitucional de legislar de fato em matéria financeira, transferindo tal poder para a esfera do executivo. As operações com títulos do Tesouro Nacional, decorrentes do giro da dívida pública interna, acrescidas de encargos de qualquer natureza, bem como dos valores das operações de crédito autorizadas em lei para equilíbrio da execução orçamentária, podiam ser realizadas, a critério do CMN, *sem que as respectivas receitas e despesas transitassem pelo OGU*.[3] Como resultado, o Orçamento Geral da União (OGU) aprovado anualmente pelo Congresso Nacional passou a ser uma peça de retórica, mais do que uma mera formalidade, devido aos "vazamentos" de gastos extraorçamentários que foram viabilizados pela Lei Complementar nº 12.

Essa lei concedeu autoridade e flexibilidade absolutas às autoridades monetárias na administração da dívida mobiliária interna, com a eliminação dos limites anteriormente existentes de expansão da dívida. Ela permitiu ao BC emitir títulos públicos por conta do Tesouro Nacional e contabilizar os correspondentes encargos no próprio giro da dívida pública, sem que estes tivessem que transitar pelo OGU. A Lei Complementar nº 12 outorgava às autoridades monetárias uma enorme flexibilidade na administração da dívida pública interna, inclusive para o financiamento de dispêndios extraorçamentários.

A partir de então o BC, como administrador da dívida pública, ficou encarregado de todas as ofertas públicas de títulos, bem como do resgate e do pagamento de juros, determinando o montante de cada emissão, influindo nas taxas de captação e administrando os recursos oriundos da colocação primária de títulos. Além disso, cabia a ele baixar normas administrativas e a iniciativa de propor alterações legais que envolvessem a dívida mobiliária da União. *Assim, o BC passava a realizar emissão primária de títulos não só para atender ao giro da dívida ou para fins de política monetária – na neutralização dos efeitos expansionistas das operações cambiais, por exemplo –, mas também para arcar com os repasses de recursos para os programas de fomento e para as demais operações conduzidas pelas autoridades monetárias por conta e ordem do Tesouro Nacional.* Essas operações não eram registradas no OGU, mas ficavam embutidas no chamado "orçamento monetário", não sendo explicitado o montante do déficit do governo em suas relações com o restante do sistema econômico.

Com isso, instalou-se uma nova fase da política da dívida pública no Brasil, com implicações sobre os desdobramentos posteriores da política econômica.

---

[3] Incluíam-se também nessa autorização os títulos do Tesouro Nacional emitidos pelo BC para a execução da política monetária até o montante autorizado pelo CMN.

Com a justificativa de conceder maior flexibilidade à política monetária, a Lei Complementar nº 12 consolidou uma nova ordem, não apenas em termos da própria política monetária, mas também em termos da política da dívida pública e da política financeira do governo em geral.

Os papéis e o relacionamento entre os poderes se inverteram e, de grande "lobista" no Congresso, o Poder Executivo passou a sofrer crescente assédio de parlamentares e grupos de pressão para aprovações e liberações de verbas extraorçamentárias. Essas verbas visavam a projetos esporádicos, quando não ao atendimento de interesses políticos e/ou econômicos localizados, sem que a conveniência social de tais dispêndios de recursos públicos pudesse ser exposta ao julgamento popular através do debate no Congresso Nacional.[4]

As consequências da expansão do Poder Executivo e o esvaziamento do Poder Legislativo em matéria financeira levaram ao descrédito o OGU, com o surgimento de orçamentos paralelos submetidos apenas ao Poder Executivo.

Na prática, o BC passou a realizar a emissão de títulos públicos tanto para a cobertura de déficits orçamentários como para atender aos encargos da própria dívida, ou ainda para fins de política monetária. Além disso, expansões monetárias requeridas para cobertura de déficits extraorçamentários, de caráter tipicamente fiscal e/ou creditício, que ocorriam via conta-movimento do BC no BB, eram em seguida esterilizadas através de títulos do Tesouro Nacional pelo BC, com o argumento de que se tratava de uma operação típica e pura de política monetária.

Dessa forma, o mecanismo viabilizado pela Lei Complementar nº 12 tornou as políticas monetária e da dívida pública meramente acomodativas a uma política fiscal relativamente relaxada. Com essa lei passou-se a permitir que a execução da política fiscal se descolasse das restrições e limites estabelecidos pelo OGU.

De fato, a Lei Complementar nº 12 acabou constituindo-se em um mecanismo de desequilíbrio orçamentário diante de situações adversas. Os encargos financeiros sobre a dívida mobiliária da União; os subsídios diretos – como os do trigo, petróleo, programas de açúcar e álcool –; os subsídios indiretos via crédito – crédito rural, exportação e pequena e média empresas –; a cobertura de avais do Tesouro Nacional às empresas estatais, aos estados e aos municípios; a cobertura de deficiências de caixa do Sistema Nacional da Previdência e Assistência Social, bem como as frequentes operações de socorro ao sistema financeiro privado foram grandes programas de gastos assumidos quase automaticamente pelo Tesouro Nacional, por simples decisão do CMN. Apesar de volumosos e com grande potencial desestabilizador sobre o sistema, esses gastos não foram programados pelo OGU, não sendo, dessa forma, submetidos à aprovação do Congresso Nacional.

---

[4] Ver Gouvêa (1994).

AS CONTAS PÚBLICAS NOS ANOS 1970

A multiplicidade orçamentária

O forte aumento da participação do Estado no esforço de desenvolvimento dos anos 1960 e 1970 refletiu-se em um expressivo aumento dos dispêndios governamentais, o que dificultou, em certa medida, a administração das finanças públicas.[5]

As finanças públicas federais eram regidas por uma multiplicidade orçamentária: o OGU (lei de meios), o orçamento das empresas estatais, o orçamento monetário e a conta da dívida.[6] Os gastos de natureza fiscal eram executados através dos três orçamentos.

O OGU englobava as receitas fiscais e as despesas típicas de manutenção da máquina administrativa do governo federal e era o único efetivamente debatido e aprovado pelo Congresso. Ao longo do tempo, o OGU foi perdendo importância à medida que se ampliou a intervenção direta e indireta do Estado na atividade produtiva.[7] De fato, ao longo dos anos 1970, cresceram em importância os gastos correspondentes ao orçamento monetário, à conta da dívida e, principalmente, ao orçamento das empresas estatais.

No que diz respeito ao orçamento das empresas estatais, as receitas e os dispêndios das empresas, fundações e autarquias especiais não foram, até 1979, englobados em um orçamento consolidado. Na verdade, nem o governo tinha um conhecimento *preciso* do número total das entidades estatais. Até a criação da Secretaria de Controle das Empresas Estatais (SEST) em 1979, as empresas estatais usufruíam de autonomia com relação às suas decisões sobre usos e fontes de financiamento. Desde então, passou a haver a obrigatoriedade de consolidar os dados do conjunto de empresas estatais, que naquela época incluía autarquias, fundações e entes do direito público e empresas estatais do setor produtivo, regidas pelo direito privado.[8] Com a criação da SEST fez-se o cadastramento e o primeiro orçamento das empresas estatais para 1980, onde aparecem os dispêndios (correntes e de investimento) e as fontes de recursos para financiamentos dos gastos, inclusive recursos externos.

O orçamento monetário, por sua vez, era uma peça peculiar de nossa administração financeira, referindo-se aos dispêndios e recursos de responsabilidade das autoridades monetárias (BC e BB), tendo, de fato, o objetivo de fixar limites exógenos à expansão da base monetária. Constituía-se em uma previsão da

---

[5] Ver Von Doellinger (1983), Oliveira (1985 a e b; 1986) e Bresser-Pereira (1996).
[6] Por "orçamento das empresas estatais" deve-se entender aqui a contabilização dos gastos dessas empresas consideradas individualmente.
[7] Para uma análise detalhada da importância das empresas estatais no desenvolvimento econômico brasileiro, ver Dain (1986).
[8] Ver Dain et al. (1982).

variação anual dos saldos das contas de recursos e aplicações das autoridades monetárias, compatível com uma "desejada" expansão dos meios de pagamento, definida pelo Conselho Monetário Nacional. Neste orçamento eram registrados os gastos com subsídios, alguns fundos e programas administrados pelo BC, linhas de crédito subsidiado a alguns setores considerados prioritários e as contas cambiais. As aplicações de recursos previstos no orçamento monetário eram financiadas através de duas fontes básicas: aquelas incluídas no chamado passivo não monetário, isto é, que não acarretavam emissão de moeda; e as do passivo monetário, que implicavam aumento da base monetária. Eram fontes tipicamente não monetárias os depósitos em moeda estrangeira; os recursos dos fundos administrados pelo BC; o superávit do Tesouro Nacional e a colocação de títulos do governo. Os recursos desse tipo eram, entretanto, limitados. Grande parte do financiamento das aplicações era feito através de emissão de moeda e consequentemente de expansão da base monetária.

A aprovação de cada orçamento era submetida: a) a autoridades distintas; b) em épocas diferentes do ano e c) era baseada em planilhas de parâmetros prospectivos não uniformes. Sendo assim, não só a execução das políticas fiscal e monetária se superpunha de forma não articulada e confusa, como a mera consolidação das contas fiscais para se obter uma visão global das finanças do setor público federal tornava-se praticamente impossível.

Havia também a conta da dívida, que englobava as receitas com a emissão de títulos do governo e as despesas com resgates, pagamentos de correção monetária, juros e comissões. Surgiu como peça autônoma de finanças públicas nos primeiros anos da década de 1970, em face do vulto dos recursos envolvidos com o chamado "giro da dívida interna". Ao se separar essas operações financeiras do orçamento federal, admitiu-se explicitamente a cobertura do "serviço da dívida" – juros e amortizações –, sempre através de novas emissões de títulos.

A ausência de mecanismos que garantissem uma contabilidade conjunta de todas as despesas tornava as contas públicas bastante confusas. Essa desorganização orçamentária impedia que se visualizasse de forma precisa as contas do governo federal.

As principais instituições de finanças públicas eram o BC, o BB e o Tesouro Nacional, distribuídos entre o Ministério da Fazenda e a Secretaria de Planejamento da Presidência da República. Inexistia, assim, um órgão responsável pela execução do Orçamento da União, havendo apenas o registro para efeitos de acompanhamento feito pelo BB. Este realizava operações de interesse do Tesouro Nacional – crédito subsidiado a setores prioritários, aquisição de produtos agrícolas etc. – e do BC – depósitos voluntários das instituições financeiras e administração do meio circulante. Para realizar essas operações, o BB tinha acesso automático aos recursos do BC – o que incluía a expansão da base monetária – através de mecanismos de nivelamento diário da conta-movimento. O BC, por sua vez, realizava operações de fomento e gerenciava a dívida pública, cujos montantes emitidos independiam de autorização prévia de qualquer natureza.

De fato, existia uma fusão financeira das três instituições – BC, BB e Tesouro Nacional – que funcionava na prática como um único caixa. Essa situação era "comandada" pelo BB, que tinha seus desequilíbrios automaticamente supridos com recursos do BC. Também inexistiam instrumentos adequados de planejamento, execução e controle financeiro. De fato, havia uma total desvinculação entre planejamento e orçamento, ficando o primeiro com aspectos gerais de política, enquanto o segundo não tinha características de instrumento de implementação e verificação da ação planejada.

A evolução da dívida pública

Ao longo dos anos 1970, houve uma dificuldade crescente para o controle da política monetária do país. As autoridades monetárias não tinham a prática de programar e cumprir o volume e composição do seu déficit de caixa, em função das obrigações fiscais e cambiais a elas atribuídas. Além disso, houve uma certa perda de controle da política monetária e da evolução da dívida pública. Essa situação na verdade refletiu a falta de um acompanhamento rigoroso das contas públicas, decorrente da falta de transparência orçamentária, que resultava da livre operação de canais de financiamento em aberto nas autoridades monetárias – as questões da conta-movimento e da Lei Complementar nº 12 – e da superposição de áreas de competência entre as instituições envolvidas no sistema de dispêndios e financiamento do governo federal.

Sendo assim, era praticamente impossível um controle eficiente da política monetária e do endividamento público sem se pensar em um reordenamento financeiro do governo federal e, consequentemente, em uma reforma bancária que resgatasse ao BC o poder de efetivo controle sobre a moeda e o crédito do sistema financeiro nacional.

O sistema de administração da dívida pública mobiliária associado à Lei Complementar nº 12 permitia o giro automático dos encargos da dívida mobiliária, feito a taxas de juros reais elevadas, o financiamento de gastos extraorçamentários e a absorção e intermediação da dívida externa privada pelas autoridades monetárias, com sérias implicações sobre as taxas de juros e o sistema financeiro e sem qualquer tipo de controle por parte do Congresso Nacional. O crescimento da carteira de títulos públicos federais retida pelo BC foi muito além do estritamente necessário para a execução da política de mercado aberto. De fato, esse crescimento esteve relacionado, em grande medida, com a administração da dívida externa pelas autoridades monetárias. Com a finalidade, principalmente, de fazer um *hedge* e de fornecer fundos para cobrir os custos de seu passivo cambial que assumiam por conta do Tesouro Nacional, as autoridades monetárias, utilizando-se das prerrogativas da Lei Complementar nº 12, passaram a emitir títulos do Tesouro Nacional e a mantê-los em carteira.

Além dos instrumentos tradicionais de política monetária que atuavam sobre o multiplicador dos meios de pagamento – os mecanismos da taxa de redesconto e dos encaixes bancários compulsórios –, com o desenvolvimento do mercado aberto, as autoridades monetárias passaram a dispor de mais um grau de liberdade importante para o controle dos meios de pagamento, através da regulagem direta da base monetária – em complemento ao controle quantitativo do crédito.

Em razão das peculiaridades das autoridades monetárias no Brasil e as formas anárquicas de relacionamento destas com o Tesouro Nacional, era praticamente impossível discriminar de forma precisa, através de seus registros contábeis, entre as causas tanto da expansão monetária como da expansão da dívida mobiliária interna. Sem menosprezar o peso da política monetária nesse processo de formação da dívida mobiliária, cabe enfatizar a importante dimensão fiscal da administração financeira do país. Essa dimensão da dívida mobiliária interna foi ainda mais reforçada a partir do final dos anos 1970, com o segundo choque do petróleo e o forte aumento das taxas de juros internacionais.

Com a crise cambial dos anos 1980, a estatização parcial da dívida externa e sua renegociação centralizada através do Banco Central, as operações denominadas em dólar e o seu passivo cambial passaram a ter importância fundamental na explicação do novo papel que as autoridades monetárias vieram a desempenhar no sistema financeiro e no processo de ajustamento da economia nacional.

A falta de transparência das contas públicas[9]

O rápido crescimento econômico a partir do final dos anos 1960 foi favorecido pela nova estrutura institucional do sistema financeiro. Rapidamente, as ORTN passaram a ser aceitas de forma voluntária, constituindo-se em importante fator não inflacionário de financiamento do governo. O mercado de capitais e o resto do sistema financeiro, através dos repasses e controles das autoridades monetárias, passaram a desempenhar papel relevante na mobilização de recursos financeiros dos setores superavitários para os setores deficitários.

O desempenho favorável do balanço de pagamentos, tanto no que diz respeito à balança comercial quanto às entradas de capitais externos, passou a sinalizar, já no início dos anos 1970, a necessidade de uma maior flexibilidade

---

[9] Ver Von Doellinger (1982).

da política monetária, tal que o controle da liquidez e a manutenção da política de combate à inflação fossem assegurados, sem que com isso se renunciasse à manutenção do crescimento interno e à formação de um estoque significativo de reservas internacionais. O impacto monetário interno das bruscas flutuações nas reservas internacionais, por exemplo, deveria ser neutralizado através de alguma política consistente de esterilização.

No sentido de uma maior flexibilidade da política monetária, o governo optou por autorizar o BC a emitir dívidas do Tesouro Nacional com vencimento a curto prazo e operá-las no mercado com desconto sobre os respectivos valores de resgate. Com isso, através do Decreto-lei nº 1.079 de 29/1/1970, coube ao BC, como delegado do Tesouro Nacional, a responsabilidade de emissão, colocação e resgate de Letras do Tesouro Nacional (LTN) para o desenvolvimento de operações de mercado aberto com fins monetários. O limite líquido de emissão de LTN seria fixado pelo CMN e não poderia exceder a 10% do volume dos meios de pagamento existente em 31 de dezembro do ano anterior. Além disso, deveriam ser consignadas anualmente no OGU as dotações necessárias ao atendimento das despesas com os descontos incorrentes na colocação das LTN. Com o desenvolvimento do mercado aberto brasileiro, além das LTN, também as ORTN com opção cambial passaram a ser negociadas livremente no mercado secundário pelas autoridades monetárias.

Na prática, o mercado aberto de títulos públicos no Brasil passou a exercer mais uma função de instrumento de captação de recursos para o financiamento de déficits públicos extraorçamentários do que a sua função clássica de mercado secundário regulador da liquidez do sistema.

Com isso, a legislação já havia concedido enorme flexibilidade à política monetária e se podia contar com grande agilidade na execução da mesma pela concentração das decisões nas mãos das autoridades monetárias. Impunha-se, contudo, que se respeitasse um percentual *máximo* de expansão da dívida do Tesouro sem consulta ao Legislativo. Além disso, as autoridades monetárias estavam autorizadas a gastar com o serviço da dívida, sem consulta ao Congresso, apenas até o montante previsto no OGU.

Entretanto, o fato é que os referidos limites não eram obedecidos pelo Executivo. O OGU aprovado pelo Congresso Nacional sempre se apresentava "equilibrado", porém com despesas extraorçamentárias sendo executadas através das autoridades monetárias. *Como resultado do orçamento monetário que misturava operações fiscais com monetárias, nunca foi possível distinguir claramente o componente fiscal do déficit e, portanto, as pressões deste sobre as expansões monetária e da dívida pública.*

Através da Lei Complementar nº 12 o CMN autorizava o BC a emitir dívida pública mobiliária tanto para fins de política monetária como, indiretamente, para financiar dispêndios públicos extraorçamentários. Assim, o significativo crescimento da dívida pública ao longo dos anos 1970 foi o resultado de déficits fiscais crescentes – não explicitados pelo OGU, da esterilização das expansões monetárias decorrentes da formação de estoques de reservas internacionais e da absorção e intermediação pelo BC da dívida externa brasileira.

Durante a década de 1970, assistiu-se à proliferação de fundos e programas de fomento, administrados tanto pelo BC como pelo BB, porém sem fonte específica de recursos para a sua reposição, apesar de os respectivos volumes de dispêndios terem aumentado significativamente ano após ano. Isto foi viabilizado, principalmente, pelo uso da expansão monetária e/ou da colocação líquida de títulos públicos para cobrir as crescentes deficiências de recursos aplicados através de contas ilimitadas nas autoridades monetárias em nome do Tesouro Nacional.

De fato, como já salientado, a Lei Complementar nº 12 autorizava o BC a emitir títulos do Tesouro Nacional (LTN e ORTN) para cobrir dispêndios indiscriminados do governo, sem que estes tivessem que transitar pelo OGU. Como resultado, o BC passou a emitir livremente dívida pública não apenas com a finalidade original de executar política monetária – como no caso da política de esterilização da expansão monetária decorrente da formação de reservas cambiais –, mas também para financiar gastos fiscais extraorçamentários do Tesouro Nacional e que estavam indevidamente alocados no orçamento monetário, sob rubricas como "comercialização do trigo", "política de preços mínimos", "formação de estoques reguladores", "subsídios" e "encargos da dívida interna e externa". *Grande parte desses gastos eram ofuscados através dos mecanismos da conta-movimento e dos repasses dos recursos de fundos e programas ao resto do sistema bancário e não bancário.*

Tendo em vista a facilidade administrativa de financiamento desses gastos públicos pela via monetária e da dívida mobiliária, permitida pela Lei Complementar nº 12, o governo acomodava as demandas dos grupos de pressão, ao mesmo tempo que evitava se expor a uma eventual reação que inevitavelmente decorreria de um aumento da carga tributária.

É importante ressaltar também que por decisão do CMN o BC assumiu os custos do risco financeiro do setor privado, tanto em relação a importantes operações de fomento internas como em relação a operações decorrentes das políticas de ajustamento monetário do balanço de pagamentos. No que diz respeito ao primeiro caso, caberia enfatizar as operações referentes à política de crédito agrícola. O subsídio parcial implícito no prêmio de risco do PROAGRO, por exemplo, representava um seguro de quantidade. Além disso, as autoridades monetárias assumiam totalmente o custo do risco implícito na operação de seguro de preços proporcionado pelas operações "Preço mínimo-AGF". Neste último caso, o governo proporcionava ao setor agrícola um seguro de preços gratuito, transferindo um aporte de recursos fiscais do OGU às autoridades monetárias muito aquém dos déficits persistentes apresentados pela conta.

Em relação aos custos do risco das operações externas, destacaram-se as operações das autoridades monetárias concentradas na rubrica "depósitos registrados em moedas estrangeiras", ou seja, as operações decorrentes da Resolução nº 432 do Bacen. Os objetivos iniciais do mecanismo da Resolução nº 432 foram o de estimular a captação externa de recursos visando a financiar os desequilíbrios do BP e, ao mesmo tempo, impedir a materialização de expansões monetárias excessivas internamente. Por esse mecanismo, os mutuários internos de débitos em moedas estrangeiras transferiam ao BC seus passivos cambiais e, com eles, os riscos de desvalorizações cambiais e de flutuações nas taxas de juros externas.

Tendo em vista que o custo das obrigações expressas em moedas estrangeiras era função da taxa de juros externa e da expectativa de desvalorização da moeda nacional, *vis-à-vis* a taxa de juros interna, os mutuários de empréstimos externos, particularmente as empresas privadas, diante da crise cambial do final dos anos 1970 e início dos 1980, passaram rapidamente a demandar tais depósitos a fim de se livrar do risco de grandes saltos nos custos cambiais. Aqueles que continuavam necessitando de liquidez apenas trocavam o empréstimo externo pelo interno. Essa arbitragem entre os mercados, permitida pela Resolução nº 432, acabou por pressionar para cima a taxa interna real de juros, o que comprometeu os investimentos, a taxa de crescimento e o próprio déficit público, mediante o aumento dos encargos financeiros da dívida pública interna.

A situação patrimonial das autoridades monetárias foi apresentando sensível deterioração a partir do final dos anos 1970. Isto decorreu, principalmente, da alta participação no ativo de aplicações em gastos fiscais do Tesouro Nacional sem o correspondente aporte de recursos fiscais e de repasses de recursos de fundos e programas altamente subsidiados. Tais aplicações proporcionaram em geral retornos muito reduzidos ou negativos. Isto mostra como as autoridades monetárias foram usadas ativamente como banco de fomento, no processo de desenvolvimento econômico, distribuindo recursos subsidiados a setores e atividades prioritárias. Com o aumento das pressões de custo – decorrentes dos choques de preços do petróleo e das matérias-primas no mercado internacional, bem como das intermitentes quebras de safras agrícolas – de meados dos anos 1970, que elevaram a taxa de inflação doméstica, o subsídio implícito nas linhas de crédito aos setores prioritários – como agricultura, exportação e energia – passou a crescer rapidamente. Isto levou a uma substancial ampliação da demanda de crédito proveniente dos fundos e programas administrados pelas autoridades monetárias. Como em geral tais linhas de crédito eram contas em aberto no orçamento monetário, elas conduziam a prejuízos frequentes, que tinham de ser financiados com expansão monetária, ou mediante a colocação líquida de títulos públicos junto ao mercado financeiro.

Além disso, a estrutura do passivo não monetário das autoridades monetárias concentrou-se progressivamente em recursos de alto custo, particularmente o seu passivo cambial representado pelos citados depósitos registrados em moeda estrangeira e as obrigações em moeda estrangeira decorrentes dos projetos de renegociação da dívida externa. Sendo assim, foi fundamental o papel desempenhado pelas autoridades monetárias no processo de ajuste externo da economia brasileira, mediante a absorção da dívida e dos encargos externos – uma forma de "socialização de prejuízos".

O aumento, em grande medida, ilimitado dos dispêndios públicos – com vistas, principalmente, à promoção do crescimento econômico – ao longo dos anos 1970 foi favorecido, principalmente, pelo crédito externo abundante e barato – que viabilizou a estratégia do "crescimento com endividamento". Entretanto, a situação alterou-se drasticamente no final da década. Com o segundo choque do petróleo em 1979 e a reversão das condições de crédito externo – tanto no que diz respeito ao forte aumento das taxas de juros internacionais quanto ao posterior esgotamento das fontes voluntárias de financiamento –, o Brasil deparou-se com uma grave crise no início dos anos 1980, que levou à necessidade de um forte ajuste da economia brasileira, com ênfase, entre outras coisas, em um maior controle das contas públicas.

O grau de desordem das finanças públicas naquele contexto institucional pode ser aferido pela leitura do Capítulo 12 do livro de Maílson da Nóbrega (2005) em que, como participante ativo da tentativa de modernização dos procedimentos e da contabilidade pública, relata um acontecimento que lhe tocou viver como importante autoridade, no começo dos anos 1980: "No início de 1983, aconteceu um fato gravíssimo. Alguns dos novos governadores eleitos perceberam que seus bancos estaduais podiam fazer saques a descoberto no Banco do Brasil, que era o depositário das reservas bancárias, à ordem do BC. *O que levava mais de um mês para chegar ao conhecimento do BC, via balancetes mensais do BB*. Não existia um sistema de informações gerenciais, nem serviços em tempo real. O primeiro deles foi o governador do Rio de Janeiro. Depois fizeram o mesmo os governadores de Goiás, Santa Catarina e Paraíba. O governador deste último estado, Wilson Braga, teve a gentileza de me avisar no dia do saque, em atenção ao fato de eu ser seu amigo e paraibano. Alerteio-o para a gravidade do ato, mas ele retrucou afirmando que precisava pagar o funcionalismo e por isso *já havia efetuado o saque*" (Nóbrega, 2005, página 295, grifos nossos). O fato – inimaginável no contexto atual – dá uma ideia de como os bancos estaduais tinham se convertido na prática em verdadeiras Casas da Moeda, sem maior controle por parte das autoridades federais.

OS RELATÓRIOS DO BC E A EVOLUÇÃO DA CONTA-MOVIMENTO

A partir dos anos 1980, com o aumento da institucionalização, exigida para negociar-se com o FMI, e o consequente crescimento do papel do BC, os problemas das finanças públicas começaram a ser apresentados de forma mais explícita nos próprios documentos oficiais. Um relatório confidencial do BC de agosto de 1983 (página 2) fazia um balanço da situação da conta-movimento desde a sua criação até aquela data:

"a) no primeiro semestre de 1965, ocorreram saldos devedores na conta--movimento e o BC pagou os juros de 1% ao ano ao BB.

b) ao encerrar-se o exercício de 1965, o saldo da conta-movimento era favorável ao BC.

c) o BB não efetuou qualquer recolhimento para encerrar o saldo da conta--movimento.

d) a partir do final de 1965, o saldo credor da conta-movimento cresceu constantemente.

e) a partir do segundo semestre de 1965, o BB passou a creditar ao BC juros, à taxa de 1% ao ano, sobre os saldos credores da conta-movimento.

f) a partir do primeiro semestre de 1979, o BB deixou de abonar juros sobre os saldos credores da conta-movimento."

A situação da conta-movimento em agosto de 1983 era assim descrita pelo mesmo relatório – página 3 (ver Gouvêa, 1994): "Atualmente a conta-movimento tem recebido lançamentos por:

a) emissões/recolhimento de papel-moeda.

b) cobertura de débitos do Tesouro Nacional junto ao BB, mediante uso de recursos de operações de crédito da União (sempre no final do exercício).

c) nivelamento diário da conta de reservas bancárias do BB (sempre é mantido saldo diário correspondente à exigibilidade do depósito compulsório em espécie)."

O GOVERNO E A RESPOSTA À CRISE DO PETRÓLEO DE 1973

Lopes e Modiano (1983) apresentam uma interessante interpretação estilizada dos efeitos do primeiro choque do preço do petróleo, em 1973, que teve desdobramentos importantes, no Brasil, em termos da evolução posterior das finanças públicas, de um lado, e da dívida externa, de outro. No gráfico a seguir, estão representadas três variáveis: a) o preço doméstico da energia (E); b) o nível de atividade (Y) e c) a inflação (π); e duas curvas, de "equilíbrio inflacionário" (EI) e de balanço de pagamentos (BP). Para um dado nível de relação preço doméstico/preço externo da energia – no caso, petróleo –, quanto maior o preço externo do barril de petróleo, maior tende a ser a inflação doméstica, em um regime de economia indexada, pelo deslocamento de patamar inflacionário que isso implica. Adicionalmente, quanto maior o preço externo do produto, menor deve ser o nível de atividade doméstico, compensando-se assim via quantidade a maior despesa por barril, de modo a manter inalterado o valor do gasto em dólar americano com as importações de petróleo.

Uma ação meramente passiva das autoridades diante do choque externo de preços teria levado a economia do ponto A para o ponto B na curva BP e de A' para B' na curva EI, com o preço da energia aumentando de E_1 para E_2. O governo, entretanto, reagiu diante das novas circunstâncias ampliando o subsídio doméstico ao uso de energia, já que não repassou o mencionado choque ao preço dos derivados – o índice da relação preço interno/preço externo do petróleo caiu de 100 em 1972, para 32 em 1974. A razão dessa estratégia era evitar um aumento da inflação – de π_1 para π_2 –, que ocorreria em caso de repasse puro e simples do aumento determinado pelo cartel de petróleo. Essa análise corresponde a uma versão estilizada dos fatos, já que a inflação brasileira aumentou entre 1973 e 1974, porém o aumento foi inferior ao que teria ocorrido se não tivesse se verificado uma ampliação do diferencial entre os preços externo e doméstico do petróleo. O problema é que conservar o preço doméstico real de energia em E1 implicava deslocar BP para a esquerda, até BP', amplificando o efeito contracionista do choque externo – que faria o PIB recuar de Y_1 para Y_2 –, já que, para manter constante a quantidade de divisas gastas com petróleo, a economia teria que operar no ponto C, com o PIB caindo para Y_3. Como o governo tinha o duplo propósito de manter a inflação sob controle e, simultaneamente, evitar uma recessão, procurou-se manter a economia no ponto A da curva BP e em A' na curva EI, com os mesmos níveis iniciais de renda e de inflação. Isso foi obtido mediante o endividamento externo, que implicava deslocar BP para a direita. Nas palavras de Lopes e Modiano, o problema dessa estratégia, além do custo fiscal que ela gerava – pela existência de um subsídio ao consumo de energia –, era que "o endividamento externo é uma forma de adiar para o futuro o pagamento dessa conta, o é exatamente por isso que a economia não pode manter-se indefinidamente nessa posição" (Lopes e Modiano, 1983, página 86). Essa escolha esteve na origem do processo de "crescimento com endividamento" (*growth-cum-debt*) do restante dos anos 1970, cuja conta veio a ser paga com a crise dos anos 1980.

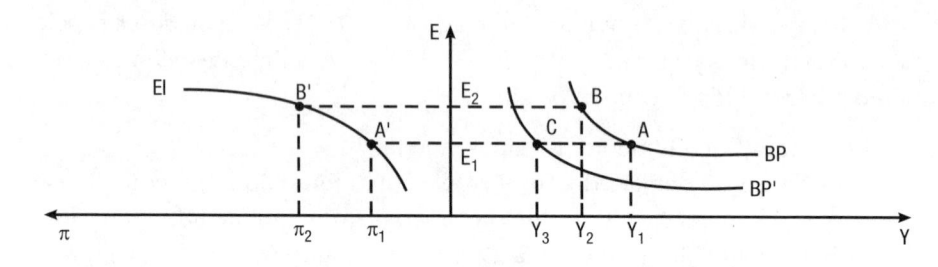

Sugestões de leitura para o aluno: Oliveira (1985a) mostra os problemas para entender a situação das contas públicas no Brasil, na ausência dos "termômetros" de mensuração do desequilíbrio fiscal desenvolvidos nos anos 1980. Resende (1982) apresenta o contexto macroeconômico em que se deram as chamadas "reformas da década de 1960".

Leitura adicional para o professor: Barbosa et al. (1990) complementam o artigo de Resende (1982), com um foco, especificamente, na reforma fiscal dos anos 1960. O Capítulo 12 do livro de Maílson da Nóbrega (2005) é leitura obrigatória para entender as finanças públicas das décadas de 1970 e 1980.

QUESTÕES

1. Explique qual foi a importância da criação da figura dos títulos públicos indexados com correção monetária, no contexto das reformas de 1964/1967, como mecanismo que abriu caminho para a viabilização de novos investimentos públicos, nos anos seguintes.
2. Qual das seguintes afirmações *não* retrata adequadamente a realidade fiscal dos anos 1970?
   a) A inflação, através da existência do "imposto inflacionário", ajudou, de certa forma, a financiar o governo ao longo dos anos 1970.
   b) O choque do petróleo teve um forte impacto fiscal no Brasil, associado à virtual inexistência de repasse para o consumidor doméstico do aumento do preço do barril no mercado externo.
   c) O orçamento fiscal era um retrato fiel das pressões por gastos adicionais existente na época.
   d) Não se pode entender a situação fiscal dos anos 1970 e início dos anos 1980 sem analisar o que ocorria com o orçamento monetário.
3. Explique por que o repasse puro e simples do aumento do preço do petróleo ao consumidor final, no Brasil, por ocasião do primeiro choque do petróleo, teria tido características tipicamente estagflacionistas.
4. "No Brasil, os dois choques do petróleo dos anos 1970 foram um problema. Na Venezuela, entretanto, eles tiveram um efeito exatamente oposto." Explique.

CAPÍTULO 5

As Finanças Públicas no Regime de Alta Inflação: 1981/1994

> A inflação é a única forma de taxação que pode ser imposta sem legislação.
> Milton Friedman

> A democracia tem a demanda fácil e a resposta difícil.
> Norberto Bobbio, pensador italiano

Nós, os economistas, nem sempre temos tido sucesso em implementar políticas econômicas saudáveis, mas temos sido pródigos em gerar metáforas. Uma dessas metáforas, bastante comum no início dos anos 1980 e ilustrativa das dificuldades de lidar com a crise fiscal na época, era associar a situação da época à imagem de um indivíduo na sala de operações, com a equipe médica dividida acerca de que tipo de cirurgia fazer e sem termômetro para saber, ao menos, qual era a temperatura do paciente. Uma outra associação muito comum na época era com um avião sem painel de controle.

De fato, quando eclodiu a crise da dívida externa, em 1982, o crédito externo virtualmente desapareceu e o Brasil teve que pedir ajuda financeira ao Fundo Monetário Internacional (FMI), envolvendo uma série de condicionalidades típicas das negociações em torno de um empréstimo desse organismo. O panorama fiscal inicialmente encontrado pelos negociadores do Fundo era bastante desolador, incluindo, entre outros problemas: a) um déficit público que se sabia ser extremamente elevado; b) uma grande incerteza acerca do valor exato desse déficit, devido às dificuldades de mensuração e à ausência de estatísticas fiscais compatíveis com as boas práticas internacionais; c) um debate local no qual sequer a própria necessidade de combater o déficit era ainda consensual, devido ao peso elevado que as ideias keynesianas tradicionais tinham na formação da opinião econômica do país, na época e d) a ausência de instrumentos efetivos de controle do gasto público, que permitissem ter uma pronta resposta às iniciativas da política econômica. Utilizando a imagem já mencionada do avião, dir-se-ia que, quando o "piloto" – as autoridades econômicas – queria apertar algum "botão" – isto é, tomar alguma medida contencionista – simplesmente não havia botões para serem apertados.

Desde então, houve muitos avanços. Vimos no capítulo anterior que a política fiscal dos anos 1970 se deu em um contexto institucional em que os instrumentos utilizados estavam longe de ser os desejáveis, tanto em termos de eficácia como de transparência. Ao longo da segunda metade dos anos 1980, uma série de mudanças institucionais importantes poderia ter permitido um maior controle das contas públicas. Por outro lado, os problemas de sustentação política do governo da época e a aprovação da Constituição de 1988 representaram um agravamento das condições em que a política fiscal era praticada, especialmente do ponto de vista das autoridades federais.

No final dos anos 1990, o tema do déficit público, infelizmente, apesar daqueles avanços, continuou na ordem do dia, pelos motivos que iremos procurar explicar. Neste capítulo, iremos analisar a evolução das contas públicas nos anos de alta inflação, até 1994 e, nos próximos, trataremos o período que se inicia com o Plano Real.

PANORAMA DAS CONTAS PÚBLICAS: 1981/1994[1]

Controvérsias iniciais

No início dos anos 1980, o debate econômico no Brasil se dava entre os economistas denominados "ortodoxos" e os adeptos da escola estruturalista, que viriam a ser reconhecidos depois como "heterodoxos".[2] A posição ortodoxa acerca da política fiscal e da relação desta com a política econômica era clara. Ela pode ser resumida na afirmação de que, sendo o espaço para a expansão da

---

[1] A análise feita nesta seção corresponde a uma extensão, com algumas modificações, de Giambiagi (1989).

[2] O que se segue é uma tentativa de taxonomia genérica das posições daquela época. Havia, evidentemente, uma série de nuances nas posições de cada grupo, que não cabe aqui analisar, da mesma forma que, como é natural, as posições de vários dos participantes do debate foram se modificando ao longo do tempo. Não são feitas citações específicas porque a maioria das posições eram tomadas no debate travado através da imprensa e não na forma de artigos acadêmicos mais elaborados. Um bom retrato do debate daquela época é a coletânea organizada por Lozardo (1987).

dívida pública limitado pelo crescimento do PIB – para não aumentar a relação dívida/PIB –, a queda do déficit público era condição necessária e suficiente para o controle da inflação. Esta era vista como um fenômeno associado ao tamanho do desequilíbrio fiscal e causada pela emissão monetária requerida pelo financiamento desse déficit.

A posição dos estruturalistas era inicialmente pouco clara em relação às causas da inflação – em geral explicada por eles como fruto de pontos de estrangulamento do processo produtivo e/ou da política cambial. Com o passar do tempo e o surgimento do que alguns denominavam de escola "neoestruturalista", o debate principal na discussão econômica passou a se dar entre a ortodoxia e os que defendiam a teoria denominada "inercialista" da inflação. Adicionalmente, no que tange à política fiscal e à sua relação com o crescimento econômico – e certamente imbuídos de um keynesianismo ainda dominante no panorama acadêmico local da época –, os estruturalistas, de um modo geral, opunham-se aos cortes de gastos, alegando dois pontos. Primeiro, que a chave para a melhora fiscal era a retomada do crescimento, base para o aumento da receita. E segundo, que eventuais cortes da despesa pública poderiam ser anulados pela redução da receita provocada pela contração da demanda resultante desses cortes.

É interessante destacar que, no começo dos anos 1980 e, especificamente, uma vez que o acordo com o FMI foi implementado a partir de 1983, houve uma vitória inicial da ortodoxia, cujas teses predominaram, gerando uma queda das NFSP. O fato de essa queda, porém, ter ocorrido simultaneamente a um aumento da inflação, foi visto depois como um fracasso das teses ortodoxas. Foi nesse contexto que a heterodoxia se tornou hegemônica nos círculos decisórios da economia brasileira, em meados da década, o que coincidiu com o fim do ciclo militar.[3] Foi nesse contexto também que a política de estabilização do governo inaugurado em 1985 se orientou no sentido de atacar a inflação através de uma intervenção no sistema de preços, sem maiores preocupações com a redução das NFSP. A posterior frustração dos esforços de controle da inflação da nova equipe representou então uma nova inversão de papéis, chegando então a vez de a heterodoxia perder prestígio.

Em função do aprendizado gerado por esse conjunto de experiências fracassadas de combate à inflação, com o tempo começou a crescer entre os economistas

---

[3] Não é intenção deste capítulo discutir em detalhes a controvérsia sobre as causas da inflação brasileira em meados dos anos 1980. Ao leitor interessado no melhor conhecimento dos argumentos do que veio a ser conhecido como "tese da inflação inercial", sugere-se a leitura de Bresser-Pereira e Nakano (1984), Lopes (1985) e Resende (1985). Uma variante do artigo de Resende, escrita em coautoria com Pérsio Arida, ganhou o nome de "proposta Larida" (combinação dos nomes de Lara Resende e Arida). Esse mesmo artigo de Resende representou a matriz intelectual, quase 10 anos depois, do Plano Real de 1994.

a tese de que um plano anti-inflacionário teria que incorporar elementos tanto ortodoxos como heterodoxos. Essa tese, amadurecida ao longo de anos, levou, já na década de 1990, à formulação do Plano Real, inicialmente apresentado como um programa baseado na combinação de uma âncora cambial – componente heterodoxo – com um suposto ajuste fiscal – componente ortodoxo, embora, como veremos depois, isto não tenha chegado a se concretizar.

Há quase duas décadas do início daquele debate – que remonta aos primórdios dos anos 1980 – e com o benefício da passagem do tempo, é possível fazer um balanço daquelas posições. Os ortodoxos estavam certos na necessidade de controlar o déficit público, se o que se desejava era manter o endividamento público controlado. Isto porque, havendo uma limitação para o aumento da dívida, um déficit elevado tenderia a ser incompatível com a estabilidade de preços. Por outro lado, a interpretação ortodoxa do processo inflacionário era um tanto ingênua, por não levar em consideração os efeitos da indexação sobre a rigidez do processo inflacionário brasileiro e por julgar que a queda do déficit seria suficiente para reduzir a um padrão "bem comportado" uma inflação de mais de 200% ao ano.

Os heterodoxos, por sua vez, identificaram uma espécie de "ovo de Colombo" ao enfatizar a importância da inércia para a explicação da inflação e, portanto, a necessidade de eliminar esse componente, como condição *sine qua non* do êxito de uma política anti-inflacionária, nas condições do Brasil da época. Por outro lado, não deram a devida importância à necessidade de realizar um esforço mais significativo de ajustamento fiscal, considerando, inclusive, no debate concreto sobre medidas de política, que os eventuais esforços de ajuste baseados no corte de despesas poderiam estar fadados ao insucesso.

Uma vez tendo discutido o contexto do debate do início dos anos 1980, podemos agora apresentar em breves pinceladas o quadro de evolução das contas públicas nos anos 1980 e 1990, antes da estabilização de 1994.

As NFSP: 1981/1994

Os resultados fiscais da época de elevada inflação da economia brasileira – de três dígitos anuais ou mais, isto é, de 1980 a 1994 – podem ser reagrupados em dois grandes períodos. O primeiro, caracterizado pela existência de significativos déficits operacionais, refere-se a toda a década de 1980, enquanto o segundo vai de 1990 – inclusive – a 1994, com um desequilíbrio fiscal muito inferior ao do período precedente, a ponto de, na média, as NFSP operacionais terem sido virtualmente nulas. Pela maior confiabilidade das informações, só apresentamos os dados desagregados – por esfera de governo e de acordo com a abertura em termos do resultado primário e da conta de juros –, no conceito operacional, de 1985 em diante (Tabela 5.1). Naturalmente, dentro de cada um desses dois grandes períodos houve algumas nuanças – por exemplo, o déficit de 1992/1993 foi superior ao de 1990/1991, da mesma forma que as fontes de financiamento também mudaram entre diferentes subperíodos – que serão explicadas posteriormente.

Nos anos 1980, por sua vez, em que pese o fato de que durante a segunda metade da década o déficit médio foi praticamente idêntico ao da primeira, podem ser identificados dois subperíodos marcadamente diferentes entre si, em termos de tendências verificadas *ao longo* dos mesmos: 1981/1984, nos quais houve uma tendência a um certo ajustamento; e 1985/1989, nos quais a tendência foi exatamente a oposta, na direção de piorar o resultado no final do subperíodo em relação ao início do mesmo.

TABELA 5.1
Necessidades de Financiamento do Setor Público – Conceito operacional 1985/1994 (% PIB)

	1985	1986	1987	1988	1989	1990	1991	1992	1993	1994
NFSP operacionais	4,73	3,60	5,70	4,80	6,90	–1,38	0,17	1,88	0,79	–1,25
Governo central	1,22	1,28	3,21	3,47	3,95	–2,43	0,07	0,72	0,68	–1,68
Estados e municípios	1,08	0,96	1,61	0,36	0,56	0,41	–0,68	0,65	0,08	0,80
Empresas estatais	2,43	1,36	0,88	0,97	2,39	0,64	0,78	0,51	0,03	–0,37
Resultado primário	2,67	1,64	–1,00	0,94	–1,00	2,31	2,71	1,57	2,19	5,21
Governo central	1,63	0,36	–1,77	–1,06	–1,41	1,51	0,98	1,10	0,81	3,25
Estados e municípios	0,09	–0,06	–0,62	0,53	0,35	0,34	1,40	0,06	0,62	0,77
Empresas estatais	0,95	1,34	1,39	1,47	0,06	0,46	0,33	0,41	0,76	1,19
Juros reais líquidos	7,40	5,24	4,70	5,74	5,90	0,93	2,88	3,45	2,98	3,96
Governo central	2,85	1,64	1,44	2,41	2,54	–0,92	1,05	1,82	1,49	1,57
Estados e municípios	1,17	0,90	0,99	0,89	0,91	0,75	0,72	0,71	0,70	1,57
Empresas estatais	3,38	2,70	2,27	2,44	2,45	1,10	1,11	0,92	0,79	0,82

Fonte: Banco Central.

Os dados da Tabela 5.1 nos permitem comparar os resultados de 1985/1989 com os dos cinco anos posteriores. Em termos de tendências gerais, nota-se a melhora tanto do resultado primário como da conta de juros.[4] De fato, o superávit primário do setor público passa de 0,7 para 2,8% do PIB entre 1985/1989 e 1990/1994, enquanto a conta de juros reais cai de 5,8 para 2,8% do PIB entre os mesmos períodos.

As razões dessa diminuição da despesa de juros – que ocorreu apesar de a taxa de juros ter sido maior no último período – foram duas. Em primeiro

---

[4] Note-se que o resultado primário é superavitário em 8 dos 10 anos considerados na tabela. O fato é importante pois realça a dimensão da deterioração fiscal ocorrida a partir de 1994, a ser mostrada no próximo capítulo.

lugar, a queda da dívida pública ao longo de praticamente todo o período 1985/1994 tendeu naturalmente a diminuir o peso dos juros. E, em segundo lugar, até 1988 a metodologia de apuração das NFSP "inchava" a conta de juros reais, por uma impropriedade técnica só corrigida em 1989. Essa impropriedade resultava do fato de que, ao descontar o componente inflacionário do aumento da dívida pública, para calcular o resultado operacional a partir do déficit nominal, o Banco Central considerava juros "reais" a parcela dos juros nominais que excedesse a correção monetária institucionalmente definida pelo governo. Como esta, porém, era na prática inferior, devido à subindexação implícita dos títulos, à inflação que efetivamente se verificava – e que deveria ser captada por índices de preços centrados no último dia do mês –, parte da remuneração dita "real" dos títulos nada mais era do que uma compensação pela erosão do valor real da dívida. Consequentemente, a cada ano, uma parte da dívida herdada do passado era "comida", sem que isso tivesse uma contrapartida na forma de superávits correspondentes "acima da linha". A partir de 1989 – inclusive –, o Banco Central mudou o método de cálculo dos juros e passou a considerar componente de correção monetária implícita a inflação verificada entre as datas de "ponta" de cada mês – captada pela interpolação de índices de preços centrados no meio do mês – e consequentemente eliminando a parcela de juros indevidamente considerada até então uma despesa "real".

O DESENVOLVIMENTO DE UM "TERMÔMETRO" PARA MEDIR O DÉFICIT: 1981/1984

A primeira tarefa conjunta dos técnicos do FMI e dos ministérios da Fazenda e Planejamento do Brasil, além do Banco Central, no final de 1982 – quando começou a ser negociado um empréstimo do FMI, que incluía uma série de compromissos a serem atingidos por parte do país –, foi a de aparelhar o Banco Central para estar em condições de registrar as operações de endividamento do setor público consolidado. Isto porque, com base na metodologia tradicional do FMI, a variação da posição de endividamento representava o desequilíbrio fiscal, conforme explicado no Capítulo 2.

A segunda tarefa foi a de harmonizar os critérios de apuração do déficit entre o FMI, de um lado, e o governo brasileiro, de outro. Isto porque o FMI era favorável a adotar o critério tradicional de mensuração do déficit, que era o cálculo das NFSP no conceito nominal. As autoridades brasileiras, porém, argumentavam – com razão, na nossa opinião – que, uma vez que a inflação estava em aceleração – a variação dos preços janeiro/dezembro passou da ordem de 100% em 1982, para mais de 200% em 1983 –, quaisquer que fossem os esforços realisticamente possíveis no sentido de melhorar o resultado primário, não conseguiriam evitar um aumento do déficit nominal, associado às pressões altistas sobre a inflação.

O resultado dessas negociações foi a divulgação simultânea tanto do indicador de resultado nominal como do resultado operacional, embora este último assumisse a função de indicador de desempenho da política fiscal.

Inicialmente, as NFSP eram desagregadas em seis componentes, quais sejam: governo central – incluindo Tesouro Nacional e Banco Central –; estados e municípios; empresas estatais – incluindo as empresas federais, estaduais e municipais –; agências descentralizadas; previdência social e fundos e programas mantidos pelo governo federal. Posteriormente, com o passar do tempo, os três últimos itens foram reagrupados e incorporados ao resultado do governo central, compondo um agregado mais amplo deste.

AS NFSP: 1981/1984

Quando os técnicos do FMI, no final de 1982, começaram a negociar um programa fiscal para 1983/1984, foi necessário reconstituir as contas de 1981/1982, à luz da nova metodologia de cálculo que começava a se desenvolver para apurar o resultado fiscal. Nesse contexto, foram calculados os déficits operacionais do setor público de 1981 e 1982 e, posteriormente, já com o programa em execução, os de 1983 e 1984.

Ano	NFSP – Conceito operacional (% PIB)
1981	6,3
1982	7,3
1983	3,3
1984	3,0

Fonte: Banco Central. Para mais detalhes, ver Giambiagi (1996b).

O critério de apuração das NFSP, entretanto, foi sendo sucessivamente aperfeiçoado, dado que a qualidade das informações inicialmente coletadas deixava a desejar. Em função disso, o próprio Banco Central, em séries retrospectivas posteriores, geralmente só apresentava os dados a partir de 1985, quando foram introduzidas as primeiras modificações metodológicas no sistema de apuração. Desde então, as mudanças mais importantes foram as seguintes: 1991, quando foi estabelecida a contabilidade de usos e fontes, detalhando a contrapartida desagregada do déficit, através do financiamento interno, externo e monetário; 1995, quando as NFSP passaram a ser divulgadas mensalmente, por meio da nota para a imprensa do Banco Central; e 1998, quando o resultado operacional deixou de ser divulgado nessa mesma nota, limitando as estatísticas aos resultados nominal e primário.

Cabe destacar, a bem da verdade, que a adoção do conceito operacional não implicou resolver todos os problemas práticos ligados à necessidade de ter um bom "termômetro" para medir a contribuição da política fiscal para a política anti-inflacionária do governo. Havia ainda quatro problemas metodológicos, quais sejam:

- A defasagem das informações.
- A irregularidade dos dados.
- A falta de confiabilidade na precisão das estatísticas, afetadas por sucessivas revisões.
- A continuidade da influência da inflação sobre o resultado fiscal.

Vejamos essas questões mais de perto. Em relação aos primeiros três aspectos, os dados eram conhecidos com grande defasagem, motivo pelo qual era difícil para as autoridades reagirem a tempo de tomar as medidas compensatórias eventualmente necessárias para enfrentar alguma situação fiscal indesejável. Da mesma forma, eles eram divulgados de forma irregular, em geral através do documento "Brasil-Programa Econômico", de periodicidade trimestral, mas que nem sempre incluía dados sobre a situação fiscal.[5] Finalmente, os números preliminares estavam sujeitos a substanciais revisões posteriores, uma vez que o Banco Central recebia informações complementares sobre o quadro do endividamento público, que afetavam em cheio o resultado das NFSP. Um exemplo disso foi o resultado operacional do setor público consolidado de 1991, que de superavitário em 1,3% do PIB, conforme divulgado no "Brasil-Programa Econômico" (p. 61) de setembro de 1992 – isto é, nove meses depois do ano fechado –, tornou-se posteriormente deficitário em 0,2% do PIB, após a sua revisão. Note-se que estamos falando de uma mudança de 1,5% do PIB, algo evidentemente não desprezível. Devido a isso, ao ser divulgado o número, as autoridades econômicas não tinham muita segurança acerca do verdadeiro significado do mesmo, devido à possibilidade de ocorrência de revisões.

O problema restante estava associado ao fato de que o déficit operacional, embora fosse entendido por quase todos os analistas como um conceito "descontaminado" dos efeitos da inflação, não era, a rigor, totalmente imune a esta.

---

[5] Este documento começou a ser elaborado no contexto do acordo com o FMI, a partir de 1983, incluindo informações estatísticas sobre diversos aspectos da economia brasileira, tendo continuado a ser divulgado depois de 1985, mesmo quando o acordo com o FMI expirou. Anos depois, já na década de 1990, ele deixou de ser elaborado, passou a ser incorporado ao já tradicional boletim mensal do Banco Central e as principais estatísticas fiscais foram também incluídas na nota para a imprensa divulgada mensalmente por esta mesma instituição.

A razão não é difícil de entender e está ligada ao fato de que o déficit operacional era expresso em valores correntes, independentemente de qual fosse a inflação. Uma despesa de CR$1 milhão, por exemplo, feita em janeiro de 1993 – ano no qual a economia se aproximou perigosamente de uma situação de hiperinflação – teve a mesma importância, para efeitos do cálculo do déficit operacional daquele ano, que uma despesa no mesmo valor feita em dezembro – 11 meses depois –, em que pese o fato de que o impacto da mesma sobre a economia, no final do ano, foi evidentemente muito menor que no início, devido à elevada inflação ocorrida no período. Consequentemente, o déficit operacional também não era uma medida fiscal que eliminasse completamente os efeitos da inflação. Essa deficiência só foi suprida com o início da divulgação, na década de 1990, do conceito das NFSP com base no método dos "fluxos valorizados", em que os resultados operacionais de cada mês eram inflacionados para preços da mesma data, de modo a expressar mais adequadamente o que seria um conceito "correto" de resultado fiscal "real" ou "expurgado dos efeitos da inflação".

As questões aqui tratadas, porém, só foram resolvidas com o tempo, quando nos anos 1990 o Banco Central passou a divulgar os dados do déficit sem grande defasagem – em torno de dois meses depois do fato gerador –, regularmente – com frequência mensal – e de forma mais confiável, sem que ocorressem revisões significativas depois da divulgação do dado inicial. Por sua vez, o conceito dos fluxos valorizados perdeu relevância com a queda da inflação, já que o valor real de uma certa despesa nominal feita em janeiro, em um contexto de estabilidade de preços, é praticamente igual ao da mesma despesa nominal feita em dezembro.

Deixando de lado essas deficiências, os indicadores fiscais disponíveis para o período 1981/1984 indicaram uma redução importante do déficit operacional, depois que o acordo com o FMI passou a estar vigente, durante 1983/1984. De fato, neste último biênio as NFSP operacionais foram de 3,2% do PIB, em média, contra 6,8% do PIB no biênio precedente, 1981/1982. Essa melhora, em que pese sua importância, esteve associada ao que alguma vez Vito Tanzi, em outro contexto, qualificou de "tensão fiscal", entendida como uma situação na qual o déficit é "reprimido" mediante expedientes *ad hoc*, de natureza excepcional, duração limitada no tempo e que tendem a ser revertidos posteriormente, na ausência de reformas estruturais que eliminem a raiz do problema. Nesse caso, estaria a redução da despesa real com pessoal dos dois anos de vigência do acordo com o FMI – 1983 e 1984 –, que, não tendo sido acompanhada de um enxugamento do quadro do funcionalismo, acabou sendo anulada pelo "efeito-mola" dos aumentos salariais compensatórios posteriores a 1984.

A REDEMOCRATIZAÇÃO E O AUMENTO DO DÉFICIT PÚBLICO: 1985/1989

O "problema da transferência"[6]

Desde o início dos anos 1980, mais especificamente desde que eclodiu a crise da dívida externa em 1982, a literatura econômica brasileira incorporou diversos artigos acadêmicos referentes ao chamado "problema da transferência", associado à transferência de recursos ao exterior que o Brasil passou a fazer a partir de 1983. Que problema era esse? Vejamos isso mais de perto.

Quando, em 1982, diante do evidente esgotamento do modelo de endividamento seguido até então, o governo brasileiro anunciou suas metas de ajustamento externo, estas foram recebidas com grande ceticismo, pelo ineditismo dos valores propostos para serem atingidos pela balança comercial. A *transferência de recursos reais ao exterior* que isso implicava não era considerada viável inicialmente, tendo, entretanto, sido viabilizada mediante a combinação de ajuste dos preços relativos – maxidesvalorização cambial em 1983 –, contenção inicial do crescimento – houve uma forte queda do PIB em 1983 – e amadurecimento dos programas de substituição de importações iniciados na segunda metade dos anos 1970. O fato de o país ter conseguido se ajustar, praticamente equilibrando sua conta-corrente, não resolvia, contudo, todos os problemas colocados pela nova situação de escassez de recursos externos. Isso porque o componente externo era apenas uma das faces do "problema da transferência", sendo as outras duas o componente macroeconômico e o componente monetário/fiscal.

O *componente externo* da transferência estava associado ao equilíbrio do balanço de pagamentos, entendido como o ajuste a uma situação na qual, diante da ausência de financiamento externo, o Brasil tinha que passar a operar com um resultado da conta-corrente próximo de zero, em contraste com os elevados déficits verificados até então. Quando a fonte de recursos externos esgotou-se, após a moratória mexicana, o Brasil basicamente passou a ter que pagar os juros da dívida externa através de superávits comerciais, em vez de fazê-lo simplesmente através da obtenção de novos empréstimos. O superávit da balança comercial, que fora de apenas US$1 bilhão em 1982, subiu então para US$6 bilhões em 1983, atingindo US$13 bilhões em 1984 e uma média também de US$13 bilhões, nos cinco anos 1985/1989. Era a época dos denominados "megassuperávits" comerciais.

O *componente macroeconômico* da transferência estava ligado à circunstância de que, em vista da necessidade de ajustamento externo e na ausência de um

---

[6] Para entender o debate da época sobre esta questão ver, entre outros, Werneck (1986), Batista (1987), Bontempo (1988) e Cavalcanti (1988). Para uma apresentação formal sintética do problema, recomenda-se a leitura do artigo de Lundberg (1986).

> **OS SEIS PLANOS DE ESTABILIZAÇÃO**
>
> A partir de 1986, a economia brasileira passou por diversos planos de estabilização, baseados em âncoras cambiais, congelamento de preços ou ambos, com elevado conteúdo de intervenção governamental, direta ou indireta, na determinação dos preços (para uma crítica ao Plano Cruzado, ver Simonsen e Barbosa, 1989). O primeiro desses planos recebeu o nome da nova moeda criada na época, devido à troca de moeda, do antigo cruzeiro para o cruzado. Desde então, sucederam-se vários planos, sempre com algum sucesso inicial, mas que depois fracassaram. Só ó sexto desses planos, de 1994, caracterizado por uma etapa de transição que permitiu a acomodação dos preços relativos antes do plano e implementado em condições externas muito mais favoráveis, com abundância de capitais, elevadas reservas internacionais e maior abertura às importações, teve um êxito duradouro. Os nomes dos planos e suas respectivas datas são listados a seguir:
>
> | | |
> |---|---|
> | Plano Cruzado: | fevereiro de 1986 |
> | Plano Bresser: | junho de 1987 |
> | Plano Verão: | janeiro de 1989 |
> | Plano Collor I: | março de 1990 |
> | Plano Collor II: | janeiro de 1991 |
> | Plano Real: | junho de 1994 |

esforço compensatório de igual magnitude de compressão da relação entre o consumo total e o PIB, havia uma restrição ao investimento, que pode ser mais bem compreendida através da equação tradicional do PIB

$$PIB = CP + CG + I + (X - M) \qquad (5.1)$$

em que CP é o consumo privado ou das famílias, CG é o gasto corrente do governo, I é o investimento total – público e privado – e (X – M) é o saldo de transações com o exterior de bens e serviços reais. Isto é, se, diante das circunstâncias externas, a relação (X – M)/PIB tinha que aumentar e isso não era inteiramente compensado por uma queda similar da propensão média a consumir do setor privado ou da relação gasto corrente do governo/PIB, segue-se, por definição, que a taxa de investimento tinha que cair. De fato, a preços de 1980, a formação bruta de capital fixo, nas contas nacionais, caiu de 20% do PIB, em 1981/1982, para valores da ordem de 15% do PIB no final da década de 1980/início dos anos 1990. No caso do governo e comparando médias de períodos longos, o investimento deste – no conceito das contas nacionais, ou seja, sem incluir as empresas estatais –, sempre a preços constantes de 1980, caiu de 3,8% do PIB na média de 1971/1980, para 2,3% do PIB, durante 1981/1990. Além disso, o investimento das empresas estatais sofreu uma contração ainda mais significativa, tendo caído para valores da ordem de 2% do PIB no final da década de 1980, depois de ter sido de quase 5% do PIB no início da década.

O *componente monetário/fiscal* da solução da crise externa – além do efeito sobre o investimento público mencionado – era representado pelo impacto monetário e pela consequente necessidade de emitir títulos, que resultava da forma como o ajustamento externo tinha se dado no Brasil. Contrariamente a outros países endividados nos quais o Estado era ao mesmo tempo produtor e exportador – como o México, por exemplo, onde a empresa de petróleo PEMEX gerava divisas para o governo –, o Brasil defrontava-se com o fato de que *a dívida externa era predominantemente pública, mas o superávit comercial era privado.*

Em apenas cinco anos, entre 1982 e 1987, a dívida externa líquida do setor público aumentou de US$48 para 91 bilhões, passando de 61% da dívida externa líquida do país, em 1982, para 80% desse total em 1987. As consequências fiscais desse processo viram-se agravadas pela maxidesvalorização cambial de 30% ocorrida em 1983. Cabe frisar que este aumento da dívida externa pública não se deveu apenas ao déficit público registrado no período e sim também ao fato de que, após a crise da dívida externa iniciada em 1982, o governo assumiu uma parte importante da dívida externa que originariamente tinha sido privada – processo esse conhecido no debate da época como "estatização da dívida externa".

O Brasil tornara-se capaz de obter as divisas com as quais arcar com os seus compromissos financeiros com o exterior. Entretanto, o equilíbrio em conta-corrente do balanço de pagamentos – resultante de ter um superávit comercial que cobria o déficit de serviços – era acompanhado de um desequilíbrio interno, já que o setor público não gerava os recursos fiscais com os quais compensar a injeção de moeda associada ao equilíbrio externo. Essa injeção monetária decorria da circunstância de que o Banco Central pagava aos exportadores em moeda doméstica, para obter as divisas com as quais arcar com o ônus dos juros da dívida externa. Se esta fosse privada, outros agentes, em compensação, pagariam ao Banco Central em moeda, de modo a que este remetesse o pagamento de juros ao exterior em divisas. Na prática, porém, essa contrapartida monetária não existia, já que a dívida externa era, em sua maior parte – e crescentemente –, do próprio governo.

Para se contrapor a isso, o governo deveria ter aumentado os impostos e/ou ter reduzido a sua despesa, de modo a obter os recursos necessários para que ele, com isso, pudesse adquirir os dólares a serem remetidos para os credores. Isso, entretanto, não ocorreu. Em outras palavras, o país mostrou que era possível ter resultados comerciais positivos suficientemente elevados para poder arcar com os ônus da *transferência externa* e pagar os juros da dívida externa. Entretanto, não foi possível obter os recursos fiscais requeridos para poder fazer a *transferência interna* de recursos – do setor privado para o governo – necessária para que o setor público pudesse suportar os custos do endividamento externo, sem pressionar o déficit público.

O problema do diagnóstico

A adoção de uma política fiscal mais restritiva por parte do governo que assumiu em 1985 – no período conhecido como "Nova República" – enfrentou dois tipos de problema. Por um lado, o resultado fiscal preliminar de 1984 fora muito bom, o que contribuiu para retirar qualquer sentido de urgência na programação fiscal de 1985. Embora meses depois o dado de 1984 tenha sido revisto, mostrando uma melhora, porém não muito substancial, em relação a 1983, já era tarde – note a importância do *lag* das informações! – para mudar decisivamente os rumos da política econômica. Por outro, o governo, através de algumas das suas principais autoridades, dava sinais de considerar que a gravidade do problema fiscal não deveria ser superestimada. Dito de outra forma, um dos problemas para diminuir o déficit fiscal, em meados dos anos 1980, era que, segundo o diagnóstico oficial da situação, o déficit público não era um problema importante a ser atacado.

Essa postura estava baseada em dois tipos de argumentos. O primeiro, de que mais importante que o tamanho do déficit eram as suas condições de financiamento; e o segundo, de que era necessário distinguir entre os componentes do déficit, antes de estabelecer prescrições definitivas para a solução do mesmo.

O primeiro argumento, acerca das condições de financiamento, mencionado pela voz de algumas autoridades, aludia ao fato de que, se há condições de o setor público se financiar, um eventual desequilíbrio entre oferta e despesa não teria por que acarretar um aumento dos preços, já que não haveria necessidade de aumentar a oferta monetária, diante da possibilidade de ampliar a colocação de títulos. O argumento baseava-se no exemplo de diversos países industrializados, que na época tinham déficits relativamente elevados para os respectivos padrões históricos e que apesar disso tinham uma inflação baixa.

O fato, contudo, é que na prática essas ideias não se mostraram válidas. Primeiro, porque a consequência natural de um déficit elevado, na ausência de financiamento monetário, é o aumento da relação dívida/PIB, com riscos de gerar um processo de tipo "bola de neve" de endividamento público, similar ao que tinha acontecido nos anos 1970 com a dívida externa.[7] E, segundo, porque embora fosse verdade que alguns países industrializados tinham déficits relativamente elevados, o fato é que déficits como aqueles que o Brasil experimentava na época – de 4% do PIB ou mais – seriam considerados altos e combatidos intensamente em qualquer país do mundo.

O segundo argumento ganhou um caráter oficial através do documento "Livro branco do déficit público", divulgado pela Secretaria de Planejamento

---

[7] Isto, porém, não chegou a ocorrer, devido à combinação de senhoriagem elevada e de corrosão do valor real da dívida passada, associada à subindexação da dívida pública.

da Presidência da República em 1986. Nesse documento, publicado para "esclarecer o problema do déficit público", afirmava-se que "é preciso ter um certo cuidado" com as interpretações que incluem o investimento público no cálculo do déficit e, a seguir, propunha-se a exclusão do investimento para chegar ao conceito "adequado" de déficit público, que seria o "déficit corrente". Este assumiria então um valor – considerado pequeno no documento – de aproximadamente 0,5% do PIB. Como a soma do investimento das estatais com o investimento das demais esferas de governo era na época da ordem de 5% do PIB, o raciocínio implicava admitir que um nível de NFSP operacionais de 5% a 6% do PIB seria sustentável e compatível com a estabilidade de preços.[8] O equívoco desse diagnóstico poderá ser mais bem avaliado quando discutirmos as condições de estabilidade da relação dívida/PIB, no Capítulo 8.

DÉFICIT PÚBLICO E INFLAÇÃO NOS ANOS 1980

O entendimento da relação existente entre déficit público e inflação parece essencial para entender a dinâmica inflacionária nos anos 1980 (Dall'Acqua, 1989; Pereira e Giambiagi, 1990). Pereira e Giambiagi (1990), em particular, inspirados no famoso artigo de Cagan (1956), tentaram explicar a tendência à hiperinflação verificada naquela época, com base em uma equação de demanda de moeda, conforme a qual esta é uma função decrescente da taxa de inflação. Assim sendo, na equação do imposto inflacionário, a "coleta" deste aumenta inicialmente com a maior "alíquota" – a taxa de inflação – mas, a partir de certo nível desta, o efeito da desmonetização da economia predomina e a queda da relação base monetária/PIB – que é a base de incidência do imposto inflacionário – é maior, em módulo, do que o aumento da taxa de inflação. Isso significa que, para uma inflação estável, a receita de imposto inflacionário torna-se, a partir de certo ponto, uma função inversa da inflação. Há, portanto, um ponto de máximo no gráfico do imposto inflacionário como função da taxa de inflação, aspecto este também abordado em Simonsen (1986). Se a receita de imposto inflacionário "necessária" para financiar a parcela do déficit público não coberta pela emissão de títulos é maior do que esse ponto de máximo, a economia deixa de estar em equilíbrio, a inflação aumenta e isso, por sua vez, diminui a demanda de moeda, o que deve ser compensado por uma inflação ainda maior, ingressando-se então numa rota de desequilíbrio que leva à hiperinflação.

---

[8] Este foi justamente o intervalo em que se situou o déficit operacional de 1987, no primeiro ano completo após a publicação do referido documento.

Na estimativa daqueles dois autores, em uma situação na qual a inflação e o produto real fossem constantes – portanto, com uma senhoriagem igual ao imposto inflacionário –, a receita de senhoriagem como função da inflação teria o formato de um "chapéu", com um máximo no ponto em que a inflação anual fosse de 248%, em cujo caso a senhoriagem seria de 2,3% do PIB. Sendo o nível de senhoriagem "necessário" para financiar o déficit maior do que esse nível, os autores atribuem a tendência sistematicamente altista da inflação na segunda metade dos anos 1980 a causas predominantemente fiscais – independentemente do fato de que outras circunstâncias possam ter contribuído para agravar o processo. Já as causas da tendência à hiperinflação no início dos anos 1990 foram mais complexas e estiveram ligadas ao papel das expectativas no processo de decisão de preços dos agentes econômicos.

Inflação anual (%)	Base monetária (% PIB)	Imposto inflacionário (% PIB)
0	5,0	0,0
50	3,6	1,5
100	2,9	2,0
150	2,4	2,2
200	2,1	2,3
250	1,8	2,3
300	1,6	2,3
350	1,5	2,2
400	1,4	2,2
450	1,3	2,2
500	1,2	2,1
1000	0,7	1,7

Fonte: Pereira e Giambiagi (1990).

A fragilidade política do governo

Os anos 1985/1989 podem ser caracterizados como um período sem rupturas, já que, a partir de março de 1985, o período se refere a um único mandato presidencial. Entretanto, podemos distinguir três fases no que diz respeito à orientação das autoridades econômicas. A primeira, em 1985, caracterizou-se pela disputa interna entre aqueles inclinados a uma postura claramente contencionista do ponto de vista fiscal – baseada no corte de gastos –, agrupados em torno do Ministro da Fazenda Francisco Dornelles; e aqueles mais propensos a atacar o caráter inercial da inflação, que resistiam aos cortes propostos e se agrupavam em torno do Ministro do Planejamento João Sayad. A segunda fase, que ocupou parte de 1985, todo o ano de 1986 e o início de 1987, começou com a demissão do Ministro Dornelles e sua substituição por Dilson Funaro, dando origem a uma clara hegemonia dos economistas até então ligados à Secretaria de Planejamento, sob cuja égide foi implementado o Plano Cruzado.[9] Finalmente, a terceira fase, que tomou o restante do governo e foi inaugurada com a demissão do Ministro Funaro, marcou uma certa retomada da intenção oficial – pelo menos retórica – de combater o déficit público, sob o comando dos ministros Bresser-Pereira (1987) e Maílson da Nóbrega (1988/1989).

Ao problema do diagnóstico de algumas das próprias autoridades, anteriormente mencionado, somou-se, como causa da piora fiscal observada no período em relação a 1984, a fragilidade política do governo da época, combinada com as condições extremamente peculiares em que o presidente José Sarney assumiu. Cabe lembrar que, na eleição indireta para presidente da República, no Colégio Eleitoral então vigente, a oposição – liderada pelo Partido do Movimento Democrático Brasileiro – PMDB – foi apoiada por uma dissidência do partido que até então apoiava o governo militar, dissidência essa que criou a chamada Frente Liberal, dando origem à candidatura Tancredo Neves (PMDB)/Sarney (Frente Liberal), aquele para a presidência e este para a vice-presidência da República. Três dias antes de assumir, porém, o primeiro adoeceu gravemente, não chegando sequer a tomar posse e vindo a falecer um mês depois. Isso gerou uma situação singular, pois o partido hegemônico na aliança eleitoral construída para pôr um fim ao governo militar viu-se subitamente privado do comando supremo da nação e sem vínculos estreitos de solidariedade para com o novo chefe do Executivo. Tal situação motivou uma série de disputas entre o presidente Sarney e o PMDB, que se prolongaram durante todo o seu governo.

Consequentemente, mesmo quando houve da parte das autoridades econômicas a firme intenção de ter uma política fiscal mais apertada, as intenções acabaram quase sempre por se frustrar, seja (a) pela falta de apoio do próprio presidente da República à sua equipe – como, por exemplo, ficou claro no caso da saída do Ministro Bresser-Pereira, que defendeu um conjunto de propostas cuja rejeição motivou a sua demissão; ou (b) pela falta de condições políticas de obter o necessário apoio legislativo para a aprovação das medidas de ajuste.[10] Essas questões explicam, por exemplo, por que o resultado primário de 1989 – ano no qual as autoridades não se cansavam de pregar a sua adesão à ortodoxia – foi significativamente pior que o de 1986 – ano do Plano Cruzado, em geral associado a uma postura fiscal expansionista.

---

[9] Apesar da sua denominação, a secretaria tinha *status* de ministério.
[10] O PMDB, partido majoritário no Congresso, tinha se caracterizado, até chegar ao poder, pelo combate à ortodoxia e, de um modo geral, não se mostrava disposto a apoiar a adoção de medidas de ajuste.

O fim do ciclo militar no Brasil foi um caso típico de redemocratização associada ao aumento das demandas sociais, sem barreiras suficientes colocadas por parte das autoridades políticas. A substituição de um governo militar por um civil foi entendida pelas lideranças da época como estando associada à necessidade de "mudar" a política econômica seguida até então. É interessante registrar o contraste, por exemplo, com o que ocorreria alguns anos depois no Chile, onde – talvez com a ajuda dos percalços econômicos observados nas então jovens democracias argentina e brasileira –, ao assumir, a equipe econômica do governo que sucedeu ao de Pinochet teve o cuidado de conservar as linhas gerais da política econômica – e, particularmente, a boa situação fiscal – do governo anterior. No Brasil, as circunstâncias se viram agravadas pelo fato de que, às demandas naturais anteriormente reprimidas que tendem a eclodir com o fim de um governo de força, somou-se o fato de que, em 1985, a economia vinha de dois anos de ajuste fiscal, nos quais o gasto corrente do governo e o déficit público tinham se contraído em relação a 1982, dando origem a pressões em favor das famosas "recomposições de gasto".[11]

Em resumo, a combinação de a) falta de apoio presidencial e/ou sustentação parlamentar para a aprovação de medidas fiscais mais duras; b) existência de demandas sociais reprimidas, próprias do fim de um regime *de facto* e c) natureza precária do ajuste fiscal implementado durante 1983/1984 explica a tendência ao agravamento do déficit público, na segunda metade dos anos 1980.

As mudanças institucionais

No período 1985/1989, o marco institucional em que opera a política fiscal esteve sujeito a duas mudanças contraditórias. De um lado, houve avanços consideráveis do ponto de vista gerencial e no que diz respeito à transparência das contas públicas, avanços esses caracterizados pela eliminação de uma série de problemas e distorções herdadas dos anos 1970 e que ainda prevaleceram nos primeiros anos da década de 1980. De outro lado, porém, a nova Constituição aprovada pela Assembleia Constituinte em 1988 limitou consideravelmente a margem de manobra das autoridades econômicas.

No que tange aos avanços, cabe destacar, entre outros:

a) A incorporação gradual, a partir de 1985, das contas do orçamento monetário – como, por exemplo, o financiamento de estoques reguladores e o

---

[11] No Chile, o ajuste fiscal tinha sido feito muitos anos antes da redemocratização e, nos anos imediatamente anteriores à mudança de governo, a economia tinha crescido, de modo que havia uma sensação de melhora que ajudou a amenizar as reivindicações imediatas.

custo de diversos subsídios – ao Orçamento Geral da União (OGU), votado pelo Congresso Nacional.

b) A extinção da conta-movimento do Banco do Brasil, em 1986.

c) A extinção das funções de fomento do Banco Central, que produziam impactos fiscais e monetários semelhantes aos da citada conta-movimento.

d) A criação da STN, também em 1986, com a finalidade de unificar a contabilização de pagamentos e recebimentos do governo federal.

e) A exigência de que, a partir do orçamento de 1988 – antes, portanto, da aprovação da nova Constituição –, todas as despesas públicas federais contassem com prévia autorização legislativa.

f) A transferência da administração da dívida pública para o Ministério da Fazenda e a incorporação ao OGU das despesas com o pagamento de juros da dívida pública, com a submissão ao Congresso Nacional da aprovação dos limites de endividamento; na prática, isso representou a extinção dos efeitos da antiga Lei Complementar nº 12, que permitia ao Banco Central emitir títulos sem qualquer consulta ao Tesouro.

De um modo geral, com exceção do último item, que teve apenas o efeito de aumentar o grau de transparência da contabilidade pública, essas medidas, além de aumentarem a visibilidade da política fiscal – acabando com práticas contábeis confusas e que impediam um melhor acompanhamento das contas por parte do público –, tiveram o mérito de eliminar importantes focos de desperdício de recursos públicos, seja pelo fim de algumas brechas de financiamento do gasto, pelo menos sem uma discussão mais ampla do mesmo – caso dos itens (a), (b), (c) e (e) – ou pelo aperfeiçoamento dos mecanismos de controle, através de uma centralização da gestão do caixa – caso do item (d). O fato de que, apesar desses avanços, o desequilíbrio das contas públicas tenha se agravado deve-se aos fatores antes mencionados e às consequências da aprovação da nova Constituição, em 1988. Isso não tira, porém, a importância das inovações introduzidas, as quais, lembrando a metáfora mencionada no início deste capítulo, representaram a constituição de um "painel de controle" da situação, através da criação de "botões" que, devidamente apertados, poderiam gerar uma melhora do resultado fiscal.

Em contraposição a esses esforços das autoridades federais, a nova Constituição – moderna na defesa dos direitos civis e inovadora em outros aspectos institucionais – criou uma série de dificuldades para a gestão da política econômica. Sem entrar em muitos detalhes, que serão posteriormente abordados nos capítulos referentes aos sistemas tributário e previdenciário, interessa aqui destacar:

- A elevação das alíquotas das transferências de receita para estados e municípios.

- A sobrecarga imposta ao sistema previdenciário, com o aumento das suas despesas.
- O incremento da proporção dos recursos da União obrigatoriamente destinada a certas rubricas de gasto, tipicamente sociais.

Em consequência, a parcela de recursos de livre disponibilidade do governo federal "encolheu" seriamente, devido ao aumento de gastos determinado pela nova Constituição e à maior importância relativa adquirida pelas chamadas "receitas vinculadas". Essa restrição teve três efeitos, ao: a) limitar a capacidade de o Poder Executivo alocar as despesas de uma forma mais racional; b) representar uma fonte adicional de pressão sobre o déficit público e c) induzir o governo federal à criação de novos impostos, por vezes tecnicamente questionáveis, mas que tinham para ele a vantagem de não serem objeto de partilha com outras esferas da federação.

O aumento do gasto público[12]

A combinação das diversas questões tratadas nesta seção – impacto da crise externa; falta de empenho das autoridades em combater o déficit, em alguns períodos; fragilidade política do governo; e efeitos da nova Constituição – gerou uma significativa deterioração da situação fiscal entre 1984 e 1989, tendo o déficit operacional passado de 3,2% do PIB, em média, durante 1983/1984, para uma média de 5,9% do PIB, em 1988/1989 – ver novamente a Tabela 5.1. A interpretação das causas precisas dessa piora é prejudicada pela ausência de dados "acima da linha" da execução fiscal para a primeira metade da década e pelas diferenças metodológicas entre as informações das contas nacionais e a apuração do déficit feita pelo Banco Central.

Sabe-se, de qualquer forma, que na segunda metade da década houve uma combinação de baixos níveis de arrecadação com um aumento significativo do gasto público. A receita tributária manteve-se relativamente constante quando a comparação é feita entre os dados de 1981/1985 e os de 1986/1990, devido aos altos níveis de receita propiciados pelo Plano Collor I em 1990. Quando se comparam os dados de receita das contas nacionais de 1983/1984 com os de 1988/1989, porém, nota-se que houve uma queda da carga tributária, de 25,6% do PIB no primeiro período, para 23,6% do PIB no segundo. Ao mesmo tempo, o consumo corrente do governo, também pelas contas nacionais, passou de

---

[12] Há uma literatura abundante que registra o aumento do gasto público na segunda metade dos anos 1980. Entre os diversos artigos sobre o período, cabe citar os de Villela (1991) e Varsano (1996).

9,8% do PIB para 14,5% do PIB no mesmo intervalo de tempo. Esse processo foi acompanhado de uma pequena queda da soma das transferências de assistência e previdência e das despesas de subsídios – que não formam parte do consumo do governo – de 11,1% do PIB para 9,6% do PIB, também entre 1983/1984 e 1988/1989.[13]

O AUMENTO DO GASTO COM PESSOAL

Os dados das Contas Nacionais fornecem alguma pista a respeito das causas da piora fiscal registrada na segunda metade dos anos 1980, que fez o resultado primário do setor público passar de superavitário para deficitário no período.

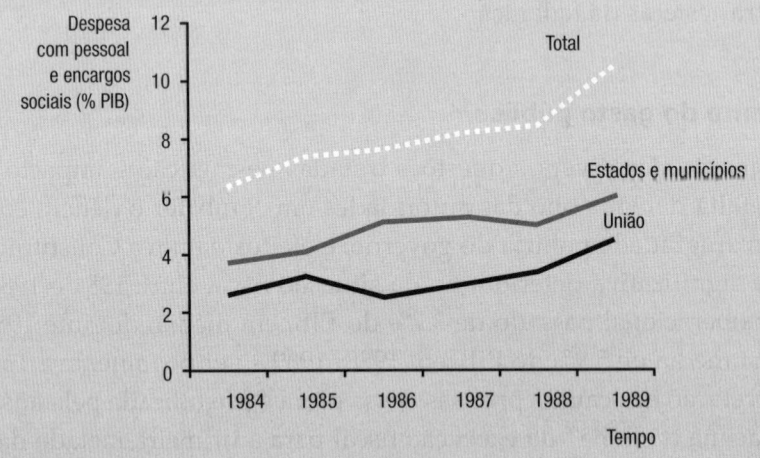

Fonte: Contas Nacionais.

Em 1984, a despesa com pessoal e encargos sociais das três esferas do governo era de 6,3% do PIB, percentual esse que passou para 10,5% do PIB cinco anos depois. Desse "delta" de 4,2 pontos percentuais do PIB, o maior salto ocorreu em nível estadual e municipal, já que a despesa com pessoal nestas duas esferas passou de 3,7 para 6% do PIB entre esses dois anos, enquanto no governo federal a despesa com essa rubrica passou de 2,6 para 4,5% do PIB no mesmo período. (Para uma análise complementar acerca da despesa com pessoal nos anos 1990, ver Giambiagi, 1996a.)

---

[13] A piora das NFSP não chegou a ser tão intensa como sugerem os números das contas nacionais, devido às diferenças de critérios de apuração dos dados entre o IBGE e o Banco Central. Algumas dessas diferenças são explicadas no texto de Jaloretto (1997) citado no Capítulo 2.

Como resultado desse conjunto de fatores, houve uma clara tendência de piora do resultado primário do setor público consolidado, durante a segunda metade da década. Depois de ter sido superavitário em 2,2% do PIB em 1985/1986, nos três últimos anos do Governo Sarney (1987/1989) houve um déficit primário médio de 0,4% do PIB. Isso aumentou o déficit representado pelas NFSP operacionais, de 4,2% em 1985/1986 para 5,8% do PIB em 1987/1989, apesar da queda da despesa de juros reais de 6,3% para 5,4% do PIB no mesmo período.

O "EFEITO-BACHA" E O AJUSTE PRECÁRIO: 1990/1994[14]

O Governo Collor

O ano de 1990, em que se iniciou a Administração Collor de Mello, representou um divisor de águas na história econômica brasileira da segunda metade do século. Foi a partir de então que começaram a ser oficialmente questionados – e atacados – alguns dos pilares do modelo de desenvolvimento baseado na combinação de substituição de importações, protecionismo e forte intervenção do Estado na economia, o que constituiu uma mudança de modelo, mudança essa que teve continuidade sob a gestão do presidente Fernando Henrique Cardoso, na segunda metade da década. Não interessa aqui discutir o mérito ou não dessa mudança e sim registrar que, a partir de 1990, houve um processo acentuado de abertura da economia – com eliminação das barreiras não tarifárias e queda significativa das tarifas de importação –, acompanhado de um programa de desestatização que se converteu em uma política de governo – sucedendo as modestas privatizações dos anos 1980.

Nesse contexto, o combate ao déficit público ganhou um destaque importante na agenda governamental e no discurso presidencial, em contraste com a atitude comparativa e relativamente tímida do governo anterior a esse respeito. "Eliminar o déficit público" tornou-se uma palavra de ordem na retórica oficial, associada ao propósito de combater "frontalmente" a alta inflação. Os efeitos dessa política, somados a uma substancial subindexação da dívida interna em 1990 – quando a quase totalidade dos títulos públicos foi bloqueada pelo governo, tendo sido restituída a partir de 1991, porém com uma correção acumulada que não compensou a inflação ocorrida no período –, permitiram por sua vez diminuir consideravelmente a despesa com juros da dívida pública, como pode ser constatado na Tabela 5.1.

O Governo Collor foi interrompido no final de 1992, como desdobramento do processo de *impeachment* do presidente da República pelo Congresso Nacional.

---

[14] Ver Bacha (1994), para entender melhor a discussão à qual esta seção se refere.

Entretanto, a maioria das políticas então em curso – particularmente a redução das alíquotas de importação, a privatização e o combate ao déficit público – não sofreu maior descontinuidade no mandato de Itamar Franco, que assumiu – por ser o vice-presidente de Collor de Mello – a presidência durante o restante do mandato, até o final de 1994. Em meados de 1994, por sua vez, na gestão de Itamar Franco, foi lançado o Plano Real de estabilização da economia.

A indexação da receita

Neste capítulo, já tivemos oportunidade de discutir a influência que um déficit elevado pode ter sobre a inflação, quando financiado através da senhoriagem. Há, porém, também, uma relação inversa, isto é, da inflação sobre o tamanho do déficit. A literatura, em geral, estabelece que essa relação costuma ser direta, ou seja, quanto mais inflação, maior seria o déficit, devido à queda no valor real da receita. Essa queda se dá pela defasagem de tempo entre o fato gerador dos tributos e o seu efetivo recolhimento aos cofres públicos, o que, em caso de aumento dos preços, implica uma corrosão do valor real correspondente. Um exemplo disso é o do recolhimento do imposto sobre o valor agregado de um produto, que é adquirido por um indivíduo no mês t, mas só é recolhido ao órgão responsável pela arrecadação no mês (t + 1) ou (t + 2). Esse fenômeno é conhecido no jargão técnico como "efeito-Tanzi", em honra àquele que realizou os estudos pioneiros sobre o assunto (Tanzi, 1977). A perda de valor da receita, em termos de moeda constante, é uma função direta do prazo de recolhimento dos impostos e da taxa de inflação.

No nosso caso, porém, esse efeito não assumiu proporções tão significativas como em outros países de inflação elevada, devido à sofisticação do sistema de indexação dos tributos. As unidades arrecadadoras reagiram à elevada inflação de duas formas. A primeira, diminuindo o intervalo de recolhimento dos impostos, para o mínimo tecnicamente possível. E a segunda, expressando o valor a ser cobrado dos contribuintes não mais na moeda nacional e sim em unidades de referência, cujo valor se modificava de acordo com a inflação.[15] Isto atenuava significativamente as perdas derivadas da alta dos preços.

O efeito da inflação sobre o gasto público

No debate brasileiro a respeito da relação entre a inflação e a política fiscal, argumentava-se, em torno de 1993/1994 – após a queda do déficit operacional

---

[15] Algumas dessas unidades, em certos períodos de inflação particularmente elevada, chegaram a ter mudanças diárias do seu valor.

verificada em relação ao final dos anos 1980 e antes do Plano Real – que essa relação seria diferente em comparação com a maioria dos países, por dois motivos. Primeiro porque, como já foi dito, as características do sistema tributário do Brasil estariam em boa medida protegendo a receita da incidência do "efeito-Tanzi". E segundo, porque muito mais importante do que a perda de valor real dos tributos seria a "ajuda" prestada pela inflação ao governo para reduzir o valor real do gasto, em relação aos valores comprometidos no orçamento.

Isso não é difícil de entender. Quando pressionado por um governador ou por algum colega de ministério a liberar uma verba, bastava ao ministro da Fazenda "empurrar" a liberação por um mês, para provocar uma perda real do valor liberado. Com a despesa estabelecida em termos nominais e a receita indexada, a técnica de administrar o gasto público "na boca do caixa" – isto é, retendo as liberações por algum tempo quando chegavam os pedidos – revelou-se extremamente eficaz para controlar a evolução da despesa. A isto deu-se o nome de "efeito-Tanzi da despesa", ou "efeito-Tanzi ao contrário" ou ainda "efeito-Bacha", pelo fato de o economista Edmar Bacha ter sido quem primeiro teorizou a respeito do assunto.

Esse raciocínio tinha a vantagem de permitir entender a queda das NFSP operacionais observada no início dos anos 1990 comparativamente à década anterior e, ao mesmo tempo, explicar a continuidade da altíssima inflação da época e justificar a necessidade de novas medidas fiscais de caráter contencionista. O argumento era que o controle do déficit que o governo estaria obtendo seria artificial e que, à medida que o déficit "potencial" – entendido como o déficit que iria se verificar se o governo não contasse com a ajuda da inflação para comprimir a despesa em termos reais – continuasse elevado, a queda do déficit não seria "crível", ou seja, não seria vista como permanente. Isto geraria expectativas negativas que explicariam, no terreno teórico das expectativas racionais, a tendência sistematicamente ascendente da inflação no período, em que pese a redução das NFSP.

Um plano de estabilização teria então que estar baseado na adoção de um ajuste fiscal que não mais dependesse da inflação para conservar a despesa real contida e que permitisse ao setor público ter um déficit fiscal reduzido, com base em medidas de caráter estrutural, que implicassem uma solução definitiva do déficit público.

Qualificações necessárias

Em que pese o acerto das afirmações de que: a) a receita real estava mais protegida da inflação no Brasil do que em outros países com inflação muito alta e b) a inflação tornava mais "fácil" o controle do gasto público em termos reais, a conclusão implícita no raciocínio antes desenvolvido de que, se a inflação caísse o déficit até então "potencial" iria se transformar em um déficit efetivo, merece ser qualificada. Há três pontos que cabem destacar e que são importantes para avaliar o que aconteceu com a política fiscal depois de 1994, uma vez que a inflação caiu substancialmente.

Em primeiro lugar, a não ser que se considerasse que os agentes políticos sofressem alguma forma de ilusão monetária, o relevante para estes era a quantidade de recursos *reais* repassados pelo governo. Sendo assim, o governo deveria ter condições de, uma vez concretizada a estabilização, conservar o valor real da despesa. Note-se que isto não envolveria um sacrifício real, já que o gasto posterior à queda da inflação não teria que ser diminuído – se as NFSP fossem próximas de zero no momento da estabilização – e sim apenas conservado em termos nominais. É claro, de qualquer forma, que com o fim da inflação os problemas tornar-se-iam mais transparentes. Isso porque a inflação funcionava até então como uma espécie de "véu", que ocultava a incompatibilidade entre as demandas sociais e a capacidade do governo de satisfazer a elas, já que quase todas as demandas eram atendidas, nominalmente. Portanto, o custo político de dizer "não" às reivindicações orçamentárias, inegavelmente, aumentaria com a inflação baixa.

Em segundo lugar, dada a regra de conversão dos salários adotada no Plano Real – em função do seu valor real médio precedente –, não haveria nenhum dispositivo legal que obrigatoriamente levasse o governo a ter que aumentar o valor real das suas despesas – como ocorreria, por exemplo, se a inflação caísse e houvesse uma indexação de tipo *backward looking*. Portanto, como as despesas não eram indexadas, o valor real das mesmas dependeria fundamentalmente do compromisso político do governo com o ajuste fiscal. Ou seja, o aumento real da despesa após a estabilização estava longe de ser inevitável.

Finalmente, em terceiro lugar, por melhor que fosse a indexação da receita, o valor real desta não poderia ficar totalmente imune a uma inflação muito alta.[16] Não é difícil entender o porquê. Tome-se o caso do imposto sobre produtos industrializados. Mesmo que fosse feito mais de um recolhimento por mês à Receita Federal, não era possível, por questões administrativas, fazer isso todos os dias. Consequentemente, no momento em que um produto era vendido, o valor real do IPI nele embutido era de x, mas o recolhimento do mesmo, em termos reais, sendo feito com alguns dias de defasagem, representava um valor inferior a esse x. Nesse sentido, a perda de receita do governo, com 50% de inflação ao mês como se chegou a ter pouco antes do Plano Real, podia ser

---

[16] Sobre este ponto, ver Barbosa (1987).

até maior, em termos reais e apesar de toda a indexação dos impostos, do que a que se tinha no início dos anos 1970, quando a receita não era indexada e a defasagem no recolhimento era significativa, mas a inflação era da ordem de 1% ao mês. Isso significa que, quando a inflação caísse, a receita, em termos reais, iria aumentar, como já ocorrera em 1986 com o Plano Cruzado e como, de fato, ocorreu com o Plano Real, em 1994.

Um ajuste parcial

A combinação a seguir:

- efeitos da inflação sobre o valor real da despesa,
- alguns ajustes efetivos do gasto,[17] e
- a retomada do crescimento, a partir de 1993, com efeitos favoráveis sobre a receita,

permitiu diminuir consideravelmente as NFSP operacionais, na primeira metade dos anos 1990, a ponto de estas terem sido nulas, em média, nos cinco anos 1990/1994.[18]

Merece destaque, no período, a forte elevação da receita que, medida pelas contas nacionais, passou de 23,7% do PIB em 1989, para 27,9% do PIB em 1994. Além disso, houve uma redução importante das despesas com pessoal do governo federal no início da década, devido à correção imperfeita dos salários do funcionalismo no período. Nas contas nacionais, isso se refletiu em uma queda da participação do item "salários e encargos" das esferas federal, estadual e municipal de 10,5% do PIB em 1989, para 8,9% do PIB em 1994. Finalmente – e apesar das altas taxas de juros vigentes, de um modo geral, ao longo da primeira metade da década de 1990 –, a queda da relação dívida pública/PIB permitiu reduzir a despesa de juros reais líquidos, no cálculo das NFSP, de uma média de 5,8% do PIB durante 1985/1989, para 2,8% do PIB no quinquênio 1990/1994.

---

[17] Exemplos disso foram, entre outros, (a) a redução de certas despesas, como o cancelamento de parte dos benefícios pagos pela previdência social, mediante uma política de recadastramento que reduziu a dimensão das fraudes; e (b) a virtual eliminação das transferências às empresas estatais.

[18] Este número resulta de ter havido dois anos com superávit operacional, um dos quais (1990) bastante atípico, devido à existência de um forte componente de receitas extraordinárias, por ocasião do Plano Collor I.

O DEBATE SOBRE AS PRECONDIÇÕES FISCAIS PARA UM PLANO DE ESTABILIZAÇÃO

A grande lição que o fracasso dos planos de estabilização tentados no Brasil na segunda metade dos anos 1980 e início dos anos 1990 tinha deixado era que o êxito do combate à inflação dependia da combinação de um mecanismo adequado de desindexação da economia – que não implicasse a quebra dos contratos existentes –, com a adoção de austeras políticas fiscal e monetária.

Os planos de estabilização bem-sucedidos dos anos 1980 em outros países, da mesma forma que o plano de convertibilidade argentino de 1991, tinham incluído, em maior ou menor grau, um componente importante de ajustamento fiscal. Sendo assim, não é de estranhar que, no debate que precedeu o esforço de estabilização iniciado em 1994 no Brasil, o tema do ajuste fiscal estivesse no centro da discussão. Em que pese a concordância acerca da postulação genérica de que uma boa *performance* das contas públicas era um requisito essencial para o êxito da estabilização, uma análise mais acurada do debate da época permitiria distinguir duas posições dominantes:[19]

a) A daqueles que consideravam que o ajuste de 1990/1993 era precário, mas que entendiam ser possível estabelecer uma "ponte para a estabilidade", com um esforço fiscal do tipo *once and for all* que permitisse a um plano de estabilização ter um "lastro fiscal" até a aprovação das medidas ditas "estruturais" de ajuste definitivo, envolvendo mudanças constitucionais.

b) A daqueles que não só consideravam que a melhora fiscal de 1990/1993 fora praticamente irrelevante, como também não viam com bons olhos a existência de um ajuste apenas temporário.

Cabe notar que, de certa forma, o primeiro ponto representou o pensamento oficial, que serviu de base para a aprovação do Fundo Social de Emergência (FSE) no início de 1994. Basicamente, o FSE diminuía, por um período de dois anos, os percentuais de transferências vinculadas, permitindo ao governo contar excepcionalmente com uma fonte de contenção de despesas, por um certo período de tempo.

A importância atribuída ao ajuste fiscal na concepção original do Plano Real é explicitada na ênfase conferida ao mesmo na própria mensagem que

---

[19] Sobre as relações entre ajustamento fiscal e combate à inflação, no contexto da época, ver Werlang (1994) e Franco (1995b).

encaminhou a Medida Provisória que criou a Unidade Real de Valor (URV), posteriormente convertida na nova moeda, na proporção de 1 para 1. Nessa mensagem, o programa de estabilização era definido como um plano de três fases, a primeira das quais era o "estabelecimento em bases permanentes do equilíbrio das contas do governo" e declarava-se que "a solução duradoura da crise fiscal é o alicerce insubstituível de qualquer política consistente de estabilização" (exposição de motivos nº 47, da Medida Provisória nº 434, de 27/02/1994). Na mesma mensagem, listavam-se as providências de "caráter permanente" adotadas pelo governo com o fim de estabelecer os alicerces do programa de estabilização e afirmava-se que "promulgada a emenda que cria o FSE, estará garantido o equilíbrio entre receitas e despesas".

Entre os céticos a respeito da eficácia do ajuste fiscal que o governo tentou implementar, pode-se dizer que estava o próprio FMI, que de certa forma fez transparecer essa desconfiança em relação à eficácia das medidas tomadas, negando-se inicialmente a endossar o programa de estabilização. A equipe do FMI desejava um ajuste fiscal mais profundo e parecia não acreditar na viabilidade de uma estratégia anti-inflacionária que não fosse acompanhada de uma política fiscal muito mais austera do que a seguida até então.

Mesmo os que defendiam um ajuste fiscal temporário, o faziam no pressuposto de que, durante o mesmo e antes das medidas temporárias expirarem, seriam aprovadas as reformas constitucionais que representariam o ajuste fiscal definitivo.

O fato de que o Plano Real tenha sido implementado sem que, como se viu *a posteriori*, estivessem garantidas as condições fiscais que seus próprios mentores julgavam essenciais para o seu êxito, permite traçar um certo paralelo entre a queda rápida da inflação no Brasil em meados dos anos 1990 e a situação da Alemanha quando do fim da hiperinflação, nos anos 1920. Naquela época, em um primeiro momento, a estabilização também parece ter-se devido mais à confiança do público na nova moeda do que às supostas bases da estabilidade. Como registrado no clássico livro de Bresciani-Turroni sobre a hiperinflação alemã, "segundo Helfferich, a experiência com o *rentenmark* foi feita sem que se criassem condições para uma recuperação monetária, isto é, a solução da questão das reparações [de guerra] e a melhoria da situação econômica e política. A tentativa foi um *'pulo sobre um barranco cuja extremidade oposta estava obscurecida por nuvens'*. Mesmo o Ministro Luther, o autor do decreto de 15 de outubro de 1923, descreveu seu trabalho como *'[construir] uma casa, começando pelo teto'*" (Bresciani-Turroni, 1989, página 172 da edição em português, grifos nossos). O desempenho da economia na fase inicial de implementação do Plano Real, a partir de 1994, será analisado no próximo capítulo.

A QUEDA DA POUPANÇA DO GOVERNO

Um dos problemas econômicos mais importantes verificados ao longo dos anos 1980 foi a queda da poupança do governo. O tema ganhou destaque no debate da época, devido à relação desse fenômeno com outras duas variáveis macroeconômicas muito importantes: o déficit público e a taxa de investimento.

A queda da poupança era a contrapartida, pela ótica das Contas Nacionais, das dificuldades fiscais refletidas nas necessidades de financiamento do setor público. Em uma situação em que a secretaria de política econômica ainda não tinha desenvolvido as estatísticas de apuração das contas "acima da linha" para o governo central, as informações do IBGE eram uma referência importante para tentar saber quais eram as causas do desequilíbrio fiscal.

Ao mesmo tempo, nos anos 1980 e até o início dos 1990, a taxa de investimento do Brasil experimentou sucessivas quedas. Medida a preços constantes de 1980, a média anual da formação bruta de capital fixo passou de 23,5% do PIB na década de 1970 para 17,9% do PIB no período 1981/1985; 17,1% do PIB em 1986/1990 e 15,1% do PIB na primeira metade dos anos 1990. Dada a necessidade de aumentar a formação de capital para que o país pudesse aspirar a taxas de crescimento maiores em relação ao desempenho medíocre dos anos 1980, julgava-se que o desejado incremento do investimento requeria uma elevação da poupança doméstica, que deveria se concentrar na recuperação da poupança do governo.

Os números da tabela a seguir mostram claramente o quadro de deterioração dessa poupança ao longo de duas décadas, desde meados dos anos 1970 até meados dos 1990. Não houve, porém, *um* "vilão" específico ao longo de todo esse processo. Como tendência, no que se refere aos gastos não financeiros, chama-se a atenção para: a) o aumento da despesa com pessoal de estados e municípios – reflexo do processo de descentralização; b) o crescimento quase contínuo do gasto previdenciário – em função das questões que serão tratadas no Capítulo 8 – e c) o salto das "outras despesas correntes" – fruto em parte do próprio desarranjo fiscal, bem como do encarecimento relativo dos serviços. Analisando os dados por período, nota-se o aumento expressivo da despesa de juros como causa da queda da poupança entre 1976/1980 e 1981/1985; o peso do aumento do gasto com pessoal e gastos correntes em geral entre 1981/1985 e 1986/1990; e o "delta" das rubricas de assistência e previdência e novamente das outras despesas correntes na explicação da queda da poupança nos anos 1990 em relação a 1986/1990.

Contas Nacionais: Poupança do governo (% do PIB)

| Período | Receita tributária | Salários e encargos | | | Outras despesas correntes | Assist. e previd. | Subsídios | Juros reais | Poupança governo |
		União	Est. e mun.	Total					
1971/75	25,3	3,5	3,9	7,4	2,9	6,7	1,5	0,5	6,3
1976/80	25,1	3,1	3,7	6,8	2,9	7,6	2,1	0,8	4,9
1981/85	25,3	3,0	3,9	6,9	3,1	8,5	2,3	3,0	1,5
1986/90	25,5	3,5	5,7	9,2	4,7	8,2	1,7	2,3	–0,6
1991/94	26,8	2,6	6,8	9,4	6,5	10,1	1,2	2,4	–2,8

Fonte: Varsano (1996), com base em dados das Contas Nacionais do IBGE, incluindo na despesa de juros, porém, apenas a parcela de juros reais, com base em informações do Banco Central. Obs: O investimento do governo, nas suas três esferas – sem incluir as empresas estatais –, a preços correntes, foi de 3,9% do PIB em 1971/1975; 3,1% do PIB em 1976/1980; 2,2% do PIB em 1981/1985; 3,2% do PIB em 1986/1990; e 3% do PIB em 1991/1994, de acordo com as mesmas Contas Nacionais.

Sugestões de leitura para o aluno: Villela (1991) discute a década de 1980. A análise deve ser complementada pela leitura do artigo, mais recente, de Varsano (1996). O trabalho de Pereira e Giambiagi (1990) é útil para entender teoricamente a relação entre déficit público e inflação. O artigo de Bacha (1994) gerou a expressão "efeito-Bacha", para caracterizar a influência da inflação sobre o gasto público real.

Leituras adicionais para o professor: A leitura de Werneck (1986) e Cavalcanti (1988) permite entender os efeitos indiretos que a crise da dívida externa teve sobre as finanças públicas no Brasil.

QUESTÕES

1. Qual das seguintes afirmações *não* corresponde a uma descrição da situação fiscal ou do contexto macroeconômico no período 1981/1994?
   a) Foi uma fase caracterizada por uma estagnação contínua da economia ao longo de todo o período.
   b) O período posterior a 1986 caracterizou-se pela observação de taxas de inflação superiores a 1.000% ao ano em quase todos os anos.
   c) Devido à elevada inflação, os mecanismos de indexação tributária foram sucessivamente aperfeiçoados ao longo do período.
   d) Em que pese a tese de que o déficit público causa o aumento dos preços, a alta inflação do início dos anos 1990 parece ter colaborado para diminuir o déficit operacional do setor público.

2. Nas discussões do Brasil com o FMI, por ocasião das negociações que levaram ao acordo que começou a vigorar em 1983, um dos pontos mais discutidos era o fato de que a redução do subsídio ao trigo – que tinha certa relevância na época –, paradoxalmente, iria elevar o déficit público, no conceito tradicionalmente utilizado pelo FMI. Você pode explicar por quê?

3. Uma das frases mais comuns, no final dos anos 1980, era de que "qualquer plano de estabilização, para ser bem-sucedido, deve se basear no tripé política fiscal dura/política monetária austera/política de rendas". Desenvolva o argumento.

4. Quando a oposição conquistou o poder, no Chile, com o fim do governo militar dos anos 1970 e 1980, houve uma preocupação muito grande em preservar certas linhas gerais da política econômica então vigente. Quais são as duas grandes diferenças entre essa experiência bem-sucedida de transição para a democracia e o que ocorreu com a economia no Brasil, nos anos 1980? Focalize o tema das contas fiscais.

5. Quais foram as principais causas da deterioração das contas públicas nos anos 1980? (Sugestão: compare com os anos 1970, usando os dados das Contas Nacionais.)
6. Suponha uma despesa nominal mensal de Cr$1 milhão, feita ao longo de 12 meses, em uma situação de preços estáveis. De quanto é o valor real da queda desse mesmo desembolso nominal, no período completo de 12 meses, comparativamente à situação anterior, em uma situação de inflação de 5% ao mês? (Sugestão: faça 1.000.000/1,05 para calcular o valor real do primeiro mês e compare os valores anuais.)
7. Você concorda com a afirmação de que "o Plano Real foi lançado sem que seus alicerces tenham sido plenamente construídos"?

CAPÍTULO 6

As Finanças Públicas na Fase de Estabilização: 1995/1998

> A crise consiste no fato de que o velho morreu sem que o novo tenha tido ainda condições de nascer.
>
> Antônio Gramsci, pensador italiano

> A noção de "restrição orçamentária fraca" (*soft budget constraint*) refere-se à tendência ao relaxamento da disciplina financeira, ao enfraquecimento da ideia de que o gasto e a expansão dependem da receita e não do financiamento de terceiros.
>
> Janos Kornai, economista

N o capítulo anterior, argumentamos que a tese de que a queda da inflação levaria inevitavelmente a um aumento do déficit público deveria ser melhor qualificada. Um fato, de qualquer forma, é inegável: com inflação alta, as autoridades – treinadas ao longo de anos de convivência com a alta de preços – podiam obter resultados operacionais "bons", mediante o expediente de simplesmente adiar a liberação da despesa, até que esta, em termos reais, fosse corroída pela inflação. Depois do início do Plano Real, essa possibilidade deixou de existir, já que os recursos liberados em um mês tinham praticamente o mesmo valor real que no mês anterior. Isso representou uma verdadeira revolução para um setor público acostumado – e viciado – a operar em um regime quase hiperinflacionário. Negar o atendimento às demandas tornou-se então muito mais difícil para as autoridades e a própria "desindexação" dessas demandas demorou a ocorrer. Era necessário passar a negociar em outras bases e era natural que, no início, nem quem reivindicava, nem o setor público estivessem preparados para isso.

Até 1994, era comum ouvir que a inflação e o desequilíbrio fiscal refletiam a inconsistência entre a soma das demandas sociais dos diferentes setores da sociedade, devidamente expressas no orçamento, de um lado; e a disposição dessa mesma sociedade de arcar com o custo dessas despesas, através da tributação, de outro. O déficit – e, muitos argumentavam até então, a inflação – surgiria assim como a consequência natural de uma equação socioeconômica que combinava a *abundância de direitos* com a *escassez de financiamento* para atender a todos eles.

Depois de 1994, a inflação cedeu drasticamente e, em 1998, praticamente chegou a desaparecer. Os termos daquela inconsistência, porém, não se alteraram substancialmente. Até o Plano Real, a diferença entre as demandas sociais e a disposição da sociedade para ser taxada (a) espelhava-se em déficits elevados – até 1989 – cobertos pela receita de senhoriagem; ou (b) na primeira metade dos anos 1990, era "escondida" por uma inflação elevada, que permitia "atender" às demandas nominais e, ao mesmo tempo, gerar um resultado fiscal operacional próximo do equilíbrio. Com a estabilização, a continuidade da referida inconsistência gerou como resultado uma tendência ascendente da relação dívida pública/PIB, embora atenuada pelas receitas da desestatização, que permitiram, durante um curto período de tempo, sustentar déficits elevados, sem que essa relação crescesse na intensidade que caberia esperar se não houvesse privatização. Esse expediente, porém, por definição, tenderia a ter uma duração limitada no tempo e se esgotaria quando os ativos a serem privatizados já tivessem sido vendidos. Qual será o desfecho desse desequilíbrio, é algo que talvez só ficará claro na década de 2000. No momento, porém, interessa-nos entender o que aconteceu com as finanças públicas brasileiras entre 1995 e 1998.

PANORAMA DAS CONTAS PÚBLICAS: 1995/1998[1]

O paradoxo da estabilidade

Se alguém com uma bola de cristal assegurasse em meados de 1994 que o resultado primário do setor público consolidado a partir de então ia piorar

---

[1] A comparação entre os dados posteriores ao Plano Real – 1995 em diante – e o ano de 1994 fica prejudicada pelo fato de que em 2007 o IBGE fez uma revisão da série histórica do PIB nominal desde 1995 – inclusive – constatando para o primeiro ano da série revista um valor nominal do PIB 9% superior ao do dado originalmente divulgado. Com isso, variáveis expressas em termos nominais ficaram proporcionalmente quase 10% inferiores, em termos relativos, ao percentual do PIB que tinham assumido até então. É isso que explica por que diversos indicadores mostram uma queda da participação de receitas e despesas – além da dívida pública – comparativamente ao PIB entre 1994 e 1995. Estamos cientes de que o fato não deixa de representar uma forma de distorção. Por outro lado, não podendo "inventar" um valor do PIB para 1994 e dada a importância de expressar uma série de variáveis como proporção do PIB, em diversas tabelas do livro optamos por apresentar os dados com os valores da série oficial do PIB, portanto com a quebra entre 1994 e 1995, mesmo sabendo que a comparação entre esses dois anos pode induzir a equívocos de interpretação. De qualquer forma, a distorção fica diluída quando se trata da comparação entre anos distantes no tempo, como, por exemplo, 1994 e 2010. Em 2015, o IBGE voltou a divulgar uma nova revisão da série histórica desde 1995, com um PIB nominal, para 1995, 0,6% superior ao que tinha sido divulgado em 2007. Todas as tabelas do livro, nesta edição, contemplam a série do PIB revista em 2015.

consecutivamente ao longo dos três anos seguintes e que o déficit nominal médio – que, já com inflação baixa, se tornou mais próximo do operacional – iria ser da ordem de 6% do PIB nos quatro anos seguintes, certamente a opinião da maioria dos economistas teria sido de que, nessas circunstâncias, um plano de estabilização estaria condenado ao fracasso. Em tal caso, essa maioria teria provavelmente preferido adiar a deflagração do plano, até que se criassem as condições fiscais supostamente favoráveis ao êxito do mesmo.

A MOEDA BRASILEIRA NO PÓS-GUERRA

Um dos problemas mais difíceis com os quais o economista brasileiro se depara às vezes é entender o significado de certas variáveis expressas em termos nominais, em moedas que mudaram algumas vezes desde o ano ao qual a variável se refere. Com o intuito de facilitar eventuais conversões por parte dos alunos interessados que algum dia se defrontem com alusões a moedas de outras épocas, segue abaixo uma espécie de "guia" das alterações monetárias realizadas no Brasil ao longo das últimas décadas.

Denominação	Período de vigência	Paridade em relação à moeda anterior	
Cruzeiro (Cr$)	01.11.1942 a 12.02.1967	1.000 réis	= 1 cruzeiro
Cruzeiro novo (Ncr$)	13.02.1967 a 14.05.1970	1.000 cruzeiros	= 1 cruzeiro novo
Cruzeiro (Cr$)	15.05.1970 a 27.02.1986	1 cruzeiro novo	= 1 cruzeiro
Cruzado (Cz$)	28.02.1986 a 15.01.1989	1.000 cruzeiros	= 1 cruzado
Cruzado novo (NCr$)	16.01.1989 a 15.03.1990	1.000 cruzados	= 1 cruzado novo
Cruzeiro (Cr$)	16.03.1990 a 31.07.1993	1 cruzado novo	= 1 cruzeiro
Cruzeiro real (CR$)	01.08.1993 a 30.06.1994	1.000 cruzeiros	= 1 cruzeiro real
Real (R$)	Desde 01.07.1994	2.750 cruzeiros reais	= 1 real

O fato de, apesar disso, ao longo dos quatro anos posteriores a 1994, a inflação ter caído continuamente, a ponto de se igualar à inflação dos países desenvolvidos em 1998, é um tema interessante de pesquisa. A análise das causas da queda da inflação no período é algo que foge aos estreitos limites deste livro, mas está ligada à combinação dos seguintes elementos:

- A fase de transição representada pelos quatro meses de convivência da população com a URV, que permitiu uma acomodação dos preços relativos, ausente nos planos anteriores de estabilização.
- O maior grau de abertura da economia, com a consequente pressão que isso representava em termos da concorrência dos produtos importados, como fator inibidor dos reajustes de preços.

- O papel da âncora cambial como "balizador" de expectativas.
- O excepcional nível das reservas cambiais, suficiente para dar credibilidade à âncora cambial.
- A abundância de capitais na economia internacional, entendida como um fator de sustentação das reservas em um nível elevado, o que inibia qualquer tentativa de ataque especulativo contra a moeda nacional.[2]
- As elevadas taxas de juros praticadas durante toda a segunda metade da década de 1990.

AS MUDANÇAS METODOLÓGICAS "ACIMA DA LINHA"

Até meados dos anos 1980, as discussões acerca do comportamento dos determinantes do déficit público, medido "acima da linha", usavam como *proxy* os dados das contas nacionais. A diferença entre o resultado primário apurado pelo IBGE e o calculado pelo Banco Central levou o governo, inicialmente através da secretaria de planejamento e depois da secretaria de política econômica do Ministério da Fazenda, a desenvolver uma metodologia de cálculo do déficit "acima da linha", o que gerou a produção de séries estatísticas disponíveis a partir de 1986 (Barbosa e Giambiagi, 1995). Essa série, porém, inicialmente era feita atribuindo-se a certas rubricas de gasto o respectivo valor e ajustando os valores efetivos de gasto através do *float*. Uma despesa de pessoal referente ao mês de dezembro do ano t, por exemplo, que fosse efetivamente gasta apenas em janeiro do ano (t + 1), aparecia então em t como um gasto no item "pessoal", compensado por um valor negativo do *float*. Essa contabilização, embora tradicional nos sistemas de contabilidade pública, obscurecia uma melhor compreensão de qual era o comportamento efetivo de cada item de despesa. A partir de 1991 e até 1996, a própria SPE passou a trabalhar com uma outra série – não publicada, porém não confidencial –, que contabilizava apenas as liberações efetivas associadas a cada rubrica – portanto, com um *float* nulo – e cujos valores estão registrados em Giambiagi (1997). Essa série sofreu uma mudança em 1997, pelo fato de: (a) a contabilidade de juros reais ter sido substituída pela contabilidade de juros nominais e (b) a SPE ter feito alguns rearranjos na forma de apresentação dos dados da tabela do resultado primário e adotado nova metodologia de apuração do gasto, aproximadamente na mesma época em que os dados passaram a ser divulgados regularmente através da Internet. Os valores revistos de 1994/1996 e os dados de 1997/1998 aparecem na Tabela 6.2.

---

[2] Este fator, naturalmente, deixou de ser válido após a crise provocada pela decretação da moratória da dívida russa, em 1998.

É interessante refletir, *ex-post*, acerca das condições fiscais que supostamente seriam necessárias – conforme os termos do debate anterior ao Plano Real – para a deflagração de um plano de estabilização.

Os números fiscais jogaram por terra a tese oficial segundo a qual o ajuste temporário proporcionado pelo FSE seria suficiente para praticamente equilibrar as contas por um período de dois anos, já que mesmo com ele vigente o superávit primário do setor público caiu 5 pontos do PIB entre 1994 e 1995 e as NFSP operacionais – na época, ainda bastante inferiores às nominais, já que a inflação inicial do Plano Real foi relativamente importante – passaram de superavitárias em 1994 a deficitárias em 5% do PIB em 1995.

Por outro lado, a posição dos que argumentavam que o plano estaria fadado ao fracasso em pouco tempo, por não se basear em um ajuste fiscal "verdadeiro", também se mostrou errada. Isto porque, não obstante o déficit elevado, o êxito do plano, no que diz respeito especificamente ao combate à inflação ao longo de 1994/1998, foi inequívoco.

A combinação de um déficit público elevado com o virtual desaparecimento do imposto inflacionário como fonte de financiamento gerou, como não poderia deixar de ser, um aumento da dívida líquida do setor público que, incluindo a base monetária, passou de 30% do PIB em 1994, para 38% do PIB em 1998. Isto será discutido detalhadamente no Capítulo 9.

As NFSP e a despesa de juros

As NFSP no conceito nominal, no período 1994/1998, estão expostas na Tabela 6.1. Até 1994, o resultado nominal ainda era muito alto, devido à inflação verificada no primeiro semestre do ano. Optou-se por privilegiar, na tabela, os dados no conceito nominal, pelo fato de que este se tornou o déficit oficialmente utilizado pelas autoridades, com a consolidação da estabilização. O Banco Central, entretanto, continuou disponibilizando as informações referentes ao conceito operacional, embora com uma divulgação mais restrita.

A despesa de juros reais de 1995/1998 foi de 4,3% do PIB, nível 1 ponto do PIB superior à média de 3,3% do PIB de despesas reais de juros de 1991/1994 – não consideramos o ano de 1990, no qual a despesa de juros foi excepcionalmente baixa.[3] Nessa mesma comparação, as NFSP operacionais passaram de uma média de 0,4% do PIB durante 1991/1994, para 4,5% do PIB em 1995/1998. Conclui-se, portanto, que quando se comparam médias

---

[3] A comparação é feita com o dado das NFSP operacionais, por não fazer muito sentido utilizar os juros nominais anteriores a 1994 como parâmetro de comparação.

de períodos a variação da despesa de juros *não* foi o principal responsável pela deterioração das NFSP. No final do primeiro governo de Fernando Henrique Cardoso, entretanto, os juros tiveram uma participação muito maior na explicação da evolução das NFSP, como se pode ver ao comparar os dados dos juros e do resultado primário de 1997 com os de 1998, na Tabela 6.1.

TABELA 6.1
Necessidades de Financiamento do Setor Público
NFSP 1994/1998 (% PIB)

Composição	1994	1995	1996	1997	1998
NFSP	24,67	6,51	5,25	5,41	6,78
Governo Central	7,86	2,06	2,24	2,24	4,48
Estados e Municípios	12,08	3,25	2,46	2,76	1,83
Estados	n.d.	n.d.	n.d.	n.d.	1,63
Municípios	n.d.	n.d.	n.d.	n.d.	0,20
Empresas Estatais	4,73	1,20	0,55	0,41	0,47
Federais	n.d.	−0,07	−0,04	−0,18	0,20
Estaduais	n.d.	1,21	0,56	0,56	0,22
Municipais	n.d.	0,06	0,03	0,03	0,05
Superávit Primário /a	5,21	0,24	−0,09	−0,87	0,01
Governo Central /a	3,25	0,47	0,33	−0,25	0,50
Gov. Federal e BC /a	3,09	0,47	0,41	0,04	1,21
INSS /a,b	0,16	0,00	−0,08	−0,29	−0,71
Estados e Municípios /a	0,77	−0,16	−0,49	−0,67	−0,17
Estados /a	n.d.	n.d.	n.d.	n.d.	−0,37
Municípios /a	n.d.	n.d.	n.d.	n.d.	0,20
Empresas Estatais /a	1,19	−0,07	0,07	0,05	−0,32
Federais /a	1,63	0,38	0,26	0,24	−0,21
Estaduais /a	n.d.	−0,43	−0,18	−0,17	−0,07
Municipais /a	n.d.	−0,02	−0,01	−0,02	−0,04
Juros Nominais	29,88	6,75	5,16	4,54	6,79
Governo Central	11,11	2,53	2,57	1,99	4,98
Estados e Municípios	12,85	3,09	1,97	2,09	1,66
Estados	n.d.	n.d.	n.d.	n.d.	1,26
Municípios	n.d.	n.d.	n.d.	n.d.	0,40
Empresas Estatais	5,92	1,13	0,62	0,46	0,15
Federais	n.d.	0,31	0,22	0,06	−0,01
Estaduais	n.d.	0,78	0,38	0,39	0,15
Municipais	n.d.	0,04	0,02	0,01	0,01

/a (−) = Déficit
/b Arrecadação líquida do INSS - Benefícios previdenciários.
n.d. Não disponível.
Fonte: Banco Central.

OS JUROS REAIS E AS NFSP OPERACIONAIS DEPOIS DE 1994

NFSP – Conceito operacional – Setor público consolidado (% PIB)

Ano	Déficit operacional (a)	Déficit primário (a)	Juros reais
1994	–1,3	–5,2	3,9
1995	4,6	–0,2	4,8
1996	3,1	0,1	3,0
1997	3,9	0,9	3,0
1998	6,4	0,0	6,4

(a) (–) = Superávit.
Fonte: Banco Central.

A despesa de juros reais do setor público como um todo foi de 4,8%; 3,0%; 3% e 6,4% do PIB em 1995; 1996; 1997 e 1998, respectivamente. A diferença com relação ao resultado nominal foi, portanto, de 2,0%; 2,2%; 1,5% e 0,4% do PIB, nos mesmos anos. Essa diferença é resultante da inflação e do tamanho da dívida. Como aquela foi cadente, mas a dívida subiu, a distância entre os juros nominais e reais, até 1997, não caiu muito. Em 1998, porém, com uma inflação "de primeiro mundo", essa diferença foi pouco significativa.

O resultado primário

Quando se comparam os resultados médios de 1991/1994 e de 1995/1998, nota-se que o superávit primário do setor público consolidado de 2,9% do primeiro período converteu-se em um déficit de 0,2% do PIB nos quatro anos seguintes. Essa piora *primária* de 3,1% do PIB foi largamente superior ao aumento de 1% do PIB do fluxo de juros *reais* verificado no período e que foi anteriormente mencionado. A soma dos dois efeitos gerou um "delta" de piora das NFSP, no conceito *operacional*, de 4,1% do PIB entre 1991/1994 e 1995/1998. A Tabela 6.2 permite visualizar as causas da deterioração do resultado primário, a partir de 1994, no caso específico do governo central.

Cabe notar que, quando na Tabela 6.1 se observa a "fotografia" do déficit público a cada ano, o desequilíbrio de estados e municípios foi, durante a maior parte do período 1994/1998, o responsável pelo pior resultado primário no conjunto das três unidades de governo consideradas – governo central, estados e municípios e empresas estatais.[4] Entretanto, quando se analisa a *tendência* verificada *ao longo* do período, cabe chamar a atenção também para a nítida deterioração da *performance* das contas do governo central.

---

[4] Uma análise mais precisa das causas disso fica algo prejudicada pela ausência de informações "acima da linha" para estados e municípios, consistentes com as necessidades de financiamento "abaixo da linha" dessas unidades, apuradas pelo Banco Central.

TABELA 6.2
Resultado primário do Governo Central 1994/1998 (% PIB)

Discriminação	1994	1995	1996	1997	1998
Receita Total	18,92	16,68	15,87	16,64	18,24
Tesouro/BC	13,91	12,09	11,14	12,01	13,64
INSS	5,01	4,59	4,73	4,63	4,60
(–) Transferências a estados e municípios	2,55	2,58	2,49	2,61	2,84
Receita líquida	16,37	14,10	13,38	14,03	15,40
Despesas não financeiras	13,95	13,50	13,20	13,85	14,75
Pessoal	5,14	5,11	4,76	4,20	4,44
Benefícios previdenciários INSS	4,85	4,59	4,81	4,92	5,31
Demais despesas /a	3,96	3,80	3,63	4,73	5,00
Despesas FAT	0,55	0,48	0,48	0,52	0,52
LOAS/RMV	n.d.	n.d.	n.d.	0,08	0,11
Subsídios e subvenções	n.d.	n.d.	n.d.	0,28	0,29
OCC restrito /a	3,41	3,32	3,15	3,85	4,08
Discrepância estatística /b	0,83	–0,13	0,15	–0,43	–0,15
Superávit primário	3,25	0,47	0,33	–0,25	0,50

/a Critério de pagamento efetivo pelos órgãos.
/b Diferença entre os dados "acima" e "abaixo" da linha.
n.d. Não disponível.
Fonte: Secretaria do Tesouro Nacional.

A Tabela 6.2 permite observar alguns dos aspectos mais marcantes dessa piora. Antes disso, porém, convém citar o fato de que 1994 foi um ano de certa forma atípico, já que nele se registrou um valor muito elevado – de 0,8% do PIB, contribuindo para a melhora das NFSP – da rubrica de "erros e omissões", ou "discrepância estatística", correspondente à diferença entre o resultado "acima da linha" apurado pela Secretaria de Política Econômica e o dado "abaixo da linha" divulgado pelo Banco Central. Isso significa que quase 1% do PIB do excelente resultado de 1994 obedeceu a causas não explicadas, isto é, fatores que a Secretaria de Política Econômica não conseguiu identificar no cômputo desagregado do resultado do governo central. Note-se, em particular, que quando comparam-se os dados de 1994 e 1997 – ano no qual o déficit primário atingiu seu máximo –, há um "delta" não explicado de piora primária de 1,3% do PIB, dado que o valor de "erros e omissões" de 1997 mudou de sinal. O fato ressaltava a necessidade de melhorar a qualidade das estatísticas de acompanhamento fiscal, o que motivou as secretarias do Tesouro Nacional e de Política Econômica a adotar algumas novas mudanças – muito específicas para serem aqui detalhadas – na metodologia de apuração dos dados já em 1998, aparentemente com bons resultados iniciais em termos de redução do valor absoluto dos erros e omissões.

As causas mais importantes do incremento do gasto público – já que a receita será analisada posteriormente – do governo central entre 1994 e 1998 foram:

a) O aumento das transferências a estados e municípios, diretamente relacionado com a maior receita (0,3% do PIB).

b) O aumento do gasto de benefícios previdenciários do INSS (0,5% do PIB).

c) O aumento das "outras despesas de custeio e capital" (OCC) (1% do PIB).

Ao todo, o conjunto de despesas não financeiras identificadas – isto é, mesmo sem levar em conta o componente de erros e omissões – do governo central, incluindo as transferências citadas, apresentou uma expansão de 1,1% do PIB no período de quatro anos considerado, entre 1994 e 1998.

A crise dos estados

A situação fiscal posterior à estabilização foi marcada, entre outras coisas, por uma aguda crise financeira dos estados. No período 1995/1998, o agregado de estados e municípios apresentou déficits primários em todos os anos, sendo eles, na média, de 0,4% do PIB, enquanto o governo central teve superávits nessa rubrica, de 0,3% do PIB. Os dados contrastam com os dos anos precedentes, já que estados e municípios foram superavitários, em termos primários, de 1988 até 1994 – ver novamente as Tabelas 5.1 e 6.1. Cabe ressaltar ainda que, no caso das empresas estatais, aquelas de âmbito federal, durante 1995/1998, tiveram um superávit primário de 0,2% do PIB, enquanto as empresas estaduais e municipais – principalmente as primeiras – foram responsáveis por déficits primários médios da mesma magnitude – 0,2% do PIB. A esses valores devem ser somados os juros correspondentes da dívida pública de cada uma dessas unidades.

A crise das finanças de estados e municípios foi, principalmente, uma crise dos estados. Os municípios, como têm menos alternativas para se endividar, têm uma dívida modesta e enfrentam na prática, na maioria dos casos, uma restrição de crédito que os obriga a limitar sua despesa de caixa ao tamanho da receita, embora em alguns casos ocorram desequilíbrios que se traduzem em atrasos no pagamento ao funcionalismo. Já no caso dos estados, as maiores facilidades de financiamento – somadas à força dos governadores – permitiram no Brasil, historicamente, a existência de déficits muito maiores do que os dos municípios.

A origem das dificuldades dos estados foi associada por muitos dos governadores eleitos em 1994 à perda de receita do ICMS, que caiu 0,6 ponto do PIB entre 1995 e 1998. A alegação, entretanto, é apenas parcialmente procedente, já que a perda de ICMS foi compensada em parte pelo aumento das transferências constitucionais dos fundos de participação de estados e municípios, em função do aumento da receita federal e de alguns mecanismos de compensação.

As principais fontes de piora fiscal dos estados, depois de 1994, foram basicamente duas:

- O aumento inicial do gasto com o funcionalismo, associado à concessão de generosos reajustes salariais, em alguns poucos casos por parte das administrações que estavam acabando no final de 1994 e na maioria dos casos por parte das novas administrações que assumiram em 1995.
- O peso crescente dos inativos na composição da folha de pagamento dos estados, resultado da combinação de: (a) regras de âmbito nacional favoráveis à passagem para a inatividade em idade precoce, como a aposentadoria às professoras – que respondem por uma parte importante da folha dos estados – aos 25 anos de serviço e (b) regras específicas que premiam certas categorias, com base em legislação estadual.

Em que pese o fato de que os estados são unidades independentes para decidir onde alocar os seus recursos, não são autônomos para se endividarem, já que a sua capacidade de financiamento está em parte condicionada a normas que dependem do Senado Federal e das autoridades centrais. Nesse sentido, ao longo do período 1995/1998, o governo federal foi aperfeiçoando os seus mecanismos de controle sobre o déficit estadual e municipal, embora em alguns casos os resultados disso só serão visíveis a médio prazo.

Entre as mudanças que merecem ser citadas, encontram-se:

- O fim do uso dos bancos estaduais para o financiamento dos tesouros estaduais, seja por via da privatização ou da sua transformação em bancos de fomento, com regras rígidas de funcionamento, que impeçam a utilização dos seus recursos para a cobertura de gastos dos governos estaduais.
- O maior controle das "antecipações de receitas orçamentárias" (AROs), amplamente utilizadas até 1995 como forma de os tesouros estaduais se financiarem junto ao sistema bancário e cuja prática foi seriamente limitada desde então, por parte das autoridades monetárias.

AS EMPRESAS ESTATAIS ESTADUAIS

Até o início dos anos 1990, os tesouros estaduais muitas vezes podiam se financiar através de uma modalidade muito peculiar: o uso dos bancos estaduais. O mecanismo operava da forma descrita a seguir. Um governo estadual, premido por dificuldades de caixa, solicitava ao banco estadual por ele controlado um empréstimo, que era concedido. Ao chegar o momento de pagar, o Tesouro Estadual revelava não estar em condições de fazê-lo, deixando o banco em situação difícil e tendo, eventualmente, que apelar ao redesconto do Banco Central. Um banco privado que acorre seguidamente ao redesconto é um indício da existência de problemas que, muitas vezes, na maioria dos países, conduzem à liquidação desse banco. No Brasil, porém, historicamente, os governos estaduais que geravam problemas financeiros para os seus bancos garantiam-lhes em compensação, em função de pressões políticas junto às autoridades centrais, a sobrevivência, já que o governo federal se via sem forças para decretar a intervenção financeira nessas instituições, que se convertiam assim em verdadeiras "sucursais" da Casa da Moeda.

Quando a gravidade dessa situação levou as autoridades federais, já nos primeiros anos da década de 1990, a colocar os primeiros entraves ao uso dos bancos estaduais com fins inadequados, muitos governos estaduais passaram a substituir essa fonte por uma nova forma "criativa" de financiamento: o uso das empresas estatais estaduais de distribuição de energia elétrica. Estas recebiam a energia transmitida pelas empresas geradoras federais e vendiam ao consumidor final de quem recolhiam o valor das contas, porém retendo esses recursos. Isto é, elas deixavam de pagar às geradoras que lhes forneciam a eletricidade. Caso se tratasse de uma transação econômica entre agentes privados, a solução para o impasse seria uma só: cortar o fornecimento até a quitação do débito, mas é óbvio que não se poderia cortar a energia de uma empresa que responde pela luz de uma cidade. Esse tipo de problema esteve na raiz da privatização das empresas estaduais de energia elétrica.

- A inibição do instrumento dos denominados "precatórios", em decorrência das decisões tomadas pela comissão de investigação parlamentar que apurou o uso indevido desses recursos no passado.[5]
- O fim do uso das empresas estatais estaduais para o financiamento dos tesouros estaduais, através da privatização – negociada com os respectivos governadores – da maior parte delas.[6]
- A renegociação das dívidas mobiliárias estaduais.

---

[5] Até então, os estados e municípios enfrentavam certas restrições à emissão de novos títulos, que não se aplicavam, porém, à cobertura de gastos para o pagamento de decisões judiciais de última instância, que o governo é obrigado por lei a pagar – os "gastos com precatórios". Vários estados e alguns municípios emitiram títulos com base nesse direito, que na prática, porém, foram usados para o financiamento de outras finalidades de gasto. O assunto teve na época grande repercussão na imprensa, gerando uma investigação parlamentar, cujas conclusões levaram a reforçar os mecanismos de controle sobre essa modalidade de endividamento.
[6] Em um primeiro momento, porém, a venda de empresas estaduais gerou uma pressão de *aumento* da despesa dos estados, devido ao uso de pelo menos parte dos recursos da venda para o financiamento de gasto. Uma vez esgotados os recursos, porém, a restrição de financiamento resultante de os estados não poderem usar mais essas empresas passou a prevalecer.

Esta última questão merece uma explicação mais detalhada. A renegociação das dívidas estaduais foi uma forma importante de fazer os estados retomarem a obtenção de superávits primários. Ela consistiu na federalização da dívida mobiliária – a uma taxa de juros real anual de 6% –, tendo como colateral de pagamento a receita futura – incluindo ICMS – dos estados, por um período de 30 anos, em um esquema de pagamento do tipo da "tabela Price", em que a prestação é constante em termos reais. Se a taxa de juros real média de mercado em 30 anos fosse superior a 6% ao ano, tais condições implicariam uma forma de socialização de perdas. Entretanto, em relação à situação prevalecente até então – na qual os juros eram, na prática, inteiramente "rolados" – o acordo contribuiu para diminuir as NFSP, já que os estados passaram a ter que pagar não apenas os juros, mas também o principal. A possibilidade de retenção automática de uma parcela dos fundos de participação e dos impostos estaduais, para eventual ressarcimento aos cofres federais, por sua vez, foi incorporada aos contratos com o intuito de evitar que os estados pudessem ter vantagens financeiras em caso de não pagar, o que de certa forma garantiria o cumprimento dos acordos – a não ser que os estados tivessem força política para mudar a legislação à qual estão subordinados.

A CRIAÇÃO DE FONTES TEMPORÁRIAS DE CONTENÇÃO FISCAL

A dificuldade de estabelecer um ajuste fiscal em bases permanentes levou as autoridades, ainda na fase embrionária de preparação do Plano Real, no final de 1993, a adotar iniciativas – em alguns casos, mediante decisão autônoma e, em outros, através da tentativa exitosa de aprovação de leis ou de emendas constitucionais – destinadas a gerar uma contração da despesa e/ou um aumento da receita, em bases temporárias. O fato permitiu melhorar o resultado fiscal em relação ao que se iria verificar caso tais iniciativas não tivessem sido implementadas, embora não tenham sido suficientes para gerar superávits primários na magnitude suficiente para evitar um aumento da relação dívida pública/PIB.

A existência desses fatores tornou mais complexa a análise do desempenho da política fiscal, pelo fato de não ficar claro, nesse contexto, qual tenderia a ser, no futuro, o comportamento dos resultados primários, caso esses efeitos desaparecessem.[7] Isto porque é difícil imaginar que, ao se extinguirem, o governo iria assistir passivamente ao desaparecimento dessas fontes de contenção fiscal. O conceito de "resultado primário permanente", portanto, que é útil

---

[7] Nesse sentido, uma estratégia baseada na obtenção de um superávit primário de, por exemplo, 2% do PIB, sem a existência de fatores excepcionais de receita, pode ser entendida como uma política mais sólida do que a obtenção de um superávit primário de 2,5% do PIB, se este é obtido com a ajuda de uma receita extraordinária de 1% do PIB.

para avaliar os efeitos de longo prazo da política fiscal, torna-se algo difícil de calcular quando a cada ano há algum fator do tipo "uma-vez-e-para-sempre" (*once and for all*) afetando o valor das NFSP.

Desde 1994, houve quatro fatores que se destacaram como elementos temporários de contenção fiscal:

- A receita do imposto provisório sobre movimentações financeiras (IPMF), depois transformado em contribuição (CPMF).
- O já referido FSE, depois transformado em fundo de estabilização fiscal (FEF).
- A receita de concessões.
- O componente extraordinário de aumento da receita de imposto de renda (IR) na fonte sobre aplicações financeiras, aprovado em fins de 1997 para vigorar em 1998.

Vejamos, em cada um desses casos, qual foi o *período de vigência*, a *característica*, o *valor* do ganho fiscal e a *vinculação* existente ou não com algum tipo de gasto. O IPMF vigorou em 1994, quando foi extinto, reaparecendo após ser novamente aprovado para vigorar em 1997, vigência essa que depois foi estendida também para 1998. O imposto – depois contribuição – era resultado da aplicação de uma alíquota incidente sobre todas as transações financeiras da economia, tendo revelado grande poder de arrecadação. Em 1994 e em 1997/1998, gerou uma receita de 0,8% do PIB, em média. Na sua versão válida para começar a vigorar em 1997, a condição imposta pelos congressistas para ser aprovada pelo Congresso Nacional foi que os seus recursos fossem vinculados ao setor de saúde, embora isso não implicasse necessariamente um aumento de recursos para tal setor, já que o Tesouro podia fazer um remanejamento de despesas e, em compensação, cortar os recursos de outras fontes anteriormente destinadas ao setor beneficiado pela vinculação.

O FSE foi aprovado para vigorar em 1994 e 1995, tendo sido depois renovado, já como FEF, para 1996 e o primeiro semestre de 1997 e, na sequência, para o segundo semestre de 1997 e os anos de 1998 e 1999. A característica do FSE/FEF era: a) reduzir temporariamente, em 20% da receita do PIS-PASEP e do salário-educação, o repasse automático, por parte do governo federal, ao BNDES e ao pagamento do seguro-desemprego e b) permitir – também temporariamente – ao governo federal reter a parcela do IR na fonte sobre o salário dos funcionários públicos das representações federais, que teria que ser transferida a estados e municípios através dos fundos de participação. O impacto líquido inicial do FSE foi um fluxo anual da ordem de 0,5% do PIB, na forma de transferências não realizadas e que certamente teriam sido gastas – pelos estados, municípios ou seguro-desemprego – se tivessem sido feitas. Entretanto, na última renovação do FEF, a parcela retida de recursos dos municípios, especificamente, caiu substancialmente em função de um cronograma gradual de "revinculação" dos recursos transferidos, de modo que já em 1998 o seu impacto fiscal ficou limitado a 0,3% do PIB.

A receita de concessões começou a ser recebida em 1997 e se estende até 2001. Ela foi composta de três itens: a) concessões da "banda B" de telefonia celular, parte de cujo total começou a ser recebida em 1997 e o restante em 1998; b) leilão das empresas da Telebrás – ocorrido em 1998 –, 60% de cuja receita foi contabilizada como sendo de concessão – isto é, tratada como receita pelo Tesouro, ao contrário da privatização, que não é considerada receita para o cálculo das NFSP; e c) concessão, em 1999, das "empresas-espelho" de telefonia, que ocorreram com as empresas da antiga Telebrás. Cada uma dessas receitas é de livre disponibilidade do Tesouro e, em cada um dos casos, distribuem-se ao longo de um período de três anos – já que os contratos estabeleceram o pagamento em três *tranches*. A arrecadação total resultante disso foi pequena em 1997 – referente apenas à primeira *tranche* do pagamento de uma parte da banda B –, aumentando substancialmente em 1998 e 1999 – quando coincidiram os pagamentos referentes às vendas da banda B, da Telebrás e das "empresas-espelho" – e diminuindo a partir de então. Em 1998, ano no qual a receita foi maior, o total arrecadado pela soma de todas as concessões foi de ordem de 0,8% do PIB.

Finalmente, no conjunto de medidas fiscais aprovadas no final de 1997, constou o aumento do IR na fonte das aplicações financeiras – de 15% para 20% dos rendimentos nominais –, mas com a característica adicional de que em 1998, além de se tributar no *vencimento* o ganho obtido a partir de então, seria feita a tributação das aplicações anteriormente não movimentadas e sobre as quais ainda não tinha incidido a taxação, até então feita somente por ocasião do *resgate*. Isso implicou uma receita bruta extraordinária – isto é, não passível de repetição – em 1998, sobre a posição das aplicações no final de 1997, estimada em 0,5% do PIB, correspondente a uma receita líquida de 0,3% do PIB, já descontada a parcela transferida aos estados e municípios por conta do aumento extra da arrecadação.

Em outras palavras, houve ao longo da segunda metade dos anos 1990 uma sucessão de fatores temporários de contenção fiscal, que em 1998 atingiram aproximadamente (CPMF = 0,8 + FEF = 0,3 + Concessões = 0,8 + IR = 0,3) = 2,2% do PIB e que deveriam desaparecer até o início da década de 2000 e/ou serem substituídos por novas fontes de receita ou de contenção de gasto, para evitar uma piora fiscal.

Cabe chamar a atenção para o fato de que muitos analistas questionaram a atitude do governo, na época, em se basear em fontes temporárias de contenção fiscal. Há três argumentos importantes sobre a questão. O primeiro, que a avaliação sobre a solvência do setor público depende do superávit primário *permanente* passível de ser obtido pelo setor público, de modo que fatores temporários seriam estéreis para melhorar a percepção da situação fiscal de *longo prazo*. O segundo, que receitas de concessões não deveriam ser registradas "acima da linha" e sim serem utilizadas para abater a dívida "abaixo da linha", por gerarem o risco de um aumento da despesa, que depois, quando as receitas se esgotassem, deixaria de estar lastreado em receitas.[8] E o terceiro, que a distinção das receitas da venda da Telebrás entre uma parte tratada como privatização – isto é, sem afetar as NFSP – e outra como concessão foi, na prática, um mecanismo contábil destinado a diminuir o valor das NFSP.

OS EFEITOS DEFASADOS DA CONSTITUIÇÃO DE 1988[9]

A Constituição aprovada em 1988 acabou gerando dois tipos de problemas, especificamente, para as autoridades que se viram às voltas, em 1995, com o ressurgimento de um déficit público expressivo. Em primeiro lugar, ela restringiu a margem de manobra dessas autoridades, algo que não se revelou tão importante quando a inflação se encarregava de corroer o valor real das despesas, mas que se mostrou de forma nua e crua quando a inflação passou a ser baixa, depois de 1994. E, em segundo, aumentou consideravelmente as despesas previdenciárias. Vejamos isso mais de perto.

A perda de margem de manobra das autoridades federais – que são, naturalmente, as mais interessadas no papel da política fiscal como ingrediente de uma política de estabilização – pode ser aferida pelos seguintes indicadores:

- Entre 1988 – antes da aprovação da Constituição – e 1993 – quando o processo de aumento das vinculações foi completado –, a parcela da receita de IR e IPI transferida a estados e municípios teve um aumento relativo de mais de 40%.
- Em 1987, conforme as contas nacionais, no universo da soma de (gasto com pessoal + outros gastos correntes + formação bruta de capital), a participação do governo federal nesse tipo de gastos era de 43%, ficando os estados e municípios com os restantes 57%; em 1994, essas proporções tinham se modificado para 34% e 66%, respectivamente.

---

[8] Um caso em que o registro da venda de concessões como receita normal do Tesouro seria mais aceitável é quando os pagamentos por parte do comprador são distribuídos ao longo de todo o prazo de vigência da concessão, em cujo caso podem receber um tratamento contábil similar ao de uma receita regular de aluguel de um imóvel público. Entretanto, não foi este o caso das concessões de telefonia.

[9] Para algumas destas questões, ver Velloso (1997).

- Em 1991, conforme os dados da Secretaria de Política Econômica, a participação das despesas de OCC do Tesouro Nacional – sobre as quais a margem de controle é maior – no total das despesas não financeiras – incluindo transferências a estados e municípios – do governo central, era de 29%, proporção essa que tinha caído para 24% em 1995, devido ao aumento dos demais itens de despesa.

Em outras palavras, a capacidade de o governo central responder – sem a "ajuda" da inflação – diante de uma situação fiscal difícil foi seriamente afetada, seja porque passou a ser responsável por uma parte menor do gasto público total ou porque, no gasto do governo central, a parcela sobre a qual ele tinha controle direto ficara também menor. Nas demais rubricas de gasto, ele estava sujeito a alguma limitação, notadamente as despesas com pessoal – devido à estabilidade do emprego –, benefícios previdenciários – que são rígidos, por definição –, transferências constitucionais a estados e municípios – praticamente impossíveis de mudar, em função do interesse de governadores e prefeitos e da influência destes sobre o Congresso Nacional – e juros da dívida pública – que são um resultado da política monetária.

No que diz respeito às despesas previdenciárias, interessa-nos frisar os seguintes aspectos:

- A partir de 1991, houve um verdadeiro *boom* das aposentadorias concedidas no meio rural, processo esse que teve seu auge durante 1994.
- A implantação do Regime Jurídico Único (RJU), estabelecido pela Constituição de 1998, só passou a ter efeitos significativos a partir de 1991, permitindo aos servidores públicos, entre outras vantagens, a incorporação de anuênios e gratificações e o direito à aposentadoria integral ou, até mesmo, com salário superior ao da ativa.
- As possibilidades de aposentadoria por tempo de serviço em uma idade precoce, permitidas pela Constituição, passaram a beneficiar um número crescente de pessoas, dado que até então a percentagem do total de servidores em condições de usufruir esse benefício era modesta, mas em função das características da estrutura etária do universo do funcionalismo tornou-se mais relevante a partir de meados dos anos 1990.
- Este último fato foi agravado pelos numerosos pedidos de aposentadoria proporcional ao tempo de serviço, a partir de 1995, como resultado da atitude dos servidores em condições de pleitear esse benefício e que, com receio de perder esse direito, optaram pela aposentadoria antecipada, quando a discussão em torno da reforma previdenciária ganhou repercussão pública.

A Tabela 6.3 dá uma ideia de como algumas dessas questões impactaram as contas do governo federal. O caso das despesas do INSS será tratado em maiores detalhes no Capítulo 11.

A tabela mostra o peso associado ao pagamento dos inativos, na composição da folha de pagamentos do funcionalismo, em função das questões mencionadas. Adicionalmente, mostra-se a importância relativa, no universo das despesas com inativos, das despesas com aposentadorias, reformas e pensões dos militares, que representaram quase 30% da despesa total com inativos em 2014. Observe-se que o fato de 43% da despesa de pessoal da tabela ter sido com inativos, em 2014, deveu-se ao fato de a despesa com inativos em relação à soma de ativos e inativos ser de 61% no caso dos militares, percentagem essa muito superior à dos servidores civis (39%). O dado é reflexo das regras previdenciárias mais favoráveis aplicadas aos militares.

TABELA 6.3
Fatores de aumento do gasto com pessoal – governo central (%) /a

Gasto com pessoal	Composição gasto (%)		Crescimento real (% a.a.)
	1995	2014	
Civis (A)	75,1	79,2	2,0
Ativos (B)	43,7	48,4	2,3
Inativos (C) /b	31,4	30,8	1,6
Militares (D)	24,9	20,8	0,8
Ativos (E)	11,4	8,2	0,0
Inativos (F) /c	13,5	12,6	1,4
Total (G)	100,0	100,0	1,7
Ativos (H)	55,1	56,6	1,9
Inativos (I) /c	44,9	43,4	1,6
C / B	0,72	0,64	
F / E	1,18	1,54	
F / I	0,30	0,29	

Deflator: Deflator do PIB.
/a Exclui transferências a estados para pagamento de pessoal.
/b Inclui pensões.
/c Inclui reformas e pensões.
Fonte: Elaboração própria, com base em dados do Ministério do Planejamento e Orçamento.

OS FATORES DISCRICIONÁRIOS DE DESAJUSTE FISCAL[10]

Política fiscal expansionista: O espaço para discricionalidade

O fato de certas características da Constituição de 1988 terem se revelado um obstáculo para um melhor desempenho das contas públicas, na segunda

---

[10] Para uma análise dessas questões, acompanhada de alguns dados pouco conhecidos acerca da decomposição das despesas do governo, ver Além e Giambiagi (1999b).

metade dos anos 1990, não foi a única razão da piora das contas do governo central no período. Na verdade, em que pese o fato de que as autoridades federais estiveram – como é natural em qualquer país do mundo – mais empenhadas no êxito da política anti-inflacionária que as autoridades estaduais ou municipais, a política fiscal seguida pelas autoridades centrais também teve contornos claramente expansionistas, a partir de 1995.

A interpretação que cabe fazer disso é dupla. Pela primeira, como em qualquer país, as ações de um governo decorrem do jogo de forças interno entre as autoridades econômicas, de um lado – interessadas em praticar políticas fiscais austeras – e as lideranças políticas, de outro – voltadas para a satisfação das demandas, independentemente da existência de fontes de financiamento. Nesse sentido, o ativismo fiscal do período pode ter refletido o peso deste último grupo nas decisões de governo.

A segunda interpretação – que é complementar à primeira – é que o governo, mais preocupado, a curto prazo, em saldar pelo menos parte da chamada "dívida social", optou por elevar o gasto, julgando que, a médio prazo, no contexto de um processo de crescimento sustentado da economia, a expansão da despesa poderia ser depois contida, ao mesmo tempo que a receita acompanharia o PIB, o que diminuiria progressivamente o déficit público e faria do aumento da dívida pública um fenômeno temporário.

A COMPOSIÇÃO DA DESPESA COM PESSOAL (ATIVOS E INATIVOS)

Composição da despesa com pessoal – Governo Federal – Média 1990/1995 (%)

Item	Participação no total (%)
Poder Legislativo	3,6
Poder Judiciário	8,9
Poder Executivo	87,5
Ministérios militares (a)	25,4
Ministério da Educação	15,5
Ministério da Economia (b)	15,4
Ministério da Saúde	8,0
Ministério de Previdência Social (c)	7,7
Outros	15,5
Total	100,0

(a) Inclui o EMFA e os Ministérios do Exército, da Marinha e da Aeronáutica.
(b) Inclui os Ministérios da Fazenda, do Planejamento e da Indústria e Comércio.
(c) Inclui o Ministério de Trabalho.
Fonte: Giambiagi (1996a), com base em dados da Secretaria do Tesouro Nacional.

> Embora o fato de ser um dos principais itens do gasto público possa dar ao leigo a impressão de ser um dos candidatos naturais a sofrer cortes, o gasto com pessoal do governo federal é relativamente rígido. Tomemos como referência uma despesa com essa rubrica da ordem de 4% do PIB. Como vimos na Tabela 6.3, em torno de 45% dessa despesa está comprometida com o pagamento de inativos, que é rígida por definição. Da parcela restante de ativos, algo em torno de 15% é composto de gastos com pessoal militar, dificilmente passível de demissão. Portanto, mesmo que o governo federal tivesse o direito legal de demitir parte do funcionalismo, se não estivesse sujeito aos ditames da figura jurídica da estabilidade deste e, por exemplo, demitisse 10% dos funcionários ativos civis – o que é um corte não desprezível –, a despesa não cairia 10% de 4% e sim apenas $0{,}10 \times 0{,}55 \times 0{,}85 \times 4 = 0{,}19\%$ do PIB. Conclui-se que a única forma de reduzir consistentemente a relação gasto com pessoal/PIB, em uma situação de inflação muito pequena – ou seja, não sendo através da redução do salário real –, é através do crescimento real da economia.

Há dois elementos que caracterizaram, depois de 1994, a natureza inequivocamente expansionista da política fiscal do governo central. Em ambos os casos, a característica comum foi o uso do poder de discricionalidade do governo para elevar os gastos em áreas onde não havia uma compulsoriedade determinada pela Constituição que obrigasse a que necessariamente as rubricas de gasto em questão aumentassem. Referimo-nos a) ao reajuste das aposentadorias e pensões em níveis superiores à inflação e b) ao incremento das despesas de OCC.

Ao contrário de rubricas nas quais, independentemente da vontade do governo, o gasto público teria que aumentar, por determinação legal e/ou contingências demográficas, nesses casos tratou-se de ações em que o governo podia ter aumentado o gasto ou não, dependendo de uma decisão estritamente política das autoridades. Em outras palavras, o aumento do gasto decorreu de uma decisão *autônoma* do governo.

O salário mínimo e o aumento da despesa com benefícios previdenciários

Tradicionalmente, o salário mínimo (SM) no Brasil era aumentado no mês de maio. Nas épocas de inflação elevada, ele naturalmente era aumentado com uma frequência maior, tendo-se retomado a tradição do reajuste anual em maio, após a estabilização de 1994 e depois de um pequeno aumento concedido no início do Plano Real, no segundo semestre de 1994. Em maio de 1995, o aumento dos preços verificado desde o último reajuste tinha sido da ordem de 15%. O SM, na época, era de R$70. Antes da estabilização, quando o SM começava a vigorar contratualmente, ele valia em torno de US$100. No momento em que o trabalhador recebia o seu salário no fim do mês, porém, o poder aquisitivo do SM já tinha sido corroído pela inflação, valendo entre US$60 e US$70, dependendo da intensidade da inflação e da desvalorização cambial. Fiel aos princípios que nortearam a elaboração do Plano Real, inicialmente, com a cotação prevista de R$1 = US$1, o governo estabeleceu o valor do SM em R$64,79, em julho de 1994, valor esse que foi depois aumentado para R$70,00, em setembro do mesmo ano.

No meio político, a meta de levar o SM até o valor de US$100, que tinha no primeiro dia de contrato de trabalho na época de inflação alta, permaneceu como uma espécie de palavra de ordem com grande apelo popular. Com uma inflação baixa, entretanto, é claro que isso teria – ao contrário do que se verificava anteriormente, quando a inflação corroía o poder de compra até o momento do recebimento do salário – efeitos *reais* significativos.

Foi nesse contexto que, em maio de 1995, o governo, cedendo a esse tipo de apelo, determinou o aumento do SM para R$100 – embora na época a cotação cambial não fosse exatamente de R$1 para US$1. Note-se que isso gerou um incremento nominal de 43% do valor desse parâmetro. A importância disso, do ponto de vista fiscal, é que o artigo 201 da Constituição, referente ao capítulo previdenciário, define que "nenhum benefício... terá valor mensal inferior ao salário mínimo". A combinação: a) dessa imposição constitucional; b) da decisão do governo de aumentar o SM em 43% e c) da tendência, nas negociações com o Congresso Nacional em torno do aumento, a estender aos benefícios o mesmo reajuste levou então o governo a reajustar em 43%, em termos nominais e já com a economia em fase de estabilização, *todos* os benefícios previdenciários – e não apenas o valor básico – pagos aos trabalhadores aposentados pelo INSS, rubrica de gasto essa que em 1994 tinha representado quase 5% do PIB.[11]

O aumento do OCC

A rubrica de OCC é aquela onde se expressa mais intensamente o conflito funcional entre a área econômica – interessada em exercer um rígido controle sobre a despesa – e os demais ministérios – interessados em aumentar a

---

[11] Note-se que, embora existisse a necessidade de respeitar o mencionado piso constitucional e o governo negociasse com o Congresso a extensão do reajuste, não havia nenhum tipo de imposição legal acerca do tamanho do aumento do SM e dos benefícios previdenciários. Em outras palavras, o governo tinha perfeitamente condições legais de, por exemplo, optar por um reajuste nominal da ordem de 15% – similar à inflação acumulada desde o último aumento –, elevando o SM até R$80, ao invés de ter optado pelo percentual de 43%, levando o SM a R$100, correspondendo a um salto real de aproximadamente 25% em relação ao aumento anterior. Na prática, porém, como houve alguns cortes de outros benefícios, o aumento real da despesa, embora significativo, não chegou a tanto.

disponibilidade para a realização de gastos. Trata-se de uma rubrica que não está sujeita à mesma rigidez constitucional de outros itens do gasto público, como, por exemplo, a despesa com pessoal – afetada pelas dificuldades de o governo demitir, devido à figura da estabilidade do emprego que beneficia a maior parte do funcionalismo. O OCC corresponde – ressalvadas certas contas de menor importância – ao valor das despesas do governo central, excetuados quatro grandes itens: a) pessoal; b) benefícios previdenciários; c) transferências constitucionais e d) juros da dívida pública. É nessa rubrica, portanto, que convergem todas as demandas por mais verbas, dos ministérios, dos governadores e dos prefeitos, "contra" os ministros da área econômica.

Tradicionalmente, essa rubrica foi, nos anos de inflação alta, a "variável de ajuste" das contas públicas. Isto é, o governo tinha uma certa meta fiscal, apurava a sua receita e, dada a inflação, bastava demorar a liberação do gasto do OCC para que este, em termos reais, "encaixasse" nos limites reais definidos pelos responsáveis pelo planejamento fiscal do governo. A partir de 1995, porém, com uma inflação pequena, o comportamento do OCC sofreu uma inflexão (Gráfico 6.1). A preços de dezembro de 1998, o gasto de OCC passou de R$ 17 bilhões em 1994 para R$ 31 bilhões em 1998.[12]

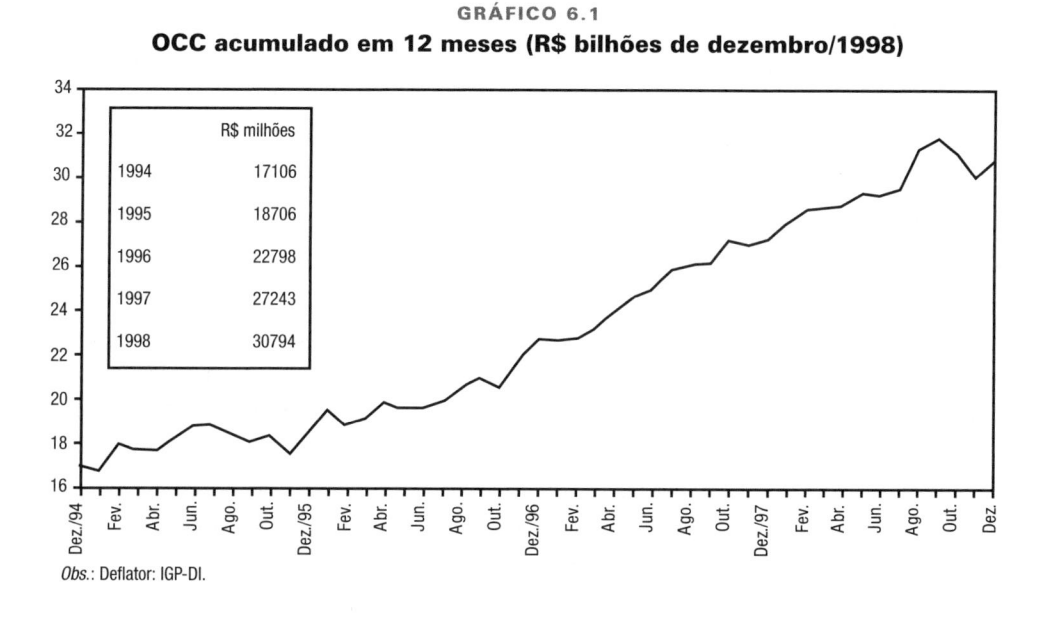

GRÁFICO 6.1
OCC acumulado em 12 meses (R$ bilhões de dezembro/1998)

Ano	R$ milhões
1994	17106
1995	18706
1996	22798
1997	27243
1998	30794

Obs.: Deflator: IGP-DI.

---

[12] O gráfico corresponde a um universo restrito das outras despesas correntes e de capital da Tabela 6.2 e exclui as outras rubricas de gasto – além dos itens (a) a (d) do parágrafo anterior – de menor importância, da mesma tabela. Adicionalmente, reflete uma forma de apropriação contábil diferente daquela tabela.

Cabe notar, de qualquer forma, que o grande salto do OCC não se deu em 1995 e sim *depois* desse ano. A ressalva é importante, pois sugere que o aumento real da despesa não foi uma decorrência inevitável da queda da inflação – pois nesse caso o aumento deveria ter ocorrido entre 1994 e 1995 – e sim o resultado de uma política governamental destinada a satisfazer parte das carências de todo tipo que o país tinha em meados da década.

De fato, quando se analisa a composição da variação do OCC, nota-se que as principais fontes de aumento do valor da rubrica foram áreas nas quais, se analisada individualmente, a alocação de mais verbas seria perfeitamente justificável. Incluem-se nessa categoria, por exemplo, a educação – base para a melhora da formação dos recursos humanos do país –; os transportes – reflexo da retomada parcial de alguns programas de recuperação das deterioradas estradas do país –; a reforma agrária – com os gastos de assentamento associados à diminuição da tensão social no campo – etc.

A necessidade de respeitar a restrição orçamentária

O reajuste dos benefícios previdenciários em 1995 e o aumento do OCC evidenciaram a necessidade de que o Brasil passasse a incorporar ao seu cotidiano a noção de que deve existir uma restrição orçamentária que tem que ser respeitada.

Podemos estabelecer dois tipos de regime fiscal. O primeiro, de *"restrição orçamentária fraca"* (*soft budget constraint*), no limite, poderia ser qualificado como a ausência de uma restrição orçamentária efetiva. Nele, o gasto transforma-se no reflexo da soma das demandas e, portanto, o déficit é o resultado do desajuste entre essas demandas e a receita e gera uma trajetória indeterminada – embora provavelmente crescente – da relação dívida pública/PIB. *Em tal situação, o déficit se adapta às demandas sociais.*

O segundo tipo de regime fiscal, de *"restrição orçamentária rígida"* baseia-se na definição de um teto rígido de gastos que, dada uma previsão conservadora de receita e uma certa meta de déficit, condiciona a satisfação das demandas à existência de recursos ou a um aumento apenas moderado do endividamento. Assim, a relação dívida pública/PIB fica "amarrada", define o teto de déficit e este por sua vez determina o valor do gasto. *Nesse caso, a despesa se adapta à restrição orçamentária.*

Conforme foi mencionado antes, o aumento de cada uma das rubricas do OCC depois de 1995 pode ser entendido em função das carências de cada setor. Isso, em si, não tem nada de errado. O delicado, do ponto de vista fiscal, foi ter atendido a essa multiplicidade de demandas, (a) ao mesmo tempo e (b) sem ter o devido "lastro" de receita para isso.

Nesse sentido, a situação fiscal do Brasil no período aqui tratado foi característica de um regime como o que se denominou de "restrição orçamentária fraca".

Esta se caracteriza pela atribuição ao Estado da responsabilidade por uma série de tarefas, sem que a sociedade esteja disposta a ser taxada na proporção necessária para poder arcar com essas despesas. Esse tipo de situação reflete a tendência de muitas sociedades ao relaxamento da disciplina financeira e ao enfraquecimento da ideia de que o gasto deve depender da capacidade de gerar receitas.

INCERTEZA INFLACIONÁRIA E GASTO PÚBLICO REAL

Nos primeiros seis meses do Plano Real – e tomando como referência em julho de 1994 a variação dos preços em real em relação à Unidade Real de Valor (URV) –, a inflação média mensal, medida pelo IGP, foi de 2,65%, o que correspondia a um nível anualizado de quase 37%. Quando, no início de 1995, governadores e prefeitos tiveram que reajustar o salário nominal do funcionalismo, a referência que eles tinham era a inflação dos últimos seis meses e a história prévia do fracasso dos planos anteriores de estabilização. Em muitos estados, nesse contexto, foram concedidos aumentos da ordem de 30%, algo aparentemente compatível com a realidade esperada na época. No final de 1995, entretanto, a inflação (IGP) fechou o ano em menos de 15%. Quais as consequências disso para as finanças públicas?

O gráfico a seguir ajuda a entender melhor a questão. Após o aumento do gasto real mensal com funcionalismo (G) no mês de reajuste, as autoridades estaduais e locais esperavam que, com a corrosão provocada pela inflação, essa variável seguisse uma trajetória como a da curva de despesa com pessoal DP, o que implicaria um gasto real mensal médio como o da linha horizontal cheia. Entretanto, sendo a inflação menor do que a prevista, a trajetória da variável foi a de DP', caindo menos em relação ao "pico" e gerando uma despesa real média como a da linha horizontal tracejada, acima da linha cheia.

O saldo disso foi que o resultado primário de estados e municípios – medido pelo Banco Central – passou de um superávit de 0,8% do PIB, em 1994, para um déficit de 0,2% do PIB um ano depois.

De alguma forma, o governo, nos anos de inflação alta, tinha virado "sócio" da inflação: qualquer reivindicação salarial do funcionalismo podia ser aceita, já que a inflação se encarregava de reduzir, posteriormente, a despesa real do funcionalismo. Com inflação baixa, tal "mágica" não foi mais possível. Em consequência, muitos governadores eleitos em 1994 tiveram que arcar com as consequências negativas do "salto" da despesa real com o funcionalismo durante todo o exercício de governo 1995/1998, já que o aumento dos preços tardou alguns anos em "compensar" o mencionado erro de previsão. As autoridades aprenderam assim que administrar as finanças públicas em um regime de estabilidade era, de alguma forma, mais difícil do que fazê-lo em um regime de alta inflação. Quatro anos depois, os governadores eleitos em 1998 já não repetiram o erro.

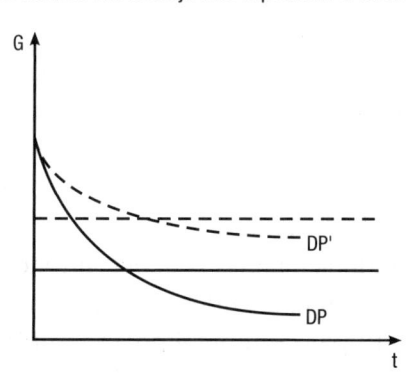

Portanto, o desafio com o qual se defrontava o Brasil, no final da década de 1990, era o de transitar de um regime fiscal para outro, passando de uma situação na qual as políticas setoriais predominam sobre o objetivo genérico de austeridade, para outra situação na qual a satisfação das demandas de todo tipo fica sujeita ao cumprimento das metas de ajustamento fiscal. A viabilidade disso, contudo, depende de uma série de condicionantes políticos e sociais, que serão abordados no Capítulo 12.

Sugestão de leitura para o aluno: Giambiagi (1997) atualiza os dados de Barbosa e Giambiagi (1995) até 1996, mostrando as causas da piora fiscal posterior a 1994.

Leituras adicionais para o professor: Além e Giambiagi (1999b) incluem os dados fiscais até 1998. O trabalho de Velloso (1997) foi importante por chamar a atenção para a relevância da questão previdenciária em termos de aumento do déficit de caixa do setor público.

QUESTÕES

1. Qual das seguintes afirmações, referentes à situação fiscal de 1995/1998, é correta?
   a) O resultado primário do setor público piorou continuamente ao longo de todo o período.
   b) O resultado operacional de 1998 foi muito próximo do nominal.
   c) O principal problema fiscal, entre as empresas estatais, foi representado pelas empresas federais, o que explica por que estas foram privatizadas no período.
   d) Na primeira metade do período, o principal responsável pelo déficit nominal foi o governo federal, mas na segunda metade foram os governos estaduais e municipais.
2. Observe a Tabela 6.2. O que você teria a dizer acerca da diferença entre os dados "acima" e "abaixo da linha" de 1994 e 1995?
3. Considere as seguintes afirmações: a) "Quando se analisa o período 1995/1998 e se comparam os resultados com o período dos quatro anos precedentes, salta aos olhos que a causa principal da deterioração fiscal ocorrida foi a piora do resultado primário e não o aumento da despesa de juros" e b) "Quando se analisa o déficit público de 1998 e se pensa no resultado futuro do mesmo, é evidente que, para poder diminuir o déficit nominal de 7% do PIB para um nível de 3% do PIB ou menos, a principal fonte de redução relativa da despesa pública teria que ser representada

pela queda do gasto com juros". Como essas duas opiniões podem ser conciliadas entre si?

4. Como você interpreta a opinião, muito comum na análise da situação fiscal do Brasil em 1997 e 1998, de que o país precisava de "um ajuste fiscal de caráter *permanente*"?

5. Considere a despesa com benefícios previdenciários em 1994, apresentada na Tabela 6.2. Qual foi o aumento para os anos posteriores, medido como % do PIB dessa despesa, resultante do fato de o salário mínimo e todos os benefícios terem sido reajustados em 43% em maio de 1995, em vez de ter sido concedido um reajuste de, por exemplo, 15%, como defendiam na época muitos analistas, levando em conta a queda da inflação?

6. Considere uma certa despesa nominal com benefícios previdenciários, referente ao pagamento de um contingente de aposentados que cresce 0,3% ao mês. Os benefícios são reajustados em junho de cada ano, conforme o critério de competência, mas o pagamento é feito no início do mês seguinte e os aposentados recebem uma remuneração extra em dezembro, a título de complementação natalina. Suponha que o reajuste nominal seja de 30% em junho do ano t e de 5% em junho de (t + 1). Qual é o aumento nominal da despesa do governo com aposentadorias no ano (t + 1) em relação a t? Por que a decisão tomada em t afeta a variação do gasto em (t + 1)? (Sugestão: comece com um índice nominal de 100 do gasto com aposentados em janeiro de t e construa um índice composto em função da multiplicação do índice de quantitativo de aposentados pelo índice de remuneração, lembrando que são pagas 13 folhas por ano.)

CAPÍTULO 7

O Ajuste Fiscal de 1999 e seus Desdobramentos

> Hoje, qualquer governo tem que combater o déficit. Quem não entender isto está fora da realidade. Quem quiser realmente ajudar o país, tem que fazer o ajuste fiscal.
>
> Fernando Henrique Cardoso, 1999

> O orçamento nacional deve ser equilibrado. As dívidas públicas devem ser reduzidas.
>
> Marco Túlio Cícero, Roma, 55 a.C.; frase colocada na antessala do Secretário do Tesouro Nacional, Brasília, 1999

Se tivéssemos que escrever um capítulo especificamente sobre o ano de 1999 e o contraste com a situação fiscal de anos – ou décadas – anteriores no Brasil, ele poderia muito bem ter um nome de filme: algo como "1999: o ano em que tivemos austeridade fiscal". De fato, o país viveu então, pela primeira vez em praticamente três décadas, um quadro de rigor fiscal como não se via desde a experiência do PAEG de 1964/1967. No início desse processo de ajustamento, muitos entenderam que as diversas críticas feitas ao programa de ajuste fiscal eram sintoma de que a política econômica era um fracasso. A rigor, porém, isso era o sinal mais claro de que a política fiscal estava operando, ou seja, de que o desejo dos diferentes segmentos da sociedade de se beneficiar de recursos públicos – na forma de aposentadorias, de pagamentos salariais aos funcionários públicos e de todo tipo de gastos – estava se defrontando com os limites impostos pela própria sociedade para o financiamento dessas despesas por meio de tributos.

Durante um longo tempo, a existência desse hiato entre a demanda por gasto público e a disponibilidade da sociedade em aceitar ser tributada foi ofuscada ou "driblada" através de expedientes como a inflação – seja financiando o desequilíbrio através do imposto inflacionário ou contribuindo para diminuir o valor real do dispêndio –, o endividamento público ou – por um curto período de tempo – a venda de ativos. Entretanto, com os preços próximos da estabilidade – isto é, sem poder contar com a inflação como até 1994 –, diante da necessidade de conter a expansão da dívida pública e praticamente esgotada a privatização, não restava outra saída que encarar a hora da verdade e implementar um forte ajustamento, o que por sua vez – juntamente com a mudança de regime cambial – permitiria uma queda das taxas de juros, trazendo um duplo benefício para as contas públicas, tanto pela melhoria do resultado primário como pela queda das despesas financeiras. De certo modo, pode-se dizer que 1999 representou o ano em que a realidade fiscal foi encarada de frente, de forma nua e crua.

O ACORDO COM O FMI

As negociações iniciais

Em julho de 1998, o governo privatizou a Telebrás, dando um passo importante na linha de continuar a adotar políticas pró-mercado, que fora um denominador comum das políticas dos diversos governos da década de 1990. Por outro lado, havia, claramente, dois problemas pendentes: o fiscal – com uma dívida pública crescente e preocupante –; e o externo – com um déficit em conta-corrente que ameaçava atingir 5% do PIB, nas projeções iniciais feitas para o ano seguinte. Em agosto de 1998, quando a economia internacional mal estava se recuperando das sucessivas desvalorizações das moedas dos países do Sudeste asiático de 1997, a Rússia desvalorizou o rublo e decretou moratória da sua dívida, agravando a crise econômica mundial. Os mercados se retraíram, as fontes de crédito externo praticamente "secaram" e o Brasil passou a ser considerado por muitos a "bola da vez", isto é, a próxima nação da lista que iria deixar a sua moeda flutuar. Em circunstâncias como essas, a propensão dos agentes econômicos a sacar os recursos do país é muito grande, pois, ocorrendo uma depreciação, a quantidade de dólares que poderiam ser retirados do Brasil depois dela, com o mesmo valor em real, seria naturalmente menor, em virtude da própria mudança do câmbio.

Nesse contexto, a redução de reservas internacionais se acentuou. Logo depois da liquidação financeira do leilão da Telebrás, ocorrida nos primeiros dias de agosto, o Brasil chegou a ter US$74 bilhões de reservas, no conceito de caixa. No final de setembro, esse nível tinha caído para US$45 bilhões, ou seja, uma redução de quase US$30 bilhões em 50 dias. Desconsiderando os feriados, isso correspondeu a uma perda de aproximadamente US$800 milhões por dia útil. O risco de um colapso externo era iminente.

O governo então iniciou negociações com o FMI para obter um "pacote" emergencial de ajuda externa que contasse com recursos da própria instituição; de outros organismos multilaterais – Banco Mundial e BID –; e dos tesouros das principais potências mundiais, que acabou atingindo o valor de US$42 bilhões. As duas *pièces de résistance* do programa eram a manutenção da política cambial – de microdesvalorizações nominais da ordem de 0,6% ao mês, em um contexto virtualmente sem inflação – e um ajuste fiscal destinado a obter um superávit primário do setor público consolidado de 2,60% do PIB em 1999, complementado por metas primárias de 2,80% e 3% do PIB nos dois anos subsequentes, como parte de um programa trienal para 1999/2001.[1]

Com o anúncio – até então não formalizado – do acordo com o FMI, a imagem externa do país melhorou e a perda de reservas diminuiu, mas dois acontecimentos vieram a colocar em cheque a estratégia oficial. Em primeiro lugar, após as demoras de praxe para traduzir os documentos e fazer os acertos finais de qualquer negociação, o acordo com o FMI foi formalmente aprovado pelo *board* desta instituição em Washington em dezembro de 1998, praticamente ao mesmo tempo que no Brasil o Congresso Nacional derrubava uma das medidas consideradas mais importantes para a implementação do ajuste fiscal – o que só foi compensado depois com a aprovação de medidas complementares. Em segundo lugar, no início de janeiro de 1999, o estado de Minas Gerais decretou moratória da sua dívida com o governo federal. Em que pese o fato de que o efeito fiscal desta medida era praticamente nulo – porque o que o estado deixava de pagar era compensado pelo governo federal mediante outros mecanismos, como a retenção de transferências constitucionais – e de que não afetava os pagamentos externos, a leitura conjunta dos dois episódios, nos mercados internacionais, foi inicialmente muito negativa para o Brasil, que foi julgado como repetindo os

---

[1] Estes percentuais se referem ao que foi negociado com o FMI, metas essas que durante anos se considerou que na prática foram ultrapassadas, em função do desempenho fiscal dos anos seguintes, na comparação com o valor do PIB divulgado a cada ano. Em 2007, ao ser revista a série histórica do PIB desde 1995 por parte do IBGE, porém, na prática, o superávit primário em cada um dos anos tornou-se menor, em termos relativos, pelo fato de que o PIB nominal revisto foi em torno de 10% maior que o da série original. Isso significa, grosso modo, que um superávit ex-ante de 3% do PIB tornou-se *a posteriori* da ordem de 2,7% do PIB. Nas tabelas com os dados históricos, apresentam-se os dados corretos com base na série revista do PIB, mas ao levar em conta as metas acordadas com o FMI não há como evitar aludir à meta de superávit primário/PIB que foi acordada na época. Na Tabela 7.1, para efeitos comparativos, mostram-se lado a lado os percentuais originais acordados com o FMI em 1999 e o valor que o superávit primário nominal então definido representaria, na comparação com a série histórica do PIB revista pelo IBGE anos depois, já com base na nova revisão da série ocorrida em 2015.

piores vícios do passado. A imagem de um país que, depois de tomar o dinheiro do FMI, não cumpria os seus compromissos e dava "calote" nas suas dívidas, que tanto marcara o Brasil no passado, voltou a dominar a avaliação dos analistas estrangeiros. Em tais circunstâncias, a perda de reservas em alguns dias chegou a ser de mais de US$1 bilhão/dia e, após uma fracassada tentativa – que durou 48 horas – de fazer uma "pequena" desvalorização controlada de menos de 10%, mediante a adoção de um sistema de bandas, o governo foi compelido pelas circunstâncias a deixar o câmbio flutuar em 15 de janeiro de 1999, o que, na prática, representou uma maxidesvalorização.

Os efeitos da desvalorização sobre a dívida

No final de 1998, em função da necessidade de procurar convencer os agentes econômicos de que o governo não iria desvalorizar a moeda nacional e como forma de permitir às empresas fazer *hedge*, sem pressionar a procura por dólar, o governo central tinha acumulado uma dívida em títulos indexados ao dólar de 7% do PIB, na época da ordem de 20% da dívida em títulos públicos federais. Com a desvalorização que ocorreu no início de 1999 – a despeito das intenções oficiais –, evidentemente o valor dessa dívida, comparada com o PIB, aumentou muito. Algo similar ocorreu com a dívida externa, de 6% do PIB no final de 1998.

Ao longo de 1999, a taxa de câmbio R$/US$ teve um aumento nominal de 48%. No final de dezembro de 1998, a cotação era de R$/US$1,21, nível esse praticamente mantido até a adoção do sistema de bandas, em 13 de janeiro, que levou a taxa ao novo teto de R$1,32, onde permaneceu por dois dias. Com a liberação cambial, a cotação teve uma alta vertiginosa, chegando a fechar janeiro em R$1,98 e fevereiro em R$2,06 e atingindo o máximo no início de março, quando chegou a R$2,16. Com a alta da taxa de juros, o novo acordo com o FMI e a aprovação de novas medidas de ajuste fiscal por parte do Congresso, a cotação cedeu, até um mínimo de R$1,66 no final de abril. A partir daí, houve alguns altos e baixos – com a taxa chegando em alguns dias a superar novamente o nível de R$2,00 – e a taxa no final de dezembro de 1999 foi de R$1,79 (Gráfico 7.1).

A relação dívida/PIB é uma função, primordialmente, de duas coisas: o déficit público – que, a não ser que seja monetizado, incorpora-se à dívida anterior –; e o PIB – para uma mesma dívida, quanto maior o denominador, por definição, menor é a relação dela com o tamanho da economia. Em 1999, com um déficit elevado e o PIB praticamente estagnado, era natural que a relação dívida/PIB aumentasse. Adicionalmente, porém, essa relação aumentou devido aos efeitos da desvalorização real sobre uma soma de dívida interna indexada ao câmbio mais dívida externa, de 13% do PIB quando a taxa de câmbio foi liberada.

GRÁFICO 7.1
Taxa de câmbio R$/US$ – Fim de período

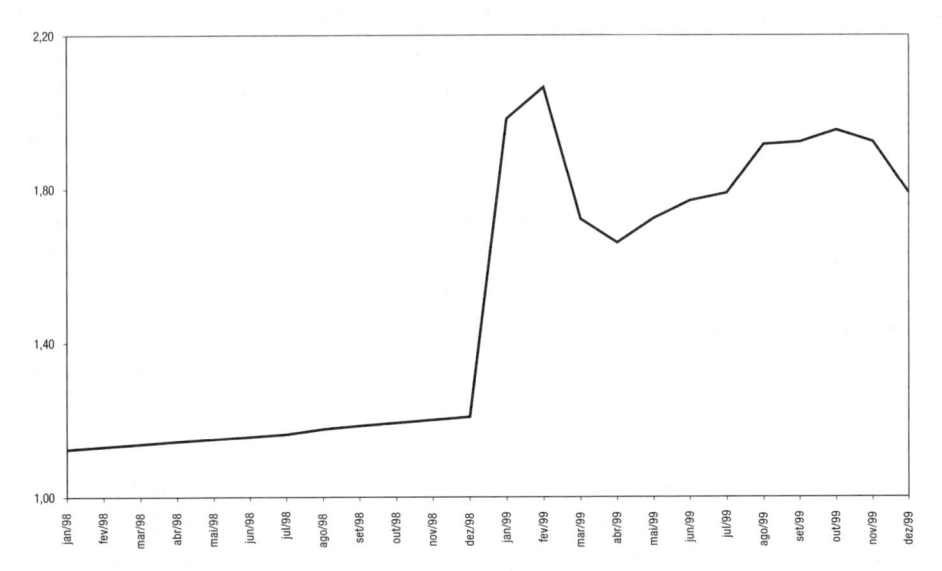

Fonte: Banco Central.

O ressurgimento do "fantasma" da moratória interna

No final de 1989, a dívida interna líquida do governo central era de 8,1% do PIB e a dívida líquida total do setor público era de 40,2% do PIB.[2] Nessas condições, no início de 1990, o governo do recentemente empossado presidente Fernando Collor bloqueou a maior parte dos recursos financeiros, que ficaram retidos por um período médio de aproximadamente dois anos. Desde então, as críticas à chamada "ciranda financeira" e a crença de que, em algum momento, seria necessário fazer "alguma coisa" com a dívida pública, mediante algum tipo de diminuição compulsória da mesma, foram temas recorrentes de uma parte dos críticos das diversas políticas econômicas adotadas nos anos 1990 e, de certa forma, permearam o que se poderia chamar de "imaginário popular" durante muitos anos. De qualquer forma, a combinação de subindexação implícita da dívida, no início da década, com os resultados fiscais de 1990/1994, no conceito operacional, fizeram a dívida interna líquida do governo central cair para apenas 6,7% do PIB e a dívida líquida total do setor público para 30% do PIB no final de 1994, respectivamente, amenizando bastante aquele tipo de análises. Entretanto, no final de 1998, tais percentuais tinham aumentado para 18,8% e 37,9% do PIB, respectivamente. Mais grave ainda: a dívida mobiliária

---

[2] Como em outros capítulos, o conceito de dívida líquida aqui utilizado considera a base monetária, que é entendida como dívida nas estatísticas oficiais.

do governo central, ou seja, a dívida em títulos – sem contar os créditos de diversos tipos que o governo central tem com os estados, com devedores do Banco Central etc. e que são descontados para se chegar ao conceito de dívida líquida – era de 31,3% do PIB no final de 1998, o que representava um aumento expressivo em relação aos 11,7% do PIB de final de 1994. A tendência era que esses coeficientes aumentassem em 1999, com a combinação prevista de déficit e estagnação do PIB, como já foi explicado.

Não é de estranhar, portanto, que em tais condições, já em 1998, começassem a proliferar aqui e acolá algumas especulações de que o governo iria repetir a dose do Plano Collor de 1990 e, em algum momento, congelar as poupanças financeiras, como forma de bloquear o aumento da dívida pública.

Era justamente para evitar uma situação de colapso financeiro do setor público que o governo, desde o final de 1998, se empenhava em implementar um ajuste fiscal rigoroso, que estancasse essa trajetória de crescimento da dívida. Em um primeiro momento, porém, a percepção de que esse ajuste seria "para valer" não se encontrava ainda muito difundida. Muita gente julgava que, como no passado, o Brasil não cumpriria as metas com o FMI e que o único efeito do aumento das taxas de juros praticado no início da crise externa do país seria aumentar mais ainda a dívida pública. Isso geraria um processo do tipo "profecias autocumpridas" (*self-fulfilling prophecies*), em que a crença de que algum fenômeno ocorrerá leva à ocorrência efetiva do mesmo. Um caso típico é uma corrida bancária: se os correntistas acharem que um banco X está passando por dificuldades, haverá uma corrida para fazer saques e o banco passará efetivamente a se ver sem recursos para pagar aos correntistas. Esse tipo de temores, naturalmente, se aguçou com a desvalorização e a nova "rodada" de aumentos da relação dívida/PIB que ela provocou.

No final de janeiro de 1999, já com os primeiros cálculos de que, devido ao *overshooting* cambial, a dívida líquida do setor público estaria muito acima do nível de 30 dias antes –, o "fantasma" de uma moratória da dívida interna ou de algo vagamente similar ao que ocorrera em 1990 ressurgiu em toda sua plenitude. Foi nesse contexto que, nos últimos dias de janeiro, se criou um verdadeiro pânico, em uma situação característica de uma psicose coletiva, com corrida aos bancos em todo o país, para se prevenir de um possível novo bloqueio das contas.

O acordo de 1999[3]

A combinação de: a) um novo acordo com o FMI, cujas metas fiscais figuram na Tabela 7.1; b) alta temporária dos juros, encarecendo o custo de oportunidade

---

[3] Para uma primeira análise dos problemas fiscais brasileiros existentes em 1999, ver Velloso (1999).

de comprar moeda estrangeira, em uma situação na qual a cotação da divisa norte-americana já era reconhecidamente elevada; e c) constatação de que a inflação não "explodira" com a desvalorização, como se chegou a temer, serviu para acalmar os ânimos e arrefecer a procura por dólar, a partir de março de 1999. Isso permitiu um recuo da cotação do dólar, o início de um movimento de queda dos juros ao longo do restante do ano e a reversão dos fenômenos antes apontados, notadamente da trajetória da dívida pública.

TABELA 7.1
Acordo com o FMI – Metas de superávit primário (% PIB)

Composição	1999		2000		2001	
	PIB Original	PIB Revisto /a	PIB Original	PIB Revisto /a	PIB Original	PIB Revisto /a
Governo Central	2,30	2,06	2,65	2,43	2,60	2,37
Estados e Municípios	0,40	0,36	0,50	0,46	0,65	0,59
Empresas Estatais	0,40	0,36	0,10	0,09	0,10	0,09
Total	3,10	2,78	3,25	2,98	3,35	3,05

/a Refere-se aos percentuais modificados em função da revisão da série histórica do PIB nominal, em 2015.
Fonte: Ministério da Fazenda.

O novo acordo assinado com o FMI contemplou a ampliação das metas de superávit primário consolidado do setor público, de 2,60% para 3,10% do PIB em 1999, com novos aumentos para 3,25% e 3,35% do PIB em 2000 e 2001, respectivamente – maiores que as metas anteriores já citadas de 2,80% do PIB em 2000 e 3% do PIB em 2001 –, mantidos os recursos para o país previstos no acordo original de dezembro de 1998. A ampliação do esforço fiscal explicava--se por dois motivos. Primeiro, o país tinha sofrido inicialmente uma perda de credibilidade e isso, no momento em que o acordo foi negociado – com o país fragilizado pela situação de incerteza em que se encontrava logo após a desvalorização –, era uma exigência da comunidade internacional, que tinha se comprometido em emprestar dezenas de bilhões de dólares ao Brasil. E segundo, como a dívida pública tinha crescido com a própria desvalorização, era natural que o superávit primário necessário para estabilizar ou diminuir a relação dívida/PIB – superávit esse que é uma função direta dessa relação – também sofresse uma revisão para cima.[4]

---

[4] No ano 2000, porém, em uma conjuntura de queda dos juros – o que, *ceteris paribus*, requer menos esforço fiscal – o governo manteve a meta fiscal do ano, mas anunciou uma revisão da meta consolidada para 2001, que foi reduzida para 3% do PIB. Na ocasião, foi anunciada a manutenção da austeridade para além do acordo com o FMI – que expiraria em 2001 – estabelecendo-se um objetivo de superávit primário do setor público de 2,70% do PIB para 2002. Na opinião oficial, os números seriam consistentes com o declínio da relação dívida pública/PIB, em um contexto de juros menores.

AJUSTE FISCAL E CRESCIMENTO ECONÔMICO

A sabedoria convencional sugere que programas de ajuste fiscal tendem a ser recessivos, isto é, diminuem a demanda agregada, tanto pela ação direta dos fatores de contração fiscal – provocando uma queda do gasto público ou da renda disponível do setor privado, devido ao aumento de impostos –, como pelos seus efeitos multiplicadores. Entretanto, nos anos 1990, surgiu uma literatura sobre o tema que chegou a conclusões opostas.

O trabalho pioneiro na matéria foi o de Giavazzi e Pagano (1990), que argumentaram que, em certas circunstâncias, um ajuste fiscal poderia ter consequências expansionistas sobre a economia, quando baseado no corte de gastos (ver também Alesina e Perotti, 1995). Isso estaria associado a três tipos de influência favorável de programas de ajustamento sobre o nível de atividade: i) a mudança na composição da demanda agregada em favor do investimento, causada pelo aumento dos lucros associado à queda do salário real, na presença de uma redução da relação consumo do governo/PIB (Alesina et alii, 1999); ii) a queda das taxas de juros, relacionada com o *rating* dos países que aderissem à disciplina fiscal; e iii) a melhora do ambiente de negócios, em um contexto de redução das incertezas. Este último pode ser entendido como o fenômeno oposto do que que ocorre quando um crescimento explosivo da dívida pública gera preocupações que afetam negativamente o ritmo dos negócios. Em um *paper* publicado já em meados dos anos 1990, com base na experiência da Suécia, Giavazzi e Pagano referiram-se ao impacto expansionista de programas de contração fiscal como "efeitos não keynesianos da política fiscal". Alesina et alii, no texto já mencionado, citam um extenso *survey* da literatura teórica que sustenta essa tese.

Adicionalmente, pode-se falar dos efeitos de causalidade recíproca entre ajuste fiscal e crescimento econômico. Assim como aquela corrente de autores sustenta que o ajuste pode contribuir favoravelmente para o crescimento, este tende a reforçar o ajuste fiscal. É óbvio que o gasto público não pode cair indefinidamente. Assim, após a contração inicial do gasto, com o crescimento deste controlado e sendo mantido abaixo da taxa de crescimento do PIB, a relação gasto/PIB pode cair, aumentando o superávit primário – em um quadro de elasticidade unitária da receita em relação ao PIB – e favorecendo rodadas posteriores de redução da taxa de juros. Isso tem o potencial de gerar uma espécie de círculo virtuoso de crescimento econômico, redução do "risco-país", queda de juros e incentivo a mais crescimento.

Um cálculo simples ajuda a entender o potencial disso. No Brasil, o gasto do governo central em 1999, líquido das despesas de juros e trans-

> ferências a estados e municípios – que são uma função da receita –, era da ordem de 14% do PIB. Se, a partir desse ano, ele aumentasse 2,5% a.a. – note-se que isso significava um aumento do gasto *per capita*, já que a taxa correspondia aproximadamente ao dobro da expansão populacional na época –, em um contexto em que o PIB crescesse anualmente a um ritmo de 4,5%, a diferença de 2 pontos percentuais implicaria reduzir a relação gasto/PIB, em um ano, em apenas 0,3% do PIB. Acumulada ao longo de cinco anos, porém, isso significaria uma queda do gasto público de quase 1,3% do PIB, algo sem dúvida significativo.

O objetivo do novo acordo, aprovado pelo *board* do FMI em março, era, após o salto inicial, diminuir a dívida pública até o final do programa fiscal – 2001 –, em pelo menos 7 pontos do PIB em relação ao nível em que ela se encontrava na época, após a desvalorização. Assim, a dívida seria maior do que a prevista no início do programa, justamente devido à mudança cambial, mas os maiores superávits futuros e a queda posterior das taxas de juros permitiriam, conforme o memorando de política econômica divulgado conjuntamente pelo governo brasileiro e pelo FMI em março de 1999, reduzir a proporção entre a dívida pública e o PIB.

Um fato relevante a ser registrado é que, embora o ajuste primário fosse peça essencial do acordo de dezembro de 1998, nele a meta fiscal era representada pelas NFSP. Na terminologia do FMI, as chamadas "metas indicativas" se referem a variáveis macroeconômicas importantes, cujo cumprimento, porém, não condiciona a liberação dos desembolsos futuros de um programa de apoio. Já os denominados "critérios de desempenho" são o "termômetro" que mede o cumprimento ou não do acordo por parte de um país. Este pode não cumprir com as metas indicativas, mas, caso não respeite os critérios de desempenho, arrisca-se a ter os desembolsos futuros suspensos – com tudo o que isso implica em termos de imagem – ou a pedir um *waiver* – uma espécie de "perdão" – ao *board* do FMI, o que deixa o país dependendo da boa vontade do mesmo na aceitação ou não desse pedido. No primeiro acordo – no qual o resultado primário era apenas uma meta indicativa –, como o critério de desempenho era dado pelas NFSP, um aumento das taxas de juros forçosamente teria que ser acompanhado de uma mudança compensatória do superávit primário – ou, alternativamente, sujeitar o Brasil a um pedido de *waiver* ou à suspensão dos empréstimos.

No novo acordo, negociado em condições em que havia grande incerteza em relação à inflação futura – e portanto, também, em relação aos juros futuros

–, o governo teve que se comprometer com um esforço fiscal primário maior do que o anunciado no final de 1998. Em compensação, porém, convenceu o FMI a aceitar a troca do déficit nominal pelo superávit primário como critério de desempenho, enquanto a variação da dívida – que gera as NFSP –, por sua vez, virou uma meta indicativa. Isto foi importante, porque evitou que a política fiscal ficasse sujeita a sobressaltos – já que antes, se o governo aumentasse os juros, teria que negociar novas medidas fiscais com o Congresso – e liberou, de certa forma, a política monetária, sem os *constraints* aos quais anteriormente ela ficava exposta, pela possibilidade de uma alta dos juros gerar o descumprimento dos termos do acordo.

AS REFORMAS ESTRUTURAIS

No período 1995/1998, muito se falou na necessidade de aprovar as chamadas "reformas estruturais", como forma de resolver "definitivamente" o problema fiscal brasileiro. A ideia é que a solução deste implicaria, por um lado, a adoção de uma postura fiscal ortodoxa por parte do governo mas, por outro, ter à mão os instrumentos para que essa postura pudesse efetivamente se traduzir em uma redução do déficit público. A reforma administrativa – que permitiu a demissão, em certos casos, em nível estadual e municipal, de pessoal que gozava anteriormente de estabilidade – e a privatização – pelo uso para abatimento de dívida, em alguns casos, ou pelo fechamento de "torneiras" de déficit, em outros – são exemplos desse tipo de reformas cuja importância transcende a conjuntura e que têm efeitos duradouros no tempo, ao contrário de processos de ajuste que podem ser facilmente revertidos.

No período 1995/1998, porém, tais reformas não se traduziram em uma melhoria efetiva das contas públicas, por cinco motivos. Primeiro, porque as reformas foram insuficientes. Segundo, porque as mais importantes delas – a administrativa e a previdenciária – só foram aprovadas em 1998. Terceiro, porque em alguns casos os efeitos das medidas demoram a aparecer, requerendo tempo para gerar resultados de caixa. Quarto, porque a economia "perdeu fôlego" no período, particularmente em 1998, o que tende a piorar o resultado das contas públicas, pela perda de receita, simultaneamente ao aumento das demandas sociais que isso implica. E quinto, porque não foram acompanhadas de um empenho governamental mais firme na perseguição firme e constante de uma redução dos desequilíbrios na condução das suas políticas no dia a dia. Faltou, na época, o que alguém denominou de "obsessão fiscal". A partir de 1999, porém – e apesar da continuidade da estagnação da economia naquele ano –, algumas coisas começaram a mudar.

As reformas da previdência social[5]

A mudança da previdência social brasileira deve ser vista como um processo, feito de avanços sucessivos, em que a cada passo, alguma distorção é corrigida e vão se fechando espaços da legislação – ou mesmo da Constituição – que são fontes de desequilíbrios atuariais e fiscais. Nesse sentido, as medidas do governo nesse campo, durante 1998/1999, podem ser desdobradas em duas fases, quais sejam:

- Aprovação da Emenda Constitucional da previdência social em 1998.
- Aprovação do "fator previdenciário" em 1999.

A aprovação da mudança constitucional, embora o texto final tenha ficado bastante aquém do que o governo tinha inicialmente proposto, teve uma certa importância, por dois motivos. Um, porque permitiu tornar um pouco mais rígidas as regras para aposentadoria na administração pública, fechando as brechas para os privilégios mais escandalosos, como aposentadorias ultraprecoces e sem maior tempo de contribuição prévio. E dois, porque permitiu "desconstitucionalizar" o cálculo das aposentadorias do INSS, remetendo o assunto para a legislação ordinária – cuja mudança requer quórum menor.

Foi com base justamente nessa possibilidade que, em 1999, o governo conseguiu aprovar no Congresso Nacional o chamado "fator previdenciário". A nova lei estabelece que o cálculo da aposentadoria deve tomar como base a média dos 80% maiores salários de contribuição a partir de julho de 1994 – de modo a evitar polêmicas acerca de como inflacionar os valores da época anterior ao plano Real.[6] Além disso, a nova lei define que essa média ponderada deve ser multiplicada por um fator, baseado em critérios atuariais, diretamente proporcional à idade da pessoa e ao seu tempo de contribuição. Assim, quem se aposenta mais tarde e com mais tempo de contribuição tem vantagens em relação a quem se aposenta jovem e com pouco tempo de contribuição. Para aposentadorias muito precoces, o fator previdenciário assume valores inferiores a 1 e pode ser superior a 1 se o indivíduo posterga muito a aposentadoria ou contribui por muito tempo.[7] Observe-se, portanto, que o mecanismo é uma fonte potencialmente importante de redução da despesa média com benefícios, podendo ter efeitos fiscais

---

[5] A previdência social será analisada em detalhes no Capítulo 11. Sobre os pontos aqui tratados, ver Ornelas (1999) e Ornelas e Vieira (1999).

[6] Até então, as aposentadorias do INSS eram calculadas, em função de dispositivo constitucional, com base na média dos últimos 36 salários de contribuição – ou seja, três anos – da vida ativa do indivíduo. Como o salário das pessoas, principalmente as de maior escolaridade, tende a aumentar ao longo da vida, o mecanismo constituía um mecanismo perverso de subsídio em favor das categorias de maior renda, que se aposentavam com uma remuneração muito superior à média das suas contribuições.

[7] A regra anterior, na prática, equivalia a ter um fator previdenciário igual à unidade.

não desprezíveis, caso as pessoas optem por se aposentar muito cedo. O fator previdenciário é recalculado regularmente, em função da tábua de mortalidade divulgada a cada ano pelo IBGE. Os fatores iniciais, baseados nas estatísticas demográficas disponíveis na época da aprovação da lei, em 1999, encontram-se na Tabela 7.2. Ela mostra que, por exemplo, uma pessoa que se aposentasse com 35 anos de contribuição, mas com apenas 50 anos de idade, teria uma redução de 30% em relação à média resultante das suas contribuições utilizadas na base de cálculo da aposentadoria.[8]

Cabe destacar que, na negociação parlamentar para aprovar a matéria, foi concedido um abono de 5 anos às mulheres e de 5 anos aos professores de ensino primário e médio – cumulativos no caso das mulheres professoras –, na contagem do seu tempo de contribuição. Uma pessoa do sexo feminino, portanto, que contribua durante 30 anos, terá o seu tempo de contribuição contabilizado, para efeitos da tabela, como se tivesse contribuído durante 35.

TABELA 7.2
Fator previdenciário (a)

Tempo de contribuição (anos)	Idade de Aposentadoria (anos)					
	50	55	60	65	70	75
35	0,70	0,86	1,07	1,38	1,83	2,53
36	0,72	0,88	1,11	1,42	1,89	2,60
37	0,75	0,91	1,14	1,46	1,95	2,68
38	0,77	0,94	1,17	1,50	2,00	2,76
39	0,79	0,96	1,20	1,55	2,06	2,83
40	0,81	0,99	1,24	1,59	2,11	2,91
41		1,02	1,27	1,63	2,17	2,99
42		1,04	1,30	1,67	2,23	3,07
43		1,07	1,34	1,72	2,28	3,15
44		1,10	1,37	1,76	2,34	3,22
45		1,12	1,40	1,80	2,40	3,30
46			1,44	1,85	2,46	3,38
47			1,47	1,89	2,51	3,46
48			1,51	1,93	2,57	3,54
49			1,54	1,98	2,63	3,62
50			1,57	2,02	2,69	3,70
51				2,06	2,75	3,78
52				2,11	2,80	3,86
53				2,15	2,86	3,94
54				2,20	2,92	4,02
55				2,24	2,98	4,10

(a) Refere-se ao fator previdenciário original (sujeito a modificações com o passar dos anos) de quem começou a contribuir aos 15 anos de idade.
Fonte: Ornelas e Vieira (1999), Tabela 3.

---

[8] A Tabela 7.2 refere-se ao fator previdenciário original. Entretanto, ele foi sofrendo pequenas mudanças ao longo do tempo, em função da mudança da expectativa de sobrevida divulgada a cada ano pelo IBGE.

A lei de responsabilidade fiscal

No início da década de 1990, a Nova Zelândia encontrava-se em uma situação macroeconômica delicada: a inflação, embora menor que na segunda metade dos anos 1980, deixara de cair e estabilizara-se no nível de 6% acima do desejado; o déficit público era alto, de 3,5% do PIB, em média, em 1990/1991; e havia uma séria ameaça de ter o *rating* do país rebaixado pelas agências internacionais avaliadoras de risco. Nesse contexto, as autoridades se empenharam em um programa de estabilização bastante duro, inovando ao adotar o regime de "metas inflacionárias" (*inflation target*), com o objetivo de ter uma taxa declinante de variação dos preços; e adotaram um forte ajuste fiscal convencional. Como resultado, em meados dos anos 1990 o superávit fiscal aproximou-se de 1% do PIB e a dívida pública caiu de mais de 50% do PIB, no início da década, para 42% do PIB em 1994, ao mesmo tempo que a inflação cedia. Nesse último ano, justamente como forma de consolidar institucionalmente o esforço que vinha sendo perseguido e evitar futuros recuos, o país aprovou o "*fiscal responsibility act*", o qual, ainda que sem fixar nenhuma meta numérica para o gasto público, as receitas ou o déficit, representou um marco para o país e passou a ser considerado uma referência no debate internacional sobre política fiscal, ao definir critérios de transparência e responsabilidade na administração das finanças públicas.

Inspirado nessa legislação e nos excelentes resultados obtidos pelo citado país, o governo brasileiro procurou seguir um caminho semelhante, enviando ao Congresso Nacional, como parte das medidas de ajuste para 1999, um conjunto de definições e compromissos que passariam a nortear o comportamento das autoridades dos três níveis de governo, após a sua aprovação. O projeto foi batizado de lei de responsabilidade fiscal (LRF) e exaustivamente debatido pelo Congresso, que o aprovou no ano 2000.

A LRF representa uma série de diretrizes gerais que devem balizar as autoridades, na administração das finanças públicas dos níveis central, estadual e municipal. Entre os principais aspectos incluídos no projeto, que consta de dezenas de artigos, encontram-se dispositivos que, entre outras coisas, estabelecem tetos para a despesa com pessoal; limitam o endividamento público; obrigam a um retorno rápido a certos níveis de endividamento, se os limites forem temporariamente ultrapassados; definem regras rígidas para o comportamento do gasto com pessoal no final do mandato das autoridades – lacuna que gerava uma antiga mazela fiscal do país, na forma de um *boom* do gasto no final de um governo; vedam a possibilidade de refinanciamentos ou postergação de dívidas entre entes da federação – eliminando, a princípio, a porta para a "socialização de prejuízos" tantas vezes imposta no passado ao Tesouro

Nacional por parte de estados inadimplentes – e preveem sanções para os casos de não cumprimento das regras da lei (Fundação Getulio Vargas, 2010).

Além dos limites de gasto com pessoal como função da receita, já previsto anteriormente, mas que não podia ser cumprido por insuficiência da legislação, a nova lei inovou ao estabelecer limites no interior de cada uma das esferas de governo, dando assim amparo legal ao Poder Executivo de cada instância para satisfazer os limites globais de gasto. Até então, isso não era possível, entre outras coisas pela possibilidade que o Legislativo e o Judiciário das esferas correspondentes de governo tinham de se autoconceder aumentos, em determinadas instâncias, aumentos esses que a partir da aprovação da LRF ficariam condicionados à obediência aos tetos dispostos na lei. Assim, esses tetos de gasto com pessoal, definidos como um percentual da receita corrente líquida (RCL), passaram a ser:

- na esfera do governo central, 50% da RCL, sendo
    - 2,5% para o Legislativo, incluindo o Tribunal de Contas da União;
    - 6% para o Judiciário; e
    - 41,5% para o Executivo;
- na esfera estadual, 60% da RCL, sendo
    - 3% para o Legislativo, incluindo o Tribunal de Contas do Estado;
    - 6% para o Judiciário; e
    - 51% para o Executivo; e
- na esfera municipal, 60% da RCL, sendo
    - 6% para o Legislativo, incluindo o Tribunal de Contas Municipal; e
    - 54% para o Executivo.

A lei representou apenas um primeiro passo na definição de um marco institucional mais rígido, que evite desmandos na administração pública, e não teve efeitos imediatos de caixa. Entretanto, por outro lado, ela foi considerada um avanço importante para um controle duradouro das contas fiscais, constituindo, nesse sentido, uma mudança estrutural favorável para o equilíbrio fiscal.

O amadurecimento do ajuste dos estados

Embora os resultados fiscais dos governos estaduais tenham sido muito ruins no período 1995/1998, nesse período, como vimos no Capítulo 6, lançaram-se as bases para uma melhora, a médio prazo, do quadro fiscal em nível estadual.

Em 1999, a estratégia do governo federal de ir fechando aos poucos as fontes de "vazamentos" de financiamento do déficit de estados e municípios – mais especificamente, dos primeiros – foi testada com a disposição manifestada por alguns governadores de estado – fortalecidos pelo fato de terem sido recém-empossados

– de pleitear uma renegociação da dívida que tinha acabado de ser renegociada nas administrações anteriores, encerradas em 1998. O fato teria péssimas repercussões sobre o ajuste fiscal, por afetar negativamente o superávit primário do setor público e pelo risco de ser visto como um sinal de fraqueza do governo federal, gerando um "efeito-dominó" de reivindicações que, fatalmente, desaguariam, mais cedo ou mais tarde, em maior pressão de gastos.

O ESGOTAMENTO DA PRIVATIZAÇÃO

No acordo aprovado pelo FMI em março de 1999, previam-se receitas de privatização – excluindo outras receitas de concessões – de R$28 bilhões, ou mais de 2,5% do PIB previsto para o mesmo ano. Desse total, R$24 bilhões seriam de privatizações federais e R$4 bilhões de estados e municípios – com destaque para os primeiros. O carro-chefe das privatizações seria representado pela venda das empresas do setor elétrico federal, pertencentes à Eletrobras.

No final do ano, porém, verificou-se que os resultados, comparativamente a essas metas, foram ínfimos. Apenas os programas estaduais de privatização – especialmente o de São Paulo – tiveram continuidade, enquanto as receitas federais de venda de ativos foram irrisórias. Essa continuidade dos programas estaduais – com destaque para o setor elétrico – se deveu a objetivos específicos – fundamentalmente, o desejo dos governos de reduzir a sua dívida com o governo central.

O programa de privatização, como se diz popularmente, "perdeu o fôlego". Em cada um dos casos das empresas que se previa privatizar, houve problemas técnicos e legais – dificuldades para fazer a cisão de empresas da Eletrobras; necessidade de regulamentar o regime de águas do rio São Francisco, antes de vender a Companhia Hidrelétrica do Rio São Francisco – CHESF; indefinição acerca de questões atuariais dos fundos de pensão dos empregados etc. – que explicam os sucessivos adiamentos do prazo das vendas. Em outras circunstâncias, porém, tais questões poderiam ter sido solucionadas. Na prática, houve duas grandes razões que concorreram para o esgotamento da privatização, antes que as vendas previstas inicialmente tivessem sido completadas.

A primeira foi que governos politicamente debilitados não conseguem fazer privatizações de grande envergadura e que enfrentam muitas resistências, como era o caso das empresas de energia elétrica. E o fato é que o governo, que tivera na estabilidade de preços a base da sua popularidade de anos anteriores, arcou, em um primeiro momento, com um custo político significativo após a desvalorização de janeiro de 1999 e o aumento de preços que se seguiu a ela, perdendo parte da margem de manobra com que contou no período do primeiro mandato do presidente Fernando Henrique Cardoso (1995/1998).

> A segunda razão foi que a privatização deixou de ser vital para a estratégia econômica do governo. Isso marcou um contraste com o que tinha ocorrido durante 1997/1998, quando a venda de estatais foi determinante para, de um lado, financiar parcialmente o desequilíbrio de balanço de pagamentos, e, de outro, evitar um aumento maior da dívida pública. De fato, com a maxidesvalorização ocorrida, combinada com o "pacote" de ajuda externa de US$42 bilhões recebida pelo país e com o ajuste fiscal praticado, as necessidades de financiamento externo diminuíram e o processo de crescimento acelerado da dívida pública foi estancado. De certa forma, do ponto de vista macroeconômico, a privatização tinha deixado de ser fundamental. Daí por que a virtual paralisia do programa foi encarada com naturalidade pelos mercados.

O governo federal, porém, manteve-se firme em não ceder a esse tipo de reivindicações – ainda que fazendo concessões menores, sem reabrir a renegociação e sem ferir as metas do acordo com o FMI – e conseguiu honrar os termos dos acordos bilaterais negociados durante 1997/1998 com cada um dos estados, que pagaram seus compromissos em dia. Inclusive, no caso de Minas Gerais, único que de fato deixou de pagar, ao decretar moratória da sua dívida com o governo federal, este fez uso das garantias e reteve recursos em montantes similares às parcelas não pagas, sem sofrer graves prejuízos de caixa em decorrência da decisão do governo mineiro.

Desse modo, em função do cumprimento dos acordos de renegociação da dívida, que levaram os estados a assumir compromissos de pagamento efetivo ao Tesouro Nacional a partir da sua vigência, o superávit primário agregado de estados e municípios em 1999 foi de 0,2% do PIB, em contraste com o déficit primário médio de 0,4% do PIB de 1995/1998. O fato de esse resultado ter sido conseguido em um ano de queda da renda *per capita*, com receita baixa e pressões sociais também incidentes sobre as administrações estaduais, apenas reforça o mérito do esforço feito, no sentido de compartilhar os sacrifícios entre as diversas unidades de governo e evitar, como em outras oportunidades, que os esforços de estabilização das autoridades federais fossem corroídos pela ação das administrações estaduais ou locais – um dos principais desafios do federalismo, como veremos em outro capítulo.

OS RESULTADOS FISCAIS

A nova postura fiscal: uma mudança de regime?

O economista Janos Kornai, nos seus artigos iniciais acerca do comportamento das firmas em uma situação de restrição de recursos, dizia que "uma restrição orçamentária é dura se é implementada com uma disciplina férrea: a empresa só pode gastar os recursos que tem. Ela deve cobrir as despesas com o seu faturamento (...). A restrição orçamentária é fraca, quando tais princípios não são levados em conta (...). Restrições orçamentárias duras são efetivas no sentido acima explicado. Elas restringem a ação (...). Restrições orçamentárias fracas não são efetivas. A situação financeira da empresa não limita a sua ação" (Kornai, 1979, páginas 806/807). Kornai concluía seu artigo afirmando que "a dureza (*hardness*) ou fraqueza (*softness*) da restrição orçamentária reflete uma atitude (...). Se as perdas são compensadas com frequência, se o crescimento da empresa começa a se desvincular da sua situação financeira repetidamente ..., a gerência da empresa pode sentir que aumentou a probabilidade de que a empresa irá sobreviver, apesar de estar gastando além das suas possibilidades ou ter feito um investimento ruim" (Kornai, 1979, página 807, grifos nossos).

Anos depois, adaptando para o governo categorias analíticas similares às que antes aplicara às empresas, o mesmo economista veio a seguir uma linha específica de pesquisa para analisar as economias socialistas da época. Nessas pesquisas, definindo a restrição orçamentária como uma "característica comportamental" da sociedade e dos governos, ele aplicou os conceitos de restrição orçamentária "fraca" – isto é, ausência de restrição – e "rígida" ao comportamento dos governos.[9]

Nesse sentido, talvez a mudança mais importante acontecida em 1999 tenha sido a mudança de atitude do governo, do Congresso Nacional e do público em geral a respeito da necessidade de ter – e respeitar – metas fiscais. A ideia de ter parâmetros fiscais – ou seja, um déficit nominal de no máximo X ou um superávit primário de no mínimo Y –, já aventada por analistas anteriormente, mas sem ter nenhum eco até então, passou a ser encampada pelas autoridades e incorporou-se à racionalidade do jogo político. Claro que para isso muito contribuiu a sensação de pânico que se apossou do país no final de 1998/início de 1999, com a crise externa vivida pelo Brasil e a necessidade de ter um acordo com o FMI – e posteriormente, o sentimento de que era fundamental que o acordo fosse cumprido, ao contrário do que ocorrera em outras oportunidades, sob pena de ocorrer uma nova fuga de capitais. O grande desafio colocado para o país, a médio prazo, passou a ser o de conservar o padrão de austeridade fiscal do FMI – talvez sem superávits primários tão elevados, em um contexto de maior confiança –, mas sem ter para isso que assinar um acordo com esse organismo multilateral.

O fato é que anteriormente as pressões por mais gastos, quando atendidas, não tinham qualquer contrapartida, de modo que a "variável de ajuste"

---

[9] Ver o final do Capítulo 6.

– no caso, desajuste – era o déficit público. Já no contexto de vigência das metas fiscais de 1999/2001, havendo uma frustração de receita ou uma pressão por gastos adicionais, alguns impostos teriam que ser aumentados e/ou outros gastos teriam que cair, para respeitar a meta inicialmente traçada. Dada a história pregressa do Brasil no campo fiscal, a adoção desse tipo de lógica comportamental – embora não se soubesse se temporária ou duradoura – representou uma verdadeira mudança de regime para a administração pública brasileira. O "custo de dizer não", nesse contexto, tornou-se explícito – e muitos "nãos" tiveram que ser dados para satisfazer as metas do acordo com o FMI (Tabela 7.3).

TABELA 7.3
Necessidades de Financiamento do Setor Público – NFSP
1998/2002 (% PIB)

Composição	1998	1999	2000	2001	2002
NFSP	6,78	5,14	3,31	3,26	4,41
Governo Central	4,68	2,40	2,08	1,92	0,67
Estados e Municípios	1,83	2,80	1,90	1,84	3,45
Estados	1,63	2,39	1,66	1,75	2,94
Municípios	0,20	0,41	0,24	0,09	0,51
Empresas Estatais	0,47	–0,06	–0,67	–0,50	0,29
Federais	0,20	–0,34	–0,77	–0,60	0,00
Estaduais	0,22	0,24	0,09	0,09	0,27
Municipais	0,05	0,04	0,01	0,01	0,02
Superávit Primário /a	0,01	2,85	3,18	3,34	3,19
Governo Central /a	0,50	2,08	1,70	1,67	2,14
Gov. Federal e BC /a	1,21	2,95	2,54	2,65	3,28
INSS /b	–0,71	–0,87	–0,84	–0,98	–1,14
Estados e Municípios /a	–0,17	0,20	0,50	0,79	0,71
Estados	–0,37	0,14	0,38	0,54	0,57
Municípios	0,20	0,06	0,12	0,25	0,14
Empresas Estatais /a	–0,32	0,57	0,98	0,88	0,34
Federais	–0,21	0,58	0,85	0,60	0,10
Estaduais	–0,07	0,01	0,13	0,27	0,24
Municipais	–0,04	–0,02	0,00	0,01	0,00
Juros Nominais	6,79	7,99	6,49	6,60	7,60
Governo Central	4,98	4,48	3,78	3,59	2,81
Estados e Municípios	1,66	3,00	2,40	2,63	4,16
Estados	1,26	2,53	2,04	2,29	3,51
Municípios	0,40	0,47	0,36	0,34	0,65
Empresas Estatais	0,15	0,51	0,31	0,38	0,63
Federais	–0,01	0,24	0,08	0,00	0,10
Estaduais	0,15	0,25	0,22	0,36	0,51
Municipais	0,01	0,02	0,01	0,02	0,02

/a (–) = Déficit
/b Arrecadação líquida do INSS – Benefícios previdenciários
Fonte: Banco Central

Entre 1998 e 1999, o resultado primário consolidado sofreu um deslocamento (*shift*) fiscal de 2,8% do PIB. O esforço foi dividido entre a mudança de 1,6% do governo central e o ajuste de 0,4 e 0,9% do PIB de estados e municípios e das empresas estatais, respectivamente. Destaque especial cabe para os estados, que sozinhos tiveram uma melhora de performance de 0,5% do PIB entre esses dois anos, reflexo do cumprimento dos acordos de renegociação da dívida – os municípios pioraram ligeiramente a sua situação.

A QUEDA DAS TAXAS DE JUROS

Em 1997/1998, as taxas de juros tinham sido muito elevadas pelo fato de que, devido à necessidade de atrair capitais, em um contexto de desvalorização real gradual da taxa de câmbio e incerteza crescente acerca da continuidade da política cambial, as taxas domésticas incorporavam a desvalorização esperada e, no final do período, um importante prêmio de risco pela possibilidade de descontinuidade da política cambial. Isso fazia que, por processos de arbitragem de juros, a rentabilidade esperada em dólar das aplicações em títulos no mercado local, descontada pela possibilidade de desvalorização, fosse apenas razoável aos olhos de um investidor externo, enquanto a mesma taxa nominal, comparada com uma baixíssima inflação, gerava taxas de juros reais extremamente elevadas para os brasileiros.

Por contraste, em 1999, ocorreram várias mudanças: i) com a maxidesvalorização, a perspectiva de uma desvalorização adicional, por definição, diminuiu; ii) a nova política cambial liberou as autoridades monetárias da exigência de defender sistematicamente mediante a alta dos juros um nível específico de taxa de câmbio; iii) a melhoria da conta-corrente diminuiu as necessidades de captação externa, que pressionavam para cima as taxas de juros; iv) após alguns meses conturbados, houve uma diminuição do risco-país; v) com o ajuste fiscal, a percepção de risco de moratória interna diminuiu drasticamente, reduzindo-se, em consequência, as taxas nominais exigidas pelos tomadores nos leilões de títulos; e vi) a inflação ajudou a corroer, em parte, os rendimentos reais, principalmente quando deflacionamos as taxas nominais pelo IGP da FGV, já que em 1999 este teve uma variação de 20%, contra apenas 8,9% do IPCA do IBGE. Com isso, as taxas de juros reais caíram substancialmente em relação aos anos anteriores.

Taxa de juros real Selic (%)

Ano	Deflator: IGP (FGV)	Deflator: IPCA (IBGE)
1998	26,6	26,6
1999	4,7	15,3

Fonte: Banco Central.

A lógica das metas fiscais

Na época da adoção do acordo com o FMI, parte da crítica à política econômica argumentou que as metas caracterizavam uma espécie de "capitulação" do Brasil diante das "imposições" do FMI. Naturalmente, o fato de ter que recorrer a esse organismo é sempre um fator que sujeita o governo correspondente a críticas, em qualquer país do mundo e em quaisquer circunstâncias. A crítica de que o destino de uma nação é decidido no exterior sempre encontra eco e é razoável esperar que o assunto seja tratado com certa dose de emoção. Afinal de contas, nada mais natural do que a oposição exercer o seu direito de crítica. De certa forma, correta ou incorretamente, muitas vezes faz parte do jogo político que aqueles que estão no governo defendam o que atacariam se estivessem na oposição e vice-versa. Ao mesmo tempo, tais acordos, em um primeiro momento, costumam ser acompanhados de um desempenho negativo de variáveis econômicas chaves e, evidentemente, ninguém gosta de sacrifícios. As queixas, portanto, são não apenas compreensíveis, como perfeitamente legítimas.

O EFEITO DA DESVALORIZAÇÃO SOBRE AS NFSP DE 1999

Como já vimos, no final de 1998 o governo central tinha uma importante parcela da sua dívida direta ou indiretamente atrelada à cotação da divisa norte-americana e por isso a dívida pública aumentou, como resultado da desvalorização, quando medida em real ou como proporção do PIB. Os efeitos do aumento da dívida externa e da dívida interna indexada em dólar, porém, foram diferenciados no que tange à forma como as NFSP eram medidas até então.

De fato, no caso da dívida externa, o cálculo do déficit é "...apurado pela variação da dívida externa medida em dólar", obtendo-se o valor desse déficit "...pela conversão, para a moeda nacional, do resultado obtido, mediante aplicação de uma taxa de câmbio média" (Carvalho, 1997, página 234). Já no caso da dívida interna, a sua contribuição para o déficit nominal era simplesmente o resultado da variação da dívida interna líquida, com os devidos ajustes, para mais ou para menos, decorrentes da existência de privatizações ou do reconhecimento de dívidas antigas – os chamados "esqueletos".

Isso quer dizer que, ocorrendo uma desvalorização, o efeito da mesma sobre o déficit nominal, no caso da dívida externa, advém apenas do fato de que a contabilização da despesa de juros passa a se dar sobre uma base maior. No caso da dívida interna, porém, além do efeito do aumento da base nominal de incidência dos juros, no momento da desvalorização a dívida indexada em dólar aumenta e esse salto da dívida deveria ser apropriado como despesa de juros nominais, pelo critério adotado até 1998.

Para que o leitor tenha uma ideia do que isso significa, imagine que a dívida de um governo, toda ela indexada ao câmbio, é de 100 unidades, sobre as quais os juros mensais são de 1% – ou seja, 1 unidade – e não há déficit nominal, de modo que a dívida é constante. Um dia, há uma desvalorização de 50%. Isso implica que, no mês em que isso ocorre, a despesa de juros nominais é de 51,5 – 50 unidades da variação da dívida e 1,5 correspondente aos juros de 1% sobre a dívida de 150.

Ora, o que se deseja medir com o cálculo das NFSP é o efeito da política fiscal sobre a demanda agregada da economia. Ocorre que, quando os detentores de títulos indexados ao câmbio se beneficiam de uma desvalorização, eles ficam mais ricos em termos reais, na moeda nacional, mas não consomem todo o "delta" da sua riqueza. Não parece muito apropriado, portanto, considerar que, nesse caso, o aumento da dívida representa um déficit. Admitir isso, por analogia, implicaria aceitar que, nas condições iniciais antes mencionadas, o governo se tornaria superavitário se o câmbio, ao invés de se depreciar, sofresse uma apreciação. É defensável, portanto, dar aos títulos indexados o mesmo tratamento que à dívida externa, não contabilizando o salto da dívida como déficit – isto é, como um aumento da dívida fiscal – e considerando o mesmo um ajuste patrimonial, entre os fatores determinantes da dinâmica da dívida total.

O governo, porém, no início de 1999, após a desvalorização cambial, tinha receio de que, se mudasse o critério de apuração do déficit público, fosse acusado de manipulação dos dados. Em função disso, optou pela solução salomônica de divulgar dois critérios. Assim, pelo critério original – que computava a variação da dívida interna como déficit –, as NFSP nominais em 1999 foram da ordem de 9% do PIB, enquanto, pelo critério alternativo – que é o que adotamos neste capítulo e que desconsidera os efeitos da desvalorização sobre os juros da dívida interna indexada ao dólar –, o desequilíbrio foi muito menor (5% do PIB). A diferença corresponde ao efeito da desvalorização nominal de aproximadamente 50% sobre a dívida interna em títulos cambiais existente no final de 1998, de 7% do PIB.

O analista econômico, porém, deve saber distinguir entre o que é apenas uma manifestação da lógica política do comportamento dos diversos agentes políticos e sociais e o que é razoável do ponto de vista técnico. No caso do acordo com o FMI, nas suas versões originais de 1998 e modificada de 1999, os objetivos fiscais obedeciam fundamentalmente ao objetivo de estancar o processo de aumento da dívida pública. Diante de um déficit fiscal, este deve ser financiado através da emissão de moeda ou de títulos. Sendo a primeira alternativa desaconselhável, como estratégia duradoura, pelos seus efeitos potencialmente inflacionários – ainda que em um ano ou outro seja possível financiar monetariamente o desequilíbrio, sem afetar os preços –, e esgotada a segunda opção – já que a dívida ameaçava se tornar explosiva –, só restava às autoridades um caminho: reduzir o déficit. É claro que sempre é possível argumentar que uma mesma queda deste pode ser obtida com maior redução de juros e menor sacrifício primário do que o *mix* previsto nesse tipo de acordos. Em um primeiro momento, porém, antes de ser conquistada a confiança dos detentores de títulos no sentido de que o governo é solvente, a forma natural de manter o interesse dos credores do governo em rolar a dívida é ter uma taxa de juros atraente a ponto de evitar que a insuficiência dessa rolagem afete a emissão monetária – gerando pressões sobre o mercado de ativos e sobre os preços.[10]

O fato é que o país, mantida a situação observada até 1998, estava indo para uma situação-limite. Pode-se dizer que a adoção de metas fiscais foi uma tentativa de corrigir o rumo do *Titanic* antes de ele encontrar o *iceberg* – neste caso, representado pela ameça de moratória da dívida pública.

É necessário destacar que, como veremos no Capítulo 9, com uma senhoriagem de 0,4% do PIB, um crescimento real da economia da ordem de 4%, uma inflação de 5% a 6% e uma taxa de juros nominal da ordem de 16% a 18% – condições que, *grosso modo*, correspondiam à média esperada para 1999/2001, período de vigência do acordo com o FMI –, a estabilização da dívida pública em 45% do PIB – nível próximo ao observado depois da desvalorização – exige um superávit primário de 2% a 3,2% do PIB. Como o país estava inicialmente com um verdadeiro "déficit de credibilidade" – implicando a necessidade de uma espécie de "sobreajuste" para convencer os analistas de que o compromisso com a austeridade fiscal era firme – e como, adicionalmente, pretendia-se não apenas evitar que a dívida aumentasse como proporção do PIB, mas inclusive causar uma queda dessa relação, para reverter o aumento anterior, era natural que as metas de superávit primário para 1999/2001 se situassem na metade superior do referido intervalo.

O papel das receitas extraordinárias para o ajuste[11]

Como vimos, a parte mais importante do esforço de ajustamento primário depois de 1998 coube ao governo central (Tabela 7.4). Ao comparar os resultados de 1998 com os de 1999, por sua vez, constata-se que:

---

[10] A já mencionada redução, em 2000, da meta primária para 2001 que tinha sido definida no auge da crise, em 1999, é uma forma de conciliar ambas as visões. Por um lado, isso permitiu reduzir a pressão sobre o gasto, atendendo às demandas sociais. Por outro, a decisão só poderia ter sido tomada, sem gerar efeitos negativos sobre a credibilidade da política econômica, uma vez que o governo tivesse reconquistado antes a confiança dos agentes econômicos, dando provas claras de rigor fiscal. No cenário mais confortável de 2000, com juros menores, a revisão da meta de 2001 foi recebida com naturalidade.

[11] Sobre este ponto, ver Giambiagi e Rigolon (2000).

TABELA 7.4
Resultado Primário do Governo Central 1998/2002 (% PIB)

Discriminação	1998	1999	2000	2001	2002
Receita total	18,24	19,17	19,55	20,55	21,46
Tesouro / BC	13,64	14,68	14,92	15,81	16,70
INSS	4,60	4,49	4,63	4,74	4,76
(–) Transferências estados e municípios	2,84	3,20	3,35	3,50	3,76
Receita líquida	15,40	15,97	16,20	17,05	17,70
Despesas não financeiras	14,75	14,26	14,62	15,60	15,81
Pessoal	4,44	4,36	4,48	4,75	4,77
Benefícios previdenciários INSS	5,31	5,36	5,47	5,72	5,90
Demais despesas /a	5,00	4,54	4,67	5,13	5,14
Despesas FAT	0,52	0,51	0,46	0,50	0,54
LOAS/RMV	0,11	0,13	0,17	0,20	0,23
Subsídios e subvenções	0,29	0,24	0,30	0,35	0,16
Relacionamento TN-BC	n.d.	0,08	0,08	0,08	0,08
OCC restrito /a	4,08	3,58	3,66	4,00	4,13
Discrepância estatística /b	–0,15	0,37	0,12	0,22	0,25
Superávit primário	0,50	2,08	1,70	1,67	2,14

/a Critério de pagamento efetivo pelos órgãos.
/b Diferença entre os dados "acima" e "abaixo" da linha.
n.d. Não disponível.
Fonte: Secretaria do Tesouro Nacional.

a) a mudança primária de 1,6% do PIB esteve associada a uma queda de 0,5% do PIB do gasto exclusive transferências e a um aumento de 0,6% do PIB da receita líquida;[12]

b) apesar do pequeno crescimento do PIB e do aumento do número de aposentados e pensionistas, a relação benefícios previdenciários/PIB se manteve praticamente constante, em função da inflação;

c) um fenômeno similar ocorreu com as despesas de pessoal, que caíram ligeiramente em termos reais, devido à inflação;

d) revertendo o que tinha acontecido até 1998, o OCC restrito sofreu uma queda nominal de 5% entre 1998 e 1999, o que correspondeu a uma contração real de 12% – considerando o deflator do PIB – e a uma redução dessa rubrica de 0,5% do PIB entre os dois anos;[13] e

---

[12] A diferença entre a soma destes fatores e a mudança total de 1,6% do PIB se deve a arredondamentos e à discrepância estatística entre os dados "acima" e "abaixo" da linha, que foi muito diferente em 1999, em relação a 1998.

[13] O conceito de OCC da Tabela 7.4 é diferente em relação ao Gráfico 6.1, já que o governo mudou o critério de classificação. Além de os níveis de agregação serem diferentes, o governo, nas estatísticas fiscais mais conhecidas, substituiu o "conceito liberação" – que computa o gasto quando o Tesouro libera os recursos para os ministérios – pelo conceito de "pagamento efetivo", que apura a despesa apenas quando esta é de fato desembolsada por órgão.

e) embora não conste da tabela, cabe dizer que, apesar da alta dos juros no início do ano, a despesa nominal de juros do governo central caiu 0,5% do PIB.[14]

Da mesma forma que em anos anteriores, o comportamento da receita continuou muito dependente das chamadas "receitas extraordinárias". O ajuste fiscal de 1999 e anos subsequentes foi beneficiado, principalmente, pelos seguintes fatos:

- a majoração da alíquota de CPMF, de 0,20% para 0,38% do valor das transações financeiras – após breve interrupção da cobrança entre janeiro e junho de 1999 –, com queda para 0,30% a partir de junho de 2000; com isso, a receita de CPMF representou 0,7% do PIB em 1999, como em 1998 e com previsão de aumento em 2000 – pela incidência plena da CPMF no ano;
- a eliminação, até 2002, da possibilidade de fazer certas deduções tributárias por parte das pessoas jurídicas, possibilidade essa que existia até 1998 e cuja suspensão temporária a partir de 1999 – inclusive – implicou um "delta" de receita da ordem de 0,3% do PIB;
- a receita de concessões, ainda de 0,8% do PIB em 1999 – mesmo nível que em 1998 – e 0,4% do PIB em 2000;
- a vigência do FEF, com o efeito de diminuir as vinculações em 0,3% do PIB em 1998/1999, depois substituído por um "mini-FEF", denominado "desvinculação de recursos da União" (DRU), de 2000 em diante; e
- a permissão, em 1999, para as empresas acertarem as suas dívidas com o fisco, sem o pagamento de multas, o que permitiu uma cobrança de atrasados equivalente a aproximadamente 0,5% do PIB naquele ano.[15]

Isso significa que o conjunto dos referidos fatores temporários que afetavam a receita líquida e que em 1998 tinham sido de 2,2% do PIB – computados outros efeitos menores aqui não mencionados, de 0,3% do PIB, registrados exclusivamente em 1998 – foi maior ainda, atingindo 2,6% do PIB em 1999, com perspectivas de ser ainda da ordem de 2% do PIB no ano 2000.[16] O desafio colo-

---

[14] No caso dos estados e municípios, ocorreu o oposto, devido ao componente de correção monetária. O governo central tinha boa parte da sua dívida indexada à taxa SELIC, que em termos nominais caiu de 28,8% para 25,6% entre 1998 e 1999. Já os estados tinham uma parte expressiva da sua dívida indexada ao IGP, cuja variação passou de 1,7% para 20% no mesmo período.

[15] Além disso, houve alguns componentes importantes de ajuste permanente da receita, com destaque para o incremento da alíquota da Cofins, de 2% para 3% do faturamento.

[16] Ver a seção sobre "a criação de fontes temporárias de contenção fiscal", no capítulo anterior, para entender os números em maiores detalhes. Não foi considerado, nessa conta, o efeito do DRU em 2000, pois ele é mais difícil de estimar. A razão é que, embora ele permita uma desvinculação de recursos importantes, isso não significa que na prática o gasto do governo federal cairá nessa magnitude. Isso porque, devido a pressões de natureza política e/ou social, o governo pode continuar usando parte daquilo que formalmente lhe seria possível deixar de gastar. Nesse caso, apenas uma fração do potencial de ajuste do DRU se mostraria eficaz como meio de reduzir a relação entre o gasto público e o PIB.

cado para os anos posteriores passou a ser então o de conservar a austeridade fiscal, porém sem esse benefício de receitas temporárias – possivelmente, no contexto de um processo de crescimento, controlando a evolução do gasto, de modo a permitir a redução da relação gasto/PIB.

O ajuste fiscal e a trajetória da relação dívida/PIB

Com a implementação do ajuste fiscal, acompanhada:
a) da recuperação do PIB durante o ano de 1999, em relação ao nível de final de 1998;
b) da inflação, que em 1999 correu o valor dos juros reais e, portanto, do déficit operacional, que é o que determina a dinâmica da relação dívida/PIB; e
c) da valorização do R$, depois da escalada do dólar imediatamente posterior à desvalorização de janeiro de 1999, com impacto sobre o valor em R$ da dívida em US$ ou indexada ao câmbio; a dívida pública diminuiu, na segunda metade do ano, em relação ao "pico" que tinha atingido no início de 1999, no auge da desvalorização.[17]

Em que pese a redução da dívida pública na segunda metade do ano, em relação à explosão dela no começo de 1999, quando se leva em conta a situação no final do ano, em dezembro, a dívida pública continuou aumentando em cada um dos anos de 1999 a 2002, em relação à posição de dezembro do ano imediatamente anterior, da mesma forma que se tinha verificado no primeiro Governo FHC. A explicação para isso reside no efeito dos chamados "ajuste patrimoniais", a serem analisados mais detalhes no capítulo correspondente à dívida pública e associados às contínuas desvalorizações do real, que afetaram significativamente o peso na moeda nacional da dívida indexada ao dólar. O fato é que, em que pese o fato de que o superávit primário consolidado em cada um dos anos de 1999 a 2001 ter sido maior que o do ano anterior e ter se situado em torno de uma média de 3,1% do PIB no período 1999/2002, a relação dívida pública/PIB continuou sua trajetória ascendente.

As dificuldades de 2001/2002

Embora as metas fiscais do acordo com o FMI tenham sido atingidas em cada um dos trimestres dos sucessivos acordos estabelecidos desde 1999 e o país tenha conseguido evitar a desorganização que se chegou a temer por ocasião da desvalorização de 1999, após uma breve recuperação em 2000, a economia voltou a ingressar em uma crise em 2001, que de certa forma perdurou por

---

[17] Ao longo de 1999, a trajetória da dívida pública teve oscilações muito parecidas com as da curva de taxa de câmbio do Gráfico 7.1.

três anos. No período abrangido pelo presente capítulo (1999/2002) o biênio 2001/2002 correspondeu a uma fase difícil da economia brasileira. Como já foi dito, essas dificuldades não chegaram a se traduzir no descumprimento das metas fiscais, mas sim no desempenho da economia, afetando na prática a disponibilidade de recursos para certas rubricas.

O país sofreu naqueles dois anos uma combinação de cinco problemas que se conjugaram formando uma espécie de "inferno astral". Em primeiro lugar, em 2001 houve um racionamento de energia de conotações dramáticas, que impôs a obrigatoriedade de cortes da ordem de 20% aos consumidores, sob pena, no limite, de corte total do suprimento a quem descumprisse a determinação. Foi uma medida de uma violência jurídica rara, ainda que compreensível nas circunstâncias muito específicas daquele contexto, próprio de uma situação de economia de guerra. Como alguma vez comentou com humor um economista acerca de um caso similar registrado em outro país, "um racionamento de energia costuma ter três causas: falhas de mercado, falhas de governo e falhas de Deus". No Brasil, houve a combinação de uma gravíssima falha regencial do governo, somada a um impasse na definição dos rumos do setor – em que o Estado tinha praticamente deixado de investir na geração, à espera de uma privatização que, porém, acabou não acontecendo – e a uma superposição de órgãos envolvidos com o tema, sem que se definisse quem de fato mandava no setor.[18] A isso acrescentou-se o menor índice pluviométrico em décadas no verão do começo de 2001, para esvaziar os reservatórios das hidrelétricas e forçar uma recessão temporária que, mediante um plano emergencial, combinado com uma contenção da demanda, permitisse voltar a encher os níveis dos reservatórios em 2002.

Em segundo lugar, o Brasil sofreu indiretamente os efeitos do agravamento da crise argentina em 2001, eclodindo na decretação da moratória externa do país vizinho no final daquele ano. Embora o quadro macroeconômico dos dois países fosse diferente entre um e outro, o contágio de imagem em função da proximidade física, somado ao colapso das exportações brasileiras para aquele que individualmente era, antes da crise, o segundo parceiro comercial do país, teve um efeito não desprezível sobre o comportamento da economia brasileira, contribuindo para "contaminar" o nosso risco-país.

---

[18] Mais de um analista notou, anos depois, ao ser divulgado o relatório oficial sobre as causas dos atentados de 11 de setembro nos Estados Unidos, o paralelo entre a falta de comando unificado no setor elétrico no Brasil e a superposição de funções e atribuições entre o FBI, a CIA e o Pentágono nos Estados Unidos, sem uma coordenação eficiente entre eles. Isso permitiu a eclosão do maior atentado terrorista da história dos Estados Unidos sem que esses órgãos tivessem sido capazes de prever o que iria acontecer, em virtude de operarem como "ilhas" que não se comunicavam entre si. Analogamente, o Brasil caminhou rumo ao "apagão" de 2001 sem que os diversos órgãos ligados ao tema energético tivessem articulado um plano de contingência, para evitar que se chegasse à situação crítica vivida no começo de 2001. A responsabilidade do Governo FHC pela crise foi evidente e refletiu-se rapidamente nos índices de popularidade do presidente.

Em terceiro, o começo da década do novo milênio foi um período difícil da economia internacional, resultado da combinação da crise das bolsas internacionais, interrupção do crescimento forte nos Estados Unidos e efeito dos atentados terroristas nos Estados Unidos de 11 de setembro de 2001. Isso afetou as condições de liquidez internacional e tornou muito mais difícil o acesso ao crédito por parte das economias emergentes.

Em quarto lugar, a partir de 2001 o Presidente FHC teve seu raio de manobra política seriamente estreitado pela ação de dois movimentos: de um lado, certa perda de influência natural, pela aproximação do final do seu governo; e de outro, a crise que se estabeleceu na coalizão governamental com o rompimento entre o PFL e o PSDB, que até então tinham composto a base de sustentação do governo no Congresso. O chamado "problema da governabilidade" voltou a tomar parte das conversas do dia a dia do mercado acerca da (in)capacidade do Executivo de aprovar pontos relevantes da sua agenda no Congresso.

Por último, os temores resultantes das incertezas acerca do que poderia acontecer com o Brasil a partir de 2003, em função dos resultados eleitorais das eleições de 2002, começaram a ocupar parte do radar dos investidores a partir do final de 2001. Aqui combinaram-se deficiências evidentes da economia brasileira ainda presentes no começo da década – como o fato de a dívida pública seguir aumentando e do resultado em conta-corrente do Balanço de Pagamentos continuar a desejar – com declarações ambíguas de parte da hierarquia do PT acerca dos rumos das políticas fiscal e monetária em um eventual Governo Lula, bem como certa histeria do mercado nos meses que antecederam as eleições, quando o "risco-país" chegou a ser de mais de 2.000 pontos.

Como corolário desse conjunto de circunstâncias negativas, o risco-país em 2001/2002 atingiu níveis muito elevados; o dólar – que ainda no começo de 2001, estava perto da cotação de R$2,00 – atingiu um valor próximo de R$4,00 pouco antes das eleições de 2002; a inflação acelerou-se rapidamente no segundo semestre de 2002; e o PIB, que tinha crescido 4,3% em 2000, cresceu a uma média de apenas 2,2% no biênio 2001/2002. Com a dívida pública continuando a subir, o Brasil no final de 2002 voltava a sofrer com a ameaça de uma moratória, ameaça essa com a qual já tinha convivido, quatro anos antes.

Um balanço, anos depois

Em 1999, o Brasil passou por um ponto de inflexão importante. Foram adotadas, simultaneamente, três mudanças que provavelmente ainda moldarão o país por muitos anos. Primeiro, a política fiscal passou a ser baseada na definição de metas de superávit primário relativamente rigorosas. Segundo, a taxa de câmbio tornou-se flutuante. E terceiro, a política monetária passou a ser fixada em função do objetivo de cumprir formalmente as metas de inflação.

Esse tripé composto por austeridade fiscal-câmbio flutuante-metas de inflação permite enfrentar os principais desequilíbrios que em épocas anteriores tinham interrompido o crescimento da economia brasileira e gerado crises econômicas importantes, algumas vezes acompanhadas por crises políticas. Com efeito, se a dívida pública ameaçasse aumentar de forma muito intensa, o governo reagiria aumentando o superávit primário; se houvesse problemas de Balanço de Pagamentos, o câmbio se ajustaria à nova situação; e, se a inflação excedesse a meta, o Banco Central teria que elevar a taxa de juros. O sistema teria então mecanismos de retorno ao equilíbrio que permitiriam pavimentar o terreno para uma economia mais ordenada que a das décadas anteriores.

O legado dos anos FHC é composto então por alguns ativos importantes, acompanhado por outras heranças negativas. Do lado positivo estão, principalmente, os seguintes pontos:

a) o país passou por uma fase de modernização institucional, em função de diversas reformas que foram feitas, com destaque para o fim dos monopólios estatais; a privatização de diversas empresas; uma reforma, ainda que parcial, da Previdência Social; a aprovação da Lei de Responsabilidade Fiscal etc.; e
b) o ajuste fiscal marcou um divisor de águas em relação ao quadro pré-1999.

Por outro lado, como elementos negativos que ficaram para o seu sucessor, FHC deixou:

i) uma pesada herança na forma de dois megapassivos que se ampliaram perigosamente durante o seu governo – a dívida externa e a dívida pública; e
ii) um ajuste fiscal que, embora meritório para dar início a um reordenamento das finanças públicas, caracterizou-se pela combinação de aumento da carga tributária e achatamento do investimento público, no marco de um aumento do peso dos gastos correntes na economia.

Em função disso, a expressão "baixa qualidade do ajustamento" passou a tomar parte das análises feitas sobre a política fiscal, indicando que tão importante quanto o tamanho do superávit primário e a trajetória da dívida pública era avaliar como esse ajuste estava sendo conseguido. Com o tempo, foi ficando claro que o outro lado da medalha do ajustamento era um padrão de gestão que conspirava contra um crescimento mais forte da economia, uma vez que penalizava as empresas através do aumento do peso dos impostos e criava pontos de estrangulamento, pela retirada de recursos do investimento público de áreas essenciais da infraestrutura. Essa característica voltaria a se repetir no primeiro governo do Presidente Lula, como veremos a seguir.

O FMI E A SOBERANIA NACIONAL

Discorrendo sobre os prós e contras de o Brasil recorrer ao FMI, quando essa possibilidade começou a ser levantada, em 1998, uma alta autoridade da equipe econômica da época manifestou-se contrária, na ocasião, porque isso implicaria uma "perda de soberania". A declaração teria sido recebida com críticas por parte de outras autoridades que começavam, internamente, a defender o recurso ao Fundo, opção que iria se tornar uma realidade alguns meses depois, no contexto do agravamento da crise externa do país.

É necessário que o entendimento dos prós e contras desse tipo de medidas seja despojado do conteúdo emocional com que costuma ser tratado. Os empréstimos do FMI se destinam, em geral, a cobrir deficiências no balanço de pagamentos de um país, mas os recursos costumam ser condicionados à adoção de uma série de políticas, vistas como causa dos desequilíbrios (Mussa e Savastano, 1999).

O FMI cometeu alguns erros, ao longo dos diversos programas que apoiou no Brasil nas últimas décadas. Sua insistência inicial em perseguir metas de déficit nominal, no contexto de uma economia com elevada inflação, nas primeiras negociações por ocasião da crise dos anos 1980; a dificuldade em lidar com o fenômeno da indexação; a falta de apoio inicial ao Plano Real etc. podem ser consideradas falhas de entendimento por parte dessa instituição a respeito da situação econômica brasileira. Entretanto, de um modo geral, as prescrições dos programas do FMI, no que tange às contas públicas, refletem a análise econômica convencional: política fiscal austera é um critério que – em maior ou menor grau, dependendo das circunstâncias – deveria pautar o comportamento de todos os governos.

Por outro lado, objetivamente, a existência de um acordo com o FMI de fato tolhe parcialmente a soberania de um país, pois aumenta o número de restrições que devem ser respeitadas, sob pena de o país sofrer algum tipo de sanção – por exemplo, o bloqueio da liberação de recursos de um empréstimo solicitado. Isso é válido não apenas no que diz respeito ao cumprimento dos critérios de desempenho que constam dos acordos, mas a uma série de medidas que dependem de algum tipo de aceitação por parte do mencionado organismo. No caso do acordo que começou a ser negociado ainda em 1998, houve alguns problemas desse tipo. Entre eles, cabe mencionar as diferenças de pontos de vista entre as autoridades do Brasil e o FMI acerca de detalhes operacionais da execução da política monetária, ou a demora para negociar o aumento das margens de intervenção do Banco Central no mercado de câmbio, em momentos em que a cotação do dólar estava subindo acima do que o governo considerava razoável.

Tendo que administrar os conflitos típicos de sociedades complexas, muitas vezes com choques entre os poderes Executivo, Legislativo e Judiciário; às voltas com reivindicações de governadores; procurando conciliar os interesses de trabalhadores e dos empresários; e sujeitos ao crivo da imprensa e da opinião pública, é natural que os governos não queiram, além de tudo isso, ficar sujeitos a algum tipo de limitação associada aos programas do FMI. Em contrapartida, estes muitas vezes funcionaram historicamente, no Brasil e em outros países, como uma espécie de "selo de qualidade" das políticas econômicas. Há ocasiões nas quais o recurso aos programas do FMI é uma imposição de circunstâncias marcadas por grande adversidade. Em outras, a decisão é autônoma e depende do balanço de vantagens – obtenção de recursos, imagem internacional etc. – e desvantagens – perda de graus de liberdade da política – da decisão de pedir um empréstimo à instituição.

Sugestão de leitura para o aluno: Giambiagi e Rigolon (2000) apresentam os fatos estilizados e a justificativa para o programa de ajuste fiscal de 1999/2001 e discutem os seus desdobramentos.

Sugestão de leitura para o professor: Ornelas e Vieira (1999) expõem as mudanças adotadas na previdência social no âmbito do INSS. Mussa e Savastano (1999) defendem a lógica dos programas de ajustamento do FMI.

QUESTÕES

1. Qual das afirmações abaixo é verdadeira?
   a) As contas públicas tiveram uma mudança significativa em 1999, depois de vários anos consecutivos de piora do resultado primário.
   b) O efeito da desvalorização de 1999 sobre a dívida total do setor público foi um aumento de 1% do PIB.
   c) Mesmo se o déficit nominal do setor público tivesse se mantido em 7% do PIB em 1999, seu efeito real teria sido muito menor que o de 1998, devido ao aumento da inflação, que afetou o resultado operacional.
   d) Os estados e municípios experimentaram uma melhora primária de mais de 1% do PIB entre 1998 e 1999.
2. Indique qual das afirmações abaixo é incorreta:
   a) Para uma mesma taxa de juros, após a desvalorização de 1999, o superávit primário requerido para estabilizar a relação dívida/PIB aumentou.
   b) Apesar da virtual estagnação do PIB em 1999 e do aumento da ordem de 3% no número total de indivíduos que recebem benefícios do INSS, a relação despesa com benefícios/PIB se manteve praticamente constante nesse ano.
   c) O critério de desempenho para avaliar a política fiscal, no contexto do acordo com o FMI de 1999, foi o valor das NFSP no conceito nominal.
   d) Há uma corrente teórica da literatura que sustenta que uma política de redução do gasto público pode ter efeitos expansionistas sobre a economia.
3. "Em um país com uma elevada dívida externa, quando ocorre uma desvalorização, o déficit público aumenta muito, devido ao salto da dívida." Comente.
4. Qual foi a controvérsia jurídica associada à aprovação do chamado "fator previdenciário" em 1999?
5. Como se explica que a taxa SELIC nominal tenha diminuído de 45% para 19% entre o auge da crise, no início de 1999 e o final do ano? Que fator determinante dos juros desempenhou um papel-chave para a redução?
6. Suponha que a taxa de juros externa seja de 6% e o *spread* de risco-país, de 4%, gerando um cupom líquido em dólar de 10%. Se a expectativa de desvalorização é de 2% e o imposto de renda na fonte é de 20%, qual deve ser a taxa nominal bruta de juros domésticos, para igualar o retorno em dólar de uma aplicação doméstica em títulos públicos, ao que se obtém comprando títulos brasileiros no exterior? (Resposta em %, com uma casa decimal.)
7. Embora o efeito não tenha sido muito importante, à luz do ajuste primário do setor público consolidado como um todo, que explicação você sugere para a melhora de situação das empresas estatais estaduais entre 1998 e 1999? Analise também a mesma questão no período 1995/2000.

CAPÍTULO 8

A Política Fiscal de 2003/2015

> Foi para isso que o povo brasileiro me elegeu Presidente da República. Para mudar. Este foi o sentido de cada voto dado a mim e ao meu companheiro José Alencar.
>
> Discurso de posse do Presidente Lula, *O Globo*, 2 de janeiro de 2003

> O assistencialismo como opção dificulta corte de despesas. Há uma opção no Brasil por criar uma ampla base de programas sociais. A ideia de cortes não encontra guarida partidária no país.
>
> Carlos Kawall, então secretário do Tesouro Nacional, *Gazeta Mercantil*, 6 de dezembro de 2006

A eleição do Presidente Lula, em 2002, teve um significado importante na história do país. Em primeiro lugar, emblematicamente, representava a ascensão ao poder de uma liderança sindical legítima, o que, em um país com tradição histórica de ser governado por representantes das classes dominantes, era um verdadeiro marco. Em segundo, depois dos episódios da morte de Tancredo Neves em 1985 cedendo o lugar a José Sarney, que tinha sido presidente do partido oficial na época dos militares; de Fernando Collor assumindo em 1990 para governar com o mesmo partido que tinha sido a base de apoio a Sarney – o antigo PFL – e de Fernando Henrique Cardoso tomando posse em 1995 sucedendo a um presidente do qual ele tinha sido ministro da Fazenda, era de certa forma o primeiro caso de efetiva alternância democrática desde a entrega do Poder a Jânio Quadros por parte de JK, mais de 40 anos antes. E, em terceiro lugar, pela associação do PT com os ideais socialistas, encarnava a possibilidade de uma transformação política e social na América Latina com um significado ideológico que talvez não era visto na América Latina desde a eleição de Salvador Allende no Chile, no início dos anos 1970. Não por acaso, o próprio Presidente Lula captou o significado histórico do momento, quando no discurso acima citado repetiu 14 vezes a palavra "mudança" ao falar ao assumir a Presidência da República, cargo para o qual foi depois reeleito em 2006 para um novo período de 4 anos.

A prática do exercício do poder veio a demonstrar depois, contudo, que as mudanças foram menores do que as inicialmente imaginadas. Por outro lado, a intensificação de algumas políticas vigentes em estado embrionário no governo anterior, somada aos efeitos acumulados de sucessivos superávits primários, agora em um contexto internacional muito mais favorável, e ao aumento inicial dos superávits comerciais, permitiram uma combinação curiosa de políticas que simultaneamente agradavam à grande maioria da população – haja vista a popularidade do presidente ao longo dos anos – bem como àqueles setores tradicionalmente associados à pregação de teses genericamente vistas como "ortodoxas", ligadas em particular à estabilização de preços. O resultado foi uma melhora social inequívoca a partir de 2003, combinada com um quadro macroeconômico, durante alguns anos, como raras vezes se tinha visto no país.

Neste capítulo, mostraremos como foi possível conjugar esses elementos, destacando o contexto macroeconômico em que isso se deu; mostrando a melhora de diversos indicadores; e esmiuçando o comportamento das contas públicas depois de 2002.

O CONTEXTO MACROECONÔMICO

A situação da economia internacional

O período 2003/2010, no qual o Brasil foi governado pelo Presidente Lula, inclui o ano de 2009, no qual os EUA e vários dos países mais avançados passaram pela maior crise eocnômica desde a Grande Depressão de 1929. Quando visto sob o prisma do período 2003/2010 como um todo, porém, tal fato aparece como uma espécie de "ponto fora da curva", que não chegou a atenuar muito as consequências extremamente positivas que o ambiente internacional favorável tinha exercido sobre a economia brasileira entre 2003 e 2008. Com a melhora do preço das *commodities* que se seguiu, bem como com a recuperação do próprio crescimento da economia mundial a partir de 2010, a comparação dos anos extremos desse processo – 2002 ou 2003 e 2010 – continuou revelando taxas de expansão expressivas para algumas variáveis determinantes do crescimento econômico do país no período.

O desempenho da economia brasileira a partir de 2003 foi muito favorecido pelo contexto internacional experimentado pela economia mundial ao longo da década. Isso pode ser mais bem entendido à luz da Tabela 8.1. Com efeito, desde que existem estatísticas consistentes sobre o conjunto das economias do globo, no começo dos anos 1960, até então a década mais próspera tinha sido justamente a dos anos 1960, quando o mundo cresceu a uma taxa média anual de 4,7%. O começo dos anos 1970 foi um período excelente, mas a crise do petróleo de 1973 contribuiu decisivamente para diminuir a taxa média da década em relação ao período 1961/1970. Os anos 1980 representaram um período relativamente ruim, de um modo geral, para muitos países, enquanto a década de 1990 teve a sua taxa média prejudicada pelo desempenho muito fraco das principais economias no começo da década. Pois bem, na média dos 5 anos 2003/2007, antes da crise mundial do terceiro trimestre de 2008, o mundo teve um crescimento de 5,1% a.a., maior que o dos "anos dourados" da década de 1960 (Tabela 8.1).

TABELA 8.1
Taxas médias de crescimento da economia mundial (% a.a.)

Período	Crescimento
1961/70	4,7
1971/80	3,9
1981/90	3,1
1991/00	3,2
2001/10	3,9
2010/15	3,6

Fonte: FMI. Para 2015, projeção.

Nesse contexto, o Brasil experimentou sem dúvida uma recuperação em relação ao padrão de crescimento de anos anteriores, embora seu desempenho tenha ficado aquém no cotejo com outros países considerados emergentes. O crescimento médio do PIB nos 8 anos 2003/2010 foi de 4,0% a.a., claramente superior à média de 2,6% a.a. de 1991/2000 e mais ainda comparativamente à média pós-estabilização dos 8 anos 1995/2002, de 2,4% a.a. Em termos comparativos, nos 10 anos 1991/2000, o crescimento médio mundial foi de 3,2% a.a., enquanto nos 8 anos 1995/2002 aumentou ligeiramente para 3,5% e nos 8 anos citados 2003/2010 foi de 4,2% a.a. O Brasil acelerou o seu crescimento – partindo de um patamar muito pobre – em um contexto, porém, em que muitos economistas emergentes também aceleraram a sua expansão (Tabela 8.2).

Além da expansão da demanda mundial, outros dois elementos marcaram, em linhas gerais, a economia internacional no período pós-2003. O primeiro foi uma extraordinária abundância de liquidez, resultante da combinação de um cenário de expansão mundial com uma taxa de juros muito baixa – os juros longos dos títulos do Tesouro dos EUA conservaram durante anos um rendimento real de menos de 2%. O segundo, por sua vez, na esteira do forte crescimento da economia chinesa, foi uma formidável elevação dos preços das *commodities* no mercado mundial, acompanhada também do aumento dos índices

TABELA 8.2
Taxas médias anuais de crescimento do PIB – Economias emergentes selecionadas – Média por período (% a.a.)

Região/País	2002/2010	2010/2015
Ásia		
China	10,9	7,8
Coreia do Sul	4,0	3,1
Índia	8,3	6,6
Ásia 5 /a	5,4	5,1
Europa Oriental		
Hungria	1,5	1,6
Polônia	4,5	3,0
Rússia	4,8	1,1
Turquia	4,8	4,2
África		
África do Sul	3,5	2,2
Angola	11,9	4,9
Gana	6,2	7,3
Nigéria	9,2	5,1
Uganda	7,9	4,7
América Latina		
Argentina	7,0	2,4
Brasil	4,0	1,5
Chile	4,4	4,0
Colômbia	4,6	4,7
México	2,3	2,9
Peru	6,2	4,9
Uruguai	5,3	4,3

/a Filipinas, Indonésia, Malásia, Tailândia e Vietnã.
Fonte: FMI. Para 2015, projeção.

de preços externos em geral. Para ter uma ideia da intensidade do processo, basta dizer que, no caso brasileiro, mesmo quando se leva em conta apenas o índice de preços dos manufaturados – menos sensível às flutuações dos mercados externos –, o índice apurado pela FUNCEX, em dólares, teve um aumento acumulado de 93% entre as médias de 2002 e 2011. Quando se compara o índice de preços médio das exportações brasileiras, em face da maior elevação das cotações dos produtos básicos e semimanufaturados, esse aumento, no mesmo período, foi de notáveis 163% (Gráfico 8.1). Para ter uma ideia do contraste com os anos anteriores, o mesmo índice médio anual do total das exportações brasileiras sofrera uma queda acumulada de 23% nos 5 anos 1998/2002.

No que se refere ao setor externo, o Brasil soube aproveitar por alguns anos essa situação de bonança, marcando uma diferença clara em relação a outros momentos positivos da economia mundial, que tinham sido desaproveitados em outras épocas. Ao contrário de ocasiões anteriores, em que a disponibilidade

GRÁFICO 8.1
Índice de preços das exportações brasileiras – Média anual

Fonte: FUNCEX.

do financiamento externo tinha financiado déficits importantes, neste caso o país aproveitou inicialmente os bons ventos para diminuir a sua exposição aos riscos externos. Depois de 10 anos de pesados déficits consecutivos nas transações correntes, o desempenho da Balança Comercial possibilitou ao Brasil passar por vários anos sucessivos de superávit em conta-corrente, que na média de 2003/2007 foi de US$9 bilhões de dólares/ano (Gráfico 8.2). Isso se deveu à combinação de melhora dos preços das exportações e, até meados da década, também ao aumento do quantum das vendas externas acima da taxa de crescimento das importações, embora no que se refere às quantidades tenha se verificado uma reversão dessa tendência a partir de 2005. A partir de 2008, o maior crescimento do PIB, combinado com a apreciação cambial, trouxe de volta os déficits em conta-corrente elevados.

O registro de sucessivos superávits em conta-corrente, acompanhado da continuidade da entrada de fluxos expressivos de investimento estrangeiro direto, permitiu ao país reduzir rapidamente os coeficientes de endividamento externo. Entre dezembro de 2002 e de 2009, a dívida externa bruta brasileira foi reduzida em US$13 bilhões, ao mesmo tempo que as reservas internacionais em poder do Banco Central aumentavam US$201 bilhões, gerando, portanto, uma diminuição da dívida externa líquida de US$214 bilhões em relação aos US$173 bilhões de dívida externa líquida observados em 2002. Como, ao mesmo tempo, as exportações deram um salto em termos absolutos, o coeficiente de endividamento dívida externa líquida/exportações tornou-se negativo (Gráfico 8.3). Nesse processo, o setor público brasileiro tornou-se credor líquido, ou seja, as

GRÁFICO 8.2
Brasil – Resultado em conta-corrente (US$ bilhões)

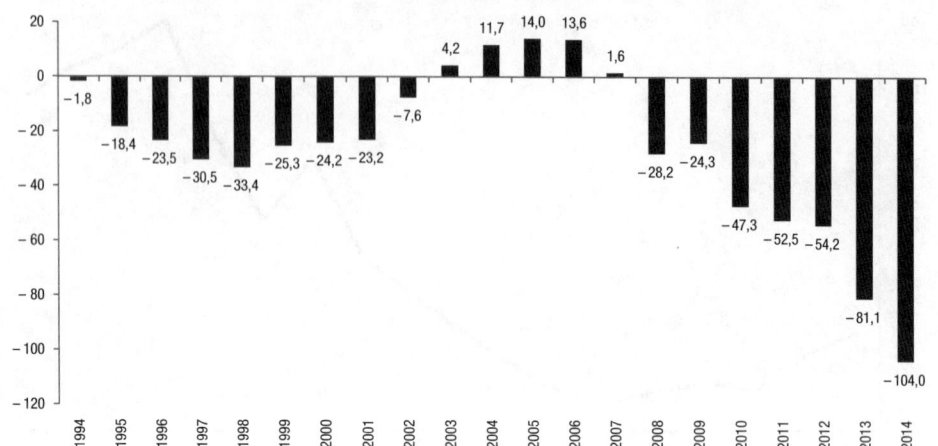

Fonte: Banco Central. Em 2014, o dado refere-se ao novo conceito da contabilização do Balanço de Pagamentos, adotado pelo Banco Central em 2015, com retroatividade ao ano anterior.

GRÁFICO 8.3
Brasil – Dívida externa líquida / Exportações de bens 1951/2014

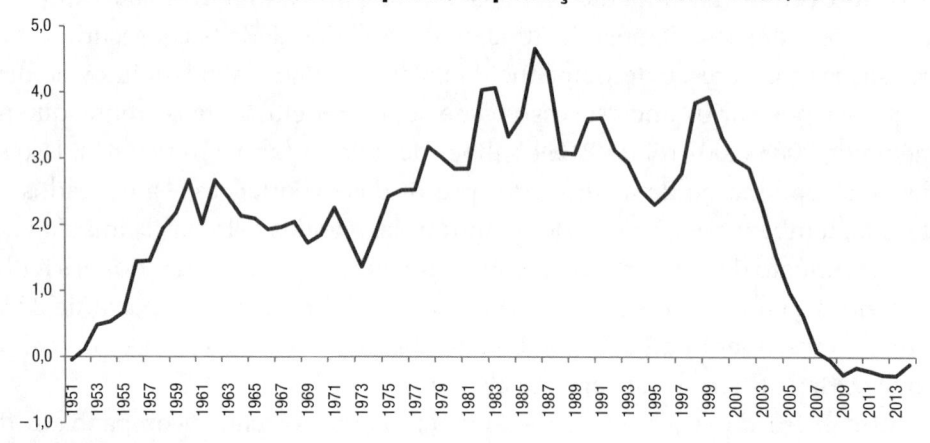

Fonte: Banco Central.

reservas do Banco Central tornaram-se maiores que a soma da dívida externa bruta do governo central, estados e municípios e das empresas estatais.

A tendência à queda da despesa nominal com juros

As contas públicas se beneficiaram nos anos do Governo Lula do processo de redução das taxas de juros. A SELIC nominal janeiro/dezembro, que tinha sido de 20%, em média, nos 4 anos 1999/2002, no segundo Governo FHC, cedeu para 11% na média de 2007/2010, no segundo Governo Lula, com algumas

TABELA 8.3
Brasil – Taxa de juro real SELIC – Deflator: IPCA (% a.a.)

Período	SELIC nominal	Variação IPCA	SELIC real
1995/1998	33,1	9,4	21,6
1999/2002	19,8	8,8	10,2
2003/2006	18,4	6,4	11,3
2007/2010	11,0	5,1	5,6
2011/2014	9,8	6,2	3,4

Fontes: Banco Central, IBGE.

oscilações ao longo do tempo.[1] De fato, depois de terem atingido 23% no ano de 2003, no contexto da política monetária ultrarrigorosa adotada inicialmente para atacar a inflação herdada da crise de 2002, a SELIC anual cedeu para 16% em 2004, voltando a aumentar até 19% em 2005 para combater a combinação de inflação de custos – pela alta das *commodities* – e de demanda a partir da segunda metade de 2004 e cedendo novamente para 15% em 2006, oscilando entre os níveis anuais de 10% e 13% nos 4 anos seguintes (Tabela 8.3).

As taxas de juros reais tiveram um comportamento diferente, uma vez que, como na média de 2003/2006 a queda da inflação foi mais expressiva que a redução dos juros nominais, os juros reais médios acabaram por se revelar maiores do que no governo imediatamente anterior. De qualquer forma e ainda que novamente com algumas oscilações, houve uma tendência à redução dos juros reais ao longo do tempo, notadamente a partir de 2005. Há que considerar também que a taxa de juros real média de 1999/2002 foi de certa forma algo artificialmente reprimida pelo surto inflacionário de 2002, enquanto a redução dos juros a partir de 2005 obedeceu a um processo natural no contexto de uma inflação em queda. Com efeito, a taxa oficial de inflação janeiro/dezembro (IPCA), em cada um dos 4 anos de 2003 a 2006, foi inferior à que tinha sido registrada no ano anterior, indicando um processo contínuo de desinflação. Este foi aparentemente similar, quanto à trajetória das taxas de inflação, ao de outras épocas do Plano Real, mas sem as incertezas e desequilíbrios que acabaram levando a um súbito aumento da velocidade de aumento dos preços, em 1999 e em 2002, após alguns anos de esforço anti--inflacionário. Por outro lado, é natural concluir que um poderoso elemento explicativo para a queda da inflação foi o comportamento da taxa de câmbio, que após 4 anos de megadesvalorizações no segundo Governo Fernando Henrique Cardoso (FHC) sofreu uma apreciação nominal em cada um dos 4 anos de 2003 a 2006.[2] A consolidação desse processo permitiu que no segundo Governo Lula a taxa SELIC real fosse de aproximadamente a metade do que tinha sido no primeiro governo.

---

[1] As contas fiscais do período Dilma Roussef serão analisadas posteriormente.
[2] A taxa nominal de câmbio R$/US$ foi de 3,53 no final de dezembro de 2002 e de 2,14, quatro anos depois.

Em termos fiscais, a combinação de juros moderadamente declinantes com uma relação dívida pública/PIB também cadente levou a uma ligeira diminuição da despesa nominal com juros do setor público consolidado, ao longo do tempo. Ela foi de 7,6% do PIB em 2002 e aumentou para 8,4% do PIB no difícil ano de 2003, mas a partir daí situou-se em torno de 7% do PIB, caindo para valores da ordem de 5 a 6% do PIB anos depois.

No que tange ao que o Banco Central considera fluxo de despesa de juros reais do setor público, esta despesa – soma do componente associado à dívida interna, sem a parcela de ajuste pela inflação, acrescida do custo da dívida externa líquida do setor público – teve enormes oscilações, fruto do vaivém da própria inflação. Em termos arredondados, a despesa real de juros na década teve diversos altos e baixos, indo desde pouco mais de 1% do PIB em 2002 – resultado da elevada inflação do ano – até quase 7% do PIB de 2005. De qualquer forma, a média de despesa real com juros da dívida pública passou de 4,1% do PIB na média de 1996/2000, para 4,3% do PIB na média de 2001/2005 e 3,2% do PIB na média de 5 anos (2006/2010).

UMA MELHORA INQUESTIONÁVEL[3]
As reformas de 2003. Que reformas?[4]

O Presidente Luiz Inácio da Silva (Lula) assumiu o poder, em janeiro de 2003, cercado pelas dúvidas sobre os rumos que a economia seguiria sob seu comando. As dúvidas eram de três tipos. Primeiro, não se sabia se o seu governo daria continuidade à agenda de reformas implementadas – mas ainda incompletas

---

[3] Para uma apresentação que destaca os êxitos das políticas adotadas no Governo Lula, ver Mercadante (2006). Para uma visão que prioriza a persistência de problemas que representavam obstáculos para uma maior expansão da economia, ver Pinheiro e Giambiagi (2006) e Afonso e Biasoto (2006).

[4] No segundo Governo Lula, o Banco Central promoveu uma modificação metodológica importante nas contas públicas, ao retirar a Petrobras das estatísticas fiscais, dando a ela um tratamento similar ao de uma empresa privada e retroagindo a série histórica até o começo da década de 2000. Em nossa opinião a modificação foi correta uma vez que a existência de elevados superávits primários da empresa distorcia a avaliação do verdadeiro impacto da política fiscal sobre a demanda agregada — por exemplo, se o preço do petróleo caísse e a empresa não repassasse essa queda aos preços domésticos, tal fato era interpretado como uma "política fiscal contracionista" — e que a posição líquida das estatais era completamente diferente em relação à vigente no começo da década de 1980, quando essas estatísticas começaram a ser apuradas e as empresas estatais eram "o" problema fiscal brasileiro na época. Nos dados citados no livro, na presente revisão, já se consideram os resultados da série histórica das NFSP resultante dessa modificação. Basicamente, como a Petrobras era, na época, fortemente superavitária, tal revisão implicou reduzir o superávit primário em relação à série original — dando, em compensação, à empresa, maior liberdade para efetuar os investimentos do pré-sal, sem receio de afetar as contas fiscais.

– no governo anterior. Segundo, temia-se que, em função da trajetória historicamente refratária a alianças por parte do Partido dos Trabalhadores (PT), o novo presidente tivesse dificuldades para conseguir apoios no Congresso para poder governar e aprovar os projetos do governo. E terceiro, havia muita desconfiança acerca da real predisposição do novo governo de adotar políticas vistas como ortodoxas no campo monetário e fiscal, para poder enfrentar uma situação caracterizada no final de 2002 por uma inflação ascendente, um déficit público de mais de 4% do PIB e um risco-país extremamente elevado.

O governo foi hábil em enfrentar rapidamente esses temores. No início, nomeou como ministro da Fazenda o coordenador do programa de governo, o então prefeito de Ribeirão Preto, Antonio Palocci, que tinha estendido sólidas pontes em relação ao *establishment* ao longo da campanha eleitoral e como presidente do Banco Central um conhecido banqueiro, Henrique Meirelles, dono de uma biografia bem-sucedida no campo financeiro e recentemente eleito deputado federal pelo PSDB.[5] Com isso afastou os temores iniciais acerca da inclinação da política econômica. Na esteira disso, o risco país, ajudado pelo contexto internacional ao qual antes nos referimos e pela mudança da conta-corrente do Brasil, desabou e depois de ter sido da ordem de 1.500 pontos no final de 2002 – tomando como referência o prêmio de risco do papel soberano mais longo emitido pela República – cedeu para 500 pontos já no final de 2003, continuando a cair nos anos seguintes, com ligeiras oscilações (Gráfico 8.4).

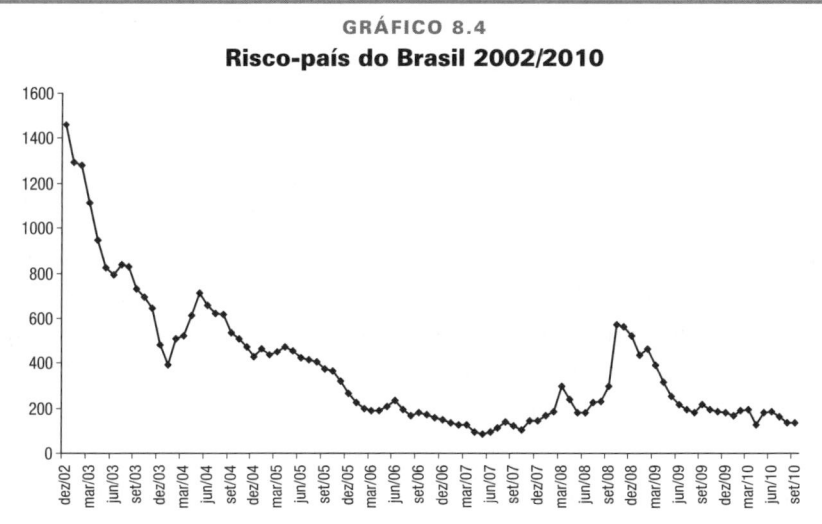

GRÁFICO 8.4
Risco-país do Brasil 2002/2010

Obs.: Prêmio de risco referente ao título brasileiro da República com vencimento em 2040.
Fonte: Valor Econômico.

---

[5] Palocci veio a ser substituído posteriormente por Guido Mantega, mas só na segunda metade do primeiro Governo Lula.

A "lua de mel" entre o novo governo e o mercado foi estimulada pelo anúncio do governo de duas reformas que foram encaradas por aquele como a reafirmação do comprometimento do país com a sequência de mudanças constitucionais que tinha caracterizado o Governo FHC. A primeira foi a reforma tributária, encarada como uma mudança estrutural importante, em um país onde o tamanho e as distorções da carga tributária eram frequentemente associadas à dificuldade para crescer de forma mais vigorosa; e a segunda foi a reforma previdenciária dos servidores públicos, que mesmo no Governo FHC, apesar do ímpeto reformista da época, tinha sido impossível de aprovar.

Ao mesmo tempo, Lula acabou formando uma ampla coalizão governamental, apesar do caráter minoritário no Congresso do conjunto dos partidos que formalmente tinham tomado parte da coligação com a qual venceu as eleições. Com isso, o receio de uma eventual ameaça de ingovernabilidade, tão comum na América Latina em casos em que o partido do presidente está em minoria no Congresso, dissipou-se muito depressa.

Finalmente, as novas ações do governo no campo monetário e fiscal indicaram em poucas semanas que Lula estava firmemente disposto a se mostrar confiável aos olhos da ortodoxia econômica. Por um lado, diante da ameaça inflacionária, as taxas nominais de juros foram aumentadas, já em janeiro, com o novo governo e atingiram 26,5% em fevereiro, onde permaneceram durante alguns meses, até o risco inflacionário ser ultrapassado. Por outro, anunciou-se uma meta de resultado primário não apenas superior ao resultado de 2003, como também maior que a meta que o próprio Governo FHC tinha estabelecido para 2003 como parte do planejamento orçamentário que todo governo tem que adotar para o exercício seguinte.[6]

Posteriormente, a realidade encarregou-se de mostrar que as reformas foram muito menos ambiciosas do que inicialmente foi apregoado. No caso da reforma tributária, na prática ela se limitou à renovação, mais uma vez, da Desvinculação de Receitas da União (DRU) como um mecanismo para atenuar algo – o grau de rigidez do Orçamento; e da CPMF com a alíquota de 0,38%, por um novo período de 4 anos, tendo as demais medidas restado na agenda de discussões futuras, nunca retomadas até 2007. Já no caso da reforma previdenciária, houve alguns avanços, mas de qualquer forma de pequena monta

---

[6] A meta de superávit primário inicial do setor público era de 3,75% do PIB e foi ampliada para 4,25% do PIB para todo o período de governo 2003/2006. Posteriormente, a revisão do PIB nominal da série 1995/2006 por parte do IBGE indicou que o PIB era maior do que o imaginado e, portanto, os percentuais calculados sobre o PIB foram todos revistos para baixo. Entretanto, levando em conta os valores originais do PIB com os quais se trabalhou a cada ano até 2006, a meta de 4,25% do PIB foi ultrapassada em todos os anos. Neste caso específico, os percentuais citados referem-se aos dados que antecederam a revisão da série histórica.

em termos fiscais e incapazes de representar uma mudança estrutural significativa. Concretamente, em termos de caixa, o principal efeito foi o aumento do teto do INSS, de aproximadamente 30% em relação ao vigente na época, o que aumentou a receita a curto prazo, embora a longo prazo a rigor agisse no sentido de incrementar o déficit atuarial do sistema, pelo maior comprometimento de despesas que implica. A medida mais controversa, a taxação dos inativos em 11% do salário, só acabou incidindo sobre a parcela do salário que excedesse o citado teto do INSS, o que limitou o alcance da proposta.

GRÁFICO 8.5
Salário mínimo real em dezembro

R$ constantes de dez/2015

Ano	Valor
1994	307
1995	360
1996	370
1997	380
1998	401
1999	387
2000	408
2001	445
2002	431
2003	468
2004	478
2005	524
2006	596
2007	615
2008	631
2009	678
2010	699
2011	704
2012	756
2013	782
2014	786
2015	792

Fonte: Elaboração própria. Deflator: INPC. Para 2015, considerou-se uma inflação de 8,5%.

Entretanto, uma vez restabelecida a confiança no país, as insuficiências das reformas aprovadas foram deixadas de lado pelo mesmo mercado que meses antes clamava por demonstrações de comprometimento reformista. A inequívoca ortodoxia monetária, somada ao aperto fiscal, no contexto do que com o tempo configurou-se como uma situação internacional excepcional e que perdurou durante anos, encarregou-se de dissipar as demandas por maiores reformas.

Ciente da importância política de procurar resgatar os compromissos com os quais fora eleito, o Presidente Lula, repetindo o padrão de outros presidentes que, na História do Brasil, fizeram acenos a ambos os lados do espectro político-ideológico, ao mesmo tempo que se apoiava no rigor monetário e fiscal, dava ordens à sua equipe de atender a duas prioridades: a) aumentar o poder aquisitivo do salário mínimo (SM), apesar do impacto disso sobre as contas da Previdência Social; e b) elevar a dotação orçamentária para o que com o tempo veio a ser o programa Bolsa-Família. Com isso, o SM, entre o final do Governo FHC e 2010, teve um aumento real acumulado de mais de 60% (Gráfico 8.5) e o Bolsa-Família se converteu na principal "vitrine" das realizações sociais do governo.

A queda da dívida pública: combinando a política social com a política fiscal[7]

O aumento da dívida pública foi o denominador comum aos oito anos do Governo FHC.[8] A elevação sistemática da variável ano após ano fez com que ela, que no começo do Plano Real era da ordem de 30% do PIB, atingisse 60% do PIB oito anos depois – já computado o "efeito-denominador" do novo PIB recalculado pelo IBGE. Se no campo externo, apesar de se dar em forma inicialmente tênue, já havia uma reversão em curso da situação do país a partir de 1999, na área fiscal, apesar do ajuste fiscal implementado a partir de 1999, a dívida pública tinha continuado a crescer como proporção do PIB no começo da década de 2000. Portanto, era natural que o governo colocasse como uma de suas prioridades a reversão dessa trajetória, ainda que condicionada em 2003 pelo fato de que a política monetária rigorosa conspirava, a curto prazo, contra tal objetivo, dado o tamanho da despesa de juros em tais circunstâncias, somado ao efeito do baixo crescimento do PIB sobre a dinâmica da relação Dívida/PIB.

Aos poucos, porém, o quadro começou a mudar. Primeiro, a taxa de juros real cedeu. Segundo, o efeito dos superávits primários elevados se fez notar, acentuado pelo fato de que, entre 2003 e 2005, ele foi a cada ano superior como

---

[7] Além da já citada exclusão da Petrobras dos resultados fiscais, outra mudança metodológica importante que o Banco Central introduziu nas estatísticas fiscais do Brasil foi a adoção do mesmo padrão de referência para o cômputo da relação Dívida pública/PIB vigente na grande maioria dos países, onde tal indicador nada mais é do que o valor da dívida em dezembro, dividido pelo PIB do ano, expresso a preços médios. A forma como o indicador é apurado, a rigor, não deixa de representar uma pequena distorção, uma vez que o numerador é expresso a preços de dezembro e o denominador a preços médios do ano. Por isso, na época da alta inflação, no Brasil o Banco Central "inflava" o PIB para preços de dezembro, para permitir uma comparação mais acurada. Embora tal procedimento fosse metodologicamente correto, considerando que i) com uma inflação modesta, a distorção é pouco expressiva; e ii) o cálculo brasileiro tornava o exemplo do país um caso *sui generis* nas estatísticas internacionais, optou-se, corretamente, por abandonar essa prática, que a estabilização pós-1994 tinha tornado anacrônica. No ano em que isso foi feito (2010) o impacto sobre o indicador foi modesto, mas como a série retroagiu ao começo da década, a mudança revelou-se importante, *ex-post*, para o ano de 2002, quando a inflação no final do ano tinha sido expressiva e, portanto, com o novo método, sem expressar o PIB a preços de fim do ano, a relação Dívida/PIB aumentou muito em relação à originalmente divulgada, devido ao fato de o denominador ser menor que no cálculo anterior. As séries divulgadas no livro já contemplam a série revista.

[8] Originalmente, a relação Dívida/PIB aumentou em 1995 em relação a 1994. Entretanto, com o novo PIB nominal de 1995 divulgado em 2007, na série histórica houve uma queda, *ex-post*, da relação Dívida/PIB entre 1994 e 1995, confirmada na revisão da série de 2015.

fração do PIB ao percentual que se tinha verificado no ano anterior. Terceiro, a apreciação real da taxa de câmbio fez "derreter" o valor real da dívida externa do setor público afetada pela citada variável. E quarto, o maior crescimento do PIB colaborou decisivamente para uma redução da relação Dívida pública/ PIB, quando se compara o dinamismo posterior a 2003 com o fraco desempenho da economia no triênio 2001/2003. Com isso, a dívida líquida do setor público, que tinha sido de 60% do PIB em 2002, cedeu até 38% do PIB em 2010 (Tabela 8.4).

TABELA 8.4
Brasil – Dívida líquida do setor público 2002/2014 – Dezembro (% PIB)

Composição	2002	2006	2010	2014
Total dívida líq. s. público	59,8	46,5	38,0	34,1
Interna	44,3	47,6	47,3	48,3
Externa	15,5	–1,1	–9,3	–14,2
Fiscal	38,9	36,9	31,5	35,2
Ajustes patrimoniais	20,9	9,6	6,5	–1,1
Dívida bruta Governo Geral	n.d.	55,5	51,8	58,9

n.d. Não disponível.
Fonte: Banco Central.

Tão ou mais importantes do que a trajetória da relação Dívida pública/PIB ao longo dos anos foi a mudança referente à composição e características dessa dívida. O Brasil conviveu durante mais de três décadas, desde o surgimento do mercado moderno de títulos públicos nos anos 1970, com o problema representado pelo fato de que a dívida pública era não apenas muitas vezes elevada e crescente, mas também i) cara; ii) fortemente relacionada com os juros do *overnight*; e iii) de curto prazo. Nesse sentido, os anos de 2003 em diante assistiram a algumas transformações muito importantes, mesmo sem considerar o aspecto relacionado com o custo da dívida, uma vez que se espera que os principais benefícios disso só ocorram no futuro – dado que até agora as taxas ainda são elevadas.

Em primeiro lugar, a dívida externa, vinculada à taxa de câmbio, que tantos problemas causara até 2002 em função do impacto da desvalorização sobre o tamanho da dívida desapareceu, sepultando, espera-se que definitivamente, uma poderosa fonte de instabilidade fiscal e financeira.

Em segundo lugar, a colocação de títulos prefixados aumentou de forma expressiva com o passar do tempo, a ponto de em 2010 eles representarem 38% da dívida monetária federal, somando os instrumentos financeiros com essas características (Tabela 8.5).

Em terceiro lugar, na composição dos prefixados, os títulos de longo prazo vêm ganhando importância crescente, a ponto de o Tesouro Nacional estar emitindo regularmente, há anos, títulos prefixados com vencimento em 10 anos, algo que era impensável até o final do século passado.

TABELA 8.5
**Dívida pública mobiliária federal em mercado –
Fim de período (Tesouro Nacional)**

Em %

Composição	2002	2006	2010	2014
NTN-D	9,0	0,1	0,0	0,0
LFT	63,9	37,0	32,5	19,2
NTN-C	8,5	6,1	4,0	3,3
NTN-B	1,9	15,5	23,3	32,7
LTN	2,4	31,6	22,1	31,4
NTN-F	0,0	4,5	15,8	11,7
Outros	14,3	5,2	2,3	1,7
Total	100,0	100,0	100,0	100,0

/a A partir de 2008 (inclusive) considera pequenas alterações metodológicas introduzidas pela STN em janeiro de 2008.
NTN-D: Títulos indexados à taxa de câmbio. NTN-C: Títulos indexados ao IGP-M. NTN-B: Títulos indexados ao IPCA. NTN-F: Títulos pre--fixados de prazo longo.
Fonte: STN. Relatório Mensal da Dívida Pública Federal, Tabela 2.1.

Como corolário desse processo, em quarto lugar, na esteira do maior peso dos títulos prefixados e dos títulos com taxas reais fixas indexados a um índice de preços, a participação dos títulos indexados à taxa SELIC – as Letras Financeiras do Tesouro, LFT – tem tido uma perda de participação na composição da dívida interna, diminuindo de quase 65% do total em 2002, para menos de 20%. A se manter essa tendência, pode-se pensar seriamente em ter, no futuro, uma estrutura de endividamento baseada integralmente em instrumentos convencionais no resto do mundo, ou seja, títulos prefixados e indexados e índices de preços. Nesse contexto, o impacto de eventuais mudanças futuras nas taxas de juros de curto prazo seria muito menor, em termos fiscais, do que em ocasiões anteriores, em que os movimentos da política monetária afetavam imediatamente a maior parte da dívida pública, que era indexada à taxa SELIC.

Ao mesmo tempo que o Governo Lula reverteu a trajetória de aumento do endividamento público registrada nos anos FHC, sua política social caracterizou-se pela expansão dos recursos destinados a áreas politicamente sensíveis, como as ligadas ao desenvolvimento social e ao do salário mínimo.[9] Como iremos ver daqui a pouco, as despesas aumentaram acima do crescimento da economia no período, permitindo a Lula se credenciar junto ao mercado como um defensor da racionalidade econômica, ao mesmo tempo que junto à maioria da população ele se apresentava como aquele que, na Presidência, estava colocando em prática as propostas que sempre tinha pregado em defesa dos interesses dos setores mais pobres da população. Esse duplo papel de "pai

---

[9] O chamado "gasto social", a rigor, já tinha tido um aumento importante no Governo FHC, embora ele tenha sido depois reforçado no Governo Lula. Para uma análise desse tipo de despesa ao longo do período 1995/2005, ver Castro et al. (2008).

da estabilidade" e simultaneamente de "pai dos pobres", representado pelo Presidente Lula, foi viabilizado, por um lado, pelas elevadas taxas de juros que finalmente acabaram curvando a trajetória da inflação, e, por outro, pelo aumento da carga tributária, que criou as condições para implementar o que a literatura denomina com o nome de *spend-and-tax policy*.

Em resumo, o Governo Lula, beneficiado por uma combinação excepcional de fatores externos – abundância de liquidez internacional, forte ciclo de expansão da economia mundial, preços das *commodities* historicamente elevados e taxas de juros externas baixas –, trouxe uma série de melhoras importantes no campo macroeconômico, com uma sensível redução da dependência externa; uma queda consistente da inflação; e uma redução, suave mas persistente, do endividamento público expresso como proporção do PIB[10]. Vamos agora ver os números fiscais mais de perto.

AS CONTAS PÚBLICAS[11]

Rumo ao déficit zero? Mas quando?

Em 2005, o ex-ministro e na época deputado Antonio Delfim Netto propôs que o governo adotasse o objetivo de zerar o déficit público. A rigor, a proposta já tinha sido apresentada, aqui e acolá, por outros economistas, mas em função da maior ênfase colocada na ocasião e, dada a importância de Delfim Netto no debate, o tema na época teve grande repercussão. A ideia acabou sendo descartada na ocasião, por questões diversas: basicamente, havia em curso uma disputa de poder no governo e alguns setores temiam que isso viesse acompanhado de um aumento maior do superávit primário que o governo não estava disposto a aceitar; e o Banco Central temia que isso "engessasse" a política monetária, comprometendo a instituição com uma trajetória necessariamente cadente da taxa de juros. De qualquer forma, a semente do debate estava lançada e o tema voltou recorrentemente à baila desde então.

---

[10] Durante vários anos, nos embates políticos da época, a oposição alegava que o governo não estaria sendo efetivamente "testado", uma vez que se beneficiaria de uma situação típica de "vento de popa". Na crise de 2008/2009, o governo reagiu a essa crítica dizendo que estava conseguindo vencer as dificuldades, apesar de o mundo estar passando pela maior crise desde 1929. Para uma defesa da reação do governo diante dessa crise, ver Barbosa (2010). Cabe notar, por outro lado, que a reação recomendada, nas circunstâncias da época e efetivamente implementada, baseada na redução dos juros e do superávit primário, exatamente oposta à adotada nas crises anteriores de 1995, 1997, 1999 e 2002, dificilmente poderia ter sido executada antes, no contexto doméstico e mundial diferente registrado naqueles anos. A explicação de por que foi possível fazer em 2008/2009 o que era inviável 10 anos antes é certamente um bom tópico para uma interessante discussão em sala de aula.

[11] Sobre estas questões, ver Giambiagi (2004 e 2008).

A Tabela 8.6 mostra os grandes números fiscais do Governo Lula. Basicamente, passou-se de um déficit nominal da ordem de 5% do PIB em 2003, para uma média de menos de 3% do PIB no segundo Governo Lula. É importante lembrar que um teto de déficit de 3% do PIB tinha sido a condição de elegibilidade mais importante para um país europeu poder ser parte da área do euro, o que significa que, se o Brasil ficasse do outro lado do Atlântico, teria todas as condições de ser parte do seleto clube que adotou essa moeda. O fato marca um contraste muito grande em relação não apenas ao país de antigamente – antes da estabilização – como também em relação aos primeiros anos do Plano Real, quando a combinação de resultado primário pífio e juros extremamente elevados gerou um déficit público médio de 6% do PIB durante 1995/1998.

Poderia haver condições, na época, para que, na segunda década do século XXI, o Brasil ingressasse na "terceira fase" do processo de ajuste fiscal, na caracterização que se pode fazer à luz das diversas experiências de ajustamento verificadas em diversos países no passado. Na primeira fase, que a rigor precede o ajustamento, a dívida pública cresce aceleradamente, a desconfiança é enorme e o país corre sério risco de acabar tendo que decretar uma moratória da dívida pública. Foi, tipicamente, a situação em que o Brasil se encontrava até 1998.

Na segunda fase, adotam-se medidas de ajustamento, o superávit primário aumenta ano após ano, mas as resistências ao ajuste são ainda grandes, a desconfiança persiste em parte, as taxas de juros demoram a ceder e a dívida pública cresce menos, deixa de crescer ou passa a diminuir lentamente, mas sem que o país possa ainda, porém, cantar vitória no campo fiscal. Foi, claramente, o caso do Brasil entre o final dos anos 1990 e boa parte da década de 2000.

Finalmente, na terceira, com o passar dos anos a persistência no ajustamento dá frutos, o risco de *default* desaparece, a confiança aumenta, as taxas de juros reais caem muito, a dívida passa a diminuir a um ritmo mais rápido e, na bonança, o país pode se dar ao luxo de relaxar parcialmente a política fiscal, diminuindo o tamanho do superávit primário.

O estágio de desenvolvimento em que cada país se encontra a cada momento é fruto do seu passado. É conhecida a história do jardineiro dos EUA que passou umas férias na Inglaterra e ficou maravilhado com os jardins de uma das mais famosas universidades inglesas. Orgulhoso do seu trabalho, ele conversou com o responsável e aprendeu todos os segredos necessários para que o jardim causasse essa impressão tão boa aos visitantes. De retorno aos EUA, fez exatamente o que lhe tinha sugerido o seu colega inglês, mas os resultados não foram os mesmos. Quando o norte-americano escreveu para saber do seu colega qual poderia ser a razão da diferença entre os jardins, teve a seguinte explicação como resposta: "É que aqui estamos fazendo a mesma coisa há 300 anos."

TABELA 8.6
Necessidades de Financiamento do Setor Público – NFSP 2002/2014 (% PIB)

Composição	2002	2003	2004	2005	2006	2007	2008	2009	2010
NFSP	4,41	5,17	2,88	3,53	3,57	2,74	1,99	3,18	2,41
Governo Central	0,67	3,62	1,38	3,37	3,09	2,19	0,81	3,22	1,17
Estados e Municípios	3,45	1,58	1,74	0,26	0,70	0,47	1,13	−0,06	1,22
Estados	2,94	1,34	1,40	0,22	0,57	0,38	0,96	−0,10	1,03
Municípios	0,51	0,24	0,34	0,04	0,13	0,09	0,17	0,04	0,19
Empresas Estatais	0,29	−0,03	−0,24	−0,10	−0,22	0,08	0,05	0,02	0,02
Federais	0,00	0,12	−0,28	−0,06	−0,08	0,01	0,01	0,06	0,02
Estaduais	0,27	−0,15	0,03	−0,04	−0,15	0,06	0,03	−0,03	0,01
Municipais	0,02	0,00	0,01	0,00	0,01	0,01	0,01	−0,01	−0,01
Superávit Primário /a	3,19	3,24	3,68	3,75	3,15	3,25	3,34	1,96	2,62
Governo Central /a	2,14	2,25	2,67	2,57	2,13	2,19	2,29	1,28	2,03
Gov. Federal e BC /a	3,28	3,79	4,30	4,30	3,88	3,84	3,46	2,57	3,13
INSS /b	−1,14	−1,54	−1,63	−1,73	−1,75	−1,65	−1,17	−1,29	−1,10
Estados e Municípios /a	0,71	0,80	0,89	0,98	0,82	1,11	0,99	0,64	0,54
Estados	0,57	0,69	0,82	0,79	0,68	0,96	0,84	0,54	0,44
Municípios	0,14	0,11	0,07	0,19	0,14	0,15	0,15	0,10	0,10
Empresas Estatais /a	0,34	0,19	0,12	0,20	0,20	−0,05	0,06	0,04	0,05
Federais	0,10	−0,05	0,00	0,05	−0,04	−0,06	−0,01	−0,05	−0,02
Estaduais	0,24	0,23	0,12	0,14	0,24	0,01	0,07	0,08	0,06
Municipais	0,00	0,01	0,00	0,01	0,00	0,00	0,00	0,01	0,01
Juros Nominais	7,60	8,41	6,56	7,28	6,72	5,99	5,33	5,14	5,03
Governo Central	2,81	5,87	4,05	5,94	5,22	4,38	3,10	4,50	3,20
Estados e Municípios	4,16	2,38	2,63	1,24	1,52	1,58	2,12	0,58	1,76
Estados	3,51	2,03	2,22	1,01	1,25	1,34	1,80	0,44	1,47
Municípios	0,65	0,35	0,41	0,23	0,27	0,24	0,32	0,14	0,29
Empresas Estatais	0,63	0,16	−0,12	0,10	−0,02	0,03	0,11	0,06	0,07
Federais	0,10	0,07	−0,28	−0,01	−0,12	−0,05	0,00	0,01	0,00
Estaduais	0,51	0,08	0,15	0,10	0,09	0,07	0,10	0,05	0,07
Municipais	0,02	0,01	0,01	0,01	0,01	0,01	0,01	0,00	0,00

Composição	2011	2012	2013	2014
NFSP	2,45	2,31	3,06	6,23
Governo Central	2,00	1,29	2,14	4,92
Estados e Municípios	0,45	0,90	0,85	1,17
Estados	0,32	0,73	0,71	1,08
Municípios	0,13	0,17	0,14	0,09
Empresas Estatais	0,00	0,12	0,07	0,14
Federais	0,00	0,02	0,00	0,04
Estaduais	0,01	0,10	0,06	0,11
Municipais	−0,01	0,00	0,01	−0,01
Superávit Primário /a	2,96	2,23	1,77	−0,59
Governo Central /a	2,13	1,83	1,46	−0,37
Gov. Federal e BC /a	2,94	2,70	2,43	0,66
INSS /b	−0,81	−0,87	−0,97	−1,03
Estados e Municípios /a	0,76	0,46	0,32	−0,14
Estados	0,68	0,40	0,25	−0,24
Municípios	0,08	0,06	0,07	0,10
Empresas Estatais /a	0,07	−0,06	−0,01	−0,08
Federais	0,01	−0,02	−0,01	−0,04
Estaduais	0,05	−0,04	0,00	−0,05
Municipais	0,01	0,00	0,00	0,01
Juros Nominais	5,41	4,54	4,83	5,64
Governo Central	4,13	3,12	3,60	4,55
Estados e Municípios	1,21	1,36	1,17	1,03
Estados	1,00	1,13	0,96	0,84
Municípios	0,21	0,23	0,21	0,19
Empresas Estatais	0,07	0,06	0,06	0,06
Federais	0,01	0,00	−0,01	0,00
Estaduais	0,06	0,06	0,06	0,06
Municipais	0,00	0,00	0,01	0,00

/a (−) = Déficit.
/b Arrecadação líquida do INSS – Benefícios previdenciários.
Fonte: Banco Central.

Algo similar ocorre com as instituições e as práticas de um país. Na década de 1980 do século passado, os brasileiros achavam "normal" uma inflação de 20% ou 30% ao mês, ao passo que hoje uma inflação de 10% ao ano é política e socialmente inaceitável. Da mesma forma, mesmo após o lançamento do Plano Real, o déficit público brasileiro em um ou outro ano chegou a ser da ordem de 7% do PIB e a dívida pública escalou até 60% do PIB, enquanto depois houve um déficit público da ordem de 3% do PIB e a dívida pública foi aos poucos cedendo para algo mais perto de 30% do PIB. Mantida essa trajetória, o país poderia um dia ter contas públicas bem próximas do equilíbrio, uma dívida pública muito menor e taxas de juros inferiores às dos primeiros anos da estabilização.

No caso dos estados e municípios, basicamente manteve-se a situação herdada do governo anterior, respeitando-se os contratos de renegociação de dívida que levavam as unidades subnacionais a gerar superávits primários importantes para pagar os compromissos assumidos.

Um último ponto importante diz respeito ao tamanho da despesa de juros. É claro que elas foram ainda muito altas no Brasil. Porém, por outro lado, há que levar em conta que na comparação de 2002 com 2010, no que se refere aos dados deste capítulo, não houve um aumento destas despesas, que, a rigor, caíram como pode ser visto na Tabela 8.6, o que significa que é importante entender quais foram as fontes de pressão sobre o gasto público total no período.

A deterioração fiscal de 2011/2014

As perspectivas alvissareiras que se tinha no país acerca da situação fiscal quando a dívida pública era cadente como proporção do PIB e o déficit público era inferior a 3% do PIB se reverteram na década atual, já no governo da Presidente Dilma Rousseff. O início dela, em janeiro de 2011, se deu em um contexto macroeconômico caracterizado por duas circunstâncias. Em primeiro lugar, uma expansão acelerada da economia, em função do crescimento expressivo do PIB no ano anterior (7,6%). Em segundo lugar, uma certa pressão inflacionária, caracterizada pelo fato de que a taxa de inflação se situava acima do centro da meta (4,5%) e de que a variável tinha sido de 5,9% em 2010, acima do nível de 4,3% observado em 2009, com riscos de ultrapassar o teto da "banda" de 6,5% se novas providências não fossem adotadas pelas autoridades.

Nesse contexto, o governo entendeu que era necessário adotar um *mix* de políticas tradicionais e, concomitantemente com uma sequência de alta da taxa de juros – entre janeiro e julho de 2011 a taxa SELIC passou de 10,75% para 12,50% – o Ministério da Fazenda reforçou a política fiscal. O que se pretendia, com ambos os movimentos, era fazer um movimento duplo de, por um lado, esfriar a economia para evitar os riscos potenciais de um crescimento acelerado e, por outro, colaborar para a redução das pressões inflacionárias. De fato, na comparação entre os anos de 2010 e 2011, houve uma melhora fiscal, marcada pelo aumento do superávit primário do setor público consolidado de um pouco menos de 0,5% do PIB.[12]

No final de 2011, as perspectivas pareciam boas. O crescimento em 2011 diminuiu para 3,9%, na revisão final das contas nacionais; a inflação, embora pressionada, não chegou a ultrapassar o teto, ficando em 6,5%; e as contas fiscais tinham melhorado. A partir de então, entretanto, houve uma reversão de expectativas.

O governo tomou uma série de medidas intervencionistas no sistema de preços, por um lado impedindo a Petrobras de repassar para os derivados de petróleo os seus custos – o que, ao mesmo tempo que obrigava a companhia a arcar com os vultosos investimentos do pré-sal, foi deteriorando a situação de caixa da empresa – e, por outro, reduzindo em bases não sustentáveis os preços da energia elétrica no mercado regulado, para melhorar a competitividade. Como isso se deu no contexto de uma insuficiência da oferta, na prática a decisão levou a um aumento expressivo de preços no mercado livre e a uma descapitalização da maioria das empresas de energia. Como resultado desse conjunto de circunstâncias, a cotação em bolsa da Eletrobras e da Petrobras, no primeiro Governo Dilma Rousseff, caiu nada menos que 74% em ambos os casos, utilizando como deflator o IPCA.

Quando surgiram os primeiros sinais de desaceleração mais intensa em relação ao que o governo gostaria, este reagiu com medidas de desoneração tributária que, pela estimativa oficial, deveriam estimular a economia, mitigando o efeito negativo sobre as receitas. Entretanto, a subestimação da perda de receita disso decorrente, combinada com o esgotamento dos efeitos da maior formalização da economia sobre a receita, levou a uma redução das taxas de crescimento da receita comparativamente ao que fora observado em anos anteriores, ao mesmo tempo que a despesa continuava a crescer com certa intensidade.

Paralelamente, a observação de uma taxa de desemprego localizada em níveis mínimos históricos indicava que a capacidade de crescimento da economia a partir da maior ocupação de mão de obra – motor da expansão até 2010 – estaria com os dias contados se não houvesse uma elevação importante da

---

[12] A comparação do resultado fiscal puro e simples de 2011 com o de 2010 é algo prejudicada pelo fato de que as contas públicas de 2010 foram beneficiadas por um evento tipicamente *once and for all*, representado pela capitalização da Petrobras. Esta acarretou um *plus* do superávit primário de pouco mais de 0,8% do PIB. No caso do governo central, então, embora a soma das diversas despesas primárias – incluindo as transferências a estados e municípios – tenha se conservado como proporção do PIB, houve uma alta expressiva da receita, de quase 1% do PIB, que não se traduziu num aumento da mesma expressão do resultado primário, pelo fato de as contas de 2011 já não incluírem a rubrica do reforço da citada operação, incidente nas contas do ano anterior. Para uma descrição da capitalização da Petrobras, ver Oliveira e Goldbaum (2013).

produtividade, algo que de fato não se verificou. O resultado é que, depois do crescimento ainda satisfatório do PIB em 2011, a economia experimentou dois anos de crescimento baixo em 2012 e 2013 – 1,8% e 2,7%, respectivamente – e um ano de expansão virtualmente nula em 2014 – apenas 0,1%. Nesse contexto, enquanto as autoridades se aferravam ao discurso de que o mundo estava em crise e isso justificava as ações em curso no Brasil, o ambiente foi piorando, com um comportamento francamente negativo do investimento.

Como resultado desse conjunto de elementos, houve uma redução sistemática do superávit primário, a ponto de este ter o sinal revertido em 2014.[13] O superávit desta rubrica referente ao setor público consolidado, depois de ter alcançado novamente 3,0% do PIB em 2011 – próximo ao dos bons anos da década anterior – cedeu para 2,2% do PIB em 2012 e, posteriormente, mais ainda, para 1,8% em 2013, até mudar o sinal e se converter em um déficit primário de 0,6% do PIB em 2014, déficit este que não era observado nas contas públicas desde 1997.

Na comparação de 2010 com 2014, as contas públicas mostraram, para níveis de receita do governo central como proporção do PIB relativamente próximos em ambos os casos, na vizinhança de 22% do PIB:

- um incremento do gasto público do governo central de 2,0% do PIB, incluindo as transferências a estados e municípios;
- uma piora do resultado primário de estados e municípios de 0,7% do PIB, resultado este da maior liberalidade por parte do Executivo Federal na concessão de espaço de endividamento para os governos estaduais; e
- uma deterioração primária total de 3,2% do PIB, que corresponderia a 4,0% do PIB se não fosse computado o efeito *once and for all* da capitalização da Petrobras registrada em 2010.

A piora da qualidade da gestão[14]

Além da piora dos indicadores associados aos resultados fiscais do primeiro Governo Dilma Rousseff, outra característica importante do período 2011/2014 foi a deterioração da qualidade da gestão fiscal, embora em alguns casos deva ser dito que isso correspondeu à reafirmação de tendências que já vinham sendo observadas no final da gestão do Presidente Lula. Por "qualidade da gestão fiscal" entende-se aqui um conjunto de atributos da implementação das políticas no dia a dia que conferem previsibilidade e confiabilidade às ações de

---

[13] Ver Velloso et al. (2013).
[14] Sobre algumas das questões tratadas nesta seção, ver os capítulos que tratam destes assuntos na coletânea organizada por Rezende e Cunha (2013).

governo. Os comentários apresentados a seguir expõem os principais problemas verificados nesse sentido.

O primeiro ponto a ser destacado é o otimismo sistemático que caracterizou todos os orçamentos encaminhados ao Congresso depois de 2011. Em todos os casos, o governo encaminhava um orçamento baseado na previsão de que o PIB teria um determinado desempenho e, com base nessa hipótese, havia uma estimativa de receita que fundamentava a previsão de despesas. Já em fevereiro, por ocasião da publicação do tradicional decreto de contingenciamento do gasto, o governo reconhecia que o dinamismo da economia seria um pouco menor e reduzia seu otimismo acerca do PIB e, consequentemente, da receita. Ao longo do ano, o processo se repetia e só no final do ano as autoridades se curvavam plenamente diante da realidade incontornável. A repetição desses atos ao longo dos anos e seguidas vezes no mesmo exercício foi acarretando, com o passar do tempo, uma perda de credibilidade da política fiscal.

O segundo ponto foi a mudança, implementada no final do período do primeiro Governo Dilma Rousseff, da regra tradicional segundo a qual a meta fiscal valeria para o setor público como um todo. Essa modalidade obrigava o governo central a atuar compensatoriamente se os estados e os municípios e/ou as empresas estatais não cumprissem o resultado primário que delas se esperava.[15] Assim, quando o governo anunciou que eventuais desvios de estados e municípios em relação às metas traçadas não seriam mais compensados por um maior superávit federal, isso foi interpretado por muitos como um novo indicativo de piora fiscal.

O terceiro ponto – herdado da gestão precedente, mas intensificado nos anos 2011/2014 – foi a utilização do mecanismo de desconto da meta de superávit de determinados componentes do investimento. A rigor, essa possibilidade existia inclusive desde o Governo Fernando Henrique Cardoso e tinha sido negociada nada menos que com o próprio Fundo Monetário Internacional (FMI) por ocasião do acordo vigente na ocasião. Na origem do instrumento, o objetivo era que, se a meta de superávit primário não fosse cumprida por conta do investimento feito pela Petrobras – que naquela época começava a se destacar pelo volume crescente de investimentos feitos no setor de petróleo e gás – haveria um valor até determinado limite que poderia ser descontado da meta de superávit primário consolidado do setor público. Este mecanismo foi aprimorado na gestão do Ministro Antonio Palocci, já no Governo Lula, quando a ideia foi estendida aos gastos do Projeto Piloto de Investimentos (PPI),

---

[15] Nesse raciocínio, na prática, porém, com a saída da Petrobras e da Eletrobras da estatística fiscal na primeira década do século XXI, o resultado primário das estatais nas estatísticas fiscais perdeu peso e tornou-se praticamente irrelevante, razão pela qual o que foi dito vale basicamente para o cotejo governo central x estados e municípios.

um conjunto de investimentos com rentabilidade econômica comprovada que seriam então, de certa forma, "blindados" contra o ajuste, pela possibilidade de terem recursos alocados neles sem que isso prejudicasse a viabilidade do programa fiscal. Há que se destacar, porém, três pontos cruciais: i) os descontos nunca chegaram a ser utilizados durante anos, ou seja, a meta fiscal foi cumprida, apesar da existência dessa possibilidade de *waiver*; ii) o valor potencialmente passível de ser descontado da meta fiscal era modesto; e iii) ele estava associado a investimentos criteriosamente definidos e de eficácia comprovada. Já com o passar do tempo, porém, o instrumento foi sendo distorcido e, além dos descontos passarem a ser efetivamente utilizados, eles foram sendo cada vez maiores – chegaram a ser da ordem de 1% do PIB – e com uma abrangência cada vez maior em matéria de qualidade dos investimentos. Ou seja, descontavam-se não apenas rubricas que depois dariam retorno econômico, como todo tipo de despesa de investimento.

O quarto ponto pelo qual a qualidade da gestão fiscal foi criticada foi a utilização de mecanismos pouco usuais de registros de receita e despesa, no que foi qualificado de "contabilidade criativa". Também nesse caso, a prática já vinha sendo usada anteriormente – exemplo típico, por exemplo, tinha sido a capitalização da Petrobras em 2010 –, mas a prática foi intensificada nos últimos anos. Sem entrar em detalhes técnicos específicos e pontuais que fogem ao escopo de um livro com as características deste, entre as principais modalidades utilizadas encontravam-se: i) a utilização de recursos do Fundo Soberano como receita; ii) a intensificação de cobrança de dividendos, notadamente do BNDES e em detrimento do patrimônio das empresas estatais; iii) a adoção de mecanismos de triangulação nos últimos dias de dezembro para poder "fechar as contas" com a ajuda de instituições financeiras federais, com contrapartida de geração de receita; iv) o deslocamento da data de pagamento de algumas despesas para o último dia útil do mês, o que pela demora nos mecanismos de transferência bancária permite que a contabilização do gasto seja feita só no mês seguinte, ganhando assim um mês no cômputo anual quando a mudança é feita; v) a concessão de empréstimos pela Caixa Econômica Federal a alguns órgãos como operação de crédito, garantindo o pagamento de benefícios que correspondia ao Tesouro pagar; vi) o acúmulo dos chamados "restos a pagar"; e vii) o adiamento da despesa, deixando o gasto para ser executado no ano seguinte ao exercício original.

O quinto fator de controvérsia foi representado pelo elevado volume de empréstimos concedidos ao BNDES, com prazos dilatados de pagamento e taxas de juros inferiores ao custo de captação do Tesouro. Quando tais empréstimos eram feitos, a dívida líquida do setor público não era afetada, uma vez que o setor público não financeiro emitia mais dívida para poder dar lastro a esses recursos, ao mesmo tempo que acumulava créditos junto às instituições financeiras beneficiadas – BNDES e, em menor medida, Caixa Econômica Federal. Por outro lado, a dívida bruta era pressionada, da mesma forma que a taxa de juros implícita da dívida líquida, em função do diferencial de juros. Consequentemente, parte dos críticos passou a apontar cada vez mais para a relevância da trajetória da dívida bruta como indicador de desempenho fiscal relevante. Observe-se que na Tabela 8.4, entre 2010 e 2014, enquanto a dívida líquida do setor público caiu 4 pontos do PIB, a dívida bruta do governo geral aumentou em 7 pontos do PIB, em marcado contraste com o indicador até então considerado critério de solvência fiscal por excelência.

Por último, contrariamente ao que tinha acontecido durante aproximadamente 10 anos – tanto no Governo FHC a partir do ajuste fiscal de 1999, como durante vários anos no Governo Lula – a sucessão de problemas levou o governo a, pura e simplesmente, deixar de cumprir as metas fiscais. Este último ato da sequência de problemas aqui relatados referentes à gestão fiscal se desdobrou, por sua vez, em duas etapas. Inicialmente, em mais de uma oportunidade, o que ocorria era que o governo aprovava uma meta formal no Congresso e depois, vendo que não poderia cumpri-la, utilizava o predomínio da chamada "base aliada" no Parlamento para aprovar uma nova meta de superávit primário, inferior à anterior. No final do primeiro Governo Dilma Rousseff, entretanto, em 2014, o desvio entre a meta e o resultado era tão significativo que o governo aprovou uma nova redação da legislação que, na prática, o desobrigava do cumprimento de qualquer meta para aquele ano. Mesmo com a utilização de descontos elevados à meta e com toda a "contabilidade criativa" explicada anteriormente, as metas fixadas revelaram-se inviáveis, completando um longo ciclo de deterioração do padrão de gestão fiscal.

2015: nova guinada?

No final de 2014, o governo sinalizou para a adoção de medidas mais restritivas no campo fiscal. Havia fortes motivos concorrendo para essa mudança. Primeiro, a deterioração das contas naquele ano foi expressiva, com um deslocamento do resultado das NFSP de mais de 3% do PIB, até alcançar mais de 6% do PIB, algo especialmente relevante considerando que desde 1998 o déficit não alcançava 6% do PIB. E segundo, após alguns sinais iniciais, como o rebaixamento de um degrau ou a colocação em observação com perspectiva negativa pelas empresas internacionais de *rating* – Standard & Poors, Moodys e Fitch – havia um risco concreto de o Brasil perder o grau de investimento caso não se verificasse uma clara reorientação da política fiscal. Considerando a dimensão do déficit em conta-corrente da época, da ordem de US$100 bilhões, a possibilidade de o país ter uma diminuição significativa do fluxo de financiamento externo alimentava o risco de uma depreciação expressiva da taxa de câmbio, com as potenciais consequências inflacionárias negativas disso decorrentes.

Assim, depois da conservação dos rumos da política fiscal herdada de Fernando Henrique Cardoso em 2003 e da gradual reorientação no sentido de um afrouxamento fiscal que se observou em linhas gerais a partir de meados da década passada e, em particular, depois da crise de 2008 – excetuadas algumas oscilações conjunturais – o país iniciou um novo movimento pendular na direção de uma maior ortodoxia da política.

Nesse sentido, houve três elementos marcantes. O primeiro foi a mudança da equipe, com a saída do Ministro Guido Mantega da pasta da Fazenda e a sua substituição por Joaquim Levy, que tinha ocupado o posto de Secretário do Tesouro Nacional na gestão do Ministro Palocci no primeiro Governo Lula, além de ter ingressado na equipe econômica originalmente – antes disso, era funcionário do FMI – no Governo Fernando Henrique Cardoso. Foi, nesse contexto, uma sinalização importante de tentativa de reorientação da política fiscal, emitida pela Presidente da República.

O segundo elemento marcante de mudança foi o compromisso com um aperto fiscal relativamente significativo, por meio do qual, após o déficit primário consolidado de 0,6% do PIB em 2014, o governo se impôs uma meta de superávit primário de 1,2% do PIB, configurando um deslocamento fiscal primário de quase 2% do PIB. Isso, além de ser importante já *per se*, seria um indicativo de esforço particularmente relevante em um ano difícil como se imaginava desde o começo que seria 2015, com sinais de recessão presentes no horizonte.[16]

O terceiro elemento a destacar foi o conjunto das medidas de ajuste, divulgadas ao longo dos meses seguintes ao anúncio da nova equipe. As medidas contemplaram um conjunto de cinco componentes:

i) adoção de uma política de realismo tarifário no campo da energia elétrica, evitando que o Tesouro continuasse a ter que arcar com compensações fiscais para evitar que as empresas do setor quebrassem em função das medidas de contenção de preços adotadas no primeiro Governo Dilma Rousseff;[17]

ii) medidas tradicionais de contenção do gasto público, usuais no primeiro ano de governo e que se traduziram em uma gestão de caixa bem mais

---

[16] Essa meta corresponderia a 1,1% do PIB após a revisão da série histórica do PIB, com um PIB nominal algo maior que o originalmente divulgado. A redução decorre do fato de que a meta tinha sido anunciada em valores nominais.

[17] Para ter uma ideia da intensidade desse processo, basta dizer que a taxa de variação acumulada do item "energia elétrica residencial", item componente do IPCA e que em 2013, devido às medidas oficiais, tinha sido negativa em 15,7%, foi de 17,1% em 2014 e de estontantes 60,4% nos 12 meses concluídos em março de 2015.

rígida a partir de janeiro, ainda que limitada pela rigidez institucional de uma série de rubricas de gastos obrigatórios;

iii) redução das desonerações, que tinham sido expressivas nos anos anteriores e que a nova equipe interpretou que geravam benefícios poucos relevantes, com um custo fiscal elevado;

iv) incremento da receita através de mecanismos tradicionais, notadamente o restabelecimento da Contribuição de Intervenção sobre o Domínio Econômico (CIDE) e o retorno de algumas alíquotas do IPI aos níveis vigentes antes da adoção de medidas de estímulo diante da crise de 2008; e

v) medidas de ajuste estrutural incidentes sobre despesas recorrentes e com peso importante na estrutura de dispêndio do país.

Essas medidas associadas ao último ponto, em particular, deixando de lado uma série de outros detalhes, foram:

- maior rigidez na concessão de seguro-desemprego, considerando que este só deveria passar a ser concedido ao empregado formal com pelo menos 12 meses de carteira de trabalho assinada antes do recebimento do seguro-desemprego, por ocasião da primeira solicitação. Antes da medida, a carência exigida era de apenas 6 meses, o que era uma das razões para a intensidade com a qual o instrumento era utilizado;[18] e
- maior rigor – respeitado o direito adquirido de quem já possuía o benefício – na concessão de pensões, a partir de então adotando, antes de certa idade, um tempo de duração do benefício associado à idade da pessoa beneficiária da pensão, corrigindo uma distorção da legislação.[19]

O objetivo das medidas era triplo: um, contribuir no combate à inflação, reforçando a política monetária, ainda que no curto prazo o realismo tarifário conspirasse contra isso; dois, dissipar qualquer dúvida acerca da solvência fiscal, tema que, após anos de queda da relação dívida líquida do setor público/ PIB, estava começando a ressurgir, dada a intensidade do desequilíbrio fiscal

---

[18] Cabe ressaltar que, entre 2003 e 2014, enquanto a taxa média anual de desemprego aberto do IBGE caiu de 12,3% para 4,8%, a despesa com abono salarial e seguro-desemprego do FAT aumentou no período a uma taxa acumulada de nada menos que 242%, com base no IPCA médio anual, o que dá uma ideia da distorção do sistema de incentivos existente.

[19] Até então, era possível, por exemplo, a um idoso de 80 anos casar com uma moça de 20 anos e, após o seu falecimento, deixar a pensão integral para a viúva, que pela expectativa de vida normal carregaria a pensão consigo por aproximadamente mais seis décadas, com um custo enorme para os cofres públicos. Com a nova medida, o benefício para cônjuges relativamente jovens ficaria limitado a um certo número de anos.

na época; e, o mais importante, preservar o grau de investimento das agências de *rating*, ameaçado pelo mesmo motivo.

Ao ser completada esta edição, o Ministro Joaquim Levy estava experimentado alguns tropeços na implementação da sua política, obtendo a reafirmação da nota de crédito das agências de risco, mas em um ambiente marcado por dificuldades importantes para a implementação das políticas. Isto porque estas vinham sendo executadas com a economia em queda livre afetando a receita e em um contexto político conturbado, com o governo sofrendo derrotas importantes no Congresso; e uma investigação judicial – a chamada "Operação Lava-jato" – com sérias ramificações institucionais e gerando certa paralisia temporária de investimentos no setor de infraestrutura. A combinação desses elementos, naturalmente, dificultava muito a margem de manobra das autoridades.

A expansão do gasto público

Com exceção de 2003, em que – com a ajuda da elevada inflação daquele ano – houve de fato uma contração do gasto público, de um modo geral no Governo Lula e depois no Governo Dilma Rousseff repetiu-se o padrão observado também nos anos FHC, de elevação da relação entre a despesa primária e o PIB. Como na verdade isso vinha ocorrendo já antes da estabilização, nos governos Collor e Itamar, tem-se o seguinte quadro: se forem somadas as transferências a estados e municípios com as demais despesas primárias do governo central, o total dessas despesas, que em 1991 – quando as despesas começaram a ser apuradas "acima da linha" em moldes comparáveis com as estatísticas atuais – era de menos de 14% do PIB, alcançou mais de 22% do PIB em 2014. Em outras palavras, estamos falando de um país no qual o governo central, em 23 anos, aumentou sua despesa primária em 9% do PIB, ou seja, a uma média de incremento próxima a 0,4% do PIB a cada ano por quase duas décadas.

A Tabela 8.7 mostra como se deu esse processo entre 2002 e 2014. No período, as transferências a estados e municípios cresceram 0,1% do PIB; a despesa com pessoal caiu 0,8% do PIB; os benefícios do INSS se expandiram em 1,2% do PIB; e as despesas de OCC subiram 2,4% do PIB.[20] A contrapartida, naturalmente, foi o aumento da receita, que somou mais 0,7% do PIB, combinado com a redução do resultado primário do governo central em 2,5% do PIB em relação a 2002.

---

[20] A dinâmica do PIB teve certa responsabilidade pelo resultado fiscal, particularmente em 2009, quando a adoção de uma série de medidas de redução de impostos para combater a crise diminuiu a receita, ao mesmo tempo que a manutenção de compromissos de gasto previamente assumidos, no contexto de uma economia que naquele ano estagnou, fez aumentar a relação Gasto/PIB. No contexto de muitos anos, porém, os fatores pontuais ficam diluídos e o que se constata é a tendência de aumento do gasto, expresso como proporção do PIB, dando continuidade à tendência observada nos anos FHC.

TABELA 8.7
Resultado do Governo Central 2002/2014 (% PIB)

Discriminação	2002	2003	2004	2005	2006	2007	2008	2009	2010
Receita total	21,46	20,73	21,42	22,49	22,55	22,77	23,06	22,21	21,74
Tesouro/BC	16,70	16,04	16,63	17,50	17,43	17,60	17,81	16,74	16,28
INSS	4,76	4,69	4,79	4,99	5,12	5,17	5,25	5,47	5,46
(–) Transferências estados e municípios	3,76	3,50	3,45	3,86	3,85	3,89	4,28	3,84	3,62
Receita líquida	17,70	17,23	17,97	18,63	18,70	18,88	18,78	18,37	18,12
Despesas não financeiras	15,81	14,96	15,45	16,20	16,68	16,76	16,02	17,19	16,91
Pessoal	4,77	4,41	4,27	4,25	4,38	4,28	4,21	4,56	4,28
Benefícios previdenciários INSS	5,90	6,23	6,42	6,72	6,87	6,82	6,42	6,76	6,56
Demais despesas /a	5,14	4,32	4,76	5,23	5,43	5,66	5,39	5,87	6,07
Fundo Soberano do Brasil	0,00	0,00	0,00	0,00	0,00	0,00	–0,46	0,00	0,00
Ajuste metodológico /b	0,00	0,00	0,13	0,11	0,11	0,07	0,04	0,04	0,04
Capitalização Petrobras	0,00	0,00	0,00	0,00	0,00	0,00	0,00	0,00	0,82
Discrepância estatística /c	0,25	–0,02	0,02	0,03	0,00	0,00	–0,05	0,06	–0,04
Superávit primário	2,14	2,25	2,67	2,57	2,13	2,19	2,29	1,28	2,03

Discriminação	2011	2012	2013	2014
Receita total	22,64	22,54	22,90	22,17
Tesouro/BC	17,02	16,69	16,95	16,06
INSS	5,62	5,85	5,95	6,11
(–) Transferências estados e municípios	3,94	3,85	3,68	3,81
Receita líquida	18,70	18,69	19,22	18,36
Despesas não financeiras	16,56	17,08	17,72	18,67
Pessoal	4,10	3,95	3,93	3,98
Benefícios previdenciários INSS	6,43	6,72	6,92	7,14
Demais despesas /a	6,03	6,41	6,87	7,55
Fundo Soberano do Brasil	0,00	0,26	0,00	0,00
Ajuste metodológico /b	0,03	0,03	0,02	0,00
Capitalização Petrobras	0,00	0,00	0,00	0,00
Discrepância estatística /c	–0,04	–0,07	–0,06	–0,06
Superávit primário	2,13	1,83	1,46	–0,37

/a Critério de pagamento efetivo pelos órgãos.
/b Recursos referentes à amortização de contratos de Itaipu com o Tesouro Nacional.
/c Diferença entre os dados "acima" e "abaixo" da linha.
Fonte: Secretaria do Tesouro Nacional.

A Tabela 8.8 apresenta a decomposição das "demais despesas" do OCC da tabela anterior. Aqui cabe fazer o registro da excelência das estatísticas fiscais brasileiras. Embora aqui e acolá apareçam críticas a uma suposta falta de transparência, muitas vezes ditas com viés político por parte de quem estiver na oposição no momento, o fato é que o Brasil tem, entre os países emergentes, um dos sistemas de estatísticas fiscais mais abertos e transparentes do mundo. A ideia de que "o cidadão não sabe onde vão parar os seus impostos" simplesmente não se sustenta. O cidadão pode, mediante o acompanhamento das estatísticas regulares produzidas pelo governo, saber como são gastos os recursos públicos. É claro que há desmandos, possibilidades de sobrepreços e que persistem problemas ligados à corrupção, mas isso pode se refletir em valores maiores do que seriam desejáveis para determinadas rubricas. É algo completamente diferente, porém, do que ocorre em alguns países onde não se sabe onde os recursos são gastos ou mesmo do que acontecia há não tanto tempo no Brasil, quando sequer o ministro da Fazenda sabia exatamente qual era o valor do gasto público, dada a quantidade de "ralos" por onde o dinheiro público escoava sem que se tivesse um registro da despesa. A Tabela 8.8 mostra então uma espécie de *zoom* do agregado das despesas. Nota-se que houve aumentos nas despesas do FAT e nos benefícios assistenciais do LOAS e RMV, em função do aumento do salário mínimo; e por outro, nas demais despesas.

TABELA 8.8
Outras despesas de custeio e capital do Governo Central: 2002/2014 (% PIB)

Composição	2002	2003	2004	2005	2006	2007	2008	2009	2010
Despesas FAT	0,54	0,51	0,51	0,55	0,64	0,69	0,68	0,82	0,78
LOAS/RMV	0,23	0,26	0,38	0,43	0,48	0,52	0,52	0,57	0,57
Subsídios e subvenções	0,16	0,35	0,28	0,48	0,40	0,37	0,19	0,16	0,21
Transferências/Despesas BC	0,08	0,10	0,11	0,11	0,10	0,09	0,11	0,12	0,11
Demais despesas	4,13	3,10	3,48	3,66	3,81	3,99	3,89	4,20	4,40
Total	5,14	4,32	4,76	5,23	5,43	5,66	5,39	5,87	6,07
Composição		2011	2012	2013	2014				
Despesas FAT		0,79	0,83	0,87	0,98				
LOAS/RMV		0,57	0,62	0,66	0,70				
Subsídios e subvenções		0,24	0,24	0,20	0,16				
Aux.Cta.Des.Energ. (CDE)		0,00	0,00	0,15	0,17				
Transferências/Despesas BC		0,14	0,13	0,12	0,11				
Demais despesas		4,29	4,59	4,87	5,43				
Total		6,03	6,41	6,87	7,55				

Fonte: Secretaria do Tesouro Nacional.

Cabe agora dar um novo *zoom* e ver que subsídios e subvenções são esses da tabela, o que é feito na Tabela 8.9[21]. O que se nota olhando a tabela é que: i) trata-se de uma rubrica sujeita a grandes oscilações; ii) envolve um emaranhado de diversos programas, nenhum dos quais individualmente é muito significativo; e iii) na comparação de 2014 com 2002, não houve aumento.

Na Tabela 8.8 a principal rubrica de despesa é o agregado das contas não especificadas na tabela. Cabe agora colocar uma lupa nelas, apresentadas na Tabela 8.8 como "demais despesas" ou "OCC restrito". É o que é feito na Tabela 8.10. O problema aqui é que se trata de uma desagregação que o governo só

---

[21] Valores negativos na conta do Fundo Nacional de Desenvolvimento (FND) indicam que o Fundo recebeu de volta recursos previamente emprestados.

TABELA 8.9
Composição dos subsídios e subvenções: 2002/2014 (% PIB)

Composição	2002	2003	2004	2005	2006	2007	2008	2009	2010
Equalização custeio agropecuário	0,01	0,02	0,01	0,01	0,01	0,04	0,01	0,01	0,01
Equaliz. invest. rural e agroindustrial	0,01	0,02	0,02	0,01	0,02	0,00	0,00	0,00	0,00
Política de preços agrícolas	–0,03	0,02	0,01	0,05	0,05	0,04	0,03	0,10	0,07
PRONAF	0,04	0,06	0,06	0,04	0,05	0,03	0,03	0,03	0,00
PROEX	0,03	0,05	0,03	0,03	0,02	0,01	0,00	0,00	0,00
Pr. Subsídio à Habitação de Interesse Social	0,00	0,01	0,02	0,01	0,01	0,00	0,01	0,01	0,00
Securitização dívida agrícola (Lei 9.138/1995)	0,07	0,11	0,06	0,12	0,02	0,05	0,00	0,00	0,00
Fundo da Terra/INCRA /a	0,00	0,00	0,01	0,03	0,04	0,06	0,03	0,03	0,02
Fundo Nacional de Desenvolvimento /a	0,00	0,00	0,00	0,00	0,00	0,02	–0,04	–0,13	0,00
Subvenções a fundos regionais	0,02	0,05	0,06	0,07	0,09	0,08	0,09	0,09	0,08
Outros (inclui PESA e reordenamento de passivos)	0,01	0,01	0,00	0,11	0,09	0,04	0,03	0,02	0,03
Total subsídios e subvenções econômicas	0,16	0,35	0,28	0,48	0,40	0,37	0,19	0,16	0,21

Composição	2011	2012	2013	2014
Equalização custeio agropecuário	0,02	0,03	0,00	0,01
Equaliz. invest. rural e agroindustrial	0,00	0,00	0,01	0,00
Política de preços agrícolas	0,01	0,01	0,01	0,02
PRONAF	0,05	0,04	0,03	0,01
PROEX	0,01	0,01	0,00	0,01
Fundo da Terra/INCRA /a	0,02	0,01	0,00	0,00
Programa de Sustentação de Investimentos-PSI	0,01	0,02	0,00	0,00
Itaipu	0,00	0,01	0,03	0,01
Subvenções a fundos regionais	0,09	0,09	0,09	0,08
Outros (inclui PESA e reordenamento de passivos)	0,03	0,02	0,03	0,02
Total subsídios e subvenções econômicas	0,24	0,24	0,20	0,16

PESA: Programa Especial de Saneamento de Ativos.
/a Concessão de empréstimos menos retornos.
Fonte: Secretaria do Tesouro Nacional.

começou a apresentar a partir de 2003, não sendo possível, portanto, comparar os dados desagregados com 2002. O detalhe é importante, uma vez que o total entre 2002 e 2003 caiu de 4,13% para 3,10% do PIB, o que se supõe foi em parte associado à enorme contração real do fluxo de investimentos naquele ano que foi de um significativo aperto fiscal.[22]

Essa despesa total aumentou novamente de 3,10% do PIB, em 2003, para 5,43% do PIB em 2014. O "delta" dessa expansão localizou-se principalmente no incremento de 1,1% do PIB do investimento do governo central e nas despesas do que veio a ser o Bolsa-Família – comparativamente aos programas sociais anteriores que foram sucedidos por ele – no montante de mais 0,5% do PIB.

---

[22] Em 2002, houve um fluxo de quase 1% do PIB de receitas extraordinárias, associadas ao pagamento de impostos atrasados por parte dos fundos de pensão, que acabou financiando parte da expansão do gasto daquele ano. Já em 2003, sem essa fonte extra e com uma inflação que chegou a ser significativa naquele ano, a receita caiu e a despesa teve, portanto, que sofrer uma redução forte. Nos anos seguintes, porém, retomou-se o padrão de aumento conjunto da receita e do gasto.

TABELA 8.10
Composição das "demais despesas": 2003/2014 (% PIB)

Composição	2003	2004	2005	2006	2007	2008	2009	2010
Plano de Aceleração do Crescimento (PAC) /a	0,00	0,00	0,04	0,11	0,19	0,25	0,54	0,57
Despesas discricionárias	2,80	3,13	3,24	3,20	3,23	3,13	3,32	3,31
Saúde	1,34	1,43	1,48	1,42	1,33	1,31	1,44	1,33
Educação	0,38	0,31	0,33	0,31	0,29	0,35	0,40	0,48
Desenv. Social	0,10	0,30	0,30	0,39	0,41	0,42	0,42	0,43
Outros órgãos	0,98	1,09	1,13	1,08	1,20	1,05	1,06	1,07
Diversos	0,30	0,35	0,38	0,50	0,57	0,51	0,34	0,52
Créditos extraordinários	n.d.	n.d.	0,10	0,22	0,31	0,22	0,08	0,22
Legislativo/Judiciário	n.d.	n.d.	0,18	0,19	0,18	0,18	0,17	0,17
Legislativo						0,04	0,03	0,03
Judiciário						0,14	0,14	0,14
Sentenças judiciais	n.d.	n.d.	0,03	0,04	0,04	0,05	0,05	0,06
Compensações RGPS								
Outr. despesas obrigatórias	n.d.	n.d.	0,07	0,05	0,04	0,06	0,04	0,07
Total	3,10	3,48	3,66	3,81	3,99	3,89	4,20	4,40
Custeio	2,80	3,02	3,20	3,10	3,18	2,99	3,18	3,25
Investimento /b	0,30	0,46	0,46	0,71	0,81	0,90	1,02	1,15

Composição	2011	2012	2013	2014
Plano de Aceleração do Crescimento (PAC) /a	0,64	0,83	0,87	1,05
Despesas discricionárias	3,25	3,31	3,40	3,63
Saúde	1,31	1,40	1,44	1,53
Educação	0,51	0,59	0,61	0,66
Desenv. Social	0,46	0,52	0,54	0,57
Outros órgãos	0,97	0,80	0,81	0,87
Diversos	0,40	0,45	0,60	0,75
Créditos extraordinários	0,12	0,06	0,12	0,07
Legislativo/Judiciário	0,16	0,18	0,17	0,19
Legislativo	0,03	0,03	0,03	0,03
Judiciário	0,13	0,15	0,14	0,16
Sentenças judiciais	0,06	0,07	0,07	0,09
Compensações RGPS		0,04	0,17	0,33
Outr. despesas obrigatórias	0,06	0,10	0,07	0,07
Total	4,29	4,59	4,87	5,43
Custeio	3,09	3,33	3,64	4,03
Investimento /b	1,20	1,26	1,23	1,40

n.d. Não disponível.
/a Até 2008 (inclusive), investimentos do Projeto Piloto de Investimento (PPI).
/b Até 2005 (inclusive), exclui os investimentos do Legislativo e do Judiciário.
Fonte: Secretaria do Tesouro Nacional.

Deixando de lado a descrição objetiva do que aumentou de peso em cada uma das tabelas, o que se pode dizer do conjunto de dados apresentados, em termos mais analíticos, pode ser resumido a três pontos principais:

i) o Estado brasileiro continuou aumentando de tamanho, se medido pelo peso das despesas primárias no PIB, nos Governos Lula e Dilma;

ii) essa dinâmica manteve um padrão – embora sem um registro estatístico acurado, dadas as diferenças entre o sistema de contabilidade fiscal das décadas de 1980 e 1990, mas levando em conta as tendências observadas nas estatísticas disponíveis dos anos 1980 – de elevação da pressão do gasto no PIB inaugurado desde meados dos anos 1980 com o advento da Nova República; e
iii) o aumento do gasto público, em termos de pontos percentuais do PIB, na comparação de 2014 com 2002, mais uma vez se deu concentrado nas despesas correntes, em detrimento das despesas de investimento, embora no final do período estas tenham tido um aumento importante.[23]

A Tabela 8.11 documenta o fenômeno do baixo investimento. No Governo Lula, o governo central gastou como proporção do PIB, em média, aproximadamente o mesmo que nos oito anos do Governo FHC, onde por sua vez o governo já tinha gasto apenas 2/3 do que se gastou nos anos Collor/Itamar Franco, valores esses que por sua vez ficaram aquém do que se gastava nos anos 1970. A contrapartida disso é dada nas evidências que se acumulam acerca da deterioração da infraestrutura em diversos campos da vida nacional – estradas, transporte aéreo, energia etc.

TABELA 8.11
Investimento do Governo Central por período de governo (% PIB)

Período	Investimento Governo Central
1980/84 /a	0,9
1985/89	1,1
1990/94	1,2
1995/02	0,8
2003/10	0,7
2011/14	1,3

/a Não há dados referentes a 1979.
Fonte: Secretaria do Tesouro Nacional. Até 2002, dados de balanço. A partir de 2003, dados efetivamente desembolsados.

De certa forma, o Brasil acabou desenvolvendo um modelo próprio, não de forma preconcebida, por meio do qual o Estado tem privilegiado as políticas assistenciais. Isso nos remete à frase de Carlos Kawall citada na epígrafe deste capítulo. Mais de um analista, em função disso, tem se referido ao que seria uma espécie de "contrato social" brasileiro, que ajudou a moldar um país com maior grau de proteção. Entretanto, permanece o desafio acerca de como aumentar e financiar adequadamente o investimento público necessário para sustentar um novo ciclo de crescimento econômico.

---

[23] Os dados de investimento da Tabela 8.10 começam apenas em 2003, mas estatísticas mais abrangentes sobre o investimento do governo central permitem fazer comparações com anos anteriores. O aumento do investimento em 2014 foi expressivo em relação a 2003, mas não na comparação com o começo dos anos 1990.

O GOVERNO LULA E O BOLSA-FAMÍLIA

Da mesma forma que a "marca" do Governo FHC foi o binômio reformas econômicas/luta contra a inflação, o Governo Lula associou a sua "marca registrada" à ideia do "compromisso com o social". Curiosamente, entendida a importância que o "marketing político" tem para fixar certos conceitos na população, Lula deveu parte dessa fama à propaganda do programa Fome Zero, que tinha sido um dos carros-chefe da sua campanha eleitoral, mas que administrativamente foi um equívoco, envolvendo desde erros de concepção até uma implementação fracassada. Foi só com a nomeação do Ministro Patrus Ananias – com a experiência de quem tinha sido prefeito bem-sucedido de uma cidade importante, como Belo Horizonte – combinada com a revisão da ideia de que um programa com essas características deveria começar do zero, que o objetivo meritório do combate à fome ganhou contornos mais concretos com a unificação dos programas sociais do Governo FHC, somada a um aumento das verbas. Assim, uma série de programas como o Bolsa-Escola – que garantia benefícios às famílias com crianças na escola –, o Auxílio-Gás – que subsidiava o custo do botijão – e o Programa de Erradicação do Trabalho Infantil (PETI) foram agregados e surgiu o nome – politicamente muito inteligente – de "Bolsa-Família".

Este é um programa de transferência de renda às famílias mais pobres do país, que atingiu no seu ápice o total de 13 milhões de famílias beneficiadas, na forma de um valor mensal entregue diretamente na conta dos indivíduos. O programa tem vários méritos. Primeiro, os recursos vão diretamente para as pessoas, dispensando a intermediação das máquinas políticas, o que, nas palavras ditas certa vez por um dos seus beneficiários, "nos deu cidadania". Segundo, trata-se de um gasto muito melhor focalizado do que outras políticas sociais que na prática acabam por não beneficiar os indivíduos efetivamente mais pobres da população. E terceiro, envolve um montante de recursos relativamente modesto comparativamente a outros programas, da ordem de 0,5% do PIB, indicando uma relação custo/benefício baixa, do ponto de vista fiscal, considerando o número de indivíduos que recebem os recursos.

A rigor, a bem da verdade, deve ser dito que a raiz do "Bolsa-Família" foram os programas sociais do segundo mandato de FHC. O Governo Lula teve, porém, três méritos: i) aumentou muito o volume de recursos à disposição dessa política; ii) aperfeiçoou administrativamente os procedimentos, mediante, por exemplo, a unificação de cadastros, algo que provavelmente iria ocorrer de qualquer forma com o avanço do tempo e da tecnologia, mas que objetivamente ocorreu no seu governo; e iii) teve a habilidade de explorar o tema com muito mais competência política do que o seu antecessor. Quando

> se sabe que, na origem, o primeiro programa social de certo porte do Governo FHC com a filosofia que anos depois vigorou no Bolsa-Família atendia pelo nome esdrúxulo de "IDH-14", percebe-se por que o Governo FHC foi visto como tendo dado pouca importância à questão social e o Governo Lula ficou com a imagem de ter sido sensível à importância do tema.

Sugestão de leitura para o aluno: Giambiagi (2004) e Giambiagi (2008) tratam exatamente dos temas abordados no presente capítulo. Mercadante (2006) apresenta uma visão favorável sobre o Governo Lula.

Sugestões adicionais para o professor: Pinheiro e Giambiagi (2006) inserem a discussão da temática fiscal numa abordagem mais ampla acerca do modelo de desenvolvimento brasileiro nas décadas de 1990 e na primeira década do século atual. Afonso e Biasoto (2006) fazem uma análise exaustiva dos problemas associados à precariedade da infraestrutura brasileira e discutem como isso afetou negativamente o potencial de crescimento do país.

QUESTÕES

1. Suponha que você fosse o líder do governo na Câmara de Deputados em 2008 e tivesse que fazer um discurso em defesa dos resultados da política do governo. O que é que você diria? Agora faça um exercício oposto e se imagine falando como líder da oposição. Qual seria o seu discurso?
2. Entre 2002 e 2003, a despesa nominal com juros da dívida pública aumentou de 7,6% para 8,4% do PIB. Já a despesa com juros reais deu um salto, passando de 1,0% para 6,4% do PIB. Como se explica isso?
3. No final de 2003, o governo mobilizou sua bancada em peso no Congresso para aprovar a reforma tributária com prorrogação da CPMF, sem falta, até 31 de dezembro daquele ano. Qual era o motivo da pressa?
4. A taxa SELIC em 2005 foi de 19,0% e em 2006 de 15,1%, em termos nominais (queda de 21%). Entretanto, entre esses dois anos a despesa nominal de juros caiu de 7,3% para 6,7% do PIB (queda de 8%). Qual é a explicação para essa diferença?
5. Estabeleça uma analogia entre o que aconteceu com a dívida externa a partir do ajuste externo brasileiro no começo da primeira década do século XXI e a trajetória previsível da dívida pública, caso o setor público do Brasil atingisse o déficit nominal zero.
6. "A queda do Índice de Gini no Brasil na década de 2000 comprova o acerto da política fiscal baseada no aumento do gasto social." Comente.

CAPÍTULO 9

A Dinâmica da Dívida Pública e o Caso Brasileiro

> Por mais que me custe expor-me a ser tido por homem de pouco juízo, eu não hesitaria em alistar-me no número de loucos que nutrem a grande e generosa ambição de ver o país cortado por caminhos, por vias férreas, por canais, embora tudo isso nos desequilibrasse o orçamento e nos fizesse dever dezenas de milhares de contos de réis... Por muito tempo a nossa escola há de ser tida como menos sensata por aqueles que elevam a prudência à ordem de primeira virtude.... Quero pertencer à escola dos loucos, porque tenho a certeza de que a dos prudentes nada fará senão trazer o expediente em dia.
>
> Discurso do Conselheiro Saraiva na Câmara de Deputados, em 1860; utilizado como epígrafe por Celso Lafer no seu estudo sobre o Programa de Metas de Juscelino Kubitschek

> A receita real do governo derivada da emissão de base monetária – a senhoriagem – foi uma fonte de financiamento dos déficits públicos suficientemente importantes para impedir o crescimento explosivo da dívida pública, nos anos de inflações elevadas... [Atualmente a] receita de privatizações trunca o crescimento da dívida pública por dois anos, mas não impede que o seu crescimento seja não sustentável quando as privatizações se encerrarem.
>
> Afonso Celso Pastore, ex-presidente do Banco Central; *Senhoriagem e inflação: o caso brasileiro*, Fundação Getulio Vargas, 1997

Um empresário que deseje realizar um certo empreendimento sem ter capital poderá solicitar um empréstimo a um banco. Tempos depois da contratação do empréstimo, o fato de já ter uma dívida não será óbice a que peça um novo crédito. Entretanto, o banco ao qual o empresário estiver dirigindo o pedido irá analisar o histórico do devedor, a pontualidade no pagamento das prestações da dívida original, a evolução dos balanços da empresa etc. Mesmo que o devedor seja uma empresa e o nome do diretor financeiro desta mudar, quem tem uma reputação de bom pagador pela qual zelar é a empresa e não a pessoa física que negocia o crédito em nome dela. Portanto, o horizonte de tempo com o qual trabalha a empresa é longo, já que ela tem que contemplar de um lado o benefício de receber o empréstimo mas, de outro, o ônus de honrá-lo no futuro.

No caso da dívida pública, porém, a lógica do comportamento do devedor é diferente. De fato, uma pessoa física ou jurídica que se dispuser a "apertar o cinto" durante um certo período, para quitar as suas dívidas, será premiada pelo pagamento destas e, portanto, terá uma melhora do seu fluxo de caixa futuro. Já o governante que seguir um comportamento desse tipo corre o risco de ser julgado como um administrador inoperante e de deixar o terreno livre de problemas para que um sucessor do partido oposicionista colha os frutos da sua austeridade, por não ter que assumir mais os encargos da dívida que terá sido paga.

Por isso, no cálculo político do governante, o horizonte de tempo relevante é o da sua permanência no cargo. É claro que, se não houvesse restrições, então os governos gerariam déficits altíssimos e se endividariam *ad infinitum*.

Quais são as restrições, então, que operam e limitam o déficit e o endividamento público? Há três que são relevantes. A primeira é o *mercado*. Para que haja uma dívida, é preciso que exista um credor. Um devedor que sistematicamente deixe de honrar seus compromissos, mais cedo ou mais tarde, enfrentará a hostilidade do mercado, que lhe negará o acesso a novas fontes de endividamento.

A segunda restrição é o risco de *inflação*: se o déficit for elevado e não houver como financiá-lo através da colocação de novos títulos, só restará ao governo a alternativa de fazer isso através da emissão monetária. Esta, porém, ao gerar uma expansão dos meios de pagamento muito superior ao aumento da quantidade de bens e serviços da economia, tenderá, mais cedo ou mais tarde, a se refletir no nível de preços.

Finalmente, a terceira restrição é dada pelo conjunto de *instituições* em que se insere a implementação da política fiscal. Cabe esperar que sociedades com economias desenvolvidas, maior nível de bem-estar social, instituições maduras e certa dose de responsabilidade da parte dos seus dirigentes, criem mecanismos de contrapeso que entrem em ação se, em determinado momento, o déficit público se mostrar perigosamente elevado. Em contraste, governos de sociedades com um menor estágio de desenvolvimento, elevadas carências sociais, instituições mais frágeis e escassa conscientização das suas lideranças acerca dos malefícios de políticas fiscais "frouxas", tenderão a buscar a solução "fácil" do endividamento público, como forma de atender às múltiplas demandas, sem ter que arcar para isso com o ônus de aumentar os impostos – pelo menos, imediatamente. No primeiro tipo de sociedade, a predisposição dos agentes econômicos a emprestar em bases voluntárias aos governos tende a ser maior – pela confiabilidade dos mesmos – que na segunda, o que explica por que, em média, países desenvolvidos têm dívidas públicas maiores que os demais países.

Neste capítulo, iremos tratar de uma série de aspectos relacionados com a dívida pública brasileira. Procuraremos interpretar até que ponto ela tem ou não uma dimensão preocupante; entender como se relaciona com o déficit público observado no passado; e saber como tende a condicionar o déficit futuro, para evitar que a dívida assuma uma trajetória explosiva.

A DÍVIDA PÚBLICA: UMA REFERÊNCIA INTERNACIONAL

Nos anos 1980, era comum ler nos jornais manchetes como "Dívida externa brasileira atinge US$100 bilhões" ou "Dívida externa aumentou US$10 bilhões no último ano". No caso da dívida pública, no Brasil a alusão a valores nominais não era muito comum na época de alta inflação – já que a noção do verdadeiro significado de uma dívida expressa na moeda nacional se perdia logo no turbilhão de aumento dos preços –, mas tornou-se frequente depois de 1994, uma vez que a inflação cedeu. O leitor leigo – a quem as manchetes dos jornais de grande circulação são dirigidas – tende a ficar impressionado com grandes números. Os economistas, porém, devem usar outro tipo de termômetro.

Uma forma de entender este ponto é tentar responder se a dívida de uma empresa, no valor equivalente a, por exemplo, R$10 milhões, é "alta" ou "baixa". A única resposta possível a essa indagação é: "Depende". Para uma pequena empresa de "fundo de quintal", com apenas dois empregados e um modesto faturamento anual, aquela quantia é enorme. Já para um grande grupo industrial, em termos relativos, provavelmente, trata-se de uma quantia sem grande importância.

O QUE É UM "DEVEDOR PONZI"?

Em Boston, em 1920, um financista local, Charles Ponzi, comprometia-se a pagar uma taxa de juros de 50% por depósitos de apenas 45 dias de prazo. Quando chegava o momento de saldar os compromissos de pagamento de capital e de juros, conseguia recursos na forma de novos depósitos, captados em condições similares. Em pouco tempo, a sua dívida tinha assumido uma proporção muito maior do que a sua capacidade de pagamento. Quando se percebeu que ele não tinha a menor condição de pagar, esse mecanismo deixou de operar e o sistema que Ponzi tinha montado simplesmente desmoronou.

Por analogia, diz-se que um governo é um "devedor de tipo Ponzi" quando se financia através da colocação de títulos que elevam a relação dívida pública/PIB e que só têm demanda por oferecerem taxas de juros extremamente atraentes, que entretanto geram um círculo vicioso de novos aumentos da dívida e da taxa de juros. No limite, em algum momento, ou a) o governo se

> ajusta e aumenta os impostos e/ou reduz o gasto, de modo a poder conter o crescimento da dívida ou, b) alternativamente, o processo conduz a alguma forma de moratória da dívida pública.
>
> Processos desse tipo assemelham-se ao jogo infantil em que um certo número n de crianças dança em torno de um número (n – 1) de cadeiras, até que a música cessa e uma criança fica sem cadeira. Isto é, o "jogo" beneficia quem empresta recursos ao governo e consegue receber o pagamento, com juros elevados, até, no máximo, a véspera da decretação da falência do governo. Ao ocorrer o *default*, quem tiver emprestado ao governo os recursos por este utilizados para pagar sua dívida antiga ficará como credor de um devedor quebrado e não só não receberá os juros prometidos como também perderá o capital aplicado.

Com os países ocorre algo parecido. Uma dívida pública equivalente a US$10 bilhões é importante para o governo de um pequeno país como, por exemplo, El Salvador, mas em termos relativos não chega a ser muito em um país cujo PIB se mede na casa dos trilhões de dólares.

Por isso, ao longo deste capítulo, de um modo geral, iremos nos referir à dívida pública expressa como percentagem do PIB e não em termos de valores absolutos. Pense-se no caso de um país que tem um PIB estagnado. Nele, a princípio, qualquer déficit, mantido no tempo e não financiado através de um aumento da oferta monetária, é perigoso, por elevar a relação dívida/PIB. Já em um país cuja economia cresce 8% ao ano, a dívida pública pode crescer a uma taxa similar, sem comprometer a evolução da relação dívida/PIB. De um modo geral, em matéria de finanças públicas, a dívida pública pode crescer indefinidamente, da mesma forma que a dívida de uma empresa que está permanentemente expandindo-se não implica maiores riscos para o credor, desde que a empresa não deixe de crescer. O que não pode crescer sempre é a relação dívida/PIB, pois em algum momento o credor pode perceber que a dívida é impagável, negar-se a conceder novos créditos ao governo e provocar a falência deste – e talvez de si próprio, por ter no ativo papéis que podem não valer nada, da noite para o dia.

À luz do que foi dito, qual é uma relação dívida pública/PIB que possa ser entendida como "razoável"?[1] A Tabela 9.1 pode ajudar a responder melhor essa pergunta. Ela mostra o peso relativo da dívida pública em alguns países selecionados.

---

[1] Ver Dornbusch e Draghi (1990) para uma descrição de alguns casos em que relações dívida pública/PIB assumiram uma trajetória explosiva, ao longo da história.

TABELA 9.1
Dívida pública em países selecionados – 2010 (% PIB)

Países	Dívida Governo Geral (% PIB)
Alemanha	79
Áustria	103
Coreia do Sul	37
Dinamarca	59
Espanha	131
Estados Unidos	110
França	114
Grécia	182
Holanda	78
Irlanda	117
Itália	147
Japão	230
Polônia	56
Portugal	142
Reino Unido	96
Suécia	47

Fonte: OECD (2014).

A qualificação que deve ser feita é a respeito da *composição* e do *custo* da dívida pública. Em relação à composição dessa dívida, os países mais avançados, em alguns casos com uma dívida maior do que a brasileira, costumam ter um mercado de títulos públicos suficientemente desenvolvido, combinado com uma longa tradição de estabilidade, que lhes permite ter uma proporção elevada da sua dívida na forma de papéis de longo prazo de maturação e, o que é tão importante quanto isso, com taxas de juros prefixadas. Isso significa que, se um governo desses países enfrenta alguma dificuldade conjuntural e é obrigado a aumentar os juros, nesse caso, primeiro enfrenta uma necessidade de "rolagem" relativamente confortável, a cada momento do tempo; e segundo, a alta dos juros afeta apenas uma fração modesta da dívida, representada pelos novos papéis. Em contraste, o governo de um país com uma dívida pública cujo prazo de maturação é pequeno fica à mercê das oscilações de mercado, estando sujeito a ter que resgatar – ou seja, a monetizar – uma fração considerável da sua dívida e, quando a taxa de juros aumenta, sofre o impacto disso sobre parte substancial da dívida.[2]

No que diz respeito ao custo, veja-se o caso da Itália, por exemplo. Esse país, beneficiado pelo processo de adesão ao euro, "importou" credibilidade da economia alemã – o "carro-chefe" do bloco do euro – e, por isso, tem uma

---

[2] Imaginemos, por exemplo, dois países, A e B. No país A, o prazo médio da dívida pública é de 2 anos e, no país B, de 10 anos. Se em ambos os países os governos aumentam a taxa de juros durante um ano, isso vai afetar apenas a parcela da dívida que é "rolada" no período, parcela essa que, porém, como proporção da dívida total, é muito maior no país A do que no país B.

taxa de juros muito inferior à que tinha antes do início da nova moeda europeia. Uma taxa nominal de juros, *grosso modo*, de 4% sobre uma dívida de mais de 100% do PIB, representa um peso no orçamento menor do que o peso que os juros têm no Brasil, com uma taxa de juros significativamente maior, incidente sobre uma dívida muito inferior à italiana. Consequentemente, tão ou mais importante do que o tamanho relativo da dívida pública, para avaliar as condições de um país, é saber a estrutura da mesma de acordo com o *prazo* de vencimento e a *taxa de juros* média que o governo paga pelos seus títulos. Evidentemente, porém, mesmo países de economias avançadas enfrentam limites à expansão da relação Dívida/PIB, como ficou claro na crise das economias da União Europeia há alguns anos.

A DÍVIDA PÚBLICA NO BRASIL

Quem fizesse uma projeção da dívida pública brasileira em 1980, partindo do pressuposto de que o déficit público seria bastante alto durante toda a década de 1980, provavelmente chegaria à conclusão de que a trajetória do endividamento público seria explosiva. Entretanto, quando se observam os dados, a realidade que eles mostram, a partir de meados da década de 1980, foi significativamente diferente do esperado, a ponto de que, em meados dos anos 1990, o Brasil tinha uma dívida pública muito similar à do início dos anos 1980, expressa em percentagem do PIB. Como se explica isso?

Em parte, a explicação reside no quadro a seguir. Nele, no quadrante B, a resultante da combinação dos parâmetros de déficit e de senhoriagem é uma queda da dívida pública e, no quadrante C, um aumento da mesma. Nos quadrantes A e D, o sinal da variação da dívida pública é ambíguo e depende do grau em que o déficit público e a senhoriagem sejam "baixos" ou "altos" relativamente à variável restante.

Déficit e senhoriagem

		Senhoriagem	
		Baixa	Elevada
Déficit público	Baixo	A	B
	Elevado	C	D

Adicionalmente, como o que estamos levando em consideração não é a dívida pública em si, mas a relação dívida/PIB, o crescimento do PIB é um parâmetro relevante para a análise, cabendo lembrar que ele foi *negativo* em 0,3% ao ano, no período de quatro anos (1981/1984), passando para uma variação anual média positiva de 4,3% nos cinco anos seguintes (1985/1989) e de 1,3%, também positivos, nos cinco anos de 1990 – inclusive – a 1994.

O quadro mencionado e o Gráfico 9.1 nos permitem entender agora o que aconteceu com a dívida pública brasileira. O gráfico mostra a evolução das NFSP no conceito operacional – mais adequado que o nominal quando a inflação é elevada – e do que poderíamos denominar de "senhoriagem real", em contraposição ao conceito de senhoriagem simples. Este último – cujo valor é mostrado no Apêndice deste livro – corresponde ao fluxo nominal de emissão de base monetária durante o ano. Ocorre que, em épocas de alta inflação, a base monetária no início do ano, comparada com o PIB do ano expresso a preços médios do ano, é pouco relevante. Consequentemente, a senhoriagem, medida desse modo como percentagem do PIB, tende a se aproximar da relação base monetária no final do ano/PIB, o que é impróprio, pelo fato de o numerador ser expresso a preços de final do ano e o denominador a preços médios do ano, "inchando", assim, a relação. A forma de medir adequadamente o "verdadeiro" financiamento monetário, que atenua o crescimento da relação dívida/PIB, é através do cálculo da senhoriagem *real*, que corresponde ao resultado da soma dos fluxos de emissão monetária de cada mês do ano, multiplicados pelo quociente entre o índice de preços médios do ano e o índice de preços do mês, o que expressa a senhoriagem a preços médios do ano. É isso que foi feito no Gráfico 9.1, usando o IGP como indicador de preços. Observe-se que, até 1989, o déficit público é sistematicamente igual ou superior à senhoriagem, situação que se inverte em 1990, quando as duas trajetórias se cruzam e a senhoriagem torna-se superior às NFSP. Em 1995, o quadro muda novamente, quando as duas trajetórias voltam a se cruzar, devido ao aumento do déficit e à queda da senhoriagem.

A trajetória da dívida pública no Brasil nos quase 35 anos 1981-2014 pode ser decomposta em seis períodos (ver Tabela 9.2):[3]

- 1981/1984
- 1985/1989
- 1990/1994
- 1995/1998
- 1999/2002
- 2003/2014

---

[3] Como o PIB é medido a preços médios do ano e a dívida refere-se à posição de final de período, durante muitos anos, o valor desta foi multiplicado pelo quociente entre o índice de preços médios do ano (IGP) e o índice de preços de final do ano, entendido como a média geométrica do IGP dos meses de dezembro e janeiro. Como o que vai nos interessar no restante do capítulo é o ônus do endividamento em termos da necessidade de pagamento de juros que ele implica, o conceito de dívida líquida ao qual iremos nos referir na parte final deste capítulo exclui a base monetária – que é uma "dívida" que "rende" juros nulos.

O primeiro período caracterizou-se pela elevação da relação dívida/PIB, em um contexto de forte déficit fiscal e estagnação econômica – que, com o aumento do numerador, implica elevar a relação dívida/PIB. O segundo período foi marcado por um déficit similar ao da primeira metade da década de 1980, porém por uma queda da relação dívida/PIB, em parte associada ao forte crescimento do denominador. Nos primeiros anos da década de 1990, em um quadro de NFSP, no conceito operacional, em média, nulas e apesar de o PIB ter crescido pouco, a dívida pública caiu substancialmente, processo esse que foi revertido na segunda metade da década, em um contexto de déficits fiscais elevados. Em 1999, inaugura-se a fase dos elevados superávits primários, mas a dívida aumenta ainda por alguns anos, por conta dos ajustes patrimoniais. Finalmente, a partir do Governo Lula, a dívida líquida voltou a diminuir como proporção do PIB, com exceção de 2009 (ano de economia estagnada). Em 2014, com um déficit expressivo e a economia estagnada, essa tendência sofreu uma pequena reversão.

A trajetória da dívida pública no período 1981/1984 correspondeu ao que caberia esperar. Em pouco tempo, a dívida passou de mais de 20% do PIB, para mais de 55% do PIB, em parte devido aos déficits fiscais da época e, também, ao impacto da desvalorização cambial de 1983, que elevou significativamente o valor da dívida externa, medida como percentagem do PIB, fenômeno esse que pode ser visto no Gráfico 9.2.

A evolução da dívida sofreu uma inflexão em meados dos anos 1980, devido à combinação de três elementos, em que pese o fato de que o déficit público, até 1989, manteve-se extremamente elevado. Em primeiro lugar, houve um crescimento de certa importância do PIB, que teve uma variação real acumulada de 24% em cinco anos, de 1985 – inclusive – a 1989. Em segundo lugar, a receita de senhoriagem aumentou (Pastore, 1995). Isto foi uma consequência da combinação de planos econômicos que provocavam uma monetização inicial, com taxas de inflação que depois dos planos voltavam a crescer rapidamente, gerando um imposto inflacionário expressivo. Finalmente, houve uma importante subindexação da dívida, fruto da aceleração inflacionária, que na prática "comia" parte da dívida herdada do passado, fazendo com que esta caísse, apesar dos déficits fiscais elevados, de mais de 5% do PIB, em média, no período.[4]

---

[4] O déficit operacional de 1985/1989 foi similar ao de 1981/1984. Deve ser feita a ressalva, entretanto, de que a trajetória das contas públicas ao longo de cada um dos períodos foi totalmente diferente, já que no início dos anos 1980 o déficit era extremamente elevado e diminuiu até 1984, enquanto, de 1985 em diante, ele aumentou de forma significativa.

GRÁFICO 9.1
Déficit público operacional e financiamento através da senhoriagem 1985/1998 (% PIB)

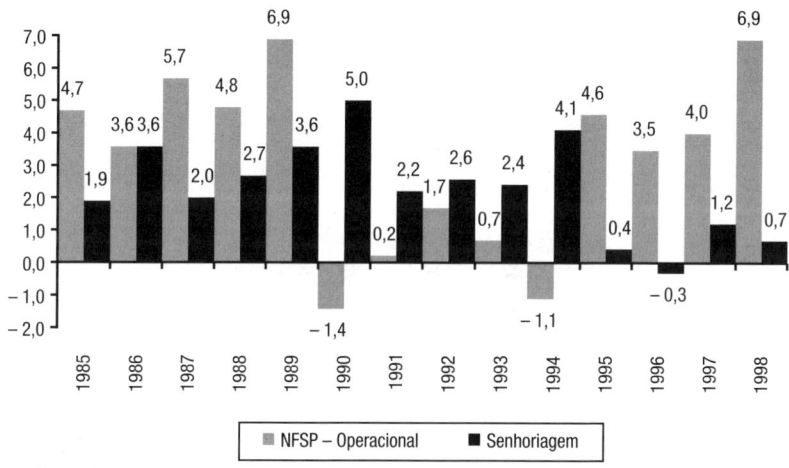

Ano	NFSP – Operacional	Senhoriagem
1985	4,7	1,9
1986	3,6	3,6
1987	5,7	2,0
1988	4,8	2,7
1989	6,9	3,6
1990	−1,4	5,0
1991	0,2	2,2
1992	1,7	2,6
1993	0,7	2,4
1994	−1,1	4,1
1995	4,6	0,4
1996	3,5	−0,3
1997	4,0	1,2
1998	6,9	0,7

Fonte: Banco Central.

GRÁFICO 9.2
Dívida líquida do setor público: 1981/2014 (% do PIB)

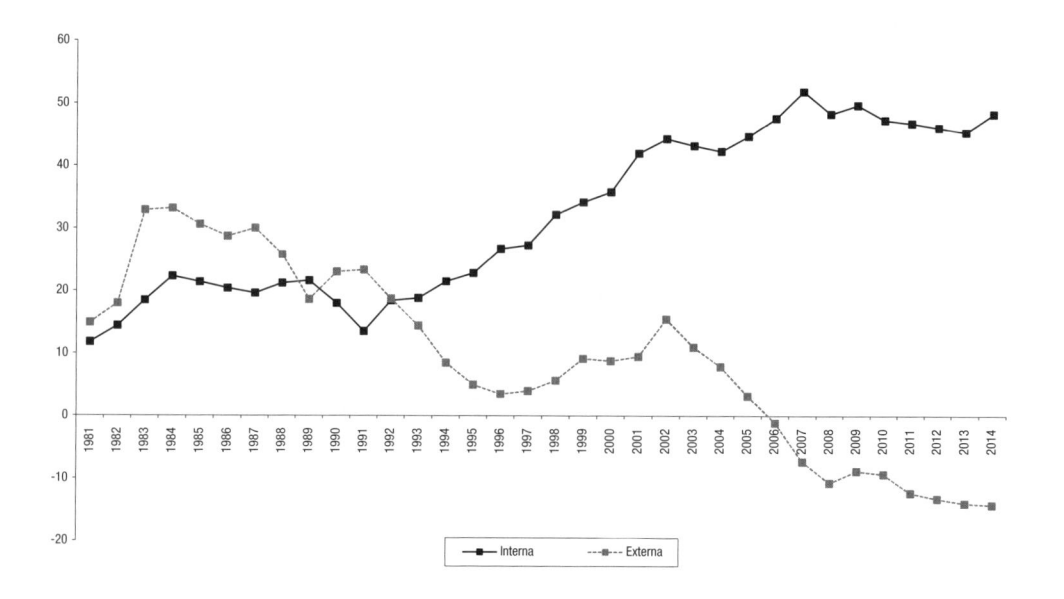

Interna — Externa

TABELA 9.2
Dívida líquida do Setor público 1981/2014 – Dezembro (% PIB)

(Final de período, em % do PIB)

	1981	1982	1983	1984	1985	1986	1987	1988	1989	1990	1991	1992	1993	1994	1995	1996	1997	1998	1999	2000
Dívida interna /a	11,8	14,4	18,5	22,3	21,4	20,4	19,6	21,2	21,6	18,0	13,5	18,4	18,8	21,5	22,8	26,7	27,3	32,2	34,2	35,8
Governo federal e BC /a,b	2,8	2,9	4,6	8,0	7,4	6,7	3,6	4,0	8,1	2,9	-2,1	0,8	1,9	6,7	8,9	13,1	15,2	18,8	19,5	21,1
Governos estaduais/municip.	3,3	4,3	4,8	5,2	4,9	4,7	5,2	5,2	4,9	5,5	5,9	8,1	8,3	9,6	9,4	10,0	11,3	12,3	13,6	13,9
Empresas estatais /b	5,7	7,2	9,1	9,1	9,1	9,0	10,8	12,0	8,6	9,6	9,7	9,5	8,6	5,2	4,5	3,6	0,8	1,1	1,1	0,8
Dívida externa /b	14,9	18,0	32,9	33,2	30,6	28,7	30,0	25,8	18,6	23,0	23,3	18,7	14,4	8,5	5,0	3,5	4,0	5,7	9,2	8,8
Governo federal e BC /b	4,4	5,9	14,5	13,6	11,3	13,2	16,3	14,9	11,5	14,0	14,5	11,3	7,8	6,3	3,2	1,5	1,7	3,7	7,0	6,7
Governos estaduais/municip.	0,9	1,1	1,6	1,8	2,1	1,8	1,6	1,4	0,9	1,1	1,0	1,1	1,0	0,3	0,3	0,4	0,5	0,7	0,8	0,9
Empresas estatais /b	9,6	11,0	16,8	17,8	17,2	13,7	12,1	9,5	6,2	7,9	7,8	6,3	5,6	1,9	1,5	1,6	1,8	1,3	1,4	1,2
Total governo federal e BC /a	7,2	8,8	19,1	21,6	18,7	19,9	19,9	18,9	19,6	16,9	12,4	12,1	9,7	13,0	12,1	14,6	16,9	22,5	26,5	27,8
Total governos estaduais/municip.	4,2	5,4	6,4	7,0	7,0	6,5	6,8	6,6	5,8	6,6	6,9	9,2	9,3	9,9	9,7	10,4	11,8	13,0	14,4	14,8
Total empresas estatais/b	15,3	18,2	25,9	26,9	26,3	22,7	22,9	21,5	14,8	17,5	17,5	15,8	14,2	7,1	6,0	5,2	2,6	2,4	2,5	2,0
Dívida líquida total /a	26,7	32,4	51,4	55,5	52,0	49,1	49,6	47,0	40,2	41,0	36,8	37,1	33,2	30,0	27,8	30,2	31,3	37,9	43,4	44,6
Memo: Base monetária	3,0	2,9	1,9	2,1	1,9	4,2	2,3	1,5	1,3	2,5	1,5	1,4	1,0	3,6	2,8	2,2	3,3	3,8	4,1	3,8

	2001	2002	2003	2004	2005	2006	2007	2008	2009	2010	2011	2012	2013	2014
Dívida interna /a	42,0	44,3	43,2	42,3	44,7	47,6	51,9	48,3	49,7	47,3	46,8	46,1	45,4	48,3
Governo federal e BC /a,b	23,4	24,3	24,4	24,3	28,4	32,4	37,9	35,0	37,4	35,7	36,2	35,4	34,9	37,6
Governo estaduais/ municip.	16,5	18,3	17,3	17,0	15,4	14,5	13,3	12,7	11,7	11,1	10,1	10,2	10,0	10,1
Empresas estatais /b	2,1	1,7	1,5	1,0	0,9	0,7	0,7	0,6	0,6	0,5	0,5	0,5	0,5	0,6
Dívida externa /b	9,5	15,5	11,0	7,9	3,2	-1,1	-7,3	-10,7	-8,8	-9,3	-12,3	-13,2	-13,9	-14,2
Governo federal e BC /b	7,8	13,2	9,3	6,5	2,2	-1,9	-7,9	-11,5	-9,4	-10,0	-13,1	-14,1	-15,1	-15,8
Governos estaduais/municip.	1,0	1,4	1,1	0,9	0,7	0,6	0,5	0,6	0,5	0,6	0,7	0,8	1,1	1,5
Empresas estatais/b	0,7	0,9	0,6	0,5	0,3	0,2	0,1	0,2	0,1	0,1	0,1	0,1	0,1	0,1
Total governo federal e BC /a	31,2	37,5	33,7	30,8	30,6	30,5	30,0	23,5	28,0	25,7	23,1	21,3	19,8	21,8
Total governos estaduais/municip.	17,5	19,7	18,4	17,9	16,1	15,1	13,8	13,3	12,2	11,7	10,8	11,0	11,1	11,6
Total empresas estatais/b	2,8	2,6	2,1	1,5	1,2	0,9	0,8	0,8	0,7	0,6	0,6	0,6	0,6	0,7
Dívida líquida total /a	51,5	59,8	54,2	50,2	47,9	46,5	44,6	37,6	40,9	38,0	34,5	32,9	31,5	34,1
Memo: Base monetária	4,0	4,9	4,3	4,5	4,7	5,0	5,4	4,7	5,0	5,3	4,9	5,0	4,8	4,8

Fontes: Brasil – Programa Econômico, Boletim do Banco Central e notas para a imprensa do Banco Central.

/a Inclui base monetária. /b O saldo pode ser negativo, devido ao fato de o volume de créditos ser maior que o de passivos. A partir de 2001 (inclusive), exclui resultados da Petrobras e da Eletrobras.

DÉFICIT PÚBLICO E SENHORIAGEM REAL (% PIB)

	1981/84	1985/89	1990/94	1995/98
NFSP – Conceito operacional	5,0	5,1	0,0	4,6
Senhoriagem real	1,8	2,8	3,3	0,5

O financiamento através de senhoriagem real – mostrada no Gráfico 9.1 –, embora expressivo, foi inferior ao déficit público registrado na segunda metade dos anos 1980. Já na primeira metade dos anos 1990, até 1994 – inclusive –, a combinação de um financiamento monetário maior, com um déficit público médio nulo, no conceito operacional, explica a queda substancial da relação dívida pública/PIB ocorrida no período. A partir de 1995, ocorreu exatamente o contrário. Nos termos do quadro antes exposto, a economia estava no quadrante C durante 1981/1984 (dívida crescente); na posição D entre 1985 e 1989; no quadrante B em 1990/1994 (dívida declinante) e novamente no ponto C na segunda metade dos anos 1990.

Essa prática atingiu o clímax em março de 1990, quando, imediatamente antes do anúncio do Plano Collor, decretou-se um feriado bancário de três dias úteis, ao longo dos quais a dívida não sofreu qualquer correção, em um contexto no qual a inflação diária era estimada em quase 3% por dia útil, chegando a ser de mais de 80% no mês. Como a dívida interna era naquela época de aproximadamente 20% do PIB, ela sofreu uma erosão da ordem de 2% do PIB em apenas 72 horas. Mesmo sem atingir esse extremo, nos anos anteriores a indexação muitas vezes não chegava a acompanhar a velocidade de aumento dos preços, de modo que, na prática, o que se considerava um componente de juros "reais" não passava de uma simples compensação pela perda de capital decorrente de práticas imperfeitas de ajuste do valor deste em face da inflação. Com tudo isso, a dívida do setor público – incluindo a base monetária – caiu de mais de 55% do PIB, em 1984, para 40% do PIB cinco anos depois.

A queda da importância relativa da dívida pública se manteve durante os primeiros anos da década de 1990, em outro contexto fiscal, porém, e apesar do menor crescimento da economia – que torna mais difícil reduzir a relação dívida/PIB. A explicação para isso é dupla. De um lado, as NFSP diminuíram significativamente, a ponto de o déficit operacional médio do período 1990/1994 ter sido de zero. De outro, continuou havendo uma receita expressiva de senhoriagem. Na equação de financiamento do déficit público, que iguala o valor deste à soma da colocação de dívida nova com a senhoriagem, quando o déficit é praticamente nulo e a senhoriagem é elevada, a resultante é um "delta" negativo da dívida. Foi exatamente isso que ocorreu no período, no qual, na prática, a dívida foi sendo monetizada aos poucos – ao mesmo tempo que, em termos reais, a moeda era "destruída" pela inflação. Esse fenômeno, combinado com: a) o novo movimento de apreciação cambial – que reduziu a importância relativa da dívida externa –, especialmente em 1994; e b) o acordo da dívida externa daquele mesmo ano – que implicou eliminar parte do seu valor, devido ao cancelamento parcial da dívida – fez com que a dívida pública caísse para apenas 30% do PIB em 1994.

Na primeira metade dos anos 1990, além da queda relativa da dívida, o outro fenômeno marcante foi a sua mudança de composição, com a tendência de diminuição da participação da dívida externa na dívida líquida total do setor público (Gráfico 9.2). Essa participação, que tinha chegado a ser da ordem de 2/3 da dívida total em 1983 – ano da maxidesvalorização – e era ainda mais de 50% do total em 1990, caiu para menos de 1/3 do total em 1994. A razão dessa mudança foi o processo de acumulação de reservas internacionais iniciado em 1991, quando elas eram inferiores a US$9 bilhões, tendo atingido US$36 bilhões no final de 1994. Esse fenômeno implicou uma queda muito expressiva da dívida externa líquida do governo central. A isso se somou o processo de privatização, que levou à venda de empresas endividadas em US$ e que em consequência deixaram de constar na estatística de endividamento público.

Depois de 1994, iniciou-se uma nova etapa na evolução da dívida, caracterizada pela combinação de fatores exatamente opostos aos de 1990/1994. Se até então o déficit público era baixo e a senhoriagem elevada – o que favorecia a monetização da dívida –, depois de 1994 a situação se inverteu, com o retorno a uma situação de déficits fiscais elevados, ao mesmo tempo que a senhoriagem diminuía. Países com taxas de inflação de 10% a 30% ao ano, nas décadas anteriores, tinham níveis de senhoriagem de 1,5% a 2,0% do PIB. À medida, porém, que a inflação continuou caindo abaixo desses níveis, a tendência era que a senhoriagem perdesse importância relativa. Com a combinação de mais déficit e menos senhoriagem – comparativamente à primeira metade da década –, a dívida pública voltou a crescer a partir de meados dos anos 1990.[5]

Em 1999, o ajuste que passou a ser implementado na ocasião representou um divisor de águas em relação à trajetória anterior das variáveis fiscais. Entretanto, a dívida pública continuou aumentando, agora não mais pelos déficits elevados como até 1998 e sim devido ao efeito dos ajustes patrimoniais, associados ao impacto das sucessivas desvalorizações sobre a dívida pública afetada pelo câmbio – dívida interna indexada ao dólar e dívida externa pública.

---

[5] Em 1995, especificamente, a queda da relação Dívida pública/PIB obedece apenas a um fato estatístico, causado pela revisão do PIB nominal a partir de 1995 – revisão essa ocorrida em 2007 e confirmada na nova revisão de 2015 – que gerou um PIB em torno de 10% maior ao inicialmente divulgado.

BRASIL – DÍVIDA LÍQUIDA DO SETOR PÚBLICO – ABRIL 2015 (% PIB)

Dívida interna	49,6
Governo central	38,9
Base monetária	4,2
Dívida mobiliária	41,4
Créditos do Tesouro ao BNDES	– 8,9
Créditos do Banco Central a instituições financeiras	– 0,4
Dívidas estaduais e municipais renegociadas	– 9,1
Fundo de Amparo ao Trabalhador	– 4,3
Operações compromissadas Banco Central	15,1
Demais contas	0,9
Governos estaduais e municipais	10,1
Dívidas estaduais renegociadas	9,1
Outras dívidas	1,0
Empresas estatais	0,6
Dívida externa	–15,8
Governo central	– 17,6
Governos estaduais e municipais	1,7
Empresas estatais	0,1
Dívida total	33,8
Dívida fiscal	36,6
Ajuste patrimonial	– 2,8
Privatização	– 1,4
Outros	– 1,4

Fonte: Banco Central.

O Brasil utiliza nas estatísticas oficiais o conceito de dívida líquida do setor público. Este conceito é o resultado da comparação dos passivos financeiros do setor público, com os ativos financeiros de propriedade deste, como, por exemplo, créditos junto a instituições financeiras, reservas internacionais etc. As estatísticas oficiais computam como dívida pública também a base monetária, que tem sido nos últimos anos de aproximadamente 4% a 5% do PIB. A dívida resulta da acumulação de déficits – que geram a chamada "dívida fiscal" – e dos "ajustes patrimoniais" associados de um lado à privatização, que reduz a dívida pública, e de outro aos demais fatores que podem aumentar ou reduzir o endividamento, como o reconhecimento de dívidas anteriormente não computadas e os efeitos da variação cambial. O déficit público corresponde à variação da dívida fiscal.

A partir de 2003, ocorreu o fenômeno oposto (Tabela 9.3). A intensidade da apreciação cambial ocorrida fez com que a dívida externa associada ao câmbio minguasse rapidamente, gerando um efeito patrimonial favorável para as contas públicas, que diminuiu o tamanho da dívida. Observe-se que o "delta" de variação dos ajustes patrimoniais foi de elevar a dívida pública em 20% do PIB no segundo Governo FHC e diminuí-la ela em 15% do PIB no Governo Lula.

Cabe esclarecer que entre os governos Lula e Dilma houve uma mudança importante que alterou o impacto do câmbio sobre a dinâmica da dívida. Até meados da primeira década do século, a dívida externa líquida do setor público brasileiro era positiva, o que significa que uma desvalorização do câmbio pressionava a dívida pública e uma apreciação a diminuía. Como, de modo geral, no Governo Lula o câmbio sofreu uma apreciação, na Tabela 9.3 os efeitos patrimoniais do câmbio sobre a dívida pública agiram fundamentalmente no sentido de diminuir esta como fração do PIB. Quando a dívida externa líquida se torna negativa, porém, o efeito se inverte: uma desvalorização torna a dívida externa mais negativa e uma apreciação diminui o desconto do componente de ajustamento. Como, porém, no Governo Dilma o câmbio sofreu uma desvalorização, isso na prática continuou a gerar o efeito de diminuir o componente patrimonial, já que a dívida externa se tornou mais negativa. Desse modo, na citada tabela, apesar de a dívida fiscal ter aumentado entre 2010 e 2014, a dívida líquida do setor público diminuiu, pela dinâmica do ajustamento patrimonial.

TABELA 9.3
Dívida líquida do Setor público e ajustes patrimoniais – Dezembro (% PIB)

Composição	1998	2002	2006	2010	2014
Dívida líquida setor público	37,9	59,8	46,5	38,0	34,1
Dívida fiscal	36,9	38,9	36,9	31,5	35,2
Ajustes patrimoniais	1,0	20,9	9,6	6,5	−1,1
Privatização	−2,9	−4,3	−2,8	−1,9	−1,4
Outros ajustes	3,9	25,2	12,4	8,4	0,3
Sobre dívida interna	0,4	10,2	4,9	3,0	1,9
Sobre dívida externa	0,5	8,3	3,0	2,5	−3,4
Demais ajustes patrimoniais	3,0	6,7	4,5	2,9	1,8

Fonte: Banco Central.

Na análise da evolução da dívida pública nos anos 1990, há que atentar para o surgimento de outras duas rubricas que afetam o valor desta, sem estarem relacionados com o resultado fiscal. Trata-se do reconhecimento de antigas dívidas, inicialmente não registradas – conhecidas na literatura como *hidden liabilities* ou "passivos ocultos" e, no jargão jornalístico, como "esqueletos" –, de um lado; e o efeito de redução da dívida pública associado às privatizações, de outro. O primeiro efeito aumenta a dívida pública registrada oficialmente – embora na prática não altere o que poderia ser denominado de "dívida verdadeira", se esta tivesse sido apurada corretamente, desde o início –, enquanto o segundo diminui essa mesma dívida.[6]

---

[6] Os "esqueletos" são o resultado de mensurações errôneas do déficit público em épocas anteriores. De fato, se o déficit fosse corretamente avaliado a cada período de tempo, não haveria passivos ocultos se acumulando. Sobre esta questão, ver o Capítulo 2.

Um fato que merece ser destacado, na trajetória da dívida pública nos anos 1990, foi o aumento da importância relativa da dívida de estados e municípios. Esta, que representava apenas 16% da dívida líquida total do setor público em 1990, passou a ser de 33% desse total em 1994 e chegou a 38% do total em 1997. O fato esteve associado aos elevados déficits dessas unidades da federação no período e explica a pressão dos governadores em favor de uma renegociação do componente mobiliário dessa dívida, em 1998.

Apesar do aumento da dívida pública brasileira na segunda metade dos anos 1990, esta continuou sendo inferior, como percentagem do PIB, à de diversos países desenvolvidos e com economias estáveis. Entretanto, o maior problema da dívida pública brasileira na época não era tanto o seu montante e sim o seu prazo de maturação, que era muito curto, já que a maior parte dos títulos eram emitidos com prazos de alguns meses ou, no máximo, um ou dois anos de vencimento. Por outro lado, o desejável alongamento da dívida só tenderia a ocorrer, voluntariamente, à medida que os credores do setor público tivessem confiança de que este iria gerar no futuro um resultado primário que lhe permitisse, se não pagar a dívida, pelo menos evitar que a relação dívida/PIB continuasse aumentando. De quanto deveria ser esse resultado é algo que iremos discutir a seguir.

DÉFICIT E DÍVIDA PÚBLICA[7]

A evolução da dívida pública ao longo do tempo, em função de diferentes níveis de superávit ou déficit primário, pode ser mais bem compreendida com a ajuda de algumas equações muito simples. Definindo a dívida líquida do setor público – externa e interna – como D – neste caso, sem base monetária – e deixando de lado, para simplificar, certas tecnicalidades resultantes do fato de que a dívida em geral se refere ao final do período, enquanto o PIB é expresso em preços médios do período, o valor de D no período t é

$$D_t = D_{t-1} + J_t - SP_t - S_t \tag{9.1}$$

em que J é a despesa de juros nominais, SP é o valor do superávit primário, S é a coleta de senhoriagem e (t – 1) expressa defasagem de um período.[8]

---

[7] Duas boas referências do debate internacional a respeito destes temas são Spaventa (1987) e Barro (1979). Para um *survey* sobre a dinâmica da dívida pública, ver Lerda (1987). Na literatura brasileira sobre o assunto, cabe destacar o trabalho de Rossi (1987) e Rocha (1997).
[8] A senhoriagem, a rigor, é mais bem definida como "poder de compra resultante de um fluxo de emissão nominal de base monetária", o que exige definir um índice de preços de referência. Ela corresponde, portanto, a S/P, onde S é a base monetária emitida no período e P o índice de preços. Por uma questão de conveniência de linguagem, no livro chamamos apenas o denominador dessa fração de "senhoriagem".

A despesa de juros *nominais* é igual a[9]

$$J_t = D_{t-1} \cdot i \qquad (9.2)$$

em que i é uma taxa *nominal* média ponderada, incidente sobre a dívida pública. Substituindo (9.2) em (9.1) e dividindo D pelo PIB nominal, definido em função da taxa de crescimento *real* (q) e da taxa de inflação (π) – ambas, por hipótese, constantes, para qualquer período de tempo –, conclui-se que a relação dívida pública/PIB (d), a cada período de tempo, é dada por

$$d_t = d_{t-1} \cdot (1+i) / [(1+q) \cdot (1+\pi)] - h - s \qquad (9.3)$$

em que h e s representam as relações superávit primário/PIB e senhoriagem/PIB, respectivamente, as duas, também por hipótese, constantes.

A equação permite entender claramente por que adiar o ajustamento tende a torná-lo cada vez mais difícil, pois a postergação das medidas destinadas a obter esse ajuste implica a persistência de déficits, que por sua vez geram um aumento da dívida pública, que tende a realimentar através da conta de juros os déficits em períodos subsequentes, tornando o ajustamento requerido progressivamente maior.[10]

Podemos agora, então, ter melhores condições de argumentar para questionar a tese referente ao "caráter financeiro do déficit". O que significa isso? Em geral, costuma-se comparar o valor da despesa de juros com o déficit e concluir que, sendo a razão entre aquela e este elevada, "o déficit é financeiro", no sentido de que, se não houvesse dívida, o déficit poderia, no limite, desaparecer. O argumento parece lógico e tem recorrentemente seduzido a parte da mídia e da esfera política, mas deve ser devidamente qualificado. Há três pontos que é importante considerar.

Primeiro, em uma execução orçamentária na qual há várias rubricas importantes, qualquer uma dessas despesas específicas, se comparada com o déficit, tende a gerar um coeficiente que pode ser próximo ou até maior do que um. Da mesma forma que o fato de o déficit ser de, por exemplo, 5% do PIB, quando a despesa de juros é dessa magnitude, pode ser considerado uma base para dizer que o déficit é "financeiro"; por analogia, se a despesa previdenciária ou a conta de transferências a estados e municípios for dessa mesma ordem pode-se dizer também que o déficit é "previdenciário" ou "estadual".

---

[9] Esta fórmula pode envolver alguma subestimação da despesa efetiva de juros, por ignorar o custo adicional que resulta do fato de a dívida poder aumentar durante o período t. De qualquer forma, o efeito só é relevante se o fluxo de déficit – e, portanto, de nova dívida – for elevado.

[10] Sobre estas questões, ver também Batista (1989).

A DÍVIDA PÚBLICA É AFETADA PELO DÉFICIT NOMINAL OU PELO OPERACIONAL?

Um ponto importante que deve ficar claro para o leitor é que o fator relevante, na evolução da dinâmica da relação dívida pública/PIB ao longo do tempo é o tamanho relativo do resultado operacional – e não do nominal –, independentemente de o mesmo ser calculado e divulgado pelo governo ou não. Como vimos no Capítulo 2, o déficit nominal, em ambientes de alta inflação, tende a perder significado econômico. Observe que a equação (9.3) pode ser reescrita como

$$d_t = d_{t-1} / [(1 + q) \cdot (1 + \pi)] + f - s$$

em que f é a relação NFSP/PIB, no conceito *nominal*. Se o conceito utilizado for o operacional, a equação acima deve ser entendida como

$$d_t = d_{t-1} / (1+q) + f - s$$

em que f é a relação NFSP/PIB, no conceito *operacional*. O que não é possível é usar esta última equação, conjuntamente com um f em que as NFSP sejam medidas em termos nominais, pois isso representa um equívoco metodológico grave, que deixa de levar em conta a ação da inflação sobre a relação dívida/PIB, captada pela primeira equação. Para simplificar, vamos supor que a senhoriagem seja nula e que o nível de atividade seja constante (q = 0). A relação dívida/PIB é então afetada pelo déficit operacional, ou seja, se a dívida é inicialmente de 30% do PIB e há um déficit operacional de 2% do PIB, um ano depois a dívida deverá ser de 32% do PIB. No Brasil, com a alta da inflação do início de 1999, alguns analistas internacionais – pouco afeitos aos meandros das nossas contas fiscais – cometeram erros grosseiros de avaliação, supondo que o déficit nominal de 1999 – afetado pelo aumento da inflação – iria ser totalmente incorporado à relação dívida/PIB. O absurdo desse raciocínio fica claro quando se comparam os elevados déficits nominais dos anos 1980, que chegaram a ser de mais de 50% do PIB, com a queda da relação dívida/PIB depois de meados da década. Cabe destacar que o significado do déficit nominal no Brasil em 1999, quando o país voltou a ter uma inflação relativamente elevada, foi completamente diferente do de 1998, quando, com a inflação muito pequena, o resultado nominal praticamente correspondeu ao operacional. Em ambientes de baixa inflação, porém, essas questões perdem significado e costuma-se trabalhar apenas com o resultado nominal, que é praticamente igual ao operacional, quando há estabilidade de preços.

Segundo, a dívida existe. De pouco adianta afirmar que, se não existisse uma dívida, não haveria déficit, se a hipótese não faz sentido. Além disso, esse é um tipo de discurso que tende em geral a estar associado à denúncia do sistema financeiro como o grande beneficiário desses pagamentos. A rigor, porém, o sistema financeiro é um intermediário entre agentes com posições credoras e devedoras. Nesse sentido, o que nas contas públicas é uma despesa de juros, tem como contrapartida uma receita de quem tem títulos públicos na sua carteira. Muitas vezes, portanto, o indivíduo que abre um jornal e lê uma manchete como "Juros voltam a agravar o déficit", pode simpatizar, como leigo, com alguma forma de moratória da dívida interna, "para acabar com a ganância dos bancos". Entretanto, se isso ocorresse, provavelmente ele seria um dos prejudicados, se tiver aplicações financeiras, já que estas podem estar lastreadas em títulos públicos.

Finalmente, a despesa de juros é uma expressão de desequilíbrios primários anteriores, que geraram a dívida inicial. A causa da existência de uma despesa de juros terá sido a deterioração inicial do resultado primário. O que queremos frisar com isso é que há uma relação entre a despesa de juros e o resultado primário e que uma melhora – ou piora – deste tende a se refletir, mais cedo ou mais tarde, num sentido ou no outro, na conta de juros, mesmo que a taxa de juros seja constante.

A ausência dos ajustes necessários no lado primário, para não ter que arcar com os ônus disso decorrentes, tende a fazer com que os sacrifícios futuros sejam maiores, já que – a não ser que a dívida seja repudiada –, em algum momento, o governo é obrigado a se ajustar, com uma dívida maior do que a inicial e, portanto, tendo que atingir um resultado primário maior, para uma dada taxa de juros. É isso que veremos com a ajuda das fórmulas expostas a seguir.

A CONDIÇÃO DE EQUILÍBRIO DA RELAÇÃO DÍVIDA PÚBLICA/PIB

Considere-se a definição das NFSP, no conceito nominal, dadas por

$$NFSP_t = J_t - SP_t \tag{9.4}$$

em que as variáveis J e SP são a despesa de juros e o superávit primário, já definidos, sendo J dado por (9.2). As NFSP são financiadas pela variação – expressa com o símbolo Δ – da dívida líquida total nominal Δ – excluindo base monetária – e pela emissão de moeda, representada pela senhoriagem S:

$$NFSP_t = \Delta D_t + S_t \tag{9.5}$$

O que nos interessa agora é saber em que condições a relação dívida pública/PIB (d) é constante ao longo do tempo, de modo que, em (9.3), $d_t = d_{t-1}$.

Para isso, a taxa de variação *nominal* do PIB (y), função dos parâmetros q e π já mencionados em (9.3), deve ser igual à taxa de variação nominal da dívida pública, de modo a manter a constância de d. Consequentemente, em (9.5),

$$\Delta D_t = y \cdot D_{t-1} \tag{9.6}$$

Substituindo (9.2) em (9.4) e (9.6) em (9.5), igualando (9.4) e (9.5) e dividindo pelo PIB, conclui-se, após alguns algebrismos, que a condição de equilíbrio exigida para que a relação dívida pública/PIB seja estável é que o superávit primário do setor público, expresso como proporção do PIB (h) e dada uma certa relação senhoriagem/PIB (s), em qualquer período de tempo t, seja igual a

$$h = d \cdot [(i - y) / (1 + y)] - s \tag{9.7}$$

O que nos diz essa fórmula? Ela indica que, aritmeticamente, o superávit primário como proporção do PIB, requerido para estabilizar a relação dívida/PIB, é uma função direta da própria relação dívida/PIB e da taxa de juros e uma função inversa do crescimento real da economia – para uma certa taxa de inflação – e da senhoriagem. Níveis de superávits primários superiores (inferiores) aos definidos por (9.7) geram uma queda (aumento) da relação dívida/PIB.

Esquecendo por um momento a aritmética, como interpretar o sentido econômico da fórmula? Quanto maior é a dívida ou a taxa de juros, mais o governo tem que se ajustar para arcar com a despesa de juros, sem pressionar mais a relação dívida/PIB. Isso é algo que soa perfeitamente compreensível. Por sua vez, quanto maior é o crescimento da economia, mais "fácil" é manter a dívida constante como proporção do PIB, pois maior pode ser o crescimento dessa dívida e, portanto, menor a necessidade de gerar superávits primários. Nesse caso, na relação dívida/PIB, aumentam o numerador e o denominador, mas não a razão d. Finalmente, quanto mais o governo pode se financiar através da emissão de moeda, menor torna-se a necessidade de aumentar impostos e/ou cortar gastos, já que a tarefa de evitar o crescimento da relação dívida/PIB, nesse caso, não exige maior esforço primário, devido à possibilidade de praticar uma certa expansão monetária, a um custo de juros nulo. Obviamente, porém, na vida real, o espaço para isto é limitado pelo risco de que se verifique um processo inflacionário, em decorrência do aumento da quantidade de moeda em circulação.

Os resultados do superávit primário necessário para estabilizar a relação dívida/PIB, por (9.7), para diferentes combinações de crescimento real do PIB (q) e de taxa de nominal de juros (i), dados: a) uma dívida líquida do setor público

– nesse caso, sem base monetária – de 40% do PIB; b) uma inflação de 4,5% ao ano e c) uma senhoriagem de 0,4% do PIB, encontram-se na Tabela 9.4.[11]

A Tabela 9.4 mostra que o superávit primário consistente com a estabilidade do coeficiente d diminui com o crescimento econômico e cresce com a taxa de juros, conforme já explicado. Para um crescimento real do PIB de apenas 3% e uma taxa nominal de juros de 14%, a estabilização de d exige um superávit primário do setor público de 2% do PIB.[12] Já no caso extremo oposto da tabela, com um crescimento econômico de 5% e juros de 7%, o setor público poderia até mesmo se dar ao luxo de ter um déficit primário de 1,4% do PIB, sem mudar o valor da relação dívida/PIB.

RESULTADO PRIMÁRIO, DÉFICIT PÚBLICO E TAXA DE JUROS

Taxa de juros real (Selic) – Deflator: IGP-Centrado (%)

Ano	Taxa de juros real	Ano	Taxa de juros real
1991	3,6	1995	33,1
1992	34,1	1996	16,6
1993	7,1	1997	16,4
1994	24,4	1998	26,5

Fonte: Banco Central.

A definição da meta adequada de resultado primário que deve ser perseguida depende do nível esperado da taxa de juros. Nesse sentido, a conjuntura fiscal no final da década de 1990 foi particularmente difícil, devido às altas taxas de juros. Há duas interpretações para o elevado nível dos juros verificado na época. A primeira relaciona o fenômeno à *dimensão do desequilíbrio fiscal*, enquanto a segunda considera que a causa foi o desequilíbrio externo e a necessidade de ter uma remuneração em dólares suficientemente atrativa para os investidores internacionais, a ponto destes ingressarem recursos no país através da conta de capitais, de modo a compensar o *déficit na conta-corrente* do balanço de pagamentos. Ambas as explicações são teoricamente fundamentadas e não devem ser entendidas como sendo incompatíveis entre si.

---

[11] Um exercício recomendado para o aluno é o de calcular os resultados da Tabela 9.4, utilizando a equação (9.7), porém com valores diferentes para o parâmetro d, adotando outras hipóteses de relação dívida/PIB. Note que o resultado de h é uma função de d.

[12] O superávit primário da época do acordo com o FMI no Governo FHC foi maior do que este coeficiente, porque inicialmente a dívida era maior que 40% do PIB e a taxa de juros maior que 14%, e porque o objetivo desejado, a rigor, era diminuir e não apenas estabilizar a relação Dívida/PIB.

Por um lado, embora não se deva fazer uma vinculação mecanicista – até porque, nesse caso, não se poderia explicar, por exemplo, o nível dos juros em 1994, quando o setor público foi superavitário em termos operacionais –, o tamanho do desequilíbrio fiscal é um fator importante, na avaliação do mercado financeiro, para definir a remuneração a ser exigida nos leilões de títulos públicos. Além disso, esse desequilíbrio, por sua vez, é um dos parâmetros que definem o nível de "risco país", entendido como um dos determinantes da taxa de juros. Por outro lado, a necessidade de o Brasil desvalorizar gradualmente a taxa de câmbio real – através da prática de desvalorizações nominais superiores à inflação –, que ficou clara diante do agravamento do déficit em conta-corrente a partir de 1995, levou o Banco Central a ter um piso de juros real elevado, já que a expectativa de desvalorização é um dos ingredientes da fórmula de cálculo da taxa de juros, através da arbitragem do retorno de aplicações alternativas, medido em dólares. Nas ocasiões em que o Banco Central foi obrigado a subir drasticamente os juros – em 1995, devido à crise do México; em 1997, devido ao colapso da Ásia; e em 1998, devido à moratória russa –, o detonante da medida foi a necessidade de financiar o déficit em conta-corrente, em uma situação de liquidez internacional restrita. Entretanto, se esse efeito atingiu tão particularmente o Brasil, foi também devido à piora do resultado primário registrada depois de 1994, que afetou negativamente a imagem externa do país. Portanto, as duas explicações mencionadas são válidas para entender por que as taxas de juros foram tão elevadas no Brasil nos anos 1990 e, particularmente, na segunda metade da década. Isso explica também por que a tentativa de ajuste que o governo tentou implementar no final da década buscou simultaneamente (a) uma melhora do resultado primário e (b) criar espaço para a queda da taxa de juros, de modo a diminuir duplamente as NFSP, com o objetivo declarado de conter a relação dívida/PIB no início da década de 2000.

No intervalo que pareceria mais realista de probabilidade, para uma situação de *steady state*, com a economia crescendo em termos reais de 3% a 4% ao ano e uma taxa nominal de juros de 10% a 12%, o superávit primário requerido situa-se entre 0,1% e 1,2% do PIB. Naturalmente, conservados os parâmetros de inflação e de senhoriagem, para uma dívida maior (menor), o superávit primário teria que ser também maior (menor). Na Tabela 9.4, para cada célula da matriz de resultados, em cada caso, um superávit primário maior (menor) que o indicado, mantidos os demais parâmetros, reduz (aumenta) a relação dívida pública/PIB ao longo do tempo.

TABELA 9.4
Superávit primário em relação ao PIB, em condições de estabilidade da relação dívida/PIB, como função da taxa de crescimento do PIB e da taxa de juros (%) (a)

d = 0,40; π = 0,045; s = 0,004

		Taxa de crescimento real do PIB (%)		
		3,0	4,0	5,0
	7,0	−0,64	−1,02	−1,39
	8,0	−0,26	−0,65	−1,03
Taxa nominal	9,0	0,11	−0,28	−0,66
bruta de juros	10,0	0,48	0,09	−0,30
(%)	11,0	0,85	0,45	0,06
	12,0	1,22	0,82	0,43
	13,0	1,59	1,19	0,79
	14,0	1,97	1,56	1,16

(−) = Déficit primário.
(a) A dívida líquida do setor público, sem base monetária.

SIMULAÇÕES DO RESULTADO FISCAL REQUERIDO COM DIFERENTES NÍVEIS DE ENDIVIDAMENTO

Deixando de lado a distinção entre o resultado primário e a despesa de juros, consideremos agora qual é o nível de déficit compatível com um certo nível de endividamento. Chamando de f a relação NFSP/PIB e dada a definição do financiamento, conclui-se, substituindo (9.6) em (9.5) e dividindo pelo PIB, que a condição requerida para que a relação dívida pública/PIB seja constante é que, em qualquer período de tempo t, f seja igual a[13]

$$f = d \cdot y / (1+y) + s \qquad (9.8)$$

Essa equação nos diz que, aritmeticamente, para que a dívida pública não aumente como proporção do PIB, a relação déficit público/PIB compatível com essa condição é uma função direta da relação dívida/PIB, do crescimento da economia e da senhoriagem. Níveis de déficits nominais superiores (inferiores) aos definidos por (9.8) geram um aumento (queda) da relação dívida/PIB.

Em termos econômicos, quanto maior é a dívida, maior pode ser o déficit, sem que isso pressione a relação dívida/PIB. Considere-se, por exemplo, um país sem crescimento que não tem dívida e cuja demanda nominal por moeda não se modifica, o que significa que a senhoriagem é nula. Nessa economia,

---

[13] Cabe lembrar que se utilizou o conceito das NFSP nominais. Se o mesmo cálculo for feito para calcular as NFSP operacionais, basta considerar o parâmetro y a taxa de crescimento real do PIB.

qualquer déficit, por menor que seja, eleva a relação dívida/PIB, que inicialmente é nula. Agora vamos imaginar uma economia na qual a dívida é de 100% do PIB. Nesse caso, o déficit pode ser até expressivo e mesmo assim a relação dívida/PIB pode se manter estável, se o valor nominal do PIB aumentar na mesma proporção. Portanto, por (9.8), o déficit de equilíbrio é uma função direta do próprio tamanho da dívida.

Vamos analisar agora o efeito do crescimento sobre o déficit consistente com a estabilidade da relação dívida/PIB. Imaginemos uma economia com uma certa dívida pública. Se a inflação, o crescimento e a senhoriagem forem nulos, qualquer déficit, por menor que seja, aumenta a relação dívida/PIB. Já se a economia crescer a um ritmo intenso, o déficit pode até ser relativamente importante e aumentar a dívida pública em termos absolutos, sem que isso pressione a relação dívida/PIB, já que o numerador e o denominador da razão estariam crescendo à mesma taxa.[14]

Quanto à senhoriagem, é fácil entender que, quanto mais o governo consegue se financiar através da emissão monetária, menor é o crescimento da sua dívida. No limite, nos termos de (9.5), se as NFSP forem inteiramente financiadas com moeda, o "delta" de dívida pública "pura" (sem base monetária) é nulo.

OS CRITÉRIOS DE MAASTRICHT

Através do Tratado de Maastricht, os países da União Europeia (UE) se comprometeram em 1992 a unificar as suas moedas – o que de fato ocorreu depois, com o euro –, desde que cumpridos certos prerrequisitos. Um deles era o de terem déficits públicos de, no máximo, 3% do PIB. De onde surgiu esse número?

Quando o tratado foi assinado, a dívida pública média, na UE, era ligeiramente superior a 60% do PIB, tendo sido fixado esse parâmetro como referência para o teto da relação dívida/PIB. Se não houvesse financiamento monetário e supondo um crescimento nominal do PIB de aproximadamente 5% – associado, por exemplo, a um crescimento real de 3%, combinado com uma inflação de 2% –, por (9.8) o déficit poderia ser de 2,9% do PIB, sem aumentar a relação dívida/PIB de 0,6 (60%). Supondo algum grau de senhoriagem, chega-se ao teto de déficit de 3% do PIB.

---

[14] A Índia, durante muitos anos, na década de 1990 e no século atual, com déficits públicos elevados mas forte crescimento da economia, pode ser considerada um bom exemplo desse tipo de situação.

> Nesse caso, a dívida pública de referência era a dívida bruta e não a líquida, que é o conceito mais utilizado no Brasil. Como a razão dívida/PIB, no Brasil, é menor do que 0,6, para os mesmos parâmetros de crescimento e de senhoriagem, o déficit público teria que ser inferior a 3% do PIB, com o fim de evitar que aquela razão aumentasse. Alternativamente, a dívida tenderia a aumentar ou, para que isto não ocorresse, o aumento nominal do PIB teria que ser superior aos 5% que os representantes dos países que assinaram o Tratado de Maastricht tinham em mente na ocasião.

O resultado do déficit nominal consistente com a estabilidade da relação dívida/PIB, por (9.8), para diferentes combinações de crescimento real do PIB e de níveis de endividamento público, encontra-se na Tabela 9.5, mantidas as hipóteses da Tabela 9.4, de inflação anual de 4,5% e senhoriagem de 0,4% do PIB.

A Tabela 9.5 mostra que esse déficit aumenta com o crescimento econômico e com a relação dívida/PIB, o que corrobora o que foi dito na explicação da equação (9.8). Para um crescimento econômico de apenas 3% e uma dívida não monetária líquida do setor público de 30% do PIB, as NFSP no conceito nominal não podem ser superiores a 2,5% para que a dívida não aumente como proporção do PIB. No extremo oposto da tabela, com crescimento real de 5% e dívida de 50% do PIB, esse teto de déficit passa a ser de 4,8% do PIB. Com um crescimento econômico de 3% a 4%, para que a dívida líquida se mantenha entre 30% e 40% do PIB, o déficit nominal deve se situar no intervalo de 2,5% a 3,6% do PIB. Na Tabela 9.5, para cada célula da matriz de resultados, em cada caso, um déficit nominal maior (menor) que o indicado, mantidos os demais parâmetros, aumenta (reduz) a relação dívida pública/PIB.

TABELA 9.5
Déficit nominal do setor público (NFSP) em relação ao PIB, em condições de estabilidade da relação dívida/PIB, como função da taxa de crescimento do PIB e da relação dívida/PIB (%)

$\pi = 0,045; s = 0,004$

		Taxa de crescimento real do PIB (%)		
		3,0	4,0	5,0
	30	2,53	2,80	3,06
	35	2,88	3,20	3,50
	40	3,24	3,59	3,95
Dívida pública	45	3,59	3,99	4,39
(% PIB) (a)	50	3,95	4,39	4,83

(a) Dívida líquida do setor público, sem base monetária.

Considerando que operar no limite das possibilidades, caso algum dos parâmetros previstos não se comporte de acordo com o esperado, implica assumir o risco de que a dívida pública aumente como percentagem do PIB e, como isso pode gerar expectativas desfavoráveis nos agentes econômicos – além de aumentar a carga futura de juros –, é recomendável que o governo procure fazer o seu planejamento com parâmetros conservadores, trabalhando com uma expectativa de crescimento relativamente pessimista e uma expectativa de juros relativamente alta, dentro dos intervalos antes mencionados como mais prováveis. Isso pode significar, por exemplo, na Tabela 9.4, com d = 0,40, assumir uma taxa nominal de juros de 12% – em vez de 10% – e um crescimento do PIB, em termos reais, de 3% – em vez de 4%. Se a taxa de juros fosse, na prática, menor e/ou o crescimento da economia maior, o setor público iria se beneficiar de uma redução da relação dívida/PIB. A dívida poderia ir caindo com o tempo, como percentagem do PIB, se a realidade revelar parâmetros melhores do que os adotados como hipótese.

A SUBINDEXAÇÃO DA DÍVIDA PÚBLICA

Qual é a rentabilidade de uma ação? Ela é dada pela combinação dos dividendos com a valorização da ação. Por analogia, caberia esperar que este último componente, em princípio, fosse nulo no caso de um título público cujo rendimento fosse dado por uma taxa de juros nominal que resultasse da composição da inflação esperada, com uma meta de juros reais perseguida pela autoridade monetária. Não é isso, entretanto, que indicam os dados da década de 1980.

A tabela a seguir mostra a taxa de juros reais dos títulos públicos com rentabilidade associada à taxa de juros SELIC – popularmente conhecida como *overnight* –, no período 1981/1990. O deflator utilizado foi o chamado "IGP centrado", correspondente à média geométrica dos IGPs de meses sucessivos. Como o IGP é um índice coletado entre o começo e o final do mês e, portanto, "centrado" em torno do dia 15, considerava-se que o IGP centrado era um melhor deflator para calcular variações reais de variáveis nominais referentes à posição de final do mês. Essa distinção não faz muito sentido em épocas de inflação baixa, mas era perfeitamente justificável quando a inflação aumentava rapidamente, como nos anos 1980. Nota-se na tabela que a taxa real média dos juros do *overnight* foi de 1,3% ao ano na década, resultado da existência de nada menos do que *cinco* anos – metade do total – com taxas reais negativas. No período 1987/1990, em particular, após o fracasso do Plano Cruzado, no final de 1986 e a explosão inflacionária dos anos posteriores, a taxa de juros real média foi *negativa* em 2,2% ao ano.

Taxa de juros real (SELIC) – Deflator: IGP centrado (%)

Ano	Taxa de juros real	Ano	Taxa de juros real
1981	–2,9	1986	3,5
1982	8,7	1987	–15,0
1983	–4,0	1988	–5,0
1984	8,4	1989	19,0
1985	9,9	1990	–4,9

Fonte: Banco Central.

Isso significa que, na segunda metade dos anos 1980 e até 1990, na prática, a evolução da dívida pública interna era resultante de dois fatores. De um lado, o déficit público elevado, que tendia a aumentar essa dívida; de outro, a erosão da dívida herdada do passado, que diminuía o valor real da mesma, devido à subindexação do estoque (Giambiagi, 1996b). A isto deve ser acrescentado o efeito da variação da taxa de câmbio nominal abaixo do mesmo IGP centrado. De fato, entre o final de 1985 e o final de 1990, a relação taxa de câmbio nominal/IGP centrado sofreu uma perda real de 44%, o que explica a perda de importância relativa da dívida externa pública em relação ao PIB.

No caso da dívida interna, a referida prática de subindexação acabou em 1991, quando a política de juros passou a ser orientada no sentido de oferecer taxas fortemente positivas em termos reais, com qualquer deflator que fosse utilizado, inicialmente para evitar uma fuga de capitais, no contexto das dificuldades políticas e econômicas pelas quais passou no início dos anos 1990; e, posteriormente, para garantir o sucesso do plano de estabilização implementado em 1994.

Sugestões de leitura para o aluno: Os textos de Batista (1989) e Pastore (1995) permitem entender a relação entre o déficit público no presente e a dívida pública no futuro.

Leituras adicionais para o professor: A coletânea de Dornbusch e Draghi (1990) é um clássico da literatura sobre endividamento público e nela analisam-se os casos históricos mais importantes de endividamento explosivo ao longo do século XX, em alguns países. Lerda (1987) apresenta um excelente *survey* da literatura sobre *debt sustainability*. Spaventa (1987) é uma referência importante no debate internacional sobre a dívida pública. Giambiagi (1996b) analisa a dinâmica do endividamento público no Brasil entre 1980 e 1994.

QUESTÕES

1. Quais, dentre as seguintes combinações de países europeus, caracterizavam-se por ter dívidas públicas da ordem de 100% do PIB ou mais no começo do século?
    a) Luxemburgo, Bélgica e Suécia.
    b) Suécia, Itália e Alemanha.
    c) Bélgica, Itália e Grécia.
    d) Bélgica, Espanha e Holanda.
2. Qual das seguintes afirmações *não* corresponde a uma descrição da evolução da dívida pública no Brasil desde 1980?
    a) A dívida líquida do setor público chegou a ser de mais de 50% do PIB, em meados da década de 1980.
    b) O acúmulo de créditos domésticos chegou certa vez a tornar negativa a dívida interna líquida do governo central.
    c) De um modo geral, a partir de meados da década de 1980 e até meados dos anos 1990, a dívida externa líquida do setor público foi perdendo importância relativa.

d) O Fundo de Amparo ao Trabalhador (FAT) representa uma dívida do governo central.
3. Se a dívida pública de um país era de 25% do PIB no ano t e passou a ser de 32% do PIB no ano (t + 5), qual foi o crescimento real anual médio dessa dívida, entre esses dois anos, considerando que o PIB teve um aumento real de 2,3% ao ano?
4. A dívida externa líquida do setor público de um país é de 4% do PIB e a dívida interna é de 14% do PIB. A taxa de juros sobre a dívida externa é de 4% e sobre a dívida interna é de 12%. Suponha que esse país acumule reservas adicionais no valor de 1% do PIB e que, para evitar o impacto monetário disso decorrente, o Banco Central coloque títulos públicos para "enxugar" esse efeito. Qual é o aumento da despesa de juros da dívida líquida do setor público, em % do PIB? (Resposta com duas casas decimais.)
5. Explique, matematicamente, por que a proporção do resultado primário requerido, em percentagem do PIB, para que a relação dívida pública/PIB seja constante ao longo do tempo, é uma função inversa da taxa de crescimento do PIB. (Sugestão: pense na equação 9.7.)
6. É possível ter déficit primário e mesmo assim a relação dívida pública/PIB ser constante? Qual é a condição requerida para isso?
7. Usando a equação (9.7), calcule o superávit primário mínimo requerido como proporção do PIB para que a dívida pública não aumente como proporção do PIB, em um país cuja receita de senhoriagem é de 0,2% do PIB, a dívida pública é de 70% do PIB, a inflação anual é de 4%, o crescimento real é de 3% e no qual a taxa de juros *real* média da dívida pública é de 10%.
8. Se o superávit primário máximo que um governo está disposto a ter é de 2,5% do PIB, até que limite máximo, como percentagem do PIB, a dívida pública deve ser contida, dadas as demais hipóteses do exercício anterior? (Sugestão: inverta os termos da equação 9.7 e isole d.)
9. Usando a equação (9.8), calcule, nas condições do mesmo país do exercício 7, porém supondo que a dívida pública seja de 55% do PIB, qual é o déficit público máximo, no conceito nominal, requerido como proporção do PIB para que a relação dívida pública/PIB não aumente.
10. "A noção de equilíbrio fiscal não deve ser confundida com a tese de que o déficit público deve ser necessariamente eliminado." Você concorda com essa afirmação?

PARTE III

Tópicos Especiais sobre Finanças Públicas

CAPÍTULO 10

O Sistema Tributário Brasileiro

> Todos querem mais investimentos sociais, mas ninguém quer pagar mais impostos.
>
> Gustavo Franco, ex-presidente do Banco Central

> *Don't tax me, don't tax thee; let's tax this guy behind the tree.*
>
> Antiga citação em inglês arcaico[1]

Quando estão em discussão questões muito complexas, que afetam a forma como se divide a renda de uma sociedade, há duas formas de chegar a um consenso. A primeira é discutir apenas as questões gerais. A segunda é deixar de convidar alguma das partes para sentar à mesa. Com o sistema tributário, ocorre algo parecido. Em quase todos os países do mundo o tema "reforma do sistema tributário" é algo que, recorrentemente, costuma entrar na agenda de debates. Entretanto, da discussão até a aprovação das reformas há um longo caminho a percorrer.

Por que é tão difícil ter um sistema tributário "ideal"? Talvez o leitor, já familiarizado com o conceito de "ótimo de Pareto", possa entender a dificuldade, por analogia com o processo de aproximação a esse ótimo. Nas aulas em que se ensina esse conceito, mostra-se graficamente que, partindo de um ponto distante do ótimo, é possível se aproximar dele, movendo-se em uma direção tal que todos estejam melhor do que no ponto inicial. A definição do ponto de ótimo é aquela em que isso não é mais possível, porque a melhora de alguém implica prejuízo para outros.

---

[1] *Thee*, em inglês arcaico, tinha o significado de *you*.

O sistema tributário brasileiro está longe de representar um "ótimo de Pareto", mas está longe, também, daquele ponto inicial do exemplo anterior, do qual é possível sair, de modo a chegar a outro ponto em que todos estejam melhor. A rigor, o problema é exatamente o oposto: uma reforma, muitas vezes, implica melhorar a situação de alguns grupos, em detrimento de outros. Quando se discute o tema "sistema tributário", está se discutindo como a renda do país é dividida, em relação a cinco cortes diferentes da distribuição dessa renda: a) *funcional* – quanto da renda do setor privado assumirá a forma de lucros e quanto de salários; b) *pessoal* – que percentual da renda ficará com cada percentil da população; c) *regional* – como se distribuem os recursos entre as diversas unidades do país; d) o corte *governo versus setor privado* – que define a parcela da renda apropriada pelo governo, e e) o corte *federativo* – associado a como a renda do governo *lato sensu* divide-se entre a União, os estados e os municípios, o que é um aspecto que complementa a questão regional. Daí por que é tão difícil chegar a um consenso que deixe todas as partes em conflito satisfeitas. Ao mesmo tempo, o sistema tributário é um dos determinantes da competitividade dos bens produzidos pelo país, algo particularmente importante no contexto da disputa crescente por mercados externos.

Neste capítulo, iremos tratar do sistema tributário brasileiro: suas características; a trajetória da carga tributária; as mudanças após a Constituição de 1988 etc. O objetivo é que, no final da leitura, o leitor tenha uma visão geral da complexidade do tema e da evolução do sistema ao longo do tempo.

BREVE HISTÓRICO DO SISTEMA TRIBUTÁRIO BRASILEIRO[2]

As origens do sistema tributário brasileiro

Desde a proclamação da República até os anos 1930, o sistema tributário brasileiro manteve praticamente a estrutura vigente à época do Império. Sendo uma economia basicamente agrícola e com alto grau de abertura ao exterior, a principal fonte de receitas públicas durante o Império era o comércio exterior, com destaque para o imposto de importação que, em alguns anos, chegou a ter uma participação próxima de 2/3 da receita total do setor público.

A primeira mudança importante veio com a Constituição de 24/02/1891, que introduziu o regime de separação de fontes tributárias, discriminando os impostos de competência exclusiva da União e dos estados. Ao governo central couberam o imposto de importação, os direitos de entrada, saída e estadia

---

[2] Esta seção, da mesma forma que aquelas referentes aos problemas do sistema tributário e às propostas de reforma do sistema, toma como base os trabalhos de Varsano (1997), Afonso et alli (1998) e Varsano et al. (1998).

de navios, taxas de selo e taxas de correios e telégrafos federais; aos estados foi concedida a competência exclusiva para decretar impostos sobre a exportação, sobre imóveis rurais e urbanos, sobre a transmissão de propriedades e sobre indústrias e profissões, além de taxas de selo e contribuições relativas a seus correios e telégrafos. Além disso, tanto a União como os estados tinham poder para criar outras receitas tributárias.

Durante todo o período anterior à Constituição de 1934, o imposto de importação manteve-se como a principal fonte de receita da União. Na esfera estadual, o imposto de exportação era a principal fonte de receita, e na municipal, o principal tributo era o incidente sobre indústrias e profissões.

Com a Constituição de 1934, passaram a predominar os impostos internos sobre produtos. As principais modificações ocorreram no âmbito de estados e municípios. Os estados foram dotados de competência para decretar o imposto de vendas e consignações, ao mesmo tempo que se proibia a cobrança do imposto de exportações em transações interestaduais e limitava-se a alíquota deste imposto a um máximo de 10%. Quanto aos municípios, a partir da Constituição de 1934, passaram a ter competência para decretar alguns tributos.

Tendo em vista as limitações impostas à cobrança do imposto de exportação pela Constituição de 1934, o imposto de vendas e consignações tornou-se a principal fonte de receita estadual. Nos municípios, os impostos sobre indústrias e profissões e o imposto predial permaneceram como os mais importantes. Quanto à composição da receita tributária federal, o imposto de importação permaneceu como principal fonte de receita até o final dos anos 1930, quando foi superado pelo imposto sobre o consumo.

Com a Constituição de 1937, praticamente não houve alterações no sistema tributário vigente. Dentre as mudanças, destacou-se a perda da competência privativa dos estados para tributar o consumo de combustíveis de motor de explosão e dos municípios para tributar a renda das propriedades rurais.

No início da década de 1940, o imposto sobre vendas e consignações já era responsável por 30% do total da receita dos estados, enquanto a participação do imposto de exportação caía para menos de 4%.

A Constituição de 1946, por sua vez, trouxe algumas alterações importantes no sistema tributário. Em primeiro lugar, houve um viés no sentido de aumentar a receita dos municípios com a inclusão de dois novos impostos na sua área de competência: o imposto do selo municipal e o imposto de indústrias e profissões – praticamente uma réplica do imposto sobre vendas e consignações. Em segundo lugar, institucionalizou-se um sistema de transferências de impostos, o que modificou a discriminação de rendas entre as esferas de governo. Este sistema foi reforçado pela Emenda Constitucional nº 5 do início da década de 1960 que atribuiu aos municípios 10% da arrecadação do imposto de consumo e aumentou de 10% para 15% a participação dos mesmos no imposto de renda (IR).

No período 1946/1966, aumentou a importância relativa dos impostos internos sobre produtos. Em outras palavras, o Brasil entrou em uma fase em que a tributação sobre bases domésticas passou a ser crescentemente a mais importante, simultaneamente ao início de um processo de desenvolvimento industrial sustentado.

Em 1956, o Brasil deu os primeiros passos em direção à tributação sobre o valor agregado, com a criação do imposto sobre o consumo.[3] No início dos anos 1960, os impostos sobre o consumo, sobre vendas e consignações e sobre indústrias e profissões representavam cerca de 40%, 70% e 45% da receita total da União, estados e municípios, respectivamente.

A reforma dos anos 1960

Os principais objetivos da reforma dos anos 1960 foram aumentar a capacidade de arrecadação do Estado visando a *solucionar o problema do déficit fiscal* e dotar a estrutura tributária dos meios necessários para *apoiar e estimular o crescimento econômico*.[4] Ao mesmo tempo, procurou-se obter uma *melhoria de qualidade* quanto aos efeitos alocativos dos tributos; e uma maior *centralização de recursos*, tanto pela centralização da arrecadação como pela perda de autonomia financeira das unidades subnacionais.

Com a reforma foi implantado um sistema tributário inovador, do ponto de vista administrativo e técnico, dotado de potencial para interferir na alocação de recursos da economia e amplamente conectado às metas de política econômica traçadas em nível nacional.

O principal aspecto modernizador da reforma foi a mudança da sistemática de arrecadação, priorizando a tributação sobre o valor agregado, em vez de "em cascata" – referente a impostos cumulativos.[5]

---

[3] Na verdade, de certa forma, a origem do imposto sobre o consumo remonta a 1892, quando foi estabelecida a cobrança de um imposto sobre o fumo.

[4] O sistema tributário em vigor até 1988 era ainda decorrente da reforma tributária implementada no período 1965/1967 (Emenda Constitucional nº 18 de 01/12/1965, Lei nº 5.172 de 25/12/1966 – Código Tributário Nacional – e Constituição de 1967). A rigor, o sistema tributário do final dos anos 1990 era uma versão modificada – e deformada – do de 1967, com um grau de descentralização de recursos maior e uma proporção maior de impostos cumulativos, que serão discutidos posteriormente.

[5] Um fato que merece ser destacado é que a adoção do IVA no Brasil – ainda que sem ter este nome – precedeu o uso desse instrumento tributário na própria comunidade econômica europeia – com exceção da França. O Brasil, portanto, em 1967, passou a ter um dos sistemas tributários mais modernos do mundo, na época. Sobre a reforma tributária dos anos 1960, ver Varsano (1981) e Dornelles (1984).

Além disso, houve uma racionalização do sistema tributário com a redução do número de tributos, uma reformulação dos mesmos e de sua partilha federativa; e a fundamentação de seus fatos geradores em conceitos econômicos ante o sistema anterior que recorria a conceitos jurídicos como "vendas e consignações", "negócios" etc., o que produzia uma sobreposição de impostos e entraves à produção e à comercialização dos bens.

Foram criados dois impostos sobre o valor agregado, de importância crucial na estrutura tributária do país a partir de então: o imposto sobre produtos industrializados (IPI) e o imposto sobre circulação de mercadorias (ICM), o primeiro na esfera federal e o segundo na estadual. Este último, duas décadas depois, foi transformado no imposto sobre circulação de mercadorias e serviços (ICMS). Tais impostos, de caráter não cumulativo, substituíram os antigos impostos "em cascata" que incidiam sobre vendas e consignações (estadual) e sobre consumo (federal) – ver Quadro 10.1. Nesse caso, a transformação começara em 1956, conforme já mencionado, consolidando-se com a substituição do imposto sobre consumo pelo IPI, já nos anos 1960.

O ICM foi definido como um imposto de alíquota uniforme, não interferindo, portanto, na alocação de recursos e investimentos, favorecendo a desoneração das exportações e dificultando a competição entre estados da federação. No caso do IPI, a diferenciação de alíquotas foi estabelecida segundo critérios inversos à essencialidade dos bens, permitindo uma maior utilização do imposto como instrumento de política econômica e social.

Com a reformulação do sistema tributário os impostos passaram a ser classificados em quatro categorias:

1) *Impostos sobre comércio exterior*: O imposto de importação e o imposto de exportação – este último, anteriormente estadual – foram transferidos para a União, com o reconhecimento de seu caráter de instrumento da política de comércio exterior.

2) *Impostos sobre o patrimônio e a renda*: Neste grupo foram reunidos o imposto predial e territorial urbano (IPTU) – municipal –, o imposto de transferência de bens imóveis (ITBI) – estadual –, o imposto territorial rural (ITR) e o IR – ambos federais. O ITR era distribuído em percentual de 80%, e posteriormente de forma integral, aos municípios, tendo como função "extrafiscal" o apoio à correção de desvios na estrutura fundiária do país, concebida no Estatuto da Terra. O IR sofreu sucessivas reformulações no período 1964/1965, sofrendo uma ampliação de sua base de incidência e reformulação administrativa de seu recolhimento, que possibilitaram aumentos significativos nos níveis de sua arrecadação.

3) *Impostos sobre a produção e a circulação*: Este grupo incluiu, além dos já citados IPI (federal) e ICMS (estadual), o imposto sobre serviço de transportes

e comunicações (ISTC) e o imposto sobre operações financeiras (IOF), ambos sob competência da União, e o imposto sobre serviços (ISS) no âmbito municipal – em substituição aos impostos sobre indústrias e profissões e sobre diversões públicas.
4) *Impostos únicos*: sobre energia elétrica (IUEE), sobre combustíveis e lubrificantes (IUCL) e sobre minerais (IUM), todos na esfera federal.
5) *Receitas extraorçamentárias*: Neste grupo estavam incluídos a contribuição do empregador para o fundo de garantia por tempo de serviço (FGTS) – um fundo patrimonial dos trabalhadores – e as contribuições para a Previdência Social, incidentes sobre a folha salarial.[6]

Do ponto de vista da distribuição federativa dos recursos fiscais, a reforma centralizou os recursos na esfera federal tendo em vista que a coordenação do processo de crescimento era responsabilidade daquela instância de governo. Apesar disso, a orientação do processo era no sentido de suprir os estados e municípios de recursos suficientes para que pudessem desempenhar suas funções sem prejudicar o processo de crescimento.

Além da determinação de participação dos municípios na arrecadação do ICM, foram instituídas duas formas de transferências federais para os governos subnacionais: os fundos de participação e as partilhas de impostos únicos.[7]

Os fundos de participação dos estados (FPE) e dos municípios (FPM) eram calculados sobre a arrecadação conjunta do IR e IPI, e distribuídos, inicialmente, segundo percentual de 10% para cada esfera (20% no total), com previsão de aplicação adicional nos estados do Norte e Nordeste, de recursos fiscais provenientes de parcela da arrecadação do imposto de renda da pessoa jurídica (IRPJ). A criação dos fundos de participação teve como objetivo compensar a perda de capacidade tributária das esferas subnacionais resultante da reforma.[8]

Nos anos que se seguiram à reforma tributária, foram reforçadas: a) a centralização de recursos arrecadados na esfera da União, principalmente através da redução dos percentuais de transferência dos fundos de participação e b)

---

[6] O FGTS tinha o propósito de constituir um fundo patrimonial para os trabalhadores, podendo haver saques de recursos pelos mesmos em ocasiões previstas em lei. Seus saldos acumulados foram destinados a aplicações no setor habitacional através do Banco Nacional de Habitação (BNH), com garantia aos seus participantes do direito de saque, da liquidez das contas e da remuneração prevista em lei.

[7] A distribuição a estados e municípios de parcela da arrecadação dos impostos únicos representou uma forma de compensação, em decorrência do fato de esses tributos absorverem parte da base da incidência dos tributos próprios das esferas subnacionais. Os impostos únicos, entretanto, originaram-se nos anos 1940.

[8] Além disso, os fundos de participação também visavam a objetivos redistributivos em termos regionais, tendo em vista que seus critérios de partilha baseavam-se em parâmetros que consideravam as desigualdades de capacidade tributária.

a ampla concessão de incentivos e subsídios à atividade produtiva, principalmente no âmbito do IRPJ, mas também do IPI e do imposto de importação.

No que diz respeito ao IR, além de não ter sido utilizado em todo o seu potencial de geração de receita, ele apresentava certas distorções, das quais as mais importantes eram:

a) O fato de que inexistia a tributação antecipada dos rendimentos dos profissionais liberais e locadores de imóveis, o que configurava um tratamento desigual relativamente aos assalariados.

b) A defasagem muito grande entre o período-base do imposto e o momento de seu pagamento, ou de sua restituição, o que, em período de inflação elevada, provocava grandes distorções, prejudicando ora o fisco, ora o contribuinte.

O IPI, que também constituía uma fonte importante de receitas para a União, foi amplamente utilizado como instrumento de fomento a setores específicos, através da concessão de incentivos. Por outro lado, sua incidência foi fortemente ampliada, causando distorções na pretendida seletividade, assim como na amplitude do tributo.

No que diz respeito ao ICM, destacou-se a ampla utilização do expediente de isenções, definidas pelo governo federal. Além das isenções variadas,

QUADRO 10.1
Os principais impostos na reforma tributária de 1965/1967

Antes da reforma	Após a reforma
A) Federais	*A) Federais*
a) Imposto de Importação	a) Impostos ao Comércio Exterior (1)
b) Imposto de Consumo	b) IPI
c) Impostos Únicos	c) Impostos Únicos
d) Imposto de Renda	d) Imposto de Renda
e) Imposto sobre Transferências de Fundos para o Exterior	e) IOF
f) Impostos sobre Negócios	–
g) Impostos Extraordinários	f) Impostos Extraordinários
h) Impostos Especiais	g) Outros (transportes, comunicações etc.)
B) Estaduais	*B) Estaduais*
a) Impostos sobre Vendas a Varejo	a) ICM
b) Imposto sobre Transmissão (2)	b) Imposto sobre Transmissão (2,3)
c) Imposto sobre Expedição	–
d) Imposto sobre Atos Regulados	–
e) Impostos Especiais	–
C) Municipais	*C) Municipais*
a) Imposto Territorial Rural	–
b) Imposto de Transmissão (3)	–
c) IPTU	a) IPTU
d) Imposto de Indústrias e Profissões	b) ISS
e) Imposto de Licença	
f) Imposto sobre Diversões Públicas	
g) Imposto sobre Atos de Economia	

Fonte: Dornelles (1984).
(1) Exportação e importação. (2) *Causa mortis.* (3) *Inter vivos.*

o ICM não incidia sobre matérias-primas e equipamentos importados, e suas alíquotas intra e interestaduais foram sucessivamente rebaixadas.

A partir de 1970, tornou-se evidente para o governo que a concessão dos incentivos deteriorava de forma expressiva a receita. Para reforçar suas fontes de financiamento, o governo federal criou o Programa de Integração Social (PIS) – financiado por uma contribuição mensal sobre o faturamento das empresas.

Em 1970 também foi criado o programa de formação do Patrimônio do Servidor Público (PASEP) – custeado pela contribuição mensal de entidades de natureza pública. Os recursos do fundo PIS/PASEP, instituído em 1975, e cuja aplicação ficou a cargo do BNDES, eram destinados a programas especiais de investimentos elaborados segundo as diretrizes do Plano Nacional de Desenvolvimento.

A criação do PIS/PASEP merece destaque à medida que significou a ampliação do expediente de geração de recursos para o financiamento de investimentos públicos de longa maturação, a partir da utilização de fonte de arrecadação inicialmente extraorçamentária e, portanto, exclusiva para a dotação proposta em sua origem, a exemplo do FGTS. Por outro lado, diversificou-se a base de incidência das contribuições, estendendo ao faturamento o fato gerador das mesmas. *A incidência sobre o faturamento das empresas, apesar de mais ágil em situações de inflação alta, significou um retrocesso do ponto de vista da "modernização" do sistema, visto que constituiu um retorno a formas de tributação "em cascata".*

As contribuições previdenciárias, incidentes sobre as folhas salariais, apresentaram um desempenho favorável no período, como resultado da combinação do crescimento econômico acelerado e do impulso à urbanização.

A evolução da carga tributária[9]

De 1946 a 1958, a carga tributária brasileira registrou um crescimento lento, passando de 13,8% a 18,7% do PIB no período. Com a crise do início da década de 1960, houve uma redução da carga que chegou a atingir 15,8% do PIB em 1962, voltando a se recuperar nos anos seguintes como resultado da reforma tributária.

Como já foi visto, a reforma da década de 1960 criou um sistema tributário que, apesar de pecar quanto à *falta de equidade* e ao *alto grau de centralização*, era tecnicamente avançado para a época. Como resultado das mudanças introduzidas, a carga tributária atingiu cerca de 25% do PIB, permanecendo nesse patamar no final dos anos 1960 e ao longo de toda a década de 1970. Apesar da recessão do início da década de 1980, a carga tributária manteve-se nesse nível, até mesmo crescendo um pouco mais até 1983. Uma série de alterações processadas

---

[9] Ver Afonso et al. (1998) e Varsano et al. (1998). O leitor deve lembrar, nesta seção, do problema já comentado causado pela revisão da série histórica do PIB a partir de 1995, que dificulta a comparação com anos anteriores.

na legislação tributária ao longo da década de 1980, com o objetivo de sustentar o nível de arrecadação, conseguiu evitar que a carga tributária se reduzisse drasticamente. Na segunda metade da década, ela oscilou em torno de 23% a 24% do PIB, com exceção de 1986, ano do Plano Cruzado, em que atingiu cerca de 27%. De qualquer forma, em linhas gerais, a carga tributária, no final dos anos 1980, era inferior à dos anos 1970 e início dos anos 1980 – ver Gráfico 10.1.[10]

Após o resultado excepcional de 30% do PIB obtido em decorrência do Plano Collor, em 1990, houve um retorno aos níveis prevalecentes no início da década de 1980. Com a estabilização da economia decorrente do Plano Real e aprovação de novas medidas destinadas a aumentar os impostos, a carga tributária voltou a crescer, ultrapassando o nível de 30% do PIB no início do século e continuando a aumentar posteriormente.

GRÁFICO 10.1
Carga tributária no Brasil: 1971/2011 (% PIB)

Fonte: IBGE (Contas Nacionais).

Sendo assim, apesar de algumas oscilações, a carga tributária brasileira tem apresentado uma tendência de crescimento ao longo do tempo, com destaque para dois períodos principais: o pós-reforma dos anos 1960 e o pós-Plano Real.

Entretanto, a tendência à elevação da carga tributária ao longo dos anos 1990 e no século XXI decorreu principalmente do aumento da carga de tributos incidentes sobre bens e serviços, explicado em boa parte pelo crescimento da carga de impostos cumulativos, que, do ponto de vista econômico, são de pior qualidade, prejudicando o desempenho do setor produtivo.

---

[10] Em 2015, ao anunciar a nova série do PIB das contas nacionais, o IBGE divulgou as contas completas para os anos de 2010 e 2011 e revisou as contas mais importantes para 2012 e 2013, além de anunciar os números de 2014. Paralelamente, também adotou a chamada "retropolação" para recalcular retrospectivamente uma série de informações até 1995. No caso da carga tributária, porém, ele só fez a divulgação para 2010 e 2011, informando que a revisão da série desde 2015 demoraria ainda muitos meses. O Gráfico 10.1, portanto, combina a série histórica original até 1994, os dados de 1995 a 2009 da série de 2007 e suas atualizações, e a nova série histórica para 2010 e 2011.

No que diz respeito à análise da evolução da participação dos diversos tributos na arrecadação total, destaca-se a alta participação dos tributos sobre bens e serviços – que fazem parte da tributação indireta –, que variou entre 40% e 45% da receita total nos anos 1980. Na década de 1990 esta participação aumentou, chegando a ser de mais de 50% da receita total. Esse crescimento decorreu principalmente do aumento da arrecadação de impostos cumulativos, como a Contribuição para o Financiamento da Seguridade Social (Cofins), o PIS, o ISS e, em 1994, o Imposto Provisório sobre Movimentações Financeiras (IPMF), que mais tarde veio a se transformar na Contribuição Provisória sobre Movimentações Financeiras (CPMF). Tal cumulatividade se refletiu em uma deterioração da qualidade da tributação.

Outro aspecto importante é a baixa participação na arrecadação total da tributação sobre o patrimônio e, principalmente, sobre a renda. A participação dos impostos sobre o patrimônio na receita total foi de pouco mais de 1% nos anos 1980, elevando-se para pouco menos de 2% em média, na década de 1990.[11]

A carga de tributos incidentes sobre renda, por sua vez, apresentou uma participação média da ordem de 18% da arrecadação total que se manteve relativamente constante nas décadas de 1980 e 1990.

A baixa participação da tributação sobre a renda e sobre o patrimônio reflete um viés do governo central na direção de impostos com arrecadação mais fácil, como os que utilizam o faturamento como base de incidência. Apesar de serem de pior qualidade, esses tributos são caracterizados por uma alta produtividade fiscal, principalmente em contextos inflacionários. Além disso, suas receitas não são partilhadas com os estados e municípios, o que explica, em grande medida, a preferência do governo central.

A COMPOSIÇÃO DA RECEITA TRIBUTÁRIA

Os impostos e contribuições de competência do governo federal são apresentados na Tabela 10.1, que mostra também a evolução da receita de ICMS. O IR e a Cofins são os principais impostos da receita tributária federal, atingindo em 2014 cargas de 6% e 4% do PIB, respectivamente. No que diz respeito ao IR, por um lado observa-se uma forte concentração da arrecadação no imposto retido na fonte, que atingiu 2,8% do PIB em 2014. O imposto sobre o trabalho assalariado corresponde à soma dos itens "fonte: rendimentos do trabalho" e "pessoa física" da Tabela 10.1, atingindo 2,1% do PIB em 2014.

---

[11] Em relação à evolução dessa categoria de impostos, observa-se uma relação inversa da carga com o nível e com a aceleração da inflação. Isto porque os dois principais impostos dessa categoria, o IPTU e o IPVA, baseiam-se em avaliações antecipadas dos bens, o que, combinado com uma indexação imperfeita dos impostos, acabou levando a uma contínua subestimação da inflação, tanto maior quanto maior a diferença entre os níveis de preços nas datas de lançamento e de pagamento do imposto. Ver Afonso et al. (1998).

TABELA 10.1
Composição da carga tributária federal 1991/2014 (% PIB)

Discriminação	1991	1992	1993	1994	1995	1996	1997	1998	1999	2000
Imposto de importação	0,42	0,39	0,45	0,47	0,69	0,49	0,54	0,65	0,72	0,71
IPI	2,16	2,34	2,47	2,08	1,92	1,81	1,76	1,62	1,51	1,57
Imposto de Renda (IR)	3,39	3,80	3,94	3,76	4,09	3,93	3,82	4,55	4,72	4,69
Pessoa Física	0,16	0,15	0,23	0,28	0,31	0,29	0,30	0,30	0,30	0,30
Pessoa Jurídica	0,84	1,37	1,06	1,20	1,32	1,51	1,34	1,24	1,26	1,47
Retido Fonte	2,39	2,28	2,65	2,28	2,46	2,13	2,18	3,01	3,16	2,92
Rendimentos trabalho	1,53	1,16	1,39	1,28	1,53	1,27	1,31	1,46	1,40	1,52
Rendimentos de capital	0,55	0,87	0,89	0,67	0,59	0,57	0,53	1,19	1,25	0,90
Outros rendimentos	0,31	0,25	0,37	0,33	0,34	0,29	0,34	0,36	0,51	0,50
IPMF/CPMF	0,00	0,00	0,07	0,99	0,02	0,00	0,72	0,81	0,73	1,21
IOF	0,59	0,62	0,81	0,73	0,46	0,33	0,40	0,35	0,45	0,26
COFINS	1,31	1,00	1,38	2,14	2,15	2,09	2,00	1,86	2,95	3,32
PIS/PASEP	1,06	1,08	1,16	1,05	0,86	0,86	0,79	0,75	0,90	0,84
Contribuição sobre Lucro Líquido	0,28	0,74	0,79	0,90	0,83	0,77	0,81	0,77	0,67	0,77
CIDE-Combustíveis	0,00	0,00	0,00	0,00	0,00	0,00	0,00	0,00	0,00	0,00
Outras receitas /a	0,86	2,08	1,19	0,91	0,82	0,81	0,95	1,88	1,22	1,34
Total receita	10,07	12,05	12,26	13,03	11,84	11,09	11,79	13,24	13,87	14,71
Memo: Receita INSS	4,59	4,63	5,47	5,01	4,59	4,73	4,63	4,60	4,49	4,63
Memo: ICMS Brasil	6,73	6,44	6,08	7,30	6,65	6,49	6,23	6,06	6,22	6,85

Discriminação	2001	2002	2003	2004	2005	2006	2007	2008	2009	2010
Imposto de importação	0,69	0,53	0,47	0,47	0,42	0,42	0,45	0,55	0,48	0,54
IPI	1,48	1,33	1,14	1,17	1,22	1,17	1,25	1,27	0,92	1,03
Imposto de Renda (IR)	4,93	5,75	5,41	5,26	5,73	5,66	5,90	6,17	5,76	5,36
Pessoa Física	0,31	0,30	0,30	0,31	0,34	0,35	0,50	0,48	0,45	0,44
Pessoa Jurídica	1,29	2,27	1,97	1,99	2,36	2,32	2,58	2,73	2,54	2,30
Retido Fonte	3,33	3,18	3,14	2,96	3,03	2,99	2,82	2,96	2,77	2,62
Rendimentos trabalho	1,64	1,50	1,54	1,61	1,64	1,62	1,56	1,66	1,57	1,54
Rendimentos de capital	1,16	1,10	1,11	0,89	0,91	0,87	0,78	0,80	0,69	0,62
Outros rendimentos	0,53	0,58	0,49	0,46	0,48	0,50	0,48	0,50	0,51	0,46
IPMF/CPMF	1,31	1,37	1,34	1,35	1,35	1,33	1,34	0,04	0,01	0,00
IOF	0,27	0,27	0,26	0,27	0,28	0,28	0,29	0,65	0,58	0,68
COFINS	3,52	3,51	3,46	4,05	4,03	3,78	3,79	3,89	3,54	3,59
PIS/PASEP	0,87	0,86	1,01	1,02	1,01	1,00	0,99	1,02	0,95	1,04
Contribuição sobre Lucro Líquido	0,71	0,90	0,97	1,04	1,21	1,16	1,27	1,41	1,33	1,18
CIDE-Combustíveis	0,00	0,49	0,44	0,39	0,35	0,32	0,29	0,19	0,15	0,20
Outras receitas /a	1,16	1,29	1,39	1,45	1,01	1,07	0,95	1,07	1,23	1,63
Total receita	14,94	16,30	15,89	16,47	16,61	16,19	16,52	16,26	14,95	15,25
Memo: Receita INSS	4,74	4,76	4,69	4,79	4,99	5,13	5,17	5,26	5,47	5,45
Memo: ICMS Brasil	7,16	7,07	6,94	7,06	7,14	7,14	6,90	7,18	6,89	6,95

Discriminação	2011	2012	2013	2014
Imposto de importação	0,61	0,66	0,72	0,66
IPI	1,07	0,97	0,91	0,92
Imposto de Renda (IR)	5,71	5,60	5,58	5,52
Pessoa Física	0,50	0,52	0,51	0,50
Pessoa Jurídica	2,38	2,31	2,35	2,20
Retido Fonte	2,83	2,77	2,72	2,82
Rendimentos trabalho	1,57	1,59	1,53	1,57
Rendimentos de capital	0,78	0,70	0,67	0,72
Outros rendimentos	0,48	0,48	0,52	0,53
IPMF/CPMF	0,00	0,00	0,00	0,00
IOF	0,73	0,65	0,57	0,54
COFINS	3,61	3,70	3,70	3,53
PIS/PASEP	0,96	0,98	0,97	0,94
Contribuição sobre Lucro Líquido	1,33	1,22	1,22	1,19
Contribuição seguridade servidor	0,52	0,49	0,48	0,49
CIDE-Combustíveis	0,20	0,06	0,00	0,00
Outras receitas /a	1,22	1,09	1,49	1,24
Total receita	15,96	15,42	15,64	15,03
Memo: Receita INSS	5,62	5,85	5,96	6,11
Memo: ICMS Brasil	6,88	6,98	7,14	7,01

/a Até 2010, inclui contribuição da seguridade dos servidores e receitas administrativas. Não inclui a receita previdenciária do INSS. Depois de 2010, exclui contribuição de seguridade do servidor.
n.d.: Não disponível.
Fonte: Secretaria da Receita Federal.

Após a reforma tributária de 1988, destacou-se o aumento da participação das receitas das contribuições – não sujeitas a partilhas com estados e municípios – como percentual do PIB.[12] Em 2014, a carga das contribuições da Cofins e sobre o lucro líquido, cujo aumento foi uma reação do governo após a nova Constituição, atingiu 4,7% do PIB. *Em grande medida, este fato reflete a tentativa por parte da União de aumentar a sua receita disponível ante o aumento da descentralização das receitas tributárias no período pós-reforma de 1988.*

Da observação da Tabela 10.1 destaca-se a alta participação da arrecadação do ICMS no total da receita tributária, atingindo valores da ordem de 7% do PIB. No que diz respeito ao IR retido na fonte, destaca-se a tendência à maior taxação dos rendimentos de capital devido aos juros elevados, no final dos anos 1990. O pico de arrecadação foi atingido em 1999, quando o IR retido na fonte sobre os rendimentos de capital foi de 1,3% do PIB.

A COMPOSIÇÃO DO IPI

O IPI é uma fonte importante da receita do governo federal. Ele é aplicado a uma gama relativamente ampla de produtos, com as mais diversas alíquotas. O traço mais marcante do imposto, porém, é a concentração da sua arrecadação em um grupo reduzido de bens, que possuem uma série de características comuns: a) produção por um número pequeno de empresas, o que facilita o trabalho da fiscalização e minimiza a possibilidade de evasão; b) uso massivo pela população e c) caráter não essencial. Esta última pode soar ao leitor como sendo contraditória com a difusão do uso do produto, mas cabe lembrar que o fato de um bem ser consumido por uma parte expressiva da população não significa que seja essencial.

Esse tipo de tributação específica sobre certos bens, geralmente baseada em alíquotas muito elevadas, é comum a vários países e abrange bens como cigarros, bebidas alcoólicas e automóveis. No Brasil, a tributação sobre apenas três produtos – fumo, bebidas e automóveis – foi responsável por quase 30% da receita de IPI em 2014.

Composição da Receita de IPI – 2014 (%)

Itens	%
Vinculado a importações	30
Automóveis	9
Bebidas	7
Fumo	11
Outros	43
Total	100

Fonte: Secretaria da Receita Federal.

---

[12] Cabe notar que a receita da Cofins supera a do IPI desde 1994.

A DISTRIBUIÇÃO DA RECEITA TRIBUTÁRIA POR NÍVEIS DE GOVERNO[13]

A teoria tradicional das finanças públicas estabelece que o governo federal é responsável pela arrecadação de alguns impostos característicos, principalmente sobre a renda, o comércio exterior, os de caráter regulatório e alguns impostos específicos. De um modo geral, são impostos que requerem um certo grau de centralização administrativa que facilite a cobrança – caso do IR, por exemplo – ou que afetam as políticas do país como um todo – caso dos impostos sobre o comércio exterior. Em contrapartida, os governos locais assumem a responsabilidade pela tributação do patrimônio físico – IPTU – e costumam recolher diretamente certos impostos incidentes sobre a renda de serviços. Entre a esfera maior de governo – a União – e o poder local, os estados, tipicamente, coletam impostos sobre o consumo e a circulação de bens.

É à luz desse esquema conceitual que deve ser entendido o sistema tributário brasileiro, pelo qual o governo arrecada impostos como o IR e os demais tributos e contribuições mostrados na Tabela 10.1. Por sua vez, são da competência dos estados e do distrito federal o imposto sobre transmissão *causa mortis* e doação, o ICMS – individualmente, a maior fonte de receitas do país – e o imposto sobre propriedade de veículos automotores (IPVA).

Finalmente, o IPTU, o Imposto sobre Transmissão de Bens Intervivos (ITBI), o Imposto sobre Vendas e Varejo de Combustíveis Líquidos e Gasosos (IVV) e o Imposto sobre Serviços (ISS) são de competência dos municípios.

Os impostos arrecadados pelas esferas de governo compõem a receita tributária *bruta*. A receita *disponível*, porém, depende do balanço entre o que cada esfera repassa e recebe das outras. No caso da União, a receita disponível é menor do que a bruta, pois ela transfere recursos para as demais unidades. Já no caso dos municípios, ocorre o contrário, pois eles recebem transferências tanto da União como dos estados, enquanto nestes o efeito líquido depende do balanço entre recebimentos – *da* União – e repasses – *para* os municípios.

Em 1960, o governo federal, os estados e os municípios tinham uma participação de aproximadamente 64%, 31% e 5% na arrecadação total, respectivamente. Tendo em vista as transferências, cabiam aos três níveis de governo, na mesma ordem, em torno de 60%, 34% e 6% do total da receita disponível. Em 1965, no contexto da reforma tributária que se iniciava e após uma certa descentralização ocorrida no início da década – ainda em um contexto democrático –, o governo central mantinha ao redor de 55% dos recursos disponíveis para o setor público, cabendo a estados e municípios cerca de 35% e 10% dos mesmos, respectivamente.

---

[13] Ver Pires (1996).

O IPTU

O IPTU é um imposto arrecadado pelas prefeituras e particularmente relevante nas grandes capitais, que possuem uma base tributária maior, máquinas burocráticas mais eficientes e poder político mais forte dos prefeitos, comparativamente aos demais municípios do país. Na cidade do Rio de Janeiro, por exemplo, em meados dos anos 1990 o IPTU já era responsável por mais de 25% da receita própria do município – que exclui as transferências federais e estaduais.

Na definição do valor do imposto a ser pago pelo contribuinte, as prefeituras costumam levar em consideração três fatores. O primeiro é a *localização*: proprietários de imóveis localizados em áreas geográficas mais nobres da cidade tendem a estar sujeitos a pagar uma alíquota maior que os proprietários de imóveis de bairros menos valorizados. O segundo fator é a *posição*: imóveis de frente e de andares mais elevados tendem a estar associados a um IPTU mais caro que outros apartamentos do mesmo prédio, mas com outra localização e de andares inferiores. Finalmente, o terceiro item considerado é a *idade*, já que o valor do imposto tende a decrescer em função da maior antiguidade do imóvel. Esses elementos fazem com que indivíduos de maior renda, que têm condições de adquirir melhores propriedades, paguem mais imposto, através do IPTU, do que outros de menor renda e proprietários de unidades de padrão inferior. Em linhas gerais, portanto, o valor do imposto pago é função, em tese, do valor de mercado do imóvel.

Após a reforma, os estados sofreram limitações adicionais ao seu poder de tributar e, já em 1968, no auge do autoritarismo, também as transferências foram restringidas. O ato complementar nº 40/1968 reduziu o percentual transferido do IR e IPI de 20% para 12% de sua arrecadação em conjunto. Deste total, 5% seriam destinados a estados (FPE), 5% para municípios (FPM) e 2% para o então criado fundo especial (FE), cujos repasses eram direcionados segundo critérios não estáveis, diferentemente dos fundos de participação. A Emenda Constitucional nº 1 de 1969, por sua vez, estabeleceu que os recursos destinados a estados e municípios através dos fundos de participação, fundo especial e participação nos impostos únicos teriam vinculações a aplicações definidas pela esfera federal, com destaque para as despesas de capital. A redução na autonomia dos governos subnacionais ao longo do período ficou também caracterizada pela contínua redução das alíquotas do ICM, principalmente até meados da década de 1970.

No que diz respeito à extrema centralização do sistema, vale ressaltar a perda de autonomia dos estados e municípios, não apenas no que diz respeito *à queda do volume de recursos transferidos pela União*, mas também à *imposição de vinculações desses recursos* e à *interferência na geração e normatização dos recursos próprios* destes governos. O pequeno raio de manobra quanto a ganhos de eficiência na arrecadação de tributos próprios, assim como a pouca flexibilidade na formulação das despesas, trouxe grande dependência dessas unidades em relação às transferências federais.

Ao encerrar-se a fase do "milagre brasileiro" (1968/1973), o sistema tributário já começava a mostrar os primeiros sinais de exaustão. Por um lado, a expressiva ampliação dos incentivos fiscais havia enfraquecido a sua capacidade de arrecadar. Por outro, os estados e municípios começavam a esboçar alguma reação ao baixo grau de autonomia, o que freou o processo de crescente centralização das decisões a que haviam sido submetidos e gerou a Emenda Constitucional nº 5/1975, que elevou os percentuais de distribuição de recursos ao FPE e ao FPM.

Ao final da década de 1970, a frágil situação financeira dos governos subnacionais levou à elevação dos percentuais de partilha dos fundos de participação: para 6%, para cada esfera, em 1976; 7% em 1977; 8% em 1978 e 9% em 1979/1980. Além disso, foi criada a reserva especial do fundo de participação para as regiões Norte e Nordeste do país, com critérios de distribuição definidos. Em 1977/1978 a União também passou a absorver as isenções do ICM referentes às exportações.

A partir de 1983 observa-se um certo processo de descentralização dos recursos. A Emenda Constitucional nº 23/1983 elevou os percentuais do FPE e do FPM para 12,5% e 13,5%, respectivamente, em 1984, e para 14% e 16%, de 1985 em diante. Mas não foi apenas o aumento do montante das transferências que provocou a descentralização, entendida como um aumento da receita disponível de estados e municípios em relação à receita tributária total do país. Ela resultou também da perda do poder de arrecadar da União, fenômeno que não se reproduziu no nível estadual. Assim, a participação da União no total da receita tributária disponível teve uma queda de quase 10 pontos percentuais entre 1983 e 1988, enquanto sua participação na arrecadação dos três níveis de governo caiu cerca de cinco pontos percentuais no mesmo período. Foi neste ambiente que se deu início no primeiro trimestre de 1987 ao processo de elaboração da nova Constituição, posteriormente votada e promulgada em 1988.

Em relação à descentralização dos recursos disponíveis, a clara preferência dos governos subnacionais por recursos transferidos ante a sua obtenção mediante esforço tributário próprio resultou, em face da omissão do governo federal no processo de concepção do novo sistema tributário, no excessivo aumento das transferências: os percentuais de repasse do IPI e do IR para o FPE e FPM foram, gradativamente, elevados, atingindo, a partir de 1993, 21,5% e 22,5%, respectivamente.[14] O total

---

[14] Este último voltou a aumentar posteriormente até os atuais 24,5% do PIB.

transferido pelos estados para os municípios também aumentou de forma expressiva, tanto pelo alargamento da base do principal imposto estadual como pelo aumento do percentual de sua arrecadação destinado àquelas unidades, de 20% para 25%. Além disso, foi introduzida uma partilha adicional de IPI, cabendo aos estados 10% da arrecadação do imposto, repartido em proporção às respectivas exportações de produtos manufaturados. Desse total, 25% são entregues pelos estados a seus municípios.

A perda de recursos disponíveis da União, decorrente da expansão das transferências, bem como da eliminação de cinco impostos, cujas bases foram incorporadas à do ICM dando origem ao ICMS, requereria ajustes, o mais óbvio dos quais – e compatível com o objetivo de fortalecer a Federação – era a descentralização de encargos. *A Constituição de 1988, entretanto, não previu os meios, legais e financeiros, para que se desenvolvesse um processo ordenado de descentralização de encargos.* Além disso, a seguridade social e a educação, áreas de atuação governamental em que há maior volume de atividades descentralizáveis, foram contempladas com garantia de disponibilidade de recursos no nível federal.

A distribuição atual da receita tributária entre as esferas de governo resultou da negociação política realizada à época da elaboração da Constituição de 1988. O problema principal que surgiu após a introdução do novo sistema tributário foi a falta de articulação entre os recursos arrecadados e os encargos, o que causou uma deterioração da qualidade da tributação, bem como dos serviços públicos.

A CONSTITUIÇÃO DE 1988 E OS NOVOS IMPOSTOS NÃO TRANSFERÍVEIS

Um aspecto marcante da Constituição de 1988 foi o objetivo de fortalecimento da Federação, o que se refletiu, principalmente, no aumento do grau de autonomia fiscal dos estados e municípios e na descentralização dos recursos tributários disponíveis.

A ampliação do grau de autonomia fiscal dos estados e municípios resultou de algumas mudanças fundamentais nas regras de tributação até então vigentes. Em primeiro lugar, atribuiu-se competência a cada um dos estados para fixar autonomamente as alíquotas do seu principal imposto, o ICMS, sucessor do ICM. Em segundo lugar, a União perdeu o direito – concedido pela Constituição anterior – de conceder isenções de impostos estaduais e municipais, além de passar a ser proibida de impor condições ou restrições à entrega e ao emprego de recursos distribuídos àquelas unidades subnacionais.

A Constituição de 1988 reduziu os recursos disponíveis para a União, através do aumento das transferências tributárias e da limitação de suas bases impositivas, sem prover, ao mesmo tempo, os meios, legais e financeiros, para que houvesse um processo ordenado de descentralização dos encargos.

No período pós-Constituição, o governo federal, para enfrentar o agravamento do seu desequilíbrio fiscal e financeiro crônico, adotou sucessivas medidas para compensar suas perdas, que pioraram a qualidade da tributação e dos serviços prestados. Como a base para a distribuição do FPE, do FPM e dos fundos de desenvolvimento regional e de compensação das exportações de produtos industrializados é composta exclusivamente pelas arrecadações do IR e do IPI – comprometendo 49% da arrecadação do primeiro e 59% da do último –, a União viu-se compelida a recompor sua receita utilizando outros tributos, tecnicamente piores que o IR e o IPI do ponto de vista da eficiência do sistema econômico como um todo, mas com a vantagem de não ter a sua receita compartilhada – ver Quadro 10.2.

Na área tributária, foram criados novos tributos e elevadas as alíquotas dos já existentes, em particular daqueles não sujeitos à partilha com estados e municípios. Neste sentido, houve uma tendência de reintrodução pelo governo

QUADRO 10.2
Principais impostos e participação por esferas de governo (%)

Esferas de Governo	Antes da Constituição de 1988			Distribuição atual		
	Federal	Estadual	Municipal	Federal	Estadual	Municipal
A. Federal						
I. Renda	67	16 (a)	17	53	24,5 (a)	24,5
IPI	67	16	17	43	32 (b)	27 (b)
I. Importação	100			100		
IOF	100			100		
B. Estadual						
ICMS (c)		80	20		75	25
I. Único Energia Elétrica	30	50	20			
I. Único Cont. e Lubr.	40	40	20			
I. Único s/ Minerais	10	70	20			
I. s/ Serviços de Transportes	30	50	20			
I. s/ Serviços de Comunicações	100					
IPVA		50	50		50	50
I. Transmissão		50	50		100	
IR adicional					100	
C. Municipal						
ISS			100			100
IPTU			100			100

(a) Inclui o Fundo Regional para os estados (antes de 1988 = 2%; depois de 1988 = 3%). Este representa uma vinculação de receita federal aos empréstimos em investimentos produtivos das regiões Norte, Nordeste e Centro-Oeste, através de suas instituições financeiras de caráter regional.
(b) Inclui o IPI exportação (apenas após 1988: estados = 7,5%; municípios = 2,5%).
(c) A base dos impostos únicos e sobre serviços de transportes e comunicações foi incorporada à base do ICMS depois de 1988.

central de impostos cumulativos, principalmente na forma de contribuições sociais. Alguns exemplos foram a criação da Contribuição Social sobre o Lucro Líquido (CSLL) em 1989 e o aumento da alíquota da Cofins do nível inicial de 0,5% até 3% em 1999, além do aumento do IOF e a criação do IPMF/CPMF, posteriormente extinta. A Cofins – anteriormente FINSOCIAL – por exemplo, diante do seu bom desempenho como geradora de receita, transformou-se em uma das principais fontes de recursos da União.

Em linhas gerais, a reação do governo federal ao novo sistema tributário introduzido pela Constituição de 1988 resultou em uma queda na qualidade do sistema tributário sem que, entretanto, tenha ocorrido de forma definitiva uma solução de seu desequilíbrio financeiro e fiscal.

OS PROBLEMAS DO SISTEMA TRIBUTÁRIO

O nível agregado de taxação

Em que pese o fato de que o sistema tributário brasileiro é "eficiente" no sentido de gerar um nível de receita elevado, trata-se de um sistema que sofre de alguns problemas sérios. O primeiro deles é justamente o próprio nível da carga tributária agregada, que representa um ônus importante, para um país de nível de renda médio como o Brasil.

Na comparação da carga tributária global, observa-se que a liderança cabe aos países escandinavos, caracterizados por um estado de bem-estar social com muitos compromissos e uma carga tributária de mais de 50% do PIB – ver a Tabela 10.2. Nos países associados à colonização inglesa, a carga tende a ser menor, sendo de 38% no Reino Unido, 34% na Austrália e 33% nos Estados Unidos. Já nos países orientais, a carga também pesa menos que em outras economias, com destaque para o Japão (34%) e para a Coreia do Sul (32%). O Brasil, em 2014, apresentou uma carga tributária estimada em torno de 34% a 35% do PIB, mas cabe lembrar que ele possui uma renda *per capita* da ordem de 40% da coreana, 25% da do Reino Unido, e 20% da dos EUA e da Suécia, o que significa que as dificuldades de tributar aqui são maiores, implicando maior esforço relativo para a população.

Quando se exclui a parcela referente às contribuições para a previdência social, as cargas tributárias dos países europeus se tornam, de um modo geral, bem mais próximas das dos demais países.

Ao se fazerem comparações internacionais, o nível de renda *per capita* do país é uma variável importante a considerar. Isto porque, partindo do suposto de que é razoável que os indivíduos sejam tributados de forma progressiva acima de certa renda, nada mais natural que países de renda elevada tenham uma carga tributária maior do que países de renda *per capita* inferior. Nesse sentido, o fato de a carga tributária no Brasil ser superior à de outros países de renda média é muito mais indicativo da pressão tributária incidente sobre a população que o fato dessa carga ser inferior à da Suécia, por exemplo.

Como já comentado anteriormente, a carga tributária brasileira é muito dependente de impostos sobre a produção e circulação de bens e serviços. A elevada participação da tributação de bens e serviços parece ser uma tradição latino-americana já que, além do Brasil, outros países como Chile e México também dependem expressivamente dessa base de incidência. Nos países desenvolvidos, essa dependência é menor.

Já a participação da tributação da renda na carga tributária brasileira é relativamente baixa. Essa é uma base de incidência amplamente utilizada nos

TABELA 10.2
Carga tributária em países selecionados: 2014 (% PIB)

País	% PIB
Noruega	55,9
Finlândia	55,6
Dinamarca	54,5
França	52,9
Suécia	52,8
Bélgica	51,3
Áustria	48,8
Itália	48,1
Grécia	46,5
Hungria	46,5
Portugal	45,2
Luxemburgo	44,9
Holanda	44,5
Alemanha	44,3
Eslovênia	44,1
Islândia	44,1
Nova Zelândia	41,9
República Tcheca	40,2
Estônia	38,4
Reino Unido	38,4
Polônia	38,0
Eslováquia	37,9
Espanha	37,9
Canadá	37,8
Israel	37,5
Irlanda	34,7
Suíça	34,0
Japão	33,9
Austrália	33,8
Estados Unidos	33,4
Coreia do Sul	31,7
Média área euro	46,5
Média OECD	37,6

Fonte: OECD (2014).

países de renda alta. No Japão, por exemplo, os impostos sobre a renda – pessoas física e jurídica – atingem cerca de 70% da carga total. Em relação a este tipo de tributação, o Brasil também é superado, inclusive, por alguns países latino-americanos de renda *per capita* inferior à nossa, com participações do imposto de renda no total que superam o percentual observado no Brasil. Consequentemente, portanto, em que pese a eventual conveniência de diminuir a carga tributária, é desejável que a tributação sobre a renda especificamente aumente, permitindo uma taxação maior dos *fatores* de produção, em detrimento da taxação da produção ou da circulação de bens em si.

A falta de equidade

Outro aspecto importante de nosso sistema tributário atual é a falta de equidade. Como já foi comentado anteriormente, a carga tributária sobre a renda é relativamente baixa, especialmente a incidente sobre pessoas físicas, da mesma forma que a carga de impostos sobre o patrimônio – principalmente tendo em vista a alta concentração de riqueza no Brasil.

O nível da tributação de pessoas físicas no Brasil é baixo em comparação com padrões internacionais. Observa-se que a alíquota marginal máxima do imposto de pessoas físicas brasileiro é das menores entre os países selecionados. Sendo assim, a participação da tributação sobre pessoa física na arrecadação do imposto de renda, ainda que superior à de países latino-americanos, é muito inferior à de países desenvolvidos.

O grau de progressividade da tributação depende da forma como o sistema é estruturado. A tributação sobre a renda das pessoas físicas torna o sistema mais progressivo, tendo em vista que os impostos pessoais podem ser dosados conforme a renda do contribuinte, sendo que a possibilidade de transferência da carga para outros contribuintes é menor do que no caso de impostos sobre produtos ou empresas. Estes tendem a ser transferidos e regressivos. Deste modo, a utilização mais intensa e mais progressiva do Imposto de Renda da Pessoa Física (IRPF) é recomendável.

O aperfeiçoamento da tributação sobre a renda pode ser feito de forma contínua, através de alterações em leis ordinárias. O aumento da qualidade da administração fiscal é essencial para que se atinja esse objetivo, à medida que poderá reduzir os altos níveis de sonegação existentes, garantindo a boa qualidade do sistema tributário e uma maior justiça fiscal. Sendo assim, é fundamental que haja uma ampla reforma da administração fazendária que lhe forneça meios para aumentar a arrecadação de impostos cujo controle é relativamente mais difícil, permitindo, em compensação, uma redução de outros impostos que são prejudiciais à eficiência do sistema econômico.

Outro aspecto relevante é a excessiva participação dos tributos sobre bens e serviços na arrecadação. Esse tipo de tributação indireta traz um alto grau de regressividade à carga tributária à medida que acaba onerando as pessoas de menor rendimento, em vez de se concentrar na pequena parcela da população cuja renda apresenta uma alta participação no PIB.

Os efeitos sobre a competitividade

Vejamos agora um terceiro problema do nosso sistema tributário – além da carga tributária elevada e da falta de equidade. Quando os tributos indiretos representam, basicamente, impostos sobre o valor adicionado, a competição entre os produtos de um país A e de outro B tende a ser feita em bases tributárias similares, no sentido de que cada país taxa os produtos importados assim como os nacionais, ao mesmo tempo que desonera as exportações do peso desses tributos.[15]

Em contraste com isso, quando um país tem, como o Brasil, uma estrutura tributária com presença de impostos cumulativos, não passíveis de desoneração plena, ele sofre um duplo problema, ao fabricar bens cujo preço está "inchado" por esses tributos, contrariamente ao que ocorre nos demais países. Primeiro, o produto nacional torna-se caro em face do similar importado. E segundo, esse mesmo produto, no mercado externo, enfrenta a concorrência de produtos sem essa carga tributária – em outras palavras, o país taxa as suas exportações.

Apesar disso, devido aos problemas fiscais, a União tem demonstrado uma clara preferência por tributos de fácil arrecadação e não sujeitos à partilha com estados e municípios. Isso se refletiu nos anos 1990 em uma deterioração da *qualidade* da tributação. Os tributos cumulativos, além de distorcerem a alocação dos recursos, reduzem a competitividade dos produtos nacionais, tanto no mercado externo como no doméstico. No que diz respeito ao impacto da tributação sobre as exportações, tem-se buscado reduzir seus efeitos através de compensações para os exportadores, o que é uma solução paliativa e menos adequada que uma reforma abrangente, que diminua ou até mesmo elimine os impostos mais prejudiciais à competitividade.

Em relação ao mercado doméstico, enquanto prevaleceram elevados níveis de proteção *vis-à-vis* às importações, o impacto sobre a competitividade pouco

---

[15] Nesse sentido, o Imposto sobre o Valor Adicionado (IVA) é considerado a forma mais eficiente de tributação sobre vendas, principalmente por tratar-se de um tributo neutro em relação à estrutura organizacional das empresas, tendo em vista que o total do imposto incidente em um determinado produto não depende do número de transações por ele sofrido ao longo dos vários estágios da produção e da distribuição – ao contrário do que ocorre com os impostos em cascata/cumulativos. Sendo uma proporção constante do valor adicionado total, o IVA é facilmente identificado, o que permite que as exportações possam ser totalmente isentas e as importações tributadas da mesma forma que a produção doméstica.

se fez sentir, mas, com o aumento do grau de abertura da economia brasileira e a formação do Mercosul, o impacto desses tributos sobre a competitividade ficou mais explícito. Com a aceleração dos processos de globalização dos mercados e de formação de blocos econômicos regionais, ganharam importância as preocupações com o impacto da política tributária sobre decisões de produção e de investimento processadas em escala mundial e ampliou-se o esforço de harmonização fiscal. Assim, as políticas tributárias domésticas começaram a ser cada vez mais pautadas por práticas internacionais, implicando limites estreitos para a soberania fiscal dos países.

As elevadas contribuições sobre a folha de salários, por exemplo, criam uma grande diferença entre o custo do trabalhador para as empresas e o salário que eles recebem, o que tem estimulado a informalização das relações trabalhistas. Isto, por sua vez, vem reduzindo a própria base de incidência desses tributos.

Quanto à tributação do fluxo de bens, tanto o IPI como o ICMS foram assumindo ao longo do tempo características incompatíveis com uma tributação do valor adicionado de boa qualidade. A legislação, principalmente no caso do ICMS, tornou-se tão complicada que dificilmente um contribuinte tem a possibilidade de conhecê-la e cumpri-la integralmente.

É fundamental alterar as regras de tributação aplicáveis às transações interestaduais que estimulam as guerras fiscais e a sonegação e dificultam a introdução de aprimoramentos, como as mencionadas desonerações dos bens de capital e das exportações. A harmonização da tributação pelo ICMS e ISS, evitando a bitributação de serviços de uso intermediário, também é necessária.

AS PROPOSTAS DE REFORMA DO SISTEMA[16]
As linhas gerais de uma reforma possível

Qualquer proposta de reforma do sistema tributário do país deve levar em conta as transformações que vêm ocorrendo em escala mundial, particularmente o processo de *globalização* da produção e a formação e fortalecimento de *blocos econômicos regionais*.

Como foi visto, a carga tributária brasileira é superior à dos países em processo de desenvolvimento – hoje chamados de "economias emergentes". O ônus tributário exigido da sociedade brasileira, portanto, já é bastante alto. Sendo assim, o grande objetivo de uma nova reforma tributária deverá ser, principalmente, o de aumentar a qualidade da tributação.

Na discussão de qual reforma tributária seria a mais adequada, têm surgido propostas de alterações legislativas que prescrevem uma reformulação

---

[16] Sobre os antecedentes a respeito deste ponto, ver Longo (1984b, 1986), Dain (1992) e Mattos Filho (1993). Para uma discussão mais recente, ver Werneck (2000).

radical do quadro vigente, as chamadas "revoluções tributárias". Essas propostas tendem tanto a subestimar as restrições impostas pelo cenário político e econômico da economia brasileira quanto a desconsiderar a tradição do país na área tributária. De fato, deve-se entender a reforma como uma tentativa de melhorar o que já existe, promovendo a contínua evolução do sistema. A introdução de um sistema tributário completamente novo geraria uma séria descontinuidade, que resultaria em mudanças abruptas em todos os preços relativos da economia, causando uma séria desorganização do sistema produtivo.

O IMPOSTO ÚNICO

No debate sobre a reforma tributária ao longo dos anos 1990, uma das propostas surgidas foi a da introdução de um imposto único sobre transações que substituísse todos os demais existentes. Para os defensores desse tipo de imposto, sua principal vantagem em relação aos demais seria a simplicidade de sua arrecadação, havendo uma possibilidade muito remota de sonegação. Entretanto, apesar do caráter aparentemente sedutor deste tipo de imposto, existem algumas questões que tornam sua introdução pouco factível.

Em primeiro lugar, a suposta vantagem do imposto único em termos de eliminação da sonegação não se aplica à comparação com todos os impostos, já que tributos como o IPI sobre certos produtos, ou o imposto de renda na fonte sobre o trabalho assalariado, são muito difíceis de sonegar e não haveria motivos para se renunciar a eles.

Em segundo lugar, a adoção desse tipo de imposto implicaria a renúncia ao princípio da progressividade, principalmente quando se tem em vista a estrutura de alíquotas diferenciadas do imposto de renda da pessoa física.

Em terceiro lugar, a adoção de um imposto único sobre transações teria impactos negativos importantes em termos de competitividade. Por ser um imposto cumulativo ou "em cascata", ele grava mais o preço dos produtos com cadeia mais extensa de produção, o que significa que a sua adoção pode implicar uma mudança substancial dos preços relativos da economia. Além disso, devido à cumulatividade do imposto único não permitir a desoneração neutra do tributo, esse imposto teria um impacto prejudicial sobre as exportações, que não poderia ser compensado através de subsídios diretos, pelos constrangimentos que isso criaria para o país no âmbito da Organização Mundial do Comércio (OMC).

Em quarto lugar, o desaparecimento de qualquer vínculo entre o gasto por esfera de governo e o ônus tributário associado ao financiamento dessa despesa poderia se constituir em um incentivo ao "relaxamento" fiscal. O governador, por exemplo, que quisesse aumentar o salário do funcionalismo poderia pressionar o governo federal para aumentar "apenas um pouco" a

> alíquota do imposto único, que poderia acabar tendo alíquotas crescentes ao longo do tempo.
>
> Finalmente, é provável que o número de transações bancárias sobre as quais o imposto único incidiria seria inferior ao de hoje. Isto porque haveria diversos mecanismos através dos quais os agentes poderiam fugir da tributação, simplesmente fazendo com que os seus recursos transitassem menos pelo sistema bancário, o que poderia levar a um processo de desintermediação financeira.
>
> Foi justamente em função desse tipo de argumentos que a ideia do imposto único, depois de ter causado certo *frisson* por algum tempo, acabou não sendo levada em consideração. Entretanto, ela esteve na origem da proposta de taxar as operações bancárias com um imposto específico, que veio a ser o IPMF/CPMF, aprovado anos depois.

Uma reforma adequada deveria levar em conta que é essencial minimizar o efeito negativo da tributação sobre a eficiência e a competitividade do setor produtivo e promover a harmonização fiscal, para assegurar a consolidação do processo de integração comercial – sem causar danos à economia do país –, bem como combater a sonegação. Finalmente, é fundamental simplificar o sistema tributário, a fim de reduzir custos de administração, tanto do fisco como dos contribuintes.

Em linhas gerais, uma reforma tributária factível deverá buscar uma certa redução da autonomia dos níveis subnacionais de governo no que se refere à sua capacidade de legislar em matéria tributária. Isto porque há uma preocupação crescente com a coordenação de políticas públicas e com o impacto da tributação sobre as atividades produtivas. Além disso, tendo em vista o recente movimento no sentido da integração das economias nacionais, é indispensável a busca de uma harmonização da tributação em nível internacional. Tais preocupações exigem que se imponham limitações ao poder de tributar de que desfrutam atualmente estados e municípios, desta vez por questões econômicas e não por motivos políticos.[17]

A necessidade de introdução de políticas sociais de boa qualidade exige uma estreita coordenação entre as três esferas de governo, sem a qual não se poderá evitar a duplicação de serviços e outras formas de desperdício e não se conseguirá atender satisfatoriamente a população. Na verdade, a execução da maior parte dessas políticas terá que ser alocada aos governos locais ou estaduais.

---

[17] Como disse um ativo participante do debate sobre reforma tributária no Brasil, "a autonomia tributária de todos terá que ser sacrificada no altar da integração".

A nova reforma tributária deverá privilegiar a simplificação dos sistemas de impostos, substituindo a variedade de bases tributárias por um número mais reduzido de tributos que explore, de forma nacionalmente uniforme, as três principais bases tributárias conhecidas – o *consumo*, a *renda* e a *propriedade*.[18] Uma das maneiras de combinar a autonomia federativa com a) a necessidade de coordenação das políticas governamentais e b) a harmonização fiscal internacional é partilhar as competências impositivas entre os componentes da federação.

Em relação ao fluxo de produtos, a abertura econômica praticamente descarta a possibilidade de os países tributarem suas exportações. A regra geral tem sido a eliminação integral de todo o ônus tributário que possa afetar a competitividade dos produtos domésticos no mercado internacional.

Da mesma forma, a abertura econômica impede que se imponham tributos internos prejudiciais à competição dos produtos nacionais com os importados no mercado doméstico. A formação de blocos econômicos regionais, por sua vez, significa uma perda de autonomia na condução da política comercial. A necessidade de adoção pelos membros do bloco de tarifas externas comuns impede que perdas de competitividade causadas aos produtores nacionais por tributos domésticos sejam compensadas pelo imposto de importação.

O mesmo se aplica às contribuições sobre os salários, ainda que neste caso a situação seja similar à de outros países, tendo em vista que em todo o mundo contribuições compulsórias sobre os salários formam a principal base de sustentação financeira dos sistemas previdenciários. De qualquer forma, existe uma tendência internacional à redução das contribuições incidentes sobre salários.

Como já foi dito, o grau de progressividade da tributação depende em parte da forma como o sistema é concebido. A tributação da renda pessoal confere uma maior progressividade ao sistema, tendo em vista que os impostos pessoais podem ser graduados de acordo com a renda do contribuinte, e a possibilidade de transferência da carga para outros contribuintes é menor do que no caso de impostos sobre produtos ou empresas, que tendem a ser transferidos e regressivos.

No que diz respeito à tributação sobre o patrimônio, é importante que se aumente a tributação da riqueza pessoal – principalmente tendo em vista a alta concentração de riqueza no Brasil. Ainda que se reconheça que a tributação do patrimônio é de difícil administração e gera uma arrecadação relativamente pequena, sua importância é, principalmente, a de compensar a regressividade da maioria dos componentes do sistema tributário.

---

[18] Um exemplo poderia ser a fusão do Imposto de Renda da Pessoa Jurídica com a Contribuição sobre o Lucro Líquido.

Apesar da contribuição que a tributação da renda e da riqueza pessoal possam fazer à justiça fiscal, é principalmente a qualidade da administração fiscal que pode garantir o sucesso do objetivo perseguido. *A existência de sonegação conduz à utilização de alíquotas nominais de imposto excessivamente altas que incentivam mais sonegação, o que, por sua vez, exige aumentos de alíquotas para garantir o nível de arrecadação, fechando o círculo vicioso da injustiça fiscal: contribuintes que cumprem rigorosamente suas obrigações – principalmente aqueles cujos impostos são retidos na fonte – competem em desvantagem com sonegadores e são prejudicados por novos aumentos de alíquotas.*

Em relação à tributação sobre o fluxo de bens e serviços, tanto o IPI como o ICMS foram assumindo ao longo do tempo características incompatíveis com uma tributação do valor adicionado de boa qualidade e o ISS é um imposto cumulativo. O ICMS passou por uma significativa reformulação, pela Lei Complementar nº 87/1996, que melhorou substancialmente a qualidade do tributo. Entretanto, a legislação do IPI e, mais ainda, a do ICMS foi se tornando cada vez mais complicada com o passar do tempo. A harmonização da tributação pelo ICMS e via ISS, evitando a bitributação de serviços de uso intermediário, também é necessária.

O Brasil é o único país do mundo em que o maior tributo arrecadado na economia (o ICMS) é um imposto sobre o valor adicionado regido por leis subnacionais. A harmonização internacional pressupõe a harmonização dos subsistemas tributários domésticos, e as regras constitucionais a esse respeito são falhas, propiciando sonegação e "guerras fiscais" entre estados, nocivas às suas finanças públicas e ao país. No caso do ICMS, a excessiva liberdade dos estados para legislar sobre um imposto cujos efeitos transcendem suas fronteiras, combinada com o desprezo quase total dos mesmos pela lei de harmonização desse imposto – Lei Complementar Federal nº 24/1975 –, tornou o ICMS extremamente complexo e confuso. As "guerras fiscais" conduzidas por quase todos os estados, em total desobediência a essa lei, acabaram transformando o ICMS em um instrumento de localização industrial. Distorções alocativas graves têm sido introduzidas pela oferta ilimitada de benefícios fiscais que resultam em um aumento no custo social da produção e na redução do seu custo privado.

A alteração nas regras de tributação dos fluxos interestaduais, bem como a harmonização da tributação de mercadorias e de serviços, é uma medida complexa que resulta, no primeiro caso, em importantes alterações na distribuição interestadual dos recursos tributários e, no segundo, no montante destes, devendo ser executadas com cautela. No caso da tributação interestadual, a ideia é a adoção do princípio de destino, e o que se discute é como fazer e como assegurar uma transição que não inviabilize a execução financeira das unidades que sofreriam perdas de receita.

A harmonização da tributação de serviços por um imposto sobre o valor adicionado é particularmente complexa. Vários tipos de serviços exigem regras especiais de tributação que, apesar de já serem utilizadas em outros países, ainda são pouco conhecidas no Brasil. Sendo assim, é recomendável que qualquer mudança nas normas do sistema tributário seja precedida de estudos sobre as regras de tributação de serviços utilizadas em outros países e sua adaptação ao caso brasileiro.

Ainda que vise apenas à melhoria da qualidade da tributação, sem qualquer intenção de aumento da carga tributária global, a reforma tributária promove uma forte redistribuição de recursos entre todos os agentes que compõem a sociedade. Até que se discutam as medidas concretas de reforma, todos são a favor dela, pois se imaginam ganhadores. Quando a proposta de reforma é anunciada, verifica-se, entretanto, que esse tipo de reforma, em que todos ganham no curto prazo, não existe. Só no longo prazo, quando os impactos econômicos da reforma – crescimento do investimento e das exportações e, consequentemente, da produção, do nível de emprego, da renda e das receitas públicas – se fizerem sentir, é possível ocorrer uma situação na qual não haja perdedores em decorrência da mudança. Sendo assim, torna-se difícil produzir uma reforma tributária de boa qualidade em ambiente democrático.

Além disso, a reforma tributária não deve ser considerada uma questão isolada e sim um componente fundamental de um processo maior de ajuste estrutural do Estado brasileiro. Em uma democracia, as definições dos objetivos nacionais, das funções do Estado e de seu financiamento devem, por princípio, resultar de um amplo debate, cujo fórum apropriado é o Congresso Nacional.

Para efeito de ajuste fiscal estrutural, não importa o tipo e tamanho de Estado que resulte do processo político, porém é essencial que aos gastos implícitos corresponda previsão consistente de financiamento. Em um projeto tão importante quanto uma reforma do Estado, fica difícil garantir a compatibilidade entre despesas e receitas, globais e por esfera de governo, em meio a um processo legislativo no qual milhares de emendas são apresentadas, discutidas e votadas e no qual os interesses privados tentam – e muitas vezes conseguem – sobrepujar o interesse público.

O melhor seria entender a expressão "reforma" como sinônimo de um processo contínuo a ser desenvolvido ao longo do tempo, e não como um projeto consolidado a ser posto em prática tão logo aprovado pelo Congresso Nacional. Sendo assim, um projeto global originalmente esboçado seria aos poucos detalhado e submetido ao Congresso, à medida que as condições políticas sejam favoráveis à discussão de um dado tema. Simultaneamente, o projeto original iria sofrendo modificações no decorrer do processo, adequando-se aos resultados já obtidos, de forma a assegurar a consistência ao seu final.

Essa abordagem do problema requer uma estratégia de ação bem traçada e um grande poder de coordenação técnica. A reforma do Estado precisa ser tratada como um programa de governo, com efetivo respaldo político do presidente da República e quadro de pessoal próprio, com alto nível de qualificação e dedicação exclusiva a essa tarefa. Isto facilitaria a condução política da reforma e evitaria que alterações sofridas ao longo do processo legislativo impedissem que o projeto final levasse em consideração a compatibilidade necessária entre a despesa pública e seu financiamento. A consistência do produto final ficaria muito mais dependente do controle técnico do que do processo político, ainda que sua natureza fosse determinada primordialmente pelo último, como deve ser em uma democracia.

O debate sobre a reforma tributária[19]

Devido à complexidade de se executar uma "revolução" tributária, o debate sobre reforma tributária, na transição dos anos 1990/início de 2000, evoluiu para um consenso de que é necessária uma reforma parcial que minimize o efeito negativo da tributação sobre a eficiência e a competitividade do setor produtivo. Em um ambiente internacional marcado pela globalização, o grande objetivo é promover o aumento da competitividade dos produtos brasileiros. O principal desafio é a necessidade de garantir uma arrecadação compatível com as necessidades de financiamento do setor público e, ao mesmo tempo, aumentar a competitividade da economia – para o que se torna essencial a harmonização das regras domésticas de tributação com os princípios dominantes na economia internacional.

Devido ao aumento das transações comerciais, é cada vez mais importante garantir a igualdade de tratamento dos produtos nacionais e importados no mercado doméstico, já que a existência de impostos cumulativos prejudica duplamente o produtor nacional.[20] A reforma deverá concentrar-se em dois pontos principais: i) a alteração do ICMS; e ii) a eliminação da cumulatividade do sistema tributário brasileiro.[21] Ainda que limitada, se for aprovada e implementada, a reforma tributária será importante como mudança estrutural compatível com as tendências mundiais, tendo em vista que reduziria o impacto negativo da tributação sobre a eficiência econômica.

---

[19] Sobre estes pontos, ver a análise de Werneck (2000).
[20] Ver Afonso et al. (2000).
[21] Parte da agenda de redução da cumulatividade foi de fato adotada nos últimos 10 anos, com as reformas do PIS/COFINS e o fim da CPMF. Entretanto, persiste o problema dos créditos tributários, parte dos quais não pode ser utilizada pelos seus detentores, o que corresponde, na prática, à existência de uma cumulatividade parcial.

A concentração da reforma na mudança dos tributos sobre a produção e a circulação de bens e serviços reflete a situação mundial de crescente participação destes impostos na geração da receita tributária. No Brasil, estes tributos já apresentam a maior participação na arrecadação total.

Em relação ao ICMS, a ideia em discussão é unificar as diversas legislações estaduais em uma única federal, seguindo a tendência mundial. A existência de vários subsistemas tributários estaduais – que impossibilita a coordenação interna das regras de cobrança do ICMS –, além de dificultar a harmonização internacional e elevar os custos, favorece a sonegação, as guerras fiscais e as distorções na distribuição geográfica da produção e dos novos investimentos. Paralelamente, cogita-se também de realizar uma mudança importante na forma de cobrança do tributo, substituindo-se o atual "princípio da origem" pelo "princípio do destino". A utilização deste último implica que os impostos sejam cobrados no local onde as mercadorias são consumidas, de modo que as exportações sejam isentas e o país tribute as compras externas conforme as mesmas regras que incidem sobre os bens nacionais. Sendo assim, a cobrança do imposto pelo princípio do destino assegura a igualdade de tratamento de produtos similares produzidos em países diferentes. A cobrança feita atualmente pelo princípio da origem acaba prejudicando a competitividade do produto nacional *vis-à-vis* os bens importados, tendo em vista que a maior parte de nossos parceiros comerciais adota a tributação pelo princípio do destino. A introdução desta mudança deve requerer um prazo de transição de vários anos, levando em conta os acordos de isenção tarifária assinados pelos estados no final dos anos 1990 para atrair os investimentos das empresas multinacionais, feitos com base no princípio de origem e que terão que ser honrados pelos governos estaduais.

Quanto à necessidade de eliminar a cumulatividade dos impostos, o novo ambiente econômico internacional aponta na direção de tributos cuja base de incidência seja o valor adicionado na produção e distribuição das mercadorias. A cobrança destes tributos pode ser feita apenas na etapa varejista – o que constitui um Imposto sobre Vendas e Varejo (IVV) – ou nas diversas etapas de produção e distribuição – tendo-se assim um Imposto sobre Valor Adicionado (IVA). A vantagem do IVA é que minimiza a possibilidade de sonegação e permite tributar apenas as vendas destinadas ao consumo final, facilitando a desoneração dos investimentos e exportações. Além disso, o aumento do comércio eletrônico – que prescinde da etapa varejista – praticamente inviabiliza a cobrança do IVV em certos casos, principalmente quando não há limites às compras de consumidores finais fora de sua jurisdição de origem, e as alíquotas são altas e distintas. A ideia da reforma é substituir a série de tributos cumulativos – constituídos em grande parte pelas contribuições sociais incidentes sobre o faturamento das empresas – e que oneram a produção nacional, por uma espécie de "super" IVA.

Em resumo, as diretrizes gerais da reforma tributária longamente debatida contemplam, basicamente, três pilares: a) a criação de um ICMS unificado, com legislação nacional única e arrecadação estadual, que elimine a confusão associada à existência de 27 legislações diferentes; b) a adoção do princípio do destino; e c) o fim da cumulatividade.

Ainda que haja um consenso quanto à necessidade de uma reforma tributária, quais seriam os principais limites para sua aprovação? Em primeiro lugar, tendo em vista que o equilíbrio das contas do setor público é uma prioridade, é fundamental que a reforma não prejudique o resultado fiscal. Sendo assim, é importante que haja uma melhora da qualidade e aumento da simplicidade do sistema tributário brasileiro, porém sem prejudicar o compromisso com a austeridade. Com o objetivo de simplificação do sistema, seria interessante substituir as bases tributárias múltiplas existentes por um número menor de impostos a serem explorados uniformemente em todo o território nacional.

Em segundo lugar, as possibilidades potenciais de perdas por parte de alguns em detrimento de outros geram fortes resistências à mudança. Isto pode ser explicado pela situação dos estados que a partir da maior disciplina imposta pela Lei de Responsabilidade Fiscal defrontam-se com a necessidade de compatibilizar receitas e despesas. Sendo assim, é fundamental que haja alguma forma de compensação de eventuais perdas, caso contrário a reforma dificilmente será aprovada.

Finalmente, um outro desafio, que não deixa de estar associado ao anterior, é compatibilizar a tendência centralizadora da reforma – que se refletirá na unificação da legislação do ICMS, tornando-a federal – com o respeito à autonomia das unidades da federação. De qualquer forma, a garantia da autonomia dos poderes locais não deve prejudicar o objetivo nacional de uma integração mais competitiva em nível internacional. Em outras palavras, é essencial que se concilie a necessidade de harmonização tributária com a preservação da autonomia da federação e o exercício da responsabilidade fiscal.

Tendo em vista estas questões, a tentativa de desdobrar a reforma em partes distintas, ou seja, a ideia de ir aprovando-a "aos poucos" pode ser uma estratégia favorável. Tentar aprovar a reforma toda de uma vez pode gerar uma série de resistências indesejáveis e, na pior das hipóteses, resultar em um retorno das negociações à estaca zero.

As reformas parciais feitas no começo do século, inicialmente com o PIS--PASEP e depois com a COFINS, melhoraram a qualidade da tributação, ao transformar estas em contribuição sobre o valor adicionado, diminuindo, portanto, a cumulatividade do sistema. Ao mesmo tempo, a incorporação das contribuições às importações também diminuiu o viés contra a produção nacional. Permanecem ainda, porém, como um problema sério do sistema tributário brasileiro a existência de créditos de ICMS que muitas empresas não podem utilizar para reduzir os impostos junto aos fiscos estaduais, nos casos em que o volume de créditos é maior que o dos impostos que elas devem pagar.

Na segunda década do século XXI, os principais desafios no campo da reforma tributária são os de: i) harmonizar a legislação sobre ICMS; ii) adotar o princípio de destino para este tributo; iii) resolver o problema dos créditos tributários em mãos das empresas; e iv) evitar o viés que induz o governo central a aumentar os tributos que não são sujeitos a partilha. Uma possível forma de conseguir este último objetivo poderia ser modificar a base de incidência dos fundos de participação – que em vez de serem uma parcela do IR e IPI, passariam a incidir sobre toda a arrecadação, evidentemente que com alíquotas inferiores às atuais – e a partir disso unificar algumas bases tributárias, como, por exemplo, IRPJ e contribuição sobre o lucro líquido por um lado; e COFINS e PIS-PASEP por outro.

60 IMPOSTOS?

Uma das críticas mais frequentes feitas ao sistema tributário brasileiro é a de que este seria caracterizado pela existência de aproximadamente 60 tipos diferentes de impostos. O número causa impacto e costuma ter uma grande repercussão na mídia, dando ao leitor ou telespectador a ideia de que o sistema é confuso, excessivamente complexo e quase caótico, noções essas que vêm à baila quando se apresenta um número tão elevado de figuras tributárias.

Quando se pensa com mais atenção no assunto, porém, a realidade é um pouco diferente. Há três motivos pelos quais essa crítica não é totalmente pertinente, mesmo que em alguns casos se justifique fundir alguns impostos. O primeiro é que alguns poucos tributos representam a maioria da arrecadação, de modo que os demais não são muito relevantes. O segundo é que, entre esse grupo de "demais", muitos deles representam contribuições ou taxas que se baseiam no princípio do benefício – e não tributos. E o terceiro, que a maioria deles não atinge, no seu conjunto, o grosso da população, já que só paga imposto territorial rural quem é proprietário de terras; só paga o adicional do fundo da marinha mercante quem é dono de navios etc.

Vejamos os dois primeiros pontos com mais atenção. Em relação ao primeiro, a tabela a seguir – com dados de 2007, mas cuja estrutura praticamente não se alterou posteriormente – mostra que a soma de apenas sete impostos ou contribuições – ICMS; imposto de renda; contribuições ao INSS; COFINS; IPI; contribuição sobre o lucro líquido; e PIS/PASEP – representou 74% do total da carga tributária do país. Se a essa lista acrescentarmos o imposto de importação, o ISS, o IPTU, o IPVA e o IOF, conclui-se que apenas 12 impostos ou contribuições foram responsáveis por aproximadamente 90% da carga tributária, o que significa que os demais 50 tipos de receita afetaram apenas 10% do total arrecadado, não tendo, portanto, importância significativa.

No que diz respeito ao segundo ponto, a maioria daqueles outros 50 supostos impostos são, a rigor, contribuições ou taxas – neste caso, contrapartidas de algum serviço específico prestado por uma unidade da administração pública –, que: (a) aplicam-se a casos específicos e não representam qualquer complicação para o pagamento das obrigações da maioria dos contribuintes e (b) seguem o princípio do benefício, conforme o qual os custos do governo que geram vantagens localizadas devem ser financiados por taxas que incidam sobre os beneficiários – e não através de recursos da tributação geral. Um exemplo é a expedição de passaportes, que parece mais razoável que seja custeada por uma taxa paga por aqueles que solicitam os passaportes e não pela população como um todo. Em outras palavras, mais importante do que o número de tributos é a sua racionalidade e a forma de sua cobrança. Como disse corretamente, em certa ocasião, o então secretário da Receita Federal, Everardo Maciel: "quanto maior o número de taxas, melhor é o sistema tributário. É para cobrar de quem efetivamente utiliza o serviço. Se eu eliminar a taxa de emissão de passaporte, quer dizer que os passaportes serão financiados com receita de impostos e, portanto, quem não tem passaporte pagaria por quem tem" (Entrevista ao *Jornal do Brasil*, 26/04/1999).

Composição da carga tributária – 2007 (%)

Imposto/Contribuição	%
ICMS	20
Imposto de Renda	17
Contribuição para o INSS	15
COFINS	11
IPI	4
Contribuição sobre o Lucro	4
PIS/PASEP	3
IOF	1
Outros	25
Total	100

Fontes: Secretaria da Receita Federal, Ministério da Previdência e IBGE.

Sugestão de leitura para o aluno: O excelente trabalho de Varsano (1997) aborda diversos aspectos importantes para o entendimento da questão tributária no Brasil.

Leitura adicional para o professor: Afonso et alii (1998) e Varsano et alii (1998) complementam a análise de Varsano (1997). A leitura de Longo (1984b) é útil, por sua vez, para entender os termos do debate sobre a questão tributária nos anos 1980.

QUESTÕES

1. Qual das seguintes afirmações *não* se enquadra no perfil tributário do Brasil?
    a) Nos anos 1990, houve uma tendência ao aumento da carga tributária.
    b) O aumento das importações no Brasil depois de 1994 beneficiou os estados e municípios, pois estes recebiam na época 44% da receita do imposto de importações, a título de transferências constitucionais.
    c) A carga tributária do país foi da ordem de 25% do PIB nos anos 1980.
    d) Um dos problemas mais importantes do sistema tributário brasileiro, quando começou a discussão sobre a reforma tributária, na segunda metade dos anos 1990, era o peso dos impostos sobre a exportação.
2. Assinale a resposta verdadeira:
    a) A receita do FINSOCIAL – depois denominado COFINS – foi perdendo importância ao longo de toda a década de 1990.

b) O PIS-PASEP representou uma receita de aproximadamente 3% do PIB nos anos 1990.
c) O IPI de automóveis representa mais de 1/3 da receita total de IPI.
d) Individualmente, o ICMS foi o principal imposto do país durante toda a década de 1990.

3. Qual é a vantagem, na sua opinião, para o fato de a contribuição sobre o lucro líquido aumentar mais do que o imposto de renda da pessoa jurídica? Do ponto de vista do governo federal, há alguma lógica nisso?
4. Admita a existência de uma situação em que as pessoas físicas não descontam imposto de renda na fonte e fazem o acerto das contas uma vez por ano, após o encerramento do exercício. O que acontece com a receita, se o governo, em determinado ano, passa a arrecadar o imposto de renda diretamente na fonte?
5. Uma desvalorização do real pode implicar um aumento da receita do imposto de importações e, portanto, indiretamente, do ICMS. Explique.
6. O IPVA é um imposto com características de progressividade. Se você fosse secretário de meio ambiente de um estado, acharia esse o único critério adequado, levando em conta as necessidades de controle ambiental?
7. Qual é a alíquota tributária média – não confundir com a marginal – do imposto de renda pago por um indivíduo que tem uma renda de R$5.000, supondo que a estrutura de alíquotas marginais seja a que é exposta a seguir?

Faixas de renda (R$)	Alíquota marginal (%)
0 – 1000	Isenção
> 1000 – 2000	15
> 2000 – 4000	20
> 4000	25

CAPÍTULO 11

A Crise da Previdência Social

> Uma ideia verdadeira mas complicada tem sempre menos chance de sucesso do que uma que é falsa, porém simples.
>
> Alexis de Tocqueville

> Um grupo de legisladores apresentou ontem, no Congresso, um projeto de lei de reforma do sistema de Seguridade Social dos Estados Unidos. O projeto aumenta a idade da aposentadoria para 70 anos até o ano 2029. A idade atual de 65 anos para aposentadoria passaria para 67 anos até o ano 2022.
>
> Agência Reuters, reproduzido pela *Gazeta Mercantil*

Há uma velha história a respeito de um militante político espanhol que, tentando ganhar adeptos para sua causa, percorria as zonas agrárias da Espanha mostrando as terras e o gado alheios, falando para os camponeses e dizendo que "quando nós chegarmos ao poder, tudo isso será de vocês", tendo com isso boa receptividade entre a sua audiência, até que, dando continuidade à sua pregação, perguntou a um camponês: "Está vendo aquelas galinhas?", ao que este respondeu: "Um momento, moço: *aquelas* são minhas." Com o déficit público ocorre algo parecido: todos nós, a princípio, somos contra ele, mas ninguém gosta de receber a incidência do ajuste. Mais ainda: muitas vezes, o indivíduo sequer admite que a existência de um déficit possa estar, de alguma forma, ligada à sua situação específica.

Em geral, nos debates sobre o desequilíbrio fiscal, o governo é visto como uma espécie de abstração, algo que é "alheio" às finanças de cada indivíduo em particular. Uma comprovação disso aconteceu com um dos autores deste livro, que certa vez, conversando a respeito do assunto com um colega de trabalho, cuja esposa tinha se aposentado com menos de 50 anos, ao amparo da lei, ouviu a seguinte crítica, entre surpreso e indignado: "Você está querendo me convencer então de que a culpa do déficit público é da minha mulher?" Deixando de lado o exagero do caso, certamente o déficit não era causado apenas pela esposa desse colega, mas ela *também* era uma das responsáveis pela diferença entre as despesas e as receitas do governo, uma vez que tinha se aposentado com menos de 50 anos. De forma análoga, todos somos contra a existência de um déficit público elevado, mas muitos de nós temos algum parente próximo que se aposentou alguns anos antes do que se aposentaria se vivesse em outro país, o que significa que começou a receber um pagamento a título de aposentadoria – isto é, uma parcela do gasto público – que, em outro regime, poderia ter sido adiado por alguns anos – reduzindo assim o déficit fiscal.

O debate sobre a previdência social tende a resvalar rapidamente para o terreno emocional, o que é um dos motivos pelos quais reformas previdenciárias, em qualquer país do mundo, tendem a ser debatidas durante anos, antes de poderem ser aprovadas. No Brasil, o problema é agravado pelo fato de que as regras de aposentadoria são mais benevolentes do que em outros países, o que tende a fazer com que a reação das partes contrariadas seja mais intensa. No calor do debate – a respeito de questões atuariais, que tendem a ser bastante áridas para o leigo –, parodiando Tocqueville, a crítica de que "o governo quer acabar com os aposentados" tende em geral a ter mais eco que as explicações técnicas a respeito dos problemas de longo prazo que podem decorrer da combinação de regras generosas de aposentadoria, com o envelhecimento demográfico da população. O objetivo deste capítulo é explicar alguns desses problemas, que no caso brasileiro já estão começando a se verificar – de certa forma, o "longo prazo" já chegou até nós.

A ORIGEM DO SISTEMA PREVIDENCIÁRIO BRASILEIRO[1]

A lei Eloi Chaves (1923)

Embora instituições com alguma vaga semelhança com mecanismos previdenciários tenham existido no Brasil já na época do Império, foi só com a lei Eloi Chaves, de 1923, que o país passou a contar com um marco legal que regulamentava a existência do que naqueles anos se chamava de "caixas de aposentadorias e pensões" (CAPs). A lei, especificamente, tratava dos casos das empresas ferroviárias, cujas caixas de aposentadoria destinavam-se a amparar seus empregados na sua fase posterior de inatividade. No rasto dos ferroviários, nos 15 anos posteriores foram criadas CAPs semelhantes por parte dos portuários (1926); dos serviços telegráficos e radiotelegráficos (1930); de força,

---

[1] Várias das questões abordadas neste capítulo são tratadas com mais detalhe em Beltrão, Oliveira e Guerra Ferreira (1997) e Além e Giambiagi (1997, 1999a). Zylberstajn et al. (2007) calculam a dívida atuarial da Previdência no Brasil como proporção do PIB. Para uma abordagem abrangente dos temas deste capítulo, ver o livro de Giambiagi e Tafner (2010). Para uma comparação do sistema previdenciário brasileiro com a experiência internacional, ver Rocha e Caetano (2008). Para a discussão do papel distributivo da Previdência Social, ver Caetano (2008).

luz e bondes (1930); dos demais serviços públicos explorados ou concedidos pelo poder público (1931) etc. Em 1937, havia 183 instaladas no Brasil.

No início desse processo, a vinculação dos filiados se dava por *empresa*. O sistema se caracterizava pela existência de: (a) um pequeno número de segurados; (b) a multiplicidade de instituições e (c) a relativa modéstia financeira dos valores envolvidos, devido à própria pulverização da captação de recursos.

No decorrer dos anos 1930, porém, paralelamente à formação dessas CAPs e no contexto do fortalecimento do sindicalismo e da classe média urbana – com maior atenção ao tema previdenciário por parte do Estado –, foi se constituindo uma tendência a que a vinculação dos filiados a esquemas previdenciários se desse por *categoria profissional*, dando origem a instituições com maior número de filiados e mais poderosas financeiramente. O Estado assumiu a gestão das novas instituições – escolhendo e nomeando seus presidentes –, surgindo assim os Institutos de Aposentadorias e Pensões (IAPs), dos marítimos, dos comerciários, dos bancários etc., responsáveis pela cobertura previdenciária de diversas categorias.

Como a contribuição que representava as fontes de receita desses institutos era uma função do salário dos empregados, esses institutos representantes de categorias profissionais de maior renda eram mais fortes que os das categorias em geral associadas a salários inferiores. Com isso, a capacidade financeira das diversas instituições foi se tornando muito heterogênea e passaram a surgir as primeiras demandas no sentido de que houvesse uma tentativa de unificação das instituições previdenciárias existentes. Já em meados dos anos 1940, isso foi tentado, no Governo Vargas, com a criação do Instituto de Serviços Sociais do Brasil, mas o governo empossado em 1946, na prática, tornou essa uma iniciativa natimorta, sem maiores consequências práticas, embora nesse ano tenha se iniciado a tramitação, no Congresso Nacional, do que depois veio a ser a lei orgânica da previdência social (LOPS).

A lei orgânica da previdência social (1960)

Foi só em 1960, com a promulgação da LOPS, após 14 anos de debate parlamentar, que se uniformizaram as contribuições e os planos de previdência dos diversos institutos. Com a aprovação da lei, a cobertura previdenciária foi estendida aos empregadores e autônomos em geral. A efetivação dessa uniformização, porém, só veio a deslanchar depois de 1966, quando foi criado o Instituto Nacional de Previdência Social (INPS). Em 1967, o INPS foi finalmente instalado, unificando em uma mesma estrutura seis IAPs.

O final dos anos 1960 e a primeira metade da década de 1970 foram caracterizados pela ampliação da abrangência da cobertura previdenciária a trabalhadores inicialmente não contemplados pelas regras existentes. Nesse contexto, a previdência social foi estendida, entre outros, aos trabalhadores rurais (1971), às empregadas domésticas (1972) etc. Com o mesmo espírito, o sistema passou a incorporar certas figuras jurídicas inicialmente não previstas na legislação, como, por exemplo, o seguro relacionado com acidentes de trabalho.

Tais inovações, contudo, se davam em um contexto institucional no qual a temática previdenciária estava subordinada à pasta de trabalho e previdência social, na qual, muitas vezes, a agenda trabalhista predominava. De certa forma – e isso era natural em uma sociedade ainda jovem e com relativamente poucos aposentados –, a previdência social ainda não tinha atingido o *status* suficiente para merecer uma política de governo, definida por um ministério específico.

A criação do Ministério de Previdência e Assistência Social (1974)

Com o passar do tempo, a ampliação do universo de pessoas que passavam a receber benefícios do sistema, decorrência natural do envelhecimento gradativo da população, e as primeiras preocupações acerca das consequências fiscais desse processo, somadas ao avanço do conceito de "seguridade social" como algo abrangente que deveria incorporar as ações do governo na área de saúde, motivaram em 1974 a criação do Ministério de Previdência e Assistência Social, que passou a responder pela elaboração e execução das políticas de previdência e assistência médica e social.

A criação desse ministério foi um novo marco na evolução da previdência social brasileira. Nesse contexto, em 1977, o INPS foi desmembrado em três órgãos: o INPS propriamente dito, com a responsabilidade exclusiva de arcar com o pagamento dos benefícios previdenciários e assistenciais; o Instituto de Administração da Previdência e Assistência Social (IAPAS), destinado a administrar e recolher os recursos do INPS; e o Instituto Nacional de Assistência Médica da Previdência Social (INAMPS), criado com o fim de administrar o sistema de saúde. Ao mesmo tempo, a assistência, especificamente, às populações carentes, ficou com a Legião Brasileira de Assistência (LBA).

Posteriormente, mais de uma década depois, em 1988, a LBA foi deslocada para a pasta de habitação e bem-estar social; em 1990, o INPS foi refundido com o IAPAS, mudando o nome para INSS; e, no mesmo ano, o INAMPS foi absorvido pelo Ministério da Saúde.

OS EFEITOS DA CONSTITUIÇÃO DE 1988[2]

A Constituição de 1988: Um panorama conceitual

O sistema previdenciário brasileiro foi constituído, na sua origem, ainda na época das CAPs, como um sistema de *capitalização*, tendo posteriormente evoluído

---

[2] Sobre os efeitos da Constituição de 1988, sugere-se ler o trabalho de Oliveira e Beltrão (1989).

para um sistema de *repartição simples* (*pay-as-you-go*), sob a pressão do Estado por obter mais recursos. No sistema de capitalização, as aposentadorias de cada indivíduo são custeadas pela capitalização prévia dos recursos das próprias contribuições feitas ao longo da vida ativa. Já no sistema de repartição, essencialmente, as aposentadorias dos inativos, a cada momento do tempo, são financiadas pelos ativos contemporâneos, ficando estes sujeitos, quando se aposentarem, a terem suas aposentadorias financiadas pelos ativos da geração seguinte.

O mecanismo de capitalização está associado à concepção da previdência social como uma *poupança*, por meio da qual, de certa forma, o segurado se "protege" diante do "risco" de sobreviver depois de se aposentar. Da mesma forma que um indivíduo faz um seguro do carro para ter como comprar outro se o mesmo for roubado, quem contribui para um sistema de capitalização busca ter meios de ter um lastro de poupança financeira com o qual se sustentar ao se retirar da vida ativa. A ideia básica desse tipo de sistema é que *o valor presente das contribuições iguala o valor presente esperado dos benefícios* de cada participante.[3] Nesse esquema, cada indivíduo é responsável pela sua própria aposentadoria.

No caso da repartição, sua concepção filosófica é a de entender a previdência social como um *sistema solidário*, por meio do qual há uma estrutura de transferências de uma parte da sociedade para outra, particularmente dos adultos para os idosos e dos indivíduos com boa saúde para os inválidos, sendo o atendimento dos grupos sociais necessitados uma função do Estado, custeada pelos demais grupos da sociedade.

As situações mencionadas representam casos polares. Na prática, na maioria dos países os sistemas são híbridos, isto é, há mecanismos de capitalização que convivem com outros de repartição. Mesmo no Chile, paradigma do sistema de capitalização, há um benefício mínimo concedido pelo Estado aos que não conseguem atingir um certo montante capitalizado ao longo da sua vida ativa. Por outro lado, sistemas de repartição costumam ter a figura do "teto" de benefícios garantidos pelo Estado, acima do qual há espaço para a atuação de fundos de pensão, que operam com mecanismos de capitalização.

Em que pese esse caráter algo híbrido dos sistemas, naturalmente há uma concepção que predomina. No caso brasileiro, é o regime de repartição, fruto, de um lado, da dilapidação das reservas capitalizadas pelas antigas caixas e institutos; e, de outro, de uma tradição de certa forma paternalista, em que cabe ao Estado fornecer aos indivíduos os meios de subsistência que, em outros países, envolvem com maior intensidade o esforço e a responsabilidade individuais.

---

[3] Em geral, os participantes desse tipo de sistema costumam comprar também um seguro de sobrevida, para a hipótese de viverem acima da média utilizada nos cálculos atuariais. Essa é a principal diferença com uma poupança tradicional, que sujeitaria o aposentado a ficar sem renda, uma vez que a conta da sua poupança fosse "zerada", se seu tempo de sobrevida como inativo ultrapassasse o parâmetro utilizado no cálculo da sua aposentadoria.

Foi tendo essa herança cultural que a Assembleia Nacional Constituinte, eleita em 1986, elaborou a Constituição brasileira, promulgada em 1988. Mais de um analista ressaltou o fato de que, no corpo da referida Constituição, a expressão "direitos" aparece muitas vezes, em contraposição à virtual ausência da expressão "deveres", o que é emblemático da concepção imperante na época, conforme a qual era função do Estado garantir uma série de benefícios, sem que, em contraposição, houvesse uma consciência adequada, por parte da sociedade, acerca das contrapartidas necessárias para que o cumprimento desses direitos pudesse ser viabilizado. De um modo geral, foi uma carta magna escrita com a preocupação muito mais de assegurar o acesso de diferentes grupos e categorias aos recursos transferidos pelo governo, do que de viabilizar as fontes de financiamento e as condições de crescimento que permitissem atingir esse objetivo, sem ônus fiscais. Resumidamente, havia um viés voltado mais para a despesa que para a receita e com uma clara tendência a dar uma garantia escrita voltada mais para os *fins* do que para os *meios* através dos quais eles poderiam ser atingidos.

Os novos parâmetros

No caso do sistema previdenciário, a Constituição de 1988 cristalizou uma série de regras gerais bastante generosas de aposentadoria, as quais serão detalhadas posteriormente. Em termos específicos, porém, cabe enfatizar, entre outras, as seguintes mudanças, constantes da regulamentação das mudanças constitucionais referentes à previdência social, feita por meio de algumas disposições normativas adotadas em 1990 e, posteriormente, das Leis nºs 8.212 e 8.213, ambas de 1991:

- Definição de um piso de um salário mínimo para todos os benefícios, desaparecendo assim a discriminação entre o piso da população urbana, de um lado, e rural, de outro.
- Correção de todos os salários de contribuição para cômputo do salário de benefício.
- Extensão da aposentadoria proporcional para as mulheres.
- Redução de cinco anos da idade para a concessão de aposentadoria por velhice aos trabalhadores rurais.

A primeira dessas quatro medidas implicou a duplicação das despesas com o estoque de benefícios rurais em manutenção, tendo em vista que o valor unitário desses benefícios prevalecente até então era de meio salário mínimo.[4] As

---

[4] Com exceção dos benefícios rurais concedidos em virtude de acidentes de trabalho, cujo valor era equivalente a 75% do salário mínimo.

demais medidas também tiveram um impacto considerável. A correção dos salários de contribuição e do valor dos benefícios minimizou as possibilidades de corrosão do valor real da aposentadoria através da inflação, que era uma forma de "ajustar" o valor da despesa, em condições de aumento acelerado do nível de preços. A aposentadoria proporcional para as mulheres agravou a tendência de aumento das despesas com aposentadoria por tempo de serviço no total da despesa previdenciária. Por último, a redução da idade para aposentadoria no meio rural implicou um aumento acentuado da despesa com inativos, já que todos aqueles nas faixas etárias de 55-60 anos (mulheres) e 60-65 anos (homens) desse meio tornaram-se imediatamente elegíveis para se aposentar.

Em que pese o mérito social de cada uma dessas mudanças, o problema é que a ampliação de direitos não foi acompanhada de um esforço simultâneo de aumento da receita, de modo a viabilizar o equilíbrio financeiro do sistema. O resultado disso foi que a previdência social – até então atuarialmente deficiente, mas superavitária em termos de caixa, por arrecadar um volume de recursos superior ao pagamento de aposentadorias e pensões –, tendo que arcar com um volume crescente de gastos, deixou paulatinamente de financiar a saúde, que até então era em boa parte custeada pelo repasse da diferença entre as receitas e as despesas da previdência oficial. Essa diferença foi gradualmente desaparecendo, o que provocou uma crise do sistema de saúde pública, na primeira metade dos anos 1990.[5]

OS PROBLEMAS DO REGIME GERAL

Nesta seção, trataremos do que se chama de "regime geral da Previdência Social (RGPS)", em contraposição ao regime dos servidores públicos. O regime geral aplica-se a quem se aposenta pelo INSS, enquanto os servidores – civis e militares – do governo federal têm regras próprias de aposentadoria, que serão tratadas na próxima seção. Várias das características do regime geral, porém, aplicam-se também ao regime de aposentadoria dos servidores dos três níveis da federação.

A questão dos incentivos

Na teoria econômica, é conhecido o problema representado pelos indivíduos que têm condições de quebrar uma regra de comportamento coletivo que beneficia a todos, fazendo isso de modo a conservar o benefício para si, mas sem assumir o

---

[5] Essa deficiência de recursos motivou o aumento das dotações do Tesouro Nacional para o Ministério da Saúde, depois de 1994, bem como a procura de novas fontes de financiamento, como a Contribuição Provisória sobre Movimentações Financeiras (CPMF), cuja receita destinava-se a custear os gastos do setor.

custo que a regra implica para os demais participantes. No Brasil, um exemplo típico, na época dos diversos congelamentos – imperfeitos – de preços que tentaram debelar a inflação entre 1986 e 1991, era o comportamento dos agentes que remarcavam seus preços, nas fases de congelamento, antes dos outros. Desse modo, usufruíam as vantagens derivadas da estabilização – ainda que temporária – dos preços dos insumos, sem ter que suportar, em compensação, o ônus de conservar os *seus* próprios preços estabilizados. Claramente, o comportamento do indivíduo depende da estrutura de incentivos e de punições à qual estiverem condicionadas as suas ações. Nos congelamentos daquela época, o indivíduo que burlasse os controles de preço tinha, de um lado, muito a ganhar; e, de outro, um certo risco – de ser punido –, risco esse que, porém, foi diminuindo à medida que o instituto do congelamento ficava desmoralizado.

No caso do sistema previdenciário, a existência de um regime que assegura a proteção do Estado – mesmo que o indivíduo não tenha contribuído com o valor capitalizado suficiente para arcar com o pagamento das suas aposentadorias – tende a fazer com que muitos contribuintes – notadamente aqueles com acesso a certas "janelas" para a obtenção de aposentadorias privilegiadas – tentem "burlar" a regra geral, beneficiando-se de alguma exceção. Isto porque um indivíduo pode se beneficiar de condições favoráveis de aposentadoria, sem ter que arcar, em contrapartida, com o ônus representado pelo pagamento de contribuições, ao longo da vida ativa, condizentes com o benefício a ser recebido. A possibilidade de cada grupo ter ou não um benefício extraordinário dependerá positivamente de sua força de pressão e negativamente da capacidade de resistência do governo.

Pense-se, por exemplo, no caso de um grupo social ou profissional que pleiteie uma legislação específica que lhe permita se aposentar em condições favorecidas em relação ao resto da população. Em um regime de capitalização, para isso ocorrer, os indivíduos desse grupo teriam que contribuir com uma alíquota maior ou, alternativamente, passar para a inatividade com uma aposentadoria menor. Já no regime de repartição, o custo extra representado para a sociedade como um todo – na forma de um aumento das alíquotas de contribuição, de uma redução do valor das aposentadorias e/ou de um "delta" de déficit público – tenderá a ser diluído, pela magnitude relativa dos dois grupos envolvidos – o dos candidatos a uma aposentadoria privilegiada e o restante do universo da população –, o que significa que o ônus adicional incidente sobre cada indivíduo será ínfimo. Por outro lado, o benefício individual que uma medida desse tipo tende a ter para grupos específicos é muito elevado, do ponto de vista de cada membro desses grupos.

Desse modo, as causas em favor do relaxamento das condições de aposentadoria de certos grupos tendem a canalizar a energia de *lobbies* corporativos muito ativos junto às bancas parlamentares e, portanto, com chances de mudar a legislação em seu favor. É claro, porém, que à medida que reivindicações desse tipo proliferam, o ônus adicional incidente sobre a população como um todo tende a aumentar, já que o equilíbrio do sistema não resiste a uma ampliação descontrolada dos benefícios.

Características do regime previdenciário da Constituição de 1988

O regime de aposentadoria estabelecido na Constituição de 1988 tinha as seguintes características principais, válidas tanto para o regime geral quanto para os servidores públicos:

- Aposentadoria por idade: 65 e 60 anos para homens e mulheres, respectivamente, com redução de 5 anos para os trabalhadores rurais de ambos os sexos.
- Aposentadoria por tempo de serviço: 35 e 30 anos de serviço para homens e mulheres, respectivamente, com redução de 5 anos de idade para os professores de ambos os sexos.
- Aposentadoria proporcional ao tempo de serviço: 30 e 25 anos de serviço para homens e mulheres, respectivamente.

AS APOSENTADORIAS PRECOCES DO INSS

Brasil – Proporção das novas aposentadorias urbanas por tempo de contribuição (INSS), por grupos de idade na data de concessão – 2013 (%) (a)

Idade (anos) na data de início do benefício	Homens	Mulheres	Total (b)
< 45	1,8	2,9	2,2
< 50	12,0	27,8	17,3
< 55	46,9	71,2	55,0

Fonte: Anuário Estatístico da Previdência Social – 2014.

Em 2013, 55% do total de pessoas das áreas urbanas que se aposentaram naquele ano por tempo de contribuição pelo INSS tinham menos de 55 anos na data de início do benefício e 17% tinham menos de 50 anos. No caso das mulheres, favorecidas por regras diferenciadas, tais percentuais eram, naturalmente, maiores.

O Brasil é um dos poucos países do mundo que adotam a figura da aposentadoria por tempo de serviço, posteriormente transformada em aposentadoria por tempo de contribuição. Essa figura, combinada com a possibilidade de aposentadoria proporcional, permitia que um contingente não desprezível de pessoas se aposente antes dos 50 anos com aposentadoria integral. Note-se que, pela Constituição, uma professora que começasse a trabalhar com 18 anos poderia se aposentar, por exemplo, aos 43 anos, mesma idade na qual uma mulher que exercesse outra profissão poderia se valer da aposentadoria proporcional, tendo começado a trabalhar também aos 18 anos.

> **A GENEROSIDADE DAS REGRAS DE APOSENTADORIA NO BRASIL**
>
> Países que adotam a aposentadoria por tempo de contribuição
>
> Argélia
> Brasil
> Egito
> Eslováquia
> Nigéria
> Turquia
>
> *Fonte*: Marcelo Abi-Ramia e Rogério Boueri, "Comparativo internacional para Previdência Social", in *Boletim de Desenvolvimento Fiscal*, IPEA, número 3, dezembro de 2006.
>
> Depois que a reforma de 1996 eliminou a aposentadoria por tempo de contribuição na Itália, a lista de países que contemplam essa possibilidade ficou ainda mais restrita. Não por acaso, ela inclui alguns países que se caracterizam por dispor de recursos naturais em escala elevada (tipicamente, petróleo) e que, de certa forma, podem se dar ao luxo de manter esse privilégio, por dispor de lastro para isso. Cabe destacar que dois desses países – Eslováquia e Turquia – poderão, a médio ou longo prazo, se o processo de integração com a União Europeia for levado até o final, migrar para as regras da maioria dos países do bloco, onde os indivíduos devem ter 65 anos para poder se aposentar. Com isso, o Brasil ficaria na companhia de apenas três países que conservam esse tipo de benefício. Para uma comparação entre os regimes de Previdência do Brasil e de outros países, ver Rocha e Caetano (2008).

O aumento das alíquotas

Diante dos maiores gastos associados à conjugação do envelhecimento gradativo da população, com a generosidade da legislação previdenciária, os sucessivos governos foram se acomodando a essa situação através do aumento das alíquotas contributivas. Atualmente, no caso dos contribuintes do INSS, essa alíquota é de 20% para o empregador e de 8% a 11% para o empregado – a alíquota depende do nível salarial. Isso significa que, para cada R$100 de salário do empregado, o INSS recolhe entre R$28 e R$31 e que o empregador tem um custo da soma de (salário + contribuição) de R$120, sem contar outros encargos.

Essa mesma alíquota, entretanto, já foi muito menor. Tomando como referência a situação de 1934, ano no qual passaram a operar alguns dos institutos de aposentadorias mais importantes na época e no qual a alíquota tanto do empregado quanto do empregador era de 3%, conclui-se que a alíquota do empregado se multiplicou, aproximadamente, por um fator 3 – se tomarmos como referência uma alíquota média – e a do empregador por um fator 7.

Um dos inconvenientes associados ao aumento das alíquotas é a dificuldade crescente de elevar a arrecadação através desse expediente. A explicação é simples e está ligada ao custo da evasão. Uma empresa, defrontada com a possibilidade de deixar de arcar com suas obrigações legais, faz um balanço de lucros e perdas potenciais decorrentes da sua escolha. O benefício advém da redução de custos que decorreria disso. O prejuízo é a multa que poderá receber, ponderada pela possibilidade de que sua falta seja descoberta. Sendo os parâmetros da multa e da probabilidade de descoberta constantes, a firma terá uma propensão a praticar uma evasão que será diretamente proporcional ao tamanho da alíquota. Quanto maior for esta, maior será o benefício de não pagar, até o ponto que este for maior que o valor ponderado da multa. A partir desse nível de alíquota, aumentos desta tendem a ser contraproducentes, pois fazem crescer a evasão. Firmas maiores, mais sujeitas à fiscalização, podem continuar pagando – o que explica o valor da receita –, mas a evasão tende a ser mais frequente nas firmas menores. É por isso que o aumento da receita previdenciária através da majoração das alíquotas parece ter se esgotado nos últimos anos.

A queda da relação entre contribuintes e inativos

A queda da relação entre o número de contribuintes e de beneficiários da previdência social é um fenômeno mundial, que decorre: (a) do envelhecimento gradativo das sociedades; (b) da queda do crescimento da população e, portanto, com alguma defasagem no tempo, do contingente de ativos e (c) da dificuldade de mudar as regras de aposentadoria.

Como exemplo da natureza generalizada dessa tendência, basta citar a seguinte declaração do então chanceler alemão, Helmut Kohl, no início dos anos 1990: "Muitos alemães chegam aos 30 anos antes de se formarem e seguem carreiras que concluem aos 59 anos. Como a expectativa de vida cresce, a economia não suporta o número cada vez maior de aposentados, enquanto aumenta o número de famílias com um filho só" (*Jornal do Brasil*, 8 de maio de 1992). Problemas similares têm aparecido nos últimos anos em quase todos os países desenvolvidos e as projeções a respeito da proporção da população que, em 2020 ou 2030, terá mais de 60 ou de 65 anos, na maioria dos países desenvolvidos, são realmente preocupantes, pelo impacto fiscal que isso terá, devido ao aumento do custo de sustentação dos aposentados.

De fato, na Alemanha, caso ao qual Kohl se referia na mencionada declaração, a proporção da população com 65 anos ou mais em relação à população em idade ativa, que era de 16% em 1960 e de 22% em 1990, passará para 35% no ano 2020. Nos Estados Unidos, essa mesma participação foi de 15% e 19% em 1960 e 1990, respectivamente, prevendo-se que chegue a 28% em 2020. Um dos casos mais dramáticos dessa tendência é o do Japão, onde a mesma variável era de 10% em 1960 e de 17% em 1990 e deverá atingir, em função das projeções demográficas, 43% em 2020.[6]

No Brasil, o mesmo fenômeno tem sido mais intenso, já que ele foi agravado pela possibilidade de as pessoas se aposentarem mais cedo que nos outros países.

UM PAÍS DE APOSENTADOS?

Brasil – Número de contribuintes/Número de beneficiários da Previdência Social

Ano	Relação
1970	4,2
1980	3,2
1990	2,5
2000(*)	1,9
2010(*)	1,6
2020(*)	1,2

(*) Previsão.
Fonte: Ministério da Previdência Social, "Reforma da Previdência", 1995.

No início dos anos 1970, o Brasil era um país jovem, com poucos aposentados e uma parcela muito grande da população em idade ativa. Com o passar do tempo, essa relação foi se modificando, mais pessoas foram se aposentando e a população contribuinte para o sistema previdenciário foi diminuindo. Mantida a tendência, em algum momento futuro o país terá um contribuinte ao sistema para cada aposentado.

O CASO DOS INATIVOS DO GOVERNO
Os privilégios do setor público

Os servidores públicos tiveram, ao longo de muitos anos, três tipos de privilégios, em relação aos trabalhadores do setor privado. O primeiro era a possibilidade de, em alguns casos, ter um aumento da remuneração no momento

---

[6] Todas estas projeções são do Banco Mundial e datam da década de 1990.

da aposentadoria, mecanismo que, embora tenha sido virtualmente eliminado recentemente, ainda afeta o estoque de aposentadorias em manutenção, pela preservação do direito adquirido.

O segundo privilégio, no caso de categorias específicas, foi tradicionalmente a existência de alguns regimes favorecidos, em que o valor presente das aposentadorias e pensões associadas a cada indivíduo é especialmente maior que o valor presente das suas contribuições. Um caso paradigmático disso era a pensão concedida a filhas solteiras de militares. Tome-se o caso, por exemplo, de um servidor militar que, contribuindo, hipoteticamente, desde os 20 anos, se aposentasse com 55, morrendo com 75 e, na ocasião, deixando uma filha solteira de 45 anos de idade que viesse a falecer aos 80 anos. Isso significa que sua contribuição feita ao longo de 35 anos terá sustentado o pagamento de benefícios durante (20 + 35) = 55 anos. Não é preciso ser especialista para perceber que essa conta não fecha.

A terceira fonte de privilégio foi, durante muito tempo, a possibilidade de aposentadoria com base no último salário, sem uma exigência prévia de carência minimamente longa. No setor privado, o indivíduo pode ter um salário elevado, mas suas contribuições e sua aposentadoria estão limitadas ao teto de benefícios – nos últimos anos, entre seis e sete salários mínimos. Já no setor público, a referência é o último salário.[7]

INSS E SERVIÇO PÚBLICO: DOIS REGIMES DIFERENTES

Comparação entre aposentadorias do INSS e da União (2014)

Tipo de aposentadoria	Valores mensais médios, em salários mínimos (aposentadorias)
INSS (a)	1,4
Poder Executivo (civis)	9,9
Poder Executivo (militares)	11,9
Poder Legislativo	36,7
Poder Judiciário	28,6

Fonte: Ministério do Planejamento e Orçamento, "Boletim Estatístico de Pessoal", janeiro de 2015. Para o INSS, Ministério da Previdência Social, "Boletim Estatístico da Previdência Social".

---

[7] Os três privilégios, contudo, foram bastante diminuídos ou até mesmo eliminados, com o passar dos anos. O *up-grade* da remuneração ao passar para a inatividade foi extinto para as diversas categorias no Governo FHC. No mesmo governo, os casos mais aberrantes envolvendo a pensão para as filhas de militares também deixaram de existir para os novos entrantes, ainda que preservados os direitos adquiridos. Por último, a reforma previdenciária de 2003 estabeleceu regras relativamente rígidas para a necessidade de ter um certo número de anos na função de modo a que o indivíduo faça jus à aposentadoria integral.

> A ideia de que as aposentadorias dos servidores seriam "injustas" comparativamente às do INSS tem sido ventilada com frequência, muitas vezes com base no argumento de que os aposentados do serviço público ganham muito acima dos aposentados do INSS. Embora de fato no serviço público existam regras claramente mais benevolentes em muitos campos que aquelas que vigoram no setor privado – apenas para citar um exemplo, os casos de demissão são raríssimos entre os servidores – essa comparação, especificamente, é indevida. E isso pela razão muito simples de que, enquanto os aposentados do INSS estão sujeitos a um teto contributivo, os servidores têm a sua contribuição calculada sobre o salário integral. Ou seja, um diretor de empresa privada que ganhe em torno de R$15.000 por mês tem, em 2015, que pagar a sua contribuição de 11% ao INSS sobre um teto da ordem de grandeza de R$5.000 – em torno de R$500 por mês. Já um juiz que receba um salário do mesmo valor, contribui os mesmos 11%, porém sobre R$15.000 – ou seja, R$1.650. É natural, portanto, que a aposentadoria de um juiz seja maior que a do INSS.

O peso e a composição dos inativos

O gasto com inativos da União tem representado, ao longo dos últimos anos, uma despesa para o Tesouro Nacional da ordem de grandeza de 2% do PIB. A rigor, as sucessivas medidas de controle das despesas e as diversas reformas têm tido algum efeito, a ponto de, no caso dos servidores do Poder Executivo, especificamente, o gasto com inativos ser atualmente claramente inferior ao peso relativo que a variável tinha em meados dos anos 1990, antes da adoção dessas medidas de controle (Tabela 11.1). O mesmo não pode ser dito da despesa com inativos militares, que mantiveram aproximadamente o mesmo peso sobre o PIB. Já no caso das despesas com inativos dos servidores do Judiciário, houve com o passar dos anos uma tendência inequívoca de aumento. Entretanto, como se trata de uma despesa ainda pouco relevante, o "delta" de variação acumulada da despesa com inativos desse Poder entre 1995 e 2014 foi inferior a 0,05% do PIB.

Na composição do total do gasto com inativos, com base em outro tipo de abertura, chama a atenção o crescente peso das despesas com pensionistas, que em 1995 representavam apenas 32% do gasto total com inativos (aposentados e pensionistas) e em 2014 já eram de 36% desse total.

EVOLUÇÃO DO NÚMERO DE BENEFÍCIOS EM MANUTENÇÃO: 1980/2013

As Tabelas 11.2 e 11.3 apresentam um panorama bastante completo da evolução do estoque de benefícios mantidos pelo INSS ao longo da década de 1980 até recentemente.

TABELA 11.1
Composição despesa inativos União: 1995/2014 (% PIB)

Composição	1995	1996	1997	1998	1999	2000	2001	2002	2003	2004	2005	2006	2007	2008	2009	2010
Militares	0,64	0,61	0,55	0,64	0,65	0,62	0,82	0,77	0,71	0,64	0,67	0,64	0,61	0,60	0,59	0,54
Aposentados	0,37	0,36	0,30	0,36	0,36	0,34	0,48	0,44	0,41	0,37	0,37	0,36	0,35	0,34	0,33	0,32
Pensionistas	0,27	0,25	0,25	0,28	0,29	0,28	0,34	0,33	0,30	0,27	0,30	0,28	0,26	0,26	0,26	0,22
Total civis	1,49	1,42	1,24	1,34	1,35	1,31	1,27	1,29	1,37	1,31	1,30	1,19	1,17	1,12	1,25	1,21
Aposentados	1,09	1,04	0,91	0,98	0,98	0,93	0,91	0,93	0,99	0,94	0,91	0,82	0,79	0,76	0,81	0,79
Pensionistas	0,40	0,38	0,33	0,36	0,37	0,38	0,36	0,36	0,38	0,37	0,39	0,37	0,38	0,36	0,44	0,42
Executivo	1,35	1,28	1,09	1,17	1,17	1,14	1,10	1,10	1,17	1,11	1,09	1,00	0,98	0,95	1,08	1,05
Aposentados	0,98	0,93	0,79	0,84	0,83	0,79	0,77	0,77	0,83	0,78	0,75	0,67	0,64	0,62	0,68	0,66
Pensionistas	0,37	0,35	0,30	0,33	0,34	0,35	0,33	0,33	0,34	0,33	0,34	0,33	0,34	0,33	0,40	0,39
Legislativo	0,05	0,05	0,05	0,05	0,06	0,05	0,05	0,06	0,06	0,06	0,07	0,07	0,06	0,06	0,05	0,05
Aposentados	0,04	0,04	0,04	0,04	0,05	0,04	0,04	0,05	0,05	0,05	0,05	0,05	0,05	0,05	0,04	0,04
Pensionistas	0,01	0,01	0,01	0,01	0,01	0,01	0,01	0,01	0,01	0,01	0,02	0,02	0,01	0,01	0,01	0,01
Judiciário	0,09	0,09	0,10	0,12	0,12	0,12	0,12	0,13	0,14	0,14	0,14	0,12	0,13	0,11	0,12	0,11
Aposentados	0,07	0,07	0,08	0,10	0,10	0,10	0,10	0,11	0,11	0,11	0,11	0,10	0,10	0,09	0,09	0,09
Pensionistas	0,02	0,02	0,02	0,02	0,02	0,02	0,02	0,02	0,03	0,03	0,03	0,02	0,03	0,02	0,03	0,02
Total (militares + civis)	2,13	2,03	1,79	1,98	2,00	1,93	2,09	2,06	2,08	1,95	1,97	1,83	1,78	1,72	1,84	1,75
Aposentados	1,46	1,40	1,21	1,34	1,34	1,27	1,39	1,37	1,40	1,31	1,28	1,18	1,14	1,10	1,14	1,11
Pensionistas	0,67	0,63	0,58	0,64	0,66	0,66	0,70	0,69	0,68	0,64	0,69	0,65	0,64	0,62	0,70	0,64

Composição	2011	2012	2013	2014
Militares	0,50	0,46	0,46	0,48
Aposentados	0,29	0,28	0,27	0,28
Pensionistas	0,21	0,18	0,19	0,20
Total civis	1,17	1,15	1,14	1,17
Aposentados	0,78	0,75	0,76	0,77
Pensionistas	0,39	0,40	0,38	0,40
Executivo	1,02	1,00	0,98	0,99
Aposentados	0,66	0,63	0,63	0,63
Pensionistas	0,36	0,37	0,35	0,36
Legislativo	0,05	0,05	0,05	0,05
Aposentados	0,04	0,04	0,04	0,04
Pensionistas	0,01	0,01	0,01	0,01
Judiciário	0,10	0,10	0,11	0,13
Aposentados	0,08	0,08	0,09	0,10
Pensionistas	0,02	0,02	0,02	0,03
Total (militares + civis)	1,67	1,61	1,60	1,65
Aposentados	1,07	1,03	1,03	1,05
Pensionistas	0,60	0,58	0,57	0,60

Fonte: Ministério de Planejamento e Orçamento.

TABELA 11.2
Previdência Social - Quantidade de benefícios ativos: 1980/2013

	1980	1990	2000	2010	2013
Total	7.783.899	12.473.738	19.874.975	27.999.034	31.028.250
Previdenciários	6.356.819	10.571.617	17.060.413	23.465.630	25.990.492
Aposentadorias	3.724.543	6.318.243	11.413.959	15.500.985	17.248.792
Idade	1.679.759	2.895.212	5.876.257	8.171.820	9.177.620
Tempo de contribuição	760.016	1.420.117	3.275.652	4.415.784	4.993.709
Invalidez	1.284.768	2.002.914	2.262.050	2.913.381	3.077.463
Pensões	1.794.752	3.510.937	5.112.273	6.638.425	7.165.712
Outros/a	837.524	742.437	534.181	1.326.220	1.575.988
Acidentários	181.301	450.100	652.304	810.493	837.807
Assistenciais	1.245.779	1.452.021	2.162.258	3.712.005	4.188.318
EPU				10.906	11.633
Urbanos	5.392.646	8.144.393	12.846.337	19.620.603	21.980.637
Rurais	2.391.253	4.329.345	7.028.638	8.378.431	9.047.613

EPU: Encargos Previdenciários da União.
Obs.: Até 2000 (inclusive) o dado refere-se aos benefícios em manutenção (inclui benefícios suspensos).
/a Inclui auxílios, salários-família e maternidade, abonos e vantagens.
Fonte: Anuário Estatístico da Previdência Social (vários anos).

A Tabela 11.2 apresenta o total do quantitativo de benefícios mantidos, enquanto a Tabela 11.3 dá uma ideia da tendência da série, destacando as taxas quinquenais de crescimento de cada variável. Os pontos mais importantes a respeito dos quais cabe chamar a atenção são mencionados a seguir.

Em termos de tendências, cumpre ressaltar as seguintes:

a) O fato de o aumento dos benefícios ter sido largamente superior ao da população, reflexo: (i) do próprio processo de envelhecimento desta; (ii) da urbanização crescente, que aumentou o grau de informação e, portanto, a demanda por aposentadorias;[8] (iii) das transformações ocorridas no mercado de trabalho, a partir de meados do século, com a participação crescente da mão de obra feminina na composição da População Economicamente Ativa (PEA);[9] e (iv) das regras extremamente liberais de passagem para a inatividade existentes no Brasil.

b) O aumento do peso dos aposentados por tempo de contribuição, cujo estoque cresceu a uma taxa média de 5,9% ao ano entre 1980 e 2013, contra uma média de 4,4% ao ano do total de benefícios previdenciários.

Em termos mais específicos e analisando o ocorrido em determinados períodos, nota-se, em particular:

---

[8] O percentual da população urbana no Brasil passou de 68% em 1980, para 76% em 1991.
[9] Na faixa etária de 50 a 59 anos, que, cabe supor, é a que precede a aposentadoria, a taxa de atividade feminina passou de 15% em 1970, para 28% em 1981 e 35% em 1990.

TABELA 11.3
Previdência Social: Taxas médias de crescimento anual da quantidade de benefícios ativos – 1980-2013 – Média móvel 10 anos (% a.a.)

	1980/1990	1990/2000	2000/2010	2010/2013
Total	4,8	4,8	3,5	3,5
Previdenciários	5,2	4,9	3,2	3,5
Aposentadorias	5,4	6,1	3,1	3,6
Idade	5,6	7,3	3,4	3,9
Tempo de contribuição	6,5	8,7	3,0	4,2
Invalidez	4,5	1,2	2,6	1,8
Pensões	6,9	3,8	2,6	2,6
Outros/a	– 1,2	– 3,2	9,5	5,9
Acidentários	9,5	3,8	2,2	1,1
Assistenciais	1,5	4,1	5,6	4,1
EPU				2,2
Urbanos	4,2	4,7	4,3	3,9
Rurais	6,1	5,0	1,8	2,6

EPU: Encargos Previdenciários da União.
Obs.: Até 2000 (inclusive) o dado refere-se aos benefícios em manutenção (inclui benefícios suspensos).
/a Inclui auxílios, salários-família e maternidade, abonos e vantagens.
Fonte: Tabela 11.2.

a) O aumento do estoque de benefícios rurais, que deu um salto entre 1991 e 1994, incorporando mais de dois milhões de novos beneficiados; isso se deveu à regulamentação dos dispositivos constitucionais ligados às aposentadorias rurais, que só ocorreu em 1991, após o que os guichês do INSS ficaram abarrotados com processos de novas aposentadorias.

b) O *boom* das aposentadorias por tempo de serviço a partir de 1995, cujo estoque cresceu, em média, 11,5% ao ano no quatriênio 1995/1998, contra uma média anual de 7,2% nos 14 anos anteriores; este foi um efeito perverso do debate em torno da reforma da previdência social, já que muitos indivíduos, em condições de pedir a aposentadoria por tempo proporcional e temendo uma mudança de regras, optaram por preferir o certo ao duvidoso, antecipando o seu retiro, o que, paradoxalmente, fez com que uma reforma destinada a retardar as aposentadorias provocasse, inicialmente, o aumento destas.

c) O aumento dos benefícios assistenciais a partir de meados dos anos 1990, reflexo da consolidação dos princípios estabelecidos na Lei Orgânica da Assistência Social (LOAS) e da redução da idade de elegibilidade do benefício, de 70 para 65 anos.

d) O "surto" de "outros benefícios" nos primeiros anos do atual século, resultado da explosão do volume de auxílios-doença, por conta de irregularidades administrativas resultantes de falhas periciais, combinadas com o fenômeno histórico-sociológico da difusão de direitos, fenômeno esse compensado por um maior combate às fraudes depois de 2005.

GRÁFICO 11.1
Despesa com benefícios do INSS: 1980/2014 (% PIB)

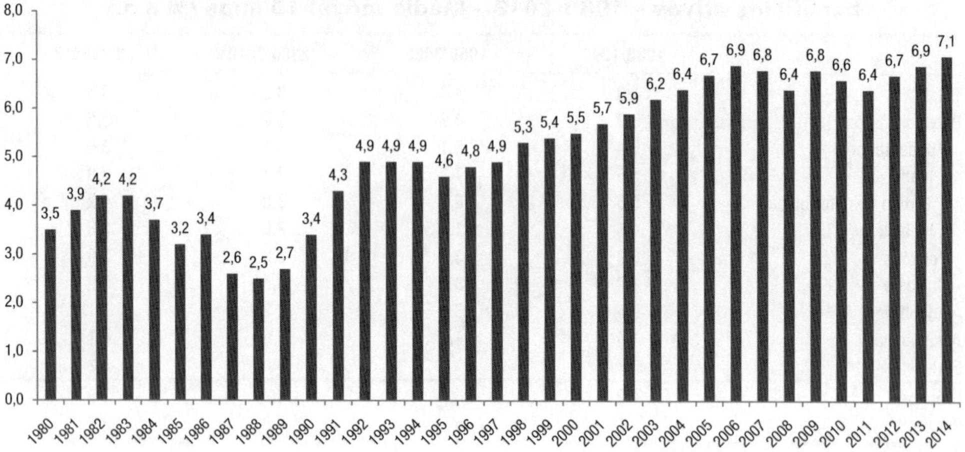

Valores por ano: 1980: 3,5; 1981: 3,9; 1982: 4,2; 1983: 4,2; 1984: 3,7; 1985: 3,2; 1986: 3,4; 1987: 2,6; 1988: 2,5; 1989: 2,7; 1990: 3,4; 1991: 4,3; 1992: 4,9; 1993: 4,9; 1994: 4,9; 1995: 4,6; 1996: 4,8; 1997: 4,9; 1998: 5,3; 1999: 5,4; 2000: 5,5; 2001: 5,7; 2002: 5,9; 2003: 6,2; 2004: 6,4; 2005: 6,7; 2006: 6,9; 2007: 6,8; 2008: 6,4; 2009: 6,8; 2010: 6,6; 2011: 6,4; 2012: 6,7; 2013: 6,9; 2014: 7,1.

Fonte: Ministério da Previdência Social.

O PROBLEMA FISCAL

As variáveis fiscais

O Gráfico 11.1 mostra a evolução da despesa com benefícios do INSS, cujo valor, em menos de 30 anos, depois da aprovação da Constituição, subiu de 2,5% do PIB em 1988, para perto de 7,5% do PIB atualmente. Um fato que merece ser ressaltado é que, adicionalmente ao impacto das medidas aprovadas em 1988, a dinâmica da série foi influenciada pela trajetória do PIB: fases de recessão ou crescimento modesto, como 1990/1992, foram acompanhadas de aumentos importantes da relação despesa com benefícios/PIB, em contraste com a evolução desta relação, por exemplo, nas fases de crescimento mais intenso, como 1993/1995, 2008 ou 2010.

O desequilíbrio ao longo do tempo

A Tabela 11.4 mostra a evolução do déficit previdenciário de caixa do INSS. Isso aparece ao lado da diferença entre a receita e a despesa previdenciária dos servidores.[10]

---

[10] No caso dos servidores públicos como um todo, há também o impacto fiscal dos diversos regimes estaduais e municipais, sobre os quais não existem estatísticas regulares. Por alguns estudos do Ministério da Previdência, sabe-se, porém, que o déficit é similar ao dos servidores da União, envolvendo tanto receitas como despesas previdenciárias em montante, por coincidência, muito similar ao que o Tesouro Nacional tem com essas rubricas, no caso dos servidores federais.

Quando se analisa a "fotografia" do resultado previdenciário, observa-se um déficit de magnitude relativamente próxima entre o INSS e os servidores da União, com a grande diferença de que, no caso do INSS, isso reflete o pagamento de benefícios a mais de 25 milhões de pessoas, enquanto, no caso dos servidores, os inativos são da ordem de 1 milhão de indivíduos. Tem-se, portanto, a impressão de que o problema principal está no regime previdenciário dos servidores.

Entretanto, quando se observa o "filme" do problema previdenciário, a conclusão é diferente. De fato, se é verdade que o gasto com servidores aumentou muito até meados dos anos 1990, a rigor desde então ele até mesmo diminuiu, ligeiramente, em termos relativos, enquanto a despesa com benefícios do INSS aumentou 4,6% do PIB entre 1988 e 2013.

TABELA 11.4
Governo Central: receitas e despesas da Previdência Social 1991/2014 (% PIB)

Composição	1991	1992	1993	1994	1995	1996	1997	1998	1999	2000
Servidores	−0,6	−0,8	−1,4	−1,7	−1,8	−1,7	−1,5	−1,7	−1,7	−1,6
Receita	0,3	0,3	0,3	0,3	0,3	0,3	0,3	0,3	0,3	0,3
Despesa	0,9	1,1	1,7	2,0	2,1	2,0	1,8	2,0	2,0	1,9
INSS	1,2	0,3	0,6	0,1	0,0	−0,1	−0,3	−0,7	−0,9	−0,9
Receita	4,6	4,6	5,5	5,0	4,6	4,7	4,6	4,6	4,5	4,6
Despesa	3,4	4,3	4,9	4,9	4,6	4,8	4,9	5,3	5,4	5,5
Total	0,6	−0,5	−0,8	−1,6	−1,8	−1,8	−1,8	−2,4	−2,6	−2,5
Receita	4,9	4,9	5,8	5,3	4,9	5,0	4,9	4,9	4,8	4,9
Despesa	4,3	5,4	6,6	6,9	6,7	6,8	6,7	7,3	7,4	7,4
Composição	**2001**	**2002**	**2003**	**2004**	**2005**	**2006**	**2007**	**2008**	**2009**	**2010**
Servidores	−1,8	−1,8	−1,8	−1,8	−1,8	−1,5	−1,5	−1,4	−1,5	−1,3
Receita	0,3	0,3	0,3	0,2	0,2	0,3	0,3	0,3	0,3	0,5
Despesa	2,1	2,1	2,1	2,0	2,0	1,8	1,8	1,7	1,8	1,8
INSS	−1,0	−1,1	−1,5	−1,6	−1,7	−1,8	−1,6	−1,1	−1,3	−1,1
Receita	4,7	4,8	4,7	4,8	5,0	5,1	5,2	5,3	5,5	5,5
Despesa	5,7	5,9	6,2	6,4	6,7	6,9	6,8	6,4	6,8	6,6
Total	−2,8	−2,9	−3,3	−3,4	−3,5	−3,3	−3,1	−2,5	−2,8	−2,4
Receita	5,0	5,1	5,0	5,0	5,2	5,4	5,5	5,6	5,8	6,0
Despesa	7,8	8,0	8,3	8,4	8,7	8,7	8,6	8,1	8,6	8,4
Composição	**2011**	**2012**	**2013**	**2014**						
Servidores	−1,2	−1,1	−1,1	−1,2						
Receita	0,5	0,5	0,5	0,5						
Despesa	1,7	1,6	1,6	1,7						
INSS	−0,8	−0,9	−0,9	−1,0						
Receita	5,6	5,8	6,0	6,1						
Despesa	6,4	6,7	6,9	7,1						
Total	−2,0	−2,0	−2,0	−2,2						
Receita	6,1	6,3	6,5	6,6						
Despesa	8,1	8,3	8,5	8,8						

Fontes: Para a receita da Contribuição dos Servidores, até 2003 e de 2010, inclusive, em diante, Receita Federal. Para a receita da Contribuição dos Servidores dos demais anos e demais dados de despesa, STN e Ministério do Planejamento (inativos).

As causas disso residem em três fontes de pressão fiscal. A primeira, naturalmente, o baixo crescimento médio, uma vez que um maior dinamismo da economia teria atenuado o aumento da relação gasto/PIB. A segunda, a benevolência da legislação ou da própria Constituição, que comporta diversas possibilidades de aposentadorias precoces. E a terceira, o efeito acumulado dos sucessivos aumentos reais do salário mínimo, especialmente intensos desde a estabilização de 1994 e que afetam dois de cada três benefícios, dada a vinculação existente entre o salário mínimo e o piso previdenciário.

OS MITOS SOBRE O SISTEMA

No debate entre forças políticas a respeito de questões previdenciárias, é comum apelar para a emoção, com argumentos aparentemente muito simples de entender por parte do grande público e que, muitas vezes, são tecnicamente questionáveis. A obrigação do economista, contudo, é analisar as questões econômicas friamente e saber identificar, entre os argumentos, quais os que têm fundamento e quais os que obedecem apenas a uma lógica partidária. Esta seção se destina a analisar alguns dos mitos que costumam ser mencionados no debate sobre esses assuntos.

O tempo de sobrevida

Uma das críticas mais comuns que costumam ser feitas às propostas de eliminar a figura da aposentadoria por tempo de serviço ou de condicioná-la a um certo limite mínimo de idade pode ser resumida na seguinte frase: "Como no Brasil a expectativa de vida é de 75 anos, quem se aposentar com 65 anos então vai viver apenas mais 10 anos." Este é um argumento que é compreensível que seja repetido por um leigo, mas que é inaceitável em um debate entre especialistas na matéria.

O AUMENTO DA EXPECTATIVA DE VIDA

Brasil – Expectativa de vida ao nascer, em anos

Ano	Expectativa de vida ao nascer
1980	62
1985	64
1990	66
1995	67
2000	71
2005	72
2010	74
2013	75

Fonte: IBGE.

> Em 1980, ao nascer, a esperança de vida de um brasileiro típico era de 62 anos. Se esse jovem tivesse estudado e conseguido adiar o seu ingresso no mercado de trabalho até os 20 anos de idade, no momento em que ele conseguisse o seu primeiro emprego, a esperança de vida de quem estivesse nascendo no ano 2000 seria de 71 anos, ou seja, mais de 10% superior em relação a 1980. Paradoxalmente, porém, até praticamente o final da década de 1990, algumas regras de recebimento de benefícios no Brasil tornaram-se mais benevolentes, fazendo com que os indivíduos passassem a receber benefícios mais cedo.

Há dois elementos que devem ser levados em consideração e que desmentem a veracidade da afirmação anterior. O primeiro, a expectativa de vida corrente não é relevante quando se discutem regras previdenciárias para o futuro. Quem estiver ingressando no mercado de trabalho no final dos anos 1990, por exemplo, só vai se aposentar em torno de 2035/2040, quando a expectativa de vida deverá ser, mantidas as tendências em curso, superior à atual.[11]

O segundo elemento a considerar é que o que interessa para efeitos previdenciários não é a expectativa de vida ao nascer e sim a expectativa de sobrevida de quem se aposenta aos 55, 60 ou 65 anos. Ao nascer, a expectativa de vida no Brasil é muito influenciada ainda – infelizmente – pela mortalidade infantil e pelos fatores de risco da fase adulta. O brasileiro que vive em média até os 60 anos, porém, estatisticamente, espera viver até os 82 anos, ou seja, muito além da expectativa de vida ao nascer. Portanto, o argumento de que "se o indivíduo se aposenta aos 65 anos, vai viver apenas mais 10" é simplesmente equivocado.

O direito das mulheres

A defesa de regras de aposentadoria diferenciada para as mulheres, conforme estabelecido na Constituição de 1988, se baseou no princípio de que a mulher deve ter uma compensação pelo ônus imposto pela maternidade. O argumento é perfeitamente compreensível. Há, entretanto, um forte contra-argumento, representado pelo fato de que, estatisticamente, *a mulher vive mais do que o homem*.

No início da sua existência, a expectativa de vida das mulheres, assim como a dos homens, é muito afetada pela mortalidade infantil. Mesmo depois do primeiro ano, porém, o homem, no Brasil, enfrenta dois fatores de mortalidade mais importantes do que no caso das mulheres: (a) a violência – na forma de assassinatos –, que atinge mais notadamente os jovens e adultos na faixa de 15

---

[11] Sobre a tendência universal ao envelhecimento demográfico da população, ver o livro clássico de Weeks (2012).

a 30 anos, prejudicando, principalmente, a população masculina e (b) os fatores de risco ligados a problemas cardíacos, na faixa de 40 a 60 anos, que também incidem mais sobre os homens. Depois disso, o diferencial de expectativa de vida entre homens e mulheres se estreita, mas estas continuam vivendo, na média, mais do que os homens. Consequentemente, do ponto de vista atuarial, a mulher teria que trabalhar *mais* do que o homem, embora, na prática, se aposente *antes* deste.

HOMENS OU MULHERES: QUEM VIVE MAIS?

Brasil – Expectativa de vida, por idade, em anos (2013)

Idade	Homens	Mulheres
0	71	79
10	73	80
20	73	80
30	75	81
40	76	81
50	78	82
60	80	84
70	83	86

Fonte: IBGE.

No Brasil, a mulher tem uma esperança de vida, ao nascer, mais de 10% superior à de um homem, devido à elevada incidência de fatores de mortalidade na meia-idade dos homens – associada a fatores ligados ao trabalho, como doenças cardíacas. No momento em que a maioria das pessoas se aposenta, em torno dos 60 anos, essa diferença é menor – já que os homens que sobrevivem até então tenderão a ter uma expectativa média de vida maior –, mas ainda relevante: uma mulher que se aposenta aos 60 anos tem a esperança de viver, na média, mais 24 anos, enquanto no caso dos homens, na mesma idade, essa esperança é de apenas mais 20 anos.

Por outro lado, aceitando o argumento de que a mulher deve ter uma compensação pela maternidade, a aposentadoria precoce usufruída por ela se choca com o fato de que, no momento de se aposentar, em geral os filhos já são adultos, o que tira a racionalidade de oferecer uma compensação por algo ocorrido há bastante tempo. Se a ideia fosse apenas conceder uma compensação enquanto a mulher está criando os filhos, faria mais sentido identificar outras formas de benefício, como uma licença-maternidade mais extensa ou o direito a uma jornada de trabalho diferenciada. Finalmente, cabe lembrar que o direito de a mulher se aposentar antes do homem é usufruído por todas as mulheres, ou seja, mesmo por aquelas que não foram mães.

A questão distributiva

Um argumento frequentemente mencionado no debate a respeito da eventual mudança das regras de aposentadoria, no sentido de estabelecer uma idade mínima para que a pessoa possa pleitear o direito à aposentadoria por tempo de serviço, é o de que isso prejudicaria as classes de menor renda, que costumam começar a trabalhar mais cedo do que os filhos das classes média e alta. Estes últimos, tendo melhores condições de ingressar na universidade, geralmente só têm o seu primeiro emprego formal depois dos 20 anos. Para efeitos de raciocínio, digamos que a aposentadoria por tempo de serviço para as pessoas de sexo masculino fosse condicionada a uma idade mínima de 60 anos. Nesse caso, um indivíduo que tenha começado a trabalhar aos 15 anos, para ajudar a sua família, teria que trabalhar 45 anos, antes de se aposentar, enquanto um aluno que tivesse continuado seus estudos até o doutorado e só tivesse carteira assinada aos 25 anos, se aposentaria com 35 anos de serviço. Em relação às regras da Constituição de 1988, para este último indivíduo, portanto, nada mudaria, mas o primeiro teria que trabalhar 10 anos mais. Como, sociologicamente, ele poderia ser rotulado de "pobre" – contrariamente ao doutor –, um aumento da exigência de idade da aposentadoria por tempo de serviço teria – argumenta-se – um caráter regressivo, ao penalizar mais quem ganha menos.

O argumento tem lógica e a maioria das autoridades que tentaram argumentar em favor da mudança de regras se viu em dificuldades para combatê-lo.

QUEM SE APOSENTA POR TEMPO DE SERVIÇO?

Quantidade e valor do fluxo das novas aposentadorias urbanas concedidas, por faixas de valor – INSS – 2013 (%)

Faixas (em salários mínimos)	Tempo de contribuição		Idade	
	Quantidade	Valor	Quantidade	Valor
Até 1	20,9	8,6	66,3	48,2
1 a 5	74,1	79,5	32,2	46,1
Mais de 5	5,0	11,9	1,5	5,7

Fonte: Anuário Estatístico da Previdência Social – 2014.

A distribuição das aposentadorias por tempo de contribuição do INSS, conforme as faixas de valor, é claramente diferente da distribuição das aposentadorias concedidas por idade. Como mostra a tabela, em 2013, do total de aposentadorias urbanas concedidas pelo INSS nesse ano por tempo de contribuição, em apenas 21% dos casos os beneficiados passaram a receber 1 salário mínimo, percentual esse que, no caso das aposentadorias por idade, era de 66% do total do fluxo de novas aposentadorias desse tipo.

TEMPO DE SERVIÇO: UMA APOSENTADORIA CARA

Valor *per capita* dos benefícios previdenciários emitidos, em número de salários mínimos – posição no mês de dezembro de 2014 (INSS)

Tipo de benefício	Número de salários mínimos
Total	1,33
Aposentadorias	1,37
Idade	1,00
Tempo de contribuição	2,11
Invalidez	1,26
Pensões	1,22
Auxílio-doença	1,38
Outros (a)	0,87

(a) Inclui outros auxílios, salário-família, salário-maternidade, abonos de permanência em serviço e vantagens.
Fonte: Boletim Estatístico da Previdência Social.

O valor *per capita* das aposentadorias por tempo de contribuição do INSS, em 2014, era da ordem de 2,1 vezes o valor *per capita* das aposentadorias por idade. O valor *per capita* do total de benefícios, em termos de salários mínimos, tem se alterado em função das mudanças na composição do contingente de indivíduos que recebem benefícios. Quando o total destes cresceu devido ao *boom* de aposentadorias rurais – que têm um custo médio relativamente baixo –, o valor médio dos benefícios caiu, aumentando, porém, quando o crescimento do *quantum* de benefícios passou a ser liderado pelas aposentadorias por tempo de contribuição. Além disso, naturalmente, o valor da aposentadoria média expressa em números de salários mínimos diminuiu com o aumento real deste último.

Objetivamente, não há como negar que o indivíduo que tivesse começado a trabalhar com 15 anos e, conforme a Constituição de 1988, pudesse se aposentar com 50 anos, após 35 anos de serviço, ganhando salário mínimo, seria prejudicado por uma eventual mudança de regras. Independentemente das questões fiscais já abordadas, porém, mesmo do ponto de vista distributivo, há um argumento crucial que deve ser lembrado: é a pequena dimensão estatística desse exemplo específico.

De fato, a figura do trabalhador que, no Brasil, ganha salário mínimo, começa a trabalhar com 15 anos e trabalha 35, podendo se aposentar com 50 anos de idade, é estatisticamente pouco representativa na vida real. Isto por dois motivos. Primeiro, porque o ônus da prova – de que tem condições de se aposentar por tempo de serviço –, no momento de se aposentar, no Brasil, cabe ao empregado; na prática, o indivíduo de rendimento baixo – mesmo tendo trabalhado 35 anos ininterruptos no mercado formal de trabalho – dificilmente reúne condições de ter os documentos necessários para passar para a inatividade, seja porque perdeu a carteira de trabalho ou porque passou por diversas empresas e não consegue ter comprovação, aos 50 anos, dos frequentemente diversos empregos em que trabalhou 20 ou 30 anos antes. A experiência contrasta com a de uma pessoa de classe média, de 50 ou 60 anos, que, por ter melhores condições de moradia, maior nível de educação e, principalmente, porque estatisticamente passou por um número menor de empregos, não costuma ter problemas para apresentar os documentos necessários. E, em segundo lugar, porque muitas vezes o indivíduo de menores recursos passa longos períodos desempregado ou fora do mercado formal de trabalho e, portanto, é raro ter o direito de se aposentar por tempo de serviço.

A realidade indica, portanto, que embora o propósito de ajudar às pessoas de menor renda a terem alguma compensação pelas suas condições de trabalho seja louvável, o fato é que o direito à aposentadoria por tempo de serviço acaba beneficiando justamente as classes de maior renda, que em geral começam a trabalhar mais tarde e se aposentam mais cedo. Se a aposentadoria por tempo de serviço – ou contribuição – acabasse ou fosse condicionada a uma exigência de certa idade e essas pessoas de maior renda se aposentassem mais tarde – em relação à idade com a qual se aposentam hoje –, haveria então, na prática, um efeito distributivo duplamente favorável. Primeiro, porque esses indivíduos teriam que contribuir por mais tempo e, portanto, uma percentagem maior da receita do INSS seria custeada pelos contribuintes de maior renda. E segundo, porque, do gasto total com a previdência, a percentagem da despesa comprometida com o pagamento das aposentadorias mais elevadas seria menor – já que esses indivíduos receberiam aposentadoria por menos tempo, ao se aposentar mais tarde.

Adicionalmente, após a aprovação das mudanças estabelecidas no Governo FHC, o fator multiplicativo da aposentadoria passou a ser completamente diferente entre dois indivíduos que tenham tido históricos contributivos diferentes. Se, por exemplo, houver dois casos, de um cidadão pobre que começou a trabalhar aos 15 anos e de um universitário da elite que teve o privilégio de estudar sem trabalhar até os 25 anos, caso seja instituída, por exemplo, uma idade mínima de 60 anos, pelas regras vigentes atualmente a média dos salários de contribuição seria multiplicada por um fator previdenciário num caso e por outro muito menor no restante. Isto porque o fator previdenciário de quem trabalhou 45 anos e se aposenta com 60 é de 1,11, enquanto o de quem se aposenta com essa idade, porém com 35 anos de contribuição, é de 0,85. Portanto, a legislação já contempla o objetivo de conceder um prêmio a quem contribuiu por um tempo maior.

A REFORMA DO SISTEMA E O RISCO DE DÉFICIT TRANSICIONAL

Em um certo sentido, é razoável que se considere que um sistema de capitalização é mais "justo" do que o sistema de repartição, já que o que a pessoa recebe de aposentadoria é proporcional ao tamanho da sua contribuição: quem paga mais e/ou trabalha mais tempo, recebe mais. Se é assim, por que todos os sistemas previdenciários não são de capitalização? A resposta tem que ser encontrada na história da evolução da maioria dos sistemas de previdência.

Em geral, sistemas de aposentadoria costumaram surgir, historicamente, como esquemas de capitalização, porém sem regras muito rígidas que vedassem certas práticas. Com o passar do tempo, a combinação de: a) pequeno número de aposentados e b) acumulação de saldos nas contas previdenciárias, foi gerando o surgimento de dois tipos de vícios. O primeiro, foi a adoção de regras generosas de aposentadoria, não acompanhadas de uma reavaliação atuarial dos planos. Se um certo plano de previdência está atuarialmente equilibrado e em certo momento decide-se que os participantes desse plano podem se aposentar mais cedo, de duas, uma: ou aumentam-se as alíquotas de contribuição ou, a partir de certo ponto, o fundo de capitalização vai começar a perder recursos, até estes se esgotarem, pois os benefícios prometidos são incompatíveis com o nível das contribuições. Se só depois de muito tempo, quando o fundo está ameaçado de falência, as alíquotas começam a aumentar, na prática o sistema passa a operar como se fosse de repartição, no sentido de que os primeiros aposentados se beneficiam de aposentadorias generosas, tendo contribuído pouco para isso, enquanto a partir de certo ponto os ativos acabam tendo que pagar mais, para gerar caixa para o pagamento dos inativos existentes.

O segundo tipo de vício foi o desvio de recursos. Sendo muitas das caixas de aposentadoria controladas pelo Estado, a tentação, para os administradores de recursos, de usar estes para cobrir deficiências de caixa do Tesouro era grande. Com isso, o capital acumulado no início simplesmente se perdeu na vala comum dos déficits públicos acumulados ao longo de décadas.

Uma vez que os fundos de capitalização sofrem a incidência desses "pecados originais", é muito difícil restabelecer o equilíbrio atuarial. Isto porque é impossível ignorar a existência de um estoque de indivíduos que têm direito a receber suas aposentadorias e pensões todos os meses. Isso gera o surgimento de um "déficit de transição", na passagem de um sistema de repartição para outro de capitalização, representado pelo fato de que o Estado perde receita – que vai para os novos fundos que passam a ser constituídos –, mas continua responsável pela despesa dos aposentados, despesa que tende a se extinguir com o passar do tempo, em um processo que, porém, toma o espaço de tempo de uma geração.

Um dos países que conseguiu fazer essa mudança, tornando-se um paradigma de sistema de capitalização, é o Chile, que em 1981 reformou radicalmente sua previdência social. A partir daquele ano, de um modo geral, os chilenos passaram a contribuir para as "Administradoras de Fundos de Pensão" (AFPs) e não mais para o Estado. Este manteve duas contas em aberto. A primeira, o pagamento dos aposentados existentes em 1981, que continuou sob sua responsabilidade. E a segunda, a despesa com os chamados "bônus de reconhecimento". Esses bônus eram uma espécie de capitalização inicial, meramente contábil, dos indivíduos que já estavam no mercado de trabalho em 1981, mas não tinham idade para se aposentar. Em outras palavras, os bônus representavam o reconhecimento dos direitos em aquisição dos contribuintes ainda em atividade na data da reforma. A capitalização, obviamente, era proporcional ao tempo de contribuição prévio de cada indivíduo e era "depositada" por estes na AFP de sua escolha, só implicando um desembolso efetivo por parte do Estado quando a AFP começasse a pagar as aposentarias, após o indivíduo sair da vida ativa.[12]

A reforma chilena, porém, foi feita em um contexto que tinha duas características singulares: o regime político e a situação fiscal. O quadro político da época, marcado pelo sistema político fechado, no Governo Pinochet, obviamente facilitou, para o governo da época, a adoção da mudança, comparativamente aos debates intensos que uma reforma desse tipo teria provocado em uma democracia, provavelmente implicando mudanças no projeto original. A situação de forte austeridade fiscal, por sua vez, permitiu ao Tesouro do Chile arcar com a renúncia à receita previdenciária, ao mesmo tempo que mantinha os compromissos de gasto com as aposentadorias, tendo, portanto, um *agravamento* inicial do déficit previdenciário, durante vários anos.

Em face da situação fiscal difícil, tendo que reformar seus sistemas previdenciários, mas com problemas para assumir um aumento inicial importante do déficit fiscal, devido ao custo da transição entre um sistema e outro, diversos países da América Latina – Argentina, Colômbia, Peru, Uruguai etc. – optaram, nos anos 1990, por adotar variedades de sistemas mistos, que combinam traços do regime de capitalização com outros do regime de repartição.

Em maior ou menor medida, esses regimes inspiraram o surgimento de propostas similares de adoção de um regime misto no Brasil, discutidas ao longo de alguns anos. Esse regime seria caracterizado pela existência de um *teto de contribuição* – ou "linha de corte" – inferior ao prevalecente até a mudança da regra, acima do qual as contribuições passariam a ser feitas para um fundo de previdência, privado ou público. De um modo geral, porém, cabe notar que *os problemas fiscais resultantes do "déficit transicional" são tanto*

---

[12] Além disso, há uma terceira fonte de despesa, representada pelo fato de que o sistema chileno prevê um pagamento modesto, de caráter solidário, de responsabilidade do Tesouro Nacional, àqueles que não conseguem acumular um certo requisito mínimo de capitalização.

maiores quanto maior for a redução desse teto de contribuição – ou seja, quanto mais radical for a mudança. Se o sistema for mudado completamente para um de capitalização – o que implica uma "linha de corte" de valor igual a zero –, o custo da transição, em termos de fluxo, é enorme e equivale à receita de contribuições. Por sua vez, se a "linha de corte" for igual à prevalecente antes da reforma, esta não mudaria nada, na prática. Entre esses dois casos extremos, há "n" "linhas de corte" intermediárias, que reduzem os compromissos futuros do sistema, ao custo, porém, de uma perda inicial de receita. Esse custo tem sido um dos diversos motivos que impediram que o debate a respeito da previdência social no Brasil evoluísse para a adoção de uma mudança mais profunda do sistema.

AS REFORMAS DE FHC, LULA E DILMA

As reformas de FHC

No Governo FHC foram realizadas duas reformas da Previdência Social, embora muitas vezes se fale da "reforma FHC" por se tratar de um mesmo período de oito anos. A primeira reforma foi a Emenda Constitucional aprovada no final do primeiro governo, em 1998, com todas as dificuldades próprias da complexidade das medidas e do elevado requerimento de quórum para a sua aprovação no Congresso. No caso da Proposta de Emenda Constitucional, é importante lembrar que ela foi enviada ao Congresso em 1995 e que só foi aprovada pelas condições muito específicas em que foi votada: poucos dias antes da desvalorização cambial do começo de 1999 e como uma tentativa desesperada – e malsucedida – de demonstrar o "comprometimento" do país com as reformas, para recriar confiança e não ter que enfrentar assim uma mudança cambial que o governo ainda procurava evitar a qualquer custo.

A reforma, *per se*, foi em boa parte inócua, uma vez que alguns dos dispositivos mais importantes dependeriam de regulamentação posterior por meio de lei específica. Os pontos mais relevantes foram três: no caso dos servidores públicos, a adoção de uma idade mínima para os novos entrantes do sistema, de 60 anos para os homens e 55 para as mulheres, válida, portanto, só para quem fosse se aposentar algumas décadas depois; a imposição, também para os servidores, de um "pedágio" na forma de 20% de acréscimo ao tempo remanescente para o indivíduo ganhar o direito de se aposentar por tempo de contribuição, fazendo, por exemplo, que aquele que ainda tivesse que trabalhar por cinco anos estendesse o período para seis anos; e a "desconstitucionalização" da regra de cálculo da aposentadoria pelo INSS, que passaria a ser objeto de legislação e não mais matéria constitucional.

Em uma etapa posterior, no segundo governo, exatamente em virtude desta última mudança, adotou-se a chamada "lei do fator previdenciário". Esta define que no INSS a aposentadoria por tempo de contribuição será igual ao resultado da multiplicação da média dos 80% maiores salários de contribuição do indivíduo na ativa, por um fator previdenciário tanto menor quanto menores forem a idade de aposentadoria e o número de anos de contribuição.

Foi uma tentativa de incorporar alguns princípios do regime de capitalização e certo senso de equilíbrio atuarial, em um sistema que continuou operando, essencialmente, com base em um regime de repartição. Tratou-se de uma reforma que, no seu conjunto – entendidas as duas reformas como um todo –, foi uma mudança que afetou basicamente as regras do INSS, uma vez que o efeito sobre os servidores incidiria apenas a longo prazo.

A reforma de Lula

As reformas de FHC foram sucedidas pela reforma de Lula, aprovada em 2003, na fase de "lua de mel" do governo com o eleitorado, que sempre permite um maior grau de manobra aos governantes para aprovarem matérias polêmicas. A reforma Lula consistiu fundamentalmente em cinco pontos:

a) antecipação da vigência da idade mínima prevista pela Emenda aprovada no governo anterior, de 60 anos para os homens e 55 para as mulheres, para ser válida imediatamente para todos os servidores públicos da ativa e não apenas para os novos entrantes, o que passaria a ter efeitos fiscais imediatos;
b) taxação dos servidores públicos inativos em 11% da parcela do salário que excedesse o teto contributivo do INSS;
c) redução do valor das pensões concedidas posteriormente à reforma e superiores ao teto do INSS;
d) aumento do teto contributivo do INSS para – na época – R$2.400, um valor em torno de 30% maior que o que existia então; e
e) adoção de regras mais rigorosas para a concessão de aposentadoria integral aos servidores públicos, envolvendo a exigência de um maior número de anos no cargo.

Foi uma reforma que, contrariamente à anterior, basicamente afetou os servidores públicos, uma vez que no caso do INSS só implicou um aumento do teto contributivo e consequentemente também do teto futuro de pagamentos por parte do governo. Esta medida gerou um ganho de caixa imediato – pela incidência da contribuição sobre um valor de referência maior, no caso dos maiores salários – mas a longo prazo tem efeitos atuariais negativos, pelo maior comprometimento com despesas futuras.

Souza e colaboradores (2006) avaliaram a reforma Lula e chegaram, entre outras, a duas conclusões interessantes. A primeira é que, no final do processo de tramitação da Proposta de Emenda Constitucional, incluindo a manifestação do Supremo Tribunal Federal (STF) acerca de algumas pendências jurídicas, a reforma tinha sido reduzida a pouco mais da metade dos seus efeitos originais (Tabela 11.5a). E a segunda a mudança mais importante do ponto de vista atuarial foi a adoção da idade mínima para aposentadoria, algo a ser levado em conta na definição dos termos de uma futura reforma previdenciária, envolvendo novas regras para o regime geral do INSS (Tabela 11.5b).

TABELA 11.5A
Impacto de redução da dívida atuarial da reforma de 2003 (% PIB)

Taxa de desconto (%)	Proposta original	Aprovação C. Deputados	Aprovação Senado	Decisão STF
3,0	43	33	25	24
4,0	35	28	22	21
5,0	29	24	19	18

Fonte: Souza et alii (2006).

TABELA 11.5B
Impacto de redução da dívida atuarial da reforma de 2003: decisão do STF (% PIB)

Medida	% PIB
Idade mínima aposentadoria	15
Contribuição de inativos	5
Redução na pensão	2
Aumento teto INSS	−2
Outros (diversos)	4
Total	24

Obs.: Taxa de desconto de 3%. Um sinal negativo indica aumento da dívida pública.
Fonte: Souza et alii (2006).

A reforma de Dilma Rousseff

Em 2003, Lula conseguiu aprovar uma reforma previdenciária parcial no Congresso que, entre outras coisas, apontava para a criação de um fundo de previdência dos servidores da União. Devido à pressão corporativista dos sindicatos ligados às empresas estatais, porém, esse componente específico da reforma associado à criação do citado fundo passou anos sem ser regulamentado. Esse item que faltava da reforma de 2003 foi, finalmente, retomado no primeiro

Governo Dilma Rousseff. Assim, em 2012, após passar pelo Congresso, foi então sancionada a Lei nº 12.618/2012, que criou a Fundação de Previdência Complementar do Servidor Público (FUNPRESP).

O objetivo da reforma foi aproximar mais o regime previdenciário dos servidores públicos do regime geral, com isso evitando a formação de uma espécie de "casta" superior, por um lado e, por outro, diminuindo os compromissos fiscais futuros da União. Isso porque no futuro, ao invés do governo federal ter que pagar aposentadorias elevadas, ele irá pagar apenas até o limite do mesmo teto do INSS, ficando os valores que excederem esse limite sob a responsabilidade da FUNPRESP, como ocorre com as remunerações mais elevadas de empresas cujos funcionários contribuem para um fundo de pensão. Os efeitos, porém, se darão em prazo muito dilatado, uma vez que o fundo só afetará as aposentadorias dos novos funcionários. Portanto, quem já estava no sistema continuará a ter aposentadorias eventualmente altas ainda pagas pelo governo durante várias décadas. Em um futuro distante, porém, mesmo um juiz do Supremo terá a sua aposentadoria paga pela União limitada ao teto do INSS, ficando os valores que excederem a este na dependência do seu tempo contributivo e da alíquota que tiverem pago.

Cabe ressaltar que, quando o fundo for maduro, ele se transformará no maior fundo de pensão do país. Não é difícil de entender por quê. Se a Previ, o fundo de pensão dos funcionários do Banco do Brasil, é o maior fundo em termos de patrimônio acumulado, com um contingente de funcionários ativos da ordem de grandeza de 100 mil pessoas, é de se imaginar a potência que alcançará a FUNPRESP daqui a algumas décadas.

A lei abriu a possibilidade de criar três fundos, sendo um para cada Poder (Executivo, Legislativo e Judiciário) embora, na prática, o Poder Legislativo, pela exiguidade numérica dos seus quadros, tenha optado por se juntar ao Poder Executivo, no fundo administrado por este.

O fundo operará no regime da chamada "contribuição definida", o que significa que o valor dos seus benefícios será uma incógnita e dependerá das condições contributivas de cada indivíduo (alíquota, tempo, remuneração etc.) e da rentabilidade do fundo. Para a formação do patrimônio associado a cada participante, a alíquota individual será livre, mas com a contribuição do patrocinador – a União – limitada a 8,5%, o que significa realisticamente que a cada R$100 de remuneração-base, tudo indica que a parcela que irá para o fundo será de R$17. É importante esclarecer que essa base exclui a parcela até o teto do INSS. Assim, no futuro, quem tiver, por exemplo, uma remuneração de R$X que ultrapasse o teto do INSS, terá a sua aposentadoria total calculada como uma soma, sendo uma parcela o teto do INSS e a outra relacionada com a capitalização dos sucessivos fluxos referentes à multiplicação de 0,17 pelo componente (X – Teto INSS).

A lógica política das estratégias dos governos

Como iremos ver, embora em linhas gerais corretas quanto aos princípios gerais, nenhuma das três reformas – ou quatro, se computadas as duas de FHC como tendo sido diferentes entre si – implicou mudanças muito substanciais para o sistema como um todo. Como se explica, então, que os governos tenham investido tanto capital político em reformas que trouxeram relativamente poucos benefícios, do ponto de vista fiscal?

A justificativa deve ser entendida no campo da lógica da ação dos parlamentares. Em nenhum dos casos, seja pela polêmica natural que cerca essas questões em qualquer lugar do mundo, como pela ausência de uma situação fiscal naquele momento suficientemente grave associada especificamente à Previdência e também por deficiências do próprio governo – em alguns casos de comunicação e em outros de convicção – havia condições de aprovar no Congresso uma reforma com a extensão e a profundidade recomendadas com base em uma lógica estritamente fiscal. Isto posto, os governos tinham diante de si duas alternativas. A primeira era assumir que as reformas eram o que de fato foram – meros ajustes em um sistema que continuava padecendo de uma série de problemas sérios de longo prazo – e a segunda colocar a batalha parlamentar em torno do assunto como uma questão de vida ou morte para o destino do governo. O problema é que a primeira estratégia economicamente teria sido a correta, mas teria se revelado provavelmente um fracasso político. Isto porque, se já é difícil convencer os parlamentares da base aliada a votar medidas impopulares quando estas são apresentadas como vitais para o futuro do país, seria um desafio maiúsculo convencê-los a aprovar essas medidas explicitando que o efeito fiscal delas seria muito pequeno. Medidas envolvendo a previdência mexem sempre com grandes emoções e são penosas para os parlamentares que no dia decisivo compareçam para dar o sim a propostas pelas quais eles sabem que serão criticados por muita gente nas ruas.

Reformas desse tipo envolvem o velho problema da representação de grupos específicos, uma vez que os custos de uma reforma são evidentes e muitas vezes imediatos, enquanto os seus benefícios são difusos e geralmente de longo prazo. O resultado é que é muito fácil angariar apoios para ir a uma passeata contra uma reforma previdenciária que promoverá uma mudança X na Constituição ou na lei, mas dificilmente muitos indivíduos irão comparecer a uma passeata a favor de uma reforma "para evitar que daqui a 30 anos tenhamos problemas sérios".

Por que as reformas foram insuficientes[13]

Embora as reformas previdenciárias de FHC tenham gerado grande oposição política e tenham sido apresentadas pelos seus críticos como propostas draconianas, o fato é que elas não mudaram em rigorosamente nada a situação das pessoas que já estavam aposentadas pelo INSS, em qualquer situação – por idade ou por tempo de contribuição – nem a situação das pessoas que iriam se aposentar pelo INSS ou pelo regime dos servidores pelo critério de idade (65 anos os homens e 60 anos as mulheres).

Tem-se então uma situação curiosa, uma vez que a percepção da maioria das pessoas – inclusive, mais do que todos, dos aposentados –, é que o país fez reformas que "prejudicaram os aposentados", embora elas tenham afetado apenas dois grupos muito específicos: a) o dos futuros aposentados do INSS por tempo de contribuição que se aposentariam em idades muito precoces e que foram atingidos pela reforma de FHC; e b) o dos funcionários públicos, afetados pela reforma de Lula. Note-se, porém, que no caso daqueles que se aposentam por tempo de contribuição, o fator previdenciário penaliza severamente apenas aquela minoria de pessoas que com as regras do jogo anteriores podiam se aposentar em idades gritantemente precoces – como 48 ou 50 anos – mas não afeta muito a situação de pessoas que se aposentam em idades ainda precoces em relação ao resto do mundo, como 58 ou 59 anos. E, no caso dos aposentados do serviço público, o polêmico item da taxação dos inativos só incide "em cascata" sobre as remunerações que, em 2015, excediam os US$1.500 mensais, o que corresponde a uma ínfima minoria. Mais ainda, uma pessoa que ganhasse o equivalente a US$2.500, por exemplo, só pagaria a taxação de 11% dos inativos sobre o que excedesse o teto da ordem acima citada, o que representa um valor mensal aproximado de $0{,}11 \times US\$ (2500 - 1500) = US\$ 110$, que não se pode dizer que afete significativamente as finanças de um indivíduo, pois corresponde a 4% da sua renda.

Em resumo, bem cabe para ambas as reformas a velha expressão de que se fez "muito barulho por (quase) nada". De fato, nem a primeira nem a segunda reforma FHC, nem a reforma Lula estabeleceram dispositivos que aproximassem muito as regras de aposentadoria no Brasil, por tempo de contribuição daquelas vigentes em diversos países do mundo (Tafner e Giambiagi, 2007). Em particular:

---

[13] É importante ressaltar que no debate sobre previdência no Brasil convivem abordagens bastante divergentes entre si e que a lista de itens a serem incluídos em eventuais reformas do sistema está longe de ser consensual. Lopez (2009) apresenta os principais pontos de consenso e de divergência no debate da previdência no país. Para diferentes abordagens sobre o tema, ver Gentil (2006), Além (2008) e Giambiagi e Tafner (2010).

i) as regras continuam permitindo aposentadorias em idades extremamente precoces no caso do INSS, a ponto de no caso das mulheres, por exemplo, a idade em que, na média, as pessoas do sexo feminino se aposentam no Brasil por tempo de contribuição, conforme a última informação disponível, é ainda de apenas 52 anos;

ii) persiste no INSS a ausência de uma exigência de idade mínima, em contraste com as regras da imensa maioria dos países;

iii) não houve nenhuma mudança acerca das regras favoráveis a grupos sociais específicos extremamente numerosos, que contam com um diferencial de menos de cinco anos em relação aos demais, como são os casos, numericamente muito relevantes, das mulheres e dos aposentados rurais;

iv) contrariamente ao que ocorre no resto do mundo, o Brasil continuou permitindo até 2014 que a pensão para o cônjuge fosse de 100% do benefício original, mesmo para as mulheres jovens sem filhos, o que significava, no limite, que se um idoso casasse com uma moça de 20 anos e no mês seguinte morresse, a jovem viúva herdaria a pensão que provavelmente carregaria por mais de 60 anos, até vir a falecer, em que pese o fato de o aporte contributivo ter sido feito por apenas 35 anos;

v) a exigência contributiva para quem se aposenta por idade é de apenas 15 anos, algo muito inferior aos 25 ou 30 anos de muitos países com sistemas previdenciários maduros; e

vi) as regras continuam a permitir que dois de cada três aposentados – aqueles que ganham o piso previdenciário – recebam aumentos reais na esteira dos aumentos reais do salário mínimo, enquanto no resto dos países está consolidado o princípio de que as aposentadorias são indexadas ao índice de preços ao consumidor, o que significa que elas não têm perdas reais, mas também não recebem ganhos.

São essas as razões pelas quais, apesar das reformas aprovadas, o tema continuou presente no noticiário, à espera do que provavelmente, em algum momento, poderá vir a ser uma nova reforma das regras de aposentadoria, que modifique algumas das cláusulas acima citadas.

O SUBSÍDIO AOS APOSENTADOS POR TEMPO DE SERVIÇO ANTES DA REFORMA DE FHC

Uma pessoa que trabalha 15 anos, por exemplo, e se aposenta, vivendo depois ao longo de três décadas, evidentemente, está recebendo um subsídio do resto da sociedade. No caso oposto, uma pessoa que trabalha, por exemplo, 35 anos, contribuindo para o INSS, aposenta-se e, um ano depois, morre, sem deixar pensão, deu uma contribuição líquida positiva para a sociedade, pois o que contribuiu representa muito mais do que recebeu. É claro que a maioria dos casos se encontra em situações intermediárias, e saber se as pessoas recebem ou doam em termos líquidos, ao longo da sua vida, recursos para o resto da sociedade, implica resolver cálculos relativamente complexos. Em termos gerais, pode-se dizer que a diferença entre o que a pessoa contribui ao longo da sua vida ativa e o que recebe na fase de inatividade é uma função direta do seu tempo de contribuição e da taxa de juros e inversa do tempo de sobrevida após o início da sua aposentadoria.

A tabela aqui exposta, baseada nas regras anteriores à reforma de FHC e no caso de uma pessoa que começa a trabalhar aos 20 anos, extraída de Pastoriza, Além e Giambiagi (1998), mostra qual era o subsídio recebido no Brasil por aqueles que se aposentavam por tempo de serviço, à luz das regras da Constituição de 1988, calculando o subsídio como a relação [(valor presente das aposentadorias recebidas – valor presente das contribuições feitas) / valor presente das aposentadorias recebidas], para diferentes taxas de juros reais e uma alíquota de contribuição de 31% do salário, sendo 11% do empregado e 20% do empregador. Supõe-se também que a aposentadoria é integral e que o salário real da pessoa aumenta 3% ao ano durante sua vida ativa, sendo a sobrevida determinada pelos estudos demográficos da época. Para entender a tabela, cabe lembrar que as regras de aposentadoria por tempo de serviço estabeleciam que o homem podia se aposentar com 35 anos de serviço e a mulher com 30.

Uma mulher que começasse a trabalhar aos 20 anos, portanto, contribuiria durante 30 anos e, ao se aposentar com 50 anos de idade, teria uma expectativa estatística média de viver por aproximadamente outros 30 anos, na época. Essa pessoa, se contribuísse durante 30 anos para um fundo de pensão que rendesse 3% ao ano, acumularia um capital que seria igual a apenas 47,4% do valor presente das aposentadorias que receberia ao longo das décadas que vivesse como aposentada. Já um indivíduo do sexo masculino que contribuísse para um fundo de pensão com um rendimento de 4% ao ano e se aposentasse com 35 anos de serviço, teria uma certa expectativa de sobrevida, que significaria que acumularia um capital correspondente a 84,3% do valor presente das aposentadorias às quais, pela legislação da época, ele teria direito. As taxas de juros utilizadas são muito inferiores às vigentes no Brasil na época, mas correspondem ao padrão utilizado em cálculos atuariais de países com economias estabilizadas. Conclui-se, portanto, que, a essas taxas de juros, os aposentados por tempo de serviço estavam sendo subsidiados pelo resto da sociedade. Mais de 10 anos depois e já após a aprovação do fator previdenciário, Afonso e Giambiagi (2009) fizeram um exercício similar, chegando a taxas de subsídio muito menores, reflexo, exatamente, da vigência do mencionado fator.

Subsídio previdenciário, dadas diferentes taxas de juros (%)

Juros reais (% a.a.)	Homens	Mulheres
3	35,9	52,6
4	15,7	37,9

Sugestões de leitura para o aluno: Beltrão, Oliveira e Guerra Ferreira (1997) e Além e Giambiagi (1999a) tratam de forma ampla o tema da previdência social no Brasil, apresentando uma série de dados úteis para a compreensão da matéria. Gentil (2006), Além (2008) e Giambiagi e Tafner (2010) apresentam abordagens distintas sobre o debate acerca da previdência no Brasil.

Leituras adicionais para o professor: Oliveira e Beltrão (1989) analisam as consequências da aprovação da Constituição de 1988. Pastoriza, Além e Giambiagi (1998) calculam o subsídio implícito conferido pela sociedade aos que recebem aposentadoria por tempo de contribuição. Tafner e Giambiagi (2007) fazem uma recapitulação de alguns dos trabalhos mais recentes sobre o tema. O artigo de Afonso e Giambiagi (2009) é útil para compreender as questões financeiras envolvidas no cálculo atuarial. Finalmente, Lopez (2009) apresenta os principais pontos de consenso e divergência no debate sobre a Previdência no Brasil.

QUESTÕES

1. Considere a situação de uma pessoa do sexo feminino que, sem inflação e, por hipótese, com um crescimento nulo do salário real, contribui para a aposentadoria com 30% do seu salário, começando a trabalhar com 20 anos e se aposentando com 50, após 30 anos de serviço, com vencimentos, por hipótese, *integrais*. Qual é o valor presente (VP) da soma das contribuições feitas, como percentagem do VP da soma das aposentadorias recebidas, se a pessoa viver até os 75 anos? Adote uma taxa de desconto – juros reais – de 3% ao ano – 0,24663% ao mês. Sugestão: este exercício pode ser feito em planilha eletrônica, lembrando que o valor presente da soma das variáveis relevantes, ao longo do tempo, é

$$VP = \sum_{j=1}^{T} V_j / (1+i)^j$$

em que V é um valor monetário e i é a taxa de juros *mensal*.

Alternativamente, o exercício pode ser resolvido como a comparação entre duas somas de progressão geométrica (SPG), lembrando que a soma de uma progressão geométrica é

$$SPG = [P / i] \cdot [(1 + i)^n - 1] / (1 + i)^n$$

em que P, neste caso, é o valor da contribuição mensal ou da aposentadoria recebida e n é o número de meses.

2. Repita o exercício anterior, porém supondo que a pessoa viva até os 80 anos. Qual é o novo VP da soma das contribuições, como percentagem do VP da soma das aposentadorias recebidas? Compare o resultado com o do exercício anterior. Qual é a explicação para a diferença encontrada?
3. Repita o exercício 2, porém com uma taxa de desconto de 4% ao ano. Qual é o novo VP da soma das contribuições, como percentagem do VP da soma das aposentadorias recebidas? Compare o resultado com o do exercício 2. Qual é a explicação para a diferença encontrada?
4. Como se explica a queda da taxa de crescimento do número de benefícios no meio rural, logo depois de 1995?

5. Observe o Gráfico 11.1. Compare com a evolução do PIB que consta do Apêndice. O que pode ser dito da evolução do coeficiente despesas previdenciárias/PIB entre 1980 e 1992?
6. Entre 1980 e 1995, o estoque total das aposentadorias urbanas por idade aumentou a uma taxa média de 11,2% ao ano. Essa taxa foi muito superior ao crescimento médio de 3% ao ano do conjunto composto pelos homens de mais de 65 e pelas mulheres de mais de 60 anos, no Brasil, no mesmo período. Qual foi a principal explicação para a diferença entre essas duas taxas?
7. Suponha que um empregado pague 11% de contribuição para o INSS, e o seu empregador, outros 20%. Se, no contexto de uma reforma da previdência, a contribuição do empregador fosse abolida e transformada em um aumento do salário bruto do empregado, de quanto deveria ser a nova alíquota de contribuição previdenciária do empregado, em vez dos 11% originais, para preservar a receita do INSS?
8. No Chile, o déficit da previdência social dos primeiros 15 anos posteriores à reforma foi, em média, de mais de 5% do PIB (Arenas de Mesa, Alberto; "Learning from social security pension system reform in Chile: macroeconomic effects, lessons and challenges"; Tese de doutorado, University of Pittsburgh, 1997). Que comentário esse dado lhe sugere acerca da proposta de adotar no Brasil uma reforma radical da previdência social, baseada no chamado "modelo chileno" de capitalização?

CAPÍTULO 12

O Sistema Federativo e o Fenômeno da Descentralização

> Temos sabido adaptar-nos, desde os remotos tempos coloniais, a essa permanente oscilação entre centralização e descentralização que caracteriza a evolução do povo brasileiro.
>
> Ernesto Geisel, 1975, ao receber, como presidente da República, os governadores eleitos por via indireta

> As Nações-Estado tornaram-se pequenas demais para os grandes problemas e grandes demais para os pequenos problemas.
>
> Daniel Bell, sociólogo

O leitor alguma vez já deve ter visto uma manchete jornalística do seguinte tipo: "O Nordeste não aceita essa perda" ou "A proposta é inaceitável para São Paulo". Provavelmente, se o leitor for do sul do país, sua reação terá sido imaginar que "o Nordeste está querendo um tratamento privilegiado", diante da primeira manchete, assim como é válido supor que um leitor nordestino terá reagido à segunda manchete opinando que "outra vez, São Paulo quer se dar bem à custa do país". As autoridades que geraram tais declarações estariam, provavelmente, defendendo legitimamente os interesses da área geográfica sob seu comando. É para isso, afinal de contas, que essas autoridades são eleitas: para defender os interesses dos seus estados. Todos esses agentes – os governadores, a imprensa, o cidadão nordestino e o paulista – formam parte de uma federação e compõem um universo abrangente, chamado Brasil.

Neste capítulo, iremos estudar o sistema federativo e o fenômeno da descentralização – de recursos e de poder – que se tem verificado no Brasil desde o final dos anos 1970/início dos anos 1980. O objetivo é mostrar ao leitor a complexidade do tema e dar a ele uma ideia de como o sistema tributário, de repartição de receitas e de execução de gastos, deve acomodar uma multiplicidade de demandas que têm que ser minimamente satisfeitas, para que um dos maiores ativos do país – o tamanho da sua economia, associado à sua amplitude geográfica, caracterizada pelo uso de uma mesma língua – seja conservado.

É do interesse de todos os brasileiros que essa unidade seja preservada – ao contrário do que aconteceu com outros países grandes que se fragmentaram, como a antiga União Soviética. Entretanto, isso exige das autoridades federais e das forças políticas em geral uma certa sabedoria, para tentar compatibilizar as demandas entre si e aceitar fazer concessões às demais partes interessadas, em nome da preservação da Nação brasileira, mas sem ferir os interesses individuais de cada estado ou município. É por esse desejo de manter a unidade nacional que o Brasil continua sendo um único país e mais forte no cenário mundial, por exemplo, do que o Uruguai. É por isso, porém, também, que, de certa forma, governar o Brasil é muito mais difícil do que governar o Uruguai!

FUNDAMENTOS TEÓRICOS DA DESCENTRALIZAÇÃO[1]
As razões da descentralização

Há diferentes razões que justificam um processo de descentralização fiscal. Elas podem ser classificadas em fatores: a) econômicos; b) culturais, políticos e institucionais e c) geográficos. Tendo em vista esses elementos, é importante ressaltar, entretanto, que não existe um modelo único ideal de descentralização, já que sua evolução depende das características específicas de cada país.

Fatores econômicos

Em relação aos *fatores econômicos*, a busca de uma alocação de recursos mais eficiente constitui um dos principais objetivos do processo de descentralização. Do ponto de vista do setor público, a descentralização significa determinar qual esfera de governo pode administrar de forma mais eficiente os impostos, os gastos, as transferências, a regulação e outras funções públicas.

A função alocativa do setor público está diretamente associada à questão da descentralização. A questão principal é definir os bens e serviços públicos que devem ser fornecidos de forma centralizada e aqueles cujo fornecimento descentralizado pode proporcionar ganhos de eficiência.

Os defensores da descentralização dos gastos alegam que, se os bens e serviços públicos locais são fornecidos pelas esferas de governo que se encontram mais próximas dos beneficiários, a alocação dos recursos públicos tende a ser mais eficiente. Em outras palavras, as esferas de governo subnacionais estariam mais perto dos eleitores, dos consumidores e dos contribuintes e, dessa forma, mais capacitadas para perceber as preferências locais no que diz respeito aos

---

[1] Ver Ter-Minassian (1997).

serviços públicos e impostos. Sendo assim, deveriam ficar sob a responsabilidade do governo central apenas as provisões de bens/serviços públicos nacionais, ou seja, aqueles cujos benefícios atingissem o país como um todo ou cuja produção estivesse sujeita a importantes economias de escala – por exemplo, os gastos com segurança nacional e infraestrutura de transportes. Ou seja, os bens e serviços públicos cujos benefícios espalham-se por todo o país devem ser fornecidos pelo governo central e aqueles cujos benefícios são limitados geograficamente – como a iluminação pública e o corpo de bombeiros – deveriam ficar sob a responsabilidade das esferas de governo subnacionais.

No que diz respeito ao financiamento dos bens e serviços públicos oferecidos pelas esferas subnacionais, é desejável que os recursos se relacionem o máximo possível com os benefícios. Em outras palavras, a oferta dos serviços públicos como administração, controle do trânsito e manutenção de parques e jardins, que beneficiam principalmente a população local, deveria ser financiada pela cobrança de impostos locais, de forma a garantir que o eleitorado se envolva no processo de descentralização. Havendo uma superposição entre as esferas governamentais no fornecimento de alguns serviços públicos, como os associados à saúde e à educação, seu financiamento deveria ocorrer em parte a partir das transferências do governo central.

Fatores culturais, políticos e institucionais

Quanto aos *fatores culturais, políticos e institucionais*, a descentralização pode favorecer uma maior integração social, através do envolvimento dos cidadãos na determinação dos rumos da comunidade, o que reforça a transparência das ações governamentais, além de contribuir para reduzir os perigos potenciais que um poder centralizado pode representar para a liberdade individual. A experiência internacional demonstra que, em muitos casos, a descentralização surgiu como uma contraposição a sistemas excessivamente concentradores de poder e recursos fiscais no nível de governo central ou nacional. Com a descentralização, a maior autonomia dos governos subnacionais levaria à maior participação política e desconcentraria o poder político, fortalecendo a governabilidade e as instituições democráticas.

Fatores geográficos

Finalmente, no que diz respeito aos *fatores geográficos*, quanto maior for a área do território nacional, maiores tendem a ser os ganhos de eficiência com a descentralização. Isto porque, em um país de grandes dimensões, certamente é mais fácil para os governos subnacionais, do que para o governo central, atenderem às demandas de certo tipo de bens e serviços públicos por parte da população local.

A GLOBALIZAÇÃO E A IMPORTÂNCIA DAS ESFERAS SUBNACIONAIS DE GOVERNO

O movimento de globalização, alimentado principalmente pela revolução na tecnologia de informação, tem reduzido expressivamente a importância da localização para muitas atividades. Como resultado, há um certo descompasso entre as áreas geográficas representadas pelos estados nacionais e o poder de empresas e grupos econômicos que são cada vez menos identificadas com nações específicas. Muitos dos novos mercados não são limitados por fronteiras políticas e desenvolvem-se em regiões que incluem diferentes países. Algumas regiões econômicas podem ter mais características em comum com determinada área econômica de outro país do que com outras regiões pertencentes ao próprio país.

Sendo assim, ações que no passado tinham principalmente efeitos localizados passam a ter um impacto em vários países. Neste sentido, é consensual a ideia de que o movimento de globalização reduz os graus de liberdade dos governos nacionais na condução da política econômica interna. Por outro lado, há um espaço importante para a ação dos governos subnacionais. Em um mundo globalizado, as condições da infraestrutura, por exemplo, podem ser importantes para determinar a localização de determinadas empresas. Ao mesmo tempo, as demandas da população pela oferta de serviços públicos permanecem, e a "cobrança" tende a incidir exatamente nas instâncias de poder mais próximas do cidadão: as prefeituras e os estados, que são crescentemente exigidos a fornecer serviços em maior quantidade e qualidade. Sendo assim, os governos locais e os estados que garantirem segurança pública, bons hospitais e escolas, uma boa condição das ruas, regras rígidas de trânsito e saneamento básico, entre outros serviços, estarão melhor posicionados para servir melhor à população e também para atrair um maior nível de investimentos, podendo gerar desta forma maiores níveis de emprego e renda. Essas esferas de governo não têm poderes para resolver os grandes problemas nacionais, mas certamente têm condições, ainda que em escala modesta, de atender a alguns dos "pequenos problemas" mencionados por Daniel Bell na epígrafe deste capítulo.

Os dois modelos de descentralização

A literatura sobre o tema apresenta duas alternativas para a condução do processo de descentralização: a) o modelo do principal agente e b) o modelo da eleição pública local.

De acordo com o primeiro, existe uma espécie de "contrato" entre o governo central e os governos subnacionais que recebem transferências do governo central, que estabelece quais bens e serviços públicos devem ficar sob a responsabilidade da unidade subnacional. Nesse caso, as autoridades locais têm que prestar contas ao governo central e não ao contribuinte local. O problema inerente a esse modelo é a falta de autonomia dos governos subnacionais.

O segundo modelo, por sua vez, enfatiza o processo de tomada de decisões por parte dos cidadãos – que se reflete no processo eleitoral – e pressupõe um maior grau de autonomia dos governos subnacionais. Nesse caso, a sua responsabilidade fiscal é reforçada em decorrência da capacidade dos eleitores de premiar ou castigar o governo local – promovendo sua reeleição ou a eleição de seu sucessor, ou alternativamente, escolhendo um candidato da oposição – segundo sua avaliação quanto ao desempenho do dirigente em questões administrativas e ao fornecimento de bens e serviços públicos. Nesse caso, os governos subnacionais financiam a maioria de suas despesas com recursos próprios, gerados pela incidência de impostos e outras receitas locais.

A crítica que se pode fazer a esse modelo é que, às vezes, um grau maior de autonomia dos governos subnacionais pode prejudicar a execução de alguns objetivos nacionais. Um exemplo típico disso pode ser dado pelos hospitais especializados em doenças cujo tratamento é altamente sofisticado, como certos tipos de problemas cardíacos que exigem cirurgia do coração. É claro que interessa ao país como um todo ter um certo número de hospitais com essas características. Também é claro, porém, que não faz nenhum sentido que cada município tenha um hospital assim, cujo custo é muito elevado. Se todos os recursos de saúde fossem descentralizados, com plena autonomia para os municípios no uso dos mesmos, a tendência, provavelmente, seria que houvesse uma oferta insuficiente desse tipo de serviço para a população.

Em função desse tipo de problema, isto é, da necessidade de conciliar os interesses locais com os nacionais, é que, em muitos países, o mais comum é uma combinação dos dois modelos. As transferências do governo central teriam a finalidade de garantir o fornecimento de uma série de bens e serviços por parte da unidade subnacional, ao mesmo tempo que induziriam a um melhor desempenho fiscal local, viabilizado também pela utilização dos recursos locais "escolhidos" pelos eleitores e contribuintes.

Os problemas associados à descentralização

Mesmo considerando as vantagens da descentralização, deve-se ter em conta que um certo nível de centralização permite economias de escala e uma melhor coordenação do setor público, o que é particularmente importante para a execução dos objetivos nacionais.

Além disso, os defensores da centralização apontam para o fato de a descentralização levar potencialmente a um conflito entre as funções alocativa, distributiva e estabilizadora do setor público. No caso da *função alocativa*, principalmente em grandes países marcados por grandes disparidades regionais na distribuição de renda e dos recursos produtivos, a capacidade dos governos subnacionais de fornecer bens e serviços públicos aos seus residentes pode variar significativamente de um lugar para outro, o que pode resultar em migrações internas indesejáveis, bem como, em alguns casos, em pressões políticas e sociais insustentáveis. Tendo em vista que o fornecimento de determinados bens públicos básicos – como educação fundamental e saúde – de forma insuficiente pode prejudicar as perspectivas de desenvolvimento do país no longo prazo, a descentralização desse tipo de gastos poderia implicar custos de eficiência significativos.

No que diz respeito à *função distributiva*, a experiência internacional indica que a forma mais adequada de atuação do governo é através de uma política nacional centralizada, aplicada pelas esferas de governo subnacionais com um certo grau de autonomia, o que sugere alguma forma de cooperação entre os diferentes níveis de governo. Isto porque, supondo, por exemplo, que as políticas redistributivas fossem de responsabilidade direta das esferas de governo subnacionais e que um determinado município adotasse políticas consideradas mais generosas relativamente a outras localidades, poderia haver um forte movimento migratório de pessoas de menor nível de renda de outros municípios em direção à localidade mais "benevolente", o que tornaria os programas redistributivos muito custosos e, consequentemente, insustentáveis por parte daquele município.

Outra questão importante do ponto de vista distributivo é que as esferas subnacionais, principalmente nos países com uma distribuição de renda muito desigual, podem diferenciar-se expressivamente quanto à capacidade de arrecadação própria de recursos. Sendo assim, uma maior descentralização de competências tributárias favorece estados e municípios com forte base econômica, ao mesmo tempo que reduz o espaço para a ampliação das transferências do governo central que beneficiam as unidades federativas economicamente mais fracas. No caso de existência de significativas disparidades regionais, as transferências intergovernamentais são essenciais para igualar a capacidade fiscal entre as diferentes unidades subnacionais de uma mesma federação, garantindo que o mesmo conjunto de bens e serviços públicos seja oferecido a toda a população do país.[2]

Finalmente, em relação à *função estabilizadora*, as decisões de gasto das esferas subnacionais podem afetar a demanda agregada da economia de uma

---

[2] O problema disso é que um nível excessivo de transferências pode desincentivar os governos locais a buscarem fontes próprias de financiamento, o que poderia resultar em uma menor responsabilidade fiscal quanto às decisões de gasto locais.

forma que poderia prejudicar os objetivos de estabilização macroeconômica do governo central. Sendo assim, conclui-se que, quanto maior for o nível de gastos públicos sob responsabilidade das esferas subnacionais, maior é a necessidade de conscientizá-las da importância de um ajuste fiscal, no caso da implementação de políticas de estabilização.[3]

Um outro fator importante a considerar é que os ganhos de eficiência decorrentes da descentralização da responsabilidade por determinados gastos públicos podem ser compensados por dificuldades institucionais das unidades subnacionais. Por um lado, a capacidade administrativa destas pode ser fraca, refletindo-se na existência de funcionários pouco qualificados e na incapacidade de formular e implementar programas eficientes de gastos que possam aproveitar ao máximo o potencial das fontes financeiras. Por outro, muitas vezes falta aos governos subnacionais a capacidade para o desenvolvimento de sistemas modernos e transparentes de controle dos gastos, que incluam, por exemplo, mecanismos adequados de controle financeiro e contábil e de avaliação dos programas.

A experiência variada dos países mostra a necessidade de a descentralização dos gastos vir acompanhada de um aumento da capacidade de arrecadação própria das esferas subnacionais. Com a descentralização fiscal, os governos subnacionais passam a ter maior capacidade tributária. Entretanto, devido a razões políticas, de eficiência e equidade, os recursos próprios gerados muitas vezes não são suficientes para financiar todos os gastos das esferas subnacionais de governo que, por essa razão, também dependem de transferências intergovernamentais. Segundo a literatura, os governos subnacionais que dependem principalmente da geração de receita própria para o seu financiamento tendem a ter maior responsabilidade fiscal, controlando melhor as suas contas e apresentando, em geral, menores déficits do que os governos mais dependentes de transferências.

Em geral, um fator que é apontado como uma vantagem da descentralização fiscal é que esta tende a gerar uma certa concorrência entre as esferas de governo. A competição intergovernamental pode ser vertical ou horizontal. A primeira ocorre entre esferas de governo diferentes; por exemplo, entre o governo central e os governos subnacionais, ou entre estados e municípios. A segunda envolve unidades referentes à mesma esfera de governo; por exemplo, entre dois municípios, ou entre dois estados. A ideia é que um maior grau de concorrência dentro do setor público faz com que a alocação de recursos

---

[3] Neste sentido, a literatura sobre o tema sugere que, em países marcados por um alto nível de instabilidade econômica, o processo de descentralização seja aprofundado após o processo de estabilização ter sido bem-sucedido.

seja mais equitativa e eficiente. As diferentes esferas de governo competem entre si pelos incentivos, transferências, autonomia na tomada de decisões e investimentos públicos e privados, o que contribui para o aumento da eficiência do sistema. O problema é que a existência da concorrência não se reflete necessariamente em ganhos de eficiência para o sistema econômico como um todo, principalmente no caso da concorrência intergovernamental horizontal. Um exemplo disso é a chamada "guerra fiscal" entre os estados para a atração de investimentos, fenômeno compreensível do ponto de vista de cada unidade individual, mas que pode ter como resultado um nível agregado de taxação que se revele insuficiente para o atendimento da demanda de serviços por parte da população.[4]

A DESCENTRALIZAÇÃO NO CONTEXTO REGIONAL LATINO-AMERICANO

Principais características[5]

Uma peculiaridade do caso latino-americano é que, em geral, os sistemas foram criados a partir da interferência das classes dominantes nacionais, como forma de independência econômica e política das metrópoles espanhola ou portuguesa – diferentemente do caso típico norte-americano, onde houve um movimento de união de unidades autônomas já existentes.

Os movimentos de descentralização – definida como uma participação crescente das esferas subnacionais de governo na geração/alocação dos recursos públicos e na execução das despesas públicas – variaram de um país para outro, dependendo das estruturas institucional, política e econômica de cada um. Entretanto, pode-se dizer que, *em linhas gerais, na América Latina o processo de descentralização das últimas duas décadas esteve estreitamente associado ao objetivo mais amplo de reforma do Estado e ao processo de redemocratização da região.* Nesse sentido, a necessidade de fortalecimento das esferas subnacionais diante do governo federal – a partir do processo de descentralização – surgiu como uma alternativa ao Estado autoritário do passado altamente centralizador de poder político e de recursos fiscais.

Em grande parte dos países latino-americanos, o processo de descentralização fiscal privilegiou os fatores econômicos, enfatizando a busca de maior eficiência, tanto na alocação de recursos fiscais quanto nos gastos públicos.

---

[4] No caso da concorrência intergovernamental vertical, por sua vez, a possibilidade de haver uma superposição de tarefas entre as diferentes esferas de governo pode levar a um desperdício de recursos.

[5] Ver BID (1994), que serviu como fonte dos dados apresentados nesta seção.

Além disso, muitas vezes o processo teve o objetivo de sanear as contas do governo central, promovendo uma melhor distribuição de encargos entre as diferentes esferas de governo. Outros países, entretanto, privilegiaram os fatores políticos: o fortalecimento das unidades subnacionais era visto como forma de enfraquecimento do governo federal, inviabilizando, desta forma, o retorno de um sistema altamente centralizado.

A maioria dos países latino-americanos utilizou uma combinação dos dois modelos de descentralização – do principal agente e da eleição pública local – comentados anteriormente. As unidades subnacionais de baixas renda e capacidade fiscal enquadram-se no primeiro modelo, sendo mais dependentes das transferências intergovernamentais, enquanto aquelas com maiores nível de renda e capacidade tributária respondem pelo segundo modelo. Em relação ao papel das transferências intergovernamentais, tem existido uma preocupação redistributiva relevante, com ênfase na cessão de recursos para as regiões mais atrasadas.

Os casos mais importantes de descentralização na América Latina

A relevância dos processos de descentralização está diretamente associada: a) ao grau de extensão territorial do país e b) à sua diversidade regional, em termos econômicos. Em outras palavras, países geograficamente "grandes" tendem a ser caracterizados por questões federativas relevantes, da mesma forma que países médios ou até pequenos, mas com grande heterogeneidade regional, tendem também a vivenciar demandas importantes em favor de maiores transferências de recursos do poder central. Na América Latina, os casos mais importantes de descentralização são, além do brasileiro, os da Argentina e da Colômbia.

Argentina

A Argentina é uma federação dividida em três níveis de governo: o governo central, as províncias e os municípios. As províncias têm um papel central na federação. Em relação aos municípios, a Constituição nacional não determina as suas atribuições específicas, limitando-se a estabelecer como obrigação das províncias a organização e a garantia do funcionamento de um regime municipal em seus territórios. Sendo assim, as características específicas do regime municipal variam de acordo com as diferentes províncias, que através de suas constituições determinam o grau de autonomia dos seus municípios. A maioria das províncias reconhece a autonomia de seus municípios, que têm liberdade para estabelecer e administrar seus próprios impostos.

Com algumas exceções – por exemplo, despesas com a defesa nacional e relações exteriores, correspondentes ao governo central –, há uma sobreposição da maioria das atribuições dos gastos públicos entre os três níveis de governo, principalmente no que diz respeito ao governo central e às províncias.

Quanto à educação, as províncias são responsáveis pelo ensino primário e secundário. A educação superior é, em grande medida, responsabilidade do governo central. Em relação à saúde, as três esferas de governo prestam serviços através de hospitais públicos. A previdência social é uma atribuição do governo central, ainda que as províncias contem com caixas previdenciárias para os funcionários provinciais e municipais. Tanto o governo central quanto as províncias são responsáveis pela regulação em setores de infraestrutura – como transportes, portos e fornecimento de água potável. Os serviços de iluminação pública, limpeza, conservação de ruas, praças e parques são prestados e regulamentados pelos municípios.

A comparação das informações referentes à participação das diferentes esferas de governo no total de despesas públicas nos anos de 1983 e 1992 evidencia uma estratégia institucional deliberada de uma maior descentralização dos gastos públicos em favor das províncias, ainda que 80% dos gastos previdenciários permaneçam sob responsabilidade do governo federal.[6]

Em 1983, o governo federal executava de forma direta 52% dos gastos públicos. Quanto aos gastos com educação, era responsável diretamente por 44% e por 17% das despesas totais com saúde. Em 1992, sua participação nos gastos totais tinha se reduzido para 43%. No caso da educação, a participação do governo federal teve uma redução significativa, passando para 22%. Nos gastos com saúde, o percentual no total de despesas caiu para 11%.[7]

As províncias, que em 1983 eram responsáveis por 30% do total das despesas, financiando-as com recursos próprios, transferências do governo central e endividamento, expandiram sua participação no total das despesas públicas para 37% em 1992. Elas eram responsáveis por 49% do gasto total em educação e por 74% do total da despesa com saúde em 1983. Vale ressaltar o aumento da participação dessa esfera de governo nos gastos totais com educação, que passou para 70% em 1992. A participação nos gastos com saúde, que já era expressiva, permaneceu no mesmo nível de 74%.[8]

Em 1983, os municípios tinham 5% de participação no gasto total, financiando suas despesas através de recursos próprios e transferências das esferas

---

[6] No ano de 1983 iniciou-se o processo de redemocratização, com o encerramento do governo militar iniciado em 1976. O ano de 1992, por sua vez, é o último disponível no relatório do BID (1994).

[7] Cerca de 12% do gasto público total em média, em 1983 e 1992, era executado pelo setor privado, com financiamento do governo, predominantemente federal.

[8] As províncias passaram a ter também a maior participação nos gastos totais com infraestrutura: 57% do total, em 1992, ante os 30% de 1983.

superiores. Eles tinham uma participação de 2% nos gastos totais com educação e de 9% nas despesas com saúde. Em 1992, a participação dos municípios nos gastos totais aumentou para cerca de 9%. Em relação à educação, a participação nas despesas totais manteve-se em apenas 2%. Quanto à saúde, a participação nos gastos totais aumentou para 15%.[9]

Quanto ao sistema tributário vigente, cabe ao governo central legislar, arrecadar e fiscalizar os impostos mais modernos e com maior capacidade de arrecadação, ou seja, sobre o valor agregado e sobre a renda. As províncias são responsáveis pelos impostos sobre vendas, selos e sobre posse de imóveis e automóveis. Ainda que os impostos sobre propriedade de imóveis e automóveis tenham bases territoriais definidas, o mesmo não ocorre no caso dos outros tributos. A capacidade tributária dos municípios, por sua vez, depende da delegação das províncias, que em alguns casos, reconhecendo a autonomia dos municípios, transfere para estes a arrecadação do imposto predial e de propriedade de automóveis.

Apenas 20% do total da arrecadação tributária é de arrecadação exclusiva das províncias. Isto aponta para uma significativa concentração da arrecadação dos principais impostos no governo federal. A repartição das receitas arrecadadas pelo governo central com as províncias ocorre através de transferências – reguladas pelo regime federal de coparticipação de impostos, tradicionalmente sujeito à instabilidade de regras. As províncias, por sua vez, executam transferências para os municípios, com mecanismos de coparticipação similares aos do governo central. Vale ressaltar que grande parte das transferências intergovernamentais não tem vinculação direta com qualquer tipo de gasto, o que já ocorria em 1983.

Dadas a forte dependência das províncias às transferências federais e a possibilidade de mudanças na legislação das transferências, o governo central tem um instrumento importante de influência na tomada de decisões das províncias, apesar do seu alto grau de autonomia. A possibilidade de criação, de alteração e/ou criação de transferências permite ao governo central oferecer novas fontes de recursos às províncias, "cooptando-as" para a adoção de ações de interesse nacional.

Ainda que esse sistema viabilize economias de escala no processo de arrecadação dos impostos e impeça as potenciais guerras tributárias, ele se constitui em uma limitação expressiva à independência financeira das províncias, o que prejudica a correspondência entre recursos próprios e gastos deste nível

---

[9] Na educação, o setor privado era responsável pela execução de 5% a 6% do gasto público, tanto em 1983 como em 1992. Já na saúde, o setor privado não tinha participação na execução do gasto público.

de governo. Em 1992, cerca de 54% dos gastos totais das províncias foram financiados por transferências do governo federal.

As províncias e os municípios, ainda que haja algumas restrições, podem financiar-se através do endividamento. Em relação ao endividamento externo, há a necessidade de permissão do governo central, e, quanto ao interno, algumas constituições provinciais determinam a obrigatoriedade por parte dos municípios de autorização prévia, ainda que, em geral, sejam os próprios órgãos deliberativos locais que tenham essa atribuição.

Como se observou, portanto, as províncias tiveram um papel de destaque no processo de descentralização da Argentina, contando com uma expressiva autonomia na determinação de suas despesas públicas. Entretanto, apesar de haver um processo avançado de descentralização dos gastos nesse país, o mesmo não ocorre no que diz respeito às receitas tributárias. A forte dependência das províncias em relação às transferências do governo federal faz com que a esfera central de governo tenha um importante instrumento de influência nas decisões de gasto das províncias.

Colômbia

Na Colômbia também existem três níveis de governo: o central, o departamental – correspondente ao nosso nível estadual – e o municipal. Entre 1930 e 1970, houve uma progressiva centralização das decisões de gasto e tributação no governo central. A partir de meados dos anos 1980, entretanto, esse processo começou a se reverter. O marco do início do processo de descentralização foi o Ato Legislativo nº 1 de 1986, que estabeleceu a eleição direta para prefeitos dos municípios a partir de 1988. A seguir, a Constituição de 1991 implementou a eleição direta para governadores. No que diz respeito ao sistema tributário, destacou-se uma crescente descentralização do IVA em favor dos governos locais. Entretanto, apenas em 1993, pela Lei nº 60, foram especificadas as competências de cada nível de governo, ainda que continue havendo uma sobreposição de funções nas esferas federal e departamental.

Os municípios passaram a ser responsáveis pela educação primária e secundária, recebendo assistência técnica e financeira dos departamentos e se utilizando de recursos próprios para o financiamento dos seus gastos correntes e de capital. O governo central é responsável pelo pagamento da folha salarial dos funcionários ligados à educação. Os departamentos são responsáveis pelos gastos com saúde – seja de forma direta ou através de entidades privadas – e transferem parte dos recursos tributários para os municípios. Os departamentos também delegam alguns serviços de saúde, principalmente preventivos, aos municípios. Além disso, cabem a esta esfera de governo os gastos com saneamento básico e ambiental.

Desde o início do processo de descentralização nos anos 1980, até 1992, destaca-se o aumento da participação dos municípios no total do gasto público: de 11% em 1980, o percentual atingiu 17% em 1992. A participação dos departamentos na despesa pública permaneceu relativamente estável ao longo do período, em torno de 16%, enquanto a contribuição do governo federal apresentou uma redução contínua, ainda que moderada, caindo de 73% dos gastos totais do setor público em 1980, para 67% em 1992.

Em relação à participação nos recursos tributários totais, também houve um aumento da participação dos municípios – de 6% em 1980 para 7% em 1990 –, em detrimento dos departamentos – com redução de 12% para 11%. O governo central manteve ao longo do período uma participação de cerca de 82% dos recursos tributários totais. Quando se observam os dados de receita total disponível, o aumento da participação dos municípios é ainda maior, passando de 11% para 15% no período. Tendo em vista uma relativa estabilidade da participação do governo central – que caiu apenas modestamente, de 69% para 68% do total –, esse resultado decorreu principalmente de uma redução da participação dos departamentos na receita total disponível, de 20% para 17%.

A maior participação dos municípios nos gastos totais foi financiada através do aumento das transferências das outras esferas de governo, que financiavam 19% dos gastos municipais em 1980, passando a representar 24% dos mesmos em 1991.[10] Ao mesmo tempo, houve uma redução do financiamento dos gastos municipais através de recursos próprios, de 72% em 1980, para 64% em 1991. Quase 50% dos recursos próprios dos municípios são gerados pela tributação sobre a indústria e o comércio. No caso dos departamentos, a principal fonte de receitas próprias são os tributos específicos sobre o consumo.

Tendo em vista o alto nível de centralização fiscal no início do processo de descentralização na Colômbia, observou-se um avanço significativo do mesmo. O objetivo da descentralização de um aumento da importância das esferas locais foi atingido, com um aumento considerável da participação dos gastos públicos dos municípios nas despesas públicas totais. Um aspecto importante é o alto nível de financiamento das despesas dos municípios a partir de suas receitas próprias. Além disso, os municípios gozam de uma expressiva autonomia nas decisões de gasto, considerando que as transferências intergovernamentais que recebem não estão sujeitas a nenhuma espécie de vinculação, como ocorre no caso dos departamentos. Em relação às receitas, a autonomia dos municípios é menor, tendo apenas a liberdade de estabelecer as alíquotas

---

[10] As transferências para os departamentos são condicionadas a metas de gastos em saúde e educação, enquanto as transferências para os municípios não estão sujeitas a nenhuma vinculação específica.

dos impostos, de acordo com as diretrizes fixadas pelo governo central. Por outro lado, cabe destacar que, em parte como resultado do processo descrito, desde o início do processo de descentralização houve um aumento considerável do endividamento das três esferas de governo, com consequências fortemente negativas para a política econômica.

Brasil[11]

A federação brasileira, constituída atualmente por 27 estados e mais de 5.500 municípios, surgiu como uma reação ao centralismo do império, com os objetivos de descentralização e de autonomia diante do governo central. Com o governo militar de 1964, entretanto, iniciou-se um processo de forte centralização de poder e de recursos no âmbito do governo federal, que, principalmente com as mudanças introduzidas pela Constituição de 1967, ampliou consideravelmente sua intervenção nas esferas subnacionais de governo, reduzindo, significativamente, sua autonomia. Com o agravamento da crise econômica e o processo de redemocratização do país ao fim dos anos 1970, as esferas subnacionais de governo começaram sua luta pela descentralização tributária.

Assim, *o processo de descentralização no Brasil, iniciado nos anos 1980 e aprofundado com a Constituição de 1988, teve basicamente uma motivação política.* O objetivo era o fortalecimento financeiro e político de estados e municípios em detrimento do governo central, visto como essencial ao movimento de redemocratização do país. Ou seja, a descentralização brasileira não foi conduzida pelo governo central, mas sim pelos estados e, principalmente, pelos municípios, através dos seus representantes no legislativo federal. Sendo assim, *não houve um plano nacional para a descentralização, o que resultou em um processo marcado por descoordenação, distorções e conflitos.*[12]

A federação brasileira é marcada por expressivas disparidades socioeconômicas que se refletem em diferentes capacidades fiscais, o que torna a condução do processo de descentralização particularmente complexa. O principal desafio é conciliar o máximo de descentralização com uma adequada capacidade de redução das desigualdades regionais.

Uma peculiaridade importante do caso brasileiro é sua tendência municipalista. Com a Constituição de 1988, os municípios foram reconhecidos como membros da federação, postos em condição de igualdade com os estados no que diz respeito a direitos e deveres. Em particular, o sistema de transferências constitui-se em um incentivo à proliferação de municípios.

---

[11] Os dados estatísticos referentes ao processo de descentralização no Brasil serão comentados posteriormente.
[12] Ver Afonso (1995, 1996) e Mendes (1999).

Durante os anos 1980, as esferas subnacionais de governo ampliaram significativamente sua autonomia e sua participação tanto no total da receita tributária quanto no total de gastos públicos. Nesse período, a descentralização ocorreu, principalmente, através de emendas constitucionais que aumentaram os percentuais dos fundos de participação dos estados e municípios, mesmo antes da Constituição de 1988.

O processo de descentralização no Brasil tem se baseado, em grande medida, no aumento das transferências do governo federal para estados e municípios, através dos seus fundos de participação. De um modo geral, os recursos transferidos não estão sujeitos à vinculação a uma rubrica de gasto específica. Outro ponto importante é que o aumento das transferências federais e estaduais para os municípios não tem desestimulado seu esforço de arrecadação própria.

Como foi visto, nos três casos de descentralização analisados houve um avanço significativo do processo de descentralização fiscal. Tanto no Brasil quanto na Colômbia, os principais atores do processo foram os municípios, enquanto na Argentina houve também uma descentralização importante em favor das províncias. Em linhas gerais, nas três experiências há um expressivo grau de autonomia das esferas subnacionais no que diz respeito às suas decisões de gastos. Em relação às receitas, o caso brasileiro aponta para um maior nível de descentralização em favor das esferas subnacionais, comparativamente à Argentina e Colômbia.

SÍSTOLES, DIÁSTOLES E A FEDERAÇÃO

No caso brasileiro, a importância do fenômeno da descentralização é realçada pela dimensão geográfica do país. De fato, como já mencionado, nações caracterizadas por uma grande extensão territorial tendem a conviver com problemas federativos maiores que os enfrentados por países pequenos. Não é de estranhar, portanto, que nos Estados Unidos os estados sejam econômica e politicamente fortes ou que, no contexto da América do Sul, o segundo país onde o fenômeno da descentralização é mais marcante, além do Brasil, seja justamente o do segundo país da região – a Argentina.

Em economias grandes como a nossa, convivem portanto duas tendências opostas que devem ser conciliadas. Por um lado, o princípio da unidade do governo, associado ao desejo da integração nacional; e, por outro, as tendências regionalistas, que devem ser reconhecidas, ainda que condicionadas ao respeito ao poder central. Isso significa que os estados são politicamente fortes, têm representação importante e são atores integrantes dos centros decisórios, ao mesmo tempo, porém, que o país se assenta em instituições e leis de caráter nacional.

A coexistência entre essas duas forças não impede que, ao longo da nossa história, tenham surgido, em maior ou menor intensidade, dois tipos de conflitos. O primeiro, entre o poder central e o das unidades subnacionais, caracterizado pelo enfrentamento entre o poder executivo e os governos estaduais. E o segundo, entre as regiões, representado pela dicotomia secular entre o sul – mais rico e politicamente mais forte – e o norte do país.

A razão para a persistência da unidade nacional, apesar desse tipo de conflito e em contraste com a desagregação experimentada por outros países – como o desmembramento da antiga União Soviética ou da Iugoslávia –, está associada a três elementos:

- A existência de uma língua comum e de certas características culturais também comuns, que funcionam como uma espécie de amálgama da nacionalidade – inclusive diferenciando o país dos seus vizinhos –, foram talvez o principal fator explicativo da falta de maior repercussão e duração dos poucos movimentos separatistas surgidos ao longo dos últimos dois séculos.
- A ausência de divisões de fundo religioso ou étnico, divisões essas que costumam ser uma das causas mais importantes de "fratura" de alguns países, como foi o caso recente da Iugoslávia.
- A inexistência na nossa história de movimentos separatistas que tenham perdurado e adquirido raízes populares fortes. Esta última explicação não deixa de ser algo tautológica, mas é igualmente importante e está em parte ligada ao ponto anterior, levando em consideração que alguns dos casos de divisão de um território em dois ou mais países em outras regiões do mundo estiveram simplesmente ligados ao fato de que há décadas ou séculos havia uma reivindicação de independência latente em parte do "país-mãe". Esse é o tipo de herança cultural que passa de uma geração para outra e da qual não há nada que se assemelhe no Brasil.

O Brasil, portanto, apresenta um retrospecto de relativa harmonia nacional, comparativamente a países que se dividiram ou mesmo a outros que permanecem unidos, mas que convivem com um delicado "problema das nacionalidades", como Espanha, Canadá ou mesmo o Reino Unido. Entretanto, o Brasil teve, ao longo da sua história, fases de maior tensão do que outras no relacionamento entre o poder central e as unidades da federação. De certa forma, e com as particularidades de cada caso, episódios como a "Revolução Farroupilha" do século XIX no Rio Grande do Sul, ou a "Revolução Constitucionalista" de 1932 em São Paulo, podem ser entendidos como manifestações dessa tensão.

A noção de que a evolução política do Brasil caracterizou-se por uma espécie de oscilação, ao longo do tempo, entre os movimentos de centralização e descentralização, está explicitada na conhecida frase do general Golbery do Couto e Silva, chefe do Gabinete Civil dos presidentes Ernesto Geisel e João Batista Figueiredo, que numa – muito comentada na época – conferência proferida na Escola Superior de Guerra (ESG), em 1980, referiu-se a esses movimentos como uma "sequência interminável de sístoles e diástoles", de forma análoga aos pulsos de um coração, representado pelo país.[13]

De um modo geral e às vezes com certa defasagem de tempo entre a ocorrência dos fatos nos campos da política e da economia, fases de maior centralização política estiveram associadas a um maior predomínio econômico por parte do poder central, enquanto fases de "descompressão" política vieram acompanhadas de uma maior transferência de recursos para as unidades subnacionais.

A TENSÃO FEDERATIVA NOS ANOS 1990

A partir de meados dos anos 1990, houve uma reação do governo federal contra o processo de descentralização de recursos. Nesse contexto, as demandas em favor do que passou a ser denominado de "novo pacto federativo" se tornaram voz corrente no meio político. A agenda de conflitos da segunda metade dos anos 1990 foi caracterizada pelos seguintes pontos:

a) *Fundo de estabilização fiscal (FEF)*. Esse fundo sucedeu o fundo social de emergência vigente em 1994 e 1995, mencionado no Capítulo 5, destinado a diminuir temporariamente as vinculações constitucionais, entre outras a parcela referente à cota-parte de estados e municípios correspondente ao imposto de renda de funcionários públicos das repartições federais. As sucessivas prorrogações do fundo e a perda de dinamismo da economia tornaram a "mordida" do governo federal mais dolorosa para as unidades subnacionais, gerando críticas intensas à "centralização de Brasília". Como reflexo da crescente irritação das lideranças políticas locais com essa situação, por ocasião da renovação do FEF a partir de julho de 1997, a força do *lobby* dos prefeitos no Congresso Nacional conseguiu que a percentagem de retenção da parcela dos recursos dos municípios afetados pelo FEF por parte do governo federal caísse dos 100% da versão do fundo prevalecente até então para 50% no segundo semestre de 1997, 40% em 1998 e 20% em 1999.

---

[13] A conferência, com o título de "Conjuntura política nacional – O poder executivo", foi publicada conjuntamente com a reedição do livro do mesmo autor – Golbery do Couto e Silva –, chamado Geopolítica do Brasil, pela editora José Olympio, em 1981. A ideia das "sístoles e diástoles" está expressa claramente no discurso presidencial mencionado no início do capítulo.

b) *Lei Kandir*. Quando, com o Plano Real, a moeda se apreciou e as exportações passaram a ter um crescimento medíocre, o governo federal procurou estimular as vendas ao exterior através de mecanismos não cambiais. Um dos instrumentos utilizados para isso foi a chamada "lei Kandir", em nome do deputado e posteriormente ministro, Antônio Kandir, que concebeu o projeto. A ideia era isentar as exportações de bens primários e semielaborados do pagamento do ICMS. A cobrança deste era "boa" do ponto de vista dos tesouros estaduais, mas irracional do ponto de vista do balanço de pagamentos, já que correspondia a "exportar impostos", em um mundo crescentemente competitivo. Como os estados entendiam as razões do governo federal mas não queriam perder receita, chegou-se a um acordo, por meio do qual os estados eliminariam o ICMS sobre as exportações, sendo em compensação ressarcidos pelo Tesouro nacional. O que os governadores alegaram depois é que, tendo renunciado à parte da arrecadação do ICMS, passaram a receber um aumento de transferências federais menor que as perdas que tinham sido induzidos a aceitar. As críticas dos governadores à "lei Kandir", portanto, tornaram-se frequentes a partir de então.

c) *Renegociação das dívidas estaduais*. Durante 1997 e 1998, a maioria dos estados renegociou as suas dívidas, passando para o governo federal um montante expressivo de dívidas mobiliárias, que este assumiu tendo como contrapartida o direito a receber dos estados o pagamento de prestações mensais ao longo de 30 anos, em um esquema de tipo "tabela Price". Isso representou um enorme subsídio implícito concedido aos estados pelo governo federal, já que a taxa de juros real dos contratos entre ele e os estados era de 6% ou 7,5% – dependendo do caso –, muito aquém da taxa de juros que o governo federal teve que passar a pagar ao mercado por uma dívida que não era dele. Mesmo assim, a dívida era tão elevada que os pagamentos correspondiam a uma fração importante – em muitos casos, mais de 10%, no início – da receita estadual. Posteriormente, a recessão que o país sofreu – que afetou negativamente a receita –, somada (a) à "troca de guarda" em muitos estados, após as eleições de 1998 e (b) à velha tradição de considerar que a dívida do governo estadual anterior foi "feita pelo governador e não pelo estado", levou alguns dos novos governadores empossados em 1999 a pleitearem a renegociação, em outras bases, das dívidas que os governadores anteriores já tinham renegociado. O tema transformou-se então em um dos mais importantes contenciosos políticos de 1999.

d) *Reforma tributária*. Como vimos no Capítulo 10, o Brasil caracterizou-se, após a Constituição de 1998, pela criação de novos impostos, eficazes do ponto de vista da receita, mas condenáveis sob a ótica da sua funcionalidade, pelo peso que representavam sobre as empresas, com prejuízos evidentes para a competitividade do país. A substituição de um conjunto de impostos tecnicamente "ruins", por um sistema que desonerasse as exportações, tornou-se objeto de muitos debates desde então. Como o Governo FHC propôs que uma série de impostos – inclusive o ICMS – fosse extinta, dando lugar a uma espécie de "grande IVA" com legislação federal, os estados tiveram uma reação inicial contrária à proposta, que foi bastante questionada pelos governadores na época.

Além dos estados, o outro polo de poder na discussão das questões federativas no Brasil é representado pelos municípios. Nesse sentido, o conjunto dos prefeitos representa uma força considerável, com poder de pressão significativo sobre o Congresso Nacional. Essa pressão se dá particularmente sobre a Câmara de Deputados, devido à influência que os chefes do Poder Executivo local exercem sobre os parlamentares que se elegem com uma base de votação concentrada em poucos municípios.

AS DEFINIÇÕES DA CONSTITUIÇÃO DE 1988

A Constituição de 1988, ao introduzir importantes mudanças nas relações intergovernamentais, aprofundou o processo de descentralização fiscal iniciado no final da década de 1970. *Observou-se de fato uma crescente descentralização tanto de receitas quanto de gastos.*

Em relação ao sistema tributário nacional, a nova Constituição concedeu aos governos subnacionais competências tributárias exclusivas – incidentes sobre bases econômicas consistentes e abrangentes – e autonomia para legislar, coletar, controlar e gastar os recursos, podendo até mesmo fixar as alíquotas dos impostos.[14]

Entretanto, o principal aspecto do processo tem sido o aumento da participação dos estados e municípios na arrecadação do governo federal, através do aumento das alíquotas de transferência dos fundos de participação. Nesse sentido, a Tabela 12.1 mostra como a parcela das receitas de imposto de renda e IPI transferida a estados e municípios aumentou depois da nova Constituição de outubro de 1988. Em janeiro de 1988, as alíquotas dos fundos de participação de estados e municípios somavam 31% da soma daqueles dois impostos. Em outubro do mesmo ano, já tinham aumentado para 38%. O aumento das alíquotas de transferências dos fundos de participação prosseguiu nos anos seguintes, e hoje elas atingiram 46%. A Tabela 12.2 mostra, no caso dos estados, como os recursos do fundo de participação foram distribuídos entre as diversas unidades da federação.

Neste ponto, vale ressaltar que os recursos transferidos não apresentam uma vinculação a algum tipo de gasto específico. Essa situação é justamente o inverso do que ocorreu na época do alto nível de centralização do regime militar, quando a maior parte dos recursos das esferas subnacionais estava sujeita a vinculações. De fato, a autonomia financeira introduzida pela Constituição de 1988 refletiu-se mais na liberdade para gastar via aumento das transferências intergovernamentais do que na competência para implementar os impostos necessários ao financiamento dos gastos.

---

[14] Ver Dain (1995), Rezende (1995) e Montoro Filho (1994).

TABELA 12.1
Alíquotas de transferência dos fundos de participação (%) (a)

Período		Estados	Municípios	Soma
1988	Janeiro	14,0	17,0	31,0
	Outubro	18,0	20,0	38,0
1989		19,0	20,5	39,5
1990		19,5	21,0	40,5
1991		20,0	21,5	41,5
1992		20,5	22,0	42,5
1993		21,5	22,5	44,0
2008		21,5	23,5	45,0
2015		21,5	24,0	45,5
2016		21,5	24,5	46,0

(a) Alíquotas referentes à soma do Imposto de Renda e IPI.
Fonte: Constituição do Brasil.

TABELA 12.2
Coeficiente de participação dos estados e do Distrito Federal no FPE
(anexo da Lei Complementar nº 62/1989)

Estado	Coeficiente
Acre	3,4210
Alagoas	4,1601
Amapá	3,4120
Amazonas	2,7904
Bahia	9,3962
Ceará	7,3369
Distrito Federal	0,6902
Espírito Santo	1,5000
Goiás	2,8431
Maranhão	7,2182
Mato Grosso	2,3079
Mato Grosso do Sul	1,3320
Minas Gerais	4,4545
Pará	6,1120
Paraíba	4,7889
Paraná	2,8832
Pernambuco	6,9002
Piauí	4,3214
Rio de Janeiro	1,5277
Rio Grande do Norte	4,1779
Rio Grande do Sul	2,3548
Rondônia	2,8156
Roraima	2,4807
Santa Catarina	1,2798
São Paulo	1,0000
Sergipe	4,1553
Tocantins	4,3400
Total	100,0000

Fonte: Secretaria do Tesouro Nacional.

Em contraste com a expressiva liberdade de aplicação de recursos de estados e municípios, com a Constituição de 1988 houve um significativo aumento das vinculações dos gastos da própria União. Em função disso, o governo federal teve que diminuir o total de suas transferências voluntárias, tendo em vista a redução de sua receita e o aumento da rigidez de seu orçamento, o que restringiu consideravelmente a sua capacidade de controle da alocação de recursos. Para compensar a perda de participação no total da receita disponível, o governo central passou então a depender crescentemente de recursos não sujeitos à repartição com estados e municípios, como as contribuições sociais vinculadas para a seguridade social, que constituem impostos cumulativos que prejudicam a qualidade do sistema tributário brasileiro.

Um elemento importante associado à Constituição de 1988 diz respeito ao ICMS. A criação do ICM pela reforma tributária de 1965/1966 significou a adoção pioneira de um imposto sobre o valor adicionado. A partir da reforma tributária de 1988, a base de cobrança do imposto foi ampliada, passando a incidir sobre a circulação de mercadorias, bens e serviços, com o imposto recebendo o novo nome de ICMS. Com a Constituição de 1988, os estados passaram a ter plenos poderes para legislar sobre o imposto, tendo a capacidade, inclusive, de fixar as alíquotas para as operações internas. Desde sua criação, o imposto tem sido a principal fonte de receita tributária estadual, respondendo em média por 90% dos recursos orçamentários dos estados mais desenvolvidos.

A peculiaridade nesse processo em relação à experiência internacional foi a determinação de competências distintas entre esferas de governo. Em todos os países que implantaram esse tipo de imposto, a competência foi mantida pelo governo central. No caso brasileiro, porém, em face da existência do IPI – federal –, estabeleceu-se a bipartição das competências, ficando os estados com o IVA de maior abrangência e a União com o imposto restrito à base industrial. Além disso, as regras de partilha dos impostos sobre o valor adicionado também são peculiares: o IPI compõe a receita dos fundos de participação dos estados e municípios e o ICMS é partilhado pelos estados com os seus municípios.

Os recursos do ICMS pertencem ao estado de origem da operação tributada pelo imposto. Nas transações interestaduais, a arrecadação é partilhada entre o estado de origem e o estado de destino da operação tributada, através do diferencial de alíquotas, prevalecendo, desta forma, um princípio misto de origem e destino que determina, em parte, a apropriação interestadual do imposto. Essa sistemática faz com que os efeitos da cobrança do imposto estendam-se para além do território do estado tributante, o que permite que o imposto torne-se um instrumento da guerra tributária entre os estados. Além disso, a existência de diferenças entre as alíquotas dentro dos estados e entre estas e as alíquotas interestaduais tem facilitado a sonegação fiscal.

Um dos objetivos da reforma tributária é justamente resolver os problemas introduzidos pela Constituição de 1988. É essencial minimizar o efeito perverso da tributação sobre a eficiência e a competitividade do setor produtivo – principalmente quanto ao impacto negativo das contribuições sociais que funcionam como impostos em "cascata" – e promover a harmonização fiscal, para assegurar a consolidação do processo de integração comercial, e para combater a sonegação. Além disso, também é importante simplificar o sistema tributário, a fim de reduzir custos de administração, tanto do fisco como dos contribuintes.

Em linhas gerais, deverá haver uma certa redução da autonomia dos níveis subnacionais de governo no que se refere à sua capacidade de legislar em matéria tributária. Isto porque há uma preocupação crescente com a coordenação de políticas públicas e com o impacto da tributação sobre as atividades produtivas. Além disso, tendo em vista o recente movimento no sentido da integração das economias nacionais, é indispensável a busca de uma harmonização da tributação em nível internacional.

A CONTROVÉRSIA SOBRE A REDISTRIBUIÇÃO DE ENCARGOS[15]

Como já foi discutido, o processo de descentralização incluiu tanto uma redistribuição das receitas quanto dos encargos. O problema é que não houve um processo organizado de transferência de responsabilidades, com a descentralização "forçada" de alguns programas sociais gerando distorções no que diz respeito ao atendimento das demandas da população.[16]

A Constituição de 1988 aumentou os recursos fiscais disponíveis dos estados e municípios sem, entretanto, definir com clareza as novas atribuições dessas esferas de governo. Forçados pelas novas circunstâncias, estados e, principalmente, municípios expandiram os seus gastos, com destaque para os serviços de saúde e educação. A questão é que, tendo em vista que não houve um processo organizado de transferência de encargos, a descentralização "forçada" de algumas despesas sociais gerou importantes distorções quanto ao

---

[15] Para uma avaliação abrangente e atualizada sobre a questão federativa no Brasil, ver Serra e Afonso (2007).

[16] Por descentralização "forçada" entende-se aqui o abandono, por parte do governo central, de certos tipos de programas que eram de sua atribuição, sem uma transferência formal e organizada de responsabilidades aos estados e municípios. Nesses casos, o desaparecimento da oferta de serviços federais, combinado com a continuidade da demanda da população, forçou os governos subnacionais, devido à pressão social, a assumirem essas funções, mesmo que estas não tenham sido formalmente repassadas a eles. No caso da saúde, essa descentralização "forçada" foi marcante.

atendimento das demandas da população, havendo em muitos casos uma falta de atendimento ou uma superposição de responsabilidades. Tendo em vista que não houve uma redistribuição do governo central para os governos subnacionais nem de parte do ativo fixo nem – pelo menos, imediatamente – de uma parcela dos funcionários públicos, a transferência de atribuições refletiu-se na contratação de novos funcionários e na construção de novas obras, o que significou, em certa medida, um desperdício de recursos.

Os estados e, particularmente, os municípios – que apresentaram os maiores ganhos com a descentralização dos recursos fiscais – assumiram novas responsabilidades diante da redução da capacidade financeira da União, principalmente nos gastos com ensino básico e saúde. A responsabilidade do governo central passou crescentemente a restringir-se aos gastos com pagamento de pessoal, aposentadorias, auxílio-desemprego e serviço da dívida.

A falta de planejamento quanto à transferência de responsabilidades de gastos é especialmente destacada no que diz respeito aos estados, que não tiveram uma especificação de atribuições. O processo de descentralização acabou afetando, principalmente, as duas posições extremas do sistema federativo: de um lado, os municípios, que idealmente devem ter um papel central no processo de descentralização; e de outro, o governo central, que deveria permanecer responsável pela coordenação das políticas gerais. Apesar da grande importância política dos governadores na política nacional, os estados possuem uma capacidade de mobilização da opinião pública menor do que a dos municípios e a do governo federal. Isto pode ser explicado, em parte, pela menor visibilidade das ações do governo estadual por parte da opinião pública, seja no que diz respeito aos seus gastos, ou na sua forma de financiamento – nos estados mais desenvolvidos, através de um imposto indireto, o ICMS; e nos mais pobres, mediante as transferências federais. Os gastos dos municípios, em contraste, são mais evidentes para a sociedade, bem como sua forma de financiamento, através, principalmente, da arrecadação do IPTU e das transferências federais e estaduais. Na verdade, os estados que têm base própria de arrecadação inexpressiva tendem a ter sua relação com os municípios ofuscada pelo governo federal, que estabelece com estes uma relação direta.[17]

A combinação de maiores receitas com a assunção de responsabilidades que inicialmente eram da União levou a soma dos estados e municípios a ter uma participação crescente no gasto. Pelos dados das Contas Nacionais do IBGE, no período 1981/1985, o governo federal foi responsável por 62% do gasto do conjunto das despesas com pessoal, bens e serviços, assistência e previdência, subsídios e investimentos, enquanto os estados e municípios responderam pelos

---

[17] Ver Affonso (1994, 1995).

38% restantes. Já no período 1991/1995, de acordo com a mesma fonte, essas proporções tinham se modificado para 51% e 49%, respectivamente (Tabela 12.3). Dito de outra forma, os estados e municípios, que – embora a moeda na época fosse outra – antes "comandavam" pouco mais de R$0,60 de gasto para cada R$1,00 de gasto público do governo federal na primeira metade dos anos 1980, praticamente igualaram o peso deste, 10 anos depois.

TABELA 12.3
Brasil – Contas Nacionais: distribuição das despesas não financeiras por esferas do governo (%)

	1981/85	1986/90	1991/95
Gastos com pessoal			
Governo federal	37	37	29
Estados e municípios	63	63	71
Bens e serviços			
Governo federal	51	52	45
Estados e municípios	49	48	55
Assistência e Previdência			
Governo federal	87	79	80
Estados e municípios	13	21	20
Subsídios			
Governo federal	89	82	64
Estados e municípios	11	18	36
Investimentos			
Governo federal	31	28	20
Estados e municípios	69	72	80
Total			
Governo federal	62	54	51
Estados e municípios	38	46	49
Total (% PIB)	21,9	26,0	30,5
Governo federal	13,6	14,0	15,5
Estados e municípios	8,3	12,0	15,0

Fonte: Extraído dos Anais da Conferência internacional de descentralização, relações fiscais intergovernamentais e governança macroeconômica, Brasília, 1999, OCDE, publicados pela ESAF, p. 272, com base em dados do IBGE (Contas Nacionais).

EVOLUÇÃO DA RECEITA DISPONÍVEL

Após a instauração do regime militar, em 1964, houve uma clara tendência de aumento da receita tributária disponível do governo federal, em detrimento das demais unidades da federação – ver Tabela 12.3. Por "receita tributária disponível" entende-se a receita que fica em poder de cada unidade, depois de computadas as transferências recebidas e os repasses feitos às demais unidades. O governo federal tem uma receita disponível menor do que a receita que arrecada, pois transfere receitas para as unidades subnacionais, enquanto com os municípios ocorre o inverso. Já os estados recebem uma parte da receita do governo federal e transferem outras receitas para os municípios.

A partir da década de 1980, aquela tendência de centralização antes mencionada se inverteu e o governo federal voltou a perder espaço na distribuição de recursos. O fato não pode ser entendido sem associá-lo com a redemocratização do país e, particularmente, com o processo de escolha direta dos governadores de estado pelo voto popular, a partir das eleições de 1982; e dos prefeitos das capitais, desde as eleições de 1985.

Em termos verticais, os principais privilegiados pelo processo de descentralização brasileiro, principalmente após a Constituição de 1988, foram os municípios, que mais do que dobraram sua participação no total da receita tributária disponível, de 9% em média no período 1976/1980, para 22% na segunda metade da década passada – ver Tabela 12.4.[18] Entretanto, os ganhos com as alterações constitucionais não foram homogêneos entre os municípios. Em razão da manutenção dos critérios de rateio do FPM que vigoravam anteriormente, os municípios de pequeno porte beneficiaram-se proporcionalmente mais do que os grandes. Ou seja, nos municípios mais densamente povoados, exatamente onde a demanda por serviços de infraestrutura urbana é maior, o crescimento dos recursos foi relativamente menor. Como resultado, os maiores índices de transferências recebidas por habitante foram apresentados pelos municípios com menor população.

No que diz respeito à composição do total da receita disponível dos municípios, a maior parte é gerada pelas transferências intergovernamentais e não pela arrecadação de recursos próprios. Como era de se esperar, os municípios do interior, em geral os mais pobres, dependem fortemente das transferências. Nas capitais, a participação das transferências no total da receita é menor. Os problemas de administrar uma região de 1 milhão de habitantes ou mais, evidentemente, são muito diferentes dos que se verificam quando se governa uma cidade de, por exemplo, 50 mil habitantes. Por causa dessas diferenças, em geral as capitais contam com uma máquina burocrática mais bem treinada e têm uma base tributária mais forte, baseada no imposto sobre serviços e no imposto predial e territorial urbano. Isso lhes permite ser menos dependentes das transferências de recursos federais, representadas pelo fundo de participação dos municípios; e estaduais, correspondentes aos repasses de parte da receita do imposto sobre circulação de mercadorias e serviços e do imposto sobre a propriedade de veículos automotores.[19]

Os estados, por sua vez, aumentaram sua participação no total da receita tributária disponível de 23% em 1976/1980 para 29% no período 2006/2009. Como reflexo desses movimentos, a União apresentou uma redução de sua participação na receita disponível total de 68% em 1976/1980 para 49% recentemente.

---

[18] Ver Varsano et al. (1998).
[19] Para uma análise referente à tributação no plano estadual, ver Reis e Blanco (1996).

TABELA 12.4
Receita tributária disponível por unidades de governo (%)

Ano	União	Estados	Municípios	Total
1965	54,8	35,1	10,1	100,0
1970	60,8	29,2	10,0	100,0
1971/75	65,1	25,8	9,1	100,0
1976/80	68,3	22,9	8,8	100,0
1981/85	67,1	23,2	9,7	100,0
1986/90	61,0	25,9	13,1	100,0
1991/95	56,0	27,9	16,1	100,0
1996/00	52,2	28,5	19,3	100,0
2001/05	50,7	28,9	20,4	100,0
2006/09	49,1	29,1	21,8	100,0

Fonte: Varsano (1997) e IBGE.

Em termos horizontais, a maioria dos recursos adicionais foi direcionada aos governos estaduais e municipais das regiões menos desenvolvidas, compensando, na partilha da receita tributária disponível, a elevada concentração nas regiões ricas da geração da arrecadação.

É importante chamar a atenção para o fato de que a ideia de que a transferência de recursos aos municípios mais "pobres" em detrimento dos mais "ricos" é "justa" pode não ser necessariamente correta. Por um lado, os municípios mais "ricos" que possuem maior capacidade tributária própria são, em geral, também aqueles que têm uma população mais numerosa e, sendo assim, podem não ser capazes de, sozinhos, garantir o fornecimento dos serviços demandados por sua população. Por outro, a dependência integral de recursos gerados pelas transferências pode desincentivar a busca de fontes próprias de recursos por grande parte de municípios mais "pobres" que sejam pouco desenvolvidos economicamente. Tendo em vista que as regras que determinam as transferências privilegiam os municípios pequenos, classificados desta forma em razão do tamanho de sua população, o resultado destes fatores é uma expressiva assimetria na disponibilidade de recursos por habitante. Altas taxas de urbanização e altos índices de densidade populacional tornam a situação mais complexa à medida que aumentam as demandas da sociedade, que se refletem em maiores custos para a esfera de governo local.

A tendência à urbanização e a concentração da pobreza nas grandes cidades acabam tornando as regiões metropolitanas e as cidades medianas incapazes de, sozinhas, ou seja, apenas com seus próprios recursos, responder às demandas da população local. Essa situação torna essas unidades mais dependentes de uma intervenção direta da União e dos estados para a solução dos problemas locais.

O CONTROLE DO ENDIVIDAMENTO ESTADUAL E MUNICIPAL: COMO FAZER?

As unidades subnacionais e a estabilidade econômica

Parte do problema de controlar de forma mais estrita as finanças estaduais e municipais decorre do fato de que a função das autoridades nacionais é diferente daquela que orienta as ações das autoridades dos governos subnacionais, já que a estabilização econômica não é percebida como uma meta própria por parte desses governos (Rigolon e Giambiagi, 1999).

É fácil explicar a causa e por que isso não deve ser entendido como demonstração de "falta de patriotismo" das autoridades subnacionais. Simplesmente, os que são pagos para zelar pela estabilidade de preços são o presidente da República e o ministro da Fazenda e não os governadores de estado e seus secretários estaduais. É importante que o leitor compreenda que há comportamentos que são estritamente funcionais, ou seja, estão inerentemente ligados à função que a autoridade desempenha em cada caso. Da mesma forma que um secretário do Tesouro nacional que liberasse verbas sem nenhum tipo de controle seria considerado um irresponsável e que se espera que um ministro setorial seja ativo na disputa para receber uma grande dotação orçamentária, é perfeitamente natural que a estabilidade de preços seja uma preocupação permanente das autoridades federais, mas não tanto das estaduais ou municipais.

Não que estas últimas não tenham interesse na estabilidade. Naturalmente, como qualquer pessoa, essas autoridades preferem viver em uma situação de estabilidade de preços e não de inflação elevada. A diferença fundamental em relação às autoridades federais é que, no momento do julgamento do eleitor, o que este vai levar em conta será um conjunto de questões ao decidir o voto para presidente da República e outro completamente diferente, ao optar por um candidato a governador ou a prefeito. Ao votar para presidente, o eleitor pondera como estão variáveis como a inflação, o desemprego e, enfim, a situação geral do país. Já ao escolher o governador, ele avalia como estão a segurança, a educação das escolas públicas, o serviço dos hospitais estaduais ou o sistema de transportes do estado. Sendo cobradas pelo eleitor com base em critérios variados, é lógico, portanto, que as autoridades de diferentes níveis da federação tenham agendas de objetivos igualmente diferentes entre si.

Sendo o gasto um dos determinantes do nível do déficit público e partindo do pressuposto de que o controle deste seja uma das bases de uma política anti-inflacionária eficaz e duradoura, *a administração da política fiscal no Brasil tornou-se mais difícil, ao longo dos anos 1980 e 1990, devido ao fenômeno da descentralização.* Isto porque, como já vimos, *o governo federal passou a controlar diretamente uma parcela menor dos recursos públicos como um todo, ao mesmo tempo que aumentavam as demandas em favor da estabilização de preços.* Ou seja, governo federal, mesmo administrando uma fração menor do dispêndio total, passou a ser cada vez mais cobrado pela adoção de um plano de estabilização que finalmente desse conta do problema da altíssima inflação, o que idealmente deveria ser acompanhado de um estrito controle do gasto público como um todo – e não apenas da parcela do governo federal.

Limites fiscais: controles diretos *versus* indiretos

O fato de que o governo federal tenha perdido espaço na composição do total do gasto público, contudo, não deve ser entendido como sinal de que a sua capacidade de controlar a evolução das contas agregadas do setor público foi igualmente prejudicada. É importante que fique claro para o leitor que *só há gasto quando há capacidade de financiamento*. O governo federal cedeu recursos para estados e municípios, sobre os quais não tem controle *direto*. Em outras palavras, o ministro da Fazenda não pode determinar às autoridades subnacionais se elas podem ou não gastar os recursos e como devem fazê-lo. Entretanto, o governo mantém um controle *indireto* sobre a evolução das finanças estaduais e municipais, em virtude do monitoramento que exerce – ou tem condições de exercer – sobre as fontes de financiamento destes.

Não é difícil entender a eficácia potencial desse monitoramento, com base no paralelo com o que ocorre com uma pessoa física. Um indivíduo qualquer tem total independência para decidir quanto dinheiro gasta e se prefere usar uma proporção maior do seu salário com alimentação, com transporte ou com lazer, por exemplo. Esse indivíduo, porém, enfrenta uma *restrição orçamentária* (*budget constraint*), já que, como norma geral, seu gasto está condicionado ao valor do seu salário. Ele pode, é verdade, ir ao banco e pleitear um empréstimo, ficando sujeito a uma *restrição financeira*, talvez por certo tempo mais elástica do que a orçamentária. A possibilidade de isso se repetir, porém, é limitada, porque o banco não vai fornecer crédito ao seu cliente indefinidamente e em algum momento vai querer ter o empréstimo amortizado.

Com os estados e os municípios ocorre algo similar, no sentido de que, assim como as pessoas físicas, estão sujeitos a regras de financiamento – com a diferença de que, em geral, os bancos não pedem o dinheiro de volta aos estados, já que situações em que a dívida pública cai em termos absolutos, quando há um superávit fiscal, são raras. Isto é, os estados podem decidir *como* gastar, mas a definição de *quanto* gastar depende de quão elásticas ou rígidas são as normas de financiamento – estabelecidas pelas autoridades federais, em geral, o Conselho Monetário Nacional ou o Banco Central.

Ao longo da história, os estados muitas vezes tentaram, de alguma forma, "driblar" essas tentativas de controle, *bypassando* os limites impostos – mediante artifícios contábeis ou a identificação de novas formas de financiamento – ou pressionando no sentido de obter algum tipo de auxílio financeiro (*bail-out*) do governo federal.

O sistema federativo brasileiro, portanto, tem certas características similares ao norte-americano. Aqui, como nos Estados Unidos, os governadores têm se revelado politicamente poderosos e as votações no Congresso Nacional são muito influenciadas pelas demandas regionais.

Há duas diferenças importantes, porém, entre um caso e outro. A primeira é que nos Estados Unidos as demandas dos governadores se dão em torno dos recursos oriundos do orçamento, enquanto no Brasil muitas vezes estiveram associadas à repactuação de dívidas e à distribuição de recursos extraorçamentários, como, por exemplo, créditos da Caixa Econômica Federal.

A segunda diferença é que, pelas normas vigentes nos Estados Unidos, os estados podem se endividar, mas se um estado tem dificuldades de honrar seus compromissos, primeiro, o banco que financiou o estado, no limite, pode quebrar; e segundo, a solução do problema diz respeito exclusivamente aos residentes do próprio estado. É inconcebível, por exemplo, o governo dos Estados Unidos aumentar o imposto de renda federal para socorrer um estado X que tenha sido mal administrado. Em contraste com essa atitude, no Brasil a prática tradicional sempre foi a de tentar "empurrar" a solução das dificuldades financeiras estaduais e municipais para a União, através de diferentes formas de "federalização" do problema, o que nada mais é do que uma "socialização de perdas".

UM ESTADO PODE QUEBRAR?

Quando uma empresa tem dificuldades, ela pode entrar em concordata e, no limite, caso os seus problemas financeiros se agravem, ir à falência ou ser adquirida por outra empresa. É óbvio que essas alternativas não existem para um governo, já que ele não pode simplesmente "desaparecer", em caso de colapso financeiro. Por outro lado, os estados – e os municípios –, além de não ter essa "alternativa", têm uma diferença crucial em relação ao governo federal, representada pelo fato de que não possuem o poder legal de imprimir moeda. De fato, o governo federal, no limite, diante de uma diferença sistemática entre receitas e despesas e ainda que arcando com um custo inflacionário, pode, formalmente, "colocar a maquininha – de fazer dinheiro – para funcionar".

Não tendo essa possibilidade, o que faz um estado ou um município que se defronta com uma diferença persistentemente elevada entre suas despesas e receitas? Para responder a essa questão, é necessário saber como essa diferença é financiada. Já que essas unidades da federação não emitem moeda, se a despesa é maior do que a receita, é porque alguém lhes concedeu crédito, voluntária ou involuntariamente. Esse "alguém" pode ser o governo federal – através de um empréstimo de uma instituição financeira controlada pelo Tesouro Nacional, por exemplo –; o mercado financeiro – adquirindo títulos da dívida pública do governo estadual ou municipal –; o resto do mundo – aumentando a dívida externa –; os fornecedores ou empreiteiros que vendem bens ou prestam serviços – diferindo no tempo o valor que têm a receber – ou o funcionalismo – ficando com os salários atrasados.

De uma forma ou de outra, em alguns casos no conceito de caixa e em outros no de competência, esses exemplos mencionados são expressões de um déficit – independentemente de como este seja contabilizado. O leitor deve notar, porém, que, com exceção do primeiro caso, a repetição sistemática do problema levaria, no limite, por absurdo, à sua "solução". Nem o mercado financeiro nem os credores externos vão continuar financiando um estado sistematicamente inadimplente. No caso extremo, faz-se um reconhecimento dos prejuízos, créditos lançados no balanço como ativos são assumidos como perdas e cortam-se quaisquer novos créditos ao devedor. Do mesmo modo, é evidente que a continuidade da provisão de um certo bem – por exemplo, algodão para uso nos hospitais públicos – da parte de um fornecedor só faz sentido se, em algum momento, ele receber o pagamento. Por último, qualquer indivíduo que trabalhe para um empregador que não lhe paga, mais cedo ou mais tarde abandona o emprego. Nesses casos, porém, o governo tende a "parar", ou seja, deixa de oferecer serviços, porque fica sem recursos; porque os fornecedores não aceitam lhe vender mais nada; ou porque o serviço público fica sem pessoal. Tais situações, contudo, não são sustentáveis, pela própria necessidade que as sociedades têm de que exista um governo que se responsabilize pelo oferecimento de certos serviços.

Historicamente, portanto, situações de desequilíbrio agudo das finanças estaduais ou locais sempre tenderam a ter como desfecho uma das duas seguintes situações. Ou, em algum momento, o estado ou a prefeitura se ajustaram – cortando despesas e/ou aumentando os impostos sob a sua alçada –; ou, alternativamente, a conta foi transferida para o governo federal, que "reequilibrou" a situação financeira da unidade subnacional, (a) assumindo parte do passivo desta, isto é, federalizando sua dívida com credores privados; ou (b) perdoando, total ou parcialmente, dívidas assumidas com o governo federal ou instituições federais.

A explicação para essa diferença de comportamento entre ambos os países é dupla. Por um lado, as autoridades brasileiras tiveram muitas vezes receio de lidar com um problema sistêmico, por exemplo, se tivessem que administrar a quebra de algum banco importante, carregado de papéis de dívida pública estadual, com repercussões que poderiam causar problemas de "efeito dominó" típicos das crises bancárias e talvez não ficassem restritos ao sistema financeiro.[20] Por outro, o próprio poder político dos governadores funcionava como um inibidor da adoção de medidas mais fortes por parte do governo federal.

O ideal é que o Brasil caminhe na direção de ter regras do jogo, nesse campo, similares às dos Estados Unidos e outros países desenvolvidos, que (a) obriguem os financiadores dos estados e municípios a assumirem – e avaliarem – riscos concretos nas operações de crédito com os governos subnacionais; e (b) façam com que os custos da solução dos problemas fiscais de um estado incidam especificamente sobre os habitantes desse estado e não sobre os contribuintes do país como um todo. Resumidamente, esse tipo de arranjo institucional é explicado por Ardeo e Villela com as seguintes palavras: " ... o *controle social exercido através do mercado de crédito* é a forma mais adequada de garantir, ou induzir, uma atuação responsável. Para tanto (...) deve-se cortar os canais que permitem às administrações subnacionais repassar para a União os custos de sua má gestão sob a forma de instabilidade macroeconômica. Quem quiser financiar seu déficit que recorra ao mercado financeiro (nacional ou internacional), que deve se aparelhar para julgar se o estado ou município pode ou não se endividar" (Ardeo e Villela, 1996, página 29, grifos nossos).

Em outras palavras, o que se deve evitar é o que aconteceu tradicionalmente no Brasil, que combinou o aumento do endividamento das unidades subnacionais, comum à experiência norte-americana, com a tradição brasileira de "salvar" os estados cada vez que estes estavam em dificuldades.[21]

Os instrumentos de controle federal

Os instrumentos de controle do endividamento estadual e municipal, exercidos ou passíveis de serem exercidos pelo governo federal antes da aprovação da Lei de Responsabilidade Fiscal em 2000, foram, fundamentalmente, os seguintes:[22]

---

[20] O fato de termos um sistema financeiro menos sólido do que o dos Estados Unidos, com mecanismos de controle menos desenvolvidos e bancos menos fortes, explica em parte os temores das autoridades.

[21] O endividamento era favorecido pela convicção dos financiadores de que, no final das contas, o governo federal assumiria as dívidas dos estados.

[22] A Lei de Responsabilidade Fiscal criou um novo marco institucional que limita os problemas descritos neste capítulo.

- Resoluções do Banco Central ou do Conselho Monetário Nacional, que não precisam de aprovação legislativa, determinando limites para o *endividamento global* das unidades do setor público.
- *Controle das aprovações de projetos* com apoio financeiro externo – que devem passar por uma comissão ministerial – e restrição à concessão de *avais* aos *créditos externos* de estados e municípios.
- Limitação dos empréstimos das *instituições financeiras federais*.
- Regras mais rígidas para a rolagem ou ampliação da *dívida bancária*.
- Aprovação, através do Congresso Nacional, de restrições ao *endividamento mobiliário* – isto é, em títulos públicos – das unidades subnacionais.

Para perceber melhor a importância dessas questões, é necessário entender como se compõe a dívida estadual e municipal. Ela é formada por dois elementos: (a) dívida *fundada* e (b) dívida com *empreiteiros e fornecedores* – não fundada. A dívida fundada, por sua vez, se decompõe em: a) títulos públicos e b) dívida contratual, que pode ser interna ou externa.[23] De um modo geral, o governo federal tem como controlar a evolução da dívida de (a), embora não tenha como evitar diretamente a dívida de (b), até mesmo por falta de estatísticas nacionais sobre esta última.[24]

De qualquer forma, cabe destacar que a dívida não fundada – também chamada de "flutuante" – guarda uma certa relação com a fundada, pois quem presta serviços ou faz obras para um estado pode entregar a mercadoria ou fazer a obra antes de receber – o que representa, justamente, um financiamento –, desde que em algum momento venha a ser pago. Quando esse pagamento é feito, por definição, os recursos saem dos impostos estaduais – ou municipais – ou, alternativamente, do aumento da dívida em títulos ou da dívida contratual. Consequentemente, o aumento da dívida não fundada em geral tem como base uma expectativa de crescimento futuro da dívida fundada. Isto é, se houver plena convicção de parte de empreiteiros e fornecedores de que o governo federal fará os devidos "apertos de parafuso" para que a dívida pública seja controlada, dificilmente os estados contarão com o financiamento voluntário para aumentar seu endividamento junto aos referidos agentes.

Ao longo da segunda metade dos anos 1990, o governo federal foi fechando algumas "torneiras" do que poderia ser denominado de fontes de "vazamentos fiscais", o que, ao menos teoricamente, criou condições para a obtenção de

---

[23] A dívida com instituições financeiras federais é uma forma de dívida contratual.
[24] A dívida fundada, pelo contrário, é inteiramente captada pela estatística oficial da dívida pública e portanto afeta as NFSP.

melhores resultados das contas públicas na alçada estadual e municipal, a partir da década de 2000. Entre as medidas adotadas merecem ser destacadas:[25]

- A privatização de vários bancos estaduais, antigos financiadores dos tesouros estaduais.
- A limitação na contratação de "antecipações de receita orçamentária" (AROs), empréstimos tradicionais obtidos junto à rede bancária.
- A renegociação das dívidas estaduais, durante 1997/1998, com colateralização de receitas próprias.

Este último ponto merece uma explicação mais detalhada, pois uma primeira leitura do mesmo pode sugerir que se tratou de mais uma forma de repassar para o governo federal o custo dos desajustes das finanças estaduais, impressão reforçada pelo fato de que, por meio do arranjo alcançado, o governo federal tornou-se credor dos estados, assumindo, em contrapartida, a dívida mobiliária destes junto ao mercado, com um custo, porém, muito maior.

A renegociação, portanto, representou a concessão de um subsídio expressivo aos estados, já que cabe lembrar que nos primeiros dois ou três anos de vigência do contrato, a taxa de juros real foi da ordem de grandeza de 20% ao ano. Entretanto, em relação à situação preexistente, a renegociação representou um avanço fiscal e um passo no sentido do maior controle do déficit público.

A explicação disso reside no fato de que ocorria até então uma forma de federalização informal das dívidas mobiliárias estaduais, por meio da qual estas continuavam sendo formalmente de responsabilidade estadual, com o governo federal, entretanto, assumindo diante do mercado a responsabilidade de honrar os títulos, sem maior contrapartida. Em outras palavras, o pagamento dos juros dessas dívidas era um ato meramente contábil, que não implicava qualquer tipo de restrição orçamentária ou financeira. De certa forma, tanto fazia, para os estados, que a taxa de juros fosse de 10% ou de 30% pois, em termos de desembolso – caixa –, o impacto era nulo, já que na prática era como se a dívida não existisse. Tal esquema, obviamente, era uma espécie de "bomba de tempo", em particular considerando o ambiente de altas taxas de juros em que isso ocorria, na segunda metade dos anos 1990.

Com a assinatura dos contratos de renegociação, os estados foram beneficiados pela explicitação do subsídio, mas em compensação passaram a ter que fazer um esforço efetivo, diante da necessidade de passar a pagar a dívida, ainda que em condições financeiras favoráveis *vis-à-vis* as taxas de mercado. Com isso, e tendo dado como colateral as receitas de transferências constitucionais

---

[25] A essas medidas deve ser acrescentada a privatização da maioria das empresas estatais estaduais, cujos déficits pressionavam o resultado das empresas estatais como um todo.

e de ICMS, de modo a assegurar o pagamento da dívida e evitar situações de moratória (*default*), os estados tiveram que se adaptar às novas circunstâncias e começar a fazer os ajustes que tinham deixado de ser feitos na fase dos elevados déficits estaduais que marcaram os primeiros anos do Plano Real.

O AUMENTO DO NÚMERO DE MUNICÍPIOS

Imagine-se a situação de um prédio de 10 andares, no qual os moradores de um único andar decidem se tornar independentes do resto do prédio, por considerar que a administração dele só se preocupa com os outros nove andares. Para serem fiéis ao princípio da independência, criam uma segunda entrada para o prédio, elegem um síndico e contratam um segundo porteiro. Do ponto de vista dos moradores desse andar, especificamente, a "solução" pode até fazer sentido. Do ponto de vista global do conjunto dos moradores dos 10 andares, porém, certamente não, pois o custo médio por apartamento da soma dos dois condomínios é maior do que antes de ocorrer a divisão. Algo assim ocorreu no Brasil depois de 1980, nos anos em que houve uma proliferação de novos municípios, conforme mostrado na tabela a seguir, feita com base em dados do IBGE.

Devido à "febre" de emancipações, entre 1980 e o ano 2000 o número de municípios do país aumentou 39%. Mais recentemente, o fenômeno foi contido. O *boom* das emancipações obedeceu a três causas:

a) a recusa de moradores de regiões de renda elevada em pagar impostos para que a prefeitura gastasse os recursos em outras áreas do município;

b) a existência de rivalidades locais entre habitantes de regiões diferentes de um mesmo município; e, principalmente;

c) o incentivo implícito à criação de pequenos municípios, resultante das regras de distribuição do Fundo de Participação dos Municípios (FPM), o qual tinha um piso dado em função de um parâmetro da ordem de 10.000 habitantes; isso significa que um município de 5.000 habitantes recebia o mesmo valor de FPM que outro de 10.000, o que representava um estímulo à divisão de um município em dois pequenos municípios, de modo a aumentar o valor *per capita* recebido pelos habitantes de ambos.

O problema que a divisão de um município gera é a duplicidade administrativa de prédios, cargos e funções, já que, onde há uma máquina pública passam a existir duas. A soma do gasto dos dois municípios não chega a dobrar a do município original, mas é certamente maior do que a despesa inicial. O resultado disso é que a mesma quantidade de recursos repassados à totalidade dos municípios do Brasil através da cota-parte do ICMS e do fundo de participação deve financiar um gasto maior, com prejuízo para a qualidade média dos serviços prestados pelos governos municipais como um todo. Trata-se de um caso típico do que os economistas chamam de "falácia de agregação", caracterizada pelo fato de que o que é racional do ponto de vista individual é contraproducente do ponto de vista agregado.

Brasil – Evolução do número de municípios

Ano	Norte	Nordeste	Centro-Oeste	Sudeste	Sul	Brasil
1950	99	609	112	845	224	1889
1960	120	903	244	1085	414	2766
1970	143	1376	306	1410	717	3952
1980	153	1375	317	1410	719	3974
1990	298	1509	379	1432	873	4491
2000	449	1787	446	1666	1159	5507
2008	449	1793	466	1668	1188	5564

Fonte: IBGE. Anuário Estatístico do Brasil (2011).

Sugestão de leitura para o aluno: Rezende (1995) sintetiza em poucas páginas alguns dos pontos mais relevantes na discussão da questão federativa no Brasil. Affonso (1995) e Serra e Afonso (2007) fazem uma análise abrangente dos problemas do federalismo brasileiro (2007).

Leituras adicionais para o professor: Afonso (1996) complementa o artigo de Rezende (1995). O livro organizado por Ter-Minassian (1997) condensa o que há de melhor em termos da literatura internacional sobre temas de federalismo fiscal. A leitura de Ardeo e Villela (1996) é útil para a discussão acerca do controle do endividamento estadual e municipal e da possibilidade de este ser regulado pelo mercado.

QUESTÕES

1. Observe a participação da União na receita tributária disponível da Tabela 12.4. É possível fazer alguma inferência a respeito da relação entre essa participação e a evolução política do Brasil a partir da década de 1960?
2. No debate sobre as alternativas para diminuir a chamada "cunha fiscal" das taxas de juros, uma das propostas é a de reduzir a alíquota do imposto de renda na fonte incidente sobre as aplicações financeiras. Entre os argumentos contrários, entretanto, um deles é a resistência política à medida, já que os governadores iriam se opor à ideia com o argumento de que seria "fazer caridade com o chapéu alheio". Por quê?
3. Suponha que o IPTU seja pago com um desconto de 10%, no caso daqueles que preferem fazer pagamento em cota única. Desconsidere a existência de inflação e compare com a alternativa de pagar em oito cotas, sem desconto. Do ponto de vista dos cofres municipais, se a taxa de juros for de 2% ao mês, o que é mais conveniente: a) que o contribuinte faça o pagamento em cota única, com desconto de 10% ou b) que o pagamento seja feito em oito vezes, sem desconto?
4. O Fundo de Estabilização Fiscal (FEF), determinando a retenção pelo Tesouro Nacional de parte das receitas que teriam que ser transferidas aos estados e municípios, surgiu com o nome de Fundo Social de Emergência (FSE) em 1994, com validade de dois anos, tendo sido posteriormente renovado, em 1996, por um ano e meio e em 1997 por outros dois anos e meio. Entretanto, por ocasião desta última renovação, a resistência política do Congresso Nacional foi muito maior, obrigando o Poder Executivo a negociar uma redução significativa da retenção dos recursos, ampliando, assim, os recursos disponíveis das unidades subnacionais. A que você atribui essa mudança do humor dos parlamentares? (Sugestão: observe a trajetória da taxa de crescimento do PIB, no Apêndice deste livro.)

5. Imagine que no Congresso esteja sendo discutida uma emenda à Constituição, propondo aumentar o percentual de transferências dos estados para os municípios, ao longo de quatro anos, acima dos 25% do ICMS estabelecidos na Constituição de 1988. Suponha que você seja um parlamentar da corrente política do governador do estado e que este lhe dê a seguinte orientação: "Ceda, mas de tal forma que em termos reais a receita disponível de ICMS do estado, daqui a quatro anos, seja a mesma que atualmente, considerando uma certa expectativa de crescimento do PIB e com elasticidade unitária da receita de ICMS." Se você tivesse a expectativa de que o PIB vai crescer 3% ao ano, qual seria a alíquota máxima de repasse do ICMS aos municípios que iria aceitar para quatro anos depois, em vez de 25%? Resposta em %, sem casas decimais.

PARTE IV

A Reforma do Estado

CAPÍTULO 13

A Economia Política do Ajuste Fiscal

> Na avaliação das políticas anti-inflacionárias, há duas questões gerais que devem ser perguntadas. A primeira é: o governo está tentando mudar as variáveis econômicas corretas na direção correta? E a segunda é: a política é politicamente viável? Em outras palavras, o governo tem o poder de implementá-la? Os economistas têm aplicado poderosos instrumentos analíticos na resposta à primeira pergunta, porém a tentativa de responder à segunda pergunta de um modo sistemático tem revelado poucos progressos.
>
> M. Anderson, "Power and inflation"; in F. Hirsch & J. Goldthorpe (orgs.).
> *The political economy of inflation*

> É óbvio que a estabilização econômica é excessivamente importante para ser deixada nas mãos dos economistas.
>
> Alan Blinder e Robert Solow, *Analytical foundations of fiscal policy*, 1974

Ao analisar os problemas fiscais do Brasil na segunda metade dos anos 1990, no Brasil, no Capítulo 6 deste livro, argumentamos em favor da necessidade de se respeitar a restrição orçamentária. No discurso dos críticos dos déficits elevados, o paralelo com noções básicas de economia doméstica vem sempre à tona. A analogia é, de certa forma, válida, no sentido de que o gasto do governo, da mesma forma que ocorre com cada família, tem que guardar uma certa relação com a receita, já que, em caso contrário, tanto um como outro correm o risco de virar um "agente Ponzi".

Não devemos, porém, estender a analogia além desse ponto, pois isso poderia induzir o leitor à conclusão simplista de que, para o governo, assim como para as pessoas em particular, "apertar o cinto" é algo que depende de si mesmo. E isto porque essa noção – de que "ajuste" é sinônimo de "vontade" – é inteiramente correta para cada família ou indivíduo, mas só parcialmente válida quando se trata de analisar o comportamento dos governos. Certamente, governos descomprometidos com a austeridade fiscal terão desempenhos fiscais pífios. Entretanto, disso não se deve tirar a conclusão de que governos mais empenhados em esforços de austeridade terão necessariamente êxito nas tentativas de ajuste. A razão disso é que há uma diferença fundamental entre o orçamento familiar e as contas do governo: as famílias lidam com *recursos próprios* e suas decisões dependem apenas de si mesmas, enquanto os governos lidam com *recursos de terceiros* e suas decisões são influenciadas por "n" agentes e grupos políticos, econômicos e sociais.

Em outras palavras, se, em uma família de um casal de classe média, um dos cônjuges for demitido e a renda familiar diminuir, a decisão a respeito do que fazer para se ajustar poderá envolver escolhas como, por exemplo, deixar de pagar o plano de saúde; tirar o filho da escola privada e colocá-lo na escola pública; acabar com qualquer programa de férias etc. São decisões amargas, mas a respeito das quais se exige a concordância de duas ou no máximo três pessoas – se o filho em questão tiver uma certa idade para que sua voz seja levada em conta. Já no caso de um país que tem um déficit que deve ser cortado, por trás de cada rubrica do orçamento haverá milhares – ou até milhões – de famílias dispostas a se manifestar – intensamente, através de passeatas, greves, pressão sobre parlamentares etc. ou silenciosamente, através do seu voto na eleição seguinte –, para evitar que o corte se dê exatamente na "sua" rubrica e/ou que o aumento dos impostos incida sobre elas.

O leigo, em geral, tende a entender o governo como uma abstração, muitas vezes acompanhada da ideia de que, nas decisões nacionais, principalmente aquelas envolvendo questões orçamentárias, de um lado está o governo ("eles") e, de outro, a população ("nós"). Trata-se de uma percepção falsa a respeito de como operam os mecanismos decisórios em uma sociedade democrática. Na verdade, de certa forma, *o governo nada mais é do que um canal de transmissão de recursos de uma parte da sociedade para outra.*

Para o trabalhador do setor privado com aplicações em algum fundo de investimento e que enfrenta um aumento de impostos, o governo e o gasto público podem ser representados pelo funcionário público cujo salário deve ser pago no final do mês, em uma situação de escassez de recursos. Na concepção desse mesmo funcionário público, entretanto, o déficit público pode estar associado ao pagamento de juros, parte dos quais engorda a conta do trabalhador do setor privado cujo fundo está lastreado em títulos públicos. Ambos – trabalhador do setor privado e funcionário público – podem estar se queixando de serem "vítimas" do governo, quando na verdade este apenas está tomando recursos através de certas rubricas de receita e alocando esses recursos através de outras rubricas de gasto.

O que as pessoas entendem como "governo" é, ao mesmo tempo, o pai que recebe uma aposentadoria do INSS; a amiga que trabalha no governo estadual; o irmão que tem um patrimônio equivalente a US$100.000 aplicado em um fundo de títulos públicos que rende juros reais; a vacina contra o sarampo que o filho tomou; ou o túnel feito com recursos públicos e que diminuiu o tempo de deslocamento até o trabalho de 50 para 30 minutos por dia. Daí por que é tão difícil para um governo ter "vontade" de ajustar as suas contas, já que a "vontade" não depende apenas do desejo das autoridades e sim da força que estas tiverem para que a simples intenção dos governantes se transforme em fatos concretos. É isso que iremos discutir neste capítulo.

A TEORIA DO CICLO POLÍTICO[1]
O ciclo político tradicional

Uma das interpretações teóricas mais conhecidas acerca da dinâmica da política fiscal é a teoria do ciclo político. Em um artigo clássico, Nordhaus, com base na relativa regularidade do padrão de comportamento da economia nos países industrializados e com democracias consolidadas, ao longo de cada período de governo, descreve as características desse ciclo, associado ao ciclo econômico de curto prazo (Nordhaus, 1975). Há quatro hipóteses subjacentes a ele:

a) Os estímulos fiscais e monetários para o aumento da renda real e do emprego têm um custo inflacionário.

b) Existe um hiato temporal entre os benefícios iniciais – em termos de aumento de produção – de uma política econômica orientada para o crescimento da renda e do emprego e os prejuízos posteriores representados pela alta da taxa de inflação.

c) A memória do eleitorado é curta, de modo que a perda de prestígio governamental, associada a um aumento do desemprego no início do governo, é menor do que o ganho de popularidade causado pela queda do desemprego na proximidade das eleições.

d) Os eleitores têm escassa capacidade de prever o futuro, portanto, não atribuem muito peso às prováveis consequências pós-eleitorais das políticas expansionistas.

Desse conjunto de premissas resulta um ciclo marcado pela existência de duas fases. A primeira delas, que sucede à realização das eleições, inclui a adoção de um elenco de medidas restritivas, de caráter fiscal e monetário, que ordenam a economia, reduzem o desequilíbrio das contas públicas e visam à redução da inflação, ainda que com um custo em termos de evolução do emprego e da renda. Trata-se do que na linguagem popular se traduz na ideia de "arrumar a casa". Em compensação, na segunda fase, políticas fiscal e monetária de natureza expansionista colhem os frutos da "arrumação" inicial, podendo, porém, acarretar o ônus de gerar uma inflexão na trajetória da inflação.

---

[1] Parte substancial deste capítulo é baseada em Giambiagi (1991).

O ciclo político invertido

Além dos elementos que foram apontados, há outros dois requisitos necessários para que esse modelo teórico, que combina elementos da ciência política com ingredientes da análise econômica, tenha aderência à realidade. O primeiro é a possibilidade de os governos contarem com a fase de "lua de mel" com o eleitorado, imediatamente após as eleições, de modo que a adoção de medidas amargas, na primeira metade de uma administração de governo, se revele viável e, de alguma forma, seja aceita – ou, pelo menos, tolerada – pela população. O segundo é que a defasagem de tempo entre as medidas e o seu efeito não seja excessiva. Isto porque, se essa defasagem for muito longa, ao chegarem as eleições o eleitorado terá experimentado apenas a fase amarga do ciclo e, provavelmente, punirá o governo nas urnas.

Nas economias avançadas, há alguns exemplos clássicos do que se poderia chamar de "ciclo político invertido". Três deles merecem ser lembrados. Dois casos estiveram associados à recusa de governos a adotarem medidas contencionistas na primeira fase das suas gestões, o que acarretou uma série de tensões inflacionárias ou problemas externos, gerando a necessidade de implementar posteriormente medidas contencionistas, exatamente quando o governo se preparava para enfrentar as eleições. Esses dois casos foram os dos governos de Jimmy Carter nos Estados Unidos nos anos 1970 e de Mitterrand na França nos anos 1980. Em ambos os casos, as gestões, ao invés do *stop and go* do ciclo político tradicional, começaram com uma fase de *go* e tiveram que enfrentar eleições na fase de *stop*, dando vitórias aos candidatos de oposição – Reagan nos Estados Unidos e um primeiro-ministro conservador, no regime parlamentarista da França, embora neste caso ainda na presidência do mesmo Mitterrand.

O terceiro caso ao qual nos referimos ocorreu nos Estados Unidos, no Governo Bush (1989-1992). Este procurou agir no sentido de que, no final da sua gestão, a economia estivesse em franco crescimento. Entretanto, ele se defrontou com uma defasagem maior do que a esperada entre as medidas de política e os seus resultados. Por esse motivo, Bush teve que enfrentar as urnas com um desempenho econômico que ainda deixava a desejar em termos de dinamismo da economia, fato que deu a vitória a Clinton. Assim, quando o governo deste começou, de certa forma, "a casa já estava arrumada", o que explica em parte a fase de prosperidade que os Estados Unidos viveram a partir de 1993 e com base na qual Clinton se reelegeu, em 1996.

Se, no caso dos países industrializados, o "ciclo político invertido" tem sido a exceção e não a regra, nos países em processo de desenvolvimento o fenômeno tem sido observado com frequência maior. Em particular, na América Latina, nas experiências de redemocratização que sucederam a governos militares, vários países tiveram uma dinâmica similar à das três experiências descritas – com a diferença essencial, porém, de que nos anos 1980 ela se deu com níveis de inflação muito superiores aos dos Estados Unidos ou da Europa. Isso fez esses países latino-americanos arcarem com o ônus da contenção do crescimento, sem ter a vantagem da queda da inflação. A ressalva, porém, não mais se aplica à situação recente, já que a maioria dos países da região adotou planos de estabilização bem-sucedidos, ao longo da década de 1990.

Em que pese tal mudança, a rejeição dos governos dos países agora denominados de "emergentes", no início de sua gestão, a enfrentar com mais vigor os problemas ligados aos desequilíbrios macroeconômicos, continuou se verificando com mais frequência do que nos países desenvolvidos. A indagação natural que vem à tona é por que, no caso das democracias dos países industrializados, os governos tendem, em um primeiro momento, a optar pela estratégia de ajuste, ao passo que algumas democracias de países com grandes demandas sociais preferem escolher a estratégia oposta. Sem dar a esta última escolha um caráter de fatalidade, nem negar a responsabilidade de muitos governos no agravamento dos desequilíbrios econômicos, cabe, contudo, tentar identificar uma *rationale* para esse comportamento. Nesse sentido, há um conjunto de elementos que explicam a lógica fiscal expansionista de muitos desses governos.[2] Dentre eles, podem ser mencionados:

a) O desejo das autoridades de se diferenciarem dos governos anteriores, que muitas vezes não tinham tido êxito nos seus esforços de crescimento.

b) O entendimento de que a democracia deveria se legitimar de forma imediata, através do crescimento econômico, e o temor acerca da verdadeira força da democracia, se o país viesse a ter que passar por uma situação recessiva.

c) A força inercial da pregação eleitoral, caracterizada por uma agenda que destaca muito mais as metas do que os problemas a serem enfrentados para a viabilização das mesmas.[3]

---

[2] Alguns dos elementos listados a seguir aplicam-se apenas à situação dos países latino-americanos imediatamente após a redemocratização. Outros, porém, são comuns a situações vividas também nos governos posteriores nesses países.

[3] Tais metas podem ser simplesmente inexequíveis, mas os governantes, às vezes, só percebem no exercício do cargo o irrealismo de algumas das suas propostas. Isso cria um dilema moral, pois a tentativa de cumprimento dessas metas pode se revelar economicamente desastrosa – mas o seu descumprimento sujeita o governante à crítica de trair o programa pelo qual foi eleito. Uma versão extrema desse dilema é a frase do pensador francês Gilbert Cesbron, para quem "o governante que no exercício do cargo tenta cumprir todas as suas promessas de campanha é um completo irresponsável". A frase, em que pese a sua dose de cinismo, é reveladora, porém, de certas características comuns ao jogo político.

Dado o estado de penúria de uma parte importante da população, é até certo ponto natural que a estratégia da maioria dos partidos para ganhar adeptos consista em tentar convencer o eleitorado de que o voto por um partido A ou B tenderá a acarretar uma melhoria imediata de padrão de vida da maioria da população. Isso cria uma demanda por estímulos à economia e pela expansão do gasto público, que não deve ser desprezada. Por outro lado, uma vez no governo, o partido que fez tais promessas tem propensão a "ofertar" essa política, fruto do receio de frustrar o eleitorado e com isso afetar negativamente as suas condições de governabilidade.

A tentativa de evitar a qualquer custo os possíveis efeitos recessivos das políticas anti-inflacionárias contrasta com o caráter mais palatável que estratégias contencionistas costumam ter nos meios políticos dos países avançados. Não é difícil entender o porquê. Nestes países:

- O baixo crescimento populacional impede que uma contenção do PIB gere um impacto proporcionalmente muito maior sobre o PIB *per capita*.
- A taxa de variação da população economicamente ativa (PEA), que gera o fluxo de mão de obra adicional que ingressa, a cada ano, no mercado de trabalho, é relativamente pequena, como resultado da consolidação da participação da mulher no mercado de trabalho e do baixo crescimento populacional.
- O alto padrão de vida e de consumo da população constitui um "colchão" que permite a esta poder arcar com eventuais cortes na despesa familiar, que não chegam a afetar o consumo de bens essenciais.
- O nível e a generalização do seguro-desemprego atenuam consideravelmente os efeitos sociais de uma política recessiva.

O contraste com os países em desenvolvimento é evidente. De fato, em contraposição a essas características, estes tendem a apresentar, respectivamente:

- Uma taxa de crescimento populacional ainda relativamente elevada.
- Uma maior taxa de expansão da PEA, comparativamente aos países desenvolvidos.
- A existência de uma renda *per capita* significativamente inferior à do primeiro mundo e de desigualdades distributivas muito maiores, o que faz com que o custo de um eventual ajustamento afete o consumo de bens essenciais por parte de uma parcela expressiva da população.
- A inexistência de uma rede de proteção social com a extensão e o nível de remuneração dos países do primeiro mundo.

Em consequência, da mesma forma que existem restrições vinculadas, por exemplo, à capacidade física ou ao setor externo, há também uma "restrição social" que pode tender, se não limitar, a capacidade de atuação dos governantes, pelo menos a inibir a adoção, por parte destes, de políticas de natureza fiscal contencionista. Tal restrição, por sua vez, tende a ser maior, em função dos argumentos mencionados, nos países menos desenvolvidos.

O que foi dito nesta seção não deve induzir o leitor ao julgamento equivocado de que a política econômica "correta" que se deve perseguir permanentemente no Brasil é de natureza contencionista. Delfim Netto, com a experiência de ter conduzido duas vezes a economia brasileira, a longo prazo, declarou certa vez que *"programas que visam a produzir equilíbrio fiscal só dão certo em regimes de crescimento"*.[4] Isso porque o crescimento tende a elevar o valor da receita, o que, combinado com uma contenção na expansão do gasto, tende gradualmente a reduzir o déficit público.

O problema é que, no caso específico do Brasil, a necessidade de estabelecer um ambiente macroeconômico apropriado para as decisões de longo prazo dos agentes econômicos pode, eventualmente, incluir uma contenção do gasto público, como forma de obter um ajustamento rápido do déficit, antes que a melhora da receita produza resultados. Essa contenção, por sua vez, é mais fácil de ser obtida no início de uma gestão de governo do que no final, quando já se verificou o desgaste do exercício do poder. Nessa fase de ajuste, o governo deve tentar conseguir manter o apoio da população, antes porém que os bons resultados de médio e longo prazo das suas políticas, em termos de bem-estar da população, possam ser visíveis. O fato só faz ressaltar a atualidade da antiga máxima de que um dos maiores desafios da política é o de conquistar a confiança antes do êxito.

Populismo e ciclos econômicos

A justificativa para o que foi denominado "ciclo político invertido" baseou-se no argumento da existência de restrições políticas ou sociais à adoção de medidas fiscais impopulares. A análise, porém, foi algo viesada, pelo fato de não ter levado em conta os possíveis problemas da adoção de medidas politicamente lógicas, mas economicamente questionáveis e que no restante da seção serão chamadas de "populistas". Iremos agora analisar as possíveis consequências dessas medidas, embora tendo um viés oposto, pelo fato de, na apresentação das críticas feitas ao populismo, omitirmos a motivação política das ações dos governos. Na vida real, porém, essa omissão não cabe, já que os governantes devem, ao mesmo tempo, levar em conta tanto os *condicionantes políticos e sociais das medidas econômicas, como as consequências econômicas das medidas tomadas com motivação política ou social.*

---

[4] Entrevista ao *Jornal dos Economistas do Rio de Janeiro*, março de 1998, página 13, grifos nossos.

O sentido com que a expressão "populismo" será usado aqui é o de Dornbusch e Edwards, para quem "populismo macroeconômico é a política econômica que enfatiza o crescimento econômico e a redistribuição de renda e não dá ênfase aos riscos da inflação, do financiamento do déficit público e das restrições externas" (Dornbusch e Edwards, 1990, página 247).[5]

A promoção do desenvolvimento e o esforço no sentido de minimizar os conflitos sociais tomam, naturalmente, parte do ideário de qualquer governo. O que caracterizaria as políticas populistas, de acordo com os seus críticos, seria a combinação de:

- Ativismo governamental.
- Redistributivismo a qualquer custo.
- Tentativas de promover o crescimento econômico, independentemente das condições de contexto.
- Ausência da percepção da existência de restrições macroeconômicas.
- Negação das consequências negativas decorrentes de elevados déficits fiscais.

Ressalvadas certas nuanças específicas de cada país, a adoção de políticas econômicas populistas, na visão de Dornbusch e Edwards, seguiria uma sequência marcada pela observação de quatro estágios.[6]

No primeiro estágio, as experiências em questão seriam relativamente bem-sucedidas, uma vez que os países poderiam viver surtos de crescimento, sem ter que arcar ainda com as consequências negativas de políticas mal direcionadas.

No segundo, apareceriam os primeiros problemas, com o surgimento de pontos de estrangulamento, decorrentes do desequilíbrio entre a expansão da demanda e da capacidade de oferta da economia, desequilíbrio esse que causaria problemas no setor externo e sinais claros de inflação.

No terceiro estágio, a inflação cresceria rapidamente, haveria fuga de capitais e a economia sofreria uma desmonetização, em função da própria alta de preços, que provocaria fuga para o dólar e outras reservas de valor.

Finalmente, o último capítulo desse drama seria a restauração ortodoxa – como ocorreu no Chile depois de 1973 e no Peru no Governo Fujimori –, mediante a adoção de planos de estabilização convencionais, incluindo queda dos salários reais e um forte ajuste fiscal e que podem estar acompanhados de

---

[5] Hirschman tem uma definição complementar, segundo a qual "políticas populistas dão algo a alguns grupos sociais, sem tirar nada diretamente de outros".
[6] A análise de Dornbusch e Edwards refere-se aos casos do Chile no início dos anos 1970 e do Peru nos anos 1980. Vários dos seus comentários, porém, são válidos para a análise da experiência brasileira e, particularmente, do fracasso do Plano Cruzado, em 1986.

um empréstimo do FMI, com o consequente monitoramento da economia por parte dos técnicos desse organismo.

Naturalmente, há variações em torno do assunto e políticas populistas não devem necessariamente conduzir a situações extremas. Adicionalmente, cabe fazer a ressalva de que as políticas denominadas "populistas" vão além da política fiscal e abrangem, entre outras coisas, o manejo das políticas monetária, cambial e salarial. O importante, para efeitos deste capítulo, é entender que políticas que incluem um componente de desequilíbrio fiscal – pelo fato de o governo se recusar a cortar o gasto público – podem ter um impacto negativo na economia, seja pelas eventuais consequências inflacionárias ou pelo aumento da dívida pública. No limite, inclusive, a médio prazo, tais políticas podem se revelar contraproducentes até mesmo em relação à variável que se pretende preservar – o nível do gasto público –, se o ajuste tiver que ser feito posteriormente com um nível de endividamento público – e, portanto, de despesa de juros – maior do que o existente no início do processo.

É desejável que as ações dos governos, idealmente, sejam balizadas pela tentativa de evitar duas atitudes opostas. De um lado, os governos devem tentar não cair na tentação do populismo, pelas consequências de médio prazo que podem advir dessas políticas. De outro, cabe esperar que procurem satisfazer as aspirações do eleitorado, que incluem uma melhora das condições de vida – associadas ao crescimento econômico e, muitas vezes, ao aumento do gasto público. Este aumento pode inclusive ser importante para que outras políticas possam ser viabilizadas, levando em consideração que governos com baixa popularidade – mesmo dispondo de maiorias formais no Parlamento – têm maiores dificuldades em aprovar as modificações legais que são por vezes necessárias para a implementação de certas políticas. O ponto de equilíbrio entre esses dois extremos que devem ser evitados é algo muito difícil de definir com precisão – não há uma "receita de bolo" para isso – e se relaciona mais com a habilidade política dos governos do que com a solidez da formação técnica de suas autoridades econômicas.

O PODER DO GOVERNO E A SITUAÇÃO FISCAL

Ajuste fiscal e distribuição de renda

Um dos motivos que explicam por que muitas vezes os governos têm problemas para implementar um ajuste fiscal é a dificuldade de definir sobre quem vai incidir o custo do mesmo. O governo é em geral tratado como um agregado macroeconômico, mas nas decisões envolvendo aumentos de receita e/ou corte de gastos, nota-se a influência que têm os grupos específicos nas definições acerca de como distribuir o esforço de redução do déficit público.

Em outras palavras, é importante lembrar que uma comunidade não é uma entidade homogênea, que paga uma certa quantia X de impostos e recebe um valor Y na forma de bens e serviços oferecidos pelo governo. De fato, *o Estado coleta impostos de um certo conjunto de indivíduos e fornece bens e serviços a outro conjunto, cuja composição é diferente do primeiro.*

O governo deve, então, enfrentar dois tipos de decisão. A primeira diz respeito aos *trade-offs* macroeconômicos tradicionais e, em particular, a dois deles: o intertemporal e a escolha do financiamento. Em relação ao primeiro aspecto, a premissa tradicional da análise é que o ajuste tem efeitos recessivos no presente, mas contribui para gerar um ambiente macroeconômico favorável no futuro. Governos que considerem uma taxa de desconto intertemporal elevada, portanto, terão mais dificuldade em atribuir um peso elevado à melhoria do quadro econômico futuro e, portanto, tentarão evitar incorrer no sacrifício do ajuste, por atribuir maior importância ao bem-estar presente. Em relação ao financiamento, a escolha se dá entre a alternativa de financiar o déficit através da expansão monetária – o que evita aumentar os compromissos futuros de pagamento de juros, mas, dependendo das circunstâncias, pode chegar a ter efeitos inflacionários – ou do aumento da dívida pública – o que minora o risco de inflação, mas em contrapartida tende a elevar posteriormente as despesas financeiras do governo.

Além desses dilemas que qualquer governo enfrenta, há escolhas específicas que as autoridades devem fazer, ao definir um programa fiscal, que contemple uma certa expectativa de resultado das contas públicas. Isto é, assumindo que, em determinadas circunstâncias, um país tenha um certo nível de déficit fiscal, considerado elevado por parte de alguns analistas, o governo deve (a) decidir *se* vai fazer o ajuste ou não e (b) no caso de optar pela sua implementação, decidir *como* fazer esse ajuste, isto é, definir sobre quem incide o peso do mesmo. O Quadro 13.1 dá uma ideia das alternativas envolvidas na decisão.

Além das alternativas do Quadro 13.1, existe a possibilidade de a melhora fiscal se dar nas contas de estados e municípios, mas em relação a isto há duas ressalvas a fazer. A primeira é que o princípio federativo limita a possibilidade de ingerência direta do governo federal nas administrações das unidades subnacionais. E a segunda que, mesmo tendo algum espaço de atuação para as autoridades centrais, ligado ao maior controle das fontes de financiamento, o governo federal pode no máximo induzir estados e municípios a se ajustarem, mas não tem como definir se esse ajustamento deve se dar com base no aumento de impostos ou no corte de despesas. O importante, no quadro, é notar que passar da retórica de que "é preciso reduzir o déficit público" para a prática efetiva do ajuste envolve tomar uma série de decisões.

QUADRO 13.1
Alternativas de ajuste fiscal

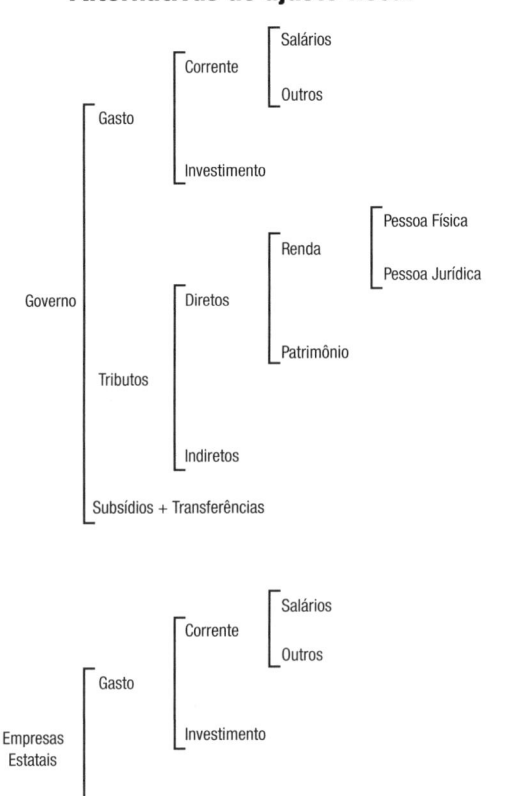

```
Governo
├── Gasto
│   ├── Corrente
│   │   ├── Salários
│   │   └── Outros
│   └── Investimento
├── Tributos
│   ├── Diretos
│   │   ├── Renda
│   │   │   ├── Pessoa Física
│   │   │   └── Pessoa Jurídica
│   │   └── Patrimônio
│   └── Indiretos
└── Subsídios + Transferências

Empresas Estatais
├── Gasto
│   ├── Corrente
│   │   ├── Salários
│   │   └── Outros
│   └── Investimento
└── Tarifas
```

Em resumo, o número de combinações possíveis, envolvendo as opções de ajustamento, é muito grande. Obviamente, as diversas alternativas não são excludentes entre si. Cada uma delas afeta um conjunto específico de pessoas. O que se pretende é mostrar que *uma mesma magnitude global de redução do déficit é compatível com vários desenhos desse ajustamento*.

A rigor, a ramificação de opções do quadro poderia continuar, o que não foi feito tão somente para simplificar a análise. Apenas para dar uma ideia da complexidade dessas decisões pode-se dizer, porém, tomando como referência alguns itens à direita de cada chave – isto é, o ponto extremo da ramificação –, que a opção pelo corte de gastos correntes deve ser acompanhada da decisão a respeito de que ministérios devem ser mais afetados; ou que a elevação do imposto de renda da pessoa física envolve ainda a decisão de fazer isso através do aumento generalizado de alíquotas, do aumento só das faixas superiores, ou ainda de uma redução do limite de isenção, para fazer com que mais indivíduos paguem imposto.

O poder de arbitragem do governo

A possibilidade de atacar o problema fiscal por parte de um governo relaciona-se com a sua capacidade política de comandar uma articulação de forças, em condições de fazer valer um determinado projeto nacional. Consequentemente, para entender as razões do desequilíbrio fiscal de um país, é preciso ir além dos estreitos limites da teoria econômica e ingressar no terreno da ciência política.

Isto nos remete ao conceito de *governance*, entendido como o poder de um governo de efetivamente fazer valer as suas políticas. Mais especificamente, o termo contempla mais de uma dimensão. Em particular, ele implica: (a) capacidade de *comando* do Estado, isto é, força para definir e implementar políticas públicas e (b) capacidade de *coordenação* do mesmo Estado para levar em consideração uma diversidade de interesses conflitantes, estabelecendo prioridades e conciliando objetivos, no contexto do jogo democrático (Diniz, 1995).

Pode-se dizer que os conflitos sociais são compatíveis com o controle rígido das finanças públicas, quando se verifica uma das seguintes condições:

- O grau de conflito social é baixo e há uma predisposição dos diferentes grupos a aceitarem medidas "duras", mesmo que indesejáveis.
- O grau de conflito social é alto, mas um dos grupos é claramente hegemônico e tem força suficiente para se impor diante dos outros, aprovando o que for necessário para a viabilização do ajuste, seja através do Parlamento ou por meio de um regime de força.
- Independentemente do grau de conflito social, mesmo não existindo um grupo político claramente dominante, a formação de uma coalizão de grupos ou um amplo entendimento nacional viabilizam a aprovação de um projeto orçamentário ajustado e compatível com a estabilidade desejada.

O "MEIO-TERMO PONDERADO"

Certa vez, em 1998, um colega nosso, assessor de um parlamentar no Congresso Nacional, estava conversando com o deputado a quem assessorava, tentando convencê-lo da necessidade de reformar a previdência social, para evitar um colapso das contas públicas a médio prazo, pela queda da relação entre contribuintes e inativos. Naquela época, a Câmara dos Deputados estava votando a reforma previdenciária, em um processo que se caracterizava pelo fato de que, a cada destaque votado, a proposta do governo era modificada um pouco mais. No final, esse processo levou a uma descaracterização do projeto oficial, tornando uma proposta que inicialmente tinha certo potencial de mudar o quadro previdenciário em uma reforma tímida e que quase não alterava o *status quo*. Como vimos no Capítulo 11, o sistema previdenciário brasileiro no final dos anos 1990 tinha uma série de problemas graves e era necessário que sofresse uma mudança profunda. Entretanto, após ouvir o seu assessor, o parlamentar concluiu: "Não estou entendendo: afinal de contas, nós chegamos a um meio-termo ponderado." Na verdade, o "meio-termo ponderado" estava muito mais próximo da situação precedente que da proposta original do governo. O fato só ressalta a necessidade de o governo ser convincente nas discussões e nas negociações políticas com os parlamentares, que – como é natural – tendem a não ver com bons olhos a aprovação de matérias impopulares.

O que foi dito não constitui um esquema rígido e é possível encontrar situações em que se combinam algumas das características citadas. O que é importante resgatar é que o estado das finanças de um governo não é uma mera questão econômica, mas depende, em boa medida, do poder político deste. Na ausência de condições políticas favoráveis, é natural que surja um desequilíbrio fiscal.

Por isso, dada uma situação de desequilíbrio fiscal agudo, a resolução do mesmo exige que se chegue antes a um desfecho para a questão política de definir *quem paga o quê*. Isto, ao longo da história, foi por vezes conseguido em 24 horas, quando um grupo ou aliança de grupos políticos e sociais impôs-se ao conjunto da sociedade através de uma ação *manu militari*. Outras vezes, porém, a passagem de uma situação de fragilidade política – caracterizada pela ausência de um grupo claramente hegemônico – para outra, com um governo de poder efetivo, exige anos de amadurecimento e reflexão dos diferentes atores políticos e sociais, durante os quais as alianças são redefinidas e as posições vão sendo decantadas paulatinamente.

Sem a pretensão de definir uma taxonomia definitiva sobre o tema, mas apenas com o intuito de fazer uma reflexão ordenada, é útil procurar apontar alguns dos "modelos" teóricos possíveis, através dos quais se pode sair de uma situação de desequilíbrio fiscal, associada a uma indefinição política. Tais alternativas são as seguintes:

a) Pacto de governabilidade entre partidos majoritários.
b) Entendimento nacional.
c) Hegemonia imposta em um regime de força.
d) Hegemonia "clássica".

No caso do *pacto de governabilidade*, em face de uma virtual impossibilidade de administrar o país na presença de uma oposição sistemática dos adversários, os partidos majoritários somam esforços no sentido de definir certas regras do jogo que permitem a aprovação de mudanças essenciais para sair de uma crise. O exemplo típico desse caso é o acordo assinado em Israel nos anos 1980 entre o Likud e o partido trabalhista, depois de anos de disputas entre ambos os partidos e como parte dos esforços de Israel para debelar definitivamente o problema da alta inflação. Em geral, trata-se de acertos políticos que não se prolongam muito no tempo, mas são essenciais para a aprovação de leis importantes, em um momento específico da vida dos países.

Uma variante dessas coalizões é o caso do *entendimento nacional*, que tende a ser decorrente de uma situação dramática, como uma guerra e/ou uma crise econômica de proporções muito agudas. Estabelece-se então o que poderia ser qualificado como um "sentimento de estar no mesmo barco", o que reduz a predisposição de grupos individuais a fazerem oposição às políticas governamentais. A hiperinflação, de acordo com algumas interpretações, teria esse papel catalisador, ao levar os agentes a aceitarem a adoção de medidas para escapar de uma situação-limite, medidas essas vistas como "saneadoras" e que não seriam aceitas em outras circunstâncias. O acordo político em favor do programa de estabilização implementado na Bolívia em 1985, por exemplo, pode ser enquadrado nessa categoria.

A *solução de força*, através da conquista do poder por parte dos militares não é, *per se*, condição suficiente para que se atinja uma situação de hegemonia autoritária. Para isso, é necessário que, além da mudança no comando do país, a nova situação política seja acompanhada por três condições: (a) uma base socioeconômica sólida de apoio ao governo; (b) a existência de um projeto claro para o país e (c) a participação de uma tecnocracia eficiente, que execute a política definida nos círculos decisórios do poder. Na ausência dessas condições, as políticas do governo tendem a continuar não apresentando soluções para os problemas nacionais, como ocorreu, por exemplo, com o estrondoso fracasso dos militares no exercício do poder na Argentina, depois de 1976. Os paradigmas de êxito econômico, em contraposição a esse exemplo, podem ser considerados os casos do regime brasileiro de 1964 – particularmente antes dos problemas experimentados a partir da primeira crise do petróleo – e do Chile sob o governo militar, depois de 1973.

Por último, no modelo de *hegemonia clássica*, à la Gramsci, a mudança política ocorre subitamente, como resultado, porém, de um processo de anos, nos quais um partido vai ganhando apoio e legitimidade na sociedade, até conquistar o governo pelo voto, com maioria absoluta. O melhor exemplo disso é o processo que se seguiu à redemocratização espanhola e que culminou com a vitória eleitoral do Partido Socialista Operário Espanhol (PSOE), anos depois. A transição política espanhola foi celebrada internacionalmente através dos acordos que constituíram o chamado "pacto de Moncloa". Entretanto, o passo fundamental para a fase de prosperidade da Espanha nos anos 1980 foi a eleição de um *premier* com maioria estável, na figura de Felipe González, a partir de 1982, que acabou com a sucessão de governos frágeis e coalizões parlamentares instáveis, quando nenhuma ideologia contava com forças suficientes a ponto de se impor diante da sociedade.

Esse esboço de esquematização não é inflexível. Há situações que podem ser enquadradas em mais de um modelo. Da mesma forma, há outras que seriam difíceis de classificar em uma dessas categorias analíticas. Nosso propósito fundamental, aqui, não foi o de construir camisas de força teóricas para "encaixar" todos os casos nacionais possíveis, mas apenas dar ao leitor uma ideia do entrelaçamento existente entre a solução dos problemas econômicos e a superação do impasse político que muitas vezes está na gênese da perpetuação dessas dificuldades.

IMPASSE DISTRIBUTIVO E PARALISIA FISCAL[7]

A relação entre os problemas fiscais e a distribuição dos ônus do ajustamento entre os diferentes setores sociais pode ser ilustrada com base no seguinte paralelo: "Por analogia com um meio de transporte coletivo, o orçamento pode ser considerado um ônibus cuja fileira de poltronas à esquerda está reservada para os contribuintes [isto é, aqueles que pagam os impostos] (que costumam deixar muitos espaços livres), enquanto a da direita está destinada aos beneficiários do gasto (com vagas que são objeto de disputas acirradas). Todos querem subir no ônibus e sentar do lado direito e ninguém quer descer nem passar para o lado esquerdo" (CEPAL, 1998, página 119).

O problema-chave, portanto, para a resolução da crise fiscal de um país é a definição de como distribuir a incidência do ajustamento. Há uma vasta literatura, no debate sobre temas das finanças públicas, referente à existência de uma tendência "natural" ao aparecimento de déficits, em uma sociedade com grupos organizados. Isto tem a ver com o problema do *free rider* – expressão que poderia ser traduzida como "agente oportunista" –, comum a vários campos da teoria econômica.[8] Esse problema resulta da existência de uma ação coletiva destinada a satisfazer um objetivo comum, com benefícios para todos os membros dessa comunidade, com a particularidade de que alguns indivíduos podem usufruir as vantagens dessa situação sem incorrer, porém, nos custos associados a isso.

---

[7] Sobre este ponto, ver Franco (1995a).
[8] Uma outra definição do *free rider* é considerá-lo o "agente que pega carona no esforço dos outros".

ONDE CORTAR?

Composição das despesas de OCC – Poder Executivo – Média 2005/2014

Item	Composição (%)
Ministério da Saúde	42,3
Ministério do Desenvolvimento Social	13,6
Ministério da Educação	13,6
Outros ministérios	30,5
Total	100,0

Obs.: Exclui despesas com Projeto Piloto de Investimento e Plano de Aceleração do Crescimento, sentenças judiciais, créditos extraordinários e outras despesas obrigatórias.
Fonte: Secretaria do Tesouro Nacional (STN).

Na segunda metade dos anos 1990, um dos grandes "vilões" do déficit público foi o aumento das despesas de OCC do governo central. O cidadão comum, lendo as matérias sobre a dimensão do desequilíbrio fiscal, pode muitas vezes julgar que esse desequilíbrio decorre de puro e simples desperdício. Trata-se, porém, de uma análise simplista da realidade. Quando o governo, em 1998, na elaboração do orçamento de 1999, premido pela necessidade de fazer um ajuste fiscal duro para reconquistar a confiança na política econômica que tinha sido em parte perdida, teve que fazer cortes no OCC, defrontou-se com o fato de que cada item do orçamento tinha defensores com argumentos perfeitamente válidos. Preservar a área da saúde é uma reivindicação legítima do ministro da pasta, em qualquer país do mundo, assim como o investimento na educação, a recuperação de estradas a cargo do Ministério dos Transportes, a realização da reforma agrária etc. A questão-chave é como enquadrar todas essas aspirações em um orçamento que é sempre inferior à soma das demandas. A decisão acerca da alocação dos recursos da proposta orçamentária é do presidente da República, como chefe do Poder Executivo, cabendo ao Legislativo a possibilidade de remanejar despesas de um órgão para outro, por ocasião da votação posterior do orçamento. Nos governos Lula e Dilma, os ministérios da Saúde, Educação e Desenvolvimento Social representaram 70% das "outras despesas", o que dá uma ideia da dificuldade política que os governos têm para implementar cortes.

O "bem público", isto é, o *benefício*, neste caso, é o equilíbrio fiscal ou, alternativamente, a estabilidade da relação dívida pública/PIB, entendidos como um "bem" por constituírem um marco adequado para o crescimento econômico e elemento importante – embora não suficiente – para a obtenção ou manutenção da estabilidade de preços. O *custo* para que isso seja possível é a taxação específica incidente sobre cada agente econômico em particular.

Como se sabe, um dos problemas típicos da literatura de finanças públicas é o de como ratear os custos da produção dos bens públicos entre a população, já que é impossível determinar, *a priori*, o benefício efetivo que cada indivíduo derivará de sua utilização. Estando a favor do ajustamento e da estabilidade de preços, os agentes, individualmente considerados, tendem a evitar arcar com o ônus do ajustamento, pressionando o Poder Executivo para "ficar de fora" desse esforço coletivo. Para entender a lógica desse comportamento, iremos adotar as seguintes hipóteses:

a) A existência de um desequilíbrio orçamentário é vista pela maioria dos agentes econômicos como um problema, pelo risco de esse desequilíbrio ser financiado pelo imposto inflacionário.[9]

b) O desequilíbrio resulta de um somatório de decisões fiscais específicas, entendidas como a realização de uma despesa e/ou a concessão de uma isenção tributária que beneficia um grupo particular dentro do setor público – por exemplo, o funcionalismo – ou fora dele – como os fornecedores de produtos ou os empresários que gozam de alguma renúncia fiscal.

c) O desequilíbrio pode ser resolvido através da aprovação de medidas em favor do ajustamento, tais como a redução ou eliminação de despesas e o aumento ou criação de um tributo, incidindo sobre um agente ou conjunto de agentes econômicos.

d) A diminuição ou o desaparecimento do desequilíbrio fiscal implica minorar o risco de que cada agente em particular seja chamado a "pagar" o imposto inflacionário.

Os agentes, portanto, preferem uma combinação pela qual o imposto inflacionário desapareça, mas o benefício específico de cada agente permaneça. Desse modo, a difusão dessas atitudes defensivas gera uma forma de "*falácia de composição*", pois, embora para cada indivíduo seja possível reduzir o déficit público, sem que ele venha a ser penalizado – desde que "os outros" incorram no sacrifício –, é obviamente impossível obter esse resultado preservando os benefícios de todos os indivíduos.

A coexistência, de um lado, de um *benefício específico expressivo* recebido por categoria beneficiada e, de outro lado, um *custo específico pequeno*, representado pela parte que caberia do imposto inflacionário a essa categoria, gera como resultante, para cada agente que recebe benefícios, a recusa à redução do "seu" benefício específico. Isto porque o benefício é maior do que a parcela individual do eventual "rateio" do imposto inflacionário pela sociedade como um todo. Consequentemente, a vantagem derivada da estabilidade de preços, para o agente

---

[9] O raciocínio pressupõe que a distribuição do imposto inflacionário é homogênea entre todos os indivíduos. Isso, entretanto, não corresponde plenamente à realidade, já que alguns agentes se protegem melhor do que outros da inflação. A simplificação visa evitar complicações desnecessárias para o argumento.

> **"EU QUERO PAPEL-MOEDA"**
>
> Um dos problemas enfrentados pelas autoridades econômicas no Brasil – e muitas vezes, também, em outros países – é que os políticos da base de apoio parlamentar do governo querem receber os bônus dos bons resultados da política econômica, mas tentam evitar os ônus desta, negando-se a apoiar algumas das medidas do governo do qual tomam parte. No início dos anos 1990, por exemplo, uma influente liderança política da base de sustentação do presidente da República naquela ocasião, reclamando das promessas de verbas não cumpridas que a equipe econômica aceitara colocar no orçamento, mas não liberava – o que era um expediente comum de controle fiscal –, declarou que não bastavam novas promessas no orçamento e sim o cumprimento deste, dizendo: "Não quero dinheiro no papel. Eu quero papel-moeda." A frase simboliza as dificuldades envolvidas na adoção de uma estratégia de ajustamento fiscal.

que recebe um benefício fiscal, é menor do que o prejuízo acarretado pela queda ou eliminação do benefício fiscal ou tributário específico que é por ele usufruído.

Nesse raciocínio, estamos supondo que existe alguma forma de racionamento no acesso aos "guichês" do Tesouro e que este atende apenas a alguns agentes, ficando outros de fora. Se esses guichês fossem abertos para todos da mesma forma, ter-se-ia um "jogo de soma zero", já que à distribuição homogênea do imposto inflacionário corresponderia um perfil, também homogêneo, dos benefícios. A paralisia que resulta da *assimetria* entre custos e benefícios é explicada pelo fato de que *os grupos de beneficiados costumam ter força política suficiente para bloquear as iniciativas destinadas a cortar seus benefícios, mas não têm o poder de impor uma taxação direta ao resto da sociedade*, o que pode gerar uma tendência ao desequilíbrio entre receita e despesa.

O problema não se restringe ao fato de nenhum grupo social ter condições de impor uma taxação específica aos demais, para financiar a despesa – ou a isenção – da qual o grupo se beneficia, já que também não há estímulos para que ele atue desse modo. Ou seja, não é apenas uma questão de falta de força política, mas também de ausência de incentivos, já que cada grupo atua a favor de si mesmo, mas não *contra* os outros, nem contra as concessões fiscais que outros grupos podem ter.

Imagine o leitor, por exemplo, o debate acerca da inclusão, no orçamento, de uma verba que beneficie com um subsídio algum setor específico. Evidentemente, esse setor estará disposto a se mobilizar intensamente, fazendo *lobby* junto aos parlamentares, para que a verba seja aprovada. Ao mesmo tempo, dificilmente alguém vai se mobilizar para votar contra a concessão dessa verba, já que nenhum grupo social em particular é muito afetado negativamente por ela. A proliferação desse tipo de comportamento, contudo, tem como resultante natural a tendência ao surgimento de um desequilíbrio. O Poder Executivo, portanto, sofre pressões localizadas poderosas no sentido de impedir cortes de gastos ou de isenções, sem que, em contrapartida, surjam pressões equivalentes na direção contrária, o que tende a paralisá-lo, impedindo que reaja à altura da gravidade da situação de desequilíbrio que pode estar sendo criada.

A MULTIPLICIDADE PARTIDÁRIA E A DISTORÇÃO DA REPRESENTAÇÃO REGIONAL

Multiplicidade partidária e bloqueio fiscal

A situação antes descrita corresponde a um impasse, associado à existência, no Congresso, do que se qualifica como "coalizões bloqueadoras" das iniciativas governamentais em favor do ajuste. Uma situação de "bloqueio fiscal" pode ser definida como um contexto no qual:

a) O governo não tem sustentação parlamentar para conseguir manter uma política de ajustamento o tempo necessário para que esta dê frutos.[10]

b) Os grupos prejudicados pelo ajuste têm poder de veto sobre as iniciativas oficiais.

c) Há uma grande dificuldade, da parte de setores expressivos da sociedade e do Congresso Nacional, em perceber os custos que representa para o país a ausência da adoção de medidas de ajustamento.

As dificuldades para a aprovação dessas medidas aumentam com a constituição de "prioridades negativas" por parte de grupos sociais, com poder de representação direta ou de influência sobre os parlamentares.

Suponha-se, à guisa de exemplo, que uma categoria com força no partido A tenha um forte interesse em evitar a aprovação de uma medida de ajustamento, aqui chamada de "proposta 1", que implicaria uma perda de renda para ela, seja pela redução do gasto público, seja pelo aumento da carga tributária sobre essa categoria. Admita-se que esta seja indiferente à votação de uma segunda medida, aqui chamada de "proposta 2", que implica prejuízos para uma outra categoria, com força de representação no partido B e que é indiferente à "proposta 1". Isoladamente, nenhuma das duas categorias teria força para evitar a

---

[10] Cabe notar que a noção de "sustentação parlamentar", neste caso, refere-se ao apoio efetivo da bancada oficialista às propostas do governo. Muitas vezes, um governo pode ser formalmente majoritário na composição parlamentar, mas se na prática parte dessa base de deputados e senadores vota contra o governo em assuntos importantes a maioria formal é pouco relevante.

aprovação da legislação em discussão. Entretanto, se os partidos A e B unirem esforços, juntos podem votar reciprocamente em favor dos interesses do outro, impedindo a aprovação tanto da primeira como da segunda proposta. Isso porque os membros de A ajudariam os membros de B na votação correspondente, em troca do apoio dos membros de B na votação de interesse de A.

No caso brasileiro, a dificuldade para a aprovação de medidas de ajustamento fiscal, que costumam ser impopulares, é acentuada pelo quadro de fragmentação partidária, que dificulta a formação de maiorias estáveis e coesas (Tabela 13.1).[11] Mesmo que formalmente um governo possa ser apoiado por uma coalizão de vários partidos, se a harmonia e o apoio amplo dentro de um mesmo partido já são difíceis de obter, isso é mais complexo ainda quando um governo se sustenta no apoio de vários partidos. Isto porque, por um lado, contar com um apoio *genérico* amplo de partidos é importante para ter condições de governar o país, mas por outro, porém, quanto mais amplo é esse apoio, mais difícil é obter consenso entre os partidos para o apoio a questões *específicas* que estejam sendo discutidas. As votações tendem então a ter resultados que envolvem combinações de apoios que se modificam no tempo, com algumas propostas sendo aprovadas com os votos de A, B e C; outras com o voto de B, C e D; e assim sucessivamente, compondo maiorias instáveis e pouco sólidas.

A Tabela 13.1 dá uma ideia dos problemas que um governo deve enfrentar no Brasil para conquistar apoio às suas propostas, no Parlamento. Os traços mais marcantes do quadro exposto, referente às eleições realizadas no final de 2014 – que deram origem aos mandatos iniciados em 2015 – são os seguintes:

a) Nenhum partido, isoladamente considerado, chegava a ter sequer 15% do total de deputados.

b) O partido do presidente da República na época do início do Governo Dilma, mesmo tendo uma representação importante, tinha menos de 14% dos deputados.

c) Havia 28 partidos com representação na Câmara dos Deputados.

d) Para aprovar uma mudança constitucional, que requer o apoio de pelo menos do Congresso – no caso dos deputados, 308 votos –, era necessário formar uma coalizão entre pelo menos sete partidos.

e) Em um universo de 513 parlamentares, havia sete partidos com mais de 30 deputados e 10 partidos com mais de 20 deputados.

---

[11] Cabe registrar que esta é a opinião dos autores, embora baseada em parte da literatura. Outra parte da literatura, contudo, não atribui maior relevância a essa fragmentação, argumentando, entre outras coisas, que muitos dos partidos menores tendem a compor com o governo. O fato, nos parece, de qualquer forma, é que a barganha política se torna mais difícil em circunstâncias em que a multiplicidade de partidos é grande. Para uma abordagem contrária a esse ponto de vista, ver Nicolau (1996).

TABELA 13.1
Distribuição das bancadas partidárias na Câmara de Deputados – Eleitos 2014

Partidos	Deputados	Participação (%)
PT	70	13,6
PMDB	66	12,9
PSDB	54	10,5
PSD	37	7,2
PP	36	7,0
PR	34	6,6
PSB	34	6,6
PTB	25	4,9
DEM	22	4,3
PRB	21	4,1
PDT	19	3,7
SD	15	2,9
PSC	12	2,3
PROS	11	2,1
PCdoB	10	2,0
PPS	10	2,0
Outros (a)	37	7,2
Total	513	100,0

(a) Corresponde à representação de doze partidos com menos de dez deputados cada um.
Fonte: Tribunal Superior Eleitoral (TSE).

Esse panorama contrasta fortemente com o de países com uma história de décadas – às vezes, até mesmo séculos – de vigência ininterrupta da democracia e, portanto, com sistemas políticos consolidados e um pequeno número de grandes partidos e onde a negociação política no Parlamento é, de certo modo, mais fácil e/ou a obtenção de um certo grau de consenso é mais factível.

Política fiscal e representação regional

Às questões comentadas, soma-se no Brasil a existência de uma série de distorções, relacionadas com a composição da Câmara dos Deputados, em função da existência de um piso alto e de um teto baixo para a representação parlamentar por estado. O resultado disso pode ser visto na Tabela 13.2.

A distorção originou-se do chamado "pacote de abril" de 1977, quando o governo da época, valendo-se das possibilidades legais permitidas pelo regime de exceção, fechou temporariamente o Congresso Nacional, introduzindo uma série de mudanças. Uma delas foi a adoção de um piso elevado para a representação dos estados menores – em que a ARENA, o partido do governo na fase do bipartidarismo, era mais forte –, acompanhada de um teto para a representação de São Paulo – em que o MDB, a oposição da época, era majoritário. A distorção foi posteriormente agravada, na fase de redemocratização do país, por ocasião da aprovação da Constituição de 1988, que aumentou o piso

TABELA 13.2
Distribuição das bancadas e do eleitorado por estado – 2014

Estado	População (%)	Composição da Câmara Deputados	(%)
Norte	*8,5*	*70*	*13,6*
Rondônia	0,9	8	1,6
Roraima	0,2	8	1,6
Amapá	0,4	8	1,6
Acre	0,4	8	1,6
Amazonas	1,9	9	1,8
Pará	4,0	21	4,1
Tocantins	0,7	8	1,6
Nordeste	*27,7*	*147*	*28,7*
Rio Grande do Norte	1,7	8	1,6
Bahia	7,5	39	7,6
Maranhão	3,4	18	3,5
Piauí	1,6	8	1,6
Ceará	4,3	24	4,7
Pernambuco	4,6	24	4,7
Paraíba	1,9	10	1,9
Alagoas	1,6	8	1,6
Sergipe	1,1	8	1,6
Centro-Oeste	*7,5*	*41*	*8,0*
Distrito Federal	1,4	8	1,6
Goiás	3,2	17	3,3
Mato Grosso	1,6	8	1,6
Mato Grosso do Sul	1,3	8	1,6
Sudeste	*42,0*	*179*	*34,9*
Espírito Santo	1,9	9	1,8
Rio de Janeiro	8,2	45	8,8
Minas Gerais	10,2	55	10,7
São Paulo	21,7	70	13,6
Sul	*14,3*	*76*	*14,8*
Paraná	5,5	29	5,7
Santa Catarina	3,3	17	3,3
Rio Grande do Sul	5,5	30	5,8
Total	100,0	513	100,0

Fonte: Tribunal Superior Eleitoral.

da representação dos estados menores e transformou territórios – com representação menor – em estados.[12]

Com isso, atualmente, um estado como Roraima, com 0,2% da população, elege oito deputados, ou 1,6% do total da Câmara, enquanto o estado de São

---

[12] A palavra "distorção" envolve um conteúdo crítico. O tema, porém, admite certa controvérsia. A argumentação em favor do sistema de um piso elevado, combinado com o teto para a representação paulista, é feita pelos seus defensores em nome do federalismo e se baseia no princípio de que os estados menores devem contar com um contrapeso ao poder econômico de São Paulo, para não serem "esmagados" pelos interesses deste. O contra-argumento é que essa é justamente a razão da representação igualitária no Senado Federal, o que dilui a força dos estados mais fortes.

Paulo, com 21,7% da população, elege 70 deputados, ou menos de 14% do total, o que significa dizer que, proporcionalmente, o voto de um eleitor de Roraima tem um valor 12 vezes maior do que o de um paulista.[13]

Os 12 estados que têm o piso mínimo de representação por estado correspondem a 12,9% da população, mas têm 96 lugares na Câmara, ou 18,7% do total. Portanto, as regiões Norte, Nordeste e Centro-Oeste – onde os 12 estados se localizam – estão super-representadas, pois, com 44% da população, reúnem a maioria *absoluta* dos deputados – 258 ao todo.

A importância disso é dupla. Por um lado, no terreno político, a correção dessa distorção que afeta o princípio de "um homem, um voto" exigiria a redução do piso da representação por estado, redução essa à qual, naturalmente, as regiões que perderiam representação se opõem. Por outro, no terreno econômico, as bancadas regionais – em geral, mais coesas do que os partidos – das áreas geográficas super-representadas tendem a ter um peso decisivo no momento de decidir a alocação dos recursos e a eventual incidência dos custos de um ajustamento. Isso lhes permitiu, tradicionalmente, bloquear as recorrentes iniciativas de vários governos no sentido de, por exemplo, diminuir os incentivos fiscais que beneficiam essas regiões, o que dificulta os esforços de ajustamento do setor público.

Instituições, democracia, persuasão

Em capítulos anteriores, discutimos os problemas que podem decorrer da observação de déficits elevados por um longo período de tempo, devido ao risco de aumento dos preços e/ou do crescimento sistemático da relação dívida/PIB. Neste capítulo, em contrapartida, tentamos mostrar para o leitor que, independentemente dos erros de política econômica que os governos possam cometer, o resultado fiscal de um país pode não ser o que as autoridades desejam, tendo em vista que há uma série de agentes econômicos, políticos e sociais que, pressionando por verbas públicas ou por isenções fiscais, diretamente ou por meio dos seus representantes, influenciam a situação das contas públicas.[14] A superação dos desequilíbrios que decorrem da combinação de pressões por mais gastos e menos impostos está longe de ser um desafio trivial. Em qualquer país, a solução desses problemas, nos limites da democracia, exige uma correta percepção da natureza política da questão, além de uma boa dose de paciência, à espera de que a situação fiscal possa melhorar gradualmente, com base nas iniciativas que o governo pode tomar.

---

[13] Um caso digno de citar é o que aconteceu com o estado de Goiás, que tinha três senadores e 17 deputados antes da Constituição de 1988. Com a criação do Distrito Federal (DF) e do estado de Tocantins, o mesmo espaço geográfico e praticamente a mesma população passaram a ter, poucos anos depois, uma representação muito maior, de nove senadores – três por estado, incluindo Brasília – e 33 deputados – os 17 originais e o piso de oito de cada nova unidade.
[14] Sobre essas questões, recomenda-se também a leitura de Alesina e Drazen (1991).

O TRÂMITE LEGISLATIVO

Muitas das demandas que por vezes são feitas ao governo deixam de levar em conta que, em matéria de legislação, quem tem a última palavra é o Congresso Nacional. É importante entender quais são os instrumentos legais que o governo tem para atuar. O de uso mais simples é a medida provisória, que pode ser utilizada para uma série de iniciativas e passa a ter força de lei no momento da sua edição, mas só tem validade por um mês. Isso significa que, a cada 30 dias, o governo deve reeditar a medida, que pode ser aprovada ou revogada mediante quórum simples – metade mais um dos parlamentares presentes. A mesma maioria simples aprova os denominados projetos de lei, que nesse caso são transformados em lei. A diferença entre a medida provisória e o projeto de lei é que este não tem validade enquanto não é aprovado, ao contrário do que ocorre com aquela, conforme já frisado.

Muito mais difícil é a aprovação de uma emenda constitucional. Esta requer o apoio de pelo menos três quintos dos parlamentares de cada uma das duas casas legislativas, em duas votações em cada casa. Há dois pontos que convém enfatizar. Primeiro, que uma emenda constitucional só vai à votação depois de passar pelas comissões temáticas do Congresso, que fazem uma espécie de "triagem", discutem as questões técnicas e legais pertinentes e eventualmente fazem ajustes na emenda original, antes do encaminhamento da nova versão para votação em plenário. E segundo, que, ao contrário das medidas provisórias e dos projetos de lei, a exigência é de quórum qualificado, isto é, três quintos dos parlamentares, independentemente de eles estarem presentes ou não. Da mesma forma que no caso das leis, uma emenda constitucional pode se desdobrar em várias votações, já que os pontos mais polêmicos são votados isoladamente. Uma emenda pode ser aprovada na íntegra em primeira instância, mas, se algum ponto for destacado e derrubado, a emenda como um todo pode ficar comprometida.

Muitas vezes, uma emenda constitucional afeta a legislação que a ela está subordinada. Parte desses assuntos, em função do que reza a mesma Constituição – que não pode tratar de todos os detalhes pertinentes a um tema –, deve ser objeto do que se chama de "lei complementar". Uma lei complementar é uma lei como as demais, com duas diferenças, porém: a) trata de temas supostamente mais relevantes do que os das leis ordinárias e b) por isso, para ser aprovada, exige quórum qualificado de metade mais um dos parlamentares – e não de metade mais um dos que estão presentes no plenário.

Por último, cabe lembrar que o orçamento é uma lei, que diz onde o governo deve gastar os recursos. Entretanto, ele é meramente autorizativo. Isso significa que o governo não pode gastar, por exemplo, em um ministério mais do que está no orçamento – já que não tem autorização para isso –, mas pode gastar menos. Frequentemente, portanto, os governos se valem dessa prerrogativa, como forma de controlar o gasto público. Isso serve aos objetivos fiscais

> de controle do déficit, mas é ruim por retirar certa importância do papel dos parlamentares, que são os que têm delegação popular direta para decidir como se gastam os recursos públicos. O ideal seria que o Congresso aprovasse um orçamento ajustado e que todos os recursos orçados pudessem ser gastos.

O reconhecimento da necessidade de solucionar uma série de carências de um país – que frequentemente implicam uma pressão por aumentar o gasto público – não deve ser um óbice a que o desequilíbrio fiscal seja atacado pelos governos. Em outras palavras, em que pese a já mencionada importância de os economistas e de o público em geral entenderem a natureza política das questões fiscais, isto não pode ser compreendido como um sinal de que um governo não deve se empenhar no esforço por manter o déficit público sob estrito controle.

A longo prazo, como já foi dito, a única forma possível de atingir uma situação de equilíbrio fiscal sustentável é através do crescimento econômico. Isto porque, mesmo que a curto prazo possam ser feitos cortes, é natural que, com o tempo, o gasto público aumente, pela maior demanda da população por serviços como saúde e educação e pelos compromissos do sistema de seguridade social, associados à necessidade de sustentar um contingente cada vez maior de aposentados, em função do envelhecimento natural da população.

Ao mesmo tempo, é necessário reforçar os mecanismos de controle do resultado das contas públicas. Nesse sentido, uma saída para a perpetuação de déficits, resultantes da natureza não cooperativa das disputas por recursos orçamentários, saída essa adotada por alguns países, tem sido a criação de mecanismos legais de ajustamento, como a definição de um cronograma de redução do déficit – como ocorreu numa época nos Estados Unidos – ou a imposição de tetos para o desequilíbrio fiscal – como nos países europeus que assinaram o Tratado de Maastricht postulando uma unificação monetária e que para se credenciar à adesão ao euro tiveram que ajustar o seu déficit a um máximo de 3% do PIB. Tais medidas constituem passos importantes na direção do *desenvolvimento de instituições* compatíveis com uma sustentação duradoura de um quadro de equilíbrio fiscal ou de estabilidade – e, eventualmente, de declínio – da relação dívida pública/PIB. Outra proposta mais radical, aventada recentemente em foros acadêmicos internacionais, tem sido a criação de algo como um "conselho fiscal" ou "conselho orçamentário", nos moldes de um banco central independente, que funcionasse como uma espécie de "quarto poder" e zelasse pelo cumprimento do equilíbrio fiscal, através da elaboração de um orçamento ajustado. Esta última proposta, porém, não tem avançado além das fronteiras da academia, provavelmente por eliminar o papel tanto do Poder Executivo como do Legislativo, na definição a respeito da alocação dos recursos públicos.

Por outro lado, qualquer dessas propostas – desde a definição de tetos até sugestões mais ousadas, como a mencionada anteriormente – fica condicionada à obtenção de um certo grau de apoio político às medidas pró-equilíbrio fiscal. De fato, a base jurídica de uma sociedade é o reflexo da correlação de forças existente nessa coletividade. Seria, portanto, provavelmente inútil pretender impor a esta, através de tecnicalidades legais, regras que não contem com o amparo, se não de toda, pelo menos de parte substancial dessa coletividade que a legislação pretende regular.

"TEM QUE TER RECURSOS PARA TUDO"

Na campanha eleitoral para a Presidência da República, no Brasil, em 1998, os jornais noticiaram a existência de uma suposta polêmica entre, de um lado, setores políticos ligados ao presidente Fernando Henrique Cardoso, então candidato à reeleição; e, de outro, algumas autoridades da área econômica. Os primeiros estariam querendo que o candidato se comprometesse com o aumento dos recursos destinados aos setores sociais, caso fosse eleito para um segundo mandato. Já as autoridades econômicas veriam com preocupação esse tipo de demanda, por considerar que a satisfação das mesmas não seria compatível com a necessidade de promover uma redução do déficit público, que era de 7% do PIB. Na ocasião, a imprensa atribuiu ao então presidente do Banco Central a tese de que não haveria recursos para cumprir os compromissos que os responsáveis pela campanha eleitoral estavam querendo levar o presidente da República a assumir. Diante disso, o líder de um dos partidos de sustentação da base parlamentar do governo teria questionado o presidente do Banco Central, declarando que "tem que ter recursos para tudo".

O episódio é emblemático dos tipos de conflitos que tendem a surgir, em uma campanha eleitoral, entre a lógica de quem, no terreno político, quer ganhar as eleições – para o que medidas impopulares, como corte de gastos ou aumento de impostos, não são uma boa receita – e a lógica de quem tem como função zelar pela defesa da estabilidade monetária e conhece os limites (*constraints*) impostos pela realidade econômica.

É natural que ideias como a de que há uma hierarquia de prioridades, ou de que as demandas sociais devem ser condicionadas ao respeito à restrição orçamentária, não contem com grande simpatia da parte de quem está disputando uma eleição proporcional para deputado, por exemplo, em que a ênfase da campanha é inevitavelmente no sentido de atender ao pleito da base eleitoral de cada candidato. Essa postura representa a procura do que – na definição irônica de José Serra – seria "uma espécie de ótimo paretiano: qualquer medida é boa se, e somente se, beneficia alguns setores da sociedade, sem trazer prejuízos a nenhum outro" (Serra, 1989, página 104). Os ocupantes de cargos majoritários, porém, defrontam-se com a falta de recursos e tendem a ter uma avaliação mais abrangente e ponderada da situação, que procura compatibilizar o atendimento das reivindicações sociais com a necessidade de manter as finanças públicas sob controle. Isso implica, necessariamente, fazer escolhas e hierarquizar prioridades.

Não basta aos técnicos do governo cientes, por dever de ofício, das limitações da realidade defenderem suas ideias a respeito da necessidade de praticar políticas fiscais austeras. É preciso, também, que eles sejam convincentes na tarefa de explicar a necessidade dessa austeridade, tanto diante da opinião pública em geral como das autoridades eleitas em particular. A respeito disto, vale lembrar a conclusão do ex-Ministro Roberto Campos, no seu livro de memórias (*A lanterna na popa*), no qual lamenta que sua capacidade de compreensão e de previsão tenha sido "... muito superior à minha capacidade de persuasão". O desafio dos técnicos, portanto, é não apenas fazer diagnósticos corretos, mas também conseguir que seus pontos de vista sejam endossados por aqueles que detêm o poder político de decidir. Em outras palavras, espera-se que as autoridades econômicas façam boas análises, mas também que desenvolvam o que merece ser chamado de "a arte da persuasão".

Sugestão de leitura para o aluno: O artigo de Diniz (1995) discute o tema da governabilidade e sua relação com as políticas públicas.

Leituras adicionais para o professor: CEPAL (1998) apresenta um panorama abrangente da situação fiscal e dos diversos temas específicos a isso associados, tendo como referência o contexto latino-americano. O texto de Dornbusch e Edwards (1990) é uma referência obrigatória na discussão sobre populismo na América Latina.

QUESTÕES

1. Qual é a lógica política, em um contexto de restrições fiscais, no Brasil, de se privilegiar o reajuste dos benefícios previdenciários em detrimento do aumento de salário dos funcionários públicos?
2. Quando se analisam as curvas de evolução da popularidade do Governo FHC ao longo do tempo, nota-se, em geral, que esta declinava em maio e nos meses imediatamente subsequentes. Qual é sua interpretação para esse fato?
3. Suponha a existência de uma população na qual os salários dos indivíduos sejam homogêneos por grupo de renda, isto é, em que todos os indivíduos de um mesmo grupo de renda recebam exatamente o mesmo rendimento. A distribuição da renda mensal e do número de indivíduos de cada grupo é exposta a seguir:

Grupos de renda	Renda individual (R$)	Número indivíduos (x1.000)
A	1.035	1.345
B	3.041	501
C	8.111	100

Nessa economia, as alíquotas marginais de tributação são as seguintes:

Faixas de renda (R$)	Alíquota marginal (%)
0 – 1.000	Isenção
> 1.000 – 2.500	10
> 2.500 – 5.000	20
> 5.000	30

   a) Qual é a receita de tributação da pessoa física nessa economia?
   b) Admitindo que o imposto de renda não possa ser sonegado e que portanto o aumento das alíquotas gere um incremento da mesma proporção da receita, qual seria a variação desta, em percentagem, se todas as alíquotas fossem elevadas em dois pontos percentuais, mantendo a isenção da primeira faixa até R$1.000?
   c) Qual seria o aumento da receita, em relação a (a), se, mantendo as alíquotas marginais até R$1.000, R$2.500 e R$5.000 em 0%, 10% e 20%,

respectivamente, a alíquota marginal superior aumentasse em 10 pontos percentuais até 40%?

d) Confrontado com a necessidade de aumentar a receita, se você fosse presidente da República, qual seria o raciocínio que poderia levá-lo a escolher a alternativa (c) em vez da (b), embora o aumento da receita em (c) seja menor?

4. No primeiro Governo Fernando Henrique Cardoso, como se explica que parte da oposição tenha votado a favor do governo no projeto que definia o patrimônio declarado como base para o pagamento de desapropriações da reforma agrária, contra a posição de parte da bancada oficialista?

5. Explique a seguinte afirmação: "As regiões Norte e Nordeste têm 36% da população, mas, se unidas, elas têm poder de veto na Câmara dos Deputados, em caso de votação de uma proposta de emenda constitucional." (Sugestão: observe a Tabela 13.2.)

6. Um deputado paulista representa um certo número médio de eleitores. Já um deputado de Roraima representa um número muito menor. Consequentemente, pode-se dizer que um eleitor de Roraima tem um poder de representação (deputados por eleitorado) x vezes superior ao de um eleitor paulista. Qual é o número que mais se aproxima de x? (Sugestão: observe a Tabela 13.2.)
   a) 2
   b) 10
   c) 50
   d) 100

7. De quantos partidos se precisava, no mínimo, em 2015, à luz da Tabela 13.1, para aprovar uma emenda constitucional na Câmara dos Deputados?

8. A coligação que elegeu o presidente Fernando Henrique Cardoso para seu segundo governo foi composta pelo PSDB, PFL, PMDB, PPB e PTB. Na época da eleição, o número de deputados eleitos por esses partidos foi de 99 pelo PSDB, 105 pelo PFL, 82 pelo PMDB, 60 pelo PPB e 31 pelo PTB. Calcule quantos votos poderia ter, na Câmara, uma emenda constitucional referente a uma matéria polêmica, admitindo uma margem normal de abstenção de 5% e contando com o voto contrário, entre os parlamentares presentes no plenário, de 3% dos representantes do PSDB, 5% do PFL, 20% do PMDB, 10% do PPB e 15% do PTB. Quantos deputados votariam a favor da emenda? Use as regras de aproximação estatística para os números inteiros. A emenda constitucional poderia ser aprovada?

CAPÍTULO 14

A Lógica da Privatização e o PND

> Quando as circunstâncias mudam, eu mudo também. E o senhor?
>
> <small>Frase atribuída a John M. Keynes, em resposta a quem o acusara de ter emitido uma opinião diferente de um ponto de vista que ele mesmo tinha defendido anteriormente</small>

> Privatizar uma empresa estatal e financiar gasto corrente é como vender um apartamento e usar o dinheiro para ir passear na Europa.
>
> Mário Henrique Simonsen

Nos anos 1970, no panorama latino-americano, o serviço de telefonia brasileiro era um dos melhores da região. Uma ligação internacional era completada rapidamente, em contraste com a espera que uma ligação similar implicava, por exemplo, na Argentina. Vinte anos depois, a Telerj, empresa de serviços de telefonia do Rio de Janeiro, tinha se transformado em um caso exemplar de ineficiência e o habitante dessa cidade tinha enormes dificuldades, mesmo para completar ligações locais. Em outros estados, em maior ou menor grau e com honrosas exceções, a situação era similar.

Como se chegou a esse ponto? O investimento das empresas estatais foi um dos motores de crescimento da economia brasileira na segunda metade dos anos 1970, tendo tido ainda uma importância expressiva até o início dos anos 1980. Na "década perdida" de 1980, a variável foi perdendo fôlego, com consequências negativas tanto sobre o desempenho das próprias empresas como sobre a economia como um todo, uma vez que elas se situavam, em muitos casos, em setores-chave para viabilizar um novo ciclo de crescimento, como, por exemplo, o setor de energia elétrica. É nesse contexto que a privatização – já transformada em um fenômeno mundial, depois do impacto que tinham tido na esfera internacional alguns casos paradigmáticos, como os do Chile e da Inglaterra – surgiu, no debate brasileiro, como uma saída para as dificuldades fiscais que estavam travando o desenvolvimento dessas empresas e, em última instância, do próprio país.

Neste capítulo, iremos discutir a gênese desse processo, bem como suas implicações, abordando temas como: Quais os motivos que levaram ao esgotamento do modelo de desenvolvimento que tinha nas empresas estatais um dos seus pilares? Como se originou a privatização no Brasil? Qual foi a evolução do processo? Qual foi o montante de vendas? etc. Embora seja um tema que desate polêmicas, tentaremos, na medida do possível, analisar os tópicos de uma forma desapaixonada.

A "ONDA" DE PRIVATIZAÇÕES NO MUNDO

A partir da crise de fins da década de 1970, a crescente deterioração das contas públicas na maioria dos países do mundo, refletida, principalmente, em um aumento progressivo do endividamento público, pôs em xeque o Estado keynesiano-desenvolvimentista.[1]

Nos países desenvolvidos, a crise fiscal refletiu, em grande medida, do lado da despesa, a rigidez e ampliação das transferências sociais – em razão da universalização da cobertura e sua vinculação aos rendimentos dos trabalhadores ativos –, e do lado da receita, a dificuldade de promover aumentos adicionais da carga tributária, que já havia se elevado consideravelmente no período pós-Segunda Guerra.

Na América Latina, por sua vez, a deterioração fiscal esteve estreitamente ligada à crise da dívida externa do início da década de 1980 e à consequente interrupção dos fluxos de financiamento externo. A crise também se refletiu em uma deterioração da situação econômico-financeira das empresas estatais, o que decorreu, principalmente, de sua utilização como instrumento de política econômica: seja na manutenção do reajuste de tarifas abaixo da inflação – com objetivos anti-inflacionários –, seja pelo alto endividamento dessas empresas em razão da necessidade de captação de recursos externos. Como consequência, houve, em muitos casos, a necessidade crescente de transferência de recursos fiscais federais para arcar com as necessidades operacionais das empresas estatais, o que aumentava os custos políticos de sua sustentação. Além disso, a incapacidade do Estado de financiar investimentos em suas estatais comprometeu o aumento da capacidade produtiva em setores-chave de infraestrutura.

A decisão de privatizar surge, assim, na maioria dos países, como resposta à existência de um desajuste nas contas públicas. Como consequência da crise fiscal, a venda de ativos produtivos do Estado passou a ser vista como forma

---

[1] Ver Prado (1993) e Pinheiro e Giambiagi (1994).

de viabilizar uma melhora da situação das finanças públicas: por um lado, os recursos gerados colaborariam para uma redução do estoque da dívida pública; por outro, a transferência de propriedade das empresas estatais representaria a redução da demanda por recursos fiscais, à medida que a operação das empresas e mesmo a ampliação de sua capacidade produtiva deixariam de ser responsabilidade do Estado.

Os processos de privatização passaram então a fazer parte da agenda das chamadas reformas "estruturais" dos principais países capitalistas. Neste processo, destacou-se a Inglaterra de Margaret Thatcher, onde os programas de privatização passaram a refletir o renascimento das políticas ditas "liberais", promovendo uma redefinição "modernizadora" da intervenção do Estado. Ao longo dos anos 1980, esses programas de privatização passaram a fazer parte das políticas de ajustamento dos países menos desenvolvidos – com destaque para os países da América Latina –, diante do agravamento da situação fiscal que decorreu da interrupção dos fluxos de financiamento a partir de 1982.

No Brasil, apesar de se iniciar, efetivamente, na década de 1980, é apenas a partir dos anos 1990 que o programa de privatização vai se tornar uma das prioridades da política econômica. De fato, esse processo deve ser visto em um contexto mais amplo de reformulação do papel do Estado na economia, onde o Estado produtor cede cada vez mais espaço para o Estado regulador. No caso brasileiro, tem-se enfatizado a venda dos ativos produtivos do setor público com o objetivo de geração de recursos para redução do estoque da dívida pública. Outro fator importante é o impacto potencial do processo de privatização em termos de eficiência econômica do sistema. Espera-se que, com a transferência de propriedade das empresas que sob o domínio estatal não tinham capacidade de expansão de sua capacidade produtiva para o setor privado – saneado financeiramente e com recursos disponíveis –, este promova, de fato, um aumento de investimentos na economia, principalmente nos setores de infraestrutura, cuja expansão da capacidade produtiva é essencial para a retomada de um crescimento sustentado a longo prazo.

O ESGOTAMENTO DE UM MODELO

Com a interrupção dos mecanismos de rolagem integral da dívida externa com a moratória mexicana de 1982, as empresas estatais brasileiras iniciaram um processo de ajustamento, acentuado pelas regras pró-estabilização macroeconômica determinadas nos acordos com o FMI, o que implicou, ao longo da década de 1980, uma reversão do processo de investimento com endividamento crescente do período anterior. Entretanto, o padrão de financiamento típico dos anos 1970 não foi totalmente substituído. As empresas estatais continuaram sendo uma fonte importante de captação de recursos externos – para o que contribuiu o aprofundamento das restrições de acesso ao crédito interno –, principalmente tendo em vista a redução ainda maior da captação privada, que já vinha se retraindo expressivamente desde o final da década de 1970.

Devido ao esgotamento do padrão de financiamento anterior – à medida que os novos empréstimos externos se davam em escala menor do que anteriormente e em condições menos favoráveis, servindo basicamente para a rolagem da dívida –, a combinação de alto endividamento e redução real das receitas operacionais – em razão das contenções tarifárias – acabou refletindo-se em uma redução significativa da capacidade de autofinanciamento das empresas estatais e, consequentemente, dos seus níveis de investimento.

Como resultado da retração dos investimentos públicos, observou-se uma deterioração do estoque de capital em infraestrutura, o que se refletiu em estrangulamentos em setores-chave para a retomada do desenvolvimento econômico. Tendo em vista essa situação, a venda das empresas estatais não significaria apenas a geração de recursos que contribuiriam diretamente para uma melhora da situação das finanças públicas, mas, sobretudo, a transferência delas para o setor privado, com condições financeiras mais sólidas e, consequentemente, mais apto a investir não apenas na ampliação da capacidade dos setores de infraestrutura, como também em sua modernização.

A crise dos anos 1980 refletiu o esgotamento do modelo de desenvolvimento anterior calcado fundamentalmente no investimento estatal, financiado pelo endividamento externo e, assim, lançou as bases para a discussão de um novo papel do Estado. De fato, o processo de privatização deve ser visto em um contexto mais amplo de reformulação do papel do Estado na economia, onde o Estado produtor cede cada vez mais espaço para o Estado regulador.

AS JUSTIFICATIVAS PARA A PRIVATIZAÇÃO
As razões macroeconômicas

Como já foi dito no início deste capítulo, o desequilíbrio das contas fiscais observado a partir dos anos 1970 foi uma causa importante dos processos de privatização dos anos 1980 no plano internacional. No Brasil, contudo, a privatização, embora estivesse ligada à dificuldade de o Estado continuar a garantir o fluxo de investimentos requerido para a ampliação e modernização das empresas estatais, não foi vista na sua origem como um dos principais elementos de um programa destinado a reduzir o déficit público. De certa forma, pode-se dizer que as dificuldades fiscais "empurraram" o governo a privatizar as empresas estatais, para que estas pudessem ter um melhor desempenho, mas a privatização não foi inicialmente encarada como parte essencial do ajuste fiscal.

A razão disso prende-se a dois motivos. Em primeiro lugar, no Brasil, nos anos 1980, as empresas estatais, embora também contribuíssem para o desequilíbrio das contas públicas, faziam-no em escala muito mais reduzida que em outros países da América Latina, nos quais, antes da venda em massa de estatais, estas eram responsáveis por vultosos déficits. E, em segundo lugar, a venda de empresas estatais nos anos 1980 e na primeira metade dos anos 1990 não chegou a ser, em termos macroeconômicos, muito relevante, em face das grandes dimensões da economia brasileira.

Por outro lado, a análise do impacto da privatização sobre as contas públicas deve levar em conta dois aspectos: a) o seu efeito sobre o resultado primário e b) a possibilidade de redução da despesa de juros, através da redução do estoque de endividamento público.[2]

Em relação ao item (a) anterior, do ponto de vista fiscal, a privatização representa um ganho *potencial* pela "liberação" do Estado da responsabilidade de realizar futuros investimentos que, se fossem feitos, aumentariam as NFSP, antes de gerar resultados. Em contrapartida, as empresas privatizadas que desapareçam da estatística de déficit público deixam de contribuir favoravelmente para a redução deste, nos casos em que a diferença entre a receita dessas empresas e seus gastos exclusive juros é positiva. Quanto às contas fiscais se beneficiam desse balanço contábil entre a redução dos investimentos futuros e a perda resultante de não mais se contar com os eventuais lucros que as empresas poderiam proporcionar, depende da situação específica de cada empresa. A venda de uma empresa estatal muito eficiente pode, inclusive, a princípio, piorar o resultado primário do setor público.

Há dois argumentos, porém, que podem ser usados em favor da tese de que, mesmo que a empresa estatal seja lucrativa, sua venda pode valer a pena para o governo. O primeiro é que, caso os investidores tenham a perspectiva de que, sob administração privada, a empresa será mais eficiente, eles estarão dispostos a pagar por ela um valor maior do que a taxa de retorno passível de ser verificada se a empresa permanecesse estatal, gerando um valor de venda da empresa que implica um ganho patrimonial para o governo. Isto porque o valor que ele poderia arrecadar – e usar para o abatimento da dívida pública –, nesse caso, seria maior que o valor presente descontado do fluxo esperado de lucros que teria se continuasse sendo dono da empresa. O segundo é que, se efetivamente a empresa se tornar mais eficiente com a privatização, gerará mais lucros e consequentemente mais impostos para o governo, melhorando o resultado fiscal a médio e longo prazos.

---

[2] Sobre este ponto, ver Werneck (1989), Mello (1994), Passanezi (1997), Pinheiro e Giambiagi (1997) e Nunes e Nunes (1998).

No que diz respeito ao item (b), a possibilidade de usar as receitas de venda das empresas estatais para quitar dívida pública permite diminuir a dívida líquida do setor público – que é medida em termos financeiros e não contabiliza as empresas estatais como ativos do setor público –, contribuindo para tornar as contas públicas menos vulneráveis às taxas de juros e possibilitando uma redução da despesa de juros, na contabilidade das NFSP. Para que essa redução de dívida efetivamente se verifique, porém, é necessário que o déficit esteja sob controle. Caso contrário, a dívida sofrerá a incidência de fatores antagônicos, tendendo a diminuir devido à privatização – com efeitos contábeis "abaixo da linha" –, mas ao mesmo tempo sendo pressionada para cima pela necessidade de emitir títulos para financiar o desequilíbrio fiscal "acima da linha". A situação pode ser comparada à de um barco com uma avaria no casco e no qual uma bomba, colocada a estibordo, retira a água que tinha inundado a sala de máquinas, no fundo do navio, ao mesmo tempo que este continua sendo inundado pelo fluxo de água que penetra a bombordo através do rombo da embarcação.

Em face da magnitude relativamente modesta das privatizações, no início, o efeito macroeconômico de usar as receitas de venda para o abatimento de dívidas só veio a se tornar relevante na segunda metade dos anos 1990, quando a possibilidade de reduzir a dívida pública através da venda de empresas estatais cuja receita poderia atingir vários pontos do PIB mudou a natureza da privatização. Até então, porém, a privatização, desse ponto de vista, não tinha sido muito expressiva.

A rigor, na sua origem, do ponto de vista macroeconômico, a principal importância da privatização esteve ligada a uma questão intangível, qual seja, a recuperação da imagem externa do país, negativamente afetada pela alta inflação e pela crise da dívida externa. Nesse sentido, a desestatização da economia era vista no exterior como uma demonstração de comprometimento do país com a realização de reformas estruturais que poderiam abrir espaço para uma nova fase do desenvolvimento do país. Isso colocava o Brasil como um país alinhado com a retórica do "consenso de Washington", associado a reformas envolvendo privatização, abertura da economia, ajuste fiscal, combate à inflação e, em linhas gerais, a adoção de políticas pró-mercado. O que as autoridades desejavam, em última instância, no início dos anos 1990, era "credenciar" o país para se beneficiar da reabertura do mercado de crédito internacional – fechado aos países latino-americanos após 1982 –, obtendo novos empréstimos que permitiriam diminuir a transferência de recursos reais ao exterior e gerar uma certa poupança externa em condições de contribuir para o financiamento do aumento do investimento.

Os ganhos de eficiência sistêmica e em nível microeconômico

Uma justificativa importante para o processo de privatizações é que a transferência das empresas estatais para o setor privado traria ganhos de eficiência, tanto em nível sistêmico quanto em nível microeconômico.

Em primeiro lugar, isto decorreria do fato de que, em mãos privadas, as empresas poderiam ampliar sua capacidade produtiva e investir em modernização – com importantes impactos sobre a produtividade e, consequentemente, sobre a competitividade dos produtos brasileiros –, o que não ocorria anteriormente à privatização, devido à deterioração financeira das empresas estatais e do setor público como um todo. A potencial retomada dos investimentos e solução dos gargalos em setores-chave da infraestrutura (energia, telecomunicações, portos, transportes, rodovias, ferrovias) traria ganhos para o sistema econômico como um todo, viabilizando a retomada de altas taxas de crescimento no futuro.[3]

Em segundo lugar, haveria um ganho de eficiência em nível da empresa em decorrência da simples transferência do controle estatal para o privado. Isto explicar-se-ia pelo fato de que os conflitos gerados pela existência da "dupla face" da empresa estatal deixariam de existir. Essa dupla face decorre do fato de que, por um lado, sendo uma empresa do setor produtivo como outra qualquer, a estatal busca a geração de lucros e, por outro, sendo uma empresa pública, ela tem também um objetivo social, estando sujeita às ingerências do governo, principalmente no que diz respeito a seu uso como instrumento de política econômica. Esse fato se reflete em diferenças importantes na gestão das empresas públicas e privadas: devido, muitas vezes, à falta de clareza sobre os objetivos a serem alcançados, uma série de processos que evoluem de forma simples e dinâmica no setor privado torna-se, nas empresas públicas, excessivamente complexa e demorada. Além disso, o controle público envolve importantes questões políticas que muitas vezes dificultam os processos operacionais e administrativos das empresas estatais.[4]

AS TRÊS FASES DA PRIVATIZAÇÃO NO BRASIL

O processo de privatização no Brasil pode ser dividido em três fases: a) a que ocorreu ao longo dos anos 1980; b) a que foi de 1990 a 1995 e c) a que se iniciou em 1995.

A primeira fase correspondeu a um processo de "reprivatizações", cujo principal objetivo foi o saneamento financeiro da carteira do BNDES. Apesar de não ter havido a privatização de nenhuma das "grandes" empresas estatais, essa fase foi importante no que diz respeito ao ganho de experiência – por parte, principalmente, do BNDES que posteriormente se tornou o principal

---

[3] Ver Ferreira (1996).
[4] Ver Pinheiro (1996).

agente de privatização do governo – e à construção de uma mentalidade pró-privatização por parte da opinião pública.

A segunda fase iniciou-se em 1990 com o lançamento do Plano Nacional de Desestatização (PND). Essa nova fase apresentou algumas diferenças importantes em relação à primeira fase. Em primeiro lugar, a segunda fase privilegiou a venda de empresas tradicionalmente estatais, ao contrário do que ocorreu na primeira, quando predominaram as reprivatizações de empresas que já tinham pertencido ao setor privado anteriormente. Este fator refletiu-se principalmente no aumento do porte das empresas privatizadas a partir de 1990. Em segundo lugar, enquanto até 1990 predominaram as vendas de empresas isoladas, na nova fase o enfoque foi o da privatização de setores. Em terceiro lugar, a partir de 1990 passou a existir um marco regulatório do processo de desestatização, com a promulgação de uma lei de privatização. Finalmente, ao contrário do que ocorrera até então, a partir de 1990 o processo de privatização esteve inserido em uma estratégia geral do governo, que contemplava a promoção das chamadas "reformas de mercado" (abertura comercial, desregulamentação da economia, redução do tamanho do Estado etc.)

Nessa fase, que foi até 1995, o processo de privatização privilegiou as empresas dos setores industriais – siderurgia, petroquímica e fertilizantes. A escolha da Usiminas – uma empresa lucrativa, atualizada tecnologicamente e de porte significativo – para inaugurar o processo visou, principalmente, dar credibilidade às intenções privatizantes do governo. Os resultados gerados com a privatização dessa empresa representaram, de fato, uma evolução do processo de privatização em relação à década de 1980: só a receita de venda da Usiminas foi da ordem de duas vezes o valor total das quase 40 empresas privatizadas na década de 1980.

OS MODELOS DE PRIVATIZAÇÃO

Há dois tipos básicos de modelagem de venda das empresas: a *pulverizada*, associada à ideia de democratização do capital – onde as ações são vendidas ao maior número possível de compradores, na maioria das vezes, com grande participação de trabalhadores no processo – e a *concentrada*, modelo mais adotado nos programas de privatização em nível mundial – onde as ações são ofertadas aos grupos que se qualificarem para o leilão. Neste último caso o número de interessados é pequeno, o que torna acirrada a concorrência pelo controle acionário da empresa.

No caso da modelagem pulverizada, emprega-se a oferta pública de ações a um preço fixo, geralmente baixo, para atrair um grande número de compradores. Esse modelo caracterizou as privatizações do Reino Unido.

Quanto à modelagem concentrada, pode-se utilizar como modalidade de venda o leilão ou a venda direta. No caso francês – a partir de 1986 – esse modelo esteve associado à constituição de um grupo de acionistas estáveis selecionados pelo Estado, o que refletia a preocupação de que os compradores das empresas estatais tivessem um peso significativo no mundo de negócios francês.

Os defensores da modelagem pulverizada apontam como vantagem o fato de ela acelerar o processo de privatização, principalmente mediante a conquista de apoio político e aumento da popularidade do governo. O problema é que para que haja essa democratização do capital é preciso que as ações das empresas a serem privatizadas sejam vendidas a preços baixos.

No caso do Brasil, tendo em vista que uma importante justificativa para o processo de privatização foi a geração de receitas a serem utilizadas para a redução da dívida pública, a modalidade pulverizada não pareceu ser o tipo mais adequado. Além disso, havia a dificuldade de encontrar um mercado para a colocação maciça de ações de empresas pouco conhecidas do grande público. Entretanto, o Brasil, na maioria das vezes, também não utilizou a modalidade concentrada, na medida em que não foram estabelecidas quantidades mínimas de ações a serem adquiridas, nem uma pré-qualificação técnica dos candidatos.

De fato, adotou-se no país o sistema de vendas mediante leilões públicos. A partir da determinação do preço mínimo de venda das empresas, o bloco de ações do governo era ofertado em leilão, sendo que qualquer investidor podia dar seus lances – as únicas exigências eram que o candidato estivesse em dia com o sistema tributário nacional e que tivesse bloqueado previamente seus meios de pagamento junto à bolsa de valores onde o leilão fosse realizado. Em princípio, o resultado do leilão tanto poderia ser a aquisição do lote de ações por um único comprador quanto uma ampla pulverização das ações de controle. Entretanto, em alguns casos o modelo de venda não permitiu a pulverização das ações. No que diz respeito à preocupação com a democratização do capital, cerca de 10% das ações das empresas tem sido, de um modo geral, oferecido aos empregados a preços diferenciados. Além disso, os trabalhadores têm direito a uma cadeira no Conselho de Administração das empresas.

A aplicação desse modelo teve como resultado, na maioria das vezes, a venda de empresas estatais por preços significativamente superiores ao preço mínimo fixado. Sendo assim, a geração de expressivos ágios de venda sobre os preços mínimos garantiu uma receita de privatização mais elevada do que a que teria sido obtida caso a modelagem de venda tivesse sido pulverizada. A partir de 1998, a venda das empresas deixou de ser exclusivamente via leilão público e passou a ocorrer também mediante o método de envelope fechado, pelo qual os candidatos entregam simultaneamente suas propostas de compra sem saber o valor oferecido pelos concorrentes. Após a abertura dos

> envelopes, o vencedor é aquele que apresentar a melhor proposta de compra – tendo como piso o preço mínimo determinado. Havendo uma diferença de menos de 10% entre a primeira e a segunda proposta, a oferta das ações, em alguns casos, foi feita, na sequência, através de um leilão de viva voz.

Com a aprovação, em fevereiro de 1995, da Lei de Concessões – que teve como objetivo estabelecer regras gerais pelas quais o governo concede a terceiros o direito de explorar serviços públicos –, foram lançadas as bases para a terceira fase do processo de privatização. Em contraste com a segunda, essa etapa caracterizou-se, principalmente, pela privatização dos serviços públicos – com destaque para os setores de energia elétrica e telecomunicações – e pela magnitude das receitas envolvidas, podendo ser considerada a fase das "megaprivatizações", ou da venda de algumas das "joias da coroa" do Tesouro Nacional.

O BNDES E O MOVIMENTO DE "REPRIVATIZAÇÃO" DOS ANOS 1980

Na década de 1980 foram dados os primeiros passos em direção à constituição da institucionalidade do processo de privatização no Brasil.[5] Além disso, a evolução do processo de privatização naqueles anos contribuiu para o ganho de experiência do governo e para a difusão da "ideia" de privatização de empresas públicas junto à opinião pública.

No Governo Figueiredo, o Decreto nº 86.215 de 15/07/1981 fixou as primeiras regras para a transferência ao setor privado de empresas controladas pelo governo federal. A condução do processo cabia à Comissão Especial de Desestatização (CED), que deveria promover a venda sob três formas: oferta única, oferta pública ou negociação direta. A venda das empresas era feita a partir da transferência dos ativos ou do controle acionário via concorrência pública – abertura de envelopes – ou venda direta, dispensando o leilão em bolsa. Era proibida a venda das empresas para estrangeiros, sendo que os compradores assumiam o compromisso de manterem sob controle nacional o capital e a administração das empresas negociadas.

Em 1985, já no Governo Sarney, foi editado o Decreto nº 91.991 de 28/2011 que substituiu a CED pelo Conselho Interministerial de Privatização (CIP), presidido pelo ministro do Planejamento e formado pelos ministros da Fazenda, Extraordinário para a Desburocratização, Indústria e Comércio, e pelos ministros de Estado que tivessem empresas estatais vinculadas à sua pasta incluídas no programa. A CIP contava com o suporte técnico e administrativo

---

[5] Ver Pinheiro e Chrysóstomo (1991).

da Secretaria de Planejamento (SEPLAN) e com o apoio do Banco Nacional de Desenvolvimento Econômico e Social (BNDES), o qual se responsabilizava pela seleção e cadastramento da firma de consultoria especializada em avaliações econômico-financeiras, contratada para encaminhar as negociações de capital e transferência de controle acionário, com o objetivo de garantir a lisura e transparência das diferentes etapas do processo. Começa, assim, a ação do BNDES como agente da privatização. Além disso, com o novo decreto, ainda que a venda para estrangeiros continuasse proibida, passou-se a permitir a posterior transferência da empresa privatizada para grupos estrangeiros. A partir deste decreto iniciou-se a transferência do controle acionário através de leilão em bolsa e foi introduzida a obrigatoriedade de oferta de um determinado percentual do capital da empresa, em condições especiais – após a transferência do controle –, para os seus funcionários, a fim de democratizar o capital.

Em 1988, pelo Decreto nº 95.886 de 29/2003, o presidente Sarney criou o Programa Federal de Desestatização (PFD), que passou a incluir também a desregulamentação e a concessão de serviços públicos ao setor privado. Também foi criado o Conselho Federal de Desestatização (CFD), composto por: a) uma Secretaria executiva responsável pela supervisão e coordenação das atividades; b) um grupo de trabalho para executar e acompanhar a execução dos anteprojetos de desestatização e desregulamentação e c) um agente operacional, o BNDES. A partir de então, o BNDES assumiu um papel mais ativo no processo, sendo responsável pelo financiamento e controle administrativo necessários à execução dos projetos de privatização, bem como pelo encaminhamento dos procedimentos legais da operação. As empresas privadas de consultoria, por sua vez, passaram a colaborar também na elaboração dos projetos de privatização.

A FORMA DE PAGAMENTO DAS EMPRESAS PRIVATIZADAS

Nos anos 1980, o pagamento das empresas privatizadas podia ser feito apenas por moeda corrente, à vista ou a prazo. Na grande maioria das operações de privatização, o BNDES permitiu o financiamento de até 70% do valor das vendas segundo as seguintes condições:

a) Amortização do principal em até 10 anos, com um ano de carência.
b) Taxas de juros de 12% ao ano, acima da correção monetária.
c) Exigência de fiança bancária fornecida por um banco privado de primeira linha no valor da quantia financiada.

Segundo o BNDES (1990), no período 1987/1989, quase 80% dos compradores utilizaram o financiamento para realizar suas compras. A possibilidade de pagamento a prazo ampliou o número de candidatos interessados e também contribuiu para o aumento do valor obtido na venda das empresas nos leilões.

Em termos de resultados, vale destacar o predomínio de pequenas e médias empresas no processo de privatização da década de 1980 e a expressiva participação do BNDES como acionista majoritário de parte das empresas privatizadas no período: dos 38 processos de desestatização da década de 1980, 13 foram de empresas controladas, direta ou indiretamente, pelo BNDES. Do total de aproximadamente US$700 milhões arrecadados no período, cerca de 70% foram obtidos na venda de empresas controladas pelo Sistema BNDES. Isso refletiu, de fato, o objetivo de "limpeza" da carteira da instituição.[6]

Esses processos de desestatização corresponderam, de fato, a "reprivatizações": criadas no período do Segundo Plano Nacional de Desenvolvimento (II PND), muitas empresas utilizaram recursos do BNDES e de suas subsidiárias para alavancar seu projetos de investimento. Além disso, com a crise do final da década de 1970 e dos anos 1980, o Sistema BNDES passou a conceder empréstimos a outras empresas com o objetivo de garantir sua sobrevivência. Considerando que esse conjunto de empresas privadas prosseguiu com sérias dificuldades financeiras, o BNDES acabou convertendo os créditos em capital, tendo as empresas, consequentemente, seu controle acionário transferido para o BNDES (ver Quadro 14.1).

QUADRO 14.1
Empresas absorvidas pelo BNDES nos anos 1970 e 1980

Empresas	Setor de atividade	Estado	Ano da estatização
Caraíba Metais S.A.	Mineração e metalurgia do cobre	BA	1974
Celpag – Cia. Guatapará de Papel e Celulose	Papel e celulose	SP	1981
CCB – Cia. de Celulose da Bahia	Papel e celulose	BA	1978
CBC – Cia. Brasileira do Cobre	Mineração	RS	1974
Cia. Nacional de Tecidos Nova América	Têxtil	RJ	1985
Cosino – Cia. Siderúrgica do Nordeste	Siderurgia	PE	1982
Mafersa S.A.	Bens de capital	SP	1964
Máquinas Piratininga S.A.	Bens de capital	SP	1982
Máquinas Piratiningas do Nordeste S.A.	Bens de capital	PE	1982
Sibra – Eletrossiderúrgica Brasileira S.A.	Ferro-ligas	BA	1982

Fonte: BNDES (1990).

No período 1982/1985, as empresas absorvidas pelo BNDES – ver novamente o Quadro 14.1 – chegaram a concentrar mais de 50% do volume dos desembolsos da BNDESPAR para custeio de seus gastos correntes, o que prejudicava o financiamento de novos investimentos dessa subsidiária em participações minoritárias. Além disso, grande parte dos esforços da BNDESPAR era voltada para o acompanhamento financeiro e operacional das empresas que se encontravam em situação crítica. Como resultado, a BNDESPAR começou

[6] Ver BNDES (1990).

a apresentar sucessivos prejuízos entre 1982 e 1987, o que levou à necessidade da busca do saneamento financeiro de sua carteira. A solução encontrada foi a privatização das empresas controladas e o desinvestimento de participações minoritárias de outras empresas da carteira. Nesse sentido, pode-se dizer que o interesse do BNDES em um programa próprio de privatização – a fim de promover seu saneamento financeiro – colaborou para o seu comprometimento com o programa de privatização do governo federal.[7]

Sendo assim, pode-se concluir que as privatizações ocorridas na década de 1980 tiveram mais a ver com uma orientação pragmática do BNDES no sentido de sanear financeiramente a sua carteira do que com a necessidade de uma ampla reforma da inserção do Estado na economia brasileira.

O PND

O lançamento do Plano Nacional de Desestatização em 1990 foi um passo importante no processo de privatização brasileiro. A partir de então, a privatização passou a ser uma das prioridades da política econômica, fazendo parte de um amplo conjunto de reformas estruturais orientadas para a modernização do papel do Estado e da economia como um todo, incluindo a liberalização comercial e a desregulamentação do mercado doméstico. A partir de então, foram incluídas na lista de empresas privatizáveis algumas das grandes empresas estatais, estabelecidas nas décadas de 1950 a 1970.

A Medida Provisória nº 155 – aprovada em 12 de abril de 1990 e transformada na Lei nº 8.031 –, que lançou o PND, determinou como principais objetivos do programa:

a) O *reordenamento estratégico do Estado na economia*. A ideia era que o Estado deveria se retirar de setores nos quais o setor privado estivesse apto a operar. A ação direta do Estado deveria concentrar-se nas atividades tipicamente públicas, como educação, saúde, justiça, segurança e de regulação.

b) A *redução da dívida pública*. A utilização das receitas geradas pela venda das empresas estatais no cancelamento de parte do estoque da dívida pública contribuiria para uma redução da vulnerabilidade financeira do governo. Além disso, julgava-se que a privatização poderia gerar algum benefício fiscal, à medida que a taxa de juros incidente sobre a dívida cancelada fosse maior do que a rentabilidade obtida pelo Tesouro como proprietário majoritário das empresas estatais.

c) A *retomada dos investimentos nas empresas privatizadas*. Como já discutido anteriormente, em razão da deterioração das finanças do setor público, este não tinha condições de promover o volume de investimentos – principalmente nos setores de infraestrutura e serviços básicos – necessários para a retomada

---

[7] Ver Velasco Jr. (1997).

de uma taxa de crescimento sustentado. Sendo assim, a transferência das empresas estatais para o setor privado viabilizaria a retomada dos investimentos na expansão de sua capacidade produtiva.

d) A *modernização da indústria*, ampliando sua competitividade e reforçando a capacidade empresarial nos diversos setores da economia. Esse objetivo reflete uma preocupação não apenas com a necessidade de expansão da capacidade produtiva das empresas, mas também com o aumento dos investimentos em modernização das mesmas, buscando, dessa forma, aumentar seus níveis de produtividade, com reflexos positivos no sentido de aumento de sua eficiência e, consequentemente, da competitividade da economia brasileira como um todo.

e) O *fortalecimento do mercado de capitais*. Quanto a este ponto, o objetivo principal seria aumentar a colocação de ações junto ao público e reduzir a concentração das atividades das bolsas de valores em poucos papéis.

O modelo institucional do PND foi similar ao introduzido pela Comissão de Desestatização do Governo Sarney e incluía a criação do Fundo Nacional de Desestatização (FND), responsável pelo recebimento das ações das empresas privatizáveis; uma Comissão Diretora (CD) – composta por membros dos setores público e privado e responsável pelas decisões do PND – e um órgão gestor, empresas de consultoria e auditores independentes. O BNDES – anteriormente o agente de privatização – foi nomeado gestor do PND e administrador do FND. A legislação do PND exige que o preço mínimo das empresas estatais a serem vendidas seja determinado com base em estudos de avaliação, executados por duas empresas contratadas mediante licitação pública promovida pelo gestor.

As principais funções do BNDES, no âmbito do PND, eram: a) dar apoio administrativo e operacional à privatização; b) estabelecer as condições necessárias para o registro das empresas de consultoria a serem contratadas por meio de licitações públicas; c) submeter à comissão diretora as condições gerais de venda das empresas, inclusive o preço mínimo das ações; d) dar andamento às tarefas encaminhadas pela comissão e e) coordenar e supervisionar o trabalho dos auditores e consultores envolvidos nos processos de privatização.

As principais funções da CD, por sua vez, eram: a) listar para o presidente da República as empresas a serem incluídas no PND; b) aprovar o modelo de privatização e as condições de venda e c) aprovar o preço mínimo das ações.

As empresas de consultoria desempenhavam dois tipos de serviços. O chamado "*serviço A*" incluía : a) uma avaliação econômica da empresa a ser privatizada; b) uma análise de sua competitividade e alternativas de investimento e c) uma indicação para o preço mínimo das ações. O "*serviço B*", por sua vez, era desempenhado por um consórcio de empresas de consultorias e bancos, e abrangia, além de uma segunda avaliação econômica da empresa e indicação de um preço mínimo de venda, a sugestão de um modelo de venda a ser adotado.

> **O BANCO NACIONAL DE DESENVOLVIMENTO ECONÔMICO E SOCIAL (BNDES)**
>
> O BNDES foi criado pela Lei nº 1.628 de 1952, a fim de financiar a formação da infraestrutura essencial ao aprofundamento do processo de industrialização brasileiro. Sendo a principal fonte de financiamento a investimentos de longo prazo no Brasil, tem participado ativamente, desde sua criação, de todas as fases do desenvolvimento nacional, contribuindo para o aumento do nível de emprego, da competitividade e da capacidade produtiva da economia brasileira. Além disso, a partir do início da década de 1990, passou a desempenhar um papel importante no processo de privatização das empresas estatais, sendo designado gestor do FND e responsável pelo apoio técnico, administrativo e financeiro ao PND.

Aos auditores independentes, por sua vez, cabia a execução de um relatório final mostrando a evolução do processo de privatização no que diz respeito à lisura e ao cumprimento das regras estabelecidas.

Uma inovação importante em relação ao modelo de privatização implantado no Governo Sarney foi delegar tanto a avaliação quanto a definição da modelagem financeira das privatizações às firmas de consultoria mediante os *serviços A e B*, o que conferiu maior credibilidade ao processo.

No que diz respeito às condições de pagamento, além da oferta de financiamento para a compra das empresas, o governo permitiu o uso das "moedas de privatização" (ver Quadro 14.2). Destacou-se a criação dos certificados de privatização (CP), com o objetivo duplo de contribuir para o ajuste fiscal e incluir o sistema financeiro no PND. Os novos títulos lançados simultaneamente ao PND seriam nominativos, inegociáveis – salvo em casos autorizados pelo Ministério da Economia – emitidos pelo Tesouro e de aquisição compulsória pelos bancos, seguradoras e fundos de pensão, e passaram a ser a principal moeda do processo de privatização.

Sendo assim, por um lado, tendo em vista a obrigatoriedade de compra dos CP por parte do sistema financeiro, o governo antecipava receitas de privatização independentemente das negociações de compra. Por outro, o processo de privatização era favorecido à medida que a partir da venda da primeira empresa esses títulos passariam a sofrer uma redução no seu valor de face – em virtude da subindexação deliberada imposta a eles –, o que pressionava os seus portadores a se desvencilharem deles o mais rápido possível.

As moedas de privatização representaram, na fase inicial do PND, a principal forma de financiamento dos investidores interessados na compra das estatais. A partir do Governo Itamar Franco, entretanto, o movimento foi no sentido de uma redução da participação das moedas de privatização no total das vendas, com o consequente aumento da participação de moeda corrente.

No ano de 1995, a partir da MP nº 841 (19/01/1995), foram introduzidas algumas mudanças significativas na condução do PND. As decisões do programa, que anteriormente eram tomadas pela Comissão Diretora (CD), passaram a ficar sob a responsabilidade do Conselho Nacional de Desestatização (CND), composto por ministros de Estado relacionados com o PND, visando agilizar a implementação das decisões. Além disso, as aprovações da lei geral de concessões (Lei nº 8.987/1995) e da lei que definiu o novo regime de concessões de serviços públicos (Lei nº 9.074/1995) possibilitaram a inclusão dos setores de infraestrutura e de serviços de utilidade pública no PND.

QUADRO 14.2
As moedas de privatização segundo os emissores

Tesouro Nacional	Certificados de Privatização (CP)
	Títulos da Dívida Agrária (TDA)
	Notas do Tesouro Nacional Série M (NTN-M)
	Títulos da Dívida Externa (divorcos)
	Créditos Securitizados (Débitos Internos do Governo Federal Vencidos e Renegociados)
Fundo Nacional de Desenvolvimento (OFND)	Obrigações do Fundo Nacional de Desenvolvimento
Siderbrás	Debêntures da Siderbrás com garantia do Tesouro Nacional
Caixa Econômica Federal	Letras Hipotecárias (LH)

A PRIVATIZAÇÃO DOS SERVIÇOS PÚBLICOS

A partir de 1995, começou no Brasil a privatização dos serviços públicos, com destaque para os setores de telecomunicações e energia elétrica. Ao contrário das privatizações anteriores, no caso desses setores era necessário que a venda das empresas fosse acompanhada pelo desenho de um esquema adequado de regulação, sob pena de substituir uma situação de monopólio público por outra de monopólio privado. É fácil entender a diferença entre as novas privatizações e as realizadas até 1995. Se o consumidor não estivesse satisfeito com a qualidade ou com o preço dos produtos de uma empresa siderúrgica, ele poderia adquirir os de uma concorrente ou, no limite, importar aço. Já um consumidor residencial que não estivesse satisfeito com o serviço do provedor de energia elétrica não teria a alternativa de trocar de fornecedor nem de apelar para a aquisição de energia do exterior. Por afetar o grande público e pela própria dimensão das empresas, trataram-se de processos, de um modo geral, mais demorados e sujeitos a um crivo maior por parte da imprensa e da opinião pública em geral.

Essa fase da privatização começou com o setor elétrico. Inicialmente, o governo colocou à venda as duas empresas distribuidoras de energia de propriedade do governo federal, pertencentes à *holding* Eletrobras: Escelsa e Light. Depois disso, passou para a tentativa de venda das quatro empresas geradoras da mesma Eletrobras: Furnas, Eletrosul, Eletronorte e Companhia Hidroelétrica do Rio São Francisco (CHESF). O problema com o qual o governo federal defrontou-se foi que essas empresas vendiam a energia para as empresas de distribuição, de propriedade dos governos estaduais. Como muitas destas últimas não pagavam às empresas do governo federal, havia um histórico de *defaults* que conspirava contra o sucesso da venda das subsidiárias da Eletrobras, pois ninguém iria arriscar-se a comprar uma empresa de geração, diante da possibilidade de as distribuidoras não pagarem pela energia recebida. A solução foi privatizar também as empresas distribuidoras. Contudo, como estas eram de propriedade estadual, a iniciativa envolveu uma longa negociação com os governadores, não isenta de custos fiscais, já que em muitos casos as receitas – não consideradas como tal no cômputo das NFSP – foram utilizadas para o financiamento de gastos. No fim, a quase totalidade das empresas de distribuição foi privatizada, abrindo-se, assim, espaço para a venda das unidades do grupo Eletrobras.

As complicações surgidas no processo de privatização do setor elétrico fizeram com que a privatização das telecomunicações, apesar de ter se iniciado depois, acabasse antes da conclusão das vendas do setor elétrico, tendo sido completada a privatização do setor no primeiro governo do presidente Fernando Henrique Cardoso (1995-1998). Nas telecomunicações, o processo iniciou-se pela venda das concessões da chamada "banda B" de telefonia celular, jornalisticamente qualificadas como "venda de vento", pelo fato de se estar leiloando não um ativo e sim o direito de concorrência com as empresas públicas que já operavam com telefonia celular.

Posteriormente, as mais de 25 empresas de âmbito estadual subsidiárias da *holding* Telebrás foram divididas em empresas de telefonia básica e celular ("banda A") e houve um reagrupamento, com a constituição de três grandes empresas regionais de telefonia básica – divididas geograficamente, em função da extensão do país – e oito empresas regionais de telefonia celular. Todas essas empresas, conjuntamente com a Embratel – na qualidade de operadora internacional –, foram vendidas em 1998.

Tendo estabelecido a concorrência, no interior de cada região, entre as empresas das bandas A e B de celulares, o processo foi completado com a venda das concessões para as denominadas "empresas-espelho". Essas novas empresas – uma em cada uma das 3 regiões em que se dividiu a telefonia básica e outra concorrente da Embratel – foram autorizadas a concorrer com as empresas já existentes, de modo a ter dois operadores por região, como passo prévio ao regime de plena liberdade de entrada, a ser implementado na década de 2000.

UMA AVALIAÇÃO DOS RESULTADOS

Em que pesem os problemas gerados na gestão das empresas estatais decorrentes da propriedade pública, não se pode afirmar que uma empresa apenas por ser pública seja, necessariamente, ineficiente, enquanto uma firma privada seja, sempre, eficiente.

O argumento de que as empresas privadas são mais lucrativas do que as estatais, por exemplo, como um indicador de maior eficiência das primeiras deve ser analisado com cautela. As empresas privadas sujeitas às forças do mercado podem, de fato, utilizar o nível de lucros como um indicador de eficiência, à medida que a obtenção de lucros, efetivamente, é a sua principal finalidade. No que diz respeito à empresa estatal, entretanto, outros objetivos também são importantes e, muitas vezes, superam em importância as metas de lucro. No caso brasileiro, por exemplo, ao longo do processo de industrialização foi comum a venda de produtos das estatais a preços subsidiados com o objetivo de estimular o desenvolvimento do setor industrial. Sendo assim, os possíveis prejuízos apresentados pelas empresas estatais não refletiriam, necessariamente, sua ineficiência, mas, sim, uma opção política do governo. De qualquer forma, é uma questão em aberto se essa opção política é a melhor do ponto de vista da sociedade como um todo, questionamento esse que tem sido feito pelos defensores da privatização, com o argumento de que esta visa, justamente, entre outras coisas, reduzir esse grau de arbítrio do governo.

Vários estudos acadêmicos tentaram medir comparativamente a eficiência das empresas estatal e privada. A maioria, porém, não permitiu uma opinião conclusiva quanto à maior eficiência da empresa privada quando comparada à estatal. Ainda que alguns estudos tenham apontado uma ligeira vantagem das empresas privadas sobre as estatais, o fato é que, *de forma geral, não há diferenças significativas de comportamento entre empresas públicas, privadas e privatizadas quando sujeitas ao mesmo conjunto de regras e regulações.*[8]

Thomas Trebat, um pesquisador dos Estados Unidos, a partir de um estudo de 1983 sobre empresas estatais atuantes em seis setores (estradas de ferro, aço, energia, telecomunicações, petroquímica e mineração) no período de 1965/1970, contrariou a visão de que aquelas empresas seriam ineficientes, apontando uma expressiva contribuição das mesmas para o desenvolvimento econômico, por terem promovido a transformação da estrutura econômica depois de 1950 e acelerado o processo de industrialização, elevando o nível de sofisticação técnica na economia e criando oportunidades de investimento para a empresa privada. No que diz respeito à lucratividade, as empresas estatais estiveram sujeitas a controles de preços erráticos, assim como tiveram que atuar nos setores mais capital-intensivos da economia, o que explicaria o fato de suas taxas de retorno

---

[8] Ver Pinheiro (1996).

sobre o investimento terem sido mais baixas do que as obtidas pelo setor privado em outras indústrias (ver Johnson, Saes, Teixeira e Wright, 1996).

Um outro estudo, este de autoria de Ribeiro, da Fundação Getulio Vargas de São Paulo, também apresentado em Johnson, Saes, Teixeira e Wright, (1996), por sua vez, parte da construção de um índice de eficiência técnica das empresas que relaciona os recursos produtivos utilizados pela empresa – trabalho e capital – e o resultado registrado em termos de produto. A amostra incluiu as 20 maiores empresas, incluindo estatais e privadas atuantes em um mesmo setor no período 1978/1988. Os setores escolhidos foram: químico-petroquímico, siderúrgico, transporte urbano de passageiros e bancos comerciais. O índice 1,0 corresponde à empresa mais eficiente (ver Tabela 14.1). Os resultados obtidos não permitem nenhuma conclusão definitiva sobre a eficiência relativa das empresas privadas *vis-à-vis* as estatais, ou seja, *há empresas públicas eficientes e ineficientes, da mesma forma que existem empresas privadas eficientes e ineficientes.*

É importante ressaltar que, nos casos em que a privatização parece ter levado ao aumento da eficiência das empresas, houve dificuldade em distinguir entre as mudanças decorrentes da desestatização daquelas resultantes dos processos paralelos de liberalização das importações e desregulamentação do mercado interno, e da melhoria do panorama macroeconômico. Ou seja, se questionou se essas mudanças positivas nas empresas não teriam acontecido mesmo que as empresas não tivessem sido privatizadas.

Outra constatação importante dos estudos empíricos é que a estrutura de mercado parece mais importante para explicar a diferença de eficiência entre empresas estatais e privadas do que a propriedade do capital: em setores competitivos as empresas privadas são geralmente mais eficientes que as estatais, enquanto em setores oligopolizados a diferença é mínima. *Essa conclusão é essencial, principalmente*

TABELA 14.1
Índices de eficiência média por setor

Setores	1978	1983	1988
Químico-petroquímico			
Público	0,46	0,49	0,73
Privado	0,65	0,55	0,72
Siderúrgico			
Público	0,59	0,42	0,80
Privado	0,69	0,52	0,59
Bancos comerciais			
Público	0,78	0,49	0,62
Privado	0,54	0,30	0,71
Transporte urbano			
Público	–	0,27	0,52
Privado	–	0,22	0,60

Fonte: Johnson, Saes, Teixeira e Wright (1996).

no que diz respeito aos setores de utilidade pública marcados por monopólios naturais. Como não há garantia de que, sem concorrência, a simples transferência de propriedade para o setor privado resulte em um aumento da eficiência, é fundamental o estabelecimento de mecanismos eficientes de regulação por parte do governo.[9]

Quanto aos resultados observados após a privatização no Brasil, alguns estudos apontam para melhorias nos principais indicadores das empresas. Segundo um trabalho interno elaborado no âmbito do BNDES, que tratou das empresas nos setores de siderurgia, petroquímica e fertilizantes após a privatização, os resultados mostraram aumento da produção, do faturamento, do investimento, do lucro e da produtividade das empresas com a redução do número de empregados.[10] Em relação particularmente ao setor siderúrgico, entretanto, o trabalho ressalta o fato de que, além da privatização, certamente outros fatores contribuíram para a evolução do setor, como a liberalização dos preços e os ajustes feitos nas empresas anteriormente ao processo de venda das mesmas.

O estudo de Pinheiro (1996), por sua vez, teve por objetivo testar se houve ou não mudança de desempenho nas estatais privatizadas. Sete variáveis foram selecionadas para a análise: o lucro líquido, o patrimônio líquido, o investimento, o imobilizado, o número de empregados, o endividamento e a liquidez corrente. A partir destas foram derivadas outras seis, com o objetivo de medir a eficiência da empresa (vendas e lucro por empregado), sua rentabilidade (lucro sobre vendas e lucro sobre patrimônio líquido) e a propensão a investir (investimento sobre vendas e investimento sobre o imobilizado). Quando possível, a ideia foi comparar o desempenho das variáveis nos quatro anos seguintes à privatização com os quatro anos anteriores à mesma. *Em geral, os resultados apontaram para uma melhora do desempenho das empresas após a privatização.* De fato, o estudo constatou que as empresas ficaram mais eficientes e lucrativas com a privatização e que a melhoria de desempenho foi mais expressiva – tanto em termos estatísticos quanto em econômicos – nos casos da venda de controle do que de participações minoritárias, o que se explicaria pelo fato de que com a mudança de propriedade teriam melhorado os incentivos para trabalhadores e administradores das empresas.

A RECEITA DA PRIVATIZAÇÃO

Os resultados do processo de privatização no período 1991/2000 foram muito expressivos, atingindo mais de US$100 bilhões (ver Tabela 14.2). O total das receitas geradas pelas vendas das empresas estatais (incluindo as federais e as estaduais, bem como a venda de concessões ao setor privado) foi de US$82 bilhões no período 1991/2000. Também foi significativo o montante total de

---

[9] Este ponto será mais bem analisado no próximo capítulo.
[10] Citado em Pinheiro (1996).

TABELA 14.2
Receita de privatização: 1991/2000 – US$ milhões (a)

Setores	1991	1992	1993	1994	1995	1996	1997	1998	1999	2000	Total
Governo Federal	1988	3383	4188	2314	1628	4749	12558	26606	554	7670	65638
Siderurgia	1843	1639	3788	917	0	0	0	0	0	0	8187
Petroquímica	0	1477	174	528	1226	296	0	0	0	0	3701
Fertilizantes	0	255	226	13	0	0	0	0	0	0	494
Vale do Rio Doce	0	0	0	0	0	0	6858	0	0	0	6858
Energia elétrica	0	0	0	0	402	2943	270	1882	1	0	5498
Telecomunicações	0	0	0	0	0	0	4734	23948	421	0	29103
Empresas	0	0	0	0	0	0	0	21069	293	0	21362
Concessões	0	0	0	0	0	0	4734	2879	128	0	7741
Bancos	0	0	0	0	0	0	240	0	0	3604	3844
Outros setores (b)	145	12	0	856	0	1510	456	776	132	4066	7953
Estados	0	0	0	0	0	1770	15117	10858	3887	3041	34673
Energia elétrica	0	0	0	0	0	1066	13430	7817	2520	1977	26810
Telecomunicações (c)	0	0	0	0	0	679	0	1840	0	0	2519
Bancos	0	0	0	0	0	0	474	647	148	660	1929
Outros setores	0	0	0	0	0	25	1213	554	1219	404	3415
Total	1988	3383	4188	2314	1628	6519	27675	37464	4441	10711	100311
Receita de venda	1614	2401	2627	1965	1004	5485	22617	30897	3203	10422	82235
Dívidas transferidas	374	982	1561	349	624	1034	5058	6567	1238	289	18076

(a) Inclui concessões de empresas telefônicas, receitas de vendas e o montante da dívida transferida.
(b) Inclui vendas de ações minoritárias (Decreto nº 160/1994).
(c) Refere-se à empresa de telecomunicações do Rio Grande do Sul.
Fonte: BNDES. Para o ano 2000, os autores agradecem a Sérgio Rodrigues pela atualização dos dados.

dívidas transferidas, que no período foi em torno de US$18 bilhões. Vale ressaltar também o aumento da entrada de investimentos externos diretos para a privatização, o que contribuiu para o financiamento parcial do déficit em transações correntes do Brasil durante alguns anos (ver Gráfico 14.1).

GRÁFICO 14.1
Entrada de investimento direto para privatização: 1996/2000 (US$ bilhões)

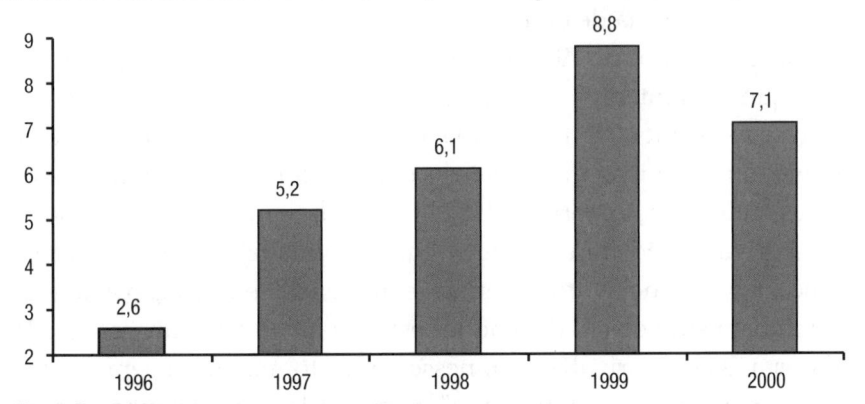

1996	1997	1998	1999	2000
2,6	5,2	6,1	8,8	7,1

Fonte: Banco Central.

Em relação à participação setorial, os setores de energia elétrica e telecomunicações apresentaram a maior participação no total dos resultados da privatização acumulados no período 1991/2000 (ver Gráfico 14.2).

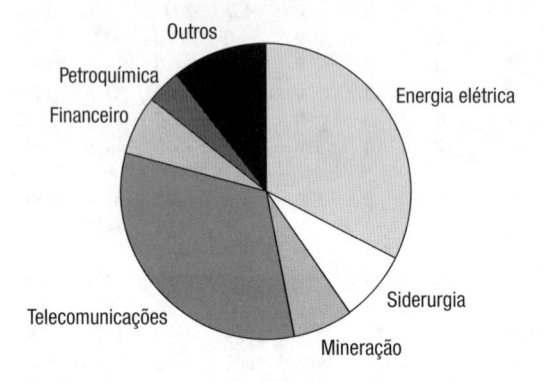

GRÁFICO 14.2
Resultados da privatização: participação por setores no total da receita: 1991/2000 (%)

Fonte: BNDES.

A IMPORTÂNCIA MACROECONÔMICA DA PRIVATIZAÇÃO DEPOIS DE 1996

O papel do programa de privatização e a sua relação com o contexto macroeconômico foram se modificando ao longo do tempo. Do início dos anos 1990, quando, de fato, passou a ser uma das prioridades da política econômica, até 1996, o processo de privatização funcionou basicamente como sinalizador de um comprometimento do Estado com as chamadas "reformas de mercado" que isso representava. Em um contexto internacional de abundância de capitais, isto significou um posicionamento favorável do país no universo dos países emergentes, o que se refletiu, por sua vez, na atração de um fluxo expressivo de capitais, na forma de empréstimos.

A partir de meados de 1997, porém, a realidade se modificou. Em primeiro lugar, porque os montantes arrecadados com a privatização, pela primeira vez, tornaram-se relevantes, em termos macroeconômicos: a receita total de privatização – incluindo dívidas transferidas – em 1997 foi maior do que todas as privatizações realizadas no período 1991/1996. Em segundo porque, com a crise asiática, a privatização adquiriu uma "funcionalidade" – chave para a política econômica, levando o governo a tentar se diferenciar em relação a diversos países que tinham sido objeto de ataques especulativos ou eram potencialmente candidatos a isso. A privatização, nesse contexto, passou a representar uma espécie de "ponte para a estabilidade", permitindo ao país ganhar tempo para tentar resolver seus dois grandes desequilíbrios – os déficits externo e fiscal –, que o governo esperava ter equacionado quando o financiamento *once and for all* permitido pelas privatizações tivesse se esgotado, alguns anos depois.

Ao diminuir a necessidade de captar recursos no exterior na forma de empréstimos para o financiamento do déficit em conta-corrente, a privatização contribuiria, conforme a intenção do governo, para que o país passasse pela etapa crítica de fechamento parcial do mercado de capitais, após a contração de liquidez internacional iniciada em 1997.

Ao mesmo tempo, a possibilidade de uso dos recursos da privatização para o abatimento de dívida pública poderia permitir ao governo evitar uma dinâmica explosiva da dívida pública, cujo aumento, como percentagem do PIB, passara a ser monitorado com preocupação pela maioria dos analistas, depois de 1994. Da mesma forma que no caso do setor externo – onde a estratégia do governo era "ganhar tempo" com a privatização, financiando temporariamente o déficit em conta-corrente, enquanto se tentava implementar um processo de desvalorização real suave –, em termos fiscais o objetivo desejado, conforme o discurso oficial, era evitar que o desequilíbrio fiscal pressionasse muito a dívida pública, enquanto se aprovavam as medidas de ajuste requeridas para a redução das NFSP. Se a estratégia se revelasse correta, a dívida pública teria seu processo de crescimento contido inicialmente através da privatização e, na sequência, através do esforço fiscal.

Neste ponto é importante lembrar a advertência de Pastore (1997). Segundo ele, nos anos de inflação elevada, a receita do governo decorrente da emissão de base monetária – isto é, a senhoriagem –, antes de 1994, tinha sido uma fonte de financiamento do déficit público suficientemente elevada para impedir o crescimento da dívida pública. Nesse sentido, o papel de "freio" ao crescimento da dívida pública que cumpria a senhoriagem nos tempos da alta inflação passou a ser desempenhado, depois do Plano Real, pelas receitas decorrentes da venda de empresas estatais – receitas essas muito maiores que as observadas até então. Essas vendas, portanto, "truncavam" o aumento da dívida pública, sem impedir, porém, o seu crescimento quando as privatizações se esgotassem.[11]

Em outras palavras, se, no período que durasse a privatização, o país não modificasse os indicadores disponíveis em 1997, no que tange a variáveis como déficit em conta-corrente ou déficit público, as relações passivo externo/PIB e dívida pública/PIB se tornariam fortemente crescentes com o fim da privatização. Para evitar isso, o Brasil deveria aproveitar a fase de "bonança" permitida pela privatização para realizar o duplo ajustamento externo e fiscal. O

---

[11] Ver citação no início do Capítulo 9.

primeiro, para evitar uma crise típica de Balanço de Pagamentos. E o segundo, para assegurar uma trajetória sustentável do endividamento público e evitar que se aplicasse à privatização brasileira o conhecido comentário de Mário Henrique Simonsen, mencionado no início deste capítulo, acerca dos riscos de perder uma oportunidade histórica de, através da venda de empresas estatais, melhorar a situação financeira do setor público.

Em função disso, o debate durante 1997/1998 sobre política econômica passou a incorporar com certa frequência alusões ao chamado *day after* da privatização, ou seja, à situação em que a economia brasileira se encontraria depois do ano 2000 quando, segundo se acreditava, as privatizações teriam se esgotado.[12] Se fosse feito o já citado duplo ajustamento, as privatizações teriam cumprido fielmente o seu papel de "ponte para estabilidade", ao passo que, se o país não se ajustasse, o temido cenário negativo se converteria em uma hipótese muito plausível.

O que ocorreu no segundo semestre de 1998 foi que, em face da moratória da dívida russa; do virtual desaparecimento do crédito internacional que ainda sobrevivera à crise das economias asiáticas de 1997; e das dificuldades domésticas para viabilizar os esforços de estabilização mediante a criação de uma "âncora fiscal", o cenário negativo que se esperava – se o país não se ajustasse – para depois do ano 2000 foi antecipado em dois anos. De certo modo, o *day after* da privatização chegou no final de 1998, antes de as privatizações terem acabado e provocando a necessidade de o país: a) implementar o ajuste fiscal tantas vezes protelado; b) recorrer novamente ao FMI e c) promover uma correção substancial da taxa de câmbio, para diminuir o déficit em conta-corrente.

A POLÊMICA DAS "MOEDAS PODRES"

Nos primeiros anos do Programa Nacional de Desestatização, o governo da época foi acusado de estar vendendo o patrimônio público – as empresas estatais – em troca do que no jargão do mercado financeiro é chamado de um "mico" – ou seja, um papel que não é desejado pelo mercado. Isso porque o governo aceitava, como meio de pagamento, títulos que eram negociados por um valor muito abaixo do seu valor de face (Gorini e Giambiagi, 1994; Pinheiro e Landau, 1996; Silva, 1998). Tais títulos, por isso, mereceram a denominação jornalística de "moedas podres".

Como tinham surgido esses papéis? Um caso típico foi o das debêntures da Siderbrás. Esta era a *holding* estatal do setor siderúrgico, setor esse que nos anos 1980 tinha passado por um processo de expansão do parque produtivo. Naquela ocasião, o grupo tinha emitido debêntures cujo pagamento, posteriormente, não foi honrado. Em função disso, criou-se um mercado secundário para esses papéis, no qual os interessados em vendê-los aceitavam uma certa perda de capital – um deságio –, em troca de receber no ato a parcela restante, repassando assim para o novo proprietário

---

[12] Cabe lembrar que, em 1998, após a privatização da Telebrás, julgava-se que o programa de privatização ainda dispunha de ativos estatais no valor total de quase US$40 bilhões, para serem privatizados em 1999 e no ano 2000.

a tarefa de negociar com o devedor as condições de pagamento. À medida que o tempo passava e a possibilidade de receber o pagamento integral diminuía, o deságio aumentava – além disso, parte do deságio obedecia ao fato de que a taxa de juros dos títulos era inferior à taxa de mercado. Tipicamente, no início dos anos 1990, o deságio desses títulos era da ordem de 50%. Portanto, se um indivíduo A vendesse seu carro para outro indivíduo B por um valor, na época, equivalente a US$10.000 e aceitasse como pagamento esse valor em debêntures da Siderbrás pelo valor de face destas, na prática estaria dando metade do seu carro de graça para o comprador, já que, ao converter os papéis no mercado, ficaria com o equivalente a apenas US$5.000.

A situação é totalmente diferente, porém, quando o papel rejeitado pelo mercado foi emitido pelo mesmo vendedor do ativo que está mudando de mãos. No caso da venda do carro de A para B, é claro que A não vai querer receber o valor do carro em papéis da Siderbrás. Vamos supor agora, porém, que os indivíduos A e B já tivessem participado de alguma transação econômica antes, na situação oposta, em que A era comprador, tendo comprado de B um ativo, no valor equivalente a US$10.000, pelo qual A pagou com um cheque que, ao ser apresentado ao banco, revelou-se sem fundos. Digamos agora que a operação de venda do carro, então, passe a ser a seguinte: o indivíduo B, com um cheque sem fundos equivalente a US$10.000 do indivíduo A, compra deste um carro, mediante a devolução do cheque que este tinha lhe passado. Nesse ato, A entrega o carro e, à continuação, rasga o cheque, ficando sem o carro e sem a dívida – o cheque sem fundos – que tinha antes com B.

Um crítico poderia dizer que A vendeu seu carro em troca de um cheque sem valor nenhum. De forma mais sofisticada, poderíamos dizer que a contabilidade de A sofreu um cancelamento simultâneo de um ativo e de um passivo. Pois bem, no caso do governo – dono da Siderbrás –, a aceitação de seus débitos como moeda de pagamento na privatização correspondia a "aceitar o cheque de volta", eliminando parte dos débitos, mediante a venda de ativos. Não aceitar esse modo de pagamento teria sido como se A tivesse se recusado a aceitar o seu próprio cheque como pagamento do carro que estava vendendo. É claro que, nesse caso, tendo recusado a chance de "limpar" seu nome, se a informação circulasse, dificilmente alguém iria aceitar, no futuro, um novo cheque de A.

A aceitação de antigos débitos por parte do governo teve então, no início dos anos 1990, um duplo propósito. Por um lado, buscou recuperar o conceito do governo como um devedor confiável. Por outro, viabilizou a venda de empresas que, por uma série de motivos, o governo julgava importante desestatizar, mas para o que teria encontrado dificuldades para encontrar compradores que pagassem em dinheiro, em condições de liquidez restrita e elevada incerteza. Com o passar do tempo, a fama de "caloteiro" do governo foi ficando para trás, as "moedas podres" foram diminuindo à medida que as empresas estatais iam sendo vendidas e, a partir de 1995, o uso de moeda corrente se tornou largamente predominante nas privatizações.

Sugestões de leitura para o aluno: Werneck (1989) foi o primeiro artigo que tratou com rigor acadêmico o tema da privatização no Brasil. Mello (1994) discute o impacto fiscal da privatização.

Leituras adicionais para o professor: Cavalcanti (1996) mostra a degradação dos investimentos em infraestrutura no Brasil nos anos 1980 e 1990, algo que explica o porquê da opção dos governos pela privatização. O artigo de Pinheiro e Chrysóstomo (1991) é a referência mais completa sobre a venda de empresas estatais no Brasil nos anos 1980. Pinheiro e Giambiagi (1997), com sua análise sobre os anos 1990, complementam a leitura de Mello (1994) e do já citado Pinheiro e Chrysóstomo (1991).

QUESTÕES

1. Após a privatização da Telebrás, *ceteris paribus*, o superávit primário das empresas estatais federais teria de diminuir. Como você explica isso?
2. Quais as principais diferenças entre as privatizações feitas no Brasil nos anos 1980 e as que foram feitas no período 1991/1995?
3. De forma análoga à questão anterior, quais as principais diferenças entre as privatizações feitas no Brasil no período 1991/1995 e as que foram feitas depois de 1995?
4. Você concorda com a afirmação de que "antes da reforma constitucional de 1995, a privatização do setor elétrico era proibida pela Constituição brasileira"?
5. Quando, em 1995, modificou-se a Constituição, acabando com os monopólios estatais nas áreas de telecomunicações e petróleo, permaneceu uma diferença importante, explicitada na regulamentação posterior das respectivas emendas constitucionais. Que diferença foi essa?
6. Suponha que o governo tenha a alternativa de privatizar uma empresa em t ou em (t + n) usando os recursos recebidos para o abatimento da dívida pública. Qual é a condição requerida para que, do ponto de vista estritamente financeiro, o adiamento da venda seja conveniente para o Tesouro Nacional?
7. Em 1993, quando foi privatizada a Companhia Siderúrgica Nacional (CSN), uma das críticas que se fazia ao processo era que o valor da sua venda era muito inferior ao valor que o Estado tinha aplicado na empresa ao longo da sua história. Qual é a falha desse argumento?
8. "A privatização é uma das razões para o fato de a remessa de lucros e dividendos, nas contas do balanço de pagamentos, ter aumentado expressivamente a partir de 1995." Você concorda com essa afirmação? Por quê?

CAPÍTULO 15

O Estado Regulador[1]

> O principal objetivo do programa britânico de privatização é reduzir o poder dos monopólios e estimular a competição. A longo prazo, a privatização vai se manter ou fracassar em função da extensão em que aumentar a competição. Se esta não puder ser alcançada, uma oportunidade histórica terá sido perdida.
>
> Secretário de Finanças da Inglaterra no governo de Margareth Thatcher, 1983

> Manda quem pode. Obedece quem tem juízo.
>
> Empresário brasileiro, 1998, líder de um dos consórcios que comprou uma das empresas em que se dividiu a Telebrás, acerca das exigências determinadas pela agência reguladora do setor de telecomunicações

No início dos anos 1980, na Argentina, em plena crise do modelo dito "dirigista" de funcionamento da economia, surgiu um adesivo para uso nos carros, muito difundido na época, que dizia: *"Achicar el Estado es agrandar a la Nación."* Fiel a esse espírito, anos depois, o país privatizou em ritmo recorde algumas das suas empresas, sem ter tomado os devidos cuidados acerca de como seria o funcionamento do setor uma vez que as empresas tivessem sido privatizadas. O resultado foi que o sistema melhorou muito – mas as queixas dos usuários continuaram, não contra a qualidade do serviço e sim contra as altas tarifas cobradas.

---

[1] Este capítulo usou como referências bibliográficas os seguintes trabalhos apresentados no relatório de pesquisa de Rezende e Paula (1997): Moraes, Luiza Rangel de, "A reestruturação dos setores de infraestrutura e a definição dos marcos regulatórios"; Farina, Elizabeth M. M. Q; Azevedo, Paulo F. de e Picchetti, Paulo, "A reestruturação dos setores de infraestrutura e a definição dos marcos regulatórios: princípios gerais, características e problemas"; Possas, Mario L.; Pondé, João L. e Fagundes, Jorge, "Regulação da Concorrência nos setores de infraestrutura no Brasil: elementos para um quadro conceitual", e Souza e Silva, Carlos Eduardo, "Marcos iniciais da (Re) Regulação da infraestrutura no Brasil". Para um *survey* geral da literatura sobre regulação, ver Resende (1997).

Na verdade, o mencionado adesivo traduzia uma concepção, a nosso ver, equivocada, de como deve ser encarado o papel do Estado, após a privatização. Há serviços que, pela sua natureza, são intrinsecamente públicos, mesmo que o seu fornecimento seja privado. Isto decorre principalmente do caráter essencial da prestação dos serviços de utilidade pública, que resulta de dois fatores principais: em primeiro lugar, grande parte da população é obrigada a utilizar esses serviços; e em, segundo, o crescimento da economia exige a expansão desses serviços. É o caso, por exemplo, das telecomunicações ou do fornecimento de energia elétrica. Se os telefones não funcionarem e/ou se faltar energia para o país crescer, o culpado será o governo, independentemente de este ser o dono ou não da empresa que presta o serviço. Isso significa que, *com a privatização, o Estado não desaparece: ele apenas muda de figura*, deixando de cumprir o papel de produtor do serviço e passando a assumir as responsabilidades de regulador, ou seja, de "fiscal" do serviço, através da ação das agências reguladoras.

O Brasil começou com a criação dessas agências reguladoras no final dos anos 1990, uma nova fase da sua economia, caracterizada pela ação de instituições que não são estritamente governamentais – posto que seus dirigentes não são demissíveis pelas autoridades –, mas que se encarregam de zelar pelo interesse público, no que tange à garantia de fornecimento, qualidade do serviço e tarifas cobradas. Trata-se de um estágio do processo evolutivo das economias que muitos países anglo-saxões já percorreram anteriormente. Neste capítulo, iremos analisar as características desse Estado regulador, que propósitos norteiam a sua atuação, que tipo de conflitos podem surgir etc. O objetivo é dar ao aluno uma noção de que o final dos anos 1990 marca não o *fim* e sim a construção de um *novo* Estado.

IMPORTÂNCIA E OBJETIVOS DA REGULAÇÃO[2]

A necessidade de um sistema regulador eficiente é fundamental à medida que o processo de privatização chega à prestação dos chamados serviços de utilidade pública.

Estes constituem o foco de atuação da regulação estatal. Neste sentido, é importante a diferenciação entre *poder concedente* e *poder regulador*, embora ambos possam, em determinadas circunstâncias, ser exercidos conjuntamente. O primeiro é o titular da obrigação da prestação do serviço e, consequentemente, o responsável por dimensionar, planejar e decidir sobre a política de oferta do serviço e a melhor forma de atendê-la. A partir do momento em que o poder concedente se decide pelo sistema de concessões dos serviços a terceiros, sob

---

[2] Ver Rezende e Paula (1997) e Rigolon (1997).

o regime de monopólio ou não, ele tem de dar andamento ao processo de concessão. Após executada a concessão, cabe ao poder concedente fazer cumprir as condições do contrato de concessão, tarefa na qual os ministérios setoriais, diretamente subordinados ao poder concedente, podem ter um papel de destaque, visando, principalmente, ao aumento da eficiência na prestação do serviço. O poder concedente é, em geral, exercido pelo governo.

O poder regulador, por sua vez, ainda que represente também um poder do Estado, não é diretamente responsável pela prestação do serviço, mas tem a obrigação de zelar pelas regras estabelecidas, setorialmente, para a prestação dos serviços de utilidade pública por parte de terceiros, garantindo a qualidade do serviço a ser prestado a um preço justo.[3]

Dentre suas principais funções, cabem ao órgão regulador: a) a defesa e *interpretação das regras*, além da sugestão de novas regras que facilitem as relações e resolvam os conflitos entre os atores – incluindo também os possíveis conflitos com o poder concedente; b) a *definição operacional* de alguns conceitos fundamentais a serem incluídos nos contratos de concessão – como o coeficiente de produtividade a ser repassado para o consumidor, a diferenciação de tarifas por faixa de consumidores etc. e c) a investigação e *denúncia* de atividades anticompetitivas ou o abuso do monopólio concedido.

Os principais objetivos da regulação são o bem-estar do consumidor; a melhora da eficiência alocativa – situação na qual se realiza o maior volume de transações econômicas, com a geração de maior renda agregada possível –, distributiva – definida como a capacidade de redução, pela concorrência ou pela regulação, da apropriação de excedentes econômicos por parte do produtor – e produtiva – entendida como a utilização da planta instalada com máximo rendimento e menor custo, dada a estrutura de mercado – da indústria; a universalização e a qualidade dos serviços (a serem prestados por um preço considerado justo); a interconexão entre os diferentes provedores (interoperabilidade da rede pública); a segurança e a proteção ambiental. Além disso, são essenciais o estabelecimento das regras de concorrência, definindo-se quais mercados serão abertos, para quantos concorrentes e como assegurar uma justa competição; e a determinação da estrutura tarifária, principalmente no que diz respeito ao tipo de mecanismo de controle das tarifas dos segmentos regulamentados. Os instrumentos regulatórios são as tarifas, as quantidades, as restrições à entrada e à saída e os padrões de desempenho.

---

[3] O poder concedente pode ser também regulador, quando ambos são exercidos pelo governo. Analogamente, há casos em que o poder regulador é também concedente, quando o órgão regulador é responsável pelas concessões. Na divisão tradicional de funções, porém, o poder concedente é do governo e o poder regulador pertence a uma agência específica.

Para que um sistema regulatório seja eficiente são necessários: a) uma política tarifária definida e estável; b) a existência de marcos reguladores claramente definidos, que detalhem as relações entre os diversos atores de cada setor, seus direitos e obrigações; c) um mecanismo ágil e eficiente para a solução de divergências e conflitos entre o poder concedente e a concessionária; d) um certo grau de garantia contra os riscos econômicos e políticos e e) a criação de um órgão regulador do setor, dotado de *especialidade, imparcialidade* e *autonomia* nas decisões. Nesse sentido, os marcos reguladores e os contratos de concessão precisam estar estruturados de tal forma que possam servir aos propósitos de atração e estímulo de novos investimentos privados no setor de prestação de serviços públicos e de ordenamento da prestação dos serviços públicos, a fim de garantir aos usuários a obtenção de serviço adequado.

A TEORIZAÇÃO DOS SERVIÇOS DE UTILIDADE PÚBLICA NOS ESTADOS UNIDOS

O tratamento teórico dos serviços de utilidade pública (*public utilities*) originou-se nos Estados Unidos, onde foi desenvolvida uma ampla literatura sobre o tema. Foi justamente a noção de "interesse público" que se consolidou como critério, naquele país, para justificar a intervenção do Estado na regulamentação da prestação dos serviços de utilidade pública.

Segundo os manuais de finanças públicas, existem algumas características que apontam para a peculiaridade e para o caráter essencial dos serviços de utilidade pública, o que justificaria a necessidade de regulamentação e controle da produção desses serviços.

Em primeiro lugar, as empresas de utilidade pública são responsáveis pelo fornecimento de um serviço indispensável, cuja interrupção provoca danos substanciais à sociedade e ao sistema econômico como um todo, à medida que sua substituição, ainda que nem sempre seja impossível, pode ser muito custosa.

Em segundo lugar, alguns dos argumentos mais usados pela literatura para a regulação pública de atividades econômicas estão relacionados, no jargão tradicional, com as "falhas de mercado", das quais o monopólio natural representa a mais comum e mais aceita para efeito de regulação. Os serviços de utilidade pública tradicionalmente constituíram monopólios naturais, na sua origem. O termo "monopólio natural" implica que resultado "natural" das forças de mercado é o desenvolvimento de uma organização de monopólio. A caracterização de uma estrutura de mercado como um monopólio natural acontece quando o custo médio mínimo de produção ocorre a uma taxa de produção suficiente, quase suficiente ou mais que suficiente para abastecer todo o mercado a um preço que cobre todos os custos. Essa situação tornaria pouco lucrativa a atuação de mais de uma empresa no mercado. Ou seja, a concorrência nos serviços de utilidade pública historicamente foi incapaz de estabelecer tarifas suficientemente remuneradoras para atrair investimentos adicionais que são necessários para a melhoria e expansão dos serviços. Isto porque a existência de mais de uma empresa pode levá-las a incorrer em custos médios superiores aos de um monopolista, pela perda de economias de escala. A existência destas é uma característica dos monopólios naturais.

Caracterizada uma situação de monopólio natural, é mais eficiente a manutenção de uma única empresa produtora, a fim de obter custos de produção inferiores ao de empresas concorrentes. Mas a existência de uma empresa monopolista em serviços essenciais, como os de utilidade pública, levanta o problema de sua regulamentação e controle.

A possibilidade de regulamentação é dada pelo fato de o monopólio ser garantido por concessões dos governos. Impondo-se a definição de um único concessionário, os governos podiam também estabelecer cláusulas impositivas ao beneficiário da concessão. O motivo para isto seria impedir o abuso do poder de mercado refletido na prática de preços monopolistas por parte da empresa concessionária. A teoria econômica demonstra que um produtor monopolista consegue obter lucro máximo vendendo quantidades menores e a preços maiores do que produtores concorrentes, em detrimento dos interesses dos consumidores. Um monopólio, garantido por uma concessão do poder público, estaria prejudicando os consumidores se não houvesse regras explícitas, principalmente quanto às tarifas, ao suprimento e à qualidade dos serviços prestados. Em termos gerais é isto que justifica, no âmbito da teoria econômica, a intervenção do Estado nesses serviços.

Essa foi a lógica que conduziu à constituição das comissões reguladoras dos serviços de utilidade pública nos Estados Unidos, comissões que proliferaram nos âmbitos federal e estadual.

Além disso, um sistema regulador deve atender a dois requisitos essenciais. O primeiro é a independência da agência reguladora, definida como a capacidade de buscar prioritariamente o atendimento dos direitos e interesses do usuário e a eficiência da indústria, em detrimento de outros objetivos conflitantes, tais como a maximização do lucro, em sistemas monopolistas; a concentração de empresas em setores mais rentáveis do mercado; ou a maximização das receitas fiscais. O segundo requisito é a escolha de instrumentos que incentivem a eficiência produtiva e alocativa.

No Brasil, a regulação está estritamente associada e condicionada ao contrato de concessão. O contrato de concessão é um instrumento complexo, que tem dois objetivos potencialmente conflituosos: a maximização do bem-estar do consumidor e a garantia de um retorno atrativo para o investidor. O contrato determina o valor e o prazo da concessão, regras de fixação de tarifas, condições de financiamento, e direitos e obrigações durante a vigência da concessão e ao final do contrato. O desafio é estruturar o contrato de concessão de forma a minimizar os riscos de retorno muito elevado ou muito baixo para o investidor, de provisão ineficiente dos serviços e de manutenção inadequada dos ativos.

No caso do Brasil, particularmente desde o início da atuação dos novos órgãos reguladores, procurou-se estruturar um sistema eficiente, que estipulasse regras claras e estáveis para reduzir as incertezas dos investidores potenciais, principalmente no que diz respeito à fixação e ao reajuste das tarifas. Tentou-se, assim, criar um ambiente favorável à retomada dos investimentos privados, para viabilizar uma reforma bem-sucedida do setor de infraestrutura, no período pós-privatização. Ao remover as restrições à entrada de novas firmas no mercado, assegurando o acesso das mesmas às redes de transmissão e de transporte; e ao fixar tarifas que incentivem inovações tecnológicas e economias de custos, uma regulação eficiente pode promover o aumento da competitividade e da eficiência do setor de infraestrutura. Nos casos em que a situação pós-privatização continuou sendo de monopólio natural ou de oligopólio, um sistema regulatório eficiente permite que a sociedade se beneficie da eficiência produtiva – economias de escala e minimização de custos – sem incorrer nos custos do poder de monopólio ou oligopólio, como a fixação de tarifas em níveis superiores ao custo médio mínimo.

A REGULAMENTAÇÃO É OU NÃO O CAMINHO MAIS EFICIENTE PARA REFORMAR OS SETORES DE INFRAESTRUTURA APÓS A PRIVATIZAÇÃO?

A partir de 1970, a necessidade de regulamentação e controle dos setores de utilidade pública passou a ser questionada, sendo alvo de muitas críticas, com destaque para duas vertentes principais. A primeira procurava demonstrar que o monopólio natural não conduzia necessariamente a uma "situação ineficiente", pois haveria mecanismos que introduziriam a competição mesmo sob o monopólio. Nesse sentido destacou-se a teoria dos mercados contestáveis, que procurou mostrar que em certas condições o monopólio natural enfrenta pressões concorrenciais potenciais que o impedem de adotar práticas tipicamente monopolistas. A possibilidade de entrada de novos produtores que acabariam rompendo a situação de monopólio preveniria a prática de preços elevados por parte dos monopolistas. Sendo assim, a desregulamentação do mercado poderia conduzir a uma situação mais eficiente em termos de bem-estar, pois a concorrência potencial, ou mesmo a efetiva, se liberada a entrada de novos produtores, poderia gerar resultados mais favoráveis do que a definida pela regulamentação.

A segunda vertente crítica argumenta que a regulamentação seria incapaz de conduzir aos resultados desejados, pois a atuação das agências reguladoras acabaria sendo influenciada decisivamente pelos produtores sujeitos à regulação. A ideia é que as concessionárias acabariam "capturando" os agentes regulatórios, sendo favorecidas por estes – seja pelas regras de fixação de tarifas ou pela restrição à entrada de novos produtores. Sendo assim, a intervenção do Estado através da regulamentação dos setores de utilidade pública não conduziria necessariamente a uma situação mais eficiente do que a de não intervenção.

Contra a primeira crítica pode-se argumentar, porém, que grande parte dos setores de infraestrutura caracterizam-se pela presença de "custos irrecuperáveis" (*sunk costs*), ou seja, de investimentos que podem produzir um fluxo de receitas ao longo de um amplo horizonte de tempo, mas que não são inteiramente reversíveis ou reutilizáveis para outras finalidades. Essa característica torna os mercados incontestáveis, impedindo que a simples liberalização da entrada de novos produtores garanta que o monopólio seja ameaçado pela entrada potencial de novos competidores.

Em relação à segunda crítica, a possibilidade de captura da agência reguladora pela concessionária deve ser considerada seriamente através da constituição de uma estrutura regulatória que possa prevenir tal ocorrência, não sendo, entretanto, suficiente para descredenciar a importância da existência de um poder regulador. De fato, não se pode afirmar que a desregulamentação conduza ao resultado mais eficiente do que a intervenção do Estado. É evidente que, nas atividades em que permanece a característica de monopólio natural, a hipótese de total desregulamentação é inviável, pois corresponderia a deixar o mercado nas mãos de um monopolista sem qualquer tipo de restrição.

A experiência internacional tem demonstrado que a privatização não deve ser necessariamente acompanhada pela desregulamentação. Por exemplo, no Reino Unido, após as privatizações, a manutenção de monopólios gerou conflitos entre empresas e usuários que exigiram a intervenção do Estado e a rerregulamentação dos setores privatizados.

Um argumento recente que tem sido colocado contra a necessidade de regulamentação é que o avanço das inovações tecnológicas – por exemplo, os processos de ciclo combinado na geração termelétrica, a rápida expansão da telefonia celular com tecnologia digital e a cobrança eletrônica de pedágios nas rodovias – tem resultado em uma redução significativa dos custos mínimos

> e da escala mínima ótima de produção, o que acabaria por eliminar, em muitos casos, a situação de monopólio natural, aumentando consideravelmente a concorrência nos mercados. Quanto a este ponto, entretanto, vale dizer que, mesmo nos casos em que se estabeleça algum tipo de concorrência, não parece plausível pensar na plena desregulamentação. Por um lado, porque dificilmente se chegará à "concorrência perfeita", sendo o mais provável a mudança da estrutura de mercado do monopólio para o oligopólio – com dois ou três concorrentes. Por outro, porque o interesse público envolvido nessas atividades não permite a dispensa de alguma forma de regulamentação.

AS EXPERIÊNCIAS REGULADORAS NOS PAÍSES DESENVOLVIDOS[4]

As agências reguladoras desenvolveram-se, principalmente, nos Estados Unidos, onde predominou a empresa privada monopolista como produtora dos serviços públicos, sujeita a uma ampla regulamentação. Tratando-se de setores caracterizados por monopólios naturais, cabia às agências reguladoras, especializadas e independentes, simular os benefícios da concorrência – oferta e preços adequados – e estimular o desenvolvimento tecnológico.

Mesmo quando o movimento de desregulamentação ganhou força, principalmente nos Estados Unidos, a desregulação naquele país ficou restrita a certas atividades. Os principais serviços de utilidade pública continuaram sendo regulados pelo governo enquanto permaneceram sob a estrutura de monopólio natural. Mesmo no setor de telecomunicações onde novas tecnologias para comunicações a longa distância eliminaram o caráter de monopólio natural dessa atividade e viabilizaram a entrada de novas empresas, não houve a plena desregulamentação do setor.

Nos Estados Unidos, as principais agências reguladoras especializam-se da seguinte forma: a Interstate Commerce Commission (ICC) regula os setores de ferrovias, transporte de carga e abastecimento de água; a Federal Communication Commission (FCC) trata dos setores de telefonia, radiodifusão e de TV a cabo; e a Federal Energy Regulatory Commission (FERC) regula os setores de energia elétrica, gás natural e petróleo. Tão importantes quanto as agências reguladoras federais são as comissões de utilidade pública, estaduais. Nos Estados Unidos, onde os serviços de utilidade pública foram tradicionalmente monopólios privados, as agências federais e estaduais vêm desenvolvendo uma ampla capacidade reguladora autônoma desde a segunda metade

---

[4] Ver Viscusi, Vernon e Harrington (1995) e Frischtak (1995).

do século XIX. De fato, há uma divisão de trabalho entre as agências federais e estaduais, que são responsáveis pela regulação dos monopólios naturais nos Estados Unidos. Na Carolina do Norte, por exemplo, a comissão estadual é responsável pela regulação de mais de mil companhias, entre as quais uma variedade de firmas pequenas de abastecimento de água e transporte rodoviário de carga, três companhias de energia elétrica, três distribuidoras de gás e duas companhias telefônicas. Na telefonia de longa distância, as comissões estaduais controlam as tarifas intraestaduais e locais, enquanto a FCC regula as interestaduais. Na energia elétrica, a FERC regula as transações interestaduais e fixa as tarifas de transporte, enquanto as comissões estaduais são responsáveis pela determinação das tarifas ao consumidor.

Na Europa, no Japão e nos países em desenvolvimento, onde os monopólios estatais foram durante quase todo o século XX os ofertantes tradicionais dos serviços de infraestrutura, a regulação era exercida principalmente pelos ministérios setoriais, e não por agências reguladoras independentes.

Entretanto, recentemente tem-se observado uma tendência de especialização das agências reguladoras nos principais países do mundo. Por um lado, isto se explica pela generalização do modelo institucional norte-americano de prestação dos serviços de utilidade pública, com o avanço do processo de privatização nos países desenvolvidos. Por outro, a tendência de especialização dos órgãos reguladores reflete o reconhecimento da existência de uma variedade de serviços públicos – por exemplo, nos setores de eletricidade, água, telecomunicações, transportes, petróleo etc. – com características diferenciadas quanto à tecnologia utilizada, à estrutura da demanda e às necessidades de investimento, o que aponta para uma maior eficiência das agências reguladoras setoriais.

Recentemente, o Reino Unido, por exemplo, criou agências autônomas setoriais para regular suas utilidades públicas privatizadas. Movimentos semelhantes também ocorreram em outros países europeus. No Reino Unido, o Office of Electric Energy (Offer) é responsável pela regulação da energia elétrica; o Office of Gas (Ofgas) trata do setor de gás natural; o Office of Water (Ofwat) trata da regulação do setor de saneamento básico; e o Office of Telecommunications (Oftel) regula o setor de telecomunicações. O Reino Unido possui, ainda, a Monopolies and Mergers Commission (MMC), que foi criada para arbitrar conflitos entre o poder concedente e a concessionária; e o National Audit Office (NAO), que é responsável pela auditoria das agências setoriais.[5]

---

[5] Na verdade, o escopo de ação dessa agência é bastante abrangente, sendo também de sua responsabilidade as políticas de defesa da concorrência e de regulação antitruste.

Na organização dos sistemas reguladores nos países desenvolvidos, um problema comum tem sido a dificuldade de se combinar a necessidade de independência, flexibilidade e controle social das agências reguladoras com regras rígidas, principalmente no que diz respeito à fixação das tarifas. Isto porque, se, por um lado, a estabilidade das regras é indispensável para reduzir as incertezas e criar um ambiente favorável ao aumento dos investimentos no setor de infraestrutura, por outro ela limita as possibilidades de adaptação às condições mutáveis de demanda e de custos. Entretanto, um excesso de flexibilidade e de poder discricionário das agências reguladoras pode conduzir à perda de credibilidade da regulação e inibir o investimento privado em infraestrutura. Uma solução adotada em alguns países tem sido a de criar instituições para o controle da atuação das agências reguladoras. No Reino Unido, por exemplo, esse controle é responsabilidade da instituição já citada anteriormente, o National Audit Office.

AS AGÊNCIAS REGULADORAS

O processo de regulação da infraestrutura pelo qual o Brasil passou a partir de 1995 – ano da realização de várias mudanças constitucionais importantes – esteve associado a uma ampla reestruturação dos setores que compõem essa infraestrutura e incluiu a eliminação de monopólios, a separação de algumas atividades de outras – por exemplo, a telefonia básica da celular – e a aprovação de novas leis que passaram a reger o funcionamento dos setores.

Paralelamente aos marcos reguladores, que reúnem as normas e os critérios ordenadores de cada uma das atividades delegadas ao empresário privado, surgiram as agências reguladoras, organismos constituídos pelo poder público para regulamentar cada atividade específica e aplicar tais normas regulamentares, além de funcionar, em muitos casos, como instância decisória dos conflitos entre as empresas concessionárias e os usuários.

No caso brasileiro, o fato de há várias décadas a responsabilidade pela prestação dos serviços de utilidade pública ter passado a ser basicamente pública, com a estatização das concessionárias, gerou como resultado um fraco aparato regulador. Isto porque, como tanto a concessionária quanto o órgão fiscalizador eram instituições ligadas ao Estado, a eficiência dos instrumentos de controle deixava bastante a desejar. Ainda que as relações entre concessionária e órgão fiscalizador continuassem a ser, em alguma medida, conflituosas, a pressão sobre a concessionária foi sendo substancialmente amenizada pelo vínculo a um mesmo organismo superior – por exemplo, um ministério. Além disso, as empresas tornaram-se organismos fortes, com altos volumes de recursos e equipes amplas, enquanto os órgãos reguladores do poder concedente enfraqueceram-se tanto em termos de recursos financeiros e materiais quanto em termos de equipes técnicas.⁶

Ou seja, a própria capacidade de regulamentação, fiscalização e controle se viu limitada por esse processo. Dessa forma, perdeu-se a dimensão de controle da concessionária que estava implícita na doutrina de serviços de utilidade pública e no regime de concessões.

Com a crescente ineficiência do regime de concessões quando as empresas concessionárias tornaram-se estatais, também perderam força os instrumentos de controle que objetivavam a defesa do usuário, ante o monopolista, e a definição de parâmetros que obrigassem a empresa a buscar maior eficiência produtiva. A defesa do usuário e a gestão eficiente ficaram, praticamente, sob a responsabilidade dos dirigentes das estatais, sem que a empresa estivesse sujeita a qualquer pressão automática nessa direção.

A mudança na estrutura do setor de infraestrutura, com a privatização e a concessão da prestação dos serviços de utilidade pública ao setor privado, trouxe à tona, novamente, a necessidade de construção de um eficiente aparato regulador.

No que diz respeito às perspectivas de atuação dos órgãos reguladores setoriais, vale ressaltar alguns aspectos institucionais que são importantes para a atuação dessas agências nos seus mercados específicos.

Em primeiro lugar, é importante a *independência* dos dirigentes e a autonomia econômico-administrativa da instituição. Tendo em vista a tradição de uma forte intervenção do Estado no passado, uma das principais preocupações das concessionárias é a possibilidade de interferência governamental, seja por questões políticas ou técnicas. Sendo assim, é essencial um contrato que estabeleça claramente os *limites da interferência do Estado*, bem como a *garantia de autonomia da agência reguladora* e a *independência dos seus dirigentes*. Além disso, é necessário que a agência reguladora tenha uma atuação ativa e não apenas reativa, tendo capacidade para conceder incentivos, interpretar de forma flexível a legislação e sugerir alterações que permitam a adaptação às mudanças na tecnologia, no mercado, no nível de aprendizado etc. Outro ponto importante no que se refere à autonomia tem a ver com a capacidade da agência reguladora de arbitrar os possíveis conflitos entre os agentes envolvidos nas concessões,

---

⁶ No setor de energia elétrica, por exemplo, dados os recursos técnicos e financeiros de que dispunha, a Eletrobras praticamente ofuscava a ação do Departamento Nacional de Águas e Energia Elétrica (DNAEE), uma espécie de órgão regulador do setor, que era formalmente responsável pela gestão dos recursos hídricos nacionais de domínio federal e estadual, fiscalizando e autorizando o uso de águas e o aproveitamento energético. A respeito dos problemas de gestão dos serviços de utilidade pública quando eram predominantemente oferecidos por empresas estatais, ver Johnson, Saes, Teixeira e Wright (1996).

principalmente no que diz respeito à garantia de continuidade das regras fundamentais, como a manutenção do equilíbrio econômico-financeiro inicial do contrato e da neutralidade das decisões reguladoras.

Em segundo lugar, existe o problema da *assimetria de informações*, o que exige a contratação de um quadro permanente de técnicos para a agência, a fim de que a curva de aprendizado sobre a rotina de regulação dos setores seja cumulativa. Entretanto, a existência de um quadro permanente pode trazer, por sua vez, o risco de captura da agência reguladora pelos agentes regulados. Com a finalidade de preservar as agências reguladoras de interferências indesejáveis, seja por parte do governo ou da indústria regulada, podem ser adotados procedimentos como a fixação de mandatos longos, escalonados e não coincidentes com o ciclo eleitoral, para os dirigentes e conselheiros das agências reguladoras.

Em terceiro lugar, há o problema da *descentralização* da fiscalização. A prestação da maior parte dos serviços públicos tem uma dimensão local com forte dispersão geográfica, ainda que a sua estrutura de produção dependa de infra-estruturas e redes de caráter nacional. Sendo assim, uma fiscalização eficiente da prestação do serviço depende de como a agência reguladora lida com as possibilidades de descentralização.

Finalmente, existe a necessidade de *coordenação* das agências reguladoras com as demais instituições. Ou seja, é importante deixar clara a inserção político-institucional das agências reguladoras, em face da existência de instituições com funções reguladoras e fiscalizatórias distribuídas tanto no Poder Executivo quanto no Legislativo ou Judiciário. Dentre essas instituições, há o Conselho Administrativo de Defesa Econômica (CADE) e a Secretaria de Direito Econômico (SDE), no âmbito da defesa da concorrência e da punição ao abuso do poder econômico; o PROCON e o DECON, no âmbito da legislação de defesa do consumidor; e os órgãos de proteção ambiental nos seus vários níveis. A delimitação do espaço de atuação das agências reguladoras é fundamental à medida que estas não estão autorizadas a praticar atos de fiscalização e sanção inseridos na competência de outro órgão. A melhor solução para tal situação parece ser a criação de mecanismos que permitam maior cooperação entre os diversos agentes reguladores, para que haja uma troca de informações que torne mais eficientes as várias ações governamentais presentes em determinado setor.

No Brasil, as principais agências reguladoras são: a Agência Nacional de Energia Elétrica (ANEEL), encarregada do setor de energia elétrica; a Agência Nacional de Telecomunicações (ANATEL), que regula o setor de telecomunicações; e a Agência Nacional do Petróleo (ANP), responsável pela regulação do setor de petróleo.

A PRIVATIZAÇÃO DAS TELECOMUNICAÇÕES NO BRASIL E NA ARGENTINA: UMA COMPARAÇÃO

A Argentina começou o processo de privatização de seu setor de telecomunicações no início dos anos 1990. Em um momento econômico delicado, a privatização era vista como fundamental para os objetivos de política econômica em razão de: a) mostrar o comprometimento do governo com as chamadas "reformas de mercado" e b) gerar receitas para melhorar, a curto prazo, a situação das contas do governo.

Tendo em vista o imediatismo dos objetivos, não houve maiores preocupações com a construção de um marco regulador adequado e com regras explícitas que antecedessem a venda das empresas. Isto favoreceu a manutenção de práticas monopólicas, já que apenas duas empresas passaram a dividir o mercado de telecomunicações, uma ao norte e outra ao sul do país.

No Brasil, ao contrário da Argentina, o objetivo de geração de receitas com a privatização das telecomunicações ficou condicionado à preocupação de se construir um marco regulador que garantisse uma reforma bem-sucedida do setor de infraestrutura. Sendo assim, em primeiro lugar houve a aprovação da nova legislação, seguida da instituição da agência reguladora e, apenas posteriormente, iniciou-se o processo de privatização do setor.

A ANEEL é responsável não apenas pela regulação do mercado elétrico, mas também pela licitação das concessões e celebração dos contratos de concessão. A agência reguladora apresenta um duplo papel: por um lado é a representante dos interesses do Estado e, por outro, funciona como árbitro das divergências entre os agentes do mercado elétrico e entre estes e o Estado. A ANEEL determina que as tarifas máximas de energia elétrica sejam fixadas nos contratos de concessão ou permissão ou em atos específicos da agência reguladora, que autorizem revisões ou reajustes – ver Quadro 15.1.

A ANATEL, além de exercer o poder concedente, celebrando e gerenciando os contratos de concessão, tem funções de planejamento, fiscalização e normatização dos serviços de telecomunicações – ver Quadro 15.2. Além disso, a agência reguladora é responsável pela fixação, controle e acompanhamento das tarifas dos serviços. Sendo assim, as concessionárias estão sujeitas a uma regulamentação que tem como principal objetivo evitar o reajuste abusivo de preços, bem como a prática de preços predatórios que impeçam a entrada de novos concorrentes no mercado. Outra função importante da ANATEL é o controle, prevenção e repressão às infrações contra a ordem econômica, consideradas as competências do CADE.

QUADRO 15.1
A Agência Nacional de Energia Elétrica (ANEEL)

1. Características da agência
- Autarquia (regime especial)
- Criação: Lei nº 9.427 de 26/12/1996
- Vinculação: Ministério das Minas e Energias
- Principal fonte de receita: taxa de fiscalização sobre serviços de energia elétrica.

2. Funções
- Implementar as políticas e diretrizes do governo federal para a exploração e o aproveitamento dos potenciais hidráulicos.
- executar, gerenciar e fiscalizar os contratos de concessão.
- dirimir as divergências entre concessionárias, permissionárias, autorizadas, produtos indepedentes e autoprodutores, bem como entre esses agentes e seus consumidores.

3. Prazo das concessões
- Prazo: 30 a 35 anos
- Tarifas: fixadas no contrato de conceções (a ANNEL é responsável pela revisão ou reajuste das tarifas, nas condições do respectivo contrato).

QUADRO 15.2
A Agência Nacional de Telecomunicações (ANATEL)

1. Características da agência
  Autarquia (regime especial)
- Criação: Lei nº 9.472, de 16/07/1997 (Lei Geral das Telecomunicações)
- Vinculação: Ministério das Comunicações
- Principal fonte de receita: Fundo de Fiscalização das Telecomunicações (FISTEL)

2. Funções
- Implantar a política nacional de telecomunicações.
- Controlar o sistema tarifário do regime público.
- Executar, gerenciar e fiscalizar os contratos de concessão.
- Garantir a interconexão das redes.
- Prevenir contra práticas anticompetitivas.

3. Características das concessões
- Prazo: 15 a 20 anos
- Tarifas: fixadas no contrato de concessão (a ANATEL é responsável pela revisão ou reajuste das tarifas, nas condições do respectivo contrato).

A ANP, por sua vez, tem duas funções principais. Em primeiro lugar cabe a esse órgão delimitar os blocos para a concessão das atividades de exploração, desenvolvimento e produção. Em segundo lugar, o órgão tem como função estabelecer os critérios para o cálculo das tarifas de transporte por condutos e instruir processos com o objetivo de declaração de utilidade pública para fins de desapropriação e instituição de servidão administrativa das áreas necessárias à exploração, construção de refinarias, dutos e terminais – ver Quadro 15.3.

No Governo Lula ocorreram modificações importantes na gestão das agências reguladoras, embora com o passar do tempo estas tenham adquirido feições algo diferentes das que inicialmente foram imaginadas pelas novas autoridades.

QUADRO 15.3
A Agência Nacional do Petróleo (ANP)

1. Características da agência
 – Autarquia (regime especial)
 – Criação: Lei nº 9.478 de 06/08/1997
 – Vinculação: Ministério das Minas e Energia

2. Funções
 – Execer a regulação, a contratação e a fiscalização das atividades da indústria do petróleo e da distribuição e revenda de álcool combustível.
 – Delimitar os blocos para concessão das atividades de exploração e produção.
 – Elaborar editais e promover as licitações para as referidas concessões.
 – Celebrar os respectivos contratos e fiscalizar seu cumprimento.
 – Estabelecer critérios para cálculo das tarifas de transporte por condutos.
 – Fiscalizar o adequado funcionamento do Sistema Nacional de Estoques de Combustíveis.

3. Características das concessões
 – Prazo: depende das características de cada contrato. Pode chegar a 30 anos (prorrogáveis).
 – Tarifas: estabelecidas pela ANP na forma de preços mínimos para fins de *royalties*, conforme Portaria nº 155 de 21/10/1998.

O Partido dos Trabalhadores (PT), que chegou ao poder no governo empossado em 2003, tinha tido ao longo de anos uma atitude muito dura acerca do papel das agências reguladoras no Governo FHC. Por isso, o embate entre elas e o governo foi intenso no começo da gestão. Datam dessa época a crítica do próprio presidente da República acerca da autonomia das agências e a manifestação do então ministro das Comunicações sugerindo aos usuários que ingressassem na Justiça para reclamar do reajuste das empresas de telefonia, no contexto em que uma decisão judicial de primeira instância acabou validando esse tipo de pressão e impondo às empresas um reajuste inferior ao estabelecido em contrato.

Com o tempo, algumas circunstâncias mudaram parcialmente, em parte porque alguns conflitos diziam respeito às regras de reajuste das tarifas e isso se tornou uma questão politicamente menos nevrálgica quando a inflação se aproximou de apenas 4% ou 5%, anos depois. Um dado importante do período foi a decisão judicial final, na instância superior máxima, dando ganho de causa às empresas no pleito acerca do reajuste de 2003, derrotando a posição inicial do próprio ministro da pasta e sinalizando para a vigência do que nos países anglo-saxões é conhecido como *rule of Law*, em contraste com intervenções populistas verificadas em outros países da América Latina.

Por outra parte, continuaram vigentes alguns problemas antigos das agências, como, por exemplo, as questões de governança ligadas a deficiências administrativas para a montagem de um quadro permanente de pessoal e à ausência de um quadro institucional que lhes permita serem relativamente independentes dos contingenciamentos de verbas decididos pelas autoridades da área econômica. Entre os problemas pendentes citados pelos críticos da situação das agências em meados da primeira década do século atual, citam-se, entre outros: o fato de os contratos de concessão, no projeto de lei em discussão no Congresso, ficarem a cargo dos ministérios setoriais, o que é visto como um fator de incerteza regulatória; a ausência de mandatos escalonados com o do presidente da República, o que abre espaço para uma maior ingerência política na condução das agências; e a lacuna na definição dos requisitos técnicos que deveriam ser exigidos no preenchimento dos cargos de direção das agências (Salgado e Seroa, 2007).

AS REGRAS DE REAJUSTE DE TARIFAS E OS COMPROMISSOS DE INVESTIMENTO

A determinação da tarifa a ser cobrada pela prestação do serviço de utilidade pública ocupa um papel fundamental no regime de concessões. Por um lado, a tarifa é o instrumento que garante o retorno do capital investido pela concessionária, por outro ela é a variável que define a possibilidade de acesso dos usuários ao serviço prestado. É usual nas discussões sobre os serviços de utilidade pública a menção à "tarifa justa". Essa questão é ainda mais importante quando a concessionária é monopolista, situação na qual algum tipo de controle tem que ser imposto ao poder de monopólio da concessionária. O regime tarifário deve tratar da forma de controle e de ajuste e do grau de liberdade de variação de preços, bem como contemplar mecanismos complementares que estimulem a eficiência das empresas e beneficiem os consumidores.

Além de responsáveis pelos reajustes de tarifas – mesmo quando os critérios estejam definidos nos contratos de concessões –, cabe aos órgãos reguladores também observar, do ponto de vista do usuário, se o serviço é prestado de forma adequada, isto é, particularmente, com regularidade, continuidade, eficiência, segurança e atualidade tecnológica.

No nível internacional, tendo como referência a determinação das regras para o sistema de concessões para o setor elétrico, foram desenvolvidos três modelos básicos de tarifação, quais sejam: a) a tarifação pelo *custo do serviço*, conhecido também como regulação da taxa interna de retorno; b) a tarifação com base no *custo marginal* e c) o sistema de "teto de preço" (*price-cap*).[7]

O primeiro método – o mais adotado até recentemente, sendo a forma de tarifação tradicionalmente utilizada para a regulação dos setores de monopólio natural – visa, principalmente, à obtenção da eficiência distributiva, tendo em vista que, pela igualdade de custos e receitas, tenta evitar que o produtor

---

[7] A respeito dos três modelos de tarifação, ver Rezende e Paula (1997) e Linhares e Piccinini (1998).

se aproprie de lucros extras. Por esse método, os preços devem remunerar os custos totais e conter uma margem que proporcione uma taxa interna de retorno atrativa ao investidor.

Os principais problemas decorrentes da utilização desse método são: a dificuldade de avaliar os custos que servem de base para a determinação do preço, especialmente devido à assimetria de informações entre empresas e órgão regulador; o caráter controvertido da definição dos custos (históricos ou de reprodução); e a indefinição *a priori* sobre a taxa de retorno arbitrada. De fato, a experiência internacional tem demonstrado que, embora procure evitar lucros excessivos, na prática esse método não trouxe incentivos para a firma minimizar custos e gerou ineficiência produtiva com a remuneração garantida ao produtor, prejudicando os consumidores com o repasse dos custos dos investimentos desnecessários. Além disso, a adoção desse método de tarifação depende de elevados custos reguladores, em um contexto de grandes assimetrias de informação.

Esse método de determinação das tarifas generalizou-se a partir da experiência dos Estados Unidos iniciada no final do século passado, com a regulação de monopólios privados de serviço público. Nos demais países não existia a tradição de regulação explícita, pois as operadoras dos serviços eram, em sua maioria, de propriedade pública, e o próprio Estado se apropriava do lucro de monopólio. A falta de estímulo à redução de custos e o incentivo ao sobreinvestimento, decorrentes da aplicação desse método, com consequente perda de eficiência econômica, levaram à busca de critérios complementares ou substitutos para a obtenção de maior eficiência econômica.

O segundo método, baseado no custo marginal, surgiu como uma tentativa de superar as ineficiências geradas pela tarifação pelo custo do serviço. Aproveitando a característica multiproduto do setor elétrico, esse método tem como objetivo aproximar os preços dos multiprodutos aos seus custos específicos, transferindo ao consumidor os custos incrementais necessários ao sistema para o seu atendimento. As tarifas são diferenciadas de acordo com as distintas categorias de consumidores (residencial, comercial, industrial, rural etc.) e com outras características do sistema, tais como estações do ano, horários de consumo, níveis de voltagem, regiões demográficas etc. Esse método apresenta a vantagem de propiciar melhor eficiência alocativa e melhor aproveitamento da capacidade instalada, pelo gerenciamento da demanda e a viabilização de mercados *spots* e de nichos de competição no setor elétrico. Entretanto, problemas de assimetria de informação e de ineficiência produtiva têm dificultado a sua adoção plena. Além disso, a presença de elevados custos fixos no setor elétrico tornou necessária a construção de sofisticados modelos tarifários, para a distribuição desses custos fixos entre os consumidores, já que a remuneração exclusivamente pelo critério do custo marginal poderia trazer prejuízos às empresas. Esses modelos, por sua vez, são também prejudicados pela complexidade do levantamento de dados necessários para o seu desenvolvimento.

Finalmente, o terceiro método de tarifação *(price-cap)* foi introduzido no contexto da reforma do setor elétrico inglês. Esse mecanismo compreende uma regra de reajuste por um índice de preços, descontando-se um coeficiente que tem como objetivo o repasse para o consumidor da redução de custos decorrentes do aumento de produtividade. A regra também inclui um componente de choque de custos. A principal vantagem desse método em relação aos outros dois é que a determinação de um valor máximo para a tarifa estimula o aumento da eficiência produtiva. Devido ao preço previamente especificado, as firmas tendem a minimizar os custos para se apropriarem de lucros excedentes. Contudo, há a dificuldade de garantir uma significativa transferência da redução dos custos – resultante do aumento da eficiência produtiva acima do parâmetro definido de desconto da produtividade – para os consumidores, persistindo, portanto, os problemas de ineficiência alocativa e distributiva. Além disso, surge a dificuldade de tratar das situações nas quais existem multiprodutos, em que uma possível solução seria a introdução de "tetos de preços" diferentes. Ademais, é complexa a definição inicial do preço básico do qual se parte para reajustes periódicos a partir da fórmula.

A experiência internacional apontou para a complexidade do processo de tarifação do segmento de eletricidade. As ineficiências geradas pelo uso dos métodos tradicionais de tarifação têm levado à introdução de inovações importantes nessa área, sem que exista, entretanto, um modelo "ótimo" que possa ser recomendado, independentemente das especificidades dos países. Tendo em vista as características econômicas do setor elétrico – com elevados custos fixos, externalidades e especificidades de ativos *(sunk costs)* –, o regulador tem que fazer uma escolha difícil entre eficiência produtiva e eficiência alocativa, em um contexto de informação assimétrica e de comportamento estratégico das firmas, que podem manipular informações para obter vantagens econômicas. Em razão disso, no Reino Unido, por exemplo, houve uma ampliação do escopo e da rigidez reguladora, sendo introduzidos mecanismos de aferição da qualidade do serviço; de critérios para estimativa de custos de capital e de contabilização de ativos; do detalhamento dos preços regulados; e da flexibilidade dos intervalos regulatórios para incentivar o investimento.

Independentemente do critério utilizado, a experiência internacional mostra a importância da utilização de mecanismos complementares, tais como intervalos de tarifas, padrões de desempenho *(yardstick competition)* e licitações pelo preço do serviço, para compor um regime tarifário que atenda aos objetivos de promoção da eficiência econômica e do bem-estar social aos consumidores. Vale destacar o estabelecimento de padrões de desempenho/eficiência, que se baseiam na introdução de incentivos à maior eficiência, pela tentativa de eliminação da assimetria de informações quando há várias empresas reguladas. O desempenho das firmas reguladas é medido pela comparação com uma referência média, determinada pelo acompanhamento de aumentos de produtividade e redução de custos praticados por outras firmas do setor. Um inconveniente desse instrumento é a possibilidade de conluio entre essas firmas para se favorecerem de sobrelucros.

O ESTÍMULO À COMPETIÇÃO E A QUALIDADE DOS SERVIÇOS[8]

Os setores de infraestrutura – tradicionalmente monopólios privados ou estatais – têm experimentado um processo de transformação estrutural, em que a concorrência, pela entrada de novos competidores em alguns segmentos de mercado, coexiste com a necessidade de regulação sobre segmentos que continuam funcionando sob monopólios[9]. Como já foi discutido, a presença de significativas economias de escala, técnicas (de produção e distribuição) e gerenciais, configurando em muitos desses segmentos monopólios ou oligopólios naturais, inviabiliza a completa fragmentação da estrutura de oferta desses serviços, e impõe a necessidade de um regime de regulação capaz de fixar normas de operação e tarifação, e critérios de aferição de desempenho para as atividades a serem privatizadas ou sujeitas à concessão pública.

Sendo assim, tais setores passam a estar sujeitos tanto a regimes de regulação como a regras de defesa da concorrência, determinadas pela legislação antitruste de cada país. A integração harmônica entre essas duas dimensões não é uma tarefa fácil, embora ambas sejam necessárias para limitar o poder de mercado dos monopólios e encorajar a competição.

Grande parte dos processos de reestruturação da infraestrutura inclui a desmontagem dos monopólios naturais. Os segmentos potencialmente competitivos, nos quais as economias de escala e de escopo não são relevantes, são separados dos demais, o que permite e promove a entrada de novas firmas.[10]

Nesses segmentos onde o monopólio natural deixa de existir, o potencial competitivo pode ser explorado de três formas principais: a) a competição *nos* mercados; b) a competição *pelos* mercados e c) a competição de substitutos. A primeira possibilidade diz respeito, principalmente, aos segmentos de

---

[8] Ver Possas, Fagundes e Pondé (1998).
[9] Para uma análise recente, referente aos diferentes segmentos do setor de transportes para o caso brasileiro, ver a coletânea organizada por Pinheiro e Frischtak (2014).
[10] A economia de escopo ocorre quando, em uma firma multiproduto, o custo é menor ao se produzir uma combinação de produtos em uma mesma planta do que ao se gerar a mesma produção em plantas separadas.

telecomunicações, energia elétrica e gás natural cujo potencial competitivo é mais elevado. Nesses segmentos, um aumento da competição pode resultar em uma redução das tarifas e em serviços de melhor qualidade. No segmento de energia elétrica, por exemplo, a experiência internacional tem demonstrado que a competição aumentou com a desmontagem vertical e a entrada de produtores independentes e autoprodutores no mercado.[11]

No que diz respeito à competição pelos mercados de infraestrutura, esta abrange as concessões de serviços públicos e o arrendamento. A competição acontece antes da assinatura do contrato e na sua renovação, não sendo permitida a competição direta no mercado. Na concessão, a concessionária privada assume a responsabilidade pelos investimentos, o que não acontece no arrendamento. Dada a dificuldade de modelar contratos eficientes, algumas normas e convenções são bastante utilizadas. O prazo de concessão, por exemplo, pode ser associado à vida útil do ativo relevante – 30 anos para a geração hidrelétrica, 15 anos para a geração com outras fontes etc. Uma outra alternativa é fixar um período de concessão exclusiva sujeito a obrigações de investimento, como nas experiências de privatização das telecomunicações em outros países. Encerrado o prazo, a entrada de novas firmas na indústria é permitida.

Em relação à possibilidade de competição estimulada pela existência de substitutos, esta é particularmente relevante nos segmentos de energia e transportes. Por exemplo, o gás natural, o óleo combustível, o carvão e os recursos hídricos são substitutos na produção de energia elétrica. Na Alemanha, por exemplo, o efeito da competição potencial dos substitutos é tão significativo que motivou a desregulamentação da indústria de gás natural. Outro exemplo de competição de substitutos é o transporte ferroviário como alternativa para o rodoviário e o aquaviário.

Em linhas gerais, a regulação tem como objetivo conciliar as características inerentes à produção sob propriedade privada e o respeito a certas regras de mercado, com a necessidade de restringir a autonomia das decisões dos agentes privados, nos setores onde o interesse público é particularmente relevante. A ideia é substituir a simples busca pelo lucro por regras administrativas na determinação do comportamento da empresa regulada em certas áreas. Essas regras classificam-se em limitações quanto à entrada e saída em um mercado, especificações quanto à qualidade dos produtos fornecidos e fórmulas para a determinação dos preços dos produtos oferecidos.

---

[11] Quanto às transferências de ativos – privatização de monopólios estatais –, estas têm sido muito utilizadas, em nível internacional, como uma forma de aumentar a competição nos mercados de infraestrutura.

> ## AS POLÍTICAS PÚBLICAS DE REGULAÇÃO
> ## DA CONCORRÊNCIA
>
> As políticas públicas de regulação da concorrência podem ser classificadas em: a) regulação reativa, referente à política de defesa da concorrência ou antitruste, que tem como objetivo a repressão de condutas anticompetitivas. Dentre suas atribuições, inclui-se o controle prévio de fusões e incorporações que possam conduzir a estruturas de mercado fortemente concentradas e b) regulação ativa, que diz respeito às políticas de regulação das atividades de infraestrutura, que frequentemente constituem monopólios naturais sob controle estatal, e que têm sido submetidos universalmente a processos de reestruturação e privatização total ou parcial.
>
> Em ambos os casos o principal objetivo é preservar tanto quanto possível um ambiente competitivo, favorável à incorporação e difusão de novas tecnologias e serviços mais modernos, tendo em vista atingir a eficiência econômica e o bem-estar social.

Uma redução dos custos mínimos de produção ou a redução da escala mínima de produção – como resultado de inovações tecnológicas, por exemplo –, que permita o funcionamento eficiente de mais de uma planta, levará a um afastamento da situação de monopólio natural. Isto, a princípio, deveria provocar uma flexibilização dos controles regulatórios. Em uma situação como esta o desafio do regulador é justamente, dada a transformação em curso, acertar o ritmo de flexibilização da política regulatória de maneira a: a) aproveitar as pressões competitivas crescentes para substituir controles administrativos por mecanismos de mercado que levem os produtores a, espontaneamente, adotar condutas benéficas para a sociedade; b) evitar que os monopolistas implementem estratégias de detenção da entrada de novos concorrentes e c) adaptar ao novo contexto – ou eliminar – mecanismos de subsídio cruzado ao consumo do serviço em questão por determinados grupos de consumidores. Para isso, além da necessidade de se determinar o cronograma de abrandamento ou retirada da regulação, tem-se, também, que definir quais os produtos a continuar sendo sujeitos à regulação, que controles devem ser estabelecidos sobre a entrada de empresas em novos mercados e como limitar o fenômeno de *creamskimming*, que ocorre quando as novas empresas entram nos mercados mais lucrativos – o creme – deixando os menos lucrativos – o leite – para as empresas já estabelecidas.

Em um setor de infraestrutura que está deixando de se configurar como um monopólio natural, a alternativa de política reguladora mais adequada é a desregulação parcial, tendo em vista que o processo de transformação da estrutura de um mercado é gradual e incerto quanto à evolução efetiva das condições de custo e demanda do setor, o que torna a previsão das condições de concorrência vigentes no futuro difícil ou pouco confiável. Com a desregulação parcial, os riscos anticompetitivos de curto prazo associados à "desregulação" imediata podem ser evitados pela eliminação ou atenuação das restrições à entrada, acompanhada da manutenção de um controle substancial sobre os preços. Uma possibilidade é estabelecer limites mínimos e máximos para os preços, liberando-os para flutuar dentro desse intervalo; outra alternativa é aprovar mudanças de preços, deixando-os flutuar e só intervindo quando houver a suspeita de ações anticompetitivas. Alternativamente, quando o problema for apenas a posição dominante do antigo monopolista, poder-se-ia controlar apenas os preços deste e liberar os dos novos entrantes. No que diz respeito aos riscos de longo prazo, por sua vez, parece ser mais indicado o gradualismo na retirada de controles sobre as estratégias de expansão, investimento e diversificação das empresas, orientando-se a política de regulação para a constituição das futuras estruturas de mercado.

A desregulação parcial também se justifica à medida que a estrutura resultante após a transição gradual, em caso de desregulação total, pode ser oligopolística e não concorrencial. Nesse caso, o fato de a desregulação ser parcial e não plena pode aumentar o nível de eficiência do mercado através da fixação do preço e dos parâmetros de qualidade, ou do controle da entrada no mercado – o que não aconteceria no caso de desregulação total. Em particular, é fácil concluir que, dada alguma regulação em preços, em geral se impõe também a regulação da entrada, uma vez que a um preço predeterminado acima dos custos médios sempre é possível atrair entrantes ineficientes – com custos acima do mínimo.

Os problemas mais comuns que podem surgir para a regulação de indústrias oligopolísticas, e, portanto, com algum potencial competitivo são os que surgem nas situações em que os preços são fixados acima dos custos – mais frequentes – e os associados a preços abaixo dos custos. Em ambos os casos, supõe-se que entradas e saídas são vedadas pelos reguladores. No primeiro caso, a principal consequência é a ineficiência produtiva, refletida em custos mais elevados e qualidade de produtos/serviços inferior ao que resultaria da livre entrada no mercado. No segundo caso, em geral, utiliza-se uma política de subsídios cruzados para viabilizar economicamente a atividade em questão. Essa política pode implicar, entretanto, perdas de bem-estar nos diferentes mercados envolvidos, que podem a princípio ser justificadas por outros objetivos de política, distributivos ou de equidade, por exemplo. O problema é que a baixa rentabilidade pode dificultar investimentos necessários à modernização e aumentos de eficiência da atividade, podendo mesmo elevar os custos de capital, deteriorando a capacidade e o desempenho produtivo, técnico e inovativo da empresa. Com isso, há a longo prazo impactos negativos no que diz respeito à qualidade, variedade e preços dos produtos/serviços oferecidos, o que implica prejuízos para os usuários.

A crescente liberalização dos setores de serviços públicos de infraestrutura – o que inclui a privatização das empresas estatais monopolistas –, pela retirada das barreiras institucionais à entrada em alguns de seus segmentos e pela constituição de agências reguladoras, determina o surgimento de vários problemas no âmbito da defesa da concorrência. A presença de custos irrecuperáveis (*sunk costs*), poder de mercado e possibilidade de comportamentos estratégicos por parte das firmas estabelecidas implica que tais estruturas de mercado não são contestáveis, de modo que a simples liberalização não é suficiente para garantir a emergência de um maior nível de competição. Na verdade, as vantagens competitivas detidas pelos operadores tradicionais – públicos ou privados – acumuladas ao longo dos anos de monopólio protegido, tais como tamanho da rede, conhecimento dos usuários, porte financeiro etc., torna-os capazes de manter sua posição monopolística em distintos mercados de serviços finais ou segmentos em que não existe monopólio natural, pela prática de diversas formas de comportamentos estratégicos de natureza anticompetitiva, tais como preços predatórios. É nesse âmbito que surge o espaço para a atuação das políticas de defesa da concorrência.

As estratégias adotadas pelas empresas durante a transição adquirem um papel decisivo. Na presença de *sunk costs*, retornos crescentes decorrentes dos mecanismos de aprendizado tecnológico e externalidades de rede, a construção de posições competitivas pelos agentes se dá dentro de trajetórias marcadas por irreversibilidades. Sendo assim, ainda que várias estruturas de mercado sejam inicialmente possíveis, a evolução da estrutura real é uma eliminação em sequência de alternativas, parte das quais desencadeadas por decisões empresariais que não levam necessariamente a um resultado satisfatório do ponto de vista de bem-estar da sociedade. Dessa forma, ao impor parâmetros restritivos quanto às estratégias das empresas durante a transição, as instituições reguladoras passam a condicionar a formação da nova estrutura de mercado.

De fato, um dos desafios da regulação da transição do monopólio natural para a concorrência numa estrutura de oligopólio está em distinguir entre os possíveis elementos anticompetitivos e a busca de ganhos de eficiência nas ações empreendidas pelas empresas dominantes.

Nesse sentido, é importante que as agências reguladoras reconheçam que estratégias de diversificação e integração vertical, envolvendo ou não alianças estratégicas, fusões e aquisições, são importantes não apenas para a elevação de lucros futuros através da imposição de dificuldades a concorrentes efetivos ou potenciais, mas também na busca de maior eficiência. Por um lado, essas estratégias permitem o aproveitamento de oportunidades criadas pelo aprendizado tecnológico dentro das firmas, que lhes permite acumular capacitações diferenciadas e potencialmente utilizáveis para a expansão em novos mercados. Por outro, viabilizam a minimização de problemas de coordenação expressos em custos de transação, tendo em vista que a presença de especificidade de ativos torna as interfaces de mercado entre os elos da cadeia produtiva uma fonte de conflitos contratuais. Além disso, elas estimulam a busca de sinergias ou oportunidades de aprendizado interativos para o desenvolvimento de tecnologias que apresentam algum grau de complexidade sistêmica.

Em outras palavras, as estratégias mencionadas podem ser consideradas pró-competitivas, tendo em vista que são parte essencial do processo de inovação ou descoberta de novas formas organizacionais que a dinâmica concorrencial proporciona. De fato, se um alto grau de verticalização pode ser, por um lado, uma fonte de poder de mercado excessivo para as empresas reguladas, a desverticalização, por outro, pode gerar ineficiências produtivas e de coordenação. Os mercados por si só não possuem canais de transmissão e compartilhamento de informações/conhecimentos equivalentes aos que podem ser construídos dentro das empresas. Uma desverticalização excessiva pode, portanto, interromper ou dificultar o aprendizado interativo ao longo das cadeias produtivas, com efeitos negativos sobre a introdução e difusão de novas tecnologias.

O CASO DA LIGHT

No início de 1998, o verão carioca foi caracterizado pelo retorno a uma situação que já parecia pertencer à história antiga da cidade: os famosos "apagões" celebrizados na marcha carnavalesca de algumas décadas antes, que falava do Rio de Janeiro como a cidade que "seduz, mas de noite não tem luz". Os cortes de luz, que deixaram várias vezes bairros inteiros sem energia elétrica, tiveram uma repercussão particularmente intensa na imprensa, pelo fato de terem ocorrido depois da privatização da Light, empresa fornecedora de energia à cidade, venda essa que tinha sido feita, entre outras coisas, em nome da melhoria das condições de atendimento aos usuários.

A Light alegou, primeiro, que as condições climáticas eram especialmente severas, devido à observação de temperaturas muito elevadas, mesmo para os padrões sazonais; e segundo, que os problemas eram resultantes de anos de subinvestimento, quando a empresa era uma subsidiária da *holding* estatal do setor elétrico federal – a Eletrobras. Os críticos da empresa – entre os quais se encontravam não só os usuários e a quase totalidade da imprensa, como também autoridades do governo federal e mesmo muitos dos defensores da privatização –, entretanto, ponderaram que, por um lado, o calor era de fato intenso, mas não chegava a ser extraordinário, de modo que a situação vigente estava no intervalo da demanda de energia que a empresa deveria estar em condições de cobrir; e segundo, que, considerando que a Light tinha sido privatizada em maio de 1996, a empresa tinha disposto de mais de um ano e meio para se preparar e resolver algumas das deficiências mais urgentes resultantes da falta de investimentos anteriores. As desculpas da empresa foram julgadas insuficientes e ela foi multada pela agência reguladora do setor elétrico, então apenas há pouco tempo constituída.

O caso da Light foi um marco na atuação das agências reguladoras no Brasil, ao indicar para a sociedade e para o setor privado a existência de uma instância de poder, independente do governo, mas com a função de zelar pelos interesses do público consumidor e protegê-lo de práticas indevidas por parte das empresas dos setores sujeitos à regulação.

Na época, alguns críticos da privatização questionaram a conveniência de a Light ter sido leiloada antes de o órgão regulador do setor estar funcionando, em contraste com o que iria ser feito no âmbito das telecomunicações, no qual o funcionamento da agência reguladora do setor precedeu a venda da Telebrás. No setor elétrico, como a desestatização tinha começado antes e o nascimento do órgão regulador foi mais demorado, as regras do jogo vigentes para as empresas não foram inicialmente muito claras. As razões para o governo federal não ter suspenso as privatizações, até a regulação estar funcionando, estiveram ligadas a fatores de natureza macroeconômica – captação de recursos externos e imagem do programa de privatização. Com o início da atuação do órgão regulador do setor, entretanto e, principalmente após as medidas que ele tomou em relação à Light, o quadro se modificou e os interesses do consumidor passaram a ter um peso maior nas decisões das empresas distribuidoras de energia elétrica, a partir de então.

Sugestões de leitura para o aluno: Rigolon (1997) apresenta um quadro dos primórdios da regulação no Brasil, em meados dos anos 1990. Para uma abordagem mais recente, ver Salgado e Serroa (2007).

Leituras adicionais para o professor: Frischtak (1995) discute as políticas reguladoras em uma perspectiva comparativa. Linhares e Piccinini (1998) complementam o trabalho de Rigolon (1997), com uma análise específica referente ao setor elétrico. Rezende e Paula (1997) apresentam uma série de artigos que apontam para as principais questões relevantes para a construção de um marco regulatório eficiente. Possas, Fagundes e Pondé (1998) discutem os desafios com que se depara a agência reguladora na regulação de setores de infraestrutura em transição.

QUESTÕES

1. Na venda da Telebrás, havia um *trade-off* entre os objetivos de maximizar o preço de venda e de evitar que o órgão regulador fosse "cooptado" pela empresa a ser regulada. Desenvolva o argumento.
2. Explique o significado da seguinte frase: "O pior que pode acontecer a um economista é ser aclamado por aqueles a quem deve regular." (Roberto Lavagna, ex-ministro da Economia argentino.)
3. Compare os processos de privatização do setor de telefonia no Brasil e na Argentina. Por que se trata de dois casos paradigmáticos?
4. Qual é a diferença básica que faz com que um consumidor residencial se defronte com um monopólio local na qualidade de usuário de energia elétrica e isso não ocorra na qualidade de usuário dos serviços de telefonia?

5. A mesma diferença se aplica a um grande consumidor industrial de energia elétrica?
6. Justifique a existência de regulação no setor de seguros de saúde. Você considera que esse é um mercado como o de tomates, por exemplo?
7. No modelo de tarifação de tipo *price-cap* e ignorando a existência de um componente de repasse extra de custos para os consumidores, o preço de um serviço público é corrigido por uma fórmula do tipo (p − x), em que p é a inflação e x é um fator de produtividade. Qual é o *trade-off* que o regulador enfrenta ao definir o valor de x? Quais os problemas associados a valores muito altos ou muito baixos de x?

CAPÍTULO 16

A Parceria Público-Privada[1]

> ... a PPP não é uma panaceia aplicável em qualquer caso de investimento combinado entre recursos públicos e privados. O seu prazo de implantação pode levar anos, dependendo das condições a serem exigidas caso a caso ou de riscos legais decorrentes de sedimentação de entendimento jurisprudencial sobre seus institutos.
>
> Borges e Neves, 2005, página 112

> O uso da PPP deve ser motivado por questões de eficiência na prestação do serviço e no uso dos recursos públicos, e não pela aparente solução do problema do financiamento.
>
> Brito e Silveira, 2005, página 9

A década de 1980 destacou-se pelo início da reorganização patrimonial do setor público em nível internacional. Isso se refletiu em uma alteração significativa das formas de atuação do Estado na economia. Essa reforma do papel do Estado ocorreu, em muitos casos, principalmente pela transferência – mediante a concessão ou venda - de empresas estatais ao setor privado. Entretanto, mesmo nos países que como a França mantiveram uma expressiva participação direta estatal nos seus sistemas produtivos observaram-se importantes mudanças na forma de gestão das empresas públicas.

A menor capacidade financeira dos governos dos diversos países para arcar com os grandes investimentos públicos induziu a busca da parceria com o setor privado como uma alternativa para financiá-los. Isso foi particularmente

---

[1] Este capítulo baseia-se principalmente em Brito e Silveira (2005) e Borges e Neves (2005). Ao longo do capítulo são feitas outras referências de bibliografia. Para uma reflexão *aggiornata* sobre o tema, ver a coletânea organizada por Oliveira e Chrysostomo (2013).

relevante no caso dos investimentos em infraestrutura que são fundamentais para o crescimento e desenvolvimento econômico pois geram externalidades positivas e ganhos de eficência para a economia como um todo. As parcerias público-privadas (PPP) surgiram como uma importante possibilidade de viabilizar investimentos em infraestrutura que em razão de seu perfil – grandes montantes de recursos envolvidos e longos prazos de maturação – desencorajavam uma participação de 100% de capital privado.

O Reino Unido foi o pioneiro e é o país que mais tem se destacado na implementação dessas parcerias entre o setor público e o setor privado. O principal objetivo do programa é viabilizar a contratação de obras e serviços públicos a partir da compra de serviços em detrimento da sistemática tradicional de aquisição de ativos. A principal preocupação é a contratação de serviços públicos da forma mais eficiente possível, ainda que permaneça a questão da necessidade de financiamento dos investimentos públicos.

Vale ressaltar que, apesar de muitos países utilizarem a experiência do Reino Unido como referência na implementação de suas PPP, não existe um modelo geral adotado universalmente. Cada país continua apresentando especificidades em relação ao arcabouço institucional de PPP adotado.[2]

Como funciona uma PPP? Utilizando um exemplo simplificado, podemos imaginar uma situação na qual um grupo de quatro amigos, profissionais liberais, ao se aposentar, decide montar um negócio próprio, por exemplo, abrindo um restaurante. Um dos amigos dispõe de um capital equivalente a US$100.000. O segundo tem um capital menor, mas ainda de certa importância, de US$50.000. O terceiro, embora não tendo capital disponível, pode contribuir para o empreendimento, pois a sua esposa trabalha há anos com produtos congelados e sua microempresa pode tomar parte do novo projeto, fornecendo parte da matéria-prima do negócio. Finalmente, o quarto amigo, com grande capacidade de trabalho, dispõe-se, mesmo não tendo capital, a gerenciar o restaurante.

O exemplo é válido para entender o conceito da chamada "parceria" entre os setores público e privado, que passou a ser a marca registrada de algumas iniciativas do poder público quando o Estado se viu privado das suas fontes tradicionais de financiamento. Da mesma forma, portanto, que o mencionado grupo de amigos se une tendo em vista certos objetivos comuns – manter a atividade após a aposentadoria, ter um certo retorno financeiro etc. –, a parceria entre os setores público e privado está associada à combinação de esforços em favor de objetivos compartilhados.

É importante que sejam muito bem entendidos dois pontos. Primeiro, que o fato de o Estado deixar muitas vezes de ter a importância que teve em outras

---

[2] Ver o box no final do capítulo.

décadas não se deve a questões necessariamente ideológicas, mas pode estar ligado à absoluta impossibilidade de continuar a ter o mesmo papel dominante em tantas áreas ao mesmo tempo. E, segundo, que isso não significa que o governo não possa – ou deva – ter uma participação relevante em uma série de áreas nas quais o setor privado passa a desempenhar uma função que antes não tinha – ou era pouco expressiva. Em outras palavras, o que se quer explicar neste capítulo é como o antagonismo que muitas vezes dominou as relações entre os setores público e privado – com muitos governos vendo os empresários como "inimigos" e o setor privado fazendo verdadeiras cruzadas contra o Estado – pode ser substituído por uma atitude cooperativa entre ambas as partes.

Por último, vale ressaltar que, como diz uma das epígrafes citadas no início do capítulo, a PPP não deve ser considerada uma panaceia que solucionará todos os gargalos de infraestrutura, apesar de ser uma importante alternativa para viabilizar investimentos em setores estratégicos para a economia. Mesmo no Reino Unido, onde têm sido mais bem-sucedidos, os projetos feitos por PPP têm tido uma participação de apenas 10% a 13% do investimento público total em infraestrutura. Além disso, o tempo a transcorrer entre a escolha dos projetos prioritários, estruturação do contrato, construção e início da prestação do serviço é significativamente longo: pode ficar entre seis e 10 anos para os maiores projetos, segundo a experiência internacional.[3]

A NECESSIDADE DE MUDANÇAS NA INFRAESTRUTURA

As mudanças da infraestrutura: perspectiva histórica

De um modo geral, a década de 1970 caracterizou-se, em parte, no mundo inteiro, e particularmente no Brasil, como um período marcado pelas seguintes características:

- déficit público relativamente elevado;
- existência de níveis de inflação acima do desejável; e
- expansionismo estatal.

Nesse contexto, proliferaram, também com especial ênfase no Brasil, os grandes projetos de investimento a cargo do Estado, exigindo elevados montantes de capital para serem implementados. Essa realidade foi mudando ao longo do tempo e, depois de uma fase de transição, com tendências indefinidas em nível mundial, os anos 1990 foram caracterizados, em praticamente a totalidade dos países industrializados, com reflexos sobre o Brasil, pela combinação de:

---

[3] Ver Borges e Neves (2005).

- políticas agressivas de combate ao déficit público;
- redução significativa das taxas de inflação; e
- restrições à participação direta do Estado na economia como agente ligado à produção de bens e serviços.

Não foi mais possível, portanto, aos governos ou às empresas estatais se lançarem à construção de grandes projetos, pelo menos na intensidade observada no passado. As restrições fiscais, o menor espaço para a prática de políticas irresponsáveis e a crescente exigência de estabilidade macroeconômica – leia-se: inflação baixa – limitaram o escopo de atuação dos governos, nos diversos países do mundo.

Por outro lado, alguns dos requisitos técnicos para o crescimento e o bem-estar das sociedades continuaram vigentes. Ou seja, para a expansão da economia continuou sendo necessário dotar o país de fontes de energia como a proporcionada pela construção de hidrelétricas, a integração entre as regiões e os países continuou a implicar a construção de rodovias etc.. Em outras palavras, a economia demandava, tanto como antes, a construção de certo tipo de obras, que continuaram a apresentar as mesmas características que no passado tinham justificado a elevada participação do Estado na economia, quais sejam: i) altas exigências de capital; ii) longo prazo de maturação; e iii) risco elevado.

Como conciliar, então, a continuidade da necessidade de certos investimentos com os limites impostos pela restrição orçamentária à ação governamental ou estatal? É justamente isso que discutiremos nas próximas páginas.[4]

Os aspectos microeconômicos

A procura por novas modalidades de financiamento do investimento é fruto, além das circunstâncias macroeconômicas antes mencionadas, de uma realidade microeconômica em que se combinam fenômenos associados à oferta, com outros ligados à demanda por recursos financeiros.

Em termos da oferta de recursos, entre os anos 1970 e 1990 ocorreu uma mudança importante no perfil da composição das fontes de recursos no mercado financeiro internacional. Em vez de os empréstimos serem feitos por grandes bancos, proliferaram os mecanismos envolvendo alguma forma de consórcio entre capitais. Os bancos de investimento, os consórcios sindicalizados ou a pulverização da emissão de *bonds* passaram, cada vez mais, a suprir os recursos que antes eram procurados nos grandes bancos internacionais. A

---

[4] O leitor deve ter observado que, não por acaso, esta temática é próxima dos pontos discutidos nos capítulos sobre privatização e regulação.

complementação de esforços, em que cada agente particular entrava com uma certa parte na oferta total de recursos para o financiamento dos investimentos, ampliou a disponibilidade de capitais. Nesse sentido, a década de 1990 foi um período de abundância no mercado de crédito internacional, com elevada liquidez e custos relativamente baixos – pelo menos, no início, antes da eclosão das crises associadas justamente a esse excesso de liquidez, como as do México em 1994/1995, da Coreia em 1997 ou do próprio Brasil em 1998/1999 e nos primeiros anos da década de 2000.[5]

Por outro lado, a demanda por recursos para investimento se originava de um conjunto de fatores, com destaque, especialmente, para:

a) *baixo nível de eficiência operacional* na infraestrutura, associado ao elevado volume de perdas, à falta de confiabilidade nos sistemas e, em geral, à baixa qualidade dos serviços prestados, requerendo novos investimentos na melhoria do sistema e na ampliação da oferta;

b) *deterioração física dos ativos*, causada pela manutenção inadequada dos mesmos; e

c) *viés em favor de novos investimentos*, em detrimento da manutenção e otimização dos ativos existentes.

Este último problema estava em geral ligado à própria natureza pública dos investimentos e às injunções de natureza política. Com efeito, em geral as autoridades tendem a ganhar mais reconhecimento pela realização de novos investimentos do que pela conservação adequada dos que já foram feitos. Um governador é lembrado por muitas décadas por ter feito a "rodovia X" e um prefeito pode obter dividendos políticos por muito tempo por ser conhecido como o construtor do "viaduto Y", mas ninguém é lembrado muito tempo como o "governador que recuperou a estrada X" ou o "prefeito que manteve o viaduto Y com um asfalto em excelente estado".

O contraste entre a demanda por obras como estradas, pontes, usinas produtoras de energia, saneamento básico etc., de um lado, e as restrições financeiras do Estado, de outro, combinado com o contexto de abundância na disponibilidade de capitais nos anos 1990 e em grande parte da década de 2000, gerou então a procura de um espaço de cooperação entre os setores público e privado. Certos investimentos, até então vistos como intrinsecamente "públicos", passaram a ser financiados e até mesmo administrados pelo setor privado, ou por este em conjunto com o governo.

---

[5] Além disso, em linhas gerais, as taxas de juros internacionais relativamente baixas nos países industrializados funcionaram como um estímulo à procura de aplicações alternativas nos denominados "mercados emergentes", com maior risco porém com perspectivas mais atraentes de retorno *vis-à-vis* as taxas esperadas na época no sistema financeiro dos EUA, da Europa ou do Japão.

OS REQUISITOS PARA A VIABILIZAÇÃO DE PARCERIAS

Há alguns requisitos importantes para a viabilização exitosa de parcerias entre os setores público e privado, notadamente no setor de infraestrutura. Cabe frisar que, embora a operação de áreas da infraestrutura e, especificamente, dos serviços públicos possa ser entregue ao setor privado, "... a responsabilidade pelo serviço público é uma *função do Estado*, que a *delega*, sob condições e prazos acordados em um contrato, ao setor privado, juntamente com a obrigação de realização de investimentos previamente definidos" (Moreira e Carneiro, 1994, p. 31, grifos nossos).

As duas condições *essenciais* para que ocorra alguma forma de parceria são que exista:

- a percepção de que os novos investimentos em infraestrutura não poderão ser levados adiante apenas pelos governos ou pela iniciativa privada, exclusivamente; e
- a definição, por parte dos governos, dos segmentos de infraestrutura para os quais se deseja uma articulação com capitais privados e daqueles de natureza própria do Estado.

Ao mesmo tempo, como forma de atrair os capitais privados para o financiamento dos projetos, é desejável que sejam observadas as seguintes condições:

a) estabilidade macroeconômica;
b) credibilidade do governo e do país;
c) existência de um marco regulatório claro e consistente;
d) fontes de financiamento adequadas; e
e) mercado de seguros sofisticado.

A estabilidade econômica implica ter equilíbrio externo, situação fiscal sob controle, inflação baixa e previsível e boas perspectivas de crescimento. O que se deseja é ter um contexto macroeconômico favorável aos negócios, sem mudanças bruscas nem riscos quanto à sustentação de uma determinada estratégia.

A credibilidade é um dos determinantes da taxa de desconto aplicada ao fluxo de caixa previsto, taxa essa associada ao risco do empreendimento. No limite, não há rentabilidade prevista que compense um risco que seja considerado extremamente elevado. Era difícil imaginar, por exemplo, um grupo de investidores se dispondo a financiar um projeto de parceria, por exemplo, na Ruanda, na África, quando o país mergulhou em guerra civil na década de 1990. Por outro lado, é evidente que um país como a Alemanha goza de toda a reputação que um investidor deseja para fazer certos investimentos de longo prazo. Entre ambos os extremos, há todo tipo de gradações intermediárias, envolvendo maior ou menor risco. É possível ter países com credibilidade, temporariamente governados por administrações vistas com certa desconfiança pela comunidade de negócios. Inversamente, é possível ter governos com credibilidade por certo tempo, em países com baixa reputação. A taxa de risco aplicada ao cálculo econômico vai refletir a ponderação que os investidores atribuam à – falta de – credibilidade de um e de outro – o governo e o país.

O conceito de *marco regulatório* está associado à noção de clareza das regras do jogo. Da mesma forma que uma partida de futebol não pode ficar sujeita a que as regras sejam redefinidas no decorrer da mesma, uma associação entre os setores público e privado, em que este entre com certo capital, será vista com desconfiança – isto é, terá poucos recursos – por este último, se estiver sujeita a que, no meio da execução do empreendimento, mudem certas regras vitais para a rentabilidade do projeto. Se o poder público, por exemplo, atua complementarmente ao setor privado e constrói os acessos a uma estrada administrada por meio de pedágios, mas há o risco de que o governo estadual do espaço geográfico onde a estrada se localiza interfira depois para que o reajuste seja muito inferior à inflação, tende a haver um desestímulo para que capitais privados se interessem pelo negócio.

Para o sucesso das parcerias entre o setor público e o setor privado, também é fundamental a existência de fontes de financiamento adequadas.

O desenvolvimento do mercado de capitais está ligado à possibilidade de que se tenha um espaço para o lançamento de ações que possam ser adquiridas pelo público, como uma das modalidades de financiamento de um projeto.

De forma análoga, um sistema financeiro desenvolvido é uma garantia de que haverá diversas alternativas de financiamento doméstico, não apenas na forma de ações, mas também de emissão de debêntures ou de obtenção de empréstimos bancários, preferencialmente de longo prazo.

Os fundos de pensão também são uma importante fonte de recursos de longo prazo, com capacidade de "alavancar" projetos de investimento. Quanto mais desenvolvido é um país, maior tende a ser o estoque de recursos em poder dos fundos de pensão. Estes capitais devem ser geridos pelos seus administradores de forma a garantir o pagamento das aposentadorias futuras dos participantes do fundo. São, portanto, pela sua própria natureza, recursos de longo prazo, que se prestam ao financiamento de projetos de longa maturação.[6]

---

[6] O interesse efetivo dos fundos de pensão em participar do financiamento desse tipo de projetos, porém, depende das características do seu portfólio de ativos. Fundos de pensão grandes, com equipes técnicas especializadas ou esquemas sofisticados de terceirização de recursos, podem ser agentes importantes de uma parceria. Já fundos de pensão menores, menos sofisticados e que basicamente investem em ações, imóveis e títulos públicos, sem ter *expertise* em PPP ou *project finance*, provavelmente não deverão se interessar por esse tipo de empreendimentos.

Entre os instrumentos de captação de recursos desenvolvidos modernamente para as parcerias público-privadas encontra-se a denominada "securitização de recebíveis". A securitização envolve a transformação de um crédito em um título. Os recebíveis, por sua vez, como o nome indica, são recursos que deverão ingressar no caixa de uma empresa – ou, no caso, de uma Sociedade de Propósito Específico (SPE). Tomemos, por exemplo, o caso de um consórcio ABC que ganhou a concessão para explorar uma certa área petrolífera e que assina um contrato de fornecimento com uma outra empresa XYZ, para entrega do produto a esta. Embora o petróleo ainda não tenha sido extraído e desde que o consórcio ABC e a empresa XYZ gozem de boa reputação, o consórcio ABC poderá vender os direitos de recebimento – isto é, os recebíveis – no mercado, securitizando esses créditos e antecipando assim o recebimento de caixa. Assim, o consórcio ABC mantém as suas obrigações de fornecimento, mas transfere os direitos. A vantagem é a possibilidade de transformar um fluxo futuro em um ativo líquido imediatamente disponível, que pode se converter em uma fonte de financiamento na fase inicial dos projetos, antes destes passarem a gerar caixa em volume significativo. Da parte de quem compra os recebíveis, por sua vez, a garantia é dada pelo fluxo de caixa futuro, daí por que este instrumento é particularmente apropriado para os setores onde este fluxo é relativamente assegurado.

O seguro se destina a cobrir os riscos envolvidos na operação de um projeto de longo prazo, podendo ser considerado essencial para certo tipo de projetos, de riscos elevados e grande envergadura. Da mesma forma que uma companhia de aviação seria inteiramente irresponsável se não procurasse se cobrir do risco de algum sinistro, para a eventualidade de ter que arcar com um volume elevado de indenizações, certos projetos de infraestrutura, que envolvem o desembolso de quantias elevadas de recursos, antes de começar a gerar caixa, podem ser totalmente inviabilizados caso se configure a ocorrência de algum dos riscos que iremos abordar posteriormente. Decorre disso a importância de contar com um esquema adequado de seguro.

De um modo geral, o que os capitais privados que participam de parcerias procuram é um ambiente econômico previsível e pró-mercado, em um contexto em que existam parceiros domésticos em condições de participarem como sócios de um empreendimento conjunto.

A lista de condições acima explicadas não passa de um conjunto de requisitos ideais para a realização de parcerias. Nem todas as condições estão sempre vigentes ao mesmo tempo, o que pode, porém, não se revelar um obstáculo à realização de empreendimentos conjuntos entre os setores público e privado. Ou seja, é possível ter uma situação macroeconômica sólida, mas um marco regulatório ainda imperfeito; ou ter este marco já adequadamente constituído, mas um mercado de capitais frágil etc. As condições, de alguma forma, vão se refletir na atratividade das parcerias – situações próximas do ideal tendem a interessar a um número maior de parceiros potenciais – e, consequentemente, nos preços do que estiver em jogo.

OS MODELOS DE PARCERIA E OS AGENTES PARTICIPANTES

Elementos conceituais

A provisão de serviços públicos pode ficar inteiramente a cargo do governo, como foi durante muitos anos no Brasil, ou estar sujeita a diferentes arranjos institucionais. É possível manter a propriedade dos serviços como sendo pública, porém com uma operação privada, terceirizando certas atividades; ou ainda deixar com o setor privado tanto a propriedade como a operação do serviço. Em todos os casos, é importante que se tenha uma regulação adequada, para evitar abusos em prejuízo do consumidor.

Um elemento importante que não se deve perder de vista é o fato de que, como já ficou claro no capítulo sobre regulação, tão ou mais importante que a propriedade para avaliar a eficiência de uma empresa é o regime em que esta opera. Quanto maior a concorrência, maior tende a ser o benefício para os usuários. Sendo assim, é razoável que atividades que no passado eram assumidas pelo Estado, por vezes sem respeitar noções básicas de restrição orçamentária, minimização de custos etc., passem agora a ser executadas pelo setor privado, com base nos princípios de eficiência do mercado.

Paralelamente, porém, é importante ampliar a competição nessas mesmas áreas (Banco Mundial, 1994). Isto pode ser conseguido, por um lado, criando condições para que aumente o número de interessados nas parcerias a serem outorgadas – gerando maiores receitas para os cofres públicos e/ou menores tarifas para os usuários, dependendo de qual for a "cesta" de critérios de preço e tarifa escolhida para a definição do vencedor do contrato. Por outro, na medida do possível, as próprias atividades exploradas em regime de PPP devem ficar sujeitas à presença de mais de um operador, evitando-se a formação de monopólios locais. O fato de mais de um grupo disputar um setor da atividade econômica – e sempre que não haja conluio – é a melhor forma de propiciar simultaneamente melhores serviços e menores preços.

Os diferentes tipos de parcerias

Há diversas modalidades de parceria entre os setores público e privado. As formas mais utilizadas são conhecidas pela sigla na língua inglesa:

- *Build-Operate-Transfer* (BOT). Representa o mecanismo clássico de concessão para exploração de um serviço, no final da qual, porém, ela retorna às mãos do Estado.
- *Build-Transfer-Operate* (BTO). Trata-se de uma modalidade na qual a construção é separada juridicamente da operação, já que neste caso o empreendimento da construção cabe ao setor privado, mas após o fim da mesma – e antes da exploração do serviço – o direito de concessão cabe ao Estado, que mediante outro ato legal concede a exploração à mesma empresa ou a outra.
- *Build-Own-Operate* (BOO). É um mecanismo similar ao BOT, com a diferença de que não há prazo final da concessão, ou seja, a empresa fica com plenos direitos sobre o projeto, sem devolução posterior para o Estado.
- *Buy-Build-Operate* (BBO). Neste caso, a venda representa a transferência de propriedade de um ativo já em operação, acompanhada da obrigação de operação e eventual expansão por parte dos novos controladores.

Um caso de BOT é, por exemplo, o da exploração dos serviços do bondinho do Pão de Açúcar, ponto turístico do Rio de Janeiro, previsto para durar por um prazo de décadas. No final desse prazo, porém, a prefeitura da cidade recupera o direito de exploração do serviço, podendo renovar a concessão, para a empresa originalmente encarregada disso ou para outra candidata que, na ocasião, apresentar uma proposta melhor. Repare-se que, no início, a concessão representa o que alguém denominou de uma "venda de vento", já que o serviço objeto da concessão simplesmente não existe. Mais recentemente, no final dos anos 1990, algo similar ocorreu com as concessões de telefonia celular da chamada "Banda B", para uma frequência então ainda não explorada.

Os outros casos podem ser aplicados, dependendo do tipo de contrato, às concessões de exploração dos serviços de geração ou distribuição de energia elétrica. No primeiro deles (BTO), o governo, por exemplo, pode abrir uma concorrência para definir quem vai construir uma hidrelétrica e, uma vez tendo recebido e pago por ela, faz uma concessão, que pode ser do tipo BBO.

Já no caso de BOO, a empresa vencedora da concessão ficaria com ela indefinidamente, desde que, naturalmente, cumpra com os compromissos contratuais assumidos diante do governo ou do órgão regulador correspondente.

Um caso típico de BBO é quando o governo começa a construção de uma usina hidrelétrica com um número x de turbinas, ela começa a funcionar anos depois com n turbinas – sendo n < x – e o governo fica sem recursos, no meio da execução do projeto, para dar continuidade à obra. Neste caso, a venda da concessão para o setor privado é uma alternativa natural, para que este se encarregue de encontrar novas fontes de capital para continuar a operar o projeto, ao mesmo tempo que este é expandido, com a incorporação das (n – x) turbinas restantes.

AS POLÍTICAS PÚBLICAS E OUTROS CASOS DE PARCERIA

O conceito de "política pública" é muito mais amplo do que a mera realização de uma despesa a cargo do governo ou de uma empresa estatal. Ele envolve a adoção de políticas ou a tomada de decisões de gasto ou empresariais que tragam benefícios para o público, entendendo este como um grupo grande de indivíduos; a coletividade como um todo; ou os interesses do país, *lato sensu*.

Nesse sentido, as parcerias entre o governo e o setor privado podem ser entendidas, de uma forma mais ampla, como uma espécie de "mutirão", em que cada uma das partes atua em função das suas disponibilidades de recursos ou do seu *know-how* específico, na procura de algum objetivo que se justifique de um ponto de vista não apenas privado.

Tome-se o caso, por exemplo, de algumas iniciativas, registradas em certas cidades importantes do mundo, de transformação da zona portuária da cidade em um empreendimento comercial. As zonas portuárias podem ter um potencial turístico importante: localizam-se, em geral, ao lado do mar, com uma vista bela; em muitas cidades estão perto de hotéis por onde passa um fluxo contínuo de turistas que neles se hospedam; e são amplas, em condições de receber uma grande quantidade de pessoas. Por outro lado, em muitas cidades tais áreas constituem parte da região mais empobrecida da cidade, pela falta de investimentos imobiliários, poluição das águas e ausência de comércio e não raras vezes costumam ser associadas a problemas como o exercício da prostituição ou a venda de drogas.

Em algumas cidades, porém, a cooperação entre as diferentes instâncias de governo e o setor privado permitiu uma mudança radical da geografia urbana, nessas áreas. Uma combinação típica pode envolver, por exemplo, de parte a) do governo federal, o fortalecimento de um porto nas vizinhanças, que permita desafogar o fluxo de carga e descarga no porto da cidade; b) do governo estadual, a adoção de investimentos para dragagem nas proximidades da costa, para limpar a área, bem como de um programa ambiental; e c) da prefeitura, a realização de gastos de urbanização, como iluminação pública, melhoria da coleta de lixo, rede de esgoto etc. Isso, coordenado com o setor privado, pode permitir transformar uma área com péssima imagem em um dos melhores *points* da cidade. O que aconteceu em Puerto Madero, em Buenos Aires, transformada de um cais sujo em uma área de restaurantes requintados e lojas sofisticadas, é um desses casos de esforço conjunto. Isso deu excelentes resultados, para o comércio que abriu novos pontos no local; e para a cidade, brindada com a recuperação de uma área conhecida pela sua beleza e apta a intensificar o fluxo de recebimento de turistas.

Entre diversos outros casos paradigmáticos de parceria, podemos citar as obras de infraestrutura social – construção de escolas e hospitais – dos governos locais ou estaduais, que são parte do "pacote" de incentivos para atrair empresas para determinadas cidades; a realização de eventos culturais – shows,

> promoções, exposições – organizados pelo setor privado, mas com algum tipo de patrocínio ou incentivos fiscais do poder público; ou, no mundo das grandes disputas em torno do comércio mundial, a ação coordenada entre empresas privadas prejudicadas pelo protecionismo de outros países – com pagamento de advogados, contratação de *lobbies* a favor do livre comércio etc. – e o governo. Neste caso, cabe a este a responsabilidade de lutar em defesa dos interesses das empresas nacionais, com sua atuação junto aos organismos multilaterais ou a ação da diplomacia do país no relacionamento bilateral com outras nações.

OS DIFERENTES TIPOS DE RISCO

Riscos do projeto

Ao se decidirem por formar parte ou apoiar um projeto como os que são tipicamente objetos de PPP, os participantes do mesmo assumem certos riscos, em geral cobertos por algum esquema de seguro. Uma primeira distinção entre esses riscos é entre os de projeto – ou seja, inerentes ao negócio, independentemente do país em que este se desenvolve – e os que, de alguma forma, estão direta ou indiretamente ligados às características do país onde o projeto é implementado. Comecemos pelos riscos do projeto. Eles são de dois tipos:

a) *risco de construção*. Envolve a possibilidade de atraso; abandono da obra por parte da firma encarregada; aumento de custos em relação aos previstos, na fase de construção etc.; e

b) *risco de operação*. Está associado a problemas de suprimento ou outros eventos típicos de mercado, que afetem negativamente a rentabilidade do projeto, como elevação do custo dos insumos; dificuldade de os preços finais acompanharem o aumento dos custos, devido à elasticidade-preço etc.

Riscos do país

Além dos riscos do projeto, estão também aqueles associados às condições – políticas, econômicas ou geográficas – do país, incluindo:

a) *risco político*. Está ligado à capacidade de um governo de, por meio do uso do seu poder de arbítrio, mudar certas regras-chave para o cálculo econômico do projeto – como os reajustes tarifários –, quebrar contratos ou realizar desapropriações, com prejuízos econômicos para as partes afetadas;[7]

---

[7] O conceito de "risco político" é usado aqui como a possibilidade de adoção de uma medida unilateral de um governo contra os interesses específicos dos controladores de um projeto. Uma definição mais abrangente, porém, pode incluir problemas políticos mais gerais, como incerteza política, dificuldades de governabilidade etc. Sobre o risco político, ver West (1996).

> **A GUERRA DO IRAQUE E A QUESTÃO DO SEGURO**
>
> Em 1990, o Iraque invadiu o Kuwait, desencadeando uma forte reação da comunidade das demais nações, liderada pelos EUA, que em poucas semanas chegou com suas tropas até as proximidades da área de conflito e invadiu, por sua vez, também, o Kuwait, expulsando as tropas iraquianas e iniciando um longo período de embargo contra o país, na época, presidido por Saddam Hussein.
>
> Uma vítima indireta da guerra acabou sendo uma conhecida empreiteira brasileira, com longa tradição empresarial no Brasil e que tinha começado a diversificar a sua atuação, permanecendo no setor de construção civil, porém expandindo as suas atividades para além das fronteiras do país, tendo realizado operações importantes no Iraque. Com a situação que se criou, o clima bélico anterior aos conflitos, a guerra em si e o embargo subsequente, a economia do Iraque passou por uma fase muito difícil, acabando por mergulhar em uma crise profunda, que levou a empresa brasileira a enfrentar grandes prejuízos.
>
> É muito importante, para o êxito de certos empreendimentos, que se defina um esquema de seguro que cubra riscos extremos. Os projetos devem ser protegidos diante de algumas ameaças que podem inviabilizar totalmente o retorno do capital. Na Colômbia, por exemplo, o seguro pago pelas empresas petrolíferas – em uma atividade arriscada por excelência, por estar sujeita a injunções políticas, problemas ambientais, possibilidade de incêndios etc. – era maior, na década de 1990, do que na média dos demais países, pelo risco de alguns dos grupos guerrilheiros dinamitarem os oleodutos, já que a área por onde trafegava o petróleo era às vezes ocupada por forças da guerrilha.

b) *risco macroeconômico*. Este é um tipo de risco que pode ser desdobrado em vários outros, em função de uma evolução econômica do país diferente da prevista pelos sócios e patrocinadores de um projeto. Tais riscos estão associados a uma evolução desfavorável de variáveis como as taxas de câmbio e de juros – que podem afetar os custos do endividamento – ou o crescimento do PIB;[8]

c) *risco de caso fortuito ou força maior*. Está relacionado com a eventualidade de ocorrência de um fato que possa implicar uma perda substancial ou total do capital. Incluem-se nesta categoria fenômenos vinculados com a geografia local, como terremotos, ou de fundo político, como guerras ou ataques terroristas.

---

[8] Um caso específico que merece menção é o risco de inconversabilidade, decorrente do controle dos pagamentos em divisas por parte do Banco Central. Este é um risco que poder ser tanto macroeconômico – em função de problemas externos do país – como político – se houver uma "onda" contrária aos capitais estrangeiros. Naturalmente, se um investidor externo julgar que há uma ameaça séria de não poder dispor livremente dos lucros e dividendos aos quais teria direito, sua propensão a ser parte de um projeto será prejudicada.

Riscos de mercado

Os riscos de mercado ou de demanda têm a ver com a possibilidade de frustração do retorno econômico esperado com o projeto. Pela natureza dos serviços que são objeto de PPP, o setor público pode assumir uma parcela considerável dos riscos de mercado, garantindo uma remuneração mínima ao capital investido. Ou seja, sempre que o retorno estiver abaixo deste valor o setor público complementará a diferença. Apesar de ser desejável que uma parte do risco de mercado fique com o parceiro privado, pela natureza de bem público de muitos dos serviços que são objeto de PPP, uma parcela significativa deste risco é assumida pelo setor público.

O compartilhamento de riscos entre os parceiros

Apesar de o setor público muitas vezes compartilhar com o parceiro privado os riscos de mercado, é desejável que esse último seja responsável pelos riscos associados à construção do imobilizado e provisão do serviço. Caso o setor público também compartilhe o risco de capital (financiamento), isso pode desestimular o parceiro privado a buscar a maior eficiência possível na execução do projeto.

Os diversos tipos de risco costumam ser cobertos através de seguros específicos. Estes, como qualquer outro seguro, porém, têm um custo, que é proporcional ao risco. Assim como o dono de um automóvel no Brasil paga um seguro maior – proporcionalmente ao preço do veículo – do que o proprietário de um carro na Suíça, por exemplo – onde a incidência de roubos é muito menor –, os projetos que envolvem riscos maiores devem arcar com um custo de capital adicional, na forma dos seguros que as empresas devem pagar para se proteger diante das adversidades acima comentadas.

ASPECTOS RELEVANTES PARA O ÊXITO DA OPERAÇÃO

Para que uma operação de PPP seja bem-sucedida é necessário levar em conta uma série de considerações. Como já ficou claro, é fundamental contar com um esquema de seguro, sem o que existe a possibilidade de as perdas decorrentes da verificação de alguns dos riscos potenciais do negócio se revelarem fatais. Ao mesmo tempo, o conhecimento prévio das regras do jogo vigentes na área sujeita à PPP, bem como a clareza destas regras – evitando-se mudanças ou interpretações dúbias – também são importantes para que a rentabilidade dos projetos não se veja afetada e para que estes se tornem interessantes aos olhos dos investidores.

A garantia de respeito aos termos dos contratos assinados entre os parceiros público e privado é um elemento-chave para a continuidade do interesse dos investidores em aplicar os seus recursos em novos projetos em parceria com o governo. É conhecida a máxima de que confiança é algo difícil de conquistar, fácil de perder e muito difícil de reconquistar. Se houver uma quebra das regras do jogo por parte do parceiro público, passarão anos antes que novos agentes se interessem por outros negócios.

Por outro lado, a necessidade de ter regras claras não significa que estas devam ser benevolentes. O parceiro público deve pautar a sua atuação pela necessidade de combinar a atratividade da atividade objeto de PPP com o interesse dos usuários. Isso inclui exigências referentes a parâmetros de desempenho e, eventualmente, a novos investimentos; regularidade e continuidade na oferta do serviço; obediência às normas de segurança; observação de níveis adequados de eficiência; permanente atualização tecnológica – quando for o caso – e uma tarifação adequada.

Por último, iniciar um empreendimento de porte requer contar com um *funding* apropriado às características do projeto, envolvendo o apoio de terceiros e recursos próprios, para a disponibilidade inicial de caixa – capital – para começar o projeto – e que é, naturalmente, uma função direta do montante da operação e do prazo de retorno do projeto.

AS JUSTIFICATIVAS PARA A UTILIZAÇÃO DAS PPP

As principais vantagens das PPP[9]

Em termos gerais, a experiência internacional aponta como os principais benefícios das PPP: i) a execução de projetos inviáveis como concessões comuns; ii) a antecipação de investimentos; iii) a transferência dos riscos de construção e operação do setor público para o parceiro privado; iv) a possibilidade de maximização do *value for money* (VFM); v) e a possibilidade de melhorar o sistema de contratação em razão do maior nível de concorrência.

O *value for money* (VFM) é a mensuração da diferença entre o custo total de se construir uma mesma obra integralmente pelo setor público ou por um ente privado contratado para assumir seus riscos e custos.

É importante ressaltar que a PPP deve resultar em algum ganho mensurável de eficiência para o setor público para que este tenha interesse em participar de uma PPP, em vez de optar por um investimento público tradicional. Senão, a PPP pode se tornar somente uma maneira de trocar gastos presentes por um fluxo de desembolsos do setor público no futuro.

---

[9] Ver IMF (2004).

A experiência do Reino Unido demonstra que as PPP quando bem planejadas, contratadas e fiscalizadas podem de fato gerar ganhos de eficiência na utilização dos recursos públicos.

Segundo HM-Treasury (2003; p. 43), no Reino Unido, 88% das PPP estudadas foram finalizadas dentro do prazo estabelecido. Os custos adicionais eventuais foram absorvidos pela concessionária. Por sua vez, somente 30% dos projetos públicos de construção foram finalizados dentro do prazo e 73% dos projetos públicos ultrapassaram o orçamento.

Entretanto, considerar que todas as obras do setor público são necessariamente mais caras que as do setor privado não é correto, tendo em vista vários exemplos de obras transferidas para concessionárias privadas que foram paralisadas ou foram finalizadas com superfaturamento. Por isso, o VFM deve ser calculado caso a caso e dependerá da existência de concorrência entre os construtores, bem como da capacidade de fiscalização do setor público para que não haja a possibilidade de superfaturamento.

No caso brasileiro, a PPP pode vir a viabilizar investimentos que de outra forma não seriam feitos. Neste caso, não há como calcular o VFM.

A restrição fiscal

Como já dito na introdução, o panorama mundial de maior restrição fiscal a partir dos anos 1980 limitou a capacidade de financiamento público do investimento. Nesse sentido, a possibilidade de se adotar uma PPP foi considerada uma alternativa para viabilizar investimentos, principalmente nos setores de infraestrutura, sem que isso implicasse um aumento no curto prazo do endividamento público. A ideia por trás desse raciocínio seria que a utilização de uma PPP distribuísse ao longo do tempo o total de recursos necessários para implementar os investimentos, tornando possível a realização de uma série de projetos ao mesmo tempo.

Sem dúvida, uma das vantagens da utilização de uma PPP é poder antecipar um investimento gerador de externalidades positivas para a sociedade como um todo que só aconteceria após um longo período de tempo, caso dependesse do financiamento integral do setor público. Entretanto, é preciso ter em conta que a PPP não representa a solução definitiva para os constrangimentos fiscais do governo no financiamento do investimento público. Se a PPP não for nem planejada nem gerida de forma adequada, pode mesmo piorar a situação fiscal de um determinado governo. Isso porque a PPP implica um comprometimento de receitas futuras do setor público.

O caso de Portugal ilustra bem essa questão: o país enfrentou graves dificuldades para arcar com os compromissos das PPP associadas aos contratos de rodovias cuja forma de remuneração foi o pedágio-sombra – mecanismo de pagamento pelo qual o setor público remunera integralmente o parceiro privado baseando-se no tráfego real, ou seja, o usuário final não paga tarifa alguma.[10]

A eficiência na prestação do serviço público e no uso dos recursos públicos

Pelo que foi discutido na subseção anterior, a PPP não deve ser considerada uma solução definitiva para a restrição fiscal, tendo em vista que significa um compromisso de receitas futuras do governo.

Como diz uma das epígrafes do início do capítulo, o principal incentivo à utilização das PPP deve ser a busca de uma maior eficiência tanto na prestação do serviço público quanto na utilização de recursos públicos. A possibilidade de maior eficiência resulta principalmente da concentração em um único agente (o parceiro privado) da responsabilidade pela elaboração do projeto, construção e operação de ativos de infraestrutura. Essa situação motiva tanto a minimização de custos quanto a melhor qualidade na prestação do serviço, sem que a dimensão de política pública seja perdida. Ou seja, o setor público transfere ao parceiro privado apenas a parte mercantil da obra, mantendo a sua responsabilidade pelo planejamento, monitoramento e regulação.

Vale ressaltar que, para que esses ganhos de eficiência possam de fato se realizar, é essencial que haja uma adequada distribuição de riscos entre os parceiros público e privado.

Os contratos de PPP, entretanto, implicam custos elevados na sua estruturação, licitação e monitoramento. Por isso, a opção da PPP em detrimento do investimento público convencional deve ser feita sob uma cuidadosa análise de custo e benefício.

Os principais exemplos de eficiência das PPP na redução de custos têm sido observados no Reino Unido. Segundo vários estudos, os ganhos de eficiência decorrem principalmente da transferência de risco ao parceiro privado, dos processos licitatórios competitivos, e a existência de sistemas de pagamentos associados a indicadores de desempenho na prestação dos serviços.

A PARCERIA PÚBLICO-PRIVADA (PPP) NO BRASIL

A estrutura contratual da PPP

A PPP no Brasil é regida pela Lei nº 11.079/2004 que foi aprovada em 30 de dezembro de 2004. A lei define como parceria público-privada um contrato de prestação de serviços de médio e longo prazo firmado pelo setor público.

---

[10] Ver Monteiro (2005).

A PPP é uma forma de contratação de serviços públicos na qual o Estado remunera parcial ou integralmente o parceiro privado. Na PPP o setor público deixa de ser o proprietário e o operador de um ativo para ser um comprador de serviços do setor privado. Ou seja, o contrato de PPP na prática representa uma mudança da lógica da aquisição de ativos para a de compra de serviços. O setor privado, por sua vez, assume um maior nível de responsabilidade e riscos mais elevados do que em um contrato de concessão tradicional.

Os projetos somente serão classificáveis como PPP se não forem autossustentáveis e exigirem, necessariamente, o aporte total ou parcial de recursos orçamentários públicos, cujos pagamentos serão feitos exclusivamente em função de atendimento de indicadores acordados e contratados entre as partes (*covenants*).

Pela lei da PPP o primeiro passo para o estabelecimento da parceria é a constituição de uma SPE por parte dos patrocinadores e os investidores do empreendimento.[11] Em uma SPE os ativos e obrigações não são registrados no balanço dos acionistas, o que restringe sua responsabilidade aos capitais alocados ao projeto.

Pela lei, a constituição de uma PPP exige que ao final do empreendimento haja uma prestação de serviços e não apenas o fornecimento de mão de obra, equipamentos ou a construção da obra pública. Além disso, o contrato de PPP deve envolver um valor mínimo de R$20 milhões a fim de evitar que serviços de baixo valor contratual sejam licitados como PPP. A complexidade da PPP torna esse tipo de contratação de serviços públicos inadequada para projetos de pequena escala.

Na PPP, a implantação da infraestrutura necessária para a prestação do serviço contratado pelo setor público dependerá de iniciativas de financiamento do setor privado e a remuneração do particular será fixada com base em padrões de *performance* e será devida somente quando o serviço estiver à disposição do Estado ou dos usuários.

Para diferenciar a PPP das concessões tradicionais (regulamentadas pela Lei nº 8.987/1995), a lei estabelece ainda a definição das parcerias como contratos administrativos de concessão, em duas modalidades: i) concessão patrocinada e ii) concessão administrativa.

A concessão patrocinada é muito similar ao modelo tradicional, com a diferença de que há uma contrapartida de recursos do setor público para complementar os recursos arrecadados com a tarifa cobrada dos usuários do serviço público. A lei da PPP limita essa contrapartida de recursos públicos a 70% da remuneração do parceiro privado. É necessária uma autorização legislativa federal para limites mais altos. Como já citado anteriormente, um exemplo de tal tipo de PPP seria a construção de uma rodovia em um determinado lugar

---

[11] O termo em inglês é *special purpose company* (SPC).

em que o valor da tarifa a ser cobrada dos usuários não fosse suficiente para remunerar o total do investimento, o que requereria, dessa forma, a complementação de recursos por parte do Estado para que a obra fosse feita.

A concessão administrativa, por sua vez, é o contrato de prestação de serviços dos quais o setor público seja o usuário direto ou indireto e, por essa razão, é responsável pelo pagamento integral ao parceiro privado. Os contratos para a construção, manutenção e gestão de presídios, escolas e hospitais públicos são exemplos desse tipo de parceria. Nesse caso, o Estado é o usuário indireto que compra o serviço para oferecê-lo de forma gratuita à sociedade (usuário direto). Ou seja, não há a cobrança de tarifas.

A lei da PPP determina um prazo mínimo de cinco e o máximo de 35 anos de duração para os contratos de parcerias, já incluindo uma possível prorrogação. A Figura 16.1 apresenta o modelo básico de remuneração de uma PPP.

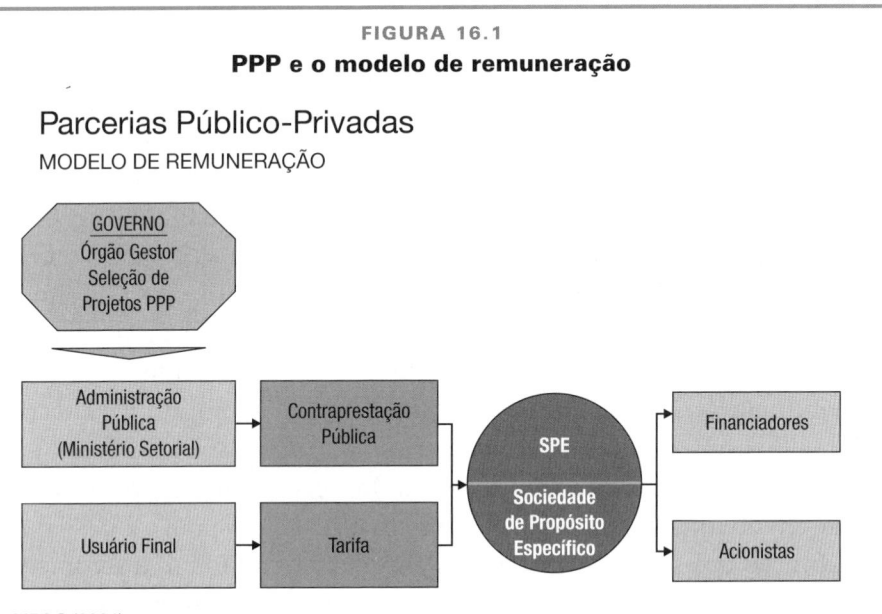

FIGURA 16.1
PPP e o modelo de remuneração

Parcerias Público-Privadas
MODELO DE REMUNERAÇÃO

GOVERNO
Órgão Gestor
Seleção de
Projetos PPP

Administração Pública (Ministério Setorial) → Contraprestação Pública → SPE Sociedade de Propósito Específico → Financiadores

Usuário Final → Tarifa → Acionistas

Fonte: MPOG (2004).

O arcabouço institucional da PPP

A experiência internacional aponta a existência de um órgão gestor público central como fundamental para o sucesso de programas. Seguindo as recomendações das experiências bem-sucedidas com PPP, a Lei nº 11.079/2004 criou o Comitê Gestor das PPP (CGP), responsável por coordenar a implementação dos projetos, desenvolver *expertise* em parcerias público-privadas e disseminá-la pelos órgãos da administração pública.

O órgão gestor - regulamentado pelo Decreto nº 5.385/2005 - é responsável pelas parcerias público-privadas do governo federal.

Compete ao CGP: i) fixar procedimentos para contratação das parcerias; ii) selecionar projetos considerados prioritários; e iii) autorizar a abertura de processo licitatório para contratação de PPP.

O CGP é composto por representantes dos seguintes órgãos:

i) Ministério do Planejamento, Orçamento e Gestão (MPOG) - responsável pelo exame de mérito do projeto;
ii) Ministério da Fazenda (MF) - que deverá analisar a viabilidade fiscal (margem de 1% da receita corrente líquida); e
iii) Casa Civil da Presidência da República.

O CGP é coordenado pelo MPOG e tem como funções: definir os serviços a serem contratados por meio de parcerias, disciplinar os procedimentos para a celebração de contratos, autorizar abertura de licitação, aprovar o seu edital e apreciar os relatórios de execução dos contratos. É prevista a participação de um representante do ministério setorial associado ao projeto em análise nas reuniões do CGP.

A decisão CGP do órgão gestor sobre um projeto de PPP deverá estar baseada em pronunciamento do MP sobre o mérito do projeto e do MF sobre a viabilidade e forma de concessão de garantias, relativamente aos riscos fiscais e ao cumprimento do limite de despesa com contratos de PPP.

O decreto criou também a Comissão Técnica das PPP (CTP), composta por dois titulares e respectivos suplentes dos três órgãos do CGP, um titular e respectivo suplente dos Ministérios do Desenvolvimento, da Indústria e Comércio Exterior, dos Transportes, das Minas e Energias, da Integração Nacional e do Meio Ambiente. Participam também da CTP um titular e respectivo suplente dos três maiores bancos federais (BNDES, Banco do Brasil e Caixa Econômica Federal), podendo ser convidados técnicos de órgãos da área competente envolvida. As ações da CTP servem de subsídio para o CGP e incluem: i) a definição dos serviços prioritários em regime de PPP; ii) a recomendação de autorização para a licitação; iii) a proposição de procedimentos para a estruturação dos contratos; iv) elaboração das propostas de plano e minuta de relatório de acompanhamento de sua execução.

Os tipos de parceria no Brasil

Em linhas gerais há uma série de tipos possíveis de parceria entre o setor público e o setor privado. A seguir, uma lista organizada de acordo com o grau de participação do setor público, da maior para a menor atuação:[12]

---

[12] Ver Pasin e Borges (2003), p. 182 e 183.

a) o governo compra produtos e serviços do setor privado, seja de forma direta ou indireta (por meio de tercerizados), mediante licitações;
b) o governo contrata terceiros – que podem ter controle estatal, misto ou totalmente privado – para executarem atividades típicas do setor público, mediante autorização, permissão ou concessão;
c) o setor público transfere para o setor privado uma atividade com retorno insuficiente ou não calculável, garantindo uma complementação de recursos públicos para tornar o empreendimento suficientemente atrativo para ser implementado – essa é a definição de parceria mais fiel ao conceito de PPP introduzido pela Lei nº 11.079/2004;
d) o governo transfere ao setor privado uma atividade economicamente viável e autossustentável, mediante a constituição de um *project finance*; e
e) o Estado transfere ativos ao setor privado mediante as privatizações.[13]

FIGURA 16.2
Tipos de parceria: capacidade de geração de receita

Parcerias Público-Privadas

A capacidade de geração de receita de cada investimento determina a modalidade preferencial de realização do projeto: se por concessão, PPP ou investimento público tradicional.

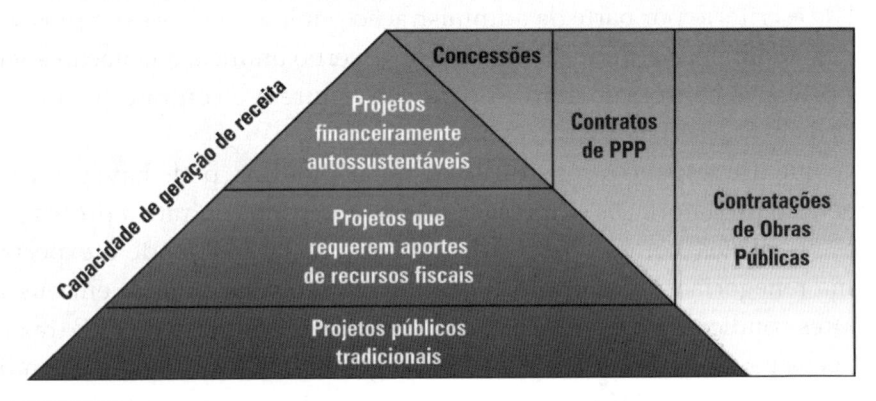

Fonte: MPOG (2004).

O objetivo deste capítulo é concentrar-se na análise da PPP tal como definida pela Lei nº 11.079/2004. Pela lei, a PPP é definida como um tipo especial de concessão para a provisão de infraestruturas e serviços públicos na qual o parceiro privado é responsável pela elaboração do projeto, pelo financiamento da

---

[13] Ver o Capítulo 14 deste livro.

obra, por sua construção e operação dos ativos que são posteriormente transferidos para o setor público. A participação do parceiro público se dá como comprador de uma parte ou do total do serviço ofertado. O sucesso do contrato de PPP é julgado a partir de indicadores que medem o desempenho e a qualidade do serviço prestado.

Apesar de ser uma alternativa importante para viabilizar investimentos em setores estratégicos, a PPP não substitui o investimento público tradicional: diversos projetos podem exigir um elevado prêmio de risco pela transferência de riscos ao parceiro privado, inviabilizando, assim, a utilização de uma PPP. Ademais, há setores que envolvem questões de soberania e segurança nacional e, por isso, também não são elegíveis para PPP, como defesa e segurança pública.

As diferenças entre a PPP e as outras formas de ação conjunta do setor público e o setor privado decorrem principalmente das fontes de remuneração do setor privado. A Figura 16.2 mostra os tipos de parceria e sua capacidade de geração de receita.

PPP & Licitações

Em primeiro lugar, as PPP são totalmente diferentes das licitações pelas quais o setor privado é essencialmente um fornecedor do Estado. O setor privado não pode cobrar tarifas e está limitado a contratos de serviços por cinco anos.

Um exemplo muito comum do uso da licitação pública é a compra de material de escritório por parte da administração pública. Outros exemplos são os serviços de limpeza e tradução de textos: governo anuncia a licitação e vários entes privados concorrem entre si para conseguirem o contrato para fornecimento de bens e serviços para o setor público.

No que diz respeito à construção de obras públicas, pode haver o risco de competição predatória: as empresas podem oferecer o contrato a preços muito baixos, irrealistas, com o objetivo de ganhar a licitação e tendo a expectativa de uma renegociação posterior do contrato com o setor público em busca de melhores condições econômicas. Nesse sentido, um contrato de PPP traz mais vantagens para o setor público: sob PPP, o governo necessariamente condicionará o pagamento ao início da prestação do serviço. Com isso, o risco de perdas devido ao abandono de obras incompletas ou a renegociações inesperadas dos termos do contrato é menor do que nos contratos sob licitação.

PPP & Concessões

Em segundo lugar, apesar de as PPP serem consideradas legalmente uma forma de concessão, elas são diferentes das concessões tradicionais. As concessões comuns referem-se a projetos autossustentáveis, nos quais a cobrança das tarifas como contrapartida do serviço ofertado é suficiente para cobrir todo o investimento. As PPP, por sua vez, envolvem algum comprometimento de recursos futuros do setor público. A Figura 16.3 mostra as diferenças entre a PPP e o contrato público tradicional.

As PPP podem ser de dois tipos: i) uma complementação de recursos pelo setor público de forma a viabilizar o empreendimento, ou ii) o pagamento integral pelo fornecimento do serviço pelo setor público.

Os serviços elegíveis para PPP apesar de não serem autossustentáveis têm um retorno social elevado. Nesse caso, vale destacar a possibilidade de duas situações. Em primeiro lugar, sempre que o retorno econômico for negativo, não caberá a utilização de um contrato tradicional de concessão. Em segundo lugar, mesmo que o retorno privado seja positivo, mas menor do que o retorno social, a utilização de uma PPP é indicada. Um exemplo dessa segunda situação seria a concessão do metrô. Nesse caso, se o serviço de metrô fosse contratado mediante uma concessão comum, a tarifa pela prestação do serviço teria que ser muito elevada para recuperar integralmente o investimento, o que acarretaria uma demanda baixa pelo serviço.[14] Caso isso acontecesse, o potencial de geração de externalidades positivas como melhores condições de transporte para a sociedade aliadas a uma redução do tráfego pelas ruas seria subaproveitado.

Com a utilização de uma PPP, o valor da tarifa cobrada pelo parceiro privado poderia ser maior ou igual somente ao custo de operação e manutenção do serviço de metrô. A diferença entre a tarifa efetivamente cobrada e o valor total que cobriria o custo integral de provisão do serviço, inclusive o custo de construção, seria complementada pelo setor público.

Ou seja, a PPP é indicada para a provisão de serviços públicos cujo retorno social seja maior do que o privado e, por isso, a concessão tradicional não é adequada, seja porque o retorno privado é negativo ou porque a elevada tarifa que cobriria o investimento total levaria a um uso muito baixo do serviço. Sendo assim, os contratos de PPP implicam desembolsos futuros do setor público, diferentemente dos contratos de concessão tradicionais.

Além disso, uma das vantagens da PPP em relação aos contratos comuns de concessão é permitir um melhor compartilhamento de risco entre o setor privado e o setor público. Sendo mais flexível que as concessões tradicionais, o contrato de PPP não segue um único modelo, mas varia em função do objeto e serviço que estiver sendo negociado. Por exemplo, pode haver situações em que o risco de mercado fique com o setor público e o risco da execução da obra e da operação do serviço recaia sobre o parceiro privado. No caso da

---

[14] Ver Brito e Silveira (2005) e Almeida Junior e Pessôa (2004).

construção e operação de uma rodovia em lugar de pouco movimento de tráfego, por exemplo, o governo poderia garantir uma receita mínima de pedágio: se a receita efetiva com pedágio fosse menor do que a contratada inicialmente, o governo arcaria com a diferença.

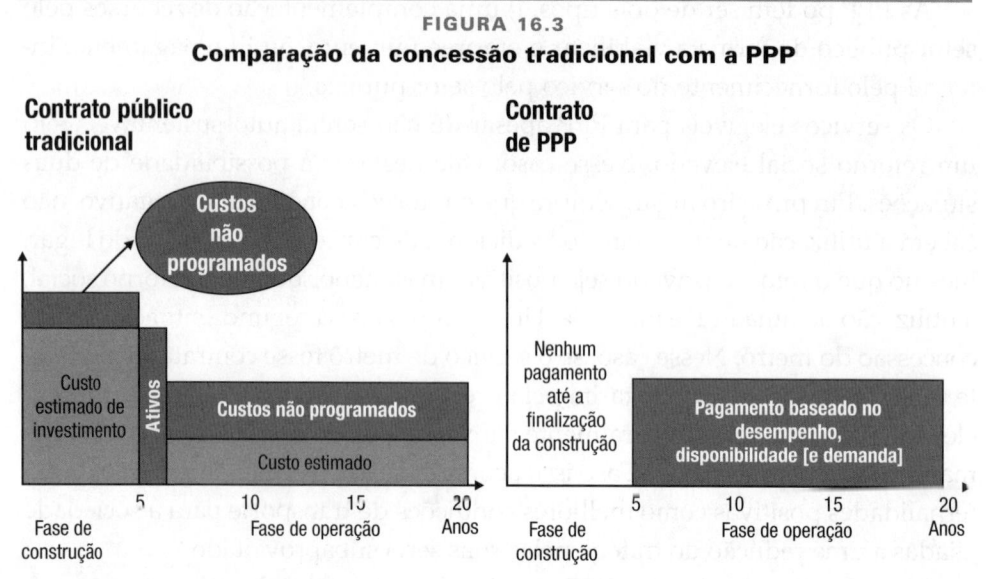

FIGURA 16.3
Comparação da concessão tradicional com a PPP

Contrato público tradicional

Custos não programados

Custo estimado de investimento | Ativos | Custos não programados
Custo estimado

5 | 10 | 15 | 20
Fase de construção | Fase de operação | | Anos

Contrato de PPP

Nenhum pagamento até a finalização da construção | Pagamento baseado no desempenho, disponibilidade [e demanda]

5 | 10 | 15 | 20
Fase de construção | Fase de operação | | Anos

Fonte: Price Waterhouse e Coopers (2003).

PPP & Project Finance

Em terceiro lugar, as PPP não devem ser confundidas com o *project finance*. Este último é um modelo de engenharia financeira associado a projetos cujo fluxo de caixa é previsível e as garantias são dadas pelos ativos e os recebíveis do próprio empreendimento.[15]

As atividades de utilidade pública para as quais o *project finance* é adequado são aquelas com retorno viável e monopólio legal ou natural, como as associadas aos setores de energia e telecomunicações. As PPP, por sua vez, como visto anteriormente, têm a ver com atividades nas quais o interesse público ou social pode superar os retornos econômicos (exemplo dos serviços de metrô).

Também há semelhanças entre os dois tipos de parceria: ii) o foco em setores de infraestrutura; ii) a constituição de SPE; iii) não existe transferência de ativos para o setor privado, como na privatização; iv) a ação conjunta com o setor privado visa a uma melhor gestão de ativos públicos, com a otimização dos desembolsos orçamentários; v) a estruturação do contrato, bem como a

---

[15] Para mais detalhes sobre o *project finance*, ver Borges (1998) e Kawall (1996).

identificação, alocação e a diluição de riscos são fundamentais na análise, negociação e no acompanhamento dos contratos; e vi) a possibilidade de financiamento via securitização de receita futura.

PPP & Privatizações

Em quarto lugar, as PPP se diferenciam das privatizações porque no final de um projeto a obra construída é transferida ao Estado. Ou seja, ocorre justamente o contrário do que acontece em uma privatização, onde há a alienação do ativo do setor público para o setor privado.

PRINCIPAIS PONTOS DA LEGISLAÇÃO QUE REGEM OS TIPOS DE PARCERIA

1) Licitações:
   Lei nº 8.666/1993 – Lei de Licitações
   - Trata das práticas relativas aos processos de concorrência, tomada de preços, carta-convite e leilão para a escolha e a contratação entre o setor público e particulares.
   - Aplica-se aos contratos administrativos que não sejam concessões comuns, administrativas ou patrocinadas.
   - O setor privado é essencialmente um fornecedor do Estado, não pode cobrar tarifas e está limitado a contratos de serviços por cinco anos.

2) Concessões comuns:
   Lei nº 8.987/1995 – Concessão e Permissão de Serviços Públicos
   - Concessão de serviço público e concessão de serviço público precedida da execução de obra pública.
   - Aplicação única nas concessões comuns e subsidiária nas concessões patrocinadas de PPP.
   - O setor privado pode construir e operar, mas não pode receber remuneração parcial do setor público.

3) Parcerias público-privadas (PPP):
   Lei nº 11.079/2004
   - Legislação mais flexível que as anteriores.
   - Relação jurídica entre os setores público e privado visando à implantação ou gestão, do todo ou em parte, de serviços, empreendimentos e atividades de interesse público, os quais a administração não dispõe de meios próprios para realizar.

- Parceiro privado: responde pelo financiamento e pela execução.
- Parceiro público: oferece contraprestação adicional à tarifa a ser cobrada do usuário ou, em casos justificados, pode figurar como usuário único do serviço.
- Espécie de contrato administrativo de concessão, exigindo licitação por concorrência. Concessão: patrocinada (contraprestação pecuniária do parceiro público ao privado) e administrativa (administração pública como usuária direta ou indireta).
- Exclui-se da PPP: a concessão comum (Lei nº 8.987/1995) é a que não envolve contraprestação nem tem a administração pública como usuária. Contrato de valor inferior a R$20 milhões ou com prazo inferior a cinco anos ou que tenha por objeto único o fornecimento de mão de obra, o fornecimento e instalação de equipamentos ou a execução de obra pública.
- PPP não é autossustentável por definição legal.
- PPP pode tratar de diferentes níveis federativos (União, Estados, Distrito Federal e municípios) e de sucessivas administrações em um mesmo ente público.
- PPP limitadas a 1% da receita corrente líquida federal do exercício, com projeção por 10 anos.
- Limite de 80% (90% para áreas mais pobres) das fontes para os fundos de pensão com patrocinadora pública e agentes financeiros públicos.
- O contrato poderá previamente definir remuneração variável, ao parceiro privado, vinculada à qualidade do seu desempenho e sua respectiva disponibilidade financeira.

O compartilhamento de riscos entre os parceiros

A lei da PPP representou uma inovação no direito administrativo brasileiro em relação à forma tradicional de compartilhamento de riscos entre parceiros públicos e privados. Todos os riscos passaram a ser contratualmente compartilháveis entre os parceiros, inclusive os referentes a caso fortuito ou força maior e risco político, que anteriormente eram de total responsabilidade do setor público.[16] Cabiam ao parceiro privado apenas os riscos de mercado ou de demanda.

Outro ponto importante introduzido pela lei da PPP foi a possibilidade de prever contratualmente os chamados *step-in-rights* que significam o acesso dos credores ao controle da SPE no caso de o projeto fracassar. O fracasso de

---

[16] Ver Pinto (2006).

um projeto pode tanto incluir uma situação de inadimplência dos contratos de financiamento quanto a redução das margens de rentabilidade a níveis considerados insuficientes para o cumprimento das obrigações futuras. Cabe ao contrato a definição dos requisitos e condições nas quais o parceiro público permitirá a transferência do controle da SPE para os seus financiadores, a fim de viabilizar a sua reestruturação financeira e garantir a manutenção da prestação de serviços.

A lei da PPP também determina a obrigatoriedade de vinculação do pagamento da contraprestação pública à efetiva prestação do serviço. Com isso, a lei introduziu um mecanismo fundamental para a promoção de uma maior eficiência na gestão dos contratos de parceria. Além disso, o contrato pode incluir um sistema de remuneração variável conforme metas e padrões de desempenho.

Para proteger o parceiro privado do risco de o parceiro público não cumprir suas obrigações de transferência de recursos prevista no contrato, a lei prevê a vinculação de receitas, a criação de fundos especiais, contratação de seguro, bem como a constituição do fundo garantidor das PPP (FGP).

A lei de PPP está em conformidade com a LRF. Pela lei de PPP, as despesas públicas com projetos de PPP terão que ser lançadas nos orçamentos federal, estadual ou municipal e serão isentas de contingenciamento. Os desembolsos públicos federais anuais com PPP não poderão superar o limite máximo de 1% da receita líquida corrente (RCL) da União. Esse mesmo limite cabe aos estados e municípios: os que não cumprirem deixarão de receber as transferências voluntárias da União.

O Fundo Garantidor das Parcerias Público-Privadas (FGP)

Pela Lei da PPP, a União, suas autarquias e fundações públicas foram autorizadas a participar, no limite global de até R$6 bilhões, no Fundo Garantidor de PPP (FGP). Este Fundo tem a finalidade de prestar garantia ao pagamento de obrigações pecuniárias assumidas por parceiros públicos federais em contratos administrativos de concessão de serviços públicos, que envolvam contraprestação de recursos públicos ao setor privado.

O FGP tem natureza privada e patrimônio próprio separado do patrimônio dos cotistas, o que impede a possibilidade de contingenciamento e execução em regime de precatórios. O fundo poderá ser composto de dinheiro, títulos da dívida pública, bens imóveis, bens móveis, inclusive ações de sociedade mista federal excedentes ao montante necessário à manutenção de seu controle pela União. A criação, administração e gestão do FGP serão feitas por instituição financeira controlada, direta ou indiretamente, pela União.

A participação das fontes de financiamento

O mercado de capitais no Brasil vem se desenvolvendo mais a cada ano. Entretanto, no que diz respeito a projetos de longo prazo e principalmente aqueles objetos de PPP, ainda não há instrumentos inovadores de crédito. Por isso, é de se esperar que os parceiros privados recorram aos financiamentos dos bancos públicos, como o BNDES, a CEF e o BB.

A Figura 16.4 mostra o modelo básico de financiamento de uma PPP.

Os fundos de pensão deverão ser outra importante fonte de recursos. Nesse sentido, há uma polêmica quanto à participação direta dos fundos de pensão nas PPP como sócios majoritários da SPE. A PPP é de interesse dos fundos de pensão, tendo em vista que estes podem adquirir ativos de longo prazo que respondam à necessidade de pagamento futuro de benefícios.

Como o desejável é que a maior parte dos recursos envolvidos na PPP sejam privados, a dúvida que surge é se os recursos dos fundos de pensão seriam considerados públicos ou não. Legalmente, os fundos de pensão são entes fechados de previdência complementar e, por isso, seus recursos não seriam considerados públicos, mesmo quando patrocinados por empresas estatais. Entretanto, como uma parte da diretoria dos fundos de pensão estatais é composta por membros escolhidos pelo patrocinador, a dúvida persistiria.

Internacionalmente, o mais comum é a participação indireta dos fundos de pensão nas PPP, a partir da aplicação em fundos de investimento que compram títulos emitidos pelas SPE das várias PPP.

FIGURA 16.4
O financiamento da PPP

Parcerias Público-Privadas
MODELO BÁSICO DE FINANCIAMENTO

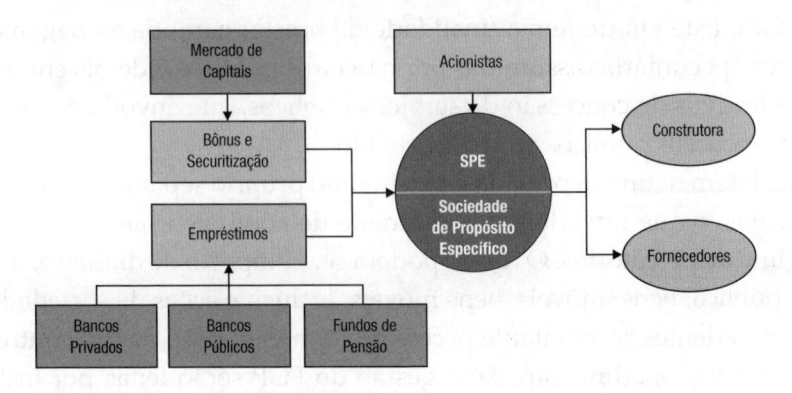

Fonte: MPOG (2004).

Tendo como base essas preocupações e impedir que todo o risco seja assumido pelos agentes financeiros públicos e/ou pelos fundos de pensão com patrocínio estatal, a Lei nº 11.079/2004 limitou em 80% a participação total dessas fontes na PPP– o limite aumenta para 90% em áreas mais pobres.

A contabilização das obrigações do setor público nas PPP

Uma das questões mais debatidas em relação aos contratos de PPP foi a forma de contabilização das obrigações do parceiro público: como despesa corrente ou de capital. Mesmo a experiência do Reino Unido, que serve de parâmetro para os outros países, é muito recente e, na verdade, não existe ainda uma padronização internacional sobre o tema.

Tem sido prática internacional classificar a contraprestação do setor público em função da efetiva transferência de riscos ao parceiro privado. Segundo o escritório oficial de estatísticas da União Europeia – cujo nome em inglês é Statistical Office of the European Communities (Eurostat) – por exemplo, o ativo objeto do contrato de PPP não deve ser contabilizado no balanço patrimonial público caso as seguintes condições sejam atendidas: i) o parceiro privado assume o risco de construção do empreendimento e ii) o parceiro privado arca com pelo menos o risco de prestação do serviço ou com o risco de demanda.

Ou seja, quando o setor privado assume parte expressiva do risco, a compra do serviço pelo parceiro público é considerada uma despesa corrente. Se, alternativamente, o setor público arca com o custo de construção, ou o parceiro privado só assume o risco da construção e nenhum outro, os ativos devem ser lançados como dívida. No Brasil, a Secretaria de Tesouro Nacional é responsável pelas normas gerais da consolidação das contas públicas associadas aos contratos de PPP.

A preocupação com a disciplina fiscal em respeito à Lei de Responsabilidade Fiscal (LRF) fez com que a lei determinasse um limite máximo à contraprestação pública nas PPP. Segundo o artigo 22 da Lei: "A União somente poderá contratar parceria público-privada quando a soma das despesas de caráter continuado derivadas do conjunto das parcerias já contratadas não tiver excedido, no ano anterior, a 1% (um por cento) da receita corrente líquida do exercício, e as despesas anuais dos contratos vigentes, nos 10 (dez) anos subsequentes, não excedam a 1% (um por cento) da receita corrente líquida projetada para os respectivos exercícios."[17]

---

[17] A receita corrente líquida é um conceito introduzido pela LRF (Lei complementar nº 101/2000). Corresponde ao total das receitas tributárias (impostos mais contribuições sociais), patrimoniais, industriais, agropecuárias, de serviços, transferências correntes e outras receitas correntes, menos, no caso da União, os valores transferidos aos estados e municípios por determinação constitucional e as contribuições trabalhistas e de seguridade social. A lei da PPP está disponível no endereço: https://www.planalto.gov.br/ccivil_03/_Ato2004-2006/2004/Lei/L11079.htm.

A concessão de garantias e transferências voluntárias da União para os estados, distrito federal e municípios passa a depender do cumprimento pelas esferas subnacionais do limite de 1% da receita corrente líquida com suas obrigações anuais de contratos de PPP.

A EXPERIÊNCIA INTERNACIONAL DE PPP: O CASO DO REINO UNIDO

O Reino Unido foi o pioneiro, mas há atualmente diversos países que adotam as PPP como alternativa para viabilizar investimentos nos setores de infraestrutura e de prestação de serviços públicos.

Como já foi dito no início deste capítulo, não há um modelo geral de PPP seguido por todos os países. O nível de amadurecimento e sucesso dos programas de PPP varia internacionalmente e o modelo adotado em cada país reflete suas especificidades econômicas e culturais.

O quadro a seguir apresenta os principais destaques de projetos de PPP no mundo.

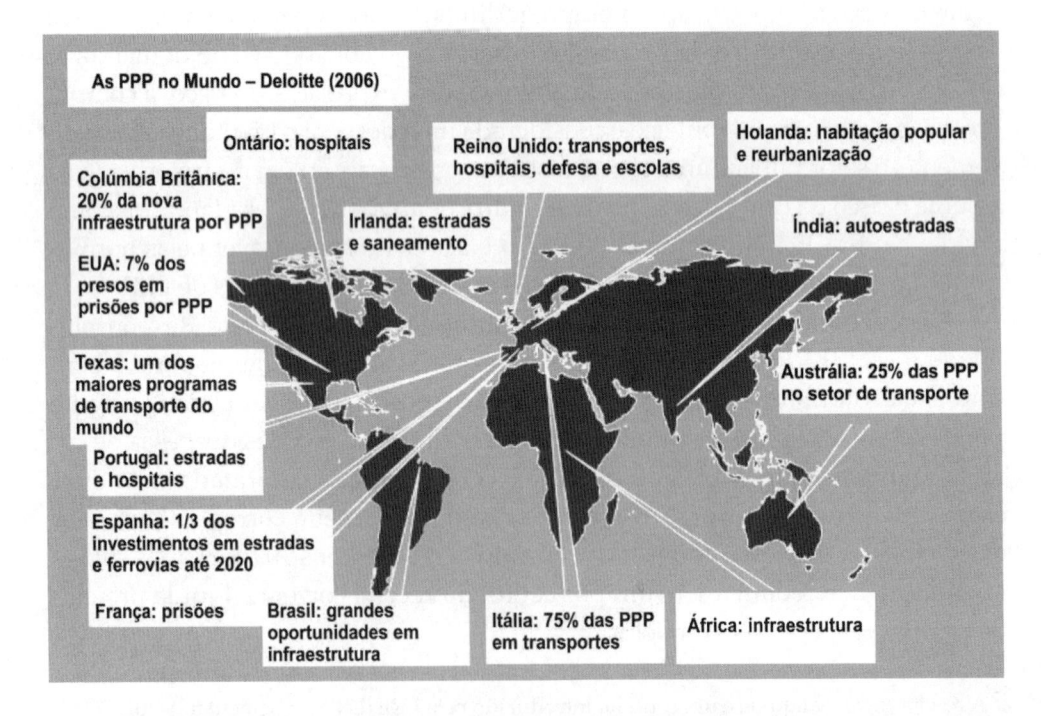

As PPP no Mundo – Deloitte (2006)

- Ontário: hospitais
- Reino Unido: transportes, hospitais, defesa e escolas
- Holanda: habitação popular e reurbanização
- Colúmbia Britânica: 20% da nova infraestrutura por PPP
- Irlanda: estradas e saneamento
- Índia: autoestradas
- EUA: 7% dos presos em prisões por PPP
- Texas: um dos maiores programas de transporte do mundo
- Austrália: 25% das PPP no setor de transporte
- Portugal: estradas e hospitais
- Espanha: 1/3 dos investimentos em estradas e ferrovias até 2020
- França: prisões
- Brasil: grandes oportunidades em infraestrutura
- Itália: 75% das PPP em transportes
- África: infraestrutura

No Reino Unido, o início das parcerias entre o setor público e o setor privado foi marcado pelo lançamento da Iniciativa Financeira Privada (Private Finance Inciative – PFI) em 1992. A PFI tinha como meta principal viabilizar projetos mediante o financiamento privado, tendo em vista as restrições aos gastos públicos impostas pelo Tratado de Maastricht, em função da limitação do teto de 3% do PIB para o déficit total do setor público para os países da União Europeia. Em 1997, o programa de parcerias foi ampliado e passou a se chamar Public-Private Partnerships (PPP).

A tabela a seguir mostra todos os projetos de parcerias público-privadas adotados no Reino Unido de 1987 a 2007. Observa-se um montante total de 590 projetos, no valor de £53,4 bilhões. A maior parte das PPP concentrou-se nos setores de transportes, saúde, defesa e educação.

Entre 1998 e 2007, os investimentos feitos por PPP representaram de 10% a 13,0% do total de investimentos públicos em infraestrutura no Reino Unido (Deloitte, 2006; e Leahy, 2005).

Evolução das PPP no Reino Unido (1987/2007)

Departamentos	Nº de Projetos	Valor (£ bilhões)	% Valor Total
Tansportes	49	22,50	42,13
Saúde	86	8,29	15,52
Ministério da Defesa	47	5,64	10,57
Educação	106	4,39	8,22
Total	288	40,82	76,44
Outros	302	12,58	23,56
Total Geral	590	53,40	100,00

Fonte: HM-Treasury (2007).

Sugestão de leitura para o aluno: Brito e Silveira (2005) e Borges e Neves (2005) apresentam de modo claro e objetivo tanto as principais características e objetivos das PPP quanto as principais questões abordadas no debate sobre o tema.

Sugestão de leitura para o professor: Pinto (2005), Almeida Junior e Pessôa (2004) e IMF (2004) complementam as referências anteriores. O relatório do Banco Mundial (1994) é uma importante referência para a análise dos dilemas e problemas enfrentados pela infraestrutura em nível mundial nos anos 1990. Para uma abordagem mais recente sobre o caso brasileiro, ver Oliveira e Chrysostomo (2013).

QUESTÕES

1. Indique qual das afirmações abaixo é verdadeira:
   a) A baixa inflação dos anos 1970 foi um dos motivos que originaram a proliferação de empreendimentos de PPP.
   b) A PPP se destina primordialmente a casos de projetos de pequeno porte.
   c) A possibilidade de desvalorização, no caso de um projeto com financiamento externo, configura claramente um risco político.

d) A principal vantagem da PPP é a possibilidade de transferência de riscos do projeto para o setor público.
e) A lei da PPP respeita a LRF.

2. Indique, em cada um dos casos, que tipo de risco (político; caso fortuito; macroeconômico; de construção; de operação ou de mercado) está associado ao fenômeno mencionado:
   a) Ocorrência de um terremoto.
   b) Decisão, por parte do governo, de cancelar um contrato de PPP, com indenização paga em títulos de dívida pública de longo prazo.
   c) Atraso na realização das obras contratadas por uma administradora de rodovias, que se comprometeu diante do poder público a iniciar suas operações em uma certa data.
   d) Existência de uma longa recessão, contrariando a expectativa de um crescimento da economia de 4% a.a. no período de 20 anos de uma concessão.
   e) Aumento real de 30% do custo da energia elétrica adquirida pelo parceiro privado da PPP, com dificuldade de repassar integralmente o aumento, devido à elasticidade-preço da demanda.
   f) Constatação, após a construção e a operação de uma rodovia por PPP, de que o nível de tráfego real de veículos na região é menor do que o inicialmente esperado.

3. Quais são as principais diferenças entre um contrato de PPP e uma concessão comum?
4. Qual deve ser a principal justificativa para se utilizar uma PPP?
5. Como devem ser contabilizados os desembolsos futuros do setor público em uma PPP?
6. Comente a seguinte afirmativa: "O sucesso da PPP depende de um equilibrado compartilhamento de obrigações entre os parceiros público e privado."

CAPÍTULO 17

O Orçamento Público
Sol Garson

> *El Presupuesto está compuesto por recursos que se extraen a la sociedad y representa cargas fiscales en grupos sociales. Se relaciona con el poder del Estado de meter la mano en los bolsillos y decidir sobre su asignación.*
>
> Ivete Flores Jiménez e Ruth Flores Jiménez

> *The core of public finances is that some people spend other people's money.*
>
> Jurgen Von Hagen

Passados os 30 "anos gloriosos" que sucederam a Segunda Guerra Mundial, de forte crescimento e expansão do gasto público em países da OCDE, alguns deles passaram a registrar déficit nas contas de governo, pois seguiram expandindo seus gastos num cenário adverso de trajetória da receita pública. O desequilíbrio fiscal, manifestado pelo crescimento da dívida pública, levou à preocupação em definir regras de controle fiscal e rediscutir a forma de elaboração, aprovação e execução dos orçamentos públicos.[1] Como ressaltado na reflexão de Ivete e de Ruth Jiménez na primeira epígrafe deste capítulo, a importância do orçamento reside no fato de que é nele que se dá parte da disputa distributiva por recursos públicos no interior de uma sociedade.

No Brasil, a importância do governo na economia ganhou impulso principalmente a partir da década de 1940, quando o Estado amplia e diversifica suas funções, passando por períodos de forte desequilíbrio das contas públicas. O Capítulo 5 deste livro discutiu os avanços institucionais na operação da política fiscal no período 1985/1989. A última rodada de renegociação das

---

[1] Von Hagen (2007), Shah (2007) e Tanzi (2011).

dívidas de estados e de municípios, ocorrida no período 1996/2000, contribuiu em definitivo para a aprovação da Lei de Responsabilidade Fiscal (LRF). Para que os limites estabelecidos pela lei fossem controlados, os registros das contas públicas foram revistos, ganhando muito em transparência.

No campo do planejamento e orçamento público, os três níveis de governo – União, alguns estados e poucos municípios – têm buscado novas formas de estruturar seus instrumentos, com ganhos bastante diferenciados de qualidade e de transparência. No entanto, a modernização do processo orçamentário, que permita ao cidadão ter claro de onde se originam os recursos do setor público, para onde vão e quais os resultados em termos de bem-estar para a população, é ainda assunto que tem experimentado dificuldades para avançar no Legislativo, apesar das inúmeras propostas.

Este capítulo se detém no estudo do orçamento público, descrevendo o sistema brasileiro de planejamento e orçamento e os princípios que norteiam sua configuração, e explicando como as leis orçamentárias são elaboradas, aprovadas e executadas. Tal conhecimento é essencial à compreensão e análise da gestão fiscal da União, e dos estados e municípios, uma vez que as regras e práticas relativas ao processo orçamentário estão estritamente relacionadas com os resultados fiscais obtidos, podendo reduzir ou, ao contrário, potencializar o impacto das regras fiscais adotadas.

O SISTEMA DE PLANEJAMENTO E ORÇAMENTO

O atual sistema de planejamento e orçamento adotado pela União, e pelos estados e municípios foi construído ao longo do tempo, com base nas diretrizes e orientações da Constituição Federal do Brasil de 1988 (CF/88) e de leis, decretos e portarias ministeriais, complementadas por orientações de cada nível de governo e dos tribunais de contas quanto a procedimentos específicos para elaboração e execução orçamentária.[2] Entre as normas de abrangência nacional, destacam-se:

- a Lei nº 4.320, de 17 de março de 1964, que estabelece normas gerais de Direito Financeiro para elaboração e controle dos orçamentos e balanços da União, dos estados, dos municípios e do Distrito Federal;

---

[2] De acordo com a CF/88, art. 24, II, compete à União, aos estados e ao Distrito Federal legislar concorrentemente sobre orçamento. A União e alguns estados e municípios elaboram manuais para orientação interna sobre a elaboração e o acompanhamento das leis orçamentárias. No início das gestões municipais 2001/2004, a União divulgou amplamente manuais de elaboração do PPA, da LDO e da LOA, para disseminar metodologia de elaboração, incorporando as exigências da LRF recém-aprovada (vide Vainer et al., 2001a e 2001b). Em 2005, foi lançada nova edição do manual do PPA (vide Vainer et al., 2005)

- o Decreto-lei nº 200, de 25 de fevereiro de 1967, que definiu a estrutura da organização da Administração Pública Federal, posteriormente estendida aos estados, municípios e Distrito Federal, e criou o Ministério do Planejamento e Coordenação-Geral, atribuindo-lhe como competência a programação orçamentária e a proposta orçamentária anual da União;
- a CF/88, particularmente seu Título VI (Da Tributação e do Orçamento), artigos 165 a 169;
- a Lei Complementar nº 101, de 4 de maio de 2000, conhecida como Lei de Responsabilidade Fiscal (LRF), que incorporou conteúdos às leis orçamentárias, reforçou a necessidade de compatibilizar esses conteúdos e definiu procedimentos de transparência, controle e fiscalização da gestão fiscal.

O sistema de planejamento e orçamento compreende três instrumentos, estabelecidos por leis de iniciativa do Poder Executivo:[3]

- O Plano Plurianual (PPA) é o instrumento de planejamento de médio prazo que contempla um período de quatro anos.
- A Lei de Diretrizes Orçamentárias (LDO) define, a cada ano, parâmetros e eventos que podem afetar as variáveis fiscais (receitas, despesas), a serem usados na elaboração do projeto da Lei Orçamentária Anual (LOA). Além disso, destaca, do PPA, as prioridades e metas que orientarão a alocação de recursos no projeto da LOA.[4] A partir da LRF, a LDO passou a apresentar novos conteúdos relativos à execução da LOA, com o objetivo de garantir o equilíbrio fiscal.
- A LOA aloca os recursos necessários às ações prioritárias apontadas na LDO, além de garantir a continuidade dos serviços públicos e o cumprimento das obrigações do Estado com a previdência dos servidores e com a dívida pública, entre outras. A lei aprovada contém a receita prevista para o exercício fiscal e a despesa autorizada, ou seja, uma "autorização para gastar" e não uma "obrigação de gastar".

Os orçamentos públicos abrangem todos os Poderes incluindo seus fundos, órgãos e entidades da administração direta e indireta, além das fundações

---

[3] Nos três casos, o Executivo envia uma proposta ao respectivo Poder Legislativo – Congresso, Assembleias Legislativas, Câmara Legislativa do Distrito Federal ou Câmaras de Vereadores. Esse poder tem a prerrogativa de modificar a peça original, gerando como resultado leis que podem divergir – e, em geral, divergem – da proposta inicial.

[4] Se o PPA prevê, por exemplo, a construção de "n" escolas, a LDO deveria explicitar quantas delas se espera construir no ano a que se refere a LOA, definindo a meta a ser observada no projeto da LOA. Nesta Lei, as dotações orçamentárias para a construção de escolas deveriam ser suficientes para financiar o alcance das metas aprovadas na LDO.

instituídas e mantidas pelo Poder Público e as empresas públicas dependentes.[5] Para as empresas públicas independentes, como a Petrobras ou a SABESP – do Governo de São Paulo – é apresentado apenas o orçamento de investimento.

O PPA, a LDO e a LOA mantêm estreita correspondência. O PPA de cada administração é submetido ao respectivo Legislativo e deve ser votado até o final do primeiro exercício fiscal, cobrindo o segundo, terceiro e quarto ano desta administração e o primeiro ano da seguinte, no arranjo institucional atual com mandatos de quatro anos. A este PPA (e suas possíveis revisões) se vinculam as LDOs e as LOAs de cada um dos quatro anos.

O Quadro 17.1 apresenta essa ligação, exemplificada para as administrações federal e estaduais de 2015/2019. Ao iniciar-se, a administração federal e as estaduais inauguradas em 2015 se encontravam sob o planejamento do PPA 2012/2015 e tendo que executar a LOA 2015, encaminhados pela gestão anterior. Da mesma forma, o último ano do novo PPA (2019) ocorrerá sob a próxima administração.[6]

QUADRO 17.1
Governo federal e governos estaduais: Ligação entre PPA, LDO e LOA

Administração A – 2011-20144				Administração B – 2015-2019				
2011	2012	2013	2014	2015	2016	2017	2018	2019
PPA 2012-2015				PPA 2016-2019				
	LOA 2012, com base na LDO 2012	LOA 2013, com base na LDO 2013	LOA 2014, com base na LDO 2014	LOA 2015, com base na LDO 2015	LOA 2016, com base na LDO 2016	LOA 2017, com base na LDO 2017	LOA 2018, com base na LDO 2018	LOA 2019, com base na LDO 2019

Fonte: Elaboração própria, com base em CF/88.

As normas relativas ao PPA, à LDO e à LOA diferem não apenas em aspectos específicos a cada instrumento, mas, sobretudo, quanto à amplitude das regras. A LOA tem conteúdo e forma de apresentação básicos detalhados, desde 1964, pela Lei 4.320, anterior portanto à CF/88, que instituiu o PPA e a LDO. A Constituição acrescentou novos e importantes dispositivos sobre a estrutura

---

[5] Assim considerada a empresa controlada que receba recursos para despesa de pessoal ou custeio ou de capital, exceto aportes de participação acionária do controlador (LRF, art. 2º, II).
[6] No caso da União, o projeto de lei do PPA é encaminhado ao Legislativo até 31 de agosto do primeiro ano da gestão. Anualmente, o projeto da LOA é encaminhado até o dia 31 de agosto e o projeto da LDO, até 15 de abril (art. 35, §2º do ADCT/CF/88). Em geral, estados e municípios seguem os prazos da União com um mês de defasagem para o PPA e a LOA (setembro) e coincidem no envio da LDO, para tê-la votada até o encerramento do primeiro período da sessão legislativa, em 30 de junho (prazos podem constar das Constituições estaduais das Leis Orgânicas do Distrito Federal e dos municípios). Os projetos de lei do PPA e LDO devem ser votados até o dia 31 de dezembro do ano em que são encaminhados, embora nem sempre os prazos sejam respeitados.

da LOA, conforme adiante detalhados, enquanto a LRF definiu exigências adicionais quanto a seu conteúdo. No caso da LDO, a LRF acrescentou novos conteúdos aos dispositivos da CF/88. Dos três instrumentos, o menos regulado é o PPA. Seu conteúdo básico está definido na Constituição. Além disso, decretos e portarias de âmbito federal e normas administrativas de cada ente acabaram definindo conceitos essenciais à construção e acompanhamento do PPA.

O exercício financeiro, a vigência, os prazos, a elaboração e a organização do PPA, da LDO e da LOA devem ser definidos por lei complementar,[7] ainda em tramitação no Congresso em 2015, passados 27 anos da promulgação da CF/88.[8] A finalização da tramitação desse importantíssimo projeto de lei complementar permitirá não apenas definir normas claras sobre a elaboração e organização do PPA, da LDO e da LOA, mas completar e regulação dos preceitos constitucionais sobre finanças públicas.[9]

As três seções a seguir detalham o PPA, a LDO e a LOA, com o objetivo de auxiliar o leitor no exame de projetos de lei ou das leis aprovadas para entes da federação.

O PLANO PLURIANUAL

De acordo com o § 1º do art. 165 da CF/88, a lei do PPA deve estabelecer, de forma regionalizada, as diretrizes, os objetivos e metas[10]

- para as despesas de capital e as que delas decorrerem; e
- para as despesas com programas de duração continuada.

Apesar de aparentemente claro, o entendimento sobre o conteúdo do PPA não é uniforme, principalmente entre os estados e municípios, havendo ainda controvérsias em torno do que incluir no referido plano.

De acordo com o art. 12 da Lei nº 4.320/1964, as despesas de capital incluem os investimentos, as inversões financeiras e as transferências capital. Essa definição, que orientou os constituintes de 1988, difere do registro contábil, que

---

[7] CF/88, art. 165, § 9º.
[8] PLS 229/2009: tramitação, relatórios e substitutivos, em www.senado.gov.br; substitutivo aprovado pela CCJ, disponível em http://www.senado.gov.br/atividade/materia/detalhes.asp?p_cod_mate=91341. Acesso em 09/06/2015.
[9] Uma boa discussão sobre os temas abordados no projeto de lei se encontra em Tollini e Afonso (2011).
[10] O texto constitucional refere-se explicitamente à administração pública federal para definir o conteúdo do PPA, assim como o da LDO e da LOA. Pelo princípio da simetria constitucional, estados e municípios também se submetem a esses mandamentos, razão pela qual excluímos a especificação "federal" ou "da União", quando tratamos desses temas.

inclui, como despesas de capital, também as amortizações da dívida pública. Assim, diversos estados e municípios não incluem, no PPA, as despesas com as chamadas "operações especiais", seguindo o entendimento da União para elaboração de seu próprio Plano.[11] Este é um ponto importante e o analista deve buscar informação sobre a abrangência do PPA logo ao iniciar seu estudo. Essa informação não costuma ser destacada e somente ao folhear o documento é que se sabe se as operações especiais compõem ou não o PPA do ente. Deve ficar claro que, mesmo que não componham o PPA, elas necessariamente estarão presentes na LOA – vejam-se adiante os princípios da universalidade e do orçamento bruto.

Ao mencionar que o PPA deve incluir não apenas as despesas de capital, mas também "as que delas decorrem", a CF/88 apenas reitera a importância de considerar a demanda adicional de gastos necessários ao funcionamento e à manutenção dos novos equipamentos públicos, entendidos como: hospitais, escolas e estradas, entre outros.

As despesas relativas aos "programas de duração continuada" compreendem os gastos com a prestação de serviços públicos, de caráter permanente, que se originam em geral na(s) administração(ões) anterior(es) e atravessam o período do PPA. Entre uma infinidade de itens, aí se computam despesas com pessoal e outras de custeio.

Resumindo, o PPA compreende o planejamento da continuidade da prestação de serviços (de duração continuada) e o aperfeiçoamento e/ou a expansão do patrimônio público, bem como da oferta de novos serviços, resultantes de investimentos e inversões. A atuação do governo é apresentada, de forma ordenada, em programas.

Dispõe o *caput* do art. 165 da CF/88, que o PPA deve estabelecer diretrizes, objetivos e metas para as ações públicas. As diretrizes dizem respeito à dimensão estratégica do plano, ganhando denominação variada: "macro-objetivos", "eixos e diretrizes estratégicas" ou "perspectivas", entre outras. Os objetivos são definidos para cada programa e sua concretização deve ser avaliada por indicadores. As metas dizem respeito a quantidades: quanto oferecer de bens ou serviços; quanto fazer de cada atividade; quanto avançar em cada projeto que se escolhe desenvolver; etc. A leitura pouco cuidadosa do texto constitucional tem levado alguns estados e a grande maioria dos municípios a tratar o

---

[11] De acordo com a Portaria nº 42, de 14 de abril de 1999, do Ministério do Orçamento e Gestão – Portaria MOG 42/1999, pode-se incluir, entre as operações especiais as relativas ao serviço da dívida, as transferências constitucionais de caráter obrigatório e outras obrigações de Estado. Diferem essas transferências das de caráter voluntário, como as de capital, em que, por exemplo, a União cede recursos a estados e municípios para conduzirem parte de seus investimentos. Vejam-se, sobre este tema: Nóbrega (2011), p. 703-704 e Reis e Machado (2012), p. 30-32.

PPA apenas como um orçamento plurianual, sem explicitar sua base estratégica (quando existente).

Outro ponto a destacar do *caput* do art. 165 é a exigência de regionalização do planejamento. No caso da União, o entendimento que prevalece é o de considerar as cinco macrorregiões geográficas definidas pelo IBGE, adotando, também, critérios específicos, como a localização dos biomas em programas de gestão ambiental. Entre estados e municípios, em geral, não há uma padronização de critérios para a regionalização do território, podendo definir a base territorial de planejamento de um serviço – a atenção à saúde e à educação, por exemplo – sem guardar coincidência com sua divisão administrativa.

Nem todas as ações públicas são passíveis de regionalização, principalmente as atividades-meio, como as legislativas e o planejamento, além das obrigações de Estado, como a gestão previdenciária ou a dívida (quando incluída no PPA). Mesmo no caso de prestação de serviços diretos à população, como saúde e educação, há atividades de administração geral e de concepção de políticas públicas que não são passíveis de regionalização. Isso aconselha extremo cuidado em pesquisas que buscam identificar áreas de um estado ou município priorizadas por uma administração, pois parte dos recursos alocados a essas áreas pode estar identificada por região e parte registrada em rubricas gerais.

O PPA deve se relacionar aos demais instrumentos de planejamento. No caso da União, a CF/88 elenca planos nacionais e regionais de desenvolvimento e planos setoriais de caráter plurianual – educação, cultura, reforma agrária – que norteariam as políticas nacionais.

Nos governos subnacionais – estados e municípios – os planos plurianuais deveriam ser construídos a partir das orientações emitidas em planos setoriais. No entanto, nem sempre as políticas públicas estão explicitadas em planos de maior fôlego. No caso dos municípios, a política urbana deve estar expressa no Plano Diretor Municipal. A Lei nº 10.257/2001, conhecida como "Estatuto das Cidades", prevê que o Plano Diretor, aprovado por lei municipal, seja "parte integrante do processo de planejamento municipal, devendo o plano plurianual, as diretrizes orçamentárias e o orçamento anual incorporar as diretrizes e as prioridades nele contidas". Tal ligação, quando existente, é pouco clara, na maioria dos municípios.

O PPA se relaciona estritamente com a LDO e com a LOA e a legislação reforça a necessidade de compatibilidade. Investimentos que ultrapassem um exercício financeiro só podem constar da LOA, se incluídos no PPA (CF/88). Em seu art. 5º, a LRF reitera a necessária compatibilidade entre PPA, LDO e LOA. Já os arts. 15 e 16 exigem que aumentos de despesa para criação, expansão ou aperfeiçoamento da ação governamental sejam compatíveis ao PPA e à LDO, além de adequadas à LOA e à programação financeira.

No que respeita à forma de elaboração e de apresentação do PPA, não há um modelo consagrado, apesar da edição de normas federais às quais estados e municípios também estão submetidos. Em geral, estados e municípios adotam metodologias que se aproximam da utilizada, até 2011, pela União.[12]

As normas de elaboração do PPA da União, matriz utilizada por estados e municípios, passaram por um longo processo de maturação desde o Plano Plurianual 1991/1995. O Decreto nº 2.829/1998, do Presidente da República, definiu normas de elaboração e execução do Plano Plurianual 2000/2003 e dos orçamentos da União, a serem aplicadas a partir do exercício financeiro de 2000. Determinava a norma que as ações finalísticas, assim entendidas as que proporcionam um bem ou serviço para atendimento direto a demandas da sociedade, fossem estruturadas em programas, visando atingir objetivos estratégicos definidos para o plano. A preocupação com a viabilidade financeira do plano estava presente na exigência de estimativa de previsão de recursos, que orientaria inclusive a busca de parcerias e de fontes alternativas de financiamento.

A Portaria MOG 42/1999 detalhou conceitos importantes[13] para a classificação dos gastos públicos nas leis orçamentárias e nos balanços. De acordo com o art. 2º, entende-se por:

"a) Programa, o instrumento de organização da ação governamental, visando à concretização dos objetivos pretendidos, sendo mensurado por indicadores estabelecidos no plano plurianual;

b) Projeto, um instrumento de programação para alcançar o objetivo de um programa, envolvendo um conjunto de operações, limitadas no tempo, das quais resulta um produto que concorre para a expansão ou o aperfeiçoamento da ação de governo;

c) Atividade, um instrumento de programação para alcançar o objetivo de um programa, envolvendo um conjunto de operações que se realizam de modo contínuo e permanente, das quais resulta um produto necessário à manutenção da ação de governo;

d) Operações Especiais, as despesas que não contribuem para a manutenção das ações de governo, das quais não resulta um produto, e não geram contraprestação direta sob a forma de bens ou serviços."

---

[12] O Governo Federal adotou nova estrutura para o PPA 2012-2015. Ver http://www.planejamento.gov.br/secretarias/upload/Arquivos/spi/publicacoes/Orientacoes_para_Elaboracao_do_PPA_2012-2015.pdf, acessado em 01/02/2012.

[13] Esse conteúdo constava inicialmente da Portaria nº 117/1998, do Ministério do Planejamento. As portarias se encontram em: http://www.planejamento.gov.br/secretaria.asp.

A mesma portaria revisou a lista de funções e subfunções de governo da Lei nº 4.320/64.[14] As funções e as subfunções de governo indicam, à exceção dos encargos especiais,[15] os serviços/áreas de atuação em que são aplicados os recursos públicos. Assim, projetos de construção de escolas poderiam ser classificados na função Educação, subfunção Ensino Fundamental, enquanto a atividade de vacinação seria classificada na função Saúde, subfunção Atenção Básica.[16]

Os **programas** devem ser desenhados de forma a atender uma demanda ou uma carência da sociedade. A solução do problema será o **objetivo** do programa e a parcela da população afetada, o **público-alvo**. Essa solução será buscada por meio de **ações** voltadas para atacar as causas do problema. Um programa será implementado a partir das **ações** que o compõem. A capacidade operacional dos diversos órgãos e entidades responsáveis por essas ações e a disponibilidade de recursos definirão a magnitude das **metas** de cada ação. As metas estabelecidas para as diversas ações de um programa indicarão em que grau se poderá caminhar para a solução do problema, o que será medido por meio dos **indicadores** do programa como um todo. As metas para as diversas ações e os indicadores para os programas costumam ser pouco claros. No caso de indicadores, são até inexistentes. Essa deficiência de origem prejudica não apenas o cálculo dos recursos a atribuir a cada ação do projeto de LOA, como também o acompanhamento do PPA e da LOA.

Os planos plurianuais trazem, para cada programa, a despesa prevista para os 4 anos, em alguns casos discriminando o primeiro ano e agregando os demais, ou mesmo detalhando os montantes anualmente.

Os programas que constituem o PPA são, em geral, divididos em duas categorias:

- finalísticos – compreendem o conjunto de ações que resultam em bens ou serviços ofertados diretamente à população. Um programa de excelência em educação, além de incluir a operação das unidades educacionais, poderá contemplar o desenvolvimento de programas informatizados para a matrícula e controle do rendimento escolar e o treinamento de profissionais de educação, entre outros;

---

[14] A nova classificação foi adotada pela União, estados e Distrito Federal a partir de 2000, e pelos municípios, a partir de 2002.
[15] Englobam as operações especiais.
[16] O anexo da Portaria MOG 42/1999 relaciona 28 funções de governo. Cada função se desdobra em duas ou mais subfunções. Ao lado das 27 funções relacionadas com as áreas de atuação do Poder Público, incluindo a regulação e a prestação de serviços, encontra-se a função Encargos Especiais, que abriga despesas com obrigações de Estado, como refinanciamento e serviço da dívida, transferências e outros. Ver http://www.stn.fazenda.gov.br/legislacao/download/contabilidade/portaria42.pdf.

- de apoio administrativo – englobam ações de natureza tipicamente administrativa, que colaboram para o alcance dos objetivos dos programas finalísticos: despesas com pessoal ativo, manutenção dos prédios públicos, gastos com informática e outros.

A distinção entre programas finalísticos e de apoio administrativo dificulta, ou mesmo inviabiliza, a avaliação do total de recursos destinados pelo plano a cada área de atuação. Como ter clareza, por exemplo, sobre a soma de recursos que uma administração pretende destinar à fiscalização ambiental, se os gastos de pessoal estão alocados ao programa administrativo (mesmo que específico do órgão ambiental) e não ao programa finalístico onde se computam as demais despesas necessárias ao monitoramento ambiental? Num segundo momento, por ocasião da elaboração dos orçamentos anuais, poderão ser detalhadas as despesas do programa administrativo, mas, ainda assim, as dificuldades de avaliação podem não ser eliminadas. Em alguns casos, em que existem limites inferiores de gastos, como Educação e Saúde, a dificuldade pode ser minorada pelo maior detalhamento dos gastos administrativos.

A partir da administração 2012/2015, a União redefiniu a estrutura do PPA, buscando conferir um caráter mais estratégico ao plano e uma dimensão operacional ao orçamento. Para isso, passou a trabalhar com programas temáticos, que retratam a agenda de governo, organizada pelos temas de políticas públicas. De acordo com a Lei Federal nº 12.593/2012, do PPA da União 2012/2015, para cada programa temático, definiram-se objetivos, que expressam "o que deve ser feito" e "refletem as situações a serem alteradas pela implementação de um conjunto de iniciativas". As iniciativas declaram "as entregas de bens e serviços à sociedade, resultantes da coordenação de ações governamentais, decorrentes ou não do orçamento". Ou seja, as iniciativas podem se transformar em ações orçamentárias ou não. Entende-se, portanto, que nem todas as iniciativas requerem dotação específica na LOA. As metas relacionam-se aos objetivos, entendidas como a "medida do alcance do objetivo, podendo ser de natureza quantitativa ou qualitativa". Essa nova metodologia foi adotada, em geral apenas parcialmente, por alguns estados, para a elaboração do PPA 2012/2015. No PPA 2016/2019, foi realizada, pela União, nova mudança: o objetivo passa a ser o elemento de ligação do programa temático com o orçamento: ele se corresponderá diretamente com as ações orçamentárias. No PPA 2012/2015, essa ligação ocorria por meio das Iniciativas.[17] Para facilidade de exposição, trataremos as Iniciativas/Objetivos que correspondam a ações orçamentárias sob a denominação "Ação".

---

[17] Orientações para a elaboração do Plano Plurianual 2016-2019, disponíveis em: http://www.planejamento.gov.br/assuntos/planejamento-e-investimentos.

A apresentação do projeto de lei do PPA ao Legislativo compreende, no mínimo, o texto do projeto de lei e os anexos, contendo o detalhamento dos programas e, em alguns casos, demonstrativos e quadros-resumo que facilitem a compreensão do projeto de lei. Esse material pode ser acompanhado por documento que integra o projeto de lei, ou apenas acompanha a mensagem ao Poder Legislativo. No documento, é detalhada a estrutura do plano, a base estratégica sobre a qual foi concebido e os resultados de processo participativo, quando existente, entre outros temas. O conteúdo, embora varie muito entre a União, os estados e alguns poucos municípios, pode ser de grande utilidade para a compreensão do plano e a avaliação de sua solidez.

O texto do projeto de lei do PPA traz informações importantes. Em geral, conta com artigo que estabelece que os valores consignados a cada programa são apenas referenciais e não constituem limites à programação das despesas expressas nas leis orçamentárias. Assim, programas e ações do PPA não necessariamente constarão da LOA de cada exercício e, se constarem, não precisam ter seu valor restrito ao que houver sido colocado no PPA.

O projeto de lei define que mudanças no plano aprovado requererão consulta e aprovação do Legislativo e quais delas podem ser feitas a partir de decreto do Poder Executivo. Sendo o programa a unidade básica do PPA, a inclusão de novo programa no plano requer apreciação do Legislativo. Já a inclusão de uma nova ação em programa existente pode ser feita via LOA, se a lei aprovada para o PPA assim o definir.

Outro tema importante é a sistemática de gestão do plano, incluindo seu monitoramento, a possibilidade de revisões periódicas e a forma como serão apresentadas e a existência/periodicidade de relatórios de avaliação. A União e alguns estados e municípios costumam fazer revisões do PPA original e publicar relatórios mais ou menos detalhados de avaliação. Em alguns casos, mantêm, em seu site, sistemas/aplicativos que facilitam a consulta dos resultados.

A LEI DE DIRETRIZES ORÇAMENTÁRIAS

A LDO, criação da CF/88, possibilita que o Legislativo oriente a elaboração da proposta orçamentária, a cargo do Poder Executivo. O conteúdo da LDO é regulado por dispositivos da CF/88 e da LRF. Os dispositivos da CF/88 focalizam, sobretudo, a elaboração do projeto de LOA. Já os dispositivos adicionados pela LRF dizem respeito, principalmente, à sustentabilidade fiscal, preocupando-se com a execução do orçamento aprovado, foco de desequilíbrios que podem prejudicar a situação financeira de um ente de forma estrutural e por longo tempo.

De acordo com o § 2º do art. 165 da CF/88, a LDO:

- compreende as metas e prioridades, incluindo as despesas de capital para o exercício financeiro subsequente;
- orienta a elaboração da lei orçamentária anual;
- dispõe sobre alterações na legislação tributária; e
- estabelece a política de aplicação das agências financeiras oficiais de fomento.

Ao nomear, na LDO, as metas e prioridades que orientarão a elaboração do projeto de LOA, estabelece-se uma ponte entre o PPA e a LOA. O montante a ser orçado para cada ação na LOA deverá ser dimensionado pelas metas aprovadas na LDO.[18]

As disposições sobre alterações na legislação tributária podem incluir, entre outras, a forma como serão tratadas as despesas do projeto de LOA que contem com receitas pendentes de autorização legislativa. O que a LDO apontará é como uma eventual alteração na lei tributária repercutirá na elaboração do projeto de LOA ou mesmo na execução do orçamento aprovado.

A autonomia administrativa e financeira do Poder Legislativo e do Poder Judiciário e a autonomia funcional e administrativa do Ministério Público e da Defensoria Pública lhes conferem competência para preparar as respectivas propostas orçamentárias, as quais podem ser balizadas por parâmetros definidos na LDO.[19]

As orientações sobre a política de aplicação das agências financeiras oficiais de fomento inseridas no texto da LDO podem incluir, entre outras, setores econômicos a apoiar, destacando beneficiários prioritários.

Por seu impacto sobre a despesa, modificações na política de pessoal da União, dos estados, do Distrito Federal e dos municípios ficam condicionadas, não apenas aos limites da LRF, mas à autorização específica na LDO. Claro está que, além da autorização na LDO, dependem da disponibilidade de recursos orçamentários.

A LRF agregou conteúdos à LDO, referentes ao planejamento e ao equilíbrio fiscal, entre os quais:

---

[18] No primeiro ano de gestão, o texto do projeto de LDO, encaminhado, em geral, em abril, pode indicar prioridades muito gerais e apontar que constará, do projeto de lei do PPA, anexo com as prioridades e metas que orientaram a elaboração do projeto de LOA, ambos encaminhados, em geral, em agosto/setembro.

[19] CF/88, arts. 99, 127, 134. Os arts. 51 e 52, por sua vez, conferem competência privativa à Câmara dos Deputados e ao Senado Federal para fixar a respectiva remuneração, observados os parâmetros estabelecidos na LDO.

- equilíbrio entre receitas e despesas, a ser pactuado entre o Executivo e o Legislativo, com uma perspectiva que supera o ano fiscal imediato. Para isso, a LDO passou a detalhar estimativas de receita para três anos, ou seja, para o ano de referência da LDO e para os dois seguintes, destacando os componentes financeiros e não financeiros das receitas e despesas. A partir dessas estimativas, são calculados os resultados primário e nominal. Aprovada a LDO, os montantes de resultados para o ano de referência são acompanhados ao longo de todo o exercício fiscal. Isto é, considera-se que essas metas fiscais são um compromisso pactuado com o Legislativo, que deve orientar a gestão fiscal. Essas estimativas constam do Anexo de Metas Fiscais. Os fatores que podem afetar o alcance das metas pactuadas constam do Anexo de Riscos Fiscais.
- critérios e formas de limitação de empenho, a ser efetivado em duas situações: a) quando se verifique que a receita realizada não será suficiente para garantir o cumprimento de metas pactuadas de resultado primário e nominal; e b) nos casos em que a dívida consolidada ultrapasse o limite estabelecido em Resoluções do Senado,[20] o que exige resultado primário maior que o inicialmente comprometido, para permitir o retorno ao limite; e
- normas de controle de custos e avaliação de resultados dos programas, tema que tem recebido pouca atenção, embora a União e alguns estados já comecem a desenvolver sistemas para avaliação de custos.

No setor público, a despesa se realiza em três estágios:

- o empenho, comprometendo parte do orçamento para uma despesa específica;
- a liquidação, quando se atesta o direito de um credor (fornecedores, salários dos servidores); e
- o pagamento.

É claro que empenhos de despesas obrigatórias, como a transferência de parte do ICMS de um estado a seus municípios, conforme determina a CF/88, não podem ser cancelados.

---

[20] A LRF apresenta inúmeros dispositivos sobre a dívida pública. No entanto, a autorização para operações externas de natureza financeira, a fixação dos limites para o montante da dívida consolidada e os limites e condições para as operações de crédito dos entes federativos, inclusive suas autarquias e entidades controladas e para a dívida mobiliária são competências constitucionais do Senado (CF/88, art. 52, V, VI, VII e IX). De acordo com o inciso VIII, a competência compreende também a definição de limites e condições para a concessão de garantia da União em operações de crédito interno e externo.

São também regulados pela LDO outros temas, como condições e exigências para transferências a entidades públicas e privadas ou a definição do montante da reserva de contingência da LOA, ou seja, dos recursos orçamentários que serão reservados para atender passivos contingentes e outros riscos fiscais.

A partir da LRF, o projeto da LDO passou a conter, além das metas e prioridades, geralmente organizadas na forma de um anexo[21] e dos artigos para atender algumas das novas determinações legais, dois anexos específicos: o de "Metas Fiscais" e o de "Riscos Fiscais".

O Anexo de Metas Fiscais detalha as metas anuais para receitas, despesas, resultado nominal e primário e o montante da dívida pública, para o exercício a que se refere a LDO e para os dois seguintes.[22] Entende-se, portanto, que as metas colocadas devem refletir o compromisso com uma trajetória de resultados fiscais e não com resultados num único ano.

Compõem ainda o Anexo de Metas Fiscais:

- a evolução do patrimônio líquido, também nos últimos três exercícios, destacando a origem e a aplicação dos recursos obtidos com a alienação de ativos;
- a avaliação da situação financeira e atuarial: dos regimes geral de previdência social – RGPS e do Fundo de Amparo ao Trabalhador (no caso da União) e do regime próprio dos servidores públicos (no caso de ente que possua RPPS); dos demais fundos públicos e dos programas estatais de natureza atuarial; e
- o demonstrativo da estimativa e compensação da renúncia de receita e da margem de expansão das despesas obrigatórias de caráter continuado.

O Anexo de Riscos Fiscais avalia a possibilidade de ocorrerem eventos que impactem negativamente as contas públicas, afetando o alcance das metas de resultados fiscais, informando as providências a serem tomadas, caso se concretizem: demandas judiciais, avais e garantias concedidos, riscos de frustração de receitas ou riscos da dívida pública, entre outros.

No caso da União, exige-se também um anexo com os objetivos das políticas monetária, creditícia e cambial e as metas de inflação para o exercício subsequente.

---

[21] O Anexo de Metas e Prioridades, anteriormente comentado, é construído a partir dos programas do PPA, com suas ações (iniciativas, objetivos, conforme as novas metodologias adotadas pelo governo federal e alguns estados).

[22] Para detalhamento da metodologia de elaboração dos Anexos de Metas Fiscais e de Riscos Fiscais, ver: Manual de Demonstrativos Fiscais, elaborado pela STN: https://www.tesouro.fazenda.gov.br/documents/10180/422237/CPU_MDF_6_edicao_versao_24_04_2015/dd31d661-2131-411c-901b-d482e4f31c86.

A LEI ORÇAMENTÁRIA ANUAL

O processo orçamentário

O orçamento de um país democrático, como o Brasil, é um documento aprovado por lei. Esse é um dos momentos de um processo mais amplo – o processo orçamentário – cuja relevância é clara quando se pensa nos termos da frase de Von Hagen citada no começo do capítulo. A Figura 17.1 apresenta os estágios desse processo.

FIGURA 17.1
Fases do processo orçamentário

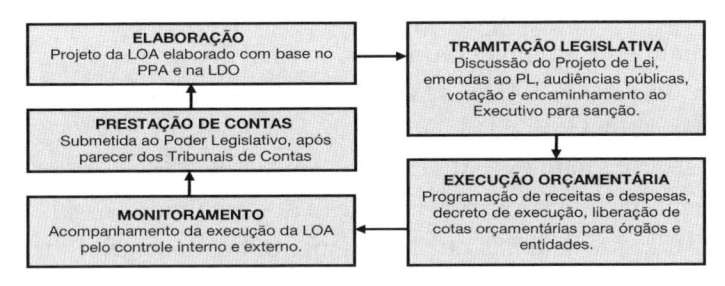

```
ELABORAÇÃO                              TRAMITAÇÃO LEGISLATIVA
Projeto da LOA elaborado com base no    Discussão do Projeto de Lei,
PPA e na LDO                            emendas ao PL, audiências públicas,
                                        votação e encaminhamento ao
                                        Executivo para sanção.
PRESTAÇÃO DE CONTAS
Submetida ao Poder Legislativo, após
parecer dos Tribunais de Contas
                                        EXECUÇÃO ORÇAMENTÁRIA
                                        Programação de receitas e despesas,
MONITORAMENTO                           decreto de execução, liberação de
Acompanhamento da execução da LOA       cotas orçamentárias para órgãos e
pelo controle interno e externo.        entidades.
```

Fonte: Elaboração própria, com base em CF/88, Lei nº 4.320/1964, LRF.

A elaboração do projeto da LOA de cada exercício fiscal, como visto, deve tomar por base o PPA, quadrienal. O orçamento seria o instrumento de execução do plano. A fase legislativa inclui a análise do projeto da LOA, acompanhado por audiências públicas, a apresentação das emendas de parlamentares e sua discussão e votação do texto final, para retorno ao Executivo. No caso federal, cabe à Comissão Mista de Orçamento (CMO) conduzir os trabalhos de análise da proposta orçamentária e das emendas, ouvindo as áreas temáticas, e emitir parecer, submetido ao Plenário, para votação em sessão conjunta da Câmara e do Senado. Se o Projeto de Lei Orçamentária não for sancionado pelo Presidente da República até 31 de dezembro, a programação dele constante poderá ser executada para o atendimento de despesas específicas, conforme listadas na LDO, além das relativas a obrigações legais.

No caso de estados, Distrito Federal e municípios, a tramitação legislativa pode constar da respectiva Constituição/Lei Orgânica e do regimento interno de seu Poder Legislativo. A LDO deverá dispor sobre as providências, caso o Projeto de Lei Orçamentária não seja sancionado até 31 de dezembro. Entre as práticas, encontra-se a execução mensal de um valor correspondente a um doze avos das dotações constantes da proposta orçamentária para despesas correntes, podendo requerer-se convocação extraordinária até que o Projeto de Lei seja encaminhado à sanção.

A qualidade das discussões da proposta orçamentária e das emendas varia bastante entre os diversos entes da federação, como também varia a participação dos parlamentares, alguns discutem a essência das propostas contidas no projeto de lei, enquanto outros se restringem a incluir emendas que interessam estritamente à sua base eleitoral. As emendas não se resumem a redirecionar recursos de uma despesa para outra. Baseando-se na permissão constitucional de fazer emendas em caso de "erro ou omissão", os parlamentares, por vezes, reestimam a receita, o que cria fontes fictícias de recursos para dar cobertura às suas emendas.

De acordo com a LRF, durante os processos de elaboração e discussão dos planos, da lei de diretrizes orçamentárias e do orçamento, deverão ser incentivadas a participação popular e a realização de audiências públicas (art. 48, parágrafo único). A participação popular na etapa de elaboração da LOA, iniciada pontualmente em nível municipal ao final dos anos 1970, ganhou espaço a partir da década de 1990 e se estendeu aos estados e ao governo federal, incluindo também a fase de planejamento – elaboração do PPA.

Após a sanção, pelo Executivo, da lei aprovada,[23] inicia-se a fase de execução orçamentária, crucial na determinação dos resultados fiscais. Ao longo do exercício fiscal, que se inicia em 1º de janeiro, busca-se arrecadar os recursos previstos e efetuar os gastos autorizados de acordo com a programação, em geral, elaborada pelos órgãos fazendário e de planejamento.

A prestação de contas, pelo Poder Executivo ao Poder Legislativo, encerra o processo. De acordo com os arts. 70 a 74 da CF/88, cujas diretrizes se estendem não apenas à União, mas também aos estados e municípios, a fiscalização contábil, financeira, orçamentária, operacional e patrimonial de cada ente federativo é exercida por seu Poder Legislativo, através de controle externo, para o que conta com o auxílio dos tribunais de contas.[24]

A forma como se apresentam as contas e, mais do que isso, a seriedade com que são avaliadas e julgadas são determinantes no sentido de inibir ou, ao contrário, estimular comportamentos irresponsáveis.

---

[23] O titular do Poder Executivo poderá vetar, parcial ou totalmente, o projeto de lei aprovado, nos termos do art. 66 da CF/88.

[24] Além disso, cada poder deve dispor de sistema de controle interno. De acordo com Bliacheriene e Ribeiro (2011, p. 1212), o controle constitucional sobre o Estado inclui não apenas o de natureza político-administrativa, a cargo do Congresso Nacional (União) e o de natureza predominantemente administrativa, pelos tribunais de contas, mas também uma estrutura judicial, a cargo do Poder Judiciário e do Ministério Público, além de medidas de controle social, como a participação dos cidadãos em conselhos de gestão e fiscalização. A LRF, ao eleger como um de seus pilares a transparência, reforçou os instrumentos de prestação de contas. Por fim, a Lei Complementar nº 131, de 2009, obriga a disponibilização de informações em tempo real sobre a gestão pública, em particular a orçamentária e a financeira.

Vale observar que o PPA e a LDO passam, também, pelas fases de elaboração e tramitação. A execução do PPA, se assim podemos chamar, ocorre na medida em que as ações nele contidas se tornem efetivas. A grande maioria dos projetos, sem dúvida, depende de recursos orçamentários, ou seja, de que as prioridades apontadas no PPA ganhem espaço na LOA e tenham execução: que a despesa seja efetivamente realizada.

Instituições orçamentárias e princípios orçamentários

Conforme North,[25] instituições são as regras do jogo, formais ou informais (códigos de conduta, convenções sociais). Ao definir e limitar o campo de escolhas dos indivíduos, elas configuram estruturas de incentivos políticos, sociais e econômicos.

As instituições orçamentárias têm particular importância no sentido de garantir, não apenas que o orçamento reflita as escolhas da sociedade, como também que sua execução respeite a lei aprovada. No Brasil, algumas instituições orçamentárias são normalmente referidas como "princípios orçamentários", apresentados como regras que se aplicam, sobretudo, à elaboração e execução do orçamento. O Quadro 17.2 sumariza os princípios mais importantes.[26]

O Princípio da Unidade nos remete ao conteúdo da LOA. Pelo § 5º do art. 165 da CF/88, a LOA compreende:

I – o orçamento fiscal referente aos Poderes da União, seus fundos, órgãos e entidades da administração direta e indireta, inclusive fundações instituídas e mantidas pelo Poder Público;

II – o orçamento de investimento das empresas em que a União, direta ou indiretamente, detenha a maioria do capital social com direito a voto;

III – o orçamento da seguridade social, abrangendo todas as entidades e órgãos a ela vinculados, da administração direta ou indireta, bem como os fundos e fundações instituídos e mantidos pelo Poder Público.

O orçamento da seguridade social foi destacado pelos constituintes de 1988, com o objetivo de evidenciar os recursos públicos destinados a garantir os direitos relativos às áreas da saúde, à previdência e à assistência social, universalizados pela Constituição.[27] A seguridade social e sua forma de financiamento foram detalhadas no Capítulo II do Título VIII (Da Ordem Social).

---

[25] North (1990), p. 3-6.
[26] Vejam-se Giacomoni (2012, cap. 5) e Albuquerque et al. (2013, cap. 3), para detalhamento dos princípios, inclusive a discussão de outros, não destacados aqui.
[27] A seguridade social e sua forma de financiamento estão detalhadas no Capítulo II do Título VIII (Da Ordem Social) da Constituição.

QUADRO 17.2
Princípios orçamentários

PRINCÍPIO / LEGISLAÇÃO	DEFINIÇÃO
UNIDADE CF/88, art. 165, §5º Lei nº 4.320/1964, art. 2º	Entes da federação devem possuir apenas um orçamento.
UNIVERSALIDADE Lei nº 4.320/1964, arts. 2º, 3º, 4º	Orçamento deve conter todas as receitas e todas as despesas do Estado.
ORÇAMENTO BRUTO Lei nº 4.320/1964, art. 6º	Receitas e despesas devem ser registradas por seus totais, sem deduções – "orçamento bruto".
ESPECIFICAÇÃO Lei nº 4.320/1964, art. 5º.	Cada rubrica de receita e despesa deve ser identificada: não há dotações globais; maior transparência permite controle pelo Poder Legislativo e público em geral.
ANUALIDADE Lei nº 4.320/1964, arts. 2º, 34 e 45 (Conceito de créditos adicionais, no art. 45: ver arts. 40 e 41)	Exercício financeiro coincide com o ano civil, à exceção dos créditos especiais e extraordinários, abertos nos últimos quatro meses do ano, cujos saldos podem passar para o exercício seguinte: são dotações orçamentárias para novos programas/ações que não constavam da LOA, ou para eventos imprevistos.
EXCLUSIVIDADE CF/88, arts. 165, 8º Lei nº 4.320/1964, art. 7º	A lei orçamentária não pode conter matéria estranha à previsão da receita e à fixação da despesa, exceto autorização para abertura de créditos suplementares e contratação de operações de créditos, inclusive as relativas à antecipação de receitas orçamentárias do próprio exercício (ARO).
NÃO AFETAÇÃO DA RECEITA CF/88, art. 167, IV, IX, §4º	A vinculação de receita de impostos a órgão, fundo ou despesa está proibida, ressalvada a partilha constitucional de receitas tributárias, destinação à saúde e educação, garantia de antecipação de receitas orçamentárias (ARO), prestação de garantia/contragarantia e pagamentos de débitos com a União.
EQUILÍBRIO CF/88, art. 166, §3º, II e III Art.167, II, III, V LRF, arts. 4º e 17	Despesa autorizada na LOA não pode ser superior ao total da receita estimada; conceito de equilíbrio; art. 167, III: regra de ouro: operações de crédito x despesas de capital; LRF instituiu, na LDO, compromisso com as metas fiscais, critérios de limitação do empenho e definição de limites para a criação de despesas continuadas.
LEGALIDADE PUBLICIDADE CF/88, arts. 37 e 165. Decreto Lei nº 200/1967, do Presidente da República, art. 86	Administração pública deve obedecer aos princípios de **legalidade**, impessoalidade, moralidade, **publicidade**, eficiência; plano plurianual, diretrizes orçamentárias e orçamento anual devem ser aprovados por lei; Relatório Resumido de Execução Orçamentária (RREO) deve ser publicado 30 dias após encerramento de cada bimestre

Fonte: Elaboração própria, com base em CF/88. Lei nº 4.320/1964 e LRF.

O orçamento fiscal compreende as demais áreas de atuação da União, estados e municípios: educação, segurança, legislativo, judiciário, habitação, urbanismo e outros.

O orçamento de investimento inclui os montantes previstos apenas para as empresas públicas independentes. As despesas correntes não constam desse orçamento. As empresas dependentes terão a totalidade de suas despesas e eventuais receitas incluídas, a depender de sua área de atuação, no orçamento fiscal ou no da seguridade social.

Deve ficar claro que a determinação constitucional não rompe o Princípio da Unidade, uma vez que os três orçamentos compõem a LOA. Na prática, ao folhear a LOA de um ente, as dotações do orçamento fiscal e da seguridade se encontram lado a lado, presentes inclusive num mesmo órgão: as dotações para os servidores ativos de uma secretaria estadual de Segurança comporão o orçamento fiscal, enquanto os profissionais de saúde do hospital penitenciário se incluirão no orçamento da seguridade. Uma discreta coluna identifica as dotações: s/f – seguridade/fiscal.

O Princípio da Anualidade pode facilitar a programação dos agentes econômicos e o controle pelo Poder Legislativo, mas em determinados casos induz a uma "corrida" ao gasto no final do exercício, para aproveitamento das dotações orçamentárias liberadas.

A proibição de incluir, no projeto da LOA, dispositivo estranho à previsão de receita e fixação de despesa – seguindo o Princípio da Exclusividade –, evita que o projeto de lei, que necessariamente terá sua tramitação concluída no ano, ou um pouco além, passe a "carregar" outras matérias que não lhe dizem respeito, desvirtuando a matéria principal. Apenas duas exceções são admitidas: a permissão para contratação de operações de crédito, nos termos de lei específica; e a autorização para que o Executivo possa, por decreto, abrir créditos suplementares, isto é, redimensionar dotações originais da lei aprovada.[28]

Embora seja importante conceder alguma flexibilidade para que, ao longo da execução do orçamento, o Executivo possa adequar as dotações orçamentárias, a possibilidade de abrir créditos suplementares de acordo com os termos aprovados em cada Legislativo (Congresso Nacional, Assembleias Legislativas, Câmara Legislativa do Distrito Federal e Câmaras de Vereadores) acaba muitas vezes, em estados e municípios, monopolizando a discussão do orçamento e desviando a atenção do tema principal – ou seja, como e quanto

---

[28] O orçamento anual é aprovado por lei. Assim, qualquer modificação desse orçamento original deveria ser solicitada, pelo Executivo, ao Legislativo, que aprovaria uma lei contendo, ao menos a mudança específica. O que a Constituição permite é que a própria lei orçamentária já contenha autorização para que o Executivo faça mudanças nas dotações originalmente aprovadas. Essas mudanças são tornadas públicas por decretos, do Presidente da República, dos governadores ou dos prefeitos. Essa autorização, mais ou menos generosa, varia entre os entes da federação e entre os exercícios de um mesmo ente.

arrecadar e onde alocar os recursos. É bem verdade que a abertura de créditos para reforçar uma dotação existente ou mesmo destinar recursos a uma ação nova tem suas fontes especificadas na própria Lei nº 4.320/1964, art. 43, que incluem, entre outras, a anulação parcial ou total de outras dotações e o superávit financeiro do exercício anterior. No caso da União, as limitações são mais claras. Já em nível subnacional, há diversos casos em que a autorização concedida ao Executivo lhe dá a possibilidade de zerar dotações de uma ação e multiplicar outras. Assim, o montante a gastar em cada programa de trabalho acaba ficando indefinido, principalmente em áreas que não contam com pisos de gasto.

Com relação ao Princípio do Equilíbrio, a LRF ampliou os instrumentos para essa finalidade, de forma a garantir que o equilíbrio fiscal seja mantido ao longo da execução do orçamento e não apenas na proposta da LOA.

Além dos dispositivos constitucionais, o conteúdo da LOA está detalhado nos artigos 2º e 22 da Lei nº 4.320/1964 e no art. 5º da LRF. De acordo com a Lei nº 4.320/1964, o texto do projeto de LOA deve ser acompanhado por diversos anexos, entre os quais os que explicitam a composição do total de receitas (por fontes, por categorias econômicas) e do total das despesas (por funções, por categorias econômicas), além da discriminação das dotações por órgãos de governo e por poder. As autarquias, fundações, fundos e empresas públicas dependentes têm seu orçamento apresentado como unidades orçamentárias do órgão a que se vinculam. Uma unidade orçamentária é uma unidade administrativa que administra recursos orçamentários. Uma fundação cultural pode ser uma unidade orçamentária de uma secretaria municipal de Cultura, por exemplo. Seu orçamento estará individualizado, mas comporá o orçamento dessa secretaria.

A LRF (art. 5º) introduziu novos conteúdos, exigindo que sejam demonstradas a compatibilidade do orçamento com as metas fiscais da LDO e as medidas de compensação a renúncias de receita e ao aumento de despesas obrigatórias de caráter continuado, que resultarão da execução do orçamento proposto.

Acompanham também os projetos de LOA, demonstrativos de que, executado o orçamento na forma proposta, serão atendidas as exigências legais quanto a pisos constitucionais de despesa – Educação e Saúde, por exemplo – e os limites superiores de gasto, como pessoal, além de informações que atendam às exigências colocadas pelo Legislativo de cada ente.

As classificações orçamentárias e a relação entre o PPA e a LOA

O PPA é composto por programas e ações. A LOA é estruturada por programas de trabalho, termo usado na Lei nº 4.320/1964. As ações que compõem os programas do PPA podem (ou não) ganhar espaço na LOA.[29] Para facilidade de exposição, usaremos, nesta seção, os termos "programa" e "ação", para o PPA e "programa de trabalho", para a LOA.

Através de um sistema de classificações orçamentárias, os programas de trabalho da LOA são codificados, de forma não apenas a destacar os órgãos e as unidades orçamentárias responsáveis pela despesa – classificação institucional – mas também a identificar a que função e subfunção se destinam – classificação funcional – e a que programa e ação do PPA se relacionam – classificação programática. As classificações institucional e programática são definidas por cada ente e podem ser encontradas em manuais de elaboração da LOA disponíveis nos sites, ou mesmo em anexo ao projeto da LOA. A classificação funcional é a da Portaria SOF 42, única para o Brasil, que permite avaliar o gasto público realizado pelos três entes da federação e consolidá-los por função.

Como exemplo, suponha que o PPA de um estado tenha um programa de saneamento que, entre suas ações, conte com uma destinada a remover lixões. Tanto os programas quanto as ações são codificados: o "Programa Pacto pelo Saneamento" (0162) tem a ação "Terra Limpa" (1020). No orçamento, as despesas serão de responsabilidade da secretaria de estado do Meio Ambiente (2401, conforme codificação institucional do estado). Os recursos se destinam à área da função Gestão Ambiental (18) e subfunção Recuperação de Áreas Degradadas (543, pela codificação da Portaria SOF42). Na LOA, o programa de trabalho seria identificado pelo código 2401.18543.01621020, conforme Figura 17.2.

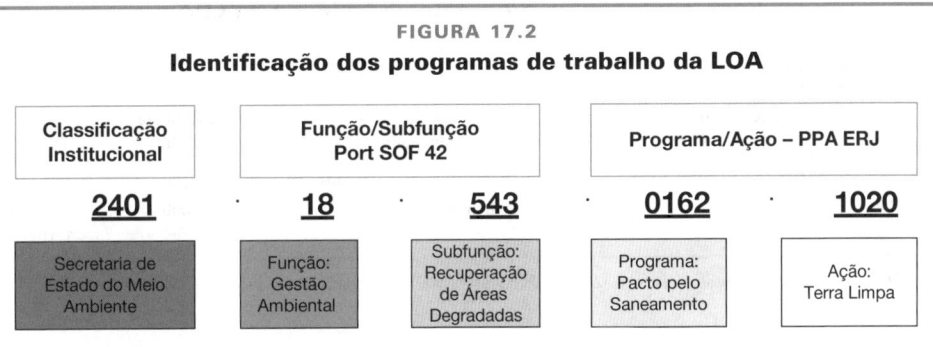

FIGURA 17.2
Identificação dos programas de trabalho da LOA

Classificação Institucional	Função/Subfunção Port SOF 42		Programa/Ação – PPA ERJ	
2401 ·	**18** ·	**543** ·	**0162** ·	**1020**
Secretaria de Estado do Meio Ambiente	Função: Gestão Ambiental	Subfunção: Recuperação de Áreas Degradadas	Programa: Pacto pelo Saneamento	Ação: Terra Limpa

Fonte: Elaboração própria, com base em Lei 4.320/1999 e Portaria MOG 42/1999.

---

[29] Relembremos que, no caso da nova metodologia do PPA, usada por alguns entes, incluído o governo federal, as ações orçamentárias da LOA se relacionam com as iniciativas do PPA (metodologia da União para o PPA 2012-2015) ou aos objetivos do PPA (metodologia do PPA2016-2019). Nem todas as iniciativas/objetivos do PPA requerem dotações orçamentárias específicas para se realizarem. Uma iniciativa do PPA – "Reformular a legislação ambiental" – não necessitaria de dotação específica na LOA: os recursos já se encontrariam em outras dotações do órgão ambiental, da procuradoria etc.

Além da codificação dos programas de trabalho, a leitura dos orçamentos requer que se conheça a codificação da receita e da despesa, que se encontra em portaria do Ministério da Fazenda e do Ministério do Planejamento, Orçamento e Gestão – Portaria Interministerial nº 163/2001, sendo de uso obrigatório para todos os entes federativos. As receitas, classificadas por **categoria econômica**, sendo corrente ou de capital, desdobram-se em diversos níveis, como **origem** (Receita Tributária, Transferências Correntes etc.), sendo que a receita tributária, como as demais, é detalhada por **espécie** – impostos, taxas, contribuições de melhoria, seguindo-se outros níveis de discriminação.

A discriminação da despesa na LOA deve ser feita, no mínimo, por **categoria econômica** – corrente ou capital – além de seu **grupo de natureza** – pessoal e encargos, juros e encargos da dívida, outras despesas correntes, investimentos, inversões e amortização da dívida – e pela **modalidade de aplicação**. Nesse caso, a despesa pode ser realizada diretamente pelo ente da federação (código 90) ou através de terceiros, como um município (40), uma empresa privada sem fins lucrativos (50) etc. Outras classificações de despesa podem ser utilizadas, a critério de cada ente.

No orçamento da Secretaria de Meio Ambiente, conforme exemplo anterior, a dotação para o programa de trabalho "Terra Limpa", do orçamento fiscal (f), seria apresentada como no Quadro 17.3.

QUADRO 17.3
Representação de programa de trabalho na LOA

Programa de Trabalho		Despesas		
Ementa	Código do Programa de Trabalho	Grupo de Despesa/ Modalidade	Valor Autorizado (R$1.000)	Total
Terra Limpa	2401.18.543.0162.1020	3.3.90. Outras Despesas Correntes (f)	100	
		4.4.40. Investimentos (f)	1.000	
				1.100

Fonte: Elaboração própria, com base em Lei nº 4.320/1999, Portaria MOG 42/1999, Portaria Interministerial 163/2001.

Em alguns casos, há outras informações que acompanham o programa de trabalho, esclarecendo a finalidade da despesa e as metas a alcançar. Tais informações se mostram valiosas para a avaliação do impacto de políticas públicas, pois permitem associar o gasto público às metas alcançadas. Para avaliar uma política relacionada com a educação, interessa saber não apenas quanto foi gasto com a construção de escolas e sua operação e treinamento de professores, por exemplo, mas também quantas novas matrículas foram criadas ou quantos professores foram treinados (horas de treinamento). Essas são parte das informações essenciais para a avaliação da eficiência e eficácia do gasto público. Infelizmente, essa não é uma prática comum.

Aprovada e sancionada a LOA, passa-se à fase da execução orçamentária. A sistemática de execução difere entre os entes federativos, embora algumas regras sejam comuns. O controle da execução é essencial para garantir resultados fiscais equilibrados. Os diversos órgãos e entidades descentralizadas só visualizam, em geral, seu orçamento em particular, ou seja, as despesas que lhes são autorizadas, nem sempre tendo clareza quanto à real disponibilidade de recursos, salvo os relativos às suas receitas vinculadas (a transferência do Fundeb, para a Educação, por exemplo). Mesmo estas, porém, podem estar fora de seu controle, se ingressarem no caixa único do Tesouro. Assim, havendo liberação para comprometer seu orçamento, elas o farão, podendo ocorrer insuficiência de receita para dar cobertura às despesas realizadas pelo conjunto dos órgãos. Em geral, apenas o órgão fazendário conhece a efetiva disponibilidade de recursos e somente sua ação coordenada à do órgão central de planejamento e orçamento pode evitar situações de déficit não previsto.

A LRF dedica grande atenção à execução orçamentária e seu controle, não apenas estabelecendo regras na LDO, como visto, como exigências de programação das receitas e despesas. Assim, até 30 dias após publicada a LOA, cada ente deve publicar suas metas bimestrais de arrecadação e cronograma de desembolso mensal. Os compromissos com metas fiscais da LDO têm que ser acompanhados, fazendo-se os ajustes necessários para que sejam atingidos. A cada bimestre, por exigência da LRF, todos os entes precisam publicar seus Relatórios Resumidos de Execução Orçamentária (RREO), nos quais comparam receitas previstas e despesas autorizadas com os montantes realizados, aferem o alcance dos resultados primário e nominal e controlam o cumprimento dos pisos de gasto na Educação e Saúde, entre outras variáveis fiscais. A cada quadrimestre, o Relatório de Gestão Fiscal (RGF) acompanha, entre outras, a despesa de pessoal, crucial para o equilíbrio fiscal, além do grau de endividamento. Os relatórios são encaminhados aos tribunais de contas, responsáveis pelo controle externo da execução, que devem emitir alertas aos Poderes do ente federativo quando se configurarem situações que ameacem o equilíbrio fiscal e o cumprimento de normas legais da gestão fiscal.

Não há dúvida de que esses controles podem e têm evitado situações de desequilíbrio mais grave. No entanto, particularmente na esfera dos municípios, o RREO e o RGF são preparados e divulgados apenas para cumprir obrigações legais, não sendo utilizados como guia para acompanhamento da gestão. Não há dúvida de que deveriam ser desdobrados internamente, para realmente servir à finalidade gerencial, dadas as inúmeras vinculações de receitas que mascaram os números, quando tomados pelo total: um aparente superávit orçamentário de um período pode ocultar imensos déficits, caso a aparente sobra de receitas pertença ao fundo de previdência dos servidores, ou esteja vinculada a fundos setoriais, da Saúde ou da Educação.

O Princípio da Anualidade requer uma capacidade de planejamento nem sempre encontrada, o que traz perdas não desprezíveis em atividades e projetos descontinuados, ou sequer iniciados, ainda que necessários ao bem-estar da população. Falhas no planejamento e contenção de recursos para garantir o equilíbrio fiscal (contingenciamento) muitas vezes retardam a liberação de recursos para que os órgãos e entidades iniciem o processo de despesa. Se essa liberação se dá próxima ao final do exercício fiscal, a "corrida" para usar os recursos orçamentários acaba resultando em desperdício, com aquisições nem sempre prioritárias, mas de tramitação mais rápida, que permitam usar todo o orçamento disponível. Situação mais dramática ocorre em áreas submetidas a pisos constitucionais de gasto, como Educação e Saúde. A obrigatoriedade de comprometer percentuais de receitas que ingressam no caixa ao longo do exercício requer programação acurada. Um crescimento inesperado de receita no encerramento do exercício é um problema sério para dirigentes fazendários, da Saúde e da Educação, que devem comprometer a cota constitucional, sem o tempo suficiente para processos licitatórios, em geral demorados. Deve ficar claro que o problema não é a regra da anualidade, mas a falta de capacidade para seu atendimento e a rigidez dos pisos de gasto, apesar do mérito de seus objetivos.

Em contextos de inflação moderada, aumentos mal calibrados de despesas significativas, como pessoal, comprometem a gestão fiscal, principalmente em ambiente de baixo crescimento da arrecadação e levariam anos para o retorno ao equilíbrio, exigindo sacrifícios que nem sempre os agentes políticos estão dispostos a suportar.

Ao longo deste capítulo, descrevemos o sistema orçamentário com seus componentes, destacando como se relacionam, buscando seguir a trilha do planejamento do gasto até o efetivo uso dos recursos extraídos da sociedade. Apesar do considerável progresso das instituições de controle e dos mecanismos de transparência, a compreensão do cidadão comum quanto ao conteúdo do PPA, da LDO e da LOA e, particularmente, quanto à execução orçamentária é ainda muito limitada, comprometendo sua capacidade de cobrar resultados.

A avaliação da qualidade do gasto público – cotejando os recursos dispendidos com os resultados alcançados – requer não apenas que se disponha de bons indicadores de resultado, mas que o gasto seja adequadamente apropriado às diversas atividades e projetos desenvolvidos pelos entes federativos. A modernização do sistema orçamentário, incluindo o planejamento e orçamento dos recursos e os instrumentos de avaliação de resultados, é condição indispensável para que se possa, de fato, avaliar a qualidade do gasto público.

Sugestão de leitura para o aluno: O livro de Albuquerque et al. (2013) apresenta os principais temas do orçamento, relacionando-os com a gestão financeira e com o controle da gestão pública. Ele deve ser complementado pela leitura de Giacomoni (2012), livro básico sobre o tema do orçamento público.

Leituras adicionais para o professor: O livro editado por Anwar Shah (2007), no qual se encontra o artigo citado de Von Hagen, explora o tema das instituições orçamentárias e do processo orçamentário, com informações de países da OCDE e da África. O livro coordenado por Conti e Scaff (2011) e, nele, especificamente, os artigos de Bliacheriene e Ribeiro, de Nóbrega e de Tollini e Afonso discutem temas importantes sob o ponto de vista econômico e do Direito Financeiro.

QUESTÕES

1. Para avaliar se uma política de educação foi implantada, deve-se examinar o plano plurianual do ente federativo, buscando os programas e ações através dos quais foram alocados recursos para sua implantação. Comente.
2. Um estado quer desenvolver um amplo programa de investimento em saneamento, com a participação de seus municípios. Ele pretende fazer as obras mais complexas e que extrapolam os limites municipais, e incentivar os municípios a se encarregarem das obras restritas a seus territórios. Quais destas obras deverão constar do orçamento estadual e quais dos orçamentos municipais?
3. A autonomia administrativa e financeira do Poder Legislativo e do Poder Judiciário e a autonomia funcional e administrativa do Ministério Público e da Defensoria Pública lhes confere competência para preparar as respectivas propostas orçamentárias, rompendo o princípio orçamentário da unidade. Comente.
4. O orçamento de investimentos das empresas estatais em que a União, os estados, o Distrito Federal e os municípios, direta ou indiretamente, detenham a maioria do capital social com direito a voto, constará na lei orçamentária do ente federativo apenas pela parcela referente ao aporte de recursos do controlador para o financiamento desses investimentos. Comente.

Apêndice

TABELA A.1
Brasil – Indicadores macroeconômicos: 1980/2014

Ano	Crescimento PIB(%)	IGP (%) Jan-Dez	IGP (%) Média anual	Deflator PIB(%)	Base monetária (%PIB) /a	Senhoriagem (%PIB) /b
1980	9,2	110,2	100,2	92,1	3,4	2,0
1981	−4,3	95,2	109,9	100,5	3,0	1,6
1982	0,8	99,7	95,5	101,0	2,9	2,0
1983	−2,9	211,0	154,5	131,5	2,5	1,4
1984	5,4	223,8	220,7	201,7	1,9	2,7
1985	7,8	235,1	225,5	248,5	1,7	2,5
1986	7,5	65,0	142,3	149,2	3,2	3,8
1987	3,5	415,8	224,8	206,2	2,2	2,9
1988	−0,1	1.037,6	684,6	628,0	1,4	3,9
1989	3,2	1.782,9	1.319,9	1.304,4	1,3	5,5
1990	−4,3	1.476,7	2.740,2	2.737,0	2,2	4,9
1991	1,0	480,2	414,8	416,7	1,7	2,8
1992	−0,5	1.157,8	991,4	969,0	1,2	3,6
1993	4,9	2.708,2	2.103,4	1.996,2	0,9	3,5
1994	5,9	1.093,9	2.406,9	2.240,2	1,9	4,9
1995	4,2	14,8	67,5	95,0	2,3	0,6
1996	2,2	9,3	11,1	18,3	2,1	−0,2
1997	3,4	7,5	7,9	7,7	2,7	1,3
1998	0,4	1,7	3,9	4,9	3,4	0,8
1999	0,5	20,0	11,3	8,1	3,6	0,9
2000	4,3	9,8	13,8	5,5	3,3	−0,1
2001	1,3	10,4	10,4	8,1	3,5	0,4
2002	3,1	26,4	13,5	9,9	3,7	1,4
2003	1,2	7,7	22,8	14,0	3,8	0,0
2004	5,7	12,1	9,4	7,8	3,7	0,8
2005	3,2	1,2	6,0	7,5	3,9	0,6
2006	4,0	3,8	1,7	6,7	4,0	0,8
2007	6,0	7,9	5,1	6,4	4,4	1,0
2008	5,0	9,1	11,2	8,9	4,4	0,0
2009	−0,2	−1,4	1,8	7,4	4,3	0,6
2010	7,6	11,3	5,6	8,6	4,3	1,0
2011	3,9	5,0	8,5	8,3	4,2	0,2
2012	1,8	8,1	6,0	5,9	4,2	0,4
2013	2,7	5,5	6,1	6,5	4,2	0,3
2014	0,1	3,8	5,4	6,9	4,2	0,3

/a O numerador corresponde à média aritmética das médias mensais dos saldos nos dias úteis.
/b Senhoriagem (preços correntes) = Saldo base monetária dezembro − Saldo base monetária dezembro do ano anterior.
Fontes: IBGE, Banco Central.

TABELA A.2
Brasil: PIB (preços correntes) – 1990/2014

Ano	PIB (em R$ milhões) /a
1990	11,549
1991	60,286
1992	640,959
1993	14.097,114
1994	349.205
1995	709.537
1996	857.857
1997	955.464
1998	1.005.986
1999	1.092.276
2000	1.202.377
2001	1.316.318
2002	1.491.183
2003	1.720.069
2004	1.958.705
2005	2.171.736
2006	2.409.803
2007	2.718.032
2008	3.107.531
2009	3.328.174
2010	3.886.835
2011	4.374.765
2012	4.713.096
2013	5.157.569
2014	5.521.256

/a Valores anteriores a 1994 divididos pela URV de 2750.
Fonte: IBGE.

Respostas às Questões

Capítulo 1

1. Um "bem público" caracteriza-se pelo fato de que o benefício associado ao seu consumo não se restringe a um indivíduo em particular, ou seja, o seu consumo por parte de um indivíduo A não impede que ele seja também consumido por um indivíduo B, na medida em que não se pode estabelecer um "preço" que seja pago por cada consumidor. Da mesma forma que uma praça pública ou que a iluminação de uma cidade, a estabilização interessa a toda a sociedade, mas implica custos, os quais, porém, não podem ser "cobrados" de cada um individualmente. Assim, cada agente econômico colhe benefícios da estabilização, mas sem ter que pagar especificamente para isso, ao contrário do que ocorre com um bem privado, a cujo consumo está associado um certo preço unitário.
2. Um exemplo pode ser o imposto sobre produtos industrializados (IPI). Para ser neutro, a sua alíquota deveria ser a mesma para todos os produtos. O critério da progressividade, porém, pode recomendar que se taxe com alíquotas mais elevadas produtos tipicamente consumidos pela população de maior renda – por exemplo, automóveis –, em detrimento da taxação dos produtos de maior peso na cesta básica da população – como os alimentos.
3. A CPMF revelou-se um imposto com grande poder de arrecadação e por isso permaneceu mais tempo do que o prazo inicialmente estabelecido quando surgiu. Entretanto, tratava-se de um imposto tecnicamente condenável, por ser do tipo "em cascata" e, portanto, gerar impactos cumulativos de custo que penalizam a produção nacional, prejudicando a competitividade dos produtos locais em detrimento dos estrangeiros e assim desestimulando as exportações e favorecendo as importações.
4. a) R$200.
   b) R$150.
5. A resposta é a letra (c).
6. A relação tende a ser positiva: com o crescimento econômico, mais pessoas ficam acima do limite de isenção e, com o passar do tempo, é razoável esperar que os indivíduos mudem de faixa de alíquota marginal de tributação, passando para faixas superiores às originais.
7. a) R$1.208.
   b) 16,6%, pois ele passa a pagar R$1.408 (note que 16,6% > 10,0%).
8. A razão da afirmação é que um bem de consumo massivo pesa muito mais no orçamento doméstico de uma família de baixa renda do que no das famílias de renda

maior. Consequentemente, a relação tributo/renda associada ao imposto é maior no caso da família de baixa renda que nas demais.

9. Os fenômenos mais importantes foram a ocorrência de guerras, o envelhecimento demográfico da população e a urbanização, com as demandas sociais a isso associadas.
10. A tese está associada à curva de Laffer. Para que a frase seja válida, porém, é preciso estar no "lado ruim da curva de Laffer", ou seja, que um aumento das alíquotas gere um aumento maior ainda da evasão.

Capítulo 2

1. A relação entre o déficit nominal e o PIB pode ser expressa como a soma de dois componentes: o déficit operacional como proporção do PIB; e o efeito da inflação sobre a despesa de juros nominais, também como proporção do PIB. Esse efeito, por sua vez, depende de dois parâmetros: (a) o coeficiente entre a dívida do final do período anterior e o PIB expresso a preços médios do período anterior e (b) o coeficiente $[\pi / (1+\pi)]$, em que π é a taxa de variação dos preços. Como tanto o primeiro coeficiente como o segundo são uma função direta da inflação, a relação entre o déficit nominal e o PIB também está diretamente ligada à taxa de inflação.
2. Dado um nível de preços estável de 100,0 ao longo de um ano, o índice de preços aumenta para 102,0 em maio do ano seguinte, 104,04 em junho e assim sucessivamente. No ano em que isso ocorre, o índice de preços médio – que corresponde à média aritmética dos índices mensais – é de 106,3 e a média geométrica dos índices de dezembro e de janeiro do ano posterior é de 118,3. A dívida no final do ano, medida como proporção do PIB a preços médios do ano, é portanto de 30 x 118,3 / 106,3 = 33,4% do PIB.
3. A explicação pode estar ligada ao aumento da relação dívida/PIB, devido a um déficit público alto. Se a inflação cai, mas essa relação se eleva muito ao longo do tempo, este último efeito pode predominar sobre o primeiro.
4. Há duas falhas nesse raciocínio. A primeira é que o déficit do setor público incorpora o resultado das empresas estatais, enquanto o conceito de governo exclui essa esfera. A segunda falha é que a frase não considera a existência do investimento do governo. Para entender esse ponto, vamos assumir que não existem empresas estatais. Nesse caso, deixando de lado a distinção entre os conceitos de déficit nominal e operacional, as NFSP são iguais às necessidades de financiamento do governo (NFG), representadas pela soma de governo central, estados e municípios. O valor das NFG é dado por

$$NFG = CG + JG + IG - T$$

em que

CG = Consumo do governo
JG = Despesa de juros da dívida do governo
IG = Investimento do governo
T = Receita do governo, líquida de subsídios e transferências, exclusive juros

A poupança do governo, por sua vez, por definição, é

$$SG = T - (CG + JG)$$

Substituindo esta equação na primeira e após alguns algebrismos, chega-se a

$$SG = IG - NFG \quad \text{ou} \quad NFG = IG - SG$$

Ter uma "despoupança" do governo significa que o valor de SG é negativo. Como IG é não negativo, se SG é negativo, NFG é positivo. Entretanto, ter um déficit, isto é, um valor de NFG positivo não significa necessariamente que o governo está despoupando, já que a causa do déficit pode ser não uma poupança negativa e sim o fato de a poupança ser positiva, porém inferior ao investimento do governo.

5. O que se pretende medir com o déficit público é o impacto que o governo exerce sobre a demanda agregada da economia. O gasto público, nesse sentido, é expansionista, enquanto um tributo exerce um efeito contracionista sobre essa demanda. Quando o governo recebe o pagamento de uma concessão, de uma única vez, dificilmente pode-se supor que a demanda está sendo contraída da mesma forma que quando um indivíduo paga um imposto. Mais provavelmente, o que ocorre é que um ativo financeiro, pertencente ao vencedor da concessão, muda de mãos e passa às mãos do governo, para quem representa uma *receita pontual* e com *impacto nulo ou ínfimo sobre a demanda* da economia, na forma de receita de *capital*. Já uma concessão paga ao longo de 30 anos tem um efeito completamente diferente, representando uma *receita recorrente*, cujo efeito econômico corresponde a uma *contração da demanda*, assemelhando-se a um aluguel recebido todos os meses pelo governo em virtude do uso de algum imóvel de sua propriedade e registrado regularmente como receita *corrente*.

6. O efeito, em cada um dos casos, é o descrito a seguir:
    a) Abatimento de dívida pública: o governo tem superávit, que corresponde a um "financiamento negativo", ou seja, a um cancelamento de parte da sua dívida; em consequência, o superávit fiscal permanece intacto no valor de 100.
    b) Compra de ações de uma empresa: pelas normas apresentadas em FMI (1986), quando o governo compra ações, o fato deve ser tratado nas estatísticas fiscais como "despesa de capital", implicando a necessidade de financiamento, compensando o excesso de receita sobre a despesa das demais rubricas; em consequência, há um gasto adicional de 100, o total de desembolsos passa a ser de 1.000 e o superávit desaparece.

7. Há necessidades de financiamento – isto é, déficit – no valor da privatização feita. Isto ocorre porque a privatização não é considerada receita no cômputo das NFSP, já que seu efeito compensa, estatisticamente, a variação da dívida pública, enquanto a obra feita é registrada, implicitamente, como gasto, à medida que afeta essa dívida. Na equação (2.14), a privatização gera uma variação negativa da dívida pública, mas tem o efeito fiscal sobre as NFSP compensado pelo registro da própria privatização, enquanto a despesa feita aumenta a dívida. No final do exercício fiscal, em termos líquidos, a dívida permanece a mesma que no exercício fiscal anterior, mas, nos termos da citada equação, as NFSP têm o tamanho da privatização feita. A razão para "expurgar" o efeito da privatização obedece à mesma lógica explicada na resposta ao exercício 5, no caso das concessões pagas em uma única parcela. Já o gasto feito em um hospital impacta a demanda agregada, como qualquer investimento público.

8. Podemos dar um exemplo muito simples. Compare dois países cujos governos não geram déficit nem superávit fiscal em 11 dos 12 meses do ano. Em ambos, o déficit é limitado a um mês do ano e os dois países, por hipótese, a) têm a mesma moeda, denominada "coroa"; b) calculam o déficit operacional e c) têm uma inflação anual de 100%. No país A, o déficit operacional, de certo valor monetário – 1 milhão de coroas –, ocorre em janeiro, enquanto no país B o déficit, exatamente no mesmo valor do déficit operacional do país B, a preços correntes, ocorre em dezembro. É evidente que, em termos reais, o déficit do país A é muito mais importante do que o do país B, já que neste o valor nominal de 1 milhão de coroas sofreu a corrosão inflacionária do período janeiro/dezembro. O déficit operacional, porém, é o mesmo em ambos os países.
9. A ideia de que um mesmo valor do déficit real pode estar associado a significados completamente diferentes, em diversas situações, é correta. A razão disso é que a propensão a gastar dos agentes econômicos que recebem recursos do governo é muito variada. Uma despesa pública de R$1.000 referente ao pagamento do salário de um funcionário público provavelmente levará este a gastar parte substancial desse valor com as próprias despesas, exercendo, portanto, grande efeito multiplicador. Já um gasto do mesmo valor, na forma de juros da dívida pública, provavelmente levará o detentor de títulos públicos a capitalizar uma boa parte dos juros recebidos. Essas diferenças, entretanto, não são levadas em conta nas estatísticas fiscais e são praticamente ignoradas no debate acerca do déficit público, já que em geral se considera que o relevante é o valor deste e não a composição do gasto. Sugere-se ao leitor interessado neste ponto específico a leitura do artigo de Borpujari e Ter-Minassian (1973).
10. A poupança doméstica é o resultado da soma da poupança do governo com a poupança privada. Esta última, por sua vez, é uma função direta da renda disponível do setor privado. Quando o governo aumenta a sua receita mediante a elevação de impostos, a sua poupança, *ceteris paribus*, sobe, mas a renda disponível do setor privado cai. Portanto, uma parte do aumento da poupança do governo é compensada por uma queda da poupança do setor privado.

Capítulo 3

1. A afirmação é incorreta. Em alguns casos, os serviços públicos, no Brasil, foram originalmente privados – e, mais especificamente, estrangeiros. Só com o passar do tempo, na medida em que iam se acumulando problemas ligados, fundamentalmente, à fixação das tarifas e ao baixo nível de retorno do negócio aos preços impostos pelo poder público, é que o setor privado foi se desinteressando da provisão desses serviços, que foram sendo progressivamente estatizados.
2. A resposta é a letra (b).
3. A afirmação não é correta. Como fica caracterizado na leitura do capítulo, o Estado foi intervindo crescentemente na economia brasileira, ao longo da maior parte do século XX, sem uma estratégia de ação preconcebida e muito menos com o fim de tirar espaço da economia capitalista. Sua ação visou, de um modo geral, ocupar espaços vazios resultantes da falta de ação do setor privado, desinteressado de investir em certas áreas, devido ao seu baixo retorno, elevadas exigências de capital e longa maturação.

4. De fato, de um modo geral a intervenção governamental na economia através da ação das empresas estatais se revelou mais eficiente no Brasil do que em outros países da América Latina. Isso pode ser visto pela menor contribuição dessas empresas para o déficit público, no Brasil; e pelos melhores indicadores de eficiência microeconômica, comparativamente a outros países da região. Em particular, as empresas que constituíram o "coração" da intervenção estatal na economia no Brasil – Petrobras, Telebrás, Eletrobras e Vale do Rio Doce – contaram com quadros de carreira próprios, que representaram uma burocracia bem treinada ao longo de várias décadas.
5. A afirmativa está errada. Tanto o aumento da intervenção estatal na economia brasileira, durante boa parte do século XX – em especial entre as décadas de 1930 e 1980 –, como a reversão desse processo, nas décadas de 1980 e 1990, foram movimentos que se inseriram em tendências mundiais, de expansão das ideias keynesianas no primeiro caso e de questionamento à ação do Estado no setor produtivo, no segundo.

Capítulo 4

1. Até meados dos anos 1960, no Brasil, a vigência de um teto legal para as taxas de juros nominais, em um contexto de inflação elevada, impedia a constituição de um mercado de títulos públicos, levando o governo a depender exclusivamente, para se financiar, da receita de impostos e dos ganhos de senhoriagem, naturalmente limitados pela necessidade de evitar que a inflação fugisse ao controle. Com a criação da figura da correção monetária e a sua incorporação ao rendimento dos títulos públicos, estes ganharam crescente aceitação e se converteram em uma nova fonte de financiamento do gasto público, abrindo caminho para o ciclo de investimentos públicos inaugurado nos anos do "milagre brasileiro", a partir de 1968.
2. A resposta é a letra (c). A afirmação é incorreta, pelo fato de que muitas das pressões por gastos se expressavam no orçamento monetário e não no orçamento fiscal.
3. Se em 1973 o governo brasileiro tivesse repassado aos preços domésticos todo o aumento da cotação do barril de petróleo, a curva de oferta da economia teria se deslocado para cima, devido ao choque de custos. Sendo a curva de demanda negativamente inclinada, no novo ponto de equilíbrio o produto teria que ser menor e o preço maior do que no ponto de equilíbrio original. Em uma economia indexada, por sua vez, o salto dos preços implicaria naturalmente uma mudança de patamar da taxa de inflação.
4. A diferença crucial entre os dois países é que, na época, o Brasil era um grande importador de petróleo e a Venezuela um grande produtor e exportador. No Brasil, portanto, além de o país ter tido uma maior despesa com importações, o subsídio resultante do fato de o aumento externo não ter sido repassado aos preços domésticos na mesma intensidade gerou um sério problema fiscal. Já na Venezuela, as receitas de exportação cresceram e, como a empresa estatal de petróleo era a principal contribuinte do tesouro daquele país, a receita tributária também aumentou substancialmente.

Capítulo 5

1. A resposta é a letra (a). A economia apresentou taxas de crescimento relativamente importantes no período 1984/1987, em 1989 e durante 1993/1994.
2. A explicação reside no impacto da medida sobre a inflação, o que aumentaria o déficit público no conceito nominal. Esse ponto, especificamente, foi um dos fatores que levaram o FMI a aceitar o conceito de déficit operacional, no caso do Brasil, embora a instituição não costumasse adotar esse conceito como critério a ser acompanhado nos seus programas macroeconômicos.
3. Até 1984, e principalmente durante 1983/1984, na fase de monitoramento do FMI, adotou-se um programa ortodoxo, tentando seguir uma política fiscal contracionista, acompanhada de uma política monetária que procurasse obter taxas de juros reais fortemente positivas – embora isto fosse difícil, em um ambiente de aceleração inflacionária. Os resultados foram decepcionantes, em termos de combate à inflação. Por outro lado, os planos ditos heterodoxos de combate à inflação de 1986 (Cruzado) e 1987 (Bresser) basearam-se fundamentalmente no controle de preços, sem ter conseguido atacar com êxito o desequilíbrio fiscal, além de não terem exibido taxas de juros reais elevadas, tendo ambos fracassado. Desde então, a partir do final da década de 1980, a ideia de que um plano de combate à inflação deveria (a) reunir elementos de coordenação de expectativas para cessar subitamente o ritmo de reajuste das variáveis nominais e (b) reconhecer a importância de contar com os necessários componentes de ortodoxia das políticas fiscal e monetária, incorporou-se ao receituário convencional da maioria das propostas para atacar o fenômeno da alta inflação.
4. A primeira diferença é que, por ocasião do restabelecimento da democracia no Chile, a alta inflação era um fenômeno que tinha ficado atrás há muito tempo e as contas fiscais estavam em bom estado, não existindo maiores fontes de desequilíbrio. No Brasil, entretanto, ao assumir o primeiro governo civil depois de 1964, a inflação anual em 1985 era de mais de 200% e o governo não tinha conseguido reduzir o déficit operacional abaixo de 3% do PIB. A segunda diferença era dada pelo fato de que, no Chile, existia plena consciência, da parte dos dirigentes que operaram a transição política naquele país, de que a redemocratização não podia ser encarada como um fator que permitiria diminuir imediata e drasticamente as desigualdades e tensões sociais então vigentes. Tendo passado essa visão para o eleitorado, o novo governo pôde solicitar uma espécie de "prazo de carência" à população, antes que lhe fossem cobrados resultados. Já no Brasil, a redemocratização foi majoritariamente entendida, por parte das lideranças do governo civil empossado em 1985, como um caminho rápido para o atendimento das demandas sociais, em parte reprimidas durante os governos militares, acentuadas pela forte recessão de 1981/1983 e apenas amenizadas pela recuperação da economia iniciada em 1984. A resultante do descompasso entre o que se propugnava e os estreitos limites impostos pela realidade econômica foi a combinação de aumento do déficit público e o agravamento da inflação.
5. O aumento do gasto com pessoal, notadamente na esfera estadual e municipal, as maiores despesas previdenciárias e o crescimento do fluxo de pagamento de juros. Na segunda metade dos anos 1980, deve-se destacar também o salto das "outras despesas correntes" não ligadas ao pagamento de pessoal.

6. Queda real de 26,1%, na comparação do acumulado em 12 meses, comparativamente aos 12 meses anteriores. Note a importância da inflação para a redução do valor real do gasto.
7. Sim, considerando que na exposição de motivos da medida provisória que criou a URV, posteriormente convertida no real, o próprio governo afirmava que a solução da crise fiscal era "o alicerce insubstituível de qualquer política consistente de estabilização". À luz do resultado das contas públicas nos anos que sucederam o Plano Real, a afirmação do enunciado da questão parece justificável.

Capítulo 6

1. A resposta é a letra (b).
2. Entre 1994 e 1995, o superávit primário do governo central caiu 2,78% do PIB, sendo que uma parcela de 0,96% do PIB – ou seja, mais de um terço – disso esteve associada à mudança do resultado de "erros e omissões". De fato, em 1994 houve uma contribuição favorável não explicada, no valor de 0,83% do PIB, dessa rubrica para o resultado fiscal. Em contraste, em 1995 a rubrica contribuiu para aumentar o déficit nominal, diminuindo o superávit primário em 0,13% do PIB.
3. Como se argumentou ao comentar a Tabela 6.1, entre 1991/1994 e 1995/1998 houve uma piora primária do resultado agregado do setor público, correspondente a 3,1% do PIB, muito superior ao "delta" de 1% do PIB da despesa de juros reais entre um período e outro. Essa comparação justifica a afirmação de (a). Por outro lado, a despesa de juros de 1998 explica a totalidade do déficit naquele ano, dado que o resultado primário foi praticamente nulo. Dado o número do enunciado da questão, referente ao teto desejado de déficit nominal de 3% do PIB e diante do déficit de 7% do PIB de 1998, a necessidade de ajuste do déficit nominal da ordem de 4% do PIB era quase tão importante como as principais rubricas de despesa da Tabela 6.2. Como é difícil imaginar que rubricas como pessoal ou benefícios do INSS diminuam substancialmente, não há nada mais natural do que a conclusão de (b) de que, ao comparar a situação esperada no futuro com a de 1998, a redução da despesa pública dependeria fundamentalmente do menor gasto real com juros. Disso, entretanto, não se deve inferir que a base do ajuste fiscal em 1999 teria que ser a queda dos juros, pois, em função da relação entre o nível destes e a percepção de risco país e considerando a importância que os investidores atribuíam ao ajuste fiscal, a diminuição dos juros teria naturalmente que ser uma decorrência de uma melhora *prévia* do resultado primário das contas públicas.
4. A opinião estava ligada à existência de fatores temporários de contração fiscal, tais como o fundo de estabilização fiscal, a receita de CPMF e as concessões. Estas, no caso das empresas telefônicas, foram tratadas oficialmente como geradoras de receita fiscal e, portanto, diminuindo as NFSP, em que pese o fato de que a validade técnica desse critério fosse questionável, conforme visto no Capítulo 2.
5. Considerando o caráter de indexador de benefícios previdenciários que na prática teve o salário mínimo, o impacto extra sobre a despesa do INSS pode ser estimado em aproximadamente 4,85 × (1,43/1,15 − 1) = 1,2% do PIB. O aumento não chegou a

ocorrer nessa magnitude, porém, devido à incidência positiva de outros fatores, como a contenção de benefícios rurais depois de 1994 e o combate a certas irregularidades. Cabe lembrar que este percentual também seria afetado pela revisão da série histórica do PIB do período 1995/2006, ocorrida inicialmente em 2007 e novamente em 2015.

6. O aumento nominal do total da despesa com aposentadorias no ano (t + 1) em relação ao ano t, pelo critério de caixa, é de 19%. O critério de caixa implica considerar que o reajuste de junho é pago em julho. A decisão de reajuste em t afeta o gasto em (t + 1) porque determina a taxa de variação nominal do primeiro semestre de (t + 1) em relação ao mesmo período do ano t. Observe-se, a propósito, que embora o reajuste em junho de (t + 1) tenha sido de apenas 5%, a decisão tomada em t de reajustar as aposentadorias em 30% gerou uma variação anual da despesa muito superior aos mencionados 5% no ano (t + 1). O paralelo entre este exercício hipotético e o aumento da despesa com benefícios previdenciários que efetivamente ocorreu no Brasil em 1996, devido ao grande aumento dos benefícios concedido em 1995, é evidente.

Capítulo 7

1. A resposta é a letra (c).
2. A resposta é a letra (c). O principal critério de desempenho não foi o déficit nominal, mas o superávit primário.
3. A afirmação poderia ser correta, se a dívida considerada fosse a interna e houvesse títulos públicos indexados ao câmbio. No caso da dívida externa, porém, o único efeito da mudança cambial é aumentar o valor dos juros pagos a cada mês, mas o salto da dívida na moeda nacional não é considerado déficit. Isto porque, no caso, a dívida cuja variação entende-se que afeta o valor das NFSP é medida em dólar e, portanto, não muda com a desvalorização.
4. Os que afirmaram que o mencionado fator era inconstitucional alegaram que ele feria a expectativa de direitos, por implicar uma redução significativa da aposentadoria de quem estivesse perto da sua obtenção e pudesse se aposentar cedo. A defesa da constitucionalidade da medida se baseou no argumento de que a Constituição estaria sendo respeitada, uma vez que: a) a lei não impede a pessoa de se aposentar, mas apenas limita o valor da aposentadoria; e b) a Constituição não explicita como este valor deve ser calculado.
5. A explicação está ligada à redução do risco-Brasil no período: o prêmio de risco soberano dos papéis brasileiros no exterior, tomando como referência o *Par Bond* e medido em pontos básicos sobre o bônus do Tesouro dos EUA de características de prazo similares – 30 anos –, caiu de uma média mensal máxima de 1.800 *basis points* – ou seja, 18 pontos percentuais sobre a taxa de juros externa – em janeiro de 1999 – mês da desvalorização –, para uma média de aproximadamente 800 pontos no último mês do ano. Consequentemente, no rastro dessa redução dos juros externos, os juros domésticos também puderam ceder.
6. 15,3%. O valor líquido de impostos do retorno em dólar deve ser de 10%, ou 12,2% na moeda nacional. Dividindo por (1 - 0,2), dada a alíquota tributária de 20%, chega-se a uma taxa de 15,25%, que é o retorno nominal bruto ao qual está associado uma rentabilidade nominal líquida de 12,2%.

7. Há três fatores que contribuíram para isso: a) empresas estatais estaduais que geravam déficits primários até 1998 saíram das estatísticas fiscais, após serem vendidas; b) no processo de preparação para a sua privatização, as empresas estaduais privatizadas durante 1999 tiveram mudanças de gestão, nos meses anteriores ao leilão, que implicaram uma melhora dos seus resultados em relação a 1998; e c) com os acordos de renegociação das dívidas estaduais, os estados, em linhas gerais, passaram a ter que se ajustar, não tendo qualquer espaço para socorrer as empresas estaduais em dificuldades, que, portanto, se viram obrigadas a ser privatizadas e/ou a se ajustarem, reforçando os pontos (a) e (b). Observe, a propósito, que a melhora do resultado primário das empresas estaduais foi uma constante desde 1996.

Capítulo 8

1. A resposta depende das preferências individuais. De qualquer forma, em linhas gerais, quem fosse líder do governo é razoável que enfatizasse o crescimento médio da economia de quase 5% a.a. nos quatro anos 2004/2007 – depois do baixo crescimento de 2003 – somado à recuperação dos rendimentos reais do trabalho depois de 2003, ao aumento do poder aquisitivo do salário mínimo, à melhora da distribuição de renda e aos evidentes progressos no campo da macroeconomia, com redução do desemprego, do risco-país, da relação dívida pública/PIB, da dívida externa e da inflação. Já quem fosse líder da oposição iria se apegar ao fato de que, na média dos cinco anos 2003/2007, o Brasil cresceu menos que a grande maioria dos países emergentes e destacaria a influência que a economia internacional teve para o bom desempenho da economia brasileira no período.
2. A explicação reside no efeito da inflação. O Banco Central considerou a variação do IGP centrado (em 31 de dezembro) para calcular a inflação utilizada para efeito do cálculo da despesa com juros reais. Em 2002, medida dessa forma, a inflação foi de 27,7% e, em 2003, caiu para 6,5%. Por isso, a taxa de juros SELIC, deflacionada pelo IPCA, que aumentou em termos reais de 5,9% para 12,9% entre 2002 e 2003, deflacionada pela variação do IGP centrado deu um salto muito maior, afetando significativamente a relação despesas com juros reais/PIB.
3. A razão da pressa na aprovação da reforma tributária era o chamado princípio da "noventena", em função do qual uma contribuição deve aguardar até 90 dias para começar a ser cobrada. O entendimento jurídico que prevaleceu foi o de que, como a CPMF já vinha sendo cobrada, a noventena não caberia. Entretanto, se ela deixasse de vigorar, mesmo que fosse por apenas 24 horas, ao ser restabelecida seria, na prática, um novo tributo, sujeitando-se, portanto, à regra dos 90 dias. Como, adicionalmente, o Congresso poderia entrar em recesso em janeiro, se a CPMF não fosse renovada em dezembro de 2003, ela correria risco de só ser aprovada em fevereiro de 2004, tendo o início da sua vigência postergado por 90 dias até maio de 2004, ou seja, implicando uma perda significativa de quatro meses de arrecadação.
4. A explicação não é difícil de entender. A dívida líquida do setor público é o resultado da subtração dos ativos financeiros do setor público – por exemplo, o FAT e as reservas internacionais – do total dos seus passivos financeiros. No Governo Lula, as reservas internacionais aumentaram muito e elas rendem muito menos que o custo

pago pelo governo aos detentores de títulos. Imagine o leitor que inicialmente a taxa de juros nominal seja de 15% e, posteriormente, de 12% e que as reservas internacionais rendam 5%. Suponha ainda que inicialmente o governo tenha uma dívida bruta de 40% e reservas de 5%, com dívida líquida de 35% e que no ano seguinte ele acumule outros 5% do PIB de reservas, esterilizando o efeito monetário disso mediante emissão de títulos no mesmo valor, conservando a dívida líquida intacta em 35% do PIB. Observe que os juros líquidos inicialmente são de (0,15 × 0,40 – 0,05 × 0,05) = 5,75% do PIB e posteriormente passam a ser de (0,12 × 0,45 – 0,05 × 0,10) = 4,90% do PIB. Ou seja, a taxa de juros terá caído proporcionalmente 20%, mas a despesa com juros apenas 15% em termos relativos.

5. Quando o Brasil passou a ter superávit na sua conta-corrente do balanço de pagamentos (BP), a dívida externa líquida passou a diminuir duplamente. Primeiro, pelo aumento das reservas que, sem considerar as demais contas, estaria associada a esse fenômeno. E, segundo, pela continuidade da entrada de investimentos diretos que ocorreu em paralelo. Com isso, houve uma dupla disponibilidade de divisas, que poderiam ser utilizadas seja para o abatimento de dívida externa bruta, seja para acumular reservas internacionais, em ambos os casos diminuindo a dívida externa líquida do Brasil. Com a dívida pública, poderia ocorrer um fenômeno similar se tivesse havido um ciclo virtuoso. Se as NFSP um dia fossem nulas, desprezando o surgimento de "esqueletos" de dívida, a dívida nominal deixaria de aumentar – o que equivale, no BP, por analogia, a zerar o resultado em conta corrente – e a relação dívida pública/PIB diminuiria com o passar do tempo, em face do efeito combinado de alguma inflação remanescente e do crescimento econômico sobre o valor nominal do PIB. Naturalmente, o efeito seria maior ainda se, além de não existir déficit público, o resultado fiscal nominal fosse superavitário – o que equivaleria a ter NFSP negativas.

6. A afirmação enseja uma boa controvérsia. Na primeira década do século XXI, o Brasil foi de fato um dos países em que a desigualdade da distribuição de renda teve uma das maiores quedas, embora deva ser dito que isso se deu a partir de um dos índices de Gini mais elevados do mundo. Os estudos iniciais feitos sobre o tema apontam para uma gama bastante variada de razões para isso. Três delas se destacam, sem entrar no mérito quanto à sua importância relativa; a) os efeitos de aumento da escolaridade nos anos 1990, ampliando a qualificação da mão de obra e diminuindo a desigualdade no mercado de trabalho; b) o aumento real do salário mínimo, que aproximou mais da média um contingente importante da população; e c) o efeito dos programas de transferências de renda, particularmente a Bolsa-Família. Por outro lado, mesmo reconhecendo a importância de certas políticas para essas melhorias sociais, na avaliação das mesmas há que considerar também o outro lado da moeda, se tais políticas fossem mantidas indefinidamente. Esse lado estaria ligado ao requerimento de carga tributária associado a tais políticas expansionistas, bem como à limitação do espaço ocupado pelo investimento público na composição do gasto total, ambas causas, em parte, das limitações ao crescimento econômico brasileiro. A avaliação dos efeitos da política fiscal, portanto, é ambígua, contendo elementos positivos como a melhora dos resultados sociais e a queda do déficit e da dívida pública, bem como outros questionáveis, como a contínua pressão tributária e o escasso investimento público.

Capítulo 9

1. A resposta é a letra (c).
2. A resposta é a letra (d). O FAT é um *ativo* do governo central.
3. 7,5% ao ano.
4. 0,08% do PIB.
5. Na equação (9.7), quando y aumenta (cai), *ceteris paribus*, na fração [(i − y)/(1 + y)], o numerador diminui (aumenta) e o denominador aumenta (diminui), portanto, o resultado do coeficiente superávit primário/PIB (h), por definição, cai (cresce).
6. É possível, desde que se respeite a condição de que em (9.7) h seja negativo (déficit primário) e d seja constante, o que exige que d . [(i − y)/(1 + y)] < s (ver definições do capítulo). Como a proporção s da senhoriagem no PIB, com inflação baixa, é muito pequena, para que o resultado de [(i − y)/(1 + y)] seja inferior a (s/d) é preciso assumir valores muito baixos da taxa de juros e/ou muito altos de crescimento do PIB, para que [(i − y)/(1 + y)] < (s/d).
7. 4,6% do PIB.
8. 39,7% do PIB (d = 0,397).
9. 3,9% do PIB.
10. A afirmação é, essencialmente, correta. Isso não exclui a conveniência de que, em determinadas circunstâncias, por motivos ligados, por exemplo, à necessidade de reforçar a política anti-inflacionária, o governo persiga o objetivo de obter um estrito equilíbrio entre receitas e despesas, ou até mesmo um superávit nominal. Entretanto, se o objetivo da política fiscal for apenas − ou primordialmente − o de evitar que a relação dívida pública/PIB aumente, então, como fica claro pela equação (9.8), existindo uma dívida pública, ou seja, com d > 0 e havendo algum espaço para a criação de senhoriagem (s > 0), é perfeitamente possível ter déficit (f > 0) e, mesmo assim, a relação dívida pública/PIB ter uma trajetória estável ou declinante ao longo do tempo.

Capítulo 10

1. A resposta é a letra (b). O imposto de importação não constitui base de incidência para os repasses constitucionais a estados e municípios.
2. A resposta é a letra (d).
3. A explicação é simples e está ligada ao fato de a Constituição de 1988 ter aumentado o percentual de transferências vinculadas de certos impostos. Como a Constituição definiu que 44% da receita de imposto de renda deveria ser compartilhada com impostos e municípios, o governo federal passou a criar novos impostos não passíveis de partilha e/ou a aumentar as alíquotas de outros já existentes e que tivessem essa mesma característica.
4. No ano em que isso ocorre, há um aumento "uma vez e para sempre" (*once and for all*) da receita, já que nesse ano arrecada-se a receita associada ao exercício anterior e simultaneamente recolhe-se o imposto na fonte referente ao próprio exercício. No ano seguinte, a receita total retorna ao seu nível normal.
5. Apesar da possível queda das importações em US$, a maior taxa R$/US$ pode elevar a receita do imposto de importações em R$, dependendo da elasticidade das

importações em US$ diante do câmbio. Esse imposto, por sua vez, é base para o cálculo da receita do ICMS, o que justifica a afirmação.

6. Pelos critérios do pagamento do IPVA, associados à noção de progressividade tributária, carros novos – mais valorizados – pagam um imposto maior que os carros antigos – mais desvalorizados e geralmente com proprietários de menor renda. Entretanto, os carros mais antigos são justamente, em geral, os mais poluentes, por não estarem devidamente regulados, devido à ação do tempo. Se o critério ambiental fosse levado em conta, em função das externalidades negativas provocadas, os carros antigos deveriam ser, contrariamente à prática adotada, mais taxados que os novos.
7. 16%.

Capítulo 11

1. 82%. A resposta decorre de utilizar a segunda fórmula do enunciado da questão, supondo um salário = 100

$$SPG = [P/i] \cdot [(1 + i)^n - 1] / (1 + i)^n$$

com P = 30; i = 0,0024663 e n = 360 meses (30 anos) para a fase da vida ativa da pessoa. Para a fase em que a pessoa recebe aposentadoria, tem-se a mesma fórmula, com o mesmo i, mas com P = 100 e n = 300 meses (75 – 50 = 25 anos). Neste caso, porém, é preciso tomar cuidado, pois o valor encontrado na segunda fórmula corresponde ao VP da soma das aposentadorias na data de referência do final da vida ativa. O valor encontrado deve ser então dividido pela capitalização do fator 1,03 por um período de 30 anos – ou de 1,0024663 por um período de 360 meses, o que é a mesma coisa. Dividindo a primeira SPG pelo resultado encontrado acima, tem-se o coeficiente de 0,820, ou 82%. Nos exercícios 2 e 3 a seguir, a lógica é a mesma, porém com modificação dos parâmetros de: a) número de anos de vigência da aposentadoria; e b) taxa de juros.

2. 72,8%. A explicação é que, como a pessoa vive mais que no exercício anterior, recebe um fluxo de aposentadoria por um tempo maior e, portanto, a proporção das contribuições feitas em relação às aposentadorias recebidas é, por definição, menor.

3. 97,3%. A explicação é que, como a taxa de juros de desconto é de 4% ao ano, em vez de 3% ao ano, o valor presente das aposentadorias recebidas é menor e, portanto, a relação entre as contribuições feitas e as aposentadorias recebidas é maior do que no exercício anterior. Uma outra forma de explicar o resultado é que, com uma taxa de juros maior, o valor capitalizado das contribuições feitas aumenta.

4. O fenômeno se explica pela concentração de aposentadorias concedidas por idade no meio rural entre 1991 e 1994, incluindo muitos indivíduos acima do limite mínimo de idade para aposentadoria, atraídos pelas novas regras associadas à Constituição de 1988 e, mais especificamente, pela regulamentação dos artigos referentes à previdência social, ocorrida em 1991. Com isso, depois de 1994, o fluxo de desligamentos por falecimento foi maior, durante alguns anos, do que o fluxo de concessão de novas aposentadorias, no meio rural.

5. O coeficiente, de um modo geral, teve uma relação oposta à da evolução do PIB, caindo quando este cresceu a um ritmo relativamente importante – 1984/1987 – e

aumentando nas fases de recessão – 1981/1983 e 1990/1992. O fato é razoável, considerando que, dada uma certa trajetória do numerador, o coeficiente despesas previdenciárias/PIB é uma função inversa da evolução do denominador. A partir do Plano Real, porém, intervieram outros fatores, ligados ao aumento real do valor dos benefícios, em virtude do aumento real do salário mínimo.
6. A principal explicação foi a elevação da participação feminina no mercado de trabalho, ligada ao aumento da taxa de atividade das mulheres entre 50 e 59 anos. Além disso, a outra explicação relevante foi a urbanização crescente do período, já que o percentual da população urbana no total da população passou de 67,6% em 1980 para 75,6% no censo de 1991, fazendo com que o estoque de aposentadorias urbanas captasse tanto o envelhecimento da população como o impacto da migração das áreas rurais.
7. 25,8% [(11 + 20)/(100 + 20) = 0,258].
8. A proposta de adotar um modelo de capitalização como no Chile será inviável no Brasil enquanto perdurar a situação de déficits fiscais relativamente importantes, pois ela significaria que o INSS – que continuaria a ser responsável pelo pagamento daqueles que já estivessem aposentados – deixaria de recolher a receita de contribuições, da ordem de 6% do PIB. A adoção da proposta implicaria um "déficit transicional" de caixa que se somaria ao valor já existente das NFSP, implicando um déficit total muito difícil de conciliar com a política anti-inflacionária. No Chile, a reforma só foi viabilizada pelo fato de o país gerar, na época, superávits fiscais compensatórios que lhe permitiram arcar com esse gasto, mas o Brasil está muito distante de ter essa situação fiscal.

Capítulo 12

1. Há uma clara correlação entre a participação da União na receita disponível e a evolução política do país. A partir de meados dos anos 1960, com os governos militares, essa participação aumenta. Nos anos 1980, com o início da redemocratização e com a escolha popular de governadores e prefeitos, o movimento se reverte e a mencionada participação da União passa a declinar.
2. A explicação é que, como o imposto de renda é partilhado com os governos estaduais e municipais, estes se beneficiam da taxação na fonte dos rendimentos de capital.
3. A resposta é a letra (b). O valor presente do pagamento em cota única com desconto de 10% é menor do que o pagamento em oito cotas sem desconto e com juros de 2% ao mês.
4. Quando o FSE foi aprovado pela primeira vez, para vigorar em 1994 e 1995, a economia estava crescendo aceleradamente e os governadores e prefeitos podiam abrir mão de recursos potenciais, dado que o crescimento da economia lhes permitia, realisticamente, alimentar a expectativa de uma receita crescente, apesar da retenção de parte dos recursos pelo governo federal. Quando se aprovou a prorrogação do fundo para 1996 e os primeiros seis meses de 1997, a economia ainda estava sob o impacto positivo do crescimento de 1995 e com perspectivas relativamente otimistas para o futuro, de modo que a prorrogação ocorreu sem maiores alterações. Já por ocasião da renovação do fundo para o segundo semestre de 1997 e os anos de 1998/1999, a economia claramente estava em ritmo de expansão mais lento e com crescentes dúvidas

acerca do futuro, diante do agravamento dos desequilíbrios macroeconômicos. Era natural, portanto, que as unidades subnacionais, nesse contexto, procurassem se proteger diante das incertezas que pairavam sobre a evolução das suas receitas, diminuindo a retenção de recursos por parte do governo federal e aumentando assim as transferências deste para as unidades da federação.
5. 33,4% (faça 0,75 = [1 − x] . 1,126, em que x é a incógnita e 12,6% é o crescimento acumulado do PIB em quatro anos).

Capítulo 13

1. A lógica política está ligada ao fato de que a ordem de grandeza do número de indivíduos que recebem benefícios do INSS é de mais de 25 milhões de pessoas e o número de servidores – mesmo incluindo os inativos – do governo federal é de menos de 4% disso.
2. Em maio, tradicionalmente, decidia-se no Brasil o índice de reajuste do salário mínimo. Como este é o parâmetro-chave para o reajuste de benefícios do INSS e como a despesa com esta rubrica representa o principal gasto do governo central, o objetivo de controlar as contas públicas tende a impor limites ao aumento de ambas as variáveis – salário mínimo e benefícios. Isso repercute negativamente sobre o apoio ao governo por parte, principalmente, daqueles que recebem benefícios do INSS – ou seja, mais de 25 milhões de pessoas – e dos que ganham um salário mínimo. (Obs.: a partir de 2000, o salário mínimo passou a ser aumentado antes de maio.) No governo Lula, essa sazonalidade mudou.
3. a) R$292.395.700
   b) 12,2% (receita: R$328.010.020)
   c) 10,6% (receita: R$323.505.700)
   d) a decisão depende da relação custo/benefício da opção por (c), em que o custo é representado pela perda de receita em relação a (b) e o benefício, pela menor incidência do aumento dos impostos. Cabe notar, a propósito, que a alternativa (b) incide sobre os três grupos de renda A, B e C, afetando negativamente a renda líquida de 1,9 milhão de indivíduos/eleitores, enquanto a alternativa (c) afeta apenas um contingente de 100 mil pessoas.
4. O fato de o patrimônio declarado ser base para o pagamento de desapropriações da reforma agrária coloca para os proprietários de terra um dilema. Isto porque, se a propriedade for avaliada corretamente, seus donos devem explicitar um certo nível de patrimônio, o que, do ponto de vista individual, pode ter um custo fiscal, associado à possibilidade de taxação do patrimônio. Em compensação, se a propriedade for subavaliada, esse risco desaparece, mas se ela for escolhida para fins de desapropriação, o valor a ser recebido pelo dono da terra é inferior ao que esta de fato vale no mercado. A proposta de usar o valor do patrimônio declarado como base das desapropriações, portanto, agradava, no debate sobre o assunto, às forças políticas ligadas às reivindicações em favor da reforma agrária, muitas delas na época militando na oposição. Enquanto isso, muitos proprietários de terra representados pela base parlamentar governista optaram por votar contra o governo nessa matéria, na defesa dos seus interesses específicos.

5. A soma dessas duas regiões representa 217 dos 513 deputados. A aprovação de emendas constitucionais requer *quorum* de 3/5 dos parlamentares, ou pelo menos 308 votos. Portanto, uma emenda que enfrentasse a oposição cerrada das bancadas do Norte e Nordeste reuniria no máximo (513 – 217) = 296 representantes, menos do que o mínimo de 308 necessários para aprovar a mudança.
6. A resposta é a letra (b). Isto porque (8 deputados/0,2% do eleitorado)/(70 deputados/21,7% do eleitorado) = (8/70)/(0,2/21,7) = 12 (valor aproximado).
7. Sete partidos, já que a soma dos seis principais partidos não era suficiente para atingir o *quorum* mínimo de 308 votos (mesmo sem considerar que partidos eram do governo e da oposição na época).
8. A emenda seria aprovada com 324 votos, em função do seguinte cálculo do número de deputados favoráveis, dada a abstenção de 5% e o coeficiente de aprovação de cada partido:

PSDB = 0,95 x 99 x 0,97 = 91 deputados
PFL   = 0,95 x 105 x 0,95 = 95 deputados
PMDB = 0,95 x 82 x 0,80 = 62 deputados
PPB   = 0,95 x 60 x 0,90 = 51 deputados
PTB   = 0,95 x 31 x 0,85 = 25 deputados
Total = 324 deputados (a emenda poderia ser aprovada).

Capítulo 14

1. A Telebrás gerava superávit primário. Portanto, ficando tudo o mais constante, o fato de ser privatizada e sair das estatísticas fiscais causaria uma piora do resultado primário agregado. Isso não ocorreu, entretanto, em 1999, devido ao ajuste das empresas estatais remanescentes.
2. Entre as diferenças importantes, destaca-se o fato de que as privatizações dos anos 1980 foram de pequenas empresas; geraram menos de US$1 bilhão de receita, ao todo; não estiveram inseridas no contexto de uma política geral do governo; deveram-se, em boa parte, a uma iniciativa do BNDES; não se deram sob o amparo de uma legislação específica; representaram privatizações de empresas e não de setores; e foram, muitas vezes, casos de "reprivatizações" de empresas originalmente privadas. Em contraste, as privatizações de 1991/1995 incluíram empresas mais importantes; geraram, no conjunto, uma receita de vendas muito maior; foram parte de um processo amplo de revisão do modelo de desenvolvimento e do papel do Estado na economia; constituíram uma política de governo e não do BNDES; ocorreram sob uma lei específica para a privatização; e corresponderam à venda de setores inteiros, tradicionalmente estatais.
3. As privatizações de 1991/1995 representaram a venda de empresas industriais, que não requeriam regulação específica; não exigiram mudanças na Constituição; não incluíram os quatro maiores setores de atuação estatal – petróleo, mineração, energia elétrica e telecomunicações; não se estenderam aos estados e representaram uma receita total de privatizações de menos de US$14 bilhões. Em contraste, as privatizações de 1996/2000 caracterizaram-se pelo predomínio dos serviços públicos, o que requeria a definição de mecanismos de regulação; exigiram mudanças constitucionais; implicaram estender o PND às áreas até então

não contempladas – com exceção do setor de petróleo; incluíram os estados e geraram para os governos federal e estaduais um total de US$87 bilhões, incluindo a transferência de dívidas.
4. Não, já que a Constituição não proibia a privatização do setor elétrico. O que ocorria era que o artigo 176 exigia que o aproveitamento dos potenciais de energia hidráulica somente poderia ser feito por "brasileiros ou empresa brasileira de capital nacional", vedando, portanto, a venda para estrangeiros. Na prática, a privatização do setor não avançou até 1995, devido à insuficiência de capital doméstico. Nesse sentido, a mudança constitucional daquele ano, ao permitir a aquisição do controle das empresas por estrangeiros, abriu espaço para a venda dessas empresas. A possibilidade de privatização com venda para o capital nacional, porém, já estava presente na Constituição de 1988.
5. O setor de telecomunicações passou a ter concorrência e abriu-se a possibilidade de privatizar as empresas da Telebrás. Já no caso do petróleo, eliminou-se o monopólio, mas a lei que regulamentou a emenda constitucional manteve explicitamente o caráter estatal da Petrobras.
6. A condição requerida é que o rendimento da empresa estatal, somado à variação do seu patrimônio, seja superior à capitalização dos juros acumulados da dívida pública que poderia ser abatida com a venda da empresa.
7. O valor de venda de uma empresa depende, primordialmente, dos rendimentos futuros esperados. O fato destes serem inferiores ao valor aplicado na empresa ao longo da sua história é um indicador de que os investimentos não foram muito bem feitos e não de que a empresa foi mal vendida.
8. A afirmação é totalmente correta. Muitas empresas privatizadas a partir de 1995 foram adquiridas por grupos estrangeiros, que tinham como política promover uma recuperação rápida do investimento, remetendo expressivas quantias para o exterior, na forma de pagamento de lucros e dividendos.

Capítulo 15

1. Se a Telebrás tivesse sido vendida em bloco, o seu preço teria sido maior e outros objetivos – como o de ter uma grande empresa de atuação nacional – poderiam ter sido atingidos. Entretanto, em caso de eventuais conflitos entre um órgão regulador que mal tinha nascido, como a ANATEL, e uma empresa do porte da Telebrás, dificilmente o regulador teria tido condições de se impor à empresa.
2. É da essência da atividade do órgão regulador a imposição de medidas às empresas reguladas que, por vezes, não são do agrado destas. Se os regulados elogiam muito os reguladores, é válida a suspeita de que estes não estão sendo suficientemente firmes na fiscalização das empresas.
3. A privatização das telecomunicações na Argentina configura um caso típico em que o importante foi privatizar a qualquer custo, com o fim de atingir determinados objetivos. Já no caso da privatização do mesmo setor no Brasil, existia o objetivo de gerar uma boa receita de venda, mas tudo estava condicionado ao objetivo maior de estimular a competição. Isso exigia que, previamente à venda das empresas, fosse aprovada uma nova legislação que regesse o setor e que as regras do jogo da privatização já fossem estabelecidas pelo novo órgão regulador.

4. Se o consumidor residencial não está satisfeito com a qualidade ou o preço da energia que adquire do distribuidor local, o único recurso que lhe cabe é se queixar ao órgão regulador. Já no caso dos serviços de telefonia, ele pode mudar de provedor do serviço, tanto em se tratando de celular como da telefonia fixa.
5. Não, pois o grande consumidor de energia elétrica tem maiores possibilidades de escolher o seu fornecedor de eletricidade.
6. A regulação se justifica nos casos em que há uma desigualdade muito grande de força entre o poder do consumidor e o das empresas. No caso do mercado dos seguros de saúde, há várias características específicas que o diferenciam de outros mercados. Mesmo que um consumidor estivesse insatisfeito com o seguro, na ausência de regulação e existindo a figura da carência, haveria um fortíssimo desincentivo a mudar, já que durante o prazo da carência no novo seguro, ele ficaria desprotegido. Ao mesmo tempo, trata-se de um mercado que lida com um elemento essencial – a saúde –, atende a uma parte substancial da população e no qual há uma grande assimetria de informação. A regulação, nesse caso, visa principalmente padronizar as informações para o usuário escolher o seu plano; definir regras de reajuste de preços; tratar de casos específicos, como os de usuários mais velhos ou o tratamento de casos extremos; e estabelecer requisitos mínimos de qualidade. É uma situação completamente diferente da de mercados caracterizados por grande pulverização e pela forte concorrência entre múltiplos produtores, sem maiores problemas de informação, nos quais as empresas individualmente têm pouco ou nenhum poder e, se o consumidor estiver insatisfeito, pode simplesmente trocar de produto.
7. Se x for muito alto, a concessão pode ficar vaga, pois a exigência de aumentar a produtividade a um ritmo elevado pode afugentar os interessados. Já se x for muito baixo, o risco é de que os ganhos de produtividade maiores do que x gerem apenas um aumento da lucratividade das empresas, em vez de serem repassados ao consumidor.

Capítulo 16

1. A resposta certa é (e).
2. Risco: a) de caso fortuito; b) político; c) de construção; d) macroeconômico; e) de operação; e f) de mercado ou de demanda.
3. Ao contrário das concessões comuns, a PPP está associada a projetos que não são autossustentáveis. Na concessão, o setor privado pode construir e operar, mas não pode receber remuneração parcial do setor público.
4. O principal incentivo à utilização das PPP deve ser a busca de uma maior eficiência tanto na prestação do serviço público quanto na utilização de recursos públicos. A possibilidade de maior eficiência resulta principalmente da concentração em um único agente (o parceiro privado) da responsabilidade pela elaboração do projeto, construção e operação de ativos de infraestrutura. Essa situação motiva tanto a minimização de custos quanto a melhor qualidade na prestação do serviço, sem que a dimensão de política pública seja perdida.
5. Quando o setor privado assume parte expressiva do risco, a compra do serviço pelo parceiro público é considerada uma despesa corrente. Se, alternativamente, o setor público arca com o custo de construção, ou o parceiro privado só assume o risco da construção e nenhum outro, os ativos devem ser lançados como dívida.

6. Para que a PPP seja bem-sucedida, é importante que cada um faça a sua parte: por um lado, o setor público deve garantir ao setor privado o efetivo pagamento de suas obrigações; por outro, a remuneração do parceiro privado deve estar sujeita ao cumprimento de critérios claros de qualidade e desempenho.

Capítulo 17

1. A simples inclusão no PPA não garante que os programas e ações serão implantados. O passo seguinte ao PPA é a inclusão de dotação Lei Orçamentária Anual. Mesmo tendo dotação consignada na LOA, é necessário também verificar a execução orçamentária, para saber se as dotações foram empenhadas e liquidadas. O orçamento não é impositivo, a menos da execução obrigatória das emendas individuais ao projeto de lei orçamentária, com os limites estabelecidos pela Emenda Constitucional nº 86, de 17 de março de 2015. Deve-se, também, pesquisar se há informações sobre o que foi efetivamente realizado e sobre o impacto do gasto, em termos de atingir os objetivos colocados nos programas do PPA.
2. Se o estado transferir recursos aos municípios para que eles executem as obras, deverá fazer o investimento constar de sua LOA e um programa de trabalho da LOA estadual trará a previsão dessa despesa, que será realizada na modalidade 40 (Transferências a municípios). Se a despesa ultrapassar um ano, só poderá ser incluída na LOA estadual se constar do respectivo PPA ou em lei que autorize sua inclusão (LRF, art. 5º, §5º). Também o município deverá prever a despesa em sua LOA e, se for o caso, no PPA. Além disso, a LOA municipal incluirá a previsão da receita da transferência voluntária que virá do estado. Para o município, essa é uma despesa na modalidade 90 (Direta), conforme a Portaria Interministerial nº 163/2001. Caso se consolidasse a execução orçamentária do estado com a do município, a despesa de transferência do estado para o município seria cancelada contra a receita do município, evitando a dupla contagem. A codificação da modalidade de despesa permite esta consolidação.
3. Os orçamentos do Poder Legislativo, do Poder Judiciário, do Ministério Público e da Defensoria Pública não se destacam do orçamento da União e estados, constituindo orçamentos à parte. Seu grau de liberdade para elaborar a respectiva proposta é regulado previamente, através da LDO, conforme CF/88, arts. 99, 127, 134 e consolidado no orçamento fiscal e seguridade da União e do estado.
4. A Constituição Federal não estabelece essa restrição (CF/88, art. 165, §5º, II). Assim, constarão todas as despesas previstas nesse Orçamento de Investimentos, sejam as financiadas com recursos do Tesouro Estadual ou as captadas pelas empresas através de outras fontes: receita própria da venda de bens e serviços, operações de crédito e outras. É importante lembrar que apenas as empresas independentes seguem esse procedimento. O orçamento de uma empresa estatal dependente integrará o orçamento do órgão a que se vincula. Como unidades orçamentárias dos respectivos órgãos, as empresas dependentes terão seus orçamentos plenamente especificados. As estatais dependentes caracterizam-se por receberem, do ente controlador, recursos financeiros para pagamento de pessoal ou de custeio em geral, excluídos, neste caso, os provenientes de aumento de participação acionária (LRF, art. 2º, III).

Bibliografia

Affonso, Rui. "A federação no Brasil: impasses e perspectivas". Affonso, Rui; Barros Silva, Pedro (orgs.). *A Federação em Perspectiva – Ensaios Selecionados*, FUNDAP, 1995.

_____. "A crise da federação no Brasil". *Ensaios Econômicos FEE*, ano 15, n. 2, Porto Alegre, 1994.

Afonso, José Roberto et al. "A tributação brasileira e o novo ambiente econômico: a reforma tributária inevitável e urgente". *Revista do BNDES*, v. 7, n. 13, julho, 2000.

_____ "Tributação no Brasil: características marcantes e diretrizes para a reforma". *Revista do BNDES*, v. 5, n. 9, junho, 1998.

Afonso, José Roberto. "Descentralizar e depois estabilizar: a complexa experiência brasileira". *Revista do BNDES*, v. 3, n. 5, junho, 1996.

_____. "A questão tributária e o financiamento dos diferentes níveis de governo". Affonso, Rui e Barros Silva, Pedro (orgs.). *A Federação em Perspectiva – Ensaios Selecionados*, FUNDAP, 1995.

Afonso, José Roberto; Biasoto, Geraldo Jr. (2006). "Oferta de infra-estrutura e desenvolvimento econômico: os desafios do investimento público no Brasil"; in Teixeira, Erly; Braga, Marcelo, *Investimento e crescimento econômico no Brasil*, Minas Gerais, Universidade Nacional de Viçosa, 2006.

Afonso, Luis e Giambiagi, Fabio. "Cálculo da alíquota de contribuição previdenciária aturiamente equilibrada: uma aplicação ao caso brasileiro"; Revista Brasileira de Economia, volume 63, número 2, abril/junho, 2009.

Albuquerque, Claudiano; Medeiros, Márcio e Feijó, Paulo Henrique. "Gestão de Finanças Públicas", Volume I, Brasília, Paulo H. Feijó Editor, 2013.

Além, Ana Cláudia. "Seguridade social ou despesas financeiras: quem é o vilão do ajuste fiscal"; in Fagnani, Eduardo; Henrique, Wilnês e Ganz Lúcio, Clemente (organizadores), "Previdência Social: como incluir os excluídos", São Paulo, LT, 2008.

Além, Ana Cláudia; Giambiagi, Fabio. "A despesa previdenciária no Brasil: evolução, diagnóstico e perspectivas". *Revista de Economia Política*, v. 19, n. 1, janeiro/março, 1999a.

_____. "O ajuste do governo central: além das reformas". in Giambiagi, Fabio e Moreira, Maurício (orgs.). *A economia brasileira nos anos 90*, BNDES, 1999b.

_____. "Despesa previdenciária: análise de sua composição, efeitos da inflação e bases para uma alternativa intermediária de reforma". *Planejamento e Políticas Públicas*, n. 16, dezembro, 1997.

Alesina, Alberto et al. "Fiscal policy, profits, and investment". *National Bureau of Economic Research-NBER*, Working Paper 7207, july, 1999.

_____ ; Perotti, Roberto. "Should Governamments cut speding or raise taxes?". *Economic Policy*, october, 1995.

Alesina, Alberto; Drazen, Allan. "Why are stabilizations delayed?". *The American Economic Review*, v. 81, n. 5, dezembro, 1991.

Almeida Junior, Mansueto F.; Pessoa, Samuel de Abreu. "Parceria público-privada – princípios básicos que devem nortear a nova legislação". Assessoria Econômica – Gabiniete do Senador Tasso Jereissati, setembro, (2004).

Ardeo, Vagner; Villela, Renato. "Credibilidade e a questão fiscal de estados e municípios". *Conjuntura Econômica*, junho, 1996.

Bacha, Edmar. "O fisco e a inflação". *Revista de Economia Política*, v. 14, n. 1, janeiro/março, 1994.

Baer, Werner; Newfarmer, Richard; Trebat, Thomas. "Considerações sobre o capitalismo estatal no Brasil: algumas questões e problemas novos". *Pesquisa e Planejamento Econômico*, v. 6, n. 3, dezembro, 1976.

Banco Interamericano de Desarrollo-BID. "Descentralización fiscal". *Progreso Económico y Social en América Latina – Informe 1994*, Washington DC, 1994.

Banco Mundial. *Informe sobre el desarrollo mundial – 1994: Infraestrutura y desarrollo*. Washington DC, 1994.

Banco Nacional de Desenvolvimento Econômico e Social – BNDES. *Privatização – A experiência da BNDESPAR: 1987-1989*. 1990.

Barbosa, Fabio; Giambiagi, Fabio. "O ajuste fiscal de 1990-93: uma análise retrospectiva". *Revista Brasileira de Economia*; v. 49, n. 3, julho/setembro, 1995.

Barbosa, Fernando Holanda. "Inflação, indexação e orçamento do governo". *Revista Brasileira de Economia*, v. 41, n. 3, julho/setembro, 1987.

____ et al. "Reforma fiscal e estabilização: a experiência brasileira", *Revista Brasileira de Economia*, v. 44, n. 3, julho/setembro, 1990.

Barbosa, Nelson. "Latin America: counter-cyclical policy in Brazil: 2008-09"; *Journal of Globalization and Development*, volume 1, issue 1, 2010.

Barro, Robert. "On the determination of the public debt". *Journal of Political Economy*, v. 87, outubro, 1979.

Batista, Paulo Nogueira. "Ajustamento das contas públicas na presença de uma dívida elevada: observações sobre o caso brasileiro". *Revista de Economia Política*, v. 9, n. 4, outubro/dezembro, 1989.

_____. "Formação de capital e transferência de recursos para o exterior". *Revista de Economia Política*, v. 7, n. 1, janeiro/março, 1987.

Beltrão, Kaizô; Oliveira, Francisco; Guerra Ferreira, Mônica. "Reforma da Previdência". Texto para Discussão, IPEA, n. 508, 1997.

Bielschowsky, Ricardo. *Pensamento econômico brasileiro – O ciclo ideológico do desenvolvimento*. IPEA, 1988.

Blejer, Mario; Cheasty, Adrienne (edit.). *How to measure the fiscal déficit*. International Monetary Fund-IMF, 1991.

Bliacheriene, Ana Carla e Ribeiro, Renato Jorge Brown. "Fiscalização financeira e orçamentária: controle interno, controle externo e controle social do orçamento", in Conti, José Maurício e Scaff, Fernando Facury (coordenadores). *Orçamentos Públicos e Direito Financeiro*. São Paulo: Editora Revista dos Tribunais, 2011.

Bontempo, Hélio. "Transferências externas e financiamento do governo federal e autoridades monetárias". *Pesquisa e Planejamento Econômico*, v. 18, n. 1, abril, 1988.

Borges, Luiz Fernando Xavier. "*Project finance e* infra-estrutura: descrição e críticas". *Revista do BNDES,* v. 5, n. 9, junho, 1998.

Borges, Luiz Ferreira Xavier; Neves, Cesar das. "Parceria público-privada: riscos e mitigação de riscos em operações estruturadas em infra-estrutura", *Revista do BNDES 23,* junho, (2005).

Borpujari, Jitendra; Ter-Minassian, Teresa. "The weighted budget balance approach to fiscal analysis: a methodology and some case studies". *IMF Staff Papers,* v. 20, novembro, 1973.

Bresciani-Turroni, Costantino. *Economia da inflação – o fenômeno da hiperinflação alemã nos anos 20.* Rio de Janeiro: Editora Expressão e Cultura, 1989.

Bresser-Pereira, Luis Carlos. "Da administração pública burocrática à gerencial". *Revista do Serviço Público,* ano 47, v. 120, n. 1, janeiro/abril, 1996.

_____; Nakano, Yoshiaki. "Fatores aceleradores, mantenedores e sancionadores da inflação". *Revista de Economia Política,* v. 4, n. 1, janeiro/março, 1984.

Brito, Bárbara Moreira Barbosa de Silveira, Antonio Henrique Pinheiro. "Parceria público-privada: compreendendo o modelo brasileiro", *Revista do Serviço Público,* v. 56, n. 1, jan./mar., (2005).

Caetano, Marcelo Abi-Ramia. "Previdência social e distribuição regional da renda"; Texto para Discussão, número 1318, IPEA, 2008.

Cagan, P. "The monetary dynamics of hyperinflation". Friedman, Milton (ed.). *Studies in the quantity theory of money.* Chicago, University of Chicago Press, 1956.

Campos, Roberto. *A lanterna na popa.* Editora Topbooks, 1994.

Carvalho, José Carlos Jacob. "A execução financeira do Tesouro como indicador limitado da situação das finanças públicas". Meyer, Arno (org.). *Finanças públicas – Ensaios selecionados,* IPEA/FUNDAP, capítulo 3, 1997.

Castro, Antônio Barros; Souza, Francisco Eduardo Pires. *A economia brasileira em marcha forçada.* Editora Paz e Terra, 1985.

Castro, Jorge Abrahão; Ribeiro, José Aparecido; Chaves, José Valente; Duarte, Bruno de Carvalho e Simões, Helenne Barbosa. "Gasto social e política macroeconômica: trajetórias e tensões no período 1995-2005; Texto para Discussão, número 1324, IPEA, 2008.

Cavalcanti, Carlos Brandão. *Transferência de recursos ao exterior e substituição de dívida externa por dívida interna.* Prêmio BNDES de Economia, BNDES, 1988.

Comisión Económica para América Latina y el Caribe – CEPAL. *El pacto fiscal.* Santiago de Chile, 1998.

Conti, José Maurício e Scaff, Fernando Facury (coordenadores). *Orçamentos Públicos e Direito Financeiro.* São Paulo: Editora Revista dos Tribunais, 2011.

Cysne, Rubens Penha. "Contabilidade com juros reais, déficit público e imposto inflacionário". *Pesquisa e Planejamento Econômico,* v. 20, n. 1, abril, 1990.

Dain, Sulamis. "Federalismo e reforma tributária". Affonso, Rui; Barros Silva, Pedro (orgs.). *A Federação em Perspectiva – Ensaios Selecionados,* FUNDAP, 1995.

_____. "Impasses de uma reforma tributária em tempos de crise", in Velloso, João Paulo dos Reis (org.). *Combate à inflação e reforma fiscal.* Rio de Janeiro: Livraria José Olympio Editora, 1992.

_____. *Empresa estatal e capitalismo contemporâneo.* Série Teses, Editora da UNICAMP, 1986.

_____ et alii. "Equívocos e manipulações em torno da questão fiscal". Tavares, Maria da Conceição; Dias David, Maurício (eds.). *A Economia Política da Crise – Problemas e Impasses da Política Econômica Brasileira*. Editora Vozes, 1982.

Dall'Acqua, Fernando. "Imposto inflacionário: uma análise para a economia brasileira". *Revista de Economia Política*, v. 9, n. 3, julho/setembro, 1989.

Deloitte. "Closing the infrastructure gap: the role of public-private partnerships", *Research Study*, (2006).

Diniz, Eli. "Governabilidade, democracia e reforma do estado: o desafio da construção de uma nova ordem no Brasil dos anos 90". Revista *Dados*, v. 38, n. 3, 1995.

Dornbusch, Rudiger; Draghi, Mario (org.). *Public debt management: theory and history*. Centre for Economic Policy Research-CEPR, Cambridge University Press, 1990.

_____; Edwards, Sebastian. "Macroeconomic populism". *Journal of Development Economics*, 32, North-Holland, 1990.

Dornelles, Francisco. "A reforma tributária de 1965 e a federação". *Revista de Finanças Públicas*, ano XLIV, n. 358, Secretaria de Economia e Finanças, Brasília, abril/junho, 1984.

Eris, Ibrahim et al. *Finanças públicas*. Editora Pioneira, 1983.

Ferreira, Pedro Cavalcanti. "Investimento em infra-estrutura no Brasil: fatos estilizados e relações de longo prazo". *Pesquisa e Planejamento Econômico*, v. 26, n. 2, agosto, 1996.

Filellini, Alfredo. *Economia do setor público*. Editora Atlas, 1992 (*).

Franco, Gustavo. "Uma introdução à economia política da crise fiscal brasileira". Franco, Gustavo. *O plano Real e outros ensaios*. Editora Francisco Alves, 1995, capítulo 8, 1995a.

_____. "A crise fiscal da União: diagnóstico e apontamentos para uma lei das finanças públicas". Franco, Gustavo. *O Plano Real e outros ensaios*. Editora Francisco Alves, 1995, capítulo 9, 1995b (*).

Frischtak, Cláudio. "The changed role of the State: regulatory policies and reform in a comparative perspective". Frischtak, Cláudio (org.). *Regulatory policies and reform: a comparative perspective*, Private Sector Department, Banco Mundial, 1995.

Fundação Getulio Vargas. "Responsabilidade fiscal no Brasil: uma memória da lei"; FGV Projetos, 2010.

Fundo Monetário Internacional-FMI. *Manual of government finance statistics*. Fundo Monetário Internacional-FMI, 1986.

Gentil, Denise Lobato. "A política fiscal e a falsa crise da seguridade social brasileira – análise financeira do período 1990-2005"; Tese de doutoramento, IE/UFRJ, 2006.

Giacomoni, James. *Orçamento Público*. 16ª edição, São Paulo: Editora Atlas, 2012.

Giambiagi, Fabio e Tafner, Paulo. "Demografia – A Ameaça Invisível"; Editora Campus, 2010.

Giambiagi, Fabio. "18 anos de política fiscal no Brasil: 1991/2008"; *Revista Economia Aplicada*, volume 12, número 4, outubro/dezembro, 2008.

_____. "Necessidades de financiamento do setor público 1991/1996 – Bases para a discussão do ajuste fiscal no Brasil". *Pesquisa e Planejamento Econômico*, v. 27, n. 1, abril, 1997.

_____. "Uma nota sobre o aumento do gasto com pessoal da união" (comunicação). *Revista de Economia Política*, v. 16, n. 3, julho/setembro, 1996a.

_____. "Evolução e custo da dívida líquida do setor público: 1981/1994". *Pesquisa e Planejamento Econômico*, v. 26, n. 1, abril, 1996b.

_____. "Impasse distributivo e paralisia fiscal – Reflexões acerca da crise do setor público". *Planejamento e Políticas Públicas*, n. 6, dezembro, 1991.

_____. "O desequilíbrio interno". *Perspectivas da economia brasileira-1989*, IPEA, capítulo 3, 1989.

_____. "A política fiscal do Governo Lula em perspectiva histórica; qual é o limite para o aumento do gasto público?" Planejamento e Políticas Públicas, IPEA, v. 27, junho/dezembro, (2004).

Giambiagi, Fabio; Rigolon, Francisco. "O ajuste fiscal de médio prazo: o que vai acontecer quando as receitas extraordinárias acabarem?". *Economia Aplicada*, v. 4, n. 1, janeiro/março, USP, 2000.

Giavazzi, Francesco; Pagano, Marco. "Can severe fiscal contractions be expansionary? Tales of two small European countries". *National Bureau of Economic Research-NBER Macroeconomics Annual*, 1990.

Gorini, Ana Paula Fontenelle; Giambiagi, Fabio. "Deságio das moedas da privatização: o efeito do diferencial de juros" (comunicação). *Revista de Economia Política*; v. 14, n. 1, janeiro/março, 1994.

Gouvêa, Gilda Portugal. *Burocracia e elites burocráticas no Brasil*. Editora Paulicéia, 1994.

HM-Treasury; "PFI: meeting the investment challenge", July ((www.hm-treasury.gov.uk), (2003).

_____. (2007); "Public private partnerships statistics", July (www.hm-treasury.gov.uk).

International Monetary Fund (IMF) (2004). "*Public-private partnerships*", Fiscal Affairs Department.

Jaloretto, Claúdio. "Déficit público e contas nacionais". Nota Técnica DEPEC-97/07, publicada em "Resenha Econômica", Departamento Econômico, Banco Central, junho, 1997.

Johnson, Bruce Brener; Saes, Flávio Azevedo Marques de; Teixeira, Hélio Janny; Wright, James Terence Coulter. "*Serviços públicos no Brasil, mudanças e perspectivas: concessão, regulamentação, privatização e melhoria da gestão pública*". Editora Edgard Blüncher, 1996.

Kawall, Carlos. "O *project finance* e a parceria público-privado nos investimentos em infra-estrutura". *Estudos Econômicos da Construção*, 1.

Kerstenetzky, Isaac; Baer, Werner; Vilela, Annibal. "As modificações no papel do estado na economia brasileira", *Pesquisa e Planejamento Econômico*, v. 3, n. 4, dezembro, 1973.

Kornai, Janos. "Resource-constrained versus demand-constrained systems". *Econometrica*, v. 47, n. 4, july, 1979.

Leahy, Patricia. "Lessons from the Private Finance Initiative in the United Kingdom", *European Investment Bank (EIB) Papers*, v. 10, n. 2, (2005).

Lerda, Juan Carlos. "A dinâmica da dívida pública: de Domar-Lerner a Tobin-Simonsen". *Pesquisa e Planejamento Econômico*, v. 17, n. 2, agosto, 1987.

Lessa, Carlos. *Quinze anos de política econômica*. Editora Brasiliense, 1983.

Linhares, José Cláudio; Piccinini, Maurício. "Modelos de regulação tarifária do setor elétrico". *Revista do BNDES*, v. 5, n. 9, junho, 1998.

Longo, Carlos Alberto. *Caminhos para a reforma tributária*. FIPE/Pioneira, São Paulo, 1986.

_____. *Finanças públicas: uma introdução*. São Paulo, IPE/USP, 1984a.

_____. "Reforma tributária, um sonho impossível?", *Revista de Finanças Públicas*, ano XLIV, n. 359, Secretaria de Economia e Finanças, Brasília, julho/setembro, 1984b.

_____Lopes, Francisco. "Inflação inercial, hiperinflação e desinflação: notas e conjecturas", *Revista de Economia Política*, v. 5, n. 2, abril/junho, 1985.

_____. Modiano, Eduardo. "Indexação, choque externo e nível de atividade: notas sobre o caso brasileiro". *Pesquisa e Planejamento Econômico*, v. 13, n. 1, abril, 1983.

Lopez, Felix Garcia; "Fórum Nacional da Previdência Social: consensos e divergências"; Texto para Discussão, número 1432, IPEA, 2009.

Lozardo, Ernesto (org.). *Déficit público brasileiro: política econômica e ajuste estrutural*. Editora Paz e Terra, 1987.

Lundberg, Eduardo. "O desequilíbrio financeiro do setor público: restrição externa, restrição orçamentária e restrição monetária – Uma nota". *Estudos Econômicos*, v. 16, n. 2, maio/agosto, 1986.

Mattos Filho. *Reforma fiscal – Coletânea de estudos técnicos*. Relatório da comissão executiva de reforma fiscal, DBA, São Paulo, 1993.

Mello, Marina. "Privatização e ajuste fiscal no Brasil". *Pesquisa e Planejamento Econômico*, v. 24, n. 3, dezembro, 1994.

Mendes, Marcos. "Aspectos institucionais da performance fiscal de estados e municípios", *Revista de Economia Política*, v. 19, n. 1, janeiro/março, 1999.

Mercadante, Aloísio. "Brasil – Primeiro Tempo". Editora Planeta, (2006).

Ministério do Planejamento, Orçamento e Gestão (MPOG). PPP: "Oportunidades para investimentos compartilhados", apresentação do Ministro Guido Mantega, UNCTAD XI, junho, São Paulo, (2004).

Monteiro, Jorge Vianna. *Economia do setor público*. IPEA, 1987.

Monteiro, Rui Sousa. "Public-private partnerships: some lessons from Portugal", *European Investment Bank (EIB) Papers*, v. 10, n. 2, (2005).

Montoro Filho, André. "Federalismo e reforma fiscal", *Revista de Economia Política*, v. 14, n. 3, julho/setembro, 1994.

Moreira, Maurício Mesquita. "A indústria brasileira nos anos 90. O que já se pode dizer?". In Giambiagi, Fabio; Moreira, Maurício Mesquita (orgs.). *A economia brasileira nos anos 90*, BNDES, 1999.

Moreira, Terezinha; Carneiro, Maria Christina Fontainha. "A parceria público-privada na infra-estrutura econômica". *Revista do BNDES*, v. 1, n. 2, dezembro, 1994.

Musgrave, Richard; Musgrave, Peggy. *Finanças públicas – Teoria e prática*. Editora Campus, 1980.

Mussa, Michael; Savastano, Miguel. "The IMF approach to economic stabilization". *IMF Working Paper*, WP/99/104, Fundo Monetário Internacional, july, 1999.

Nicolau, Jairo Marconi. *Multipartidarismo e democracia*. Fundação Getulio Vargas Editora, 1996.

Nóbrega, Maílson. "O futuro chegou – Instituições e desenvolvimento no Brasil"; Editora Globo, 2005.

Nóbrega, Marcos. "Orçamento, eficiência e performance budget", in Conti, José Maurício e Scaff, Fernando Facury (coordenadores). *Orçamentos Públicos e Direito Financeiro*. São Paulo: Editora Revista dos Tribunais, 2011.

Nordhaus. "The political business cycles". *Review of Economic Studies*, 42, 1975.

North, Douglass. *Institutions, Institutional Change and Economic Performance*. Cambridge: Cambridge University Press, 1990.

Nunes, Ricardo da Costa; Nunes, Selene Peres. "Privatização e ajuste fiscal: a experiência brasileira". *Planejamento e Políticas Públicas*, n. 17, junho, 1998.

OECD. OECD Economic Outlook. Paris, november, 2014.

Oliveira, Francisco Eduardo; Beltrão, Kaizô; Pasinato, Maria Thereza. "Proteção social e eqüidade: uma proposta para o seguro social". *Pesquisa e Planejamento Econômico*, v. 28, n. 2, agosto, 1998.

Oliveira, Francisco; Beltrão, Kaizô. "Perspectivas da seguridade social". *Perspectivas da Economia Brasileira-1989*, IPEA, capítulo 18, 1989.

Oliveira, Gesner e Chrysostomo, Luiz Oliveira Filho (organizadores). *Parcerias Público--Privadas – Experiências, Desafios e Propostas*. Rio de Janeiro: Editora LTC/IEPE, 2013.

Oliveira, Gesner e Goldbaum, Sérgio. "A capitalização da Petrobras em perspectiva", in Giambiagi, Fabio e Vellozo Lucas, Luiz Paulo (organizadores). *Petróleo – Reforma e contrarreforma do setor petrolífero brasileiro*. Rio de Janeiro: Elsevier, 2013.

Oliveira, João do Carmo. "O papel das autoridades monetárias no Brasil". *Texto para Discussão*, IPEA, UnB, n. 161, maio, 1986.

_____. "Déficits dos orçamentos públicos no Brasil: conceitos e problemas de mensuração". *Anais do XIII Encontro Nacional de Economia-ANPEC*, Vitória, dezembro, 1985a.

_____. "Reordenamento financeiro do Governo Federal: implicações da Lei Complementar n. 12". *Texto para Discussão*, IPEA, UnB, n. 163, 1985b.

Ornelas, Waldeck. "A Previdência Social em fase de transição". In Reis Velloso, João Paulo dos (coord.). *A crise mundial e a nova agenda de crescimento*, José Olympio Editora, 1999.

_____; Vieira, Solange. "As novas regras da Previdência Social". *Conjuntura Econômica*, v. 53, n. 11, novembro, 1999.

Paes de Barros, Ricardo; Carvalho, Mirela; Franco, Samuel. "A efetividade do salário mínimo como um instrumento para reduzir a pobreza no Brasil"; IPEA, Boletim de Conjuntura, n. 74, Setembro, (2006).

Pasin, Jorge Antonio Bozoti; Borges, Luiz Ferreira Xavier. "A nova definição de parceria público-privada e sua aplicabilidade na gestão de infra-estrutura pública", *Revista do BNDES 20*, dezembro, (2003).

Passanezi, Reynaldo. "Impactos fiscais da privatização: aspectos conceituais e análise do caso brasileiro". Meyer, Arno (org.). *Finanças públicas – Ensaios selecionados*, IPEA/FUNDAP, 1997, capítulo 6, 1997.

Pastore, Afonso Celso. "Senhoriagem e inflação: o caso brasileiro". *Texto para Discussão*, n. 5, Fundação Getulio Vargas – Centro de Estudos de Reforma do Estado, 1997.

_____. "Déficit público, e a sustentabilidade do crescimento das dívidas interna e externa, senhoriagem e inflação: uma análise do regime monetário brasileiro". *Revista de Econometria*, v. 14, n. 2, 1995.

Pastoriza, Florinda; Além, Ana Cláudia; Giambiagi, Fabio. "A aposentadoria por tempo de serviço no Brasil: estimativa do subsídio recebido pelos seus beneficiários". *Revista Brasileira de Economia*, v. 52, n. 1, janeiro/março, 1998.

Pereira, José Matias. *Finanças públicas – a política orçamentária no Brasil*. São Paulo: Editora Atlas, 1999.

Pereira, Pedro Valls; Giambiagi, Fabio. "Déficit público e inflação: o caso brasileiro". *Pesquisa e Planejamento Econômico*, v. 20, n. 1, abril, 1990.

Pinheiro, Armando Castelar. "Impactos microeconômicos da privatização no Brasil". *Pesquisa e Planejamento Econômico*, v. 26, n. 3, dezembro, 1996.

_____; Chrysóstomo, Luiz. "O programa brasileiro de privatização: notas e conjecturas". *Perspectivas da economia brasileira-1992*, IPEA, capítulo 16, 1991.

_____; Giambiagi, Fabio. "Lucratividade, dividendos e investimentos das empresas estatais: uma contribuição para o debate sobre a privatização no Brasil". *Revista Brasileira de Economia*; v. 51, n. 1, janeiro/março, 1997.

_____. "Brazilian privatization in the 1990s". *World Development*, v. 22, n. 5, maio, 1994.

_____; Landau, Elena. "Privatização e dívida pública". *Pesquisa e Planejamento Econômico*, v. 26, n. 1, abril, 1996.

Pinheiro, Armando Castelar e Frischtak, Cláudio (organizadores). "Gargalos e soluções na infraestrutura de transportes". Rio de Janeiro: Editora FGV, 2014.

Pinheiro, Armando Castelar; Giambiagi, Fabio. "Rompendo o marasmo – A retomada do desenvolvimento no Brasil"; Rio de Janeiro; Editora Campus (2006).

Pinto, Marcos Barbosa. "Repartição de riscos nas parcerias público-privadas", *Revista do BNDES 25*, junho, (2006).

Pires, Júlio Manuel. "Distribuição da receita tributária entre os níveis de governo: perspectiva histórica e debate atual". *Revista de Administração Pública*, Fundação Getulio Vargas, v. 30, n. 5, setembro/outubro, 1996.

Pires, Valdemir. *Estado, mercado e tributação*. Editora UNIMEP, 1996.

Possas, Mário; Fagundes, Jorge; Pondé, João. "Defesa da concorrência e regulação de setores de infra-estrutura em transição". XXVI Encontro Nacional de Economia, ANPEC, Vitória-ES, v. 2, 1998.

Prado, Sérgio Roberto Rios do. "Processo de privatização no Brasil: a experiência dos anos 1990-92". *Relatório de pesquisa n. 11*, IESP/FUNDAP, março, 1993.

PriceWaterhouseeCoopers. "Estruturação contratual de uma PPP", apresentação no Seminário Internacional Parceria Público-Privada (PPP) na Prestação de Serviços de Infra-estrutura, MRE/BID/ BNDES, (2003).

Ramalho, Valdir. "Revendo a variedade de conceitos de déficit público". Meyer, Arno (ed.). *Finanças públicas – Ensaios selecionados*, IPEA/FUNDAP, 1997, capítulo 1, 1997.

_____. "Déficit público: do paradoxo ao déficit nominal". *Revista Brasileira de Economia*, v. 44, n. 2, abril/junho, 1990.

Reis, Eustáquio; Blanco, Fernando. "Capacidade tributária dos estados brasileiros". *A Economia brasileira em perspectiva-1996*, IPEA, capítulo 15, 1996.

Reis, Haroldo da Costa e Machado, Jr., José Teixeira. *A Lei nº 4.320 comentada e a Lei de Responsabilidade Fiscal*. Rio de Janeiro: Editora Lumen Juris/IBAM, 2012.

Resende, André Lara. "A moeda indexada: uma proposta para eliminar a inflação inercial". *Revista de Economia Política*, v. 5, n. 2, abril/junho, 1985.

_____. "A política brasileira de estabilização 1963/1968". *Pesquisa e Planejamento Econômico*, v. 12, n. 3, dezembro, 1982.

Resende, Marcelo. "Regimes regulatórios: possibilidades e limites". *Pesquisa e Planejamento Econômico*, v. 27, n. 3, dezembro, 1997.

Rezende, Fernando. "Federalismo fiscal no Brasil". *Revista de Economia Política*, v. 15, n. 3, julho/setembro, 1995.

_____. *Finanças públicas*. Editora Atlas, 1981.

_____; Paula, Tomás Bruginski de (orgs.). "Infra-estrutura – Perspectivas de reorganização: regulação" (relatório). IPEA, Brasília, 1997.

Rezende, Fernando e Cunha, Armando (organizadores). *A reforma esquecida – Orçamento, gestão pública e desenvolvimento*. Rio de Janeiro: FGV Editora, 2013.

Riani, Flávio. *Economia do setor público – Uma abordagem introdutória*. Editora Atlas, 1986.

Rigolon, Francisco. "Regulação da infra-estrutura: a experiência recente no Brasil". *Revista do BNDES*, v. 4, n. 7, junho, 1997.

_____; Giambiagi, Fabio. "A renegociação das dívidas e o regime fiscal dos estados". In Giambiagi, Fabio; Moreira, Maurício (orgs.). *A economia brasileira nos anos 90*, BNDES, 1999.

Rocha, Fabiana. "Long-run limits on the Brazilian government debt". *Revista Brasileira de Economia*, v. 51, n. 4, (1997).

Rocha, Roberto e Caetano, Marcelo. "O sistema previdenciário brasileiro: uma avaliação de desempenho comparada"; Texto para Discusão, n. 1331, IPEA, 2008.

Rossi, José. "A dívida pública no Brasil e a aritmética da instabilidade". *Pesquisa e Planejamento Econômico*, v. 17, n. 2, agosto, 1987.

Salgado, Lúcia Helena; Seroa, Ronaldo (orgs.). "Regulação e concorrência no Brasil – governança, incentivos e eficiência"; IPEA, (2007).

Serra, José (1989)."A Constituição e o gasto público". *Planejamento e Políticas Públicas*, n. 2, junho, 1989.

Serra, José; Afonso, José Roberto. "El federalismo fiscal en Brasil". *Revista de la CEPAL*; abril, (2007).

Shah, Anwar (editor). *Budgeting and Budgetary Institutions*. Washington, D.C.: Banco Mundial, 2007.

Silva, Viviane da. "O impacto das moedas de privatização sobre a dívida pública". *Finanças públicas*, Secretaria do Tesouro Nacional-STN, 1998, Capítulo 3, 1998.

Simonsen, Mário Henrique. "Um paradoxo em expectativas racionais". *Revista Brasileira de Economia*, v. 40, n. 1, janeiro/março, 1986.

_____; Barbosa, Fernando Holanda (edit.). *Plano Cruzado: inércia X inépcia*. Editora Globo, 1989.

Souza, André; Zylberstajn, Hélio; Afonso, Luís; Flori, Priscilla. "Impactos fiscais da reforma da Previdência Social no Brasil", *Pesquisa e Planejamento Econômico*, v. 36, n. 1, (2006).

Spaventa, L. "The growth of public debt: sustainability, fiscal rules, and monetary rules". *IMF Staff Papers*, 34 (2), junho, 1987.

Stiglitz, Joseph. *Economics of the public sector*. Londres, Norton&Company, 1986.

Tafner, Paulo; Giambiagi, Fabio (orgs.). "Previdência no Brasil – Debates, dilemas e escolhas"; IPEA, (2007).

Tanzi, Vito. "Inflation, lags in collection and the real value of tax revenue". *IMF Staff Papers*, v. 24, março, 1977.

Tanzi, Vito. *Government versus Markets – The Changing Economic Role of the State*. New York: Cambridge University Press, 2011.

Ter-Minassian, Teresa (edit.). *Fiscal federalism in theory and practice*. International Monetary Fund-IMF, 1997.

Tollini, Hélio Martins e Afonso, José Roberto Rodrigues. "A Lei nº 4.320 e a responsabilidade orçamentária", in Conti, José Maurício e Scaff, Fernando Facury (coordenadores). *Orçamentos Públicos e Direito Financeiro*. São Paulo: Editora Revista dos Tribunais, 2011.

Trebat, Thomas. "Uma avaliação do desempenho econômico de grandes empresas estatais no Brasil: 1965/1975". *Pesquisa e Planejamento Econômico*, v. 10, n. 3, dezembro, 1980.

Vainer, Ari; Albuquerque, Josélia e Garson, Sol. "Lei de Diretrizes Orçamentárias – Manual de Elaboração". Coleção Simples Municipal, Ministério do Planejamento, Orçamento e Gestão/Ministério do Desenvolvimento, Indústria e Comércio Exterior/BNDES, 2001a. https://web.bndes.gov.br

Vainer, Ari; Albuquerque, Josélia e Garson, Sol. "Lei Orçamentária Anual – Manual de Elaboração". Coleção Simples Municipal, Ministério do Planejamento, Orçamento e Gestão/Ministério do Desenvolvimento, Indústria e Comércio Exterior/BNDES, 2001b. https://web.bndes.gov.br

Vainer, Ari; Albuquerque, Josélia e Garson, Sol. "Plano Plurianual – Manual de Elaboração". Ministério do Planejamento, Orçamento e Gestão/Caixa Econômica Federal/Ministério do Desenvolvimento, Indústria e Comércio Exterior/BNDES, 2005. https://web.bndes.gov.br

Varsano, Ricardo. "A evolução do sistema tributário brasileiro ao longo do século: anotações e reflexões para futuras reformas". *Pesquisa e Planejamento Econômico*, v. 27, n. 1, abril, 1997

_____. "De ônus a bônus: política governamental e reformas fiscais na transformação do Estado brasileiro". *A economia brasileira em perspectiva-1996*, IPEA, capítulo 11, 1996.

_____. "O sistema tributário de 1967: adequado ao Brasil de 80?" *Pesquisa e Planejamento Econômico*, v. 11, n. 1, abril, 1981.

_____ et al. "Uma análise da carga tributária do Brasil". *Texto para Discussão*, IPEA, n. 583, agosto, 1998.

Velasco Jr., Licínio. "A economia política das políticas públicas: fatores que favoreceram as privatizações no período 1985/1994". Texto para Discussão n. 54, Departamento Econômico, BNDES, abril, 1997.

Velloso, Raul. "Balanço da situação das contas públicas". In Reis Velloso, João Paulo dos (coord.). *A crise mundial e a nova agenda de crescimento*. José Olympio Editora, 1999.

_____. "Uma proposta para acelerar o ajuste fiscal". In Reis Velloso, João Paulo dos (org.). *Brasil: desafios de um país em transformação*. Fórum Nacional, José Olympio Editora, 1997.

Velloso, Raul; Freitas, Paulo; Caetano, Marcelo e Cândido Jr., José Oswaldo. "Na crise, Estado e ajuste fiscal permanente", in Velloso, João Paulo dos Reis (organizador). XXV Fórum Nacional, *O Brasil de amanhã – Transformar crise em oportunidade*. Rio de Janeiro: José Olympio Editora, 2013.

Villela, Renato. "Crise e ajuste fiscal nos anos 80: um problema de política econômica ou de economia política?" *Perspectivas da economia brasileira-1992*, IPEA, capítulo 2, 1991.

Viscusi, Kip; Vernon, John; Harrington, Joseph. *Economics of regulation and antitrust*. The MIT Press, 1995.

Von Doellinger, Carlos. "Estatização, déficit público e suas implicações". Rabello de Castro, Paulo (ed.). *A crise do bom patrão*, CEDES/APEC, 1983, capítulo 4.

_____. "Consolidação das finanças da União". *Conjuntura Econômica*, ano 36, n. 2, fevereiro, 1982.

Von Hagen, Jurgen. "Budgeting institutions for betrer fiscal performance", in Shah, Anwar (editor). *Budgeting and Budgetary Institutions*. Washington,D.C.: Banco Mundial, 2007.

Weeks, John. *An introduction to population*. Canadá: Wadsworth, 2012.

Werlang, Sérgio. "Sugestões para uma política antiinflacionária no Brasil". Reis Velloso, João Paulo dos (org.). *Inflação, moeda e desindexação*. Fórum Nacional, Editora Nobel, capítulo 8, 1994.

Werneck, Arnaldo de Oliveira. "As atividades empresariais do Governo Federal no Brasil". *Revista Brasileira de Economia*, 23 (3), julho/setembro, 1969.

Werneck, Rogério. "A nova proposta de reforma tributária do Governo: limites do possível e incertezas envolvidas". *Revista de Economia Política,* v. 20, n. 1, janeiro/março, 2000.

_____. "Aspectos macroeconômicos da privatização no Brasil". *Pesquisa e Planejamento Econômico*, v. 19, n. 2, agosto, 1989.

_____. "Um modelo de simulação para análise do financiamento do setor público". *Pesquisa e Planejamento Econômico*, v. 18, n. 3, dezembro, 1988.

_____. "Poupança estatal, dívida externa e crise financeira do setor público". *Pesquisa e Planejamento Econômico*, v. 16, n. 3, dezembro, 1986.

West, Gerald. "Managing political risk". *The Jounal of Project Finance,* winter, 1996.

Zylberstajn, Hélio; Giambiagi, Fabio; Afonso, Luis; Souza, André e Zylberstajn, Eduardo. "Impactos de reformas paramétricas na Previdência Social brasileira: simulações alternativas"; Pesquisa e Planejamento Econômico, IPEA, v. 37, n. 2, agosto, 2007.

Este livro foi impresso nas oficinas gráficas da Editora Vozes Ltda.,
Rua Frei Luís, 100 – Petrópolis, RJ.